普通高等教育铁道部规划教材

铁路信号电磁兼容技术

杨世武　主　编
沙　斐　主　审

中国铁道出版社

2010年·北　京

内 容 简 介

本书是普通高等教育铁道部规划教材。全书共八章，内容包括：电磁兼容基本概念、铁路信号系统组成及主要电磁干扰源、国内外铁路信号电磁兼容标准和试验、室内信号系统电磁兼容设计技术、轨旁信号设备对电磁干扰的防护技术、车载信号设备电磁兼容设计技术、信号设备雷电防护和综合接地技术、铁路信号发展趋势概述与电磁兼容管理方法。

本书可供铁道信号相关专业的本科生和研究生学习使用，同时也可作为从事铁道信号工程及轨道交通控制专业设计、研发、管理、维护人员学习和参考。

图书在版编目(CIP)数据

铁路信号电磁兼容技术/杨世武主编. —北京：中国铁道出版社，2010.8

普通高等教育铁道部规划教材

ISBN 978-7-113-11804-4

Ⅰ.①铁… Ⅱ.①杨… Ⅲ.①铁路信号—电磁兼容性—高等学校—教材 Ⅳ.①U284

中国版本图书馆 CIP 数据核字(2010)第 162378 号

书　　名：铁路信号电磁兼容技术
作　　者：杨世武　主编

责任编辑：朱敏洁　**电话：**010-51873134　**电子信箱：**zhuminjie_0@163.com　**教材网址：**www.tdjiaocai.com
封面设计：崔丽芳
责任校对：孙　玫
责任印制：陆　宁

出版发行：中国铁道出版社（100054，北京市宣武区右安门西街 8 号）
网　　址：http://www.tdpress.com
印　　刷：北京华正印刷有限公司
版　　次：2010 年 8 月第 1 版　2010 年 8 月第 1 次印刷
开　　本：787 mm×960 mm　1/16　印张：24.75　字数：533 千
印　　数：1～3 000 册
书　　号：ISBN 978-7-113-11804-4
定　　价：45.00 元

前　言

本书是普通高等教育铁道部规划教材，是由铁道部教材开发领导小组组织编写，并经铁道部相关业务部门审定，适用于高等院校铁路特色专业教学以及铁路专业技术人员使用。本书为铁道信号系列教材之一。

高速、重载和电气化是当代铁路的趋势，中国铁路前所未有的发展速度令世人惊叹。2008 年 8 月，时速 350 km 京津城际铁路成为世界上运营速度最快的高速铁路；2004 年大秦线成功开行 2 万 t 重载组合列车，2008 年运量达到 3.4 亿 t。全国时速 120 km 及以上的线路延展里程已达到 4.2 万 km，其中电气化铁路达 2.76万 km，9 600 kW 大功率电力机车已批量投入使用。预计到 2012 年，将有1.3 万 km 客运专线及城际铁路投入运营，营业里程将达到 11 万 km，电气化率达到 50%以上。根据修订后的铁路网中长期发展规划，到 2020 年，全国铁路营业里程将达到 12 万 km 以上，电气化率达到 60%以上，客运专线长度可达 1.6 万 km。另外，我国城市轨道交通正进入高速发展时期，截至 2009 年底大陆运营里程已达 933 km，到 2020 年的规划线路长度约 3 000 km。

在这些数字背后，作为保障运输安全和效率的基础设施，传统的铁路信号（轨道交通运行控制）技术已难以适应需求，必须构建以微电子、计算机和通信技术为核心的中国列车运行控制系统(CTCS)，向集调度指挥、运行控制及自动驾驶为一体的综合自动化系统方向演化。而在新的背景下，有两方面需要重点关注：一方面，高速和重载必然引起牵引功率和牵引电流增大，使得信号系统的外部电磁环境更加复杂；另一方面，无线通信设施会直接导致射频辐射骚扰，高速微电子器件和宽带数据传输使电磁能量更容易发射，高集成度电路和小型化设备带来器件、电路、连接线及电缆之间串扰和电磁耦合更加严重，而低功耗和高灵敏度意味着信号电平降低和工作电流减小，对干扰更加敏感。另外，还需考虑雷电电磁脉冲、静电等自然干扰源，因此，信号新技术和新设备的发展会面临更复杂和严重的电磁干扰(EMI)，在设备使用过程中，EMI可能降低设备性能和安全程度，影响运输效率，甚至带来安全风险。显然，高速和重载条件下信号系统的电磁兼容性(EMC)更加凸显出重要性。

电磁兼容性是电子和电气设备在使用中表现出来的与外部环境及其他设备之间和谐共存的一种特性，包含电磁骚扰源、传输途径和敏感设备三个要素。为实现电磁兼容，首先应明确设备使用的电磁环境，然后确定和遵循正确的设计、研制、试验、生产、安装和使用的要求，在整个生命周期内采取充分的维护和保障措施，才能达到所希望的最佳电磁兼容性水平。在系统设计完成之后或在使用中解决电磁干扰问题，不但要花费大量费用与时间，往往还得不到满意的结果。铁路信号系统主要由弱电设备构成，首先必须考虑对电气化铁道和雷电等外界电磁干扰的防护，明确设备所处环境中干扰源的特点和耦合机理，从而采用适当的骚扰抑制技术；其次，对于由微电子和计算机设备并通过网络构成的信号系统，设备间的电磁兼容设计同样需要重视；第三，实现EMC不仅仅是设计者的任务，还需要通过设计、制造等一系列工程活动落实到设备中，因此需要从系统的观点出发，通过有效的手段进行组织和管理。

对信号设备EMC的研究目的除了保证功能正常和安全之外，还有更深层次的意义，比如：协调统筹信号系统和牵引供电之间的关系，建立完备的铁路电磁兼容标准体系，改善信号系统乃至整个铁路的电磁环境；信号设备在EMC性能上符合国家CCC认证和铁路CRCC认证，既是国外设备进入中国铁路的必要条件，也积极推动具有自主知识产权的国产通信信号产品与国际接轨。在此基础上，还有助于有关人员建立电磁兼容理念并将其渗透到信号设备生命周期的各个环节中。

在特定的电磁环境条件下，研究和讨论特定的控制系统即信号设备的电磁兼容设计具有明确指向和现实意义。本书结合上述思路，从以下几方面进行讨论：

(1)介绍了电磁兼容学科的概貌和基本概念，重点阐述了常用的电磁骚扰抑制技术。

(2)铁路信号系统及其干扰源,简述了信号系统的组成和环境特点,重点分析电气化铁道干扰源的特征及干扰形式,这也是信号设备采取防护手段的依据。

(3)铁路信号电磁兼容标准和试验,主要介绍国外尤其是欧洲和我国铁路信号设备有关标准、电磁兼容试验与对策,发射和抗扰度限值,有助于对电磁环境的认识。

(4)室内信号系统电磁兼容技术,主要根据室内信号系统构成和特点,重点论述系统内电磁兼容设计原则,并介绍典型室内电子设备电磁兼容设计技术。

(5)轨旁信号设备对电磁干扰的防护技术,简要分析轨旁信号设备的主要干扰源,重点分析音频轨道电路对电气化牵引电流传导性干扰的防护、站内 25 Hz 相敏轨道电路对冲击干扰的防护。

(6)车载信号设备电磁兼容技术,主要介绍机车和车辆电磁环境以及车载信号设备电磁兼容设计技术。

(7)考虑到雷电电磁脉冲对信号电子设备的影响,结合有关标准和规范,介绍信号设备雷电防护的原则和技术以及信号设备综合接地技术。

(8)铁路信号发展趋势与电磁兼容,简介铁路信号发展趋势与电磁兼容的相关性,重点说明信号设备电磁兼容管理的具体方法。

本书期望在系统总结中国铁路信号电磁兼容技术领域研究成果的基础上,根据当前新技术背景的变化,借鉴国际同行业的先进理念,紧密结合现场实际,力图达到以下四点目标:原理简明、方法实用、数据可靠、案例典型。作为面向研究型教学的本科专业教材,本书特色主要表现在:

(1)作为电磁兼容和铁路信号(轨道交通控制系统)的交叉学科,涉及内容较多,因此,从学生认知规律出发,在阐述电磁兼容理论和应用的基础上,深入挖掘相关学科之间的关联性,强调基本原理的融会贯通和具体应用,引导学生掌握科学研究方法。

(2)紧密结合本行业高速发展的现状,如重载、高速等背景下的电磁环境,有机融入实用方法、典型实例，将新技术和新成果转化为教材中的教学资源。

(3)内容具备开放性和前瞻性，注重内容和习题的连贯和配套，强化了工程性习题和设计性习题，考虑了仿真工具的运用。

本书于2007年9月开始着手准备，2008年9月由铁道部人事司以普通高等教育铁道部规划教材正式立项。

本书由北京交通大学杨世武主编，北京交通大学沙斐主审。参与编写人员有北京交通大学王国栋、陈嵩、王海峰和广州铁路(集团)公司电务处陈建译。其中第一章由陈嵩编写；第二章、第四章第二节、第五章、第八章、附录由杨世武编写；第三章由王国栋编写；第四章第一节和第三节由王海峰编写；第六章由王国栋编写；第七章由陈嵩、陈建译编写。

在编写过程中，得到铁道部人事司、铁道部运输局基础部、北京交通大学电子信息工程学院和教务处以及多位同行的大力支持，抗电磁干扰研究中心部分研究生参与完成了大量仿真验证工作，在此一并谨致谢意。

本书主要面向高等院校铁道信号及轨道交通相关专业的本科生，建议教学参考学时为32～36学时。由于各章内容相对独立，可根据需要适当取舍。本书也可供有关科研、维护等技术人员参考，希望对相关人员建立电磁兼容理念、掌握基本原理、了解电磁干扰问题分析和电磁兼容设计方法发挥积极的作用。在阅读过程中，读者可从相关参考文献中获取更详细的信息。

由于编者水平所限，书中难免有疏漏和错误之处，恳请读者不吝指正。

编　者

2010年5月

目　录

第一章
电磁兼容概述

本章介绍了电磁兼容概念及相关背景知识，结合铁路应用，重点分析并详细阐述了电磁骚扰源、耦合途径及电磁骚扰的抑制技术。

第一节 电磁兼容基础知识

电磁兼容是一门多种学科相互交叉的、新兴的综合性边缘学科。随着科学技术的发展、多学科相互渗透，交叉融合，电子或电气设备的应用越来越广泛，使电磁兼容技术在很多领域越来越受到重视。任何电子、电气设备在运行时都会向周围发射电磁能量，这可能对周围其他设备的正常工作产生干扰，同时设备本身也可能受到周围电磁环境的干扰。电磁兼容研究的主要问题就是如何使处于同一电磁环境中的各种设备和系统都能正常工作而又互不干扰。

一、电磁兼容(性)与电磁兼容

电磁兼容(性)的缩写为EMC，来源于Electromagnetic Compatibility一词。在我国的台湾及港澳地区，亦常常译作“电磁相容(性)”。从构词法的字面理解来看，这个合成词应当描述的是一种“能力”或“性能”(－bility)。当描述设备(分系统、系统)的相应的EMC性能指标时，使用“电磁兼容性”一词；而当描述与EMC相关的理论、技术，以及用来称呼这个学科的时候，则往往采用“电磁兼容”这个词汇。事实上，在多数场合，将不加以区分地使用“电磁兼容”这一中文称谓。

国家标准GB/T 4365－2003《电工术语电磁兼容》将电磁兼容性定义为：“设备或系统在其电磁环境中能正常工作且不对该环境中任何事物构成不能承受的电磁骚扰的能力。”国家军用标准GJB 72－1985《电磁干扰和电磁兼容性名词术语》第5.10条将其定义为：“设备(分系统、系统)在共同的电磁环境中能一起执行各自功能的共存状态，即该设备不会由于受到处于同一电磁环境中其他设备的电磁发射导致或遭受不允许的降级；它也不会使同一电磁环境中其他设备(分系统、系统)因受其电磁发射而导致或遭受不允许的降级。”国际电工委员会(IEC)等都对EMC作了类似的定义。由此可见，电磁兼容学科主要研究的是如何使在同一电磁环境下工作的各种电气电子系统、分系统、设备和元器件都能正常工作，互不干扰，达到兼容状态。在某种程度上也可以说是研究干扰和抗干扰的问题。但作为一门学科，它的研究对象已不仅仅限于电气电子设备，而是拓宽到自然干扰源、核电磁脉冲、静电放电；频谱管理工程；电磁辐射对人体的生态效应；信息处理设备电磁泄漏产生的失密；检测地震前的电磁辐射，进行震前预报等等方面。因此电磁兼容学科包含的内容十分广泛，实用性很强，几乎所有的现代工业包括航天、军工、电力、通信、交通、计算机、医疗卫生部门都必须解决电磁兼容问题。近年来随着电力电子器件的不断发展以及计算机技术在工业自动化控制中的广泛应用，已逐渐形成了电力和电子设备互相结合、强电和弱电配合工作的电气系统。强电和弱电本身是不相容的；但又必须在同一个系统内工作，这就使电磁兼容成为系统能否可靠运行的一个关键性问题。

作为一门学科，虽然电磁兼容是在 20 世纪 60 年代开始发展的，但早在 1934 年就由国际电工委员会(IEC)发起并联合一些国际组织成立了国际无线电干扰特别委员会(CISPR)，当时主要是保护音频广播免遭干扰。在 IEC 组织内，还有一个与 CISPR 并列的涉及电磁兼容的组织，即 IEC 第 77 技术委员会(IEC/TC77)。国际上涉及电磁兼容的标准化组织主要就是上述这两个组织以及 IEC 的大约 50 多个关心特定产品的电磁兼容方面问题的产品技术委员会和分委员会。1945 年美国军方制订了世界上最早的军用电磁干扰标准 JAN－I－225，用于控制机载电气设备的电磁干扰。进入 20 世纪 60 年代以后，世界上一些技术先进的国家全面深入地开展了电磁兼容的研究工作，包括对电磁兼容测量技术的研究和相应测量仪器的开发。CISPR 制订了一系列的民用推荐标准，美国军方制订了全面的军用标准 MIL－STD－461/462。这些标准随着新产品、新系统和新技术的不断出现也随之进行不断地补充、修改和扩展。目前世界上的发达国家例如美国、欧盟国家、日本等已形成了一整套完整的电磁兼容体系，表现在：具有完善的电磁兼容标准和规范；具有有效地对军用和民用产品进行电磁兼容检测和管理的机构；具有高精度的电磁兼容自动测试系统，研制了很多关于电磁兼容预测、分析和设计的程序，有的已经商品化。电磁兼容控制技术使用的新材料、新工艺、新产品不断出现。这个体系保证了产品从设计、制造到进入市场和使用的全过程都得到充分地控制，以达到最终实现电磁兼容的目的。这个体系的逐步建立是以电磁兼容方面的学术研究为先导和基础的。国外电磁兼容的学术活动非常活跃。国际电气电子工程师学会(IEEE)的电磁兼容学会每年在美国举办一次国际 EMC 学术会议，其出版物 IEEE EMC Transactions 是世界电磁兼容界的一级刊物。在欧洲的瑞士苏黎世和波兰的 Wroclaw 每年轮流举行 EMC 学术会议，参加的人数和规模都比较大。此外，英国、日本、意大利、印度等国也定期举办会议。这些学术活动对促进交流和推动世界范围内的电磁兼容学科的发展起了很大的作用。

我国由于过去经济基础比较薄弱，电磁兼容的矛盾不突出，所以起步较晚，目前与国外仍存在一定的差距。在 20 世纪 70 年代国内一些单位特别是军品单位在实际工作中遇到了电磁兼容问题，开始引起了重视。20 世纪 80 年代成立了与 CISPR 对口的全国无线电干扰标准化技术委员会，研究和制订了一些电磁兼容标准。国内的一些科研单位、大学也逐步建立了实验室，开展电磁兼容研究。20 世纪 90 年代的海湾战争为国人敲响了警钟，使人们认识到电磁兼

容的重要性，而前欧共体的电磁兼容指令 89/336/EEC 则更增加了这种迫切性。指令规定自 1996 年 1 月 1 日起，凡不符合电磁兼容标准的产品一律不准进入欧洲市场，这无疑对我国产品的出口带来了很大压力。因此电磁兼容热在此后的几年中迅速升温。

我国从 1957 年成为 IEC 的成员，从 1976 年开始组织对应于 CISPR 各分委员会的工作组，正式参加 CISPR 的活动。为了对应 CISPR 的工作，于 1986 年成立了"全国无线电干扰标准化技术委员会(CTCSRI)"。为了进一步规划和推进全国电磁兼容标准制订及修订工作，加强与 IEC/TC77 的联系，国家质量技术监督局标准化司于 1997 年成立"全国电磁兼容标准化联合工作组"。此后于 2000 年撤销原"全国电磁兼容标准化联合工作组"，批准成立"全国电磁兼容标准化技术委员会"，以对应 TC77 的工作。2000 年成立"电磁兼容标准协调小组"，以协调上述两个标准化技术委员会的工作，并对应国际电工委员会电磁兼容顾问委员会(IEC-ACEC)开展有关标准化工作。

我国的第一个民用电磁兼容标准是 1966 年发布的机械工业部部标，有关船用电工产品的无线电干扰。我国的第一个电磁兼容国家标准是 1983 年发布的 GB 3907—1983《工业无线电干扰测量方法》。时至今日，我国已陆续制定了一百多部关于电磁兼容的国家标准和数十部国家军用标准，各有关行业如邮电、铁路等部门也纷纷制定相应的行业标准和规范。目前国家正在加快建立和完善电磁兼容认证体系，以保证中国的电磁兼容事业能正常地健康地发展。2003 年 8 月 1 日，我国正式开始实施"中国强制认证"制度(即通常所说的"3C"认证制度，英文全称为"China Compulsory Certification"，缩写"CCC")。该认证制度中即包含了产品的电磁兼容认证内容。认证标志如图 1—1 所示。

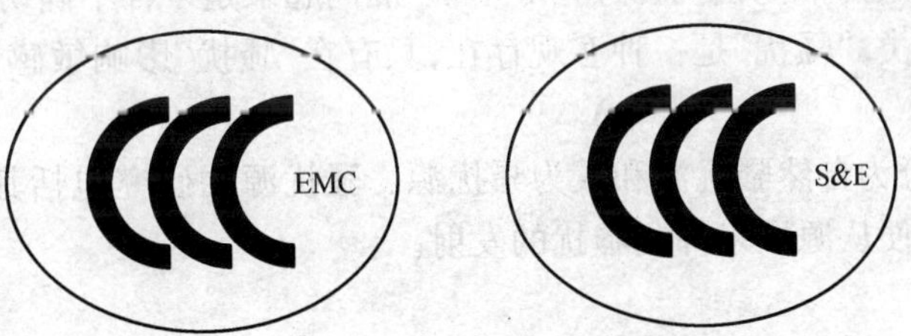

图 1—1　我国的强制产品认证标志

在学术活动方面，虽然我国尚未成立电磁兼容一级学会，但不少一级学会设置了电磁兼容二级学会，并曾联合召开了数次规模较大的全国性会议。令人欣喜的是，1997 年我国成功地举办了第一届国际 EMC 学术会议——IEEE Symposium on EMC，此后每 5 年举办一次，迄今已举办了四次。自 2005 年起开始举办每两年一度的 MAPE 国际会议——IEEE Symposium on Microwave，Antenna，Propagation and EMC in Wireless Communications，迄今已成功举办三届。相信在不久的将来，我国的电磁兼容学术研究和学术活动将得到更蓬勃的发展，并不断发展完善电磁兼容标准和认证体系。

二、电磁兼容研究的主要内容

电磁兼容学科研究的主要内容是围绕构成干扰的三要素进行的，即电磁骚扰源、传输途径和敏感设备。具体内容如下。

1. 电磁骚扰源

在了解电磁干扰的构成要素之前，需要对几个平常容易混淆的概念加以澄清。往往人们对于“骚扰”、“噪声”、“干扰”等这几种电磁现象不加以区分，而在电磁兼容学科中它们分别有着不同的明确定义。

电磁骚扰(Electromagnetic Disturbance)的定义为：“任何可能引起装置、设备或系统性能降低或对有生命或无生命物质产生损害作用的电磁现象。”电磁骚扰可能是电磁噪声、无用信号或传播媒介自身的变化。

电磁噪声(Electromagnetic Noise)是指“一种明显不传送信息的时变电磁现象，它可能与有用信号叠加或组合”。例如电气设备运行中经常产生的放电噪声、浪涌噪声、振荡噪声等不带任何有用信息。

无用信号是指一些功能性的信号例如广播、电视、雷达等，本身是有用信号，但如果干扰其他设备的正常工作则对被干扰的设备而言它们是“无用信号”，所以电磁骚扰的含义比电磁噪声更广泛一些。

电磁干扰(Electromagnetic Interference)的定义是“由电磁骚扰引起的设备、传输通道或系统性能的下降”。

由此可见，有时人们常把骚扰、噪声和“干扰”混同起来是一种不确切的表述。实际上，“噪声”是“骚扰”中的一类；“骚扰”是一种客观存在；只有在“骚扰”影响敏感设备正常工作时才构成了“干扰”。

电磁骚扰源可分为自然骚扰源和人为骚扰源。骚扰源的研究包括其发生的机理、时域和频域的定量描述，以便从源端来抑制骚扰的发射。

2. 传输途径

骚扰的传输途径有两条，通过空间辐射和通过导线传导，即辐射发射和传导发射。辐射发射主要研究在远场条件下骚扰以电磁波的形式发射的规律以及在近场条件下的电磁耦合。共模电流辐射也是重要研究内容之一。传导发射讨论传输线的分布参数和电流的传输方式对骚扰传输的影响，例如共阻抗耦合、共模—差模电流转换等。

3. 敏感设备

主要研究电磁骚扰如何使设备产生性能降低或产生不希望有的响应，如何提高设备的抗干扰能力，即降低对骚扰的敏感度，提高抗扰度。

4. 电磁兼容控制技术

最常用的是屏蔽、滤波、接地。屏蔽用于切断空间的辐射发射途径；滤波用于切断通过导

线的传导发射途径;接地的好坏则直接影响到设备内部和外部的电磁兼容性。此外,平衡技术、隔离技术等也是电磁兼容的重要控制技术。随着新工艺、新材料、新产品的出现,电磁兼容控制技术也得到不断的发展。

5.电磁兼容测量

电磁兼容测量贯穿于电磁兼容分析、建模、产品开发、检验诊断等各个阶段。由于测量对象是电磁骚扰,不同于一般有用信号,因此骚扰的拾取、度量和不确定度分析等都有自己的特点,对于测量方法、仪器设备、测量场地的研究是电磁兼容学科的重要组成部分。

6.电磁兼容标准

目前国际上权威性的电磁兼容标准有 CISPR 标准、IEC 标准、欧盟的 EN 标准、德国的 VDE 标准,美国的 FCC 标准和军用标准 MIL－STD。我国目前现行的有 100 多种电磁兼容标准。这些标准规定了各个频段各种类型电气电子设备的骚扰发射限值和抗扰度限值,并规定了相应的试验方法、仪器设备和试验场地。标准是大量理论研究和科学实践的结晶,同时也渗透着巨大的商业利益,所以对标准的研究和制订是历次国际会议的重要议题。由于我国的电磁兼容标准大多是等同采用国际先进标准,因此对标准的来龙去脉、理论依据、实施方法的研究也是我国电磁兼容界必须进行的课题。

7.电磁兼容分析预测和设计

分析、预测和设计是电磁兼容学科发展的高级阶段,在产品使用后出现电磁兼容问题再去着手解决将浪费大量的时间和经费,因此应该在产品开发的最初阶段就进行电磁兼容的分析和预测,取得必要的数据,然后进行电磁兼容设计。分析和预测的关键在于数学模型的建立和计算机分析程序的编制。数学模型包括根据实际电路、布线和参数建立起来的全部骚扰源、传输途径和敏感设备的模型。分析程序应能计算所有骚扰源通过各种可能途径对每个敏感设备的影响,并判断这些综合影响的危害是否超出相应标准的限值和设计要求.然后进行修整补充和再计算。系统越复杂,分析和预测的难度就越大。电磁兼容学科的研究内容十分广泛,本书主要讨论铁路信号系统中的电磁兼容性问题。

第二节 电磁骚扰源

一、电磁骚扰的种类

电磁骚扰的分类方法很多,可以从骚扰的来源划分,可以从发生机理划分,还可以从传输方式、频率范围、时域特性等方面来分类。这里主要从来源和发生机理来分类。

(一)电磁骚扰的来源

电磁骚扰源有自然骚扰源和人为骚扰源。

自然骚扰源指由自然界的电磁现象产生的电磁噪声,比较典型的有:

①大气噪声,如雷电。

②太阳噪声，如太阳黑子活动时产生的磁暴。

③宇宙噪声，来自银河系及其他星系。

④静电放电(ESD)。

人为骚扰源指由电气电子设备和其他人工装置产生的电磁骚扰。这些骚扰包括功能性的无用信号和非功能性的电磁噪声。需指出的是这里的人为骚扰源指的是无意识的骚扰，至于为了达到某种目的而施放的有意识的人为骚扰，例如电子对抗等不属于电磁兼容的研究范围。此外，电子电路内部的热噪声即设备的本机噪声也不在研究之列，它属于通信理论研究范畴。

任何电气电子设备都可能产生人为骚扰，这里列出一些容易产生骚扰的设备。

(1)家用电器和民用设备

- 有触点电器，例如电冰箱、电熨斗、电热被褥、电磁开关、继电器等。
- 使用整流子电动机的机器，例如电钻、电动刮胡刀、电按摩器、吸尘器、电动搅拌机、牙科医疗器械等。
- 家用电力半导体器件装置，例如硅整流调光器、开关电源等。

(2)高频设备

- 工业用高频设备，例如塑料热合机、高频加热器、高频电焊机等。
- 高频医疗设备，例如甚高频或超高频理疗装置、高频手术刀、X光机等。

(3)电力设备

- 电力传动设备，例如各种直流、交流伺服电动机、步进电机、电磁阀、接触器等。
- 电力电子器件组成的变流装置，例如可控整流器、逆变器、变频器、斩波器、无触点开关、交流调压器、UPS电源、高频开关电源等。
- 电力传输设备，例如高压电力传输线、高压断路器、变压器等。
- 电气化铁道，例如电力机车、接触网等。

(4)内燃机

- 包括点火系统、发电机、电压调节器、电刷等。

(5)无线电发射和接收设备

- 包括移动通信系统，广播、电视、雷达、导航设备等。

(6)高速数字电路设备

- 包括计算机及其相关设备。

(二)电磁骚扰的发生机理

1.放电噪声

放电是一种很常见的电磁现象。例如，雷电是由于雷云之间或雷云和大地之间产生静电放电而产生的；静电放电是由于人身所带的静电在接触到金属物体后火花放电造成的；整流子电机转动时，电刷与整流片之间产生火花放电；电气化铁道受电弓在高压接触网下滑动时伴随

一系列火花；带电感负载的开关断开时触点间有火花跳过；高压输电线常出现淡蓝色的电晕放电并嗞嗞作响；荧光灯、霓虹灯利用辉光放电发光等。

由于放电而产生噪声是最常见的现象，这时往往伴随着急剧的电流电压的瞬时变化，即 $\mathrm{d}i/\mathrm{d}t$ 或 $\mathrm{d}u/\mathrm{d}t$ 很大。

放电的类型有好几种。随着带电体之间的电压等级和放电条件（带电体的距离、气体类型、气压等）的不同，分为暗流、辉光、电晕、火花、弧光放电几类。当带电体间电压超过放电起始电压后气隙开始击穿，但保持何种放电状态则由放电电路条件决定，这是由放电回路电阻 R 和场强 E 所决定。放电时回路里伴随着脉冲电流，这是产生电磁噪声的根源，同时火花和电晕本身也会向外辐射噪声。

2. 接触噪声

接触噪声是由于触点间接触电阻发生变化而产生的，例如触点静压力变化、振动、冲击、滑动、虚接、氧化、污渍、表面损坏等都会引起接触电阻变化。此外，触点上的金属氧化物整流检波效应；不同金属材料接触时的温差热电动势；医疗电子设备电极处的涂料极化引起的电压波动等都可能产生电磁噪声。

3. 过渡现象

过渡现象即电气电子电路中电流电压的瞬态变化 $\mathrm{d}i/\mathrm{d}t$、$\mathrm{d}u/\mathrm{d}t$。这是产生噪声的根本原因，也是普遍发生的现象。例如高速数字脉冲的上升沿、下降沿；电力电子器件工作时的瞬态电压电流变化；电源接通时白炽灯和电动机的冲击电流；电力设备开闭或故障时的异常电压变化；导线上感应到雷电后产生的尖峰衰减振荡等等。

4. 反射现象

反射现象指空间电磁波传播时遇到障碍物被反射并与原信号叠加，例如电视重影，传输线与负载和源内阻抗不匹配引起反射等。

5. 非功能性噪声

电子电路工作时存在着一些与完成特定功能无关的信号，例如由于分布电感、分布电容产生的振荡；波形失真引起的高次谐波、电源哼声等等。

6. 无用信号

这里的无用信号是指功能性信号，是完成特定功能时使用的信号，例如广播、电视、移动通信、雷达、导航等信号，但如果对其他设备产生了干扰则对敏感设备而言是无用的。

二、铁路信号系统中常见的电磁骚扰

（一）电力电子器件的噪声

电力机车或电动车组是典型的机电一体化系统。随着交流电气化铁道的发展，电力机车及电动车组成为目前我国铁路的主力运营车种。在电拖动机车（包括电力机车、电动车组以及电力传动内燃机车）上，都有整流及变流装置。早期的水银式和引燃管式变流器，到 20 世纪

60 年代后就被大功率半导体器件构成的变流器所替代。起初仅用大功率二极管进行交—直流间的整流。晶闸管和电子控制器件出现后，牵引整流器便具有交—直流间的可控整流和有源逆变、直—直流间的变换的功能，并且试制出直一交流间的变换器。变流器技术进入到电力电子器件时代。当前，机车变流器上普遍采用的是 GTO（可关断晶闸管）、GTR（大功率晶体管）及 IGBT（GTR 和 MOSFET 的合成器件）等电力电子器件。

电力电子器件是一种可控开关元件，可以用小信号输入控制大功率的输出，功率放大倍数在 10^4 以上，因此可以作为强电与弱电之间的接口基础。用电力电子器件构成的变流装置主要有可控整流器（AC-DC 变换）、逆变器（DC-AC 变换）、斩波器（DC-DC 变换）、交流调压器（AC-AC 变换）、变频器（AC-AC 变换）等，这些变流器广泛应用于各种交、直流电动机的拖动和变速系统、中频电源、不间断电源（UPS）、无触点电子开关等场合。

但是实践证明电力电子器件构成的变流装置是十分强烈的电磁噪声源，现以晶闸管为例说明。晶闸管变流装置产生的噪声主要表现在以下几个方面。

1. 使电网中的谐波含量大大增加

由于晶闸管变流器是非线性负载，工作时将从电网中吸收含有高次谐波的电流，谐波电流流过电源内阻抗时产生高次谐波压降，使电源的端电压波形发生畸变。有时供电回路会与某次谐波产生谐振，例如供电变压器的漏电感加上供电线的分布电感与分布电容可能在某次谐波上发生谐振，结果将使电网电压的波形严重畸变，从而影响同一电网上的其他负载的正常运行。如图 1—2(a)所示是电力机车主变压器的结构示意图，主变压器的牵引绕组接有晶闸管桥式整流器，供电力机车的直流牵引电机使用，晶闸管整流器产生的高次谐波可通过主变压器耦合到辅助绕组上，使其端口电压产生严重的畸变，如图 1—2(b)所示是产生畸变的辅助绕组的端口电压。

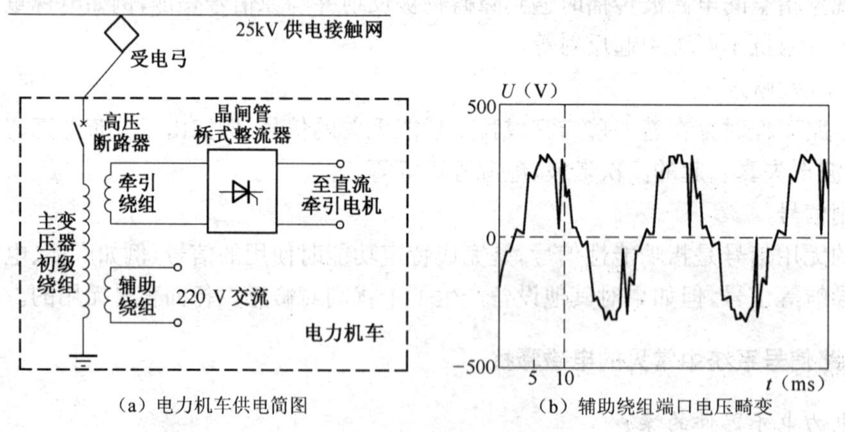

(a) 电力机车供电简图　　(b) 辅助绕组端口电压畸变

图 1—2　电力机车中晶闸管引起的电压畸变

电源电压的畸变程度用电压畸变率表示

$$\text{电压畸变率}=\frac{\text{所有谐波电压有效值}}{\text{基波电压有效值}} \tag{1-1}$$

公用电网的电压畸变率应被限制在3%～5%之内。

晶闸管产生高次谐波的原理可以用广泛运用的三相桥式全控整流器为例来加以说明。

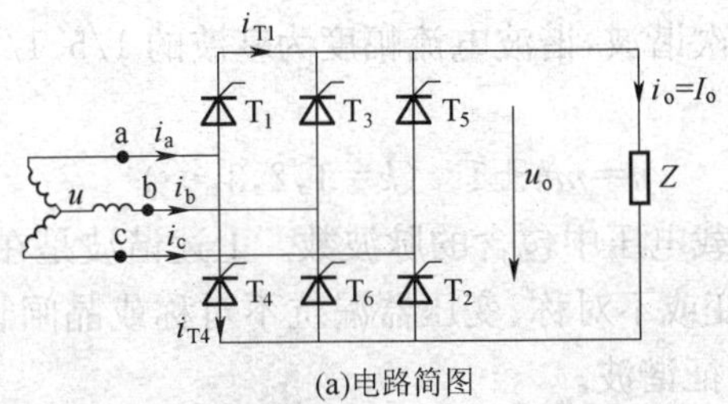

(a)电路简图

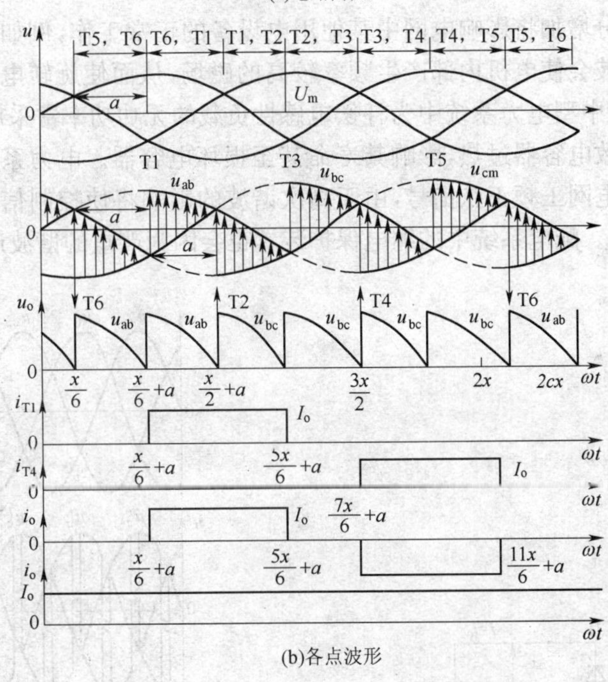

(b)各点波形

图1—3 三相全控桥式整流电路

如图1—3(a)所示是其简易电路图，设负载是大电感，则负载电流 i_o 基本不变为 I_o。晶闸管T1、T3、T5为共阴极组，T2、T4、T6为共阳极组。设 α 为触发角，6个晶闸管的触发次序按6—1—2—3—4—5顺序循环进行，相邻两次触发的相位差为 $\pi/3$，即晶闸管每隔 $\pi/3$ 换一次相，同组晶闸管每间隔 $2\pi/3$ 换一次相，任何时刻总有两个不同组的晶闸管同时导通，循环顺序是61—12—23—34—45—56。电路中各点波形如图1—3(b)所示。由图可知负载上的电压 u_o 是脉动的，每个电源周期包括6个脉波。桥式变流器交流侧线电流 i_a、i_b、i_c 是一系列矩形波,图中仅列出了 A 相的电流 i_a,每个矩形波宽度为 $2\pi/3$,间隔 $\pi/3$,每个电源周期有正负各一个矩形,矩形幅度等于负载电流 I_o。由于矩形波具有很陡峭的上升和下降沿,因此含有丰富的谐波。6 脉波变流器的谐波次数为

$$n=6k\pm1 \quad (k=1,2,3,\cdots)$$

即包含 5、7、11、13,…等次谐波,谐波电流幅度为基波的 1/5、1/7、1/11、1/13、…。其他三相变流装置的谐波数为

$$n=mk\pm1 \quad (k=1,2,3,\cdots)$$

其中 m 为该种变流器负载电压中包含的脉波数。上述谐波是在理想条件下获得的,称为特征谐波。如果电源电压畸变或不对称、变压器漏抗不对称或晶闸管的触发脉冲间隔不均匀都会产生新的谐波,称为非特征谐波。

电网中的谐波成分增加将影响电网中其他用电设备的正常工作,例如高次谐波会使变压器损耗增大。高次谐波会使电机内部产生频率较高的磁场,从而使旋转电机发热、振动、损耗增加、效率降低。在大中型电力系统中为补偿电感性负载的无功功率常采用电力电容器,过大的持续谐波电流会导致电容器过热,影响其寿命甚至损坏电容器。电力系统中大多数控制装置的控制信号取自于电网工频正弦信号,由于高次谐波的影响将使控制信号的相位和幅值变化,从而发生失控现象。配电系统中的继电保护装置也会因为严重的谐波产生误动作。

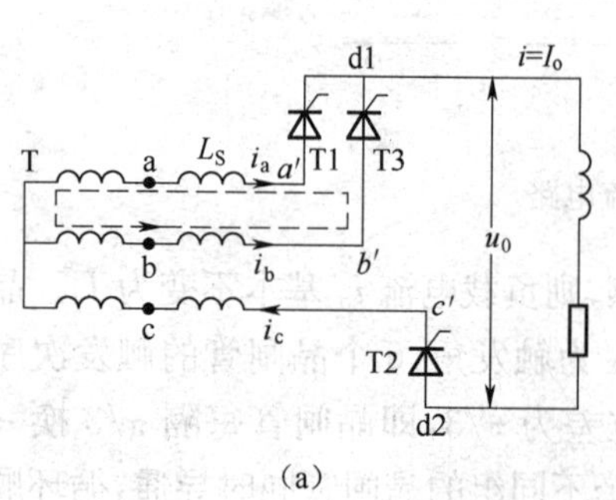

(a)

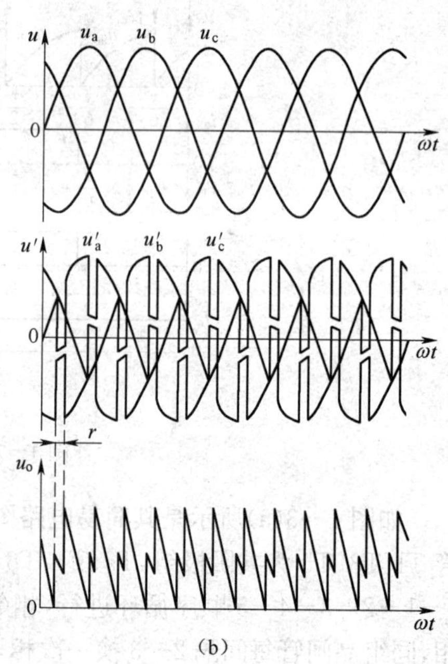

(b)

图 1－4　晶闸管引起的电源电压缺口

2. 使电网电压产生严重缺口即瞬时电压跌落(有时甚至超过 20%)

这里仍以三相桥式全控整流器为例。在以上关于谐波的讨论中忽略了供电回路的分布电感,实际上交流回路总是存在着输电线路的分布电感和变压器漏感。设每相总电感为 L_S,如图 1－4(a)所示,由于 L_S 的存在晶闸管的换相就不能瞬时完成,需要一定的时间,所对应的角度称换相重叠角 γ。图中换相时导通晶闸管为 T1 和 T2,换相后应该是 T2 和 T3 导通。换相时如果没有 L_S,T3 管一经触发导通则 T1 管应立即关断,但实际上由于 L_S 的反电动势将继续维持 T1 的导通状态,这时 T1 和 T3 同时处于导通状态,而且 T1 和 T3 同是阴极组的,因此 A 相和 B 相电源短路,引起电源电压波形产生明显的缺口,缺口的宽度即为换相重叠角 γ,γ 与触发角 α、负载电流和 L_S 有关。图 1－4(b)绘出了整流器各点的波形,u 是没有考虑 L_S 时的电压波形,u' 是考虑了 L_S 后的电压波形,u_o 是整流器输出电压波形。整流器变压器次级电压波形的畸变必然通过变压器初级绕组反映到电网上去。

对于 6 脉波的三相桥式全控整流器而言,每个电源周期有 6 次换相,每次换相涉及两相电源,每相电源经受 4 次换相,因此每相电源电压将出现 4 次缺口。3 脉波的三相半波可控整流器每相电源每周期出现 2 次电压缺口。单相桥式全控整流器的电源电压每周期出现 2 次缺口。

3. 使电网电压产生波动

晶闸管变流装置引起的电网电压波动是由于无功功率的变化产生的。无功功率与装置的功率因数密切相关。对于给定的输入功率,如功率因数越小,则要求电网提供的电流越大,电网的无功功率损耗和线路压降就越大,因而将引起电网电压的波动。功率因数定义为

$$\mathrm{PF}=\frac{P_{AC}}{U_S I_S} \tag{1-2}$$

式(1－2)中分子 P_{AC} 为输入有功功率,单位为瓦(W);分母为视在功率,即输入电压 U_S 与输入电流 I_S(均指有效值)的乘积,单位为伏安(V・A)。

可以证明,采用相位控制的整流电源其网侧输入功率因数可表达为

$$\mathrm{PF}=\frac{I_{S1}}{I_S}\cos\varphi \tag{1-3}$$

式(1－3)中 I_{S1} 是输入电流基波分量,φ 是输入电压与基波分量的相位角,I_{S1}/I_S 也称为畸变因数,$\cos\varphi$ 也称为位移因数。

由于晶闸管整流装置是依靠改变触发角 α 来实现调压和稳压目的的,所以网侧输入电流是非正弦波。由式(1－3)可知功率因数总是小于 1,即使位移因数 $\cos\varphi$ 为 1 即输入电压和基波电流同相也是如此,而且随着触发角 α 的增大功率因数将进一步减小。现仍以三相桥式全控整流器为例说明;由图 1－3(b)可知整流器输出电压 u_o 是 6 脉波的,其平均值 U_o 可由下式表示

$$U_o=\frac{3\sqrt{3}U_m}{\pi}\cos\alpha \tag{1-4}$$

式中 U_m 是输入电压的幅值，α 为晶闸管触发角（$\alpha<\pi/2$），当 α 由 0 增大时 U_o 下降，则负载上消耗的功率减小，反映到网侧为输入有功功率 P_{AC} 也相应减小。由图 1－3(b)还可知对大电感负载，输出电流基本不变为 I_o，反映到网侧输入电流（图中的 i_S）也不随 α 的变化而改变，即 I_S 不变。输入电压 U_S 通常是不变的，所以由式(1－2)可知视在功率 $U_S \cdot I_S$ 不变，P_{AC} 下降则功率因数下降，无功功率变大了。由以上分析可知晶闸管变流装置的功率因数总是小于 1，而且随着触发角 α 的变化而变化，触发角越大功率因数越小。当电网连接负载变化很大的设备时，例如电弧炉、可逆热轧机等等，它们产生的无功功率变化很大，对电网造成很大冲击，引起电网电压的严重波动，所以这些负载亦称为冲击负载。

4. 产生高频噪声

通常电力电子器件流过的电流都很大，约几安培到几十安培，甚至上百安培，而开关时间却很短，以晶闸管为例约 1～10μs，在瞬间导通和关断时电流变化率 di/dt 很大，极易产生较大的高频噪声。特别是在晶闸管关断时还可能引起高频振荡。高频噪声的频谱约在调幅广播频段，可直接向空间辐射，也可通过晶闸管变流装置的输入输出线向外传导，干扰附近的通信、广播和其他敏感电子设备。

又如当前普遍采用的使用 IGBT 组成的逆变电源电路，其末级的 DC/AC 变换电路主要结构为被称作“四象限斩波器”的桥式变换电路（如图 1－5 所示）。由于 IGBT 器件的开关频率较高，其输出本身就含有很丰富的高频谐波。而且，由于续流二极管在 IGBT 的关断瞬间不能及时导通续流，加之前级高频变压器中存在漏感、吸收回路中的电感元件以及电路的分布电感，将会造成在 IGBT 的管脚间产生浪涌电压。这种电压浪涌不仅对 IGBT 器件本身构成威胁，而且其在被吸收电路吸收后的残压仍然可以构成相当强的电磁骚扰。

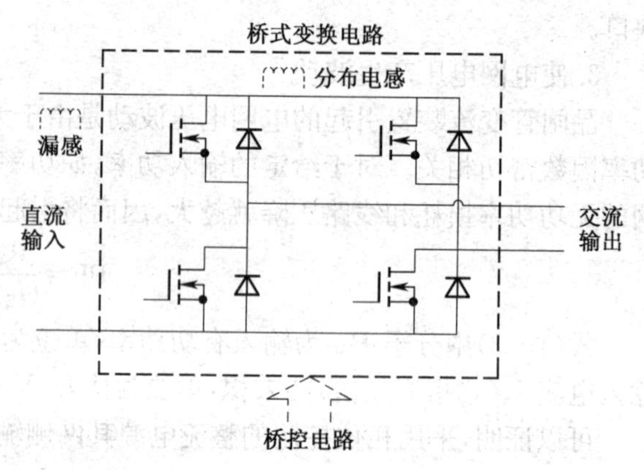

图 1－5　逆变器末级的桥式斩波电路

此外，电源电压中的缺口、三相整流装置电源侧的方波电流等由于其陡峭的上升、下降沿都会产生较大的高频噪声。

（二）电感负载切断时产生的瞬变噪声

先研究直流回路中电感负载切断时产生的瞬变噪声。设电感线圈的电感量为 L，电阻为 r_L，分布电容为 C_d，S 为开关，如图 1－6 所示。开关 S 闭合时电感中电流为 I。当开关 S 突然开启时，由于电感元件中的电流不能突变，故在电感两端将会产生一个很高的反向电动势。在开关的两触点间将产生放电现象。放电发生的机理有两种即金属的弧光放电和气体的火花放电。触点间的起始放电电压和停止放电电压与触点间的距离有关。金属的弧光放电是由于高

温使触点金属气化，形成放电通路，没有气体分子也仍然可以产生弧光放电。

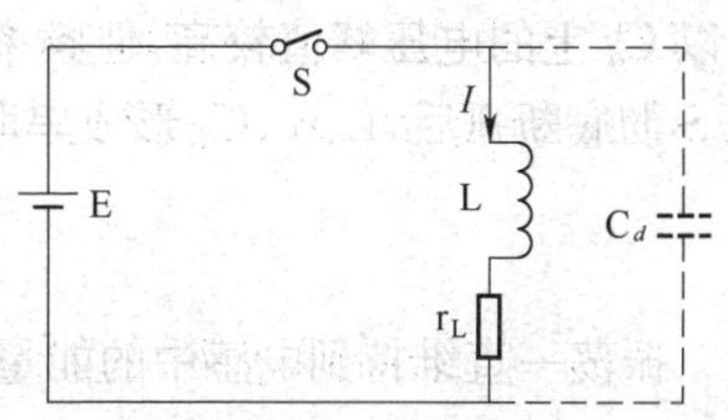

图 1－6　切断直流回路中的电感负载

放电所需起始电压随触点距离增加而升高，触点距离小于 1 μm 时十几伏的电压就可以产生电弧。气体的火花放电是由于触点间气体分子发生电离而产生的放电现象。起始放电电压与气体种类、气压和触点距离有关。1 个标准大气压时如触点间隔 10 μm 时起始放电电压为 320 V，距离增加或减小时起始放电电压都要增加。气体放电在触点间电压低于 300 V 时不再持续放电。

以下分析开关断开时产生放电现象和瞬变尖峰脉冲噪声的机理，其过程可用图 1－7 表示。图中横轴是时间对数也可看成是触点间的距离，因为触点随时间而拉开；纵轴是触点间的电压对数。其中曲线 I 对应于金属弧光放电的起始放电电压曲线，曲线 II 对应于空气火花放电的起始放电电压曲线。U_A 是弧光放电维持电压，U_G 是火花放电维持电压。当开关 S 的触点放松即将离开但仍有接触时，触点间的接触面积大大减小，接触电阻增加，电流流过时产生的耗散功率产生了高温使触点金属气化，触点周围被金属气体包围。当触点刚一离开，电流为零的瞬间，电感产生反电动势，其值为$-L\dfrac{di}{dt}$。由于在瞬间电流发生很大变化，所以反电动势很大，并经由电阻 r_L 向分布电容 C_d 反向充电。电容上的电压和电源电压相加，共同加在触点的间隙上。当触点间的电压随 C_d 的充电电压升高而升高并超过弧光放电起始电压值时，触点间出现弧光放电。这时的放电是由于触点间距小，电场强度相对较大，金属气体被电离而发生的。弧光放电时电容 C_d 通过电弧向电源回路放电，同时触点间电压下降，当降至弧光维持电压 U_A 后即停止放电，电源回路又断开，电感 L 又向分布电容 C_d 充电，直至触点间电压达到新的起始放电电压，开始下一轮弧光放电。应注意的是由于触点的继续分开，间距增加，这时的起始放电电压要比上一轮的起始放电电压高，C_d 充电的时间也需更多一些。上述过程反复进行，直至触点间隙已增加到可用气体放电来替代金属弧光放电。气体放电的过程也大致与上述情况相同，放电—停止—放电，这种重复过程将进行到电感中积蓄的能量消耗到不能再维持放电为止。在整个开关断开过程中电感线圈两端的电压波形可由图 1－8(a)表示，这也是分布电容 C_d 两端的电压波形。由图可知起始时由于触点距离较近，所需起始放电电压较低所以电容上的电压峰值较低，但频率较高。随着触点间距离增加，C_d 上只有充电充到足够高的电压后才能产生放电，

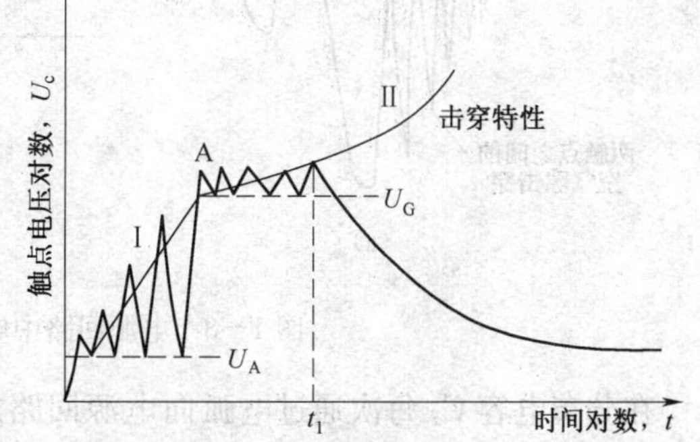

图 1－7　切断感性负载产生放电现象的机理

所以 C_d 上的电压峰值较高，但频率减小，最后一次 C_d 反向放电时电压甚至可达几千伏，在开关 S 彻底断弧后，L、r_L、C_d 形成串联衰减振荡回路，振荡频率约等于

$$f=\frac{1}{2\pi\sqrt{LC_d}} \tag{1-5}$$

振荡一直维持到电感中的能量消耗殆尽为止。

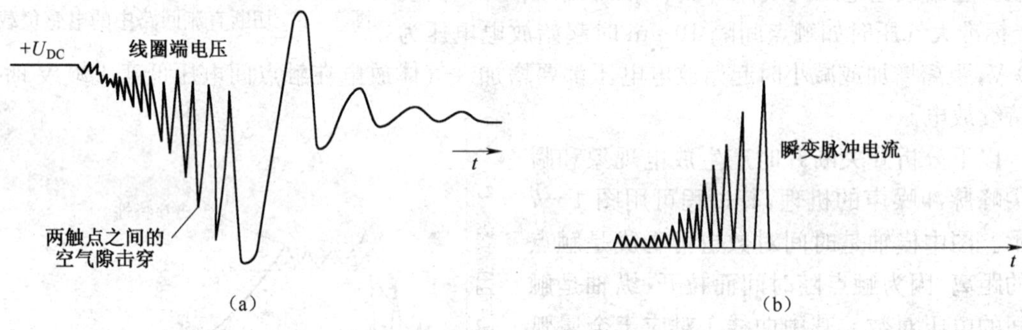

图 1－8　电源回路中电感负载上的瞬变脉冲

在分布电容 C_d 每次通过电弧向电源回路反向放电时，电源回路上出现很大的瞬变脉冲电流，这是产生干扰的根本原因。一般电源回路总是存在一定的阻抗，这些瞬变脉冲电流在回路阻抗上产生相应的瞬变脉冲电压，其波形见图 1－8(b)。如果回路中的分布电感较大则瞬变电压脉冲可能变成衰减振荡波形。对于使用同一电源的其他设备，这些叠加在电源上的脉冲或振荡就构成了传导干扰。另一方面，瞬变脉冲电流产生的电磁场也可以通过空间辐射或耦合方式干扰其他设备正常工作，同时电弧本身也是辐射源。

交流供电时只要不在交流电流过零时切断大电感负载也会产生瞬变尖峰脉冲，其机理与直流供电时基本相同。由于尖峰脉冲往往成组出现，所以也称为电快速脉冲群(EFT)。电快速脉冲群的群持续时间群中包括脉冲的个数，每个脉冲的幅度、波形、上升时间和持续时间等参数与感性负载的电感、电阻和分布电容有关；与电路的工作状态即电压、电流有关；与供电回路的分布参数有关；与开关本身的各种特性也有关。

带有电刷和整流子片的整流子电动机所产生的噪声也可用上述过程来进行分析。电机在转动时电刷在整流子片上滑动，由图 1－9可见，当电刷同时和相邻两个整流子片相接触时整流子片被短路，与之相连接的电动机绕组上流过很大的短路电流。当电刷脱离前一个整流子片向后一个整流子片滑动时，电机绕组瞬时开路，产生很大反电动势，从而触发电刷与前一个整流子片之间的火花放

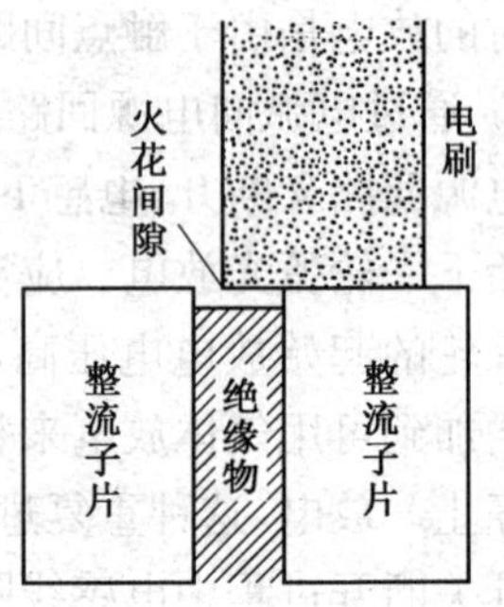

图 1－9　电刷和整流子片间的火花放电

电，这和用开关断开电感负载的情况是一样的。只是在整流子电机中由于电刷不停地在整流子片组上滑动，火花放电将连续地周期性的发生。这类电机有小型串激电动机例如电钻、吸尘器、电动刮胡刀、电动搅拌机等等。

电气化铁道供电电压为 25 kV，通过受电弓送到电力机车内主变压器初级绕组，如图 1—2(a)所示，运行时电流可达几百安培。当受电弓在供电接触网的馈电线上滑行时遇到硬点而离线或通过接触网的分相绝缘点时将产生强烈的火花放电，其原理也与上述分析相似，所产生的尖峰瞬变噪声将沿车体和接触网传播，并向周围空间辐射。

轨道交通系统中常见的感性负载包括各种电动机、电磁阀、继电器、电抗器、扼流圈、变压器、电铃、蜂鸣器等等，切断这些负载时都有可能产生火花放电。此外利用产生火花来进行工作的设备例如火花式高频焊机、汽车等内燃机的点火装置都是很强的噪声源。

(三)接通负载时的冲击电流及开关触点抖动

电容性负载在接通电源时由于电容上的电压不会发生突变所以将产生相当大的冲击电流，其值由电源内阻和电源电压决定。例如在电力电路中接入补偿功率因数的电容器就会产生这种冲击电流。感性负载例如大功率的电动机的启动电流、大型变压器的励磁冲击电流等可达正常状态下的 5～10 倍。即使是电阻负载例如白炽灯、电炉等由于常温时的电阻远小于发光发热时的电阻，所以合闸时的冲击电流也可比额定电流大 10～15 倍。

冲击电流将在供电回路中产生瞬变电压，如回路中有分布电感和电容存在，则瞬变电压可能变成衰减振荡波形。当冲击电流很大时还可能引起电网电压的瞬时跌落，产生严重后果。例如继电器突然释放；自保持电路突然断开；电机转速减慢；控制设备中的逻辑电路发生混乱；内存储数据丢失等。

当用机械式开关、继电器、接触器等接通负载时另一个应注意的问题是触点的振颤或跳动。触点第一次闭合后又跳开，再接触，有些触点甚至会跳动多次，从而使电路断续接通。当开关接通的是大电流负载时，触点间有可能引发火花放电，从而产生尖峰脉冲噪声。如果开关用在逻辑系统中，产生输入信号时，本来开关的一次接通产生一个输入信号，由于触点的跳动使输入脉冲变成多个，从而导致逻辑电路误动作，如图 1—10 所示。

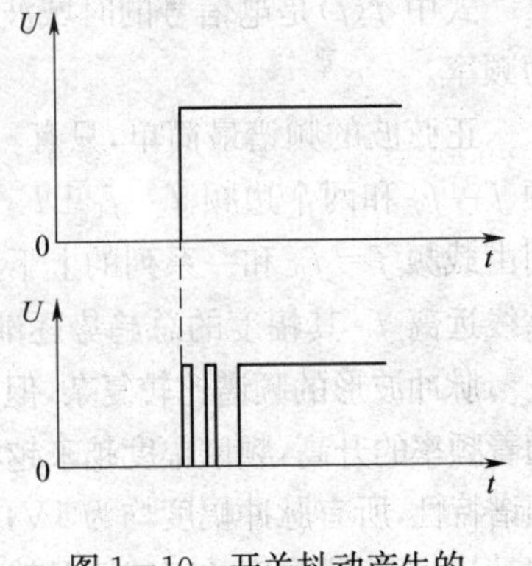

图 1—10　开关抖动产生的多余输入脉冲

三、电磁骚扰的数学描述方法

电磁骚扰和有用信号一样可以在时域和频域内进行描述，同时也有特殊的描述方法。

1. 时域描述

骚扰的时域描述即骚扰的波形描述。如果骚扰是正弦波则可用正弦波的频率、电压有效值和电流有效值来描述。如果正弦波有畸变，则应该考虑其失真系数。对于调制正弦波则应该用调制度来衡量其调制情况。对于脉冲噪声其主要参数应该是上升时间、下降时间、脉冲宽度、脉冲幅度等。如果脉冲是周期性的，则还应知道脉冲的重复频率或周期。常见的脉冲波形有矩形、梯形、三角形、指数衰减、高斯形、衰减正弦振荡等等。实际上在很多场合下噪声波形是随机的，但可以套用与之最接近的规则波形来分析。例如在考虑数字电路的干扰时可以把数字脉冲看成是梯形波。在对设备的抗干扰性能进行检测时常用模拟噪声源产生规定波形的脉冲信号。

2.频域描述

骚扰的频域描述即骚扰的频谱分析。了解骚扰的频谱就可以确定骚扰在哪些频段上可以对其他设备产生干扰，如果骚扰的频谱范围与设备的通频带没有重叠一般不会产生干扰(除非骚扰强度特别高)，反之就有可能产生危害。在有关电磁兼容的国际国内标准上都是在频率域上确定骚扰限值的。例如在国标 GB 9254《信息技术设备的无线电干扰限值和测量方法》中规定了家用计算机等设备向空间辐射的骚扰场强在 10 m 处的限值。在 30～230 MHz 频段内骚扰场强应小于 30 dB，在 230～1 000 MHz 频段内骚扰场强应小于 37 dB。在对于骚扰采取抑制措施时也必须考虑骚扰的频率范围，不同的频段采用的办法可能不同。常用的骚扰抑制器件如滤波器、磁环、屏蔽材料等都是在一定的频率范围内才能起作用，所以研究电磁骚扰的频谱在电磁兼容分析中起着重要作用。

任何电信号都可以通过傅立叶变换求得其频谱函数，下式为傅立叶交换的表达式

$$F(\omega)=\int_{-\infty}^{+\infty} f(t)\mathrm{e}^{j\omega t}\,\mathrm{d}t \tag{1-6}$$

式中 $f(t)$是电信号的时域波形函数，$F(\omega)$为该信号的频谱函数，ω 是角频率，$\omega=2\pi f$，f 为频率。

正弦波的频谱最简单，只有一根谱线，即 $f=f_0$ 处；单频调幅正弦波的频谱表现为一个载频 $f=f_0$ 和两个边频 $f=f_0\pm F$，其中 f_0 是载波频率，F 是调制频率；单频调频正弦波的频谱则由载频 $f=f_0$ 和一系列的上下边频谱线 $f=f_0\pm kF$ 组成，其谱线间隔为调制频率 F，随着谱线远离 f_0 其幅度的总趋势逐渐减小。

脉冲波形的频谱比较复杂，但它们也存在一定的共性，即：能量主要集中在频率较低的频段，随着频率的升高，频谱幅度越来越小，最后可以忽略不计。图 1—11 给出了八种常见脉冲波形的频谱特性，所有脉冲幅度均为 1V，宽度为 1μs。由图可知在低频段各种脉冲的频谱幅度是相同的，但在高频段幅度的衰减情况就大不相同。对于矩形和锯齿形脉冲幅度随频率的下降最慢为 —20 dB/10 倍频，对于梯形、临界阻尼指数形、三角形、余弦形脉冲则以—40 dB/10 倍频速度下降。对于余弦平方形脉冲为—60 dB/10 倍频，高斯形脉冲下降最快为—80 dB/10 倍频。

比较 8 种脉冲波形的频谱可以得出以下重要结论。

(1)脉冲波形具有相当宽的频率带宽。

(2)脉冲波形的频谱幅度在低频段较高，在高频段随频率增加而降低，降低的速率与脉冲边沿的陡峭程度有关，脉冲越陡峭即上升时间越短则频谱幅度下降越慢，反之脉冲越圆滑则下

降速率越快。换而言之陡峭的脉冲比圆滑的脉冲含有更高的频率成分，有效频率带宽更宽。

从电磁兼容的角度看不希望脉冲的频谱带宽太宽，因为高频成分比低频成分更容易通过辐射或耦合途径传输，从而对其他设备产生干扰。

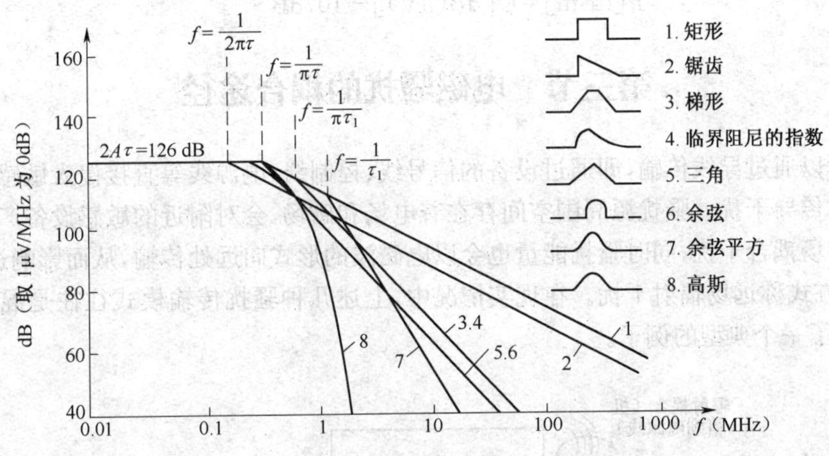

图 1—11　八种典型脉冲频谱的比较

骚扰一般都是随机的(除了一些功能性的骚扰以外)，其波形和频谱都比较复杂而且不易确定，所以往往不能用常见信号准确表示。

3. 单位

正弦波外其他波形都具有一定的频带，特别是脉冲波形具有相当宽的频带，所以骚扰的强度一般都是针对频率而言的。在测量骚扰强度时骚扰通过各种探头、天线等传感器输入到干扰测量仪中。干扰测量仪调谐到所需测量频率，得出的结果即为该频率的骚扰强度。骚扰强度习惯上以等效正弦电压有效值表示，所谓“等效”，是输入等幅正弦波使其指示值和骚扰指示值相同，则该正弦电压的有效值即为所测骚扰的强度。实际运用时干扰测量仪只要经过校准就可以直接测量骚扰，无需每次都输入比较用的正弦波。由于两者等效，正弦波的计量单位就可以直接用于骚扰强度。

骚扰的电压单位常用 μV，电场强度单位常用 V/m，功率常用 mW。

如用分贝表示则

$$U[\mathrm{dB}(\mu\mathrm{V})]=20\lg\frac{U}{1\mu\mathrm{V}}$$

$$E[\mathrm{dB}(\mu\mathrm{V/m})]=20\lg\frac{E}{1\mu\mathrm{V/m}} \qquad (1-7)$$

$$P[\mathrm{dBm}]=10\lg\frac{P}{1\mathrm{mW}}$$

式中 U 为电压，E 为电场强度，P 为功率。干扰测量仪测到的是端口的电压，如加上所用测量天线的天线系数即为被测骚扰的场强。由于干扰测量系统的阻抗都是标准规定的，一般为 50 Ω，所以根据 $P=U^2/Z$ 电压和功率也可互相转换。它们之间的相互转换关系如下

$$
\begin{aligned}
&E[\mathrm{dB}(\mu\mathrm{V/m})]=U[\mathrm{d}B(\mu\mathrm{V})]+K(\mathrm{dB})\\
&P[\mathrm{dBm}]=U[\mathrm{d}B(\mu\mathrm{V})]-107\mathrm{dB}
\end{aligned}
\tag{1-8}
$$

第三节　电磁骚扰的耦合途径

骚扰可以通过导线传输，即通过设备的信号线、控制线、电源线等直接侵入敏感设备，这种传输方式称传导干扰。骚扰源周围空间存在着电场和磁场，会对附近的敏感设备产生干扰，这种方式称近场耦合干扰；同时骚扰能量也会以电磁波的形式向远处传输，从而影响远处的敏感设备，这种方式称远场辐射干扰。在现实情况中，上述几种骚扰传输模式往往是混合的，如图 1－12 给出了一个典型的例子。

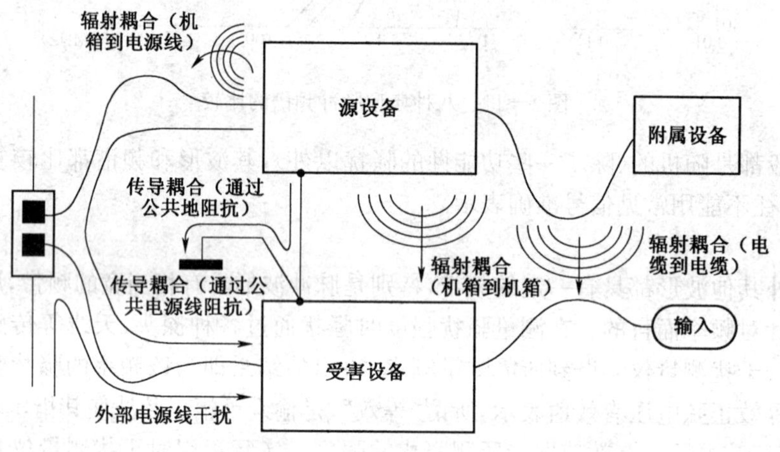

图 1－12　耦合途径举例

一、骚扰通过导线传输

（一）传输线的分布参数特性

在讨论骚扰通过导线传输之前应该首先了解传输线的特性。在电路原理图中，传输线仅仅是一对理想的连接导线，但在实际使用中传输线具有分布电阻、电容和电感，尤其在频率比较高时这些分布参数对信号的传输有着十分重要的影响。

1. 传输线的分布电阻

任何导体都存在一定的电阻，在导线中流过直流或低频电流时电荷在导线横截面上是均匀分布的，而当导线中流过高频电流时由于高频集肤效应，导线中的电流主要集中在导体的表

面，而导线中心几乎没有电流，因此导线的交流电阻将大于直流电阻，可用下式表示

$$R_{AC}=\frac{1}{\sigma 2\pi r\delta}\quad(\Omega/\mathrm{m})\tag{1-9}$$

式中 σ 为金属的电导率，r 为导线的半径，δ 为金属的集肤深度，$\delta=\frac{1}{\sqrt{\pi f\mu\sigma}}$，$\mu$ 为磁导率，f 为频率。该式适用于频率较高（$\delta\ll r/2$）的场合。

导线的交流电阻可用改变截面积形状的方法来减小，例如同样截面积的矩形导线比圆形导线具有更大的表面，所以交流电阻比圆导线小。接地导线常采用扁平矩形导线来代替圆导线，以减小高频电阻。

2. 传输线的分布电容

任何两块金属之间都存在电容，平行导线对之间的电容为

$$C=\frac{\pi\varepsilon}{\ln\left(\frac{s}{r}\right)}\quad(\mathrm{F/m})\tag{1-10}$$

式中，ε 为导线间介质的介电常数，s 为平行双线的间隔，r 为导线半径。可见导线的间隔越远，电容越小；导线的线径越粗，电容越大。

3. 传输线的分布电感

当导线中流有电流时，导线中和导线周围都存在磁场，因此导线具有内电感和外电感。内电感与内磁场有关，可用下式计算

$$L_i=\frac{1}{4\pi r}\sqrt{\frac{\mu}{\pi\sigma\cdot f}}\quad(\mathrm{H/m})\tag{1-11}$$

平行双线组成环路的电感（外电感）为

$$L_e=\frac{\mu}{\pi}\ln\left(\frac{s}{r}\right)\quad(\mathrm{H/m})\tag{1-12}$$

该式适用条件为 $s\geqslant 5r$。平行双线的总电感应为内电感和外电感之和。但内电感远小于外电感，而且频率升高时内电感进一步下降，所以内电感常常可以忽略，一般称导线的电感时均指导线的外电感。由式（1－12）可知导线线径越粗，电感越小，但由于电感和线径是对数关系，所以线径扩大到一定程度后再增加线径也不会使电感有太多的减小；导线间的间隔越大，电感越大，同样，间隔增加到一定程度后电感不会有明显的增加，这时导线中电流产生的磁力线几乎都包含在平行线组成的环内了。应该指出的是导线电感（外电感）总是伴随着环路的存在而存在的，没有环路也无所谓电感。但有些文献上列出的导线电感并没有指出它和其他导体的距离，似乎单根导线就存在电感，这纯属误解，这里的电感实际上是指该导线离其他导线距离较远（至少几厘米以上）时的电感。

4. 传输线的特性阻抗

由式（1－10）、式（1－12）可以得到一个很有意思的公式

$$LC=\mu\varepsilon \tag{1—13}$$

如果导线周围的介质是均匀的，即 μ 和 ε 不变，的则 LC 为常数。这意味着传输线的分布电感增加了则分布电容必定会减小，反之亦然。这给比较传输线的好坏提供了很方便的判据。

对于均匀一致的传输线，传输线的电阻、电容和电感均匀地分布在传输线的各个部分，如图 1—13 所示，称为分布参数。

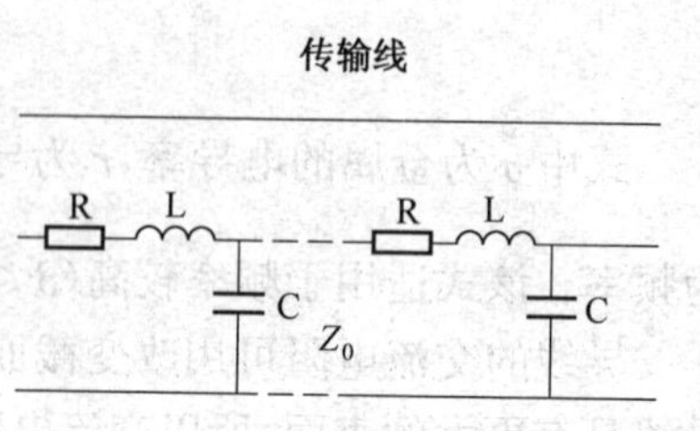

图 1—13　传输线上的分布参数

为了更好地描述传输线的分布参数特性，这里引入"特性阻抗"Z_0 的概念，其定义为

$$Z_0=\sqrt{\frac{L}{C}}\quad(\Omega) \tag{1—14}$$

特性阻抗是表征传输线本身特性的一个物理量，与传输线内的电流、电压无关，只与传输线的结构(线径、线间距)和传输线周围的介质(μ、ε)有关。表 1—1 给出了几种类型传输线的电感、电容和特性阻抗的表达式。

例如同轴电缆传输线的特性阻抗通常为 50 Ω 或 75 Ω；双绞传输线的特性阻抗约 100～200 Ω，与绞距有关，每英寸(2.54 cm)30 绞的双绞线约为 110 Ω；印刷电路板上的轨线特性阻抗与介质参数、厚度以及轨线宽度和间距有关，一般在 50～200 Ω 之间。应该注意的是特性阻抗并不是传输线真正的阻抗，它与传输线长度无关，10 m 长的传输线与 1 m 长的特性阻抗是一样的，特性阻抗描述的是传输线的分布参数特性。

表 1—1　传输线的特性阻抗

序号	传输线类型	分布电容 C(F/m)	分布电感 L(H/m)	特性阻抗 Z_0(Ω)
1	平行双线 r　s	$\dfrac{\pi\varepsilon}{\ln\left(\dfrac{s}{r}\right)}$	$\dfrac{\mu}{\pi}\ln\left(\dfrac{s}{r}\right)$	$\dfrac{1}{\pi}\sqrt{\dfrac{\mu}{\varepsilon}}\ln\left(\dfrac{s}{r}\right)$
2	地上导线 r　h	$\dfrac{2\pi\varepsilon}{\ln\left(\dfrac{2h}{r}\right)}$	$\dfrac{\mu}{2\pi}\ln\left(\dfrac{2h}{r}\right)$	$\dfrac{1}{2\pi}\sqrt{\dfrac{\mu}{\varepsilon}}\ln\left(\dfrac{2h}{r}\right)$

续上表

序号	传输线类型	分布电容 C(F/m)	分布电感 L(H/m)	特性阻抗 Z_0(Ω)
3	同轴电缆	$\dfrac{2\pi\varepsilon}{\ln\left(\dfrac{r_0}{r_i}\right)}$	$\dfrac{\mu}{2\pi}\ln\left(\dfrac{r_0}{r_i}\right)$	$\dfrac{1}{2\pi}\sqrt{\dfrac{\mu}{\varepsilon}}\ln\left(\dfrac{r_0}{r_i}\right)$
4	平行带状线	$\dfrac{\varepsilon W}{s}$	$\dfrac{\mu s}{W}$	$\dfrac{s}{W}\sqrt{\dfrac{\mu}{\varepsilon}}$
5	共面带状线	$\dfrac{\pi\varepsilon}{\ln\left(\dfrac{2h}{r}\right)}$	$\dfrac{\mu}{\pi}\ln\left(\dfrac{\pi s}{W+d}\right)$	$\dfrac{1}{\pi}\sqrt{\dfrac{\mu}{\varepsilon}}\ln\left(\dfrac{\pi s}{W+d}\right)$
6	地上微带线	$\dfrac{\varepsilon W}{h}$	$\dfrac{\mu h}{W}$	$\dfrac{h}{W}\sqrt{\dfrac{\mu}{\varepsilon}}$

（二）传输线处理方法与阻抗匹配

传输线的分布电阻、分布电感、分布电容必然影响传输线中的信号传输，如何考虑分布参数的影响与传输线的长度密切相关。根据传输线长度与传输信号波长（或频率）的关系可把传输线分为长线和短线，长线和短线应采取不同的方法处理。

1.短线处理方法

当传输线长度 l 小于 1/20 的信号波长 λ，或者传输延迟时间 t_d 小于 1/4 的数字信号脉冲上升时间 t_r 时，传输线可视为短线。即满足条件

$$l \leqslant \lambda/20 \quad 或 \quad t_d \leqslant t_r/4$$

短线可以用集中参数等效电路来分析，即把传输线看成是由集中参数电阻、电感、电容组成的网络，其值大小分别等于单位长度上的分布参数值乘以传输线长度。

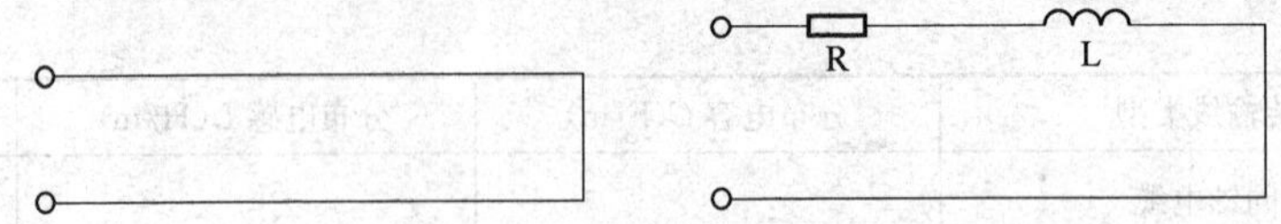

图 1—14　终端短路传输线的等效电路

例如图 1—14 中有一对传输线，终端短路，如符合短线条件，则可看成是一个电阻 R 和一个电感 L 串联，总的阻抗为

$$Z=R+\mathrm{j}2\pi fL \tag{1-15}$$

对于绝大多数双绞线、同轴电缆、扁平线、印刷电路板轨线等传输线有下列式子

$$R>2\pi fL \quad (f<3\ \mathrm{kHz})$$

$$R<2\pi fL \quad (f>3\ \mathrm{kHz})$$

当频率很低，小于 3 kHz 时，传输线环路中电阻起主要作用；当频率大于 3 kHz 以后电感起主要作用，电阻可以忽略不计。即使交流电阻由于集肤效应也随频率的升高而增加，但交流电阻 $R_{\mathrm{AC}}\propto\sqrt{f}$，而感抗 $Z_{\mathrm{L}}\propto\sqrt{f}$，仍然是 Z_L 起主要作用。

当传输线作为短线处理时，不需要考虑阻抗匹配。

2. 长线处理方法

当传输线的长度符合下列条件时则称为长线

$$l>\lambda/20 \quad 或 \quad t_{\mathrm{d}}>t_{\mathrm{r}}/4$$

长线不能用集中参数网络来替代，而要用传输线理论来分析，必须考虑阻抗匹配问题，即传输线两端的负载阻抗和源阻抗都应该和传输线特性阻抗 Z_0 相等，否则就要产生反射。

图 1—15 是一个传输线电路，Z_{S} 是源阻抗，Z_{L} 是负载阻抗，当信号从信号源出发通过传输线到达负载阻抗 Z_{L} 时，如果 $Z_{\mathrm{L}}=Z_0$ 则没有反射，信号能量全部被 Z_{L} 吸收，这是匹配状态。Z_{L} 上的电压就是信号的入射电压 U_0。如果 $Z_{\mathrm{L}}\neq Z_0$，即负载端不匹配，则入射能量不能被负载全部吸收，有一部分就被反射回去，有反射电压存在，Z_{L} 上的电压为入射电压 U_0 和反射电压 U_{ref} 之和，反射电压和入射电压之比称反射系数 ρ，即

$$\rho=\frac{U_{\mathrm{ref}}}{U_0} \tag{1-16}$$

反射系数的取值在 0～1 之间。在负载端反射系数与负载有关，可用下式表示

$$\rho_{\mathrm{L}}=\frac{Z_{\mathrm{L}}-Z_0}{Z_{\mathrm{L}}+Z_0} \tag{1-17}$$

ρ_{L} 是一个复数量，但只要负载是电阻性的，ρ_{L} 就成了标量，计算比较方便。同样在源端如果 $Z_{\mathrm{S}}=Z_0$ 则是匹配状态，如果 $Z_{\mathrm{S}}\neq Z_0$ 则存在反射，源端的反射系数可表达为

$$\rho_{\mathrm{S}}=\frac{Z_{\mathrm{S}}-Z_0}{Z_{\mathrm{S}}+Z_0} \tag{1-18}$$

当源端和负载端都不匹配时，信号将在源端和负载端来回反复反射，反射波和原信号叠加。如果传输线传输的是脉冲数字信号，则多重反射将使脉冲边沿产生台阶、上冲和下冲等问题。

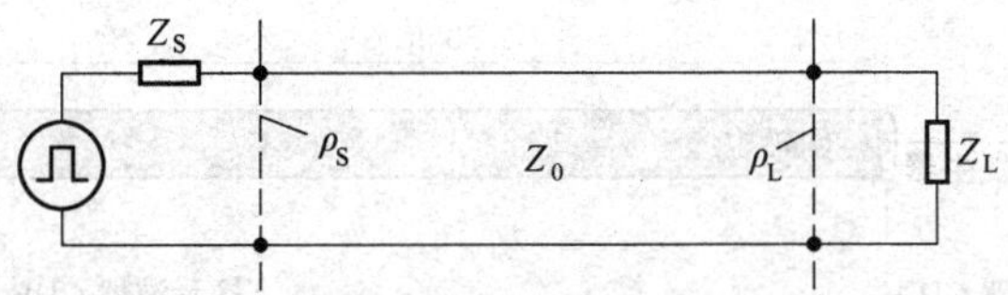

图 1－15　传输线的反射系数

仍以图 1－15 中的例子说明：设 $Z_0=150\ \Omega$、$Z_S=100\ \Omega$、$Z_L=1\ 000\ \Omega$，数字脉冲的幅度为 5 V，则 $\rho_L=0.74$，$\rho_S=-0.2$。根据传输线理论，从源发出的信号入射电压应为

$$U_0=\frac{Z_0}{Z_S+Z_0}E \tag{1-19}$$

本例中 $U_0=3$ V，设在 $t=T_0$ 时刻入射信号 U_0 从源端出发，在 $t=T_1$ 时刻到达负载端，由于负载端不匹配而产生反射，反射电压 $U_{ref1}=\rho_L U_0$，负载上的电压 $U_1=U_0+U_{ref1}=(1+\rho_L)U_0=5.22$ V。从负载上反射回来的电压 U_{ref1} 在 T_2 时刻到达源端，由于源端也不匹配所以也要产生反射，反射电压 $U_{ref2}=\rho_S U_{ref1}=\rho_S\rho_L U_0$，这时源端的电压应该是 $U_2=U_0+U_{ref1}+U_{ref2}=(1+\rho_L+\rho_S\rho_L)U_0=4.78$ V。U_{ref2} 在 $t=T_3$ 时刻到达负载端又产生反射，如此反复进行，反射电压越来越小，最后两端电压趋于相等

$$U_\infty=\frac{Z_L}{Z_S+Z_L}E=4.545(\text{V}) \tag{1-20}$$

根据上述过程画出多重反射时的源端和负载端的脉冲上升时的波形，如图 1－16 所示。源端波形上升沿出现台阶，并有上冲和下冲出现，负载端也有上冲和下冲出现。图中画的是理想波形，没有考虑上升时间，同时只画了上升时的波形，脉冲下降时的波形应该与此是对称的。

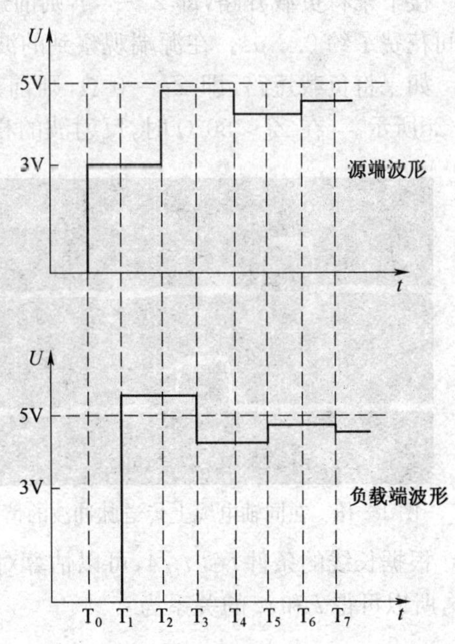

图 1－16　脉冲信号在传输线中的多重反射

下面的实验可以生动地说明信号在传输线系统阻抗失配时的反射现象。使用长度为 30 m 的同轴电缆，在电缆的左端连接脉冲信号发生器，在右端连接终端负载。信号发生器的源阻抗、同轴电缆的特性阻抗和终端负载阻抗均为 50 Ω。信号发生器产生脉冲宽度为 100 ns，幅度为＋5 V 的单次方

波脉冲。将源端接至示波器的 A 通道(CHA),负载端接至 B 通道(CHB),同时观察两端的时域电压波形,如图 1—17 所示。由于示波器输入通道的阻抗远远大于 50 Ω,故可以认为不对实验系统的波形造成影响。

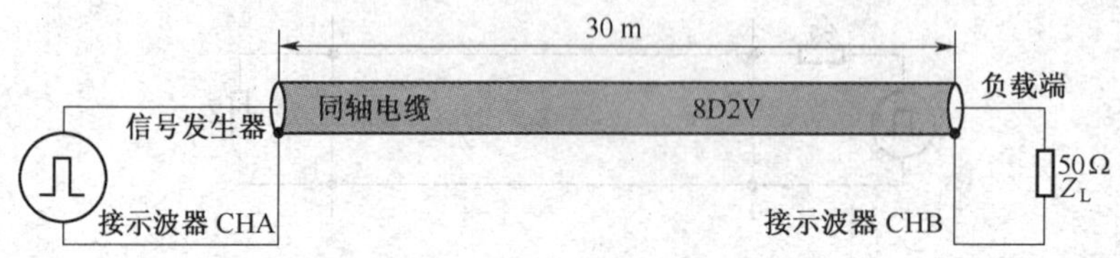

图 1—17　脉冲信号传输实验

在阻抗匹配状态下,发送和接收的波形如图 1—18 所示。由波形中可以看出 CHA(源端)与 CHB(负载端)波形在时间上的延迟,这是信号经由同轴电缆产生的传输延迟。在空间的电波传播速度为光速,但是对于带介质的传输线如本例中的同轴电缆,电波的传播速度 v 比光速 c 略慢些,为

$$v=\frac{c}{\sqrt{\varepsilon}} \tag{1—21}$$

8D2V 同轴电缆的介质材料为聚苯乙烯,其 $\varepsilon\approx 2.5$,故电缆内的电波传播速度约为 0.63 c。

接下来将负载开路,即 $Z_L=\infty$,则前进波会维持原状反射。在同轴电缆线 30 m 上的往返时间花费了约 0.3 μs。在源端观察到的波形如图 1—19 所示。

如果将负载短路,即 $Z_L=0\ \Omega$,则前进波会发生反相反射。在源端观察到的波形如图 1—20所示。(在 $Z_L<50\ \Omega$ 时,反射波的相位会反转。)

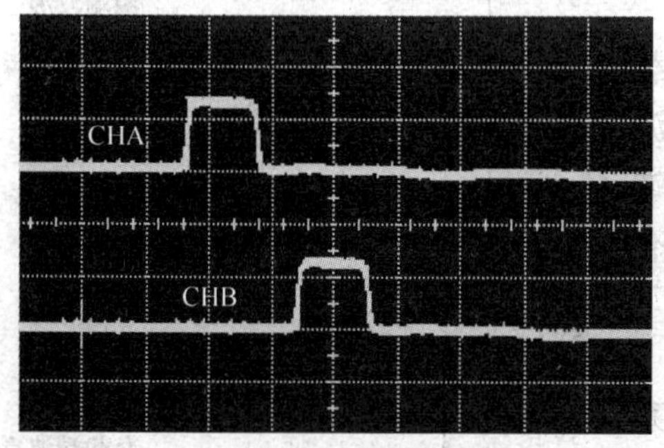

图 1—18　在同轴电缆上传送脉冲波的情形

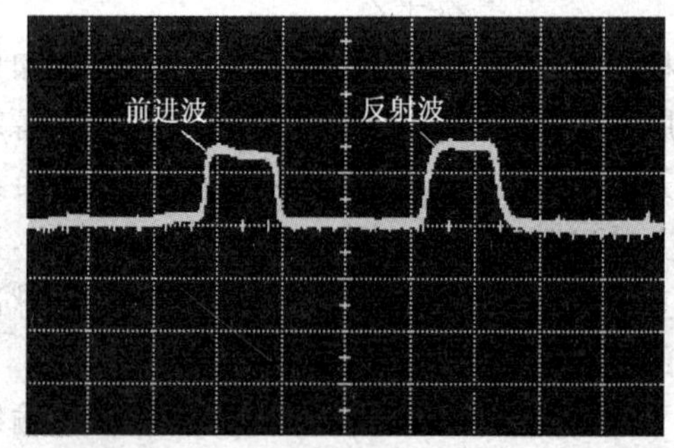

图 1—19　负载端开路

根据长线的条件 $t_d>t_r/4$,可以估算对应于不同脉冲上升时间的最小长线长度。因为 $t_d=l/v$,所以可得 l 和 t_r 的关系为

$$l>\frac{t_r v}{4} \tag{1—22}$$

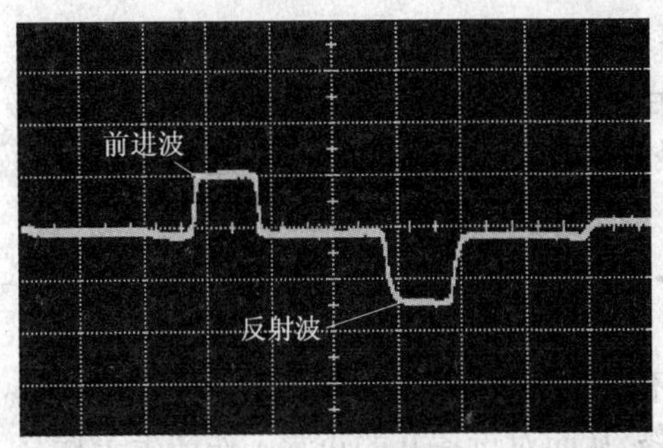

图 1—20 负载端短路

由式(1—22)可得下述对应关系

脉冲上升时间(ns)	20	10	5	1
长线最小长度(cm)	100	50	25	5

对于脉冲上升时间是 1 ns 的数字信号,传输线长度只要 5 cm 就可以认为是长线,就必须考虑阻抗匹配问题。

(三)共模电流和差模电流

骚扰电流在导线上传输时有两种方式:共模方式和差模方式。一对导线上如流过差模电流则两条线上的电流大小相等,方向相反。一般有用信号都是差模电流。一对导线上如流过共模电流则两条线上的电流方向相同,骚扰在传输线上既可以差模方式出现,也可以共模方式出现。

传输线上的共模电流骚扰只有变成差模骚扰后才可能对设备产生干扰,因为有用信号都是差模形式的。这种"共模—差模"转换是由电路的阻抗是否平衡来决定的,现以工业上常用的串行接口 RS-232 和 RS-422 为例来分析。

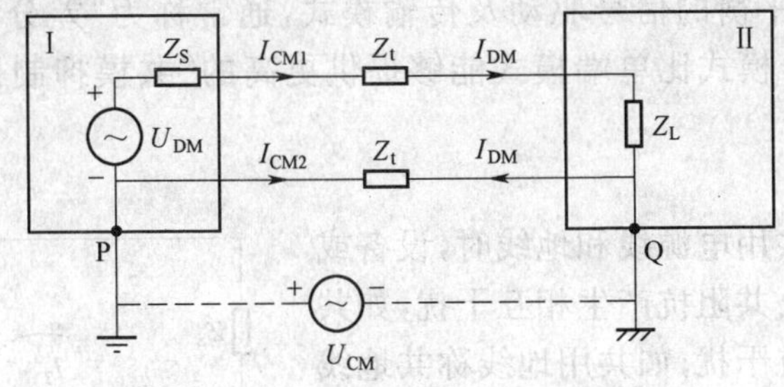

图 1—21 不平衡传输(如 RS-232)

图 1—21 中两设备用 RS-232 接口电缆连接,图中仅画出了设备Ⅰ(发送部分)、设备Ⅱ(接收部分)的示意图。这是个不平衡电路,在传输线中有差模信号电流 I_{DM},途径是

$+U_{DM}$→源 Z_S→信号线阻抗 Z_t→负载 Z_L→回流线阻抗 Z_t→$-U_{DM}$

如果两个设备的接地点 P 和 Q 之间存在电位差 U_{CM},则由 U_{CM}产生的噪声电流将同时通过信号线和回流线,方向是相同的,因此是共模电流,途径为

$+U_{CM}$→P 点 ↗ Z_S→信号线阻抗 Z_t→Z_L ↘ Q 点 →$-U_{CM}$
　　　　　　 ↘ 回流线阻抗 Z_t ↗

由于两条路径的阻抗不一样,共模电流大小也不一样,显然 $I_{CM1}<I_{CM2}$,因此在 Z_L 两端由共模电流产生了差模电压降,从而对设备Ⅱ的正常工作产生干扰。

如果用图 1－22 的平衡电路(RS-422 接口)来代替图 1－21 的不平衡电路(RS-232 接口),则情况可大大改善。

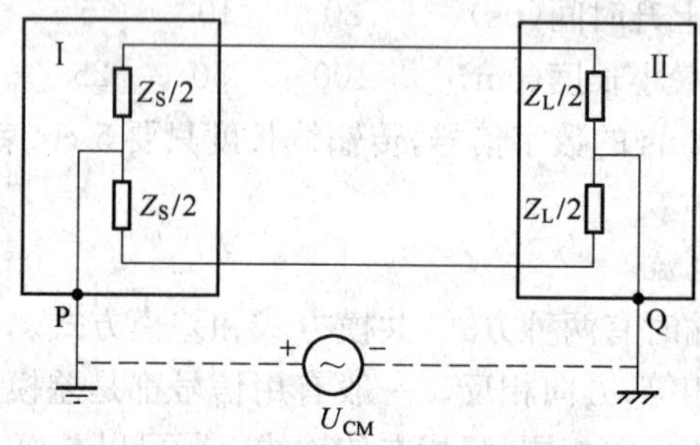

图 1－22　平衡电路传输(如 RS-422)

图中信号线和回流线对地阻抗是平衡的,由 U_{CM}驱动的共模电流在两条线中是相等的,因而在 Z_L 两端没有差模噪声压降,所以用平衡电路可以避免从共模到差模的转换。

使用图 1－21 中的不平衡的信号驱动及传输模式,通常称为"单端驱动/传输"模式;而使用图 1－22 中的平衡的信号驱动及传输模式,通常称为"差分驱动/传输"模式。显而易见,采用差分信号模式比单端模式能够提供更高的"共模抑制比",可以提高传输线的抗干扰能力。

(四)共阻抗耦合

当设备或元器件共用电源线和地线时,设备或元器件之间就会通过公共阻抗产生相互干扰,如共用电源则称共电源阻抗干扰,如共用地线称共地线阻抗干扰。

1. 共电源阻抗干扰

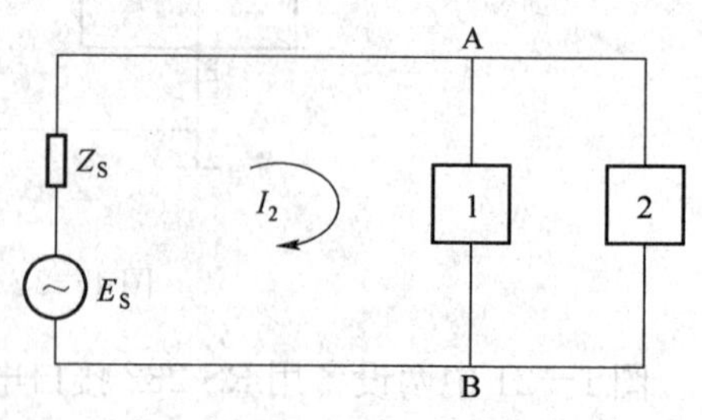

图 1－23　共电源阻抗干扰

设器件 1 和器件 2 共用一个电源供电,如图 1－23所示。电源电压为 E_S,供电系统阻抗为 Z_S,Z_S

包括电源本身的内阻和供电线路的阻抗。设器件 1 的工作电流为 I_1，则器件 1 两端的实际电压 U_{AB}(这里暂不考虑器件 2 的电流)为

$$U_{AB}=E_S-I_1Z_S$$

很显然 U_{AB} 由 Z_S 决定，如供电系统的阻抗 Z_S 为零，则 $U_{AB}=E$，器件 1 的工作电流变化对 U_{AB} 不起任何作用，由于 U_{AB} 是器件 2 的工作电压，所以器件 1 的工作也不会对器件 2 产生任何影响。但实际上供电系统的阻抗 Z_S 不可能为零，一般电源本身内阻可能很小，但供电线路的阻抗不可忽略，这个阻抗不仅包含电阻，而且包含电感的感抗，即 $Z=R+j2\pi fL$，随着频率的升高，阻抗将越来越大。因此器件 1 工作时对器件 2 产生的影响在低频时很小，但在高频时比较大。如果器件 1 工作时产生高频噪声、脉冲噪声或浪涌等，这些噪声就会在 Z_S 上产生压降，叠加在电源上送到器件 2，从而干扰器件 2 的正常工作。同理器件 2 产生的噪声也会通过供电系统的阻抗干扰器件 1 的正常工作。

共电源阻抗可以发生在交流供电网上，例如把电动剃须刀和电视机插在同一个交流电源插座上，开动剃须刀就可能影响电视机画面质量。前面章节所述的断开大电感负载、使用晶闸管等等对电网的污染，实质上就是共电源阻抗干扰的典型例子。在设备内部印制板的直流供电轨线上也同样会产生共电源阻抗干扰，例如模拟电路和数字电路用同一对轨线供电时就可能造成数字电路对模拟电路的干扰。

避免共电源阻抗干扰的方法是在设备和器件的供电点处加接滤波器或加去耦电容器，给设备和器件提供一个高频噪声通道，不让它传导到电源中去。

2. 共地线阻抗干扰

地线是电子电路必不可少的，用来作为基准零电位和电路的回流通路。通常地线是多个电路公用的，图 1－24 是两个电路共用地线 AB。理论上地线阻抗为零，所以这两个电路不会产生相互干扰，但实际上与供电线路一样，地线上也存在着一定的阻抗，电阻通常很小可以忽略，主要是电感的感抗在高频时较大。图中电路 2 的回流在地线阻抗 Z_g 上的压降将和电路 1 的信号 E_1 一起加到电路 1 的负载 Z_1 上，从而影响电路 1 的正常工作。反之电路 1 也将影响电路 2 的工作。所以回流在地线阻抗上的压降是产生共地阻抗干扰的根本原因，现举例说明。

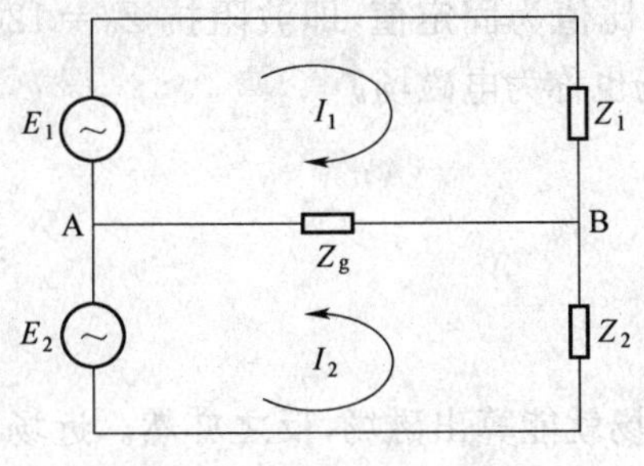

图 1－24　共地线阻抗干扰

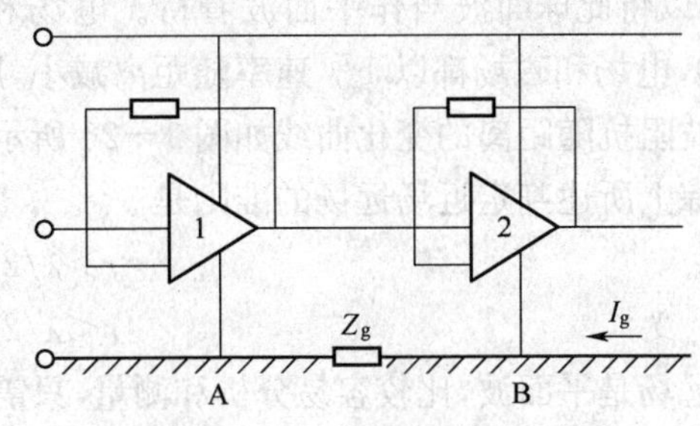

图 1－25　共地线阻抗干扰举例

图 1－25 中有两级模拟放大器，分别接公共地于 A、B 两点，公共地线是印制板轨线宽 $W=3$ mm，厚 $d=0.03$ mm，A、B 两点间距离为 $l=10$ cm。已知公共地线上还流过开关电源的 20 kHz 纹波电流 $I_g=100$ mA。印制板轨线的电阻虽然很小，但具有一定电感，在 20 kHz 时 A、B 两点间轨线阻抗为 22.4 mΩ，所以纹波电压在 A、B 两点间压降为 2.24 mV，这个骚扰电压将和模拟放大器 1 的输出信号一起加在模拟放大器 2 的输入端，如果模拟放大器的敏感度门限是 1 mV，则会对电路 2 产生干扰。

二、骚扰通过空间传输

(一)近场和远场的区别

骚扰通过空间传输实质上是骚扰源的电磁能量以场的形式向四周空间传播。场可分为近场和远场。近场又称感应场，近场的性质与场源的性质密切相关。

如果场源是高电压小电流的源，则近场主要是电场。例如短偶极子天线，天线两极间有一定电压但电流较小，主要是空间的位移电流。在偶极子天线附近电场大于磁场。常用波阻抗来描述电场和磁场的关系，波阻抗定义为

$$Z_0=\frac{E}{H} \tag{1－23}$$

这里由于电场远大于磁场，所以波阻抗较高，因此电场源又称高阻抗场源。随着离天线距离的增加电场和磁场都将减小，但是 $E\propto 1/r^3$，而 $H\propto 1/r^2$，因此波阻抗随距离增加而减小。

如果场源是低电压大电流的源，则近场主要是磁场，例如小环形天线，天线中电流较大，天线周围的磁场大于电场，波阻抗低，所以磁场源又称低阻抗场源。随着离天线距离增加，电场和磁场都减小，但是 $E\propto 1/r^2$，而 $H\propto 1/r^3$，因此波阻抗随距离增加而增加。

无论场源是电场源或磁场源，当离场源距离大于一定距离(对于点源而言为 $\lambda/2\pi$)以后场都变成了远场，又称辐射场。这时电场和磁场方向垂直并且都和传播方向垂直。点源的辐射场是以球面波的形式向空间扩散传播的，如果观测点和场源的距离远远大于接收天线的尺寸时，可以将此球面波当作平面波看待。电场和磁场的比值为固定值，即波阻抗 $Z_0=120\pi=377$ Ω，电场和磁场都以 $1/r$ 速率随距离减小，所以远场也称为电磁场。

波阻抗随距离的变化曲线如图 1－26 所示。

综上所述判定近场远场的准则是

$$r>\lambda/2\pi \quad 远场$$

$$r<\lambda/2\pi \quad 近场$$

远场是平面波，比较容易分析和测量，只需测量电场就能算出磁场，反之亦然。近场比较复杂，电场和磁场不易互相转换，需要分别测量。同时由于近场场强和 $1/r^3$ 或 $1/r^2$ 有关，所

以位置的微小变化都会引起较大的测量误差。对于距离较远的系统间的电磁兼容问题一般都用远场来分析。对于系统内，特别是同一设备内的问题基本上是近场耦合问题。

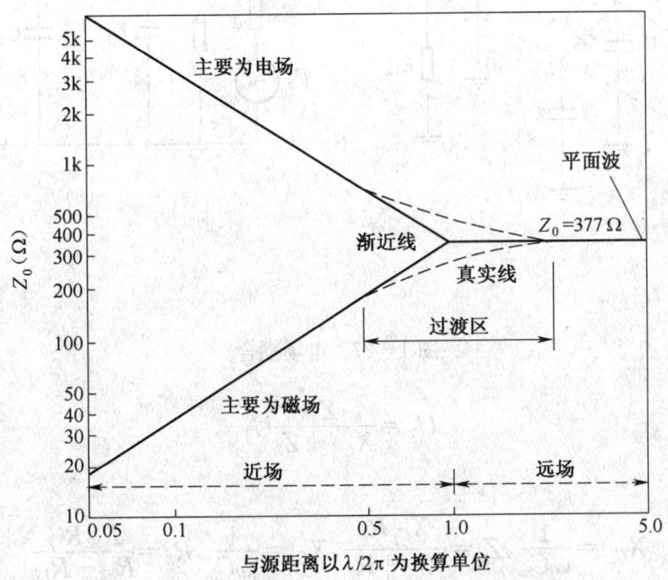

图 1－26　波阻抗与距源点距离的关系

（二）骚扰的近场耦合

同一设备内各部分电路之间的相互干扰常用近场耦合的方式处理。近场条件是离骚扰源的距离 $r<\lambda/2\pi$，如果频率是 300 MHz，则波长 λ 为 1 m，电路之间的距离小于十几厘米就可视为近场。

近场有电场和磁场，为了分析方便，常把骚扰源通过电场感应的耦合看成是电容耦合，通过磁场感应的耦合看成是互感耦合。以下以两条平行导线组成的两个电路之间的电容耦合和互感耦合来说明。

1. 电场耦合（电容耦合）

图 1－27(a)中的两条平行导线分别构成骚扰源电路（简称源电路）和敏感电路（称接收电路）。两条平行线间的耦合电容用 C_m 表示。源电路的骚扰电压源 U_S，R_{S1} 是源阻抗，R_{L1} 是源电路的负载，C_1 是导线对地电容。接收电路的近端负载（即离骚扰源较近的接收回路负载）为 R_{S2}，接收电路的远端负载（即离骚扰源较远处的接收电路负载）为 R_{L2}，导线对地电容为 C_2。电容耦合的条件是源回路导线中的电压高，电流小，导线间的耦合主要是通过电场进行。电容耦合的等效电路如图 1－27(b)所示，由电容耦合在接收电路导线上产生的电压 U_2 与源电路导线上的电压 U_1 的关系如下式所示

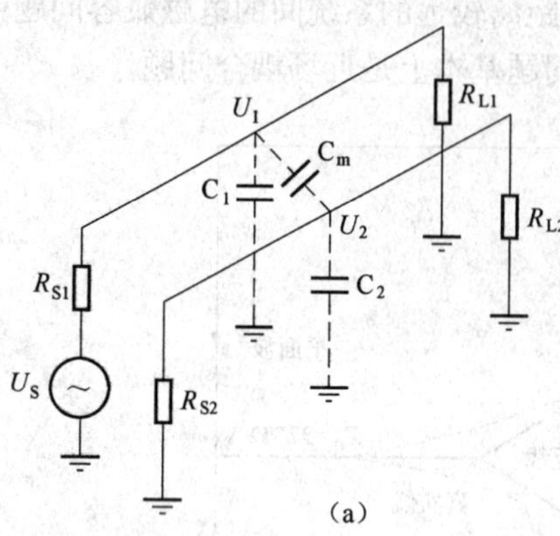

（a）

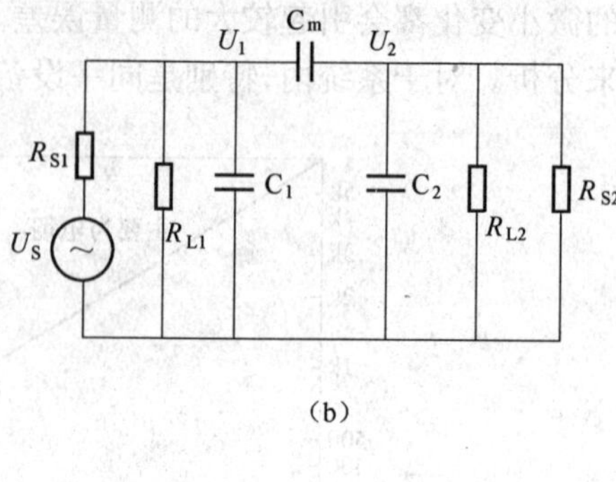

（b）

图 1－27　电场耦合

$$U_2=\frac{Z_2}{X_{C_m}+Z_2}U_1 \tag{1－24}$$

式中

$$X_{C_m}=\frac{1}{j\omega C_m},Z_2=\frac{X_{C_2}R_2}{X_{C_2}+R_2},X_{C_2}=\frac{1}{j\omega C_2},R_2=\frac{R_{S2}R_{L2}}{R_{S2}+R_{L2}}$$

当频率较低时，$|X_{C_2}|\gg R_2$；则 $Z_2\approx R_2$；并且 $|X_{C_m}|\gg R_2$，于是上式可写成

$$U_2\approx j\omega C_m R_2 U_1 \tag{1－25}$$

当频率较高时，$|X_{C_2}|\ll R_2$；则 $Z_2\approx X_{C_2}$，于是上式可写成

$$U_2\approx\frac{X_{C_2}}{X_{C_m}+X_{C_2}}U_1=\frac{C_m}{C_2+C_m}U_1 \tag{1－26}$$

由上式可画出 $\left|\frac{U_2}{U_1}\right|\infty\omega$ 的关系图，如图 1－28 所示。

2. 磁场耦合(互感耦合)

当源电路的导线中流过的电流大，但电压较低时，源电路对接收电路的骚扰耦合主要通过磁场进行，可以用两个电路之间的互感来分析，如图 1－29(a)所示。图中源电路电感为 L_1，接收电路电感为 L_2，两电路之间的互感为 M，等效电路如图 1－29(b)所示。源电路在接收电路中产生的电动势应为 $U_M=j\omega M$。由电动势 U_M 在接收电路中产生的电流，其中 I_1 为源电路中的电流

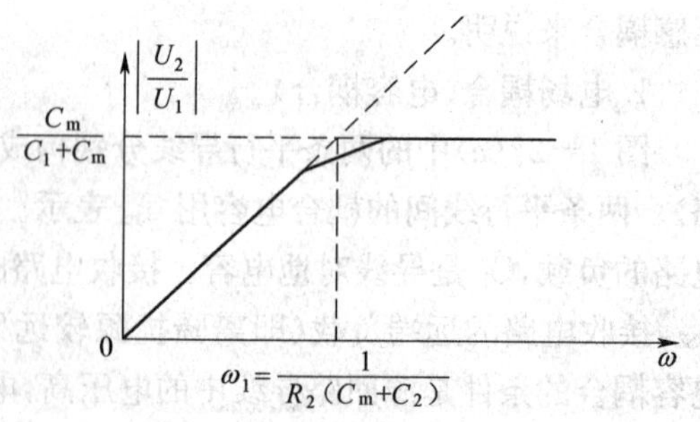

图 1－28　电场耦合与频率的关系

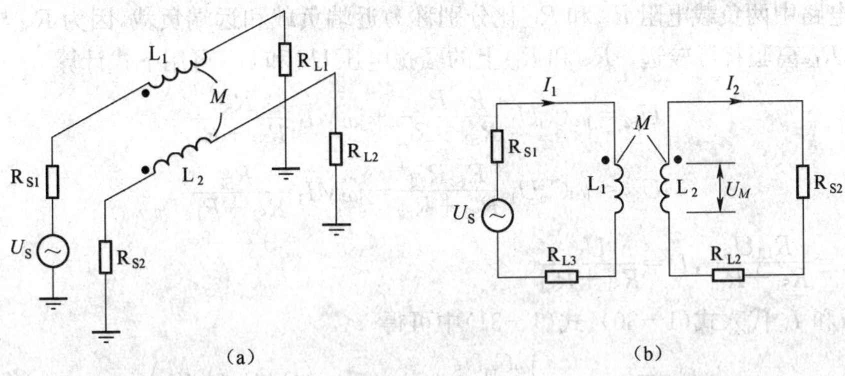

图 1－29　磁场耦合

$$I_2=\frac{j\omega MI_1}{R_{S2}+R_{L2}+j\omega L_2} \tag{1-27}$$

当频率较低时，$R_{S2}+R_{L2}\gg\omega L_2$，上式可表示为

$$I_2=\frac{j\omega MI_1}{R_{S2}+R_{L2}} \tag{1-28}$$

当频率较高时，$R_{S2}+R_{L2}\ll\omega L_2$，式(1－27)可写成

$$I_2=\frac{M}{L_2}I_1 \tag{1-29}$$

由上式可画出$\left|\frac{I_2}{I_1}\right|$与 ω 的关系图，如图1－30所示。

由图 1－30 可知磁场耦合量随频率升高而增加，高频时耦合量基本不变。

3. 电场和磁场耦合同时存在

一般情况下这两种耦合是同时存在的。根据以上分析，电场耦合结果相当于在接收回路中并联一个电流源，在频率较低时其大小为 $j\omega C_mU_1$，而磁场耦合结果相当于在接收回路中串联一个电压源，在频率较低时其大小为 $j\omega MI_1$，其等效电路可用图 1－31 表示。

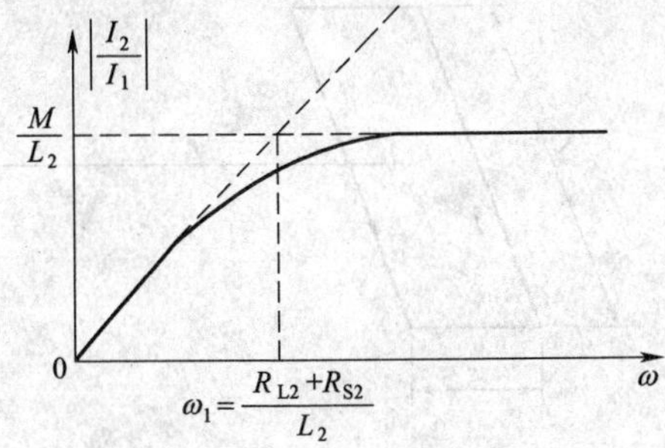

图 1－30　磁场耦合与频率的关系

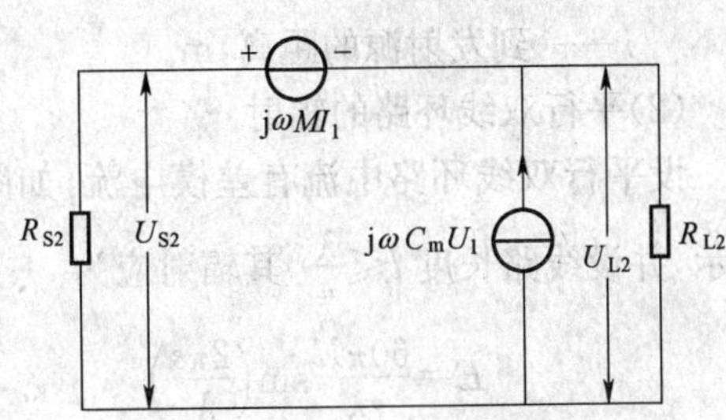

图 1－31　电场耦合和磁场耦合同时存在

接收电路中两负载电阻 R_{S2} 和 R_{L2} 比分别称为近端负载和远端负载，因为 R_{S2} 与源电路的骚扰源近，R_{L2} 离骚扰源较远。R_{S2} 和 R_{L2} 上的骚扰电压 U_{S2} 和 U_{L2} 可用下式计算

$$U_{S2}=j\omega C_m U_1 \frac{R_{S2}R_{L2}}{R_{S2}+R_{L2}}+j\omega M I_1 \frac{R_{S2}}{R_{S2}+R_{L2}} \tag{1-30}$$

$$U_{L2}=j\omega C_m U_1 \frac{R_{S2}R_{L2}}{R_{S2}+R_{L2}}-j\omega M I_1 \frac{R_{S2}}{R_{S2}+R_{L2}} \tag{1-31}$$

式中， $U_1=\frac{R_{L1}U_S}{R_{S1}+R_{L1}}, I_1=\frac{U_S}{R_{S1}+R_{L1}}$。

把 U_1 和 I_1 代入式(1－30)、式(1－31)中可得

$$U_{S2}=\frac{j\omega C_m U_S}{(R_{S1}+R_{L1})(R_{S2}+R_{L2})}R_{S2}\left(R_{L1}R_{L2}+\frac{M}{C_m}\right) \tag{1-32}$$

$$U_{L2}=\frac{j\omega C_m U_S}{(R_{S1}+R_{L1})(R_{S2}+R_{L2})}R_{L2}\left(R_{L1}R_{S2}+\frac{M}{C_m}\right) \tag{1-33}$$

分析可知：

(1)接收电路的近端负载上的骚扰电压 U_{S2} 大于远端负载上的骚扰电压 U_{L2}，因为在近端电感耦合产生的噪声和电容耦合产生的骚扰是同相位的，而在远端则是反相的。

(2)如果近端骚扰电压 U_{S2} 和远端骚扰电压 U_{L2} 同相，则说明电场耦合大于磁场耦合。如果 U_{S2} 和 U_{L2} 反相则说明电场耦合小于磁场耦合。

(三)远场辐射和感应

1. 辐射发射

骚扰源向周围空间的辐射发射可以根据天线与电波传播理论来计算，下面主要讨论常见的几种辐射方式。

(1)单点辐射

单点辐射主要模拟各向同性的较小的骚扰源，已知其功率即可求场强，公式如下

$$E=\frac{\sqrt{30P}}{r} \tag{1-34}$$

式中 E——电场强度，V/m；

P——发射功率，W；

r——到发射源的距离，m。

(2)平行双线环路的辐射

设平行双线环路中流有差模电流，如图 1－32 所示，并设线路长度 $l\leqslant\frac{\lambda}{4}$，其辐射应为

$$E=\frac{60\pi Il}{r\lambda}\sin\left(\frac{2\pi s}{\lambda}\right) \tag{1-35}$$

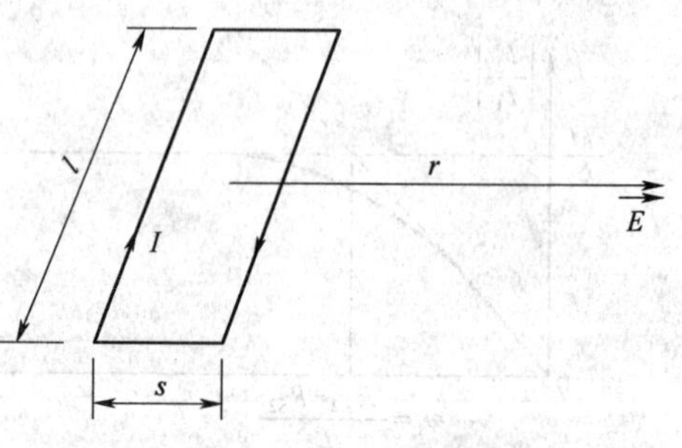

图 1－32 平行双线环路的辐射

通常 $s\leqslant\lambda/2\pi$，上式可写成

$$E=\frac{120\pi^2 IA}{r\lambda^2} \tag{1-36}$$

式中 E——电场强度，V/m；

I——电流，A；

A——环路面积，$A=sl$，m^2；

r——距离，m；

λ——波长，m。

(3)单导线辐射

单导线辐射公式可以用来估算共模电流产生的辐射，可以用电流钳卡在设备电源线束或信号线束上，测出线束上的电流，取平均值代入以下公式

$$E=\frac{60\pi Il}{r\lambda} \tag{1-37}$$

该式的适用条件是 $l\leqslant\frac{\lambda}{4}$。

2.感应接收

周围空间的骚扰电场和磁场会在闭合环路中产生感应电压，从而对环路产生干扰。下面给出的公式无论近场远场都能用，可以证明在远场条件下两公式得出的结果是一致的。

(1)磁场产生的感应电压

磁场在闭合环路中产生的感应电压如图 1—33 所示，可用下式表示为

$$U=-\frac{\mathrm{d}}{\mathrm{d}t}\int_A \vec{B}\vec{A} \tag{1-38}$$

如果 $\vec{B}$ 在 A 面上不变，且是随时间正弦变化的，则上式可写为

$$U=2\pi fBA\cos\theta \tag{1-39}$$

式中 U——感应电压，V；

f——频率，Hz；

B——磁通密度，$B=\mu H$，T；

A——环路面积，$A=l\cdot S$，m^2；

θ——磁通密度矢量与环路平面法向的夹角。

(2)电场产生的感应电压

电场在平行双线构成的闭合环路中产生的感应电压如图 1—34所示，可由下式计算

$$U=2l\cos\alpha\sin\left(\frac{\pi s}{\lambda}\cos\theta\right)E \tag{1-40}$$

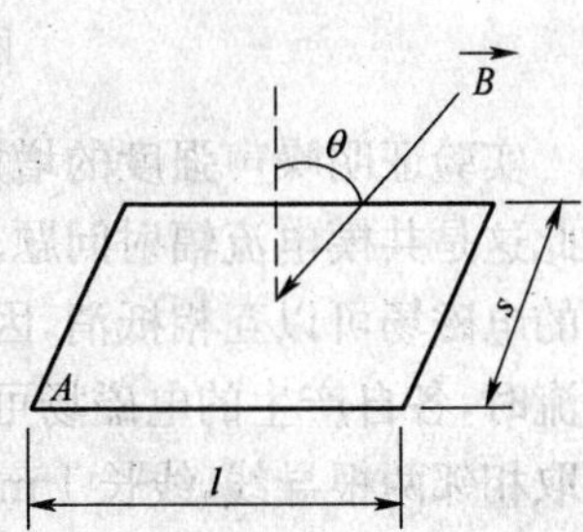

图 1—33 磁场在闭合环路中产生感应电压

式中 U——感应电压，V；

l——导线长度，m；

α——电场矢量方向与导线的夹角；

θ——电波传播方向与环平面法向的夹角；

λ——波长，m；

E——电场强度，V/m。

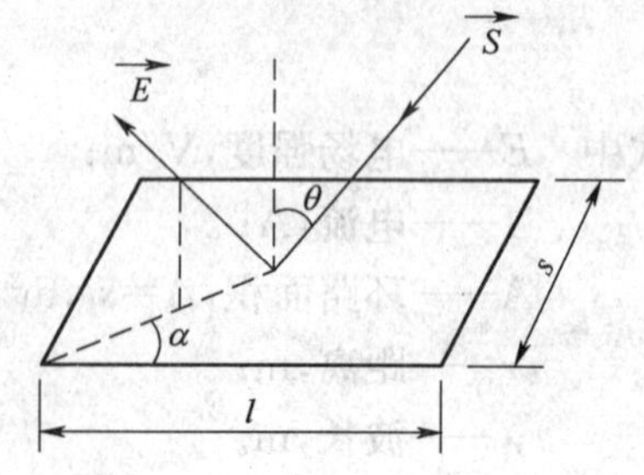

图 1－34　电场在闭合环路中产生感应电压

由上式可知，闭合环路在外界场的作用下会产生感应电压，环面积越大感应电压越大，所以要避免外界骚扰场的干扰应尽量减小环路面积，同时还可看到频率越高产生的感应电压也越大，即高频骚扰容易对环路产生干扰。

3. 共模电流辐射

在测量设备通过空间传播的辐射骚扰强度时常常遇见下述情况：如设备不接各种输入输出线或控制线时则辐射噪声较小，可能不超过标准规定的要求；但是接上这些线以后辐射噪声在某些频段会显著增加，有时可增加 10～20 dB。图 1－35 是对某台计算机在 3 m 远处进行辐射发射测量的骚扰强度的比较，图 1－35(a)是未接打印机电缆时的情形，图 1－35(b)是接上打印机电缆时的情形。

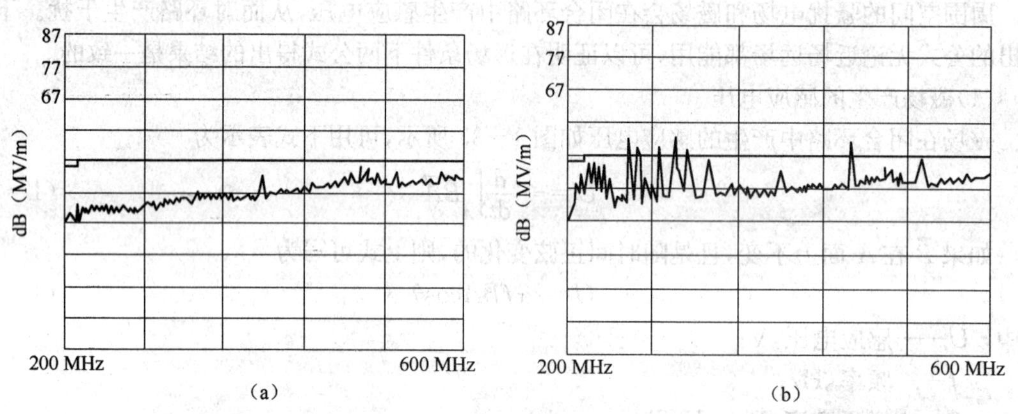

图 1－35　计算机在 3 m 处的辐射骚扰频谱

实验证明噪声强度的增加与外接线终端是否接负载，即是否有差模的负载电流关系不大，因此这是共模电流辐射问题。一对紧贴着的导线如果仅流过差模电流，则导线各自在空间产生的电磁场可以互相抵消，因为两根导线中的电流大小相等方向相反。当导线对上流过共模电流时，各自产生的电磁场可以互相叠加。有人曾做过这样的实验，在计算机常用的扁平馈线中取相邻两根导线，线长 1 m，在导线对上加以差模和共模电流，分别在离导线 3 m 处测量辐射场强。实验表明如果该处场强要达到 GB 9254 要求限值(即 30～230 MHz 时为40 dBμV/m)，则差模电流要求为 20 mA，而共模电流只要 8 μA，两者相差 2 500 倍。由此可见设备有外接电缆时应该特别注意由共模电流引起的辐射。

共模电流辐射实际上都是由差模源驱动产生的，可大致分为两种基本驱动方式。

(1)电流驱动模式

图 1－36 是电流驱动模式的示意图，图中 U_{DM} 是差模电压源，设备内部有很多这样的源，例如各种数字信号电路、高频振荡源等等，Z_L 为回路负载，I_{DM} 为回路的差模电流，该电流流过 AB 两点间的回流地(例如印制板的地线)，回到差模源。如 AB 间存在一定电感 L_P，则产生压降为

$$U_{CM}=j\omega L_P\cdot I_{DM} \tag{1-41}$$

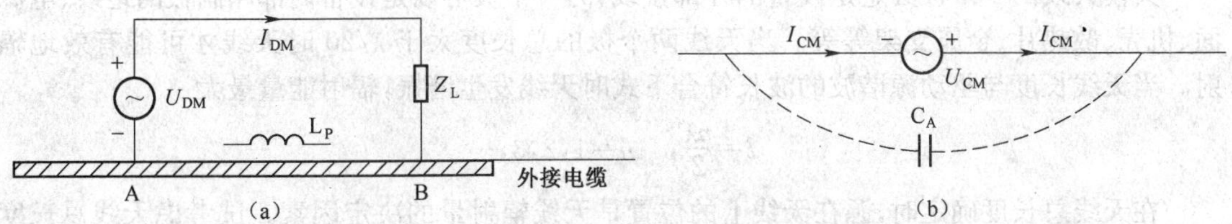

图 1－36 电流驱动产生共模辐射原理图

这里 U_{CM} 就是产生共模辐射的驱动源。要产生辐射，除了源以外还必须有天线。这里的天线由两部分组成，一部分是由 A 点向左看的地线部分，另一部分是由 B 点向右看的地线部分和外接电缆，其组成的辐射系统的等效原理图如图 1－36(b)所示。这实际上构成了一副不对称振子天线。流过天线的电流即为共模电流，可用下式表示

$$I_{CM}=\frac{U_{CM}}{\frac{1}{j\omega C_A}}=j\omega C_A U_{CM} \tag{1-42}$$

式中 I_{CM}——共模电流，A；

U_{CM}——共模电压，V；

C_A——振子天线两部分间的电容，F。

合并两式得

$$I_{CM}=-\omega^2 L_P C_A I_{DM} \tag{1-43}$$

由于共模电流 I_{CM} 是由差模电流 I_{DM} 产生的，所以这种模式称电流驱动模式。

(2)电压驱动模式

电压驱动模式的原理如图 1－37 所示，图中差模电压源 U_{DM} 直接驱动天线的两个部分，即上金属部分和下金属部分，从而产生共模辐射。共模辐射电流

$$I_{CM}=j\omega C_A U_{DM}$$

图 1－37 电压驱动产生共模辐射原理图

式中 C_A 为上下两部分金属之间的分布电容。

产生共模辐射的条件一是要有共模驱动源，二是要有共模天线。任何两个金属体之间只要存

在射频电位差就构成一副不对称振子天线，两个金属体分别是它的两个极，射频电位差即为共模驱动源，它通过不对称振子天线间的空间辐射电磁能量。当频率达到 MHz 级时，nH 级的小电感和 pF 级的小电容都将产生重要的影响。两个导体连接处的小电感能产生射频电位差，例如机壳与印制板之间连接线的小电感、数字地和模拟地连接线的小电感等都是产生共模驱动源的根源。没有物理连接点的金属体也可能通过小电容变成天线的一部分，工作在高频的晶体管与其散热片在物理上是绝缘的，但可以通过它们之间的小电容在射频频率上连接起来，构成共模天线的一部分。

共模天线的一个极必定是设备的外部接线，另一个极可以是设备内部印制板的地线、电源面、机壳、散热片、金属支架等等。当天线两个极的总长度大于 $\lambda/20$ 时天线才可能有效地辐射。当天线长度与驱动源谐波的波长符合下式时天线发生谐振，辐射能量最大

$$l=\frac{n\lambda}{2},\quad n=1,2,3,\cdots$$

在天线总长度确定时，源在天线上的位置是天线辐射量的决定因素。试考虑天线总长度且源的大小均相同，但源在天线上的相对位置不同的如下 3 种情况。第 1 种情况源在天线中间的位置，即天线的两臂等长；第 2 种情况源靠近天线的某一侧，即天线两臂不等长；第 3 种情况源在天线的一端，即天线的短臂与长臂相比可忽略不计。辐射功率大小主要由天线上的共模电流大小决定，由于共模电流 I_{CM} 与天线两个极（臂）之间的电容成正比，则在上述的三种情况下显然 $C_1>C_2>C_3$，所以 $I_{CM1}>I_{CM2}>I_{CM3}$。故而在这 3 种情况下的辐射功率 $P_1>P_2>P_3$。由此也可推论：为减小共模辐射，尽量缩短较短的一极比缩短较长的一极效果更好。

第四节　电磁骚扰抑制技术

由前面的学习知道，构成电磁干扰必须具备三个要素，即骚扰源、耦合途径和敏感设备。要避免电磁干扰或解决已存在的干扰问题，必须从这三个要素下手，具体问题具体分析，量体裁衣，才能取得预期的效果。

骚扰源是构成干扰的源头。已经知道想完全消除骚扰源是不切实际的，但是可以通过巧妙的设计使其降低骚扰发射水平或对其进行抑制。骚扰可以通过传导、辐射等各种途径传输到设备，如果能够切断耦合途径或者降低耦合的水平，同样可以起到有效的作用；骚扰能否对设备产生干扰，影响设备的正常工作，则取决于骚扰强度和设备的抗干扰能力，即设备的电磁敏感性。只有当骚扰强度足够大，以致超过设备的敏感度门限时才能构成对设备的干扰，所以提高设备的抗扰度（或者说降低设备的电磁敏感性）是解决干扰的第三条途径。

抑制电磁骚扰，最常见的手段是屏蔽、滤波和接地，以及采取隔离、平衡传输等手段。本节将就这几类技术的基本原理和方法加以介绍。

一、滤波技术

滤波器是由电感、电容、电阻或铁氧体器件构成的频率选择性二端口网络，可以插入传输

线中，抑制不需要的频率的传播。能够无衰减地通过滤波器的频率段称为滤波器的通带，通过时受到很大衰减的频率段称为滤波器的阻带。

由于各种频率成分通过滤波器时的衰减不同，所以滤波器的插入损耗是滤波器最重要的特性参数。插入损耗定义为

$$\mathrm{Loss}_{\mathrm{ins}}(\mathrm{dB})=20\lg(U_1/U_2) \tag{1-44}$$

式中U_1为信号源不接滤波器直接加在负载上的电压；U_2为信号源通过滤波器后加在负载上的电压。插入损耗曲线随频率而变化，所以也称之为滤波器的频率特性。

根据插入损耗随频率不同的变化特性，滤波器一般可分为低通滤波器(LPF)、高通滤波器(HPF)、带通滤波器(BPF)和带阻滤波器(BSF，也称陷波器)。LPF 和 HPF 是最基本的滤波器形式，其他都是这两种基本形式的组合。EMI 滤波器多为低通滤波器。图 1－38 为这几种常见滤波器的插入损耗曲线。

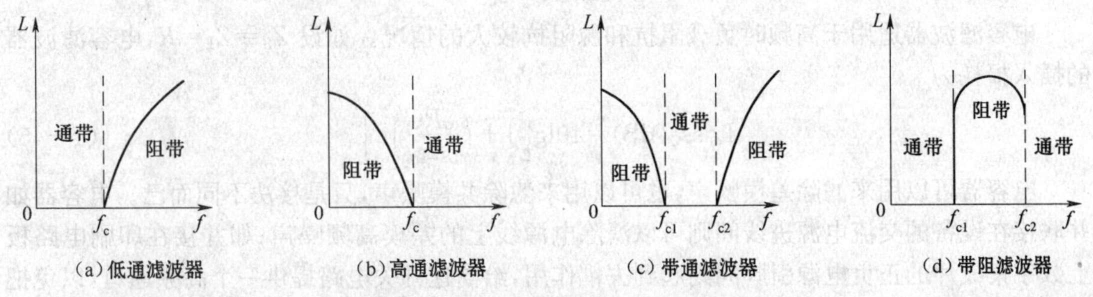

图 1－38　滤波器的插入损耗特性

根据滤波器通带(或阻带)的大小，可以将滤波器分为宽带滤波器和窄带滤波器，以及一些特殊用途的滤波器如梳状滤波器。EMI 滤波器多为宽带滤波器。窄带滤波器及梳状滤波器一般用于信号调理。

根据滤波器的材料及制造工艺，可分为 LC 滤波器、RC 滤波器、铁氧体滤波器、声表面波滤波器、腔体滤波器、晶体滤波器等。EMI 滤波器主要是 LC 滤波器和铁氧体滤波器。根据滤波器的工作机理来区分，有反射式滤波器和吸收式滤波器两种基本类型。本书将按这种分类方法，对 EMI 滤波器进行介绍。

(一)反射式滤波器

反射式滤波器是由电感、电容等器件组成，在滤波器阻带内提供了高的串联阻抗和低的并联阻抗，使它与噪声源的阻抗和负载阻抗严重不匹配，从而把不希望的频率反射回噪声源，所以称之为反射式滤波器。

低通滤波器是电磁兼容抑制技术中用得最普遍的一种滤波器，低频信号能以很小的衰减通过，而高频信号则被滤除。低通滤波器用在交直流电源系统中可以抑制电源中的高频噪声，

用在放大器或发射机输出电路中可以滤除有用信号的高次谐波和其他杂散发射。

低通滤波器的结构形式和滤波器两端的阻抗有密切关系。

1. 电容滤波器

电容滤波器的结构如图 1－39 所示，Z_1 为滤波器向负载端视入的阻抗，Z_S 为滤波器向源端视入的阻抗，将这两个阻抗考虑在内，其实质上是构成了一个 RC 滤波器。滤波电容本身的阻抗为 $Z_C=1/j\omega C$，频率越高电容的阻抗越小，即高频时电容器为线路提供了一个并联的低阻抗。如果源电流中同时存在高频成分和低频成分，则高频电流将主要流过电容，而低频电流则流向负载，即电容起了滤除高频成分的作用。电容器的选择应在需要滤除的频率范围内满足

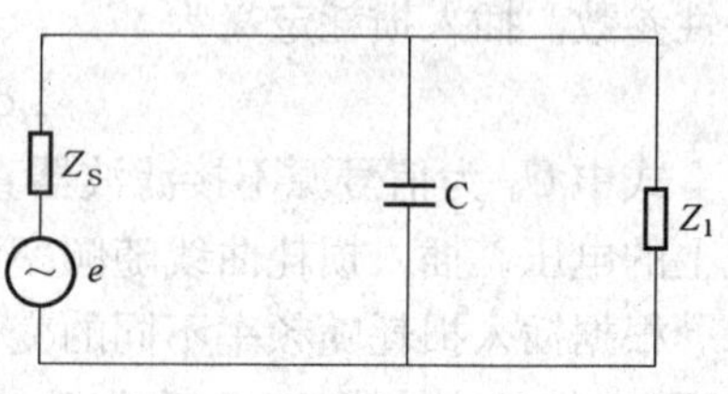

图 1－39　电容滤波器

$$Z_S, Z_1 > Z_C$$

电容滤波器适用于高频时负载阻抗和源阻抗较大的情况。如设 $Z_S=Z_1=R$，电容滤波器的插入损耗为

$$\text{Loss}_C(\text{dB})=10\lg\left[1+\left(\frac{\omega RC}{2}\right)^2\right] \tag{1-45}$$

电容器可以用来滤除差模噪声，也可以用来滤除共模噪声，只是接法不同而已。电容器如并联接在设备的交流电源进线间则可以滤除电源线上的差模高频噪声；如并接在印刷电路板上数字集成片的正负电源引脚间则起到去耦作用，给高速开关电路提供一个高频通道，以免把高频噪声传导到电源中去，这也是抑制差模噪声。如把电容器并接在导线和地之间就构成了共模滤波器，从而避免高频共模噪声流入负载中经共模—差模转换而影响设备正常工作。在处理机箱进线端子时可以采用穿芯电容来构成共模电容滤波器，使用时穿芯电容用螺栓或焊接方法固定在机箱的金属板上，有用信号可以通过其芯线穿过机箱，而高频噪声则通过芯线与金属板之间的电容入地，如图 1－40 所示。

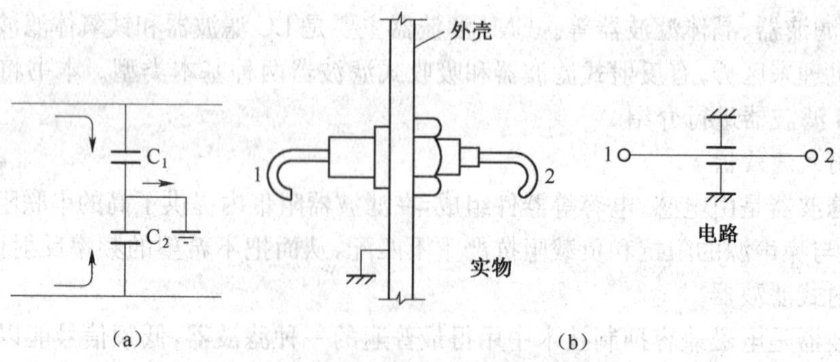

图 1－40　穿芯电容构成的共模滤波器

2. 电感滤波器

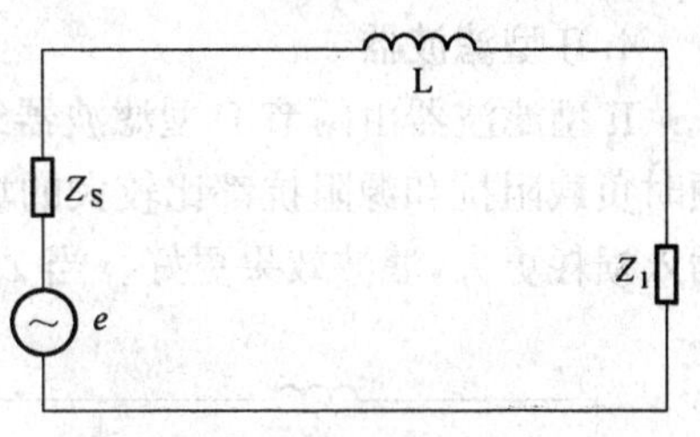

图 1－41　电感滤波器

电感滤波器的结构如图 1－41 所示，滤波器电感的阻抗为 $Z_L=j\omega L$，频率越高，电感的阻抗越大，即高频时为线路提供了一个串联的高阻抗，高频成分主要降在电感上，而低频成分能衰减很小地通过电感到达负载。电感器的选择应在需要滤除的频率范围内满足 $Z_S, Z_1<Z_L$。所以电感滤波器适用于高频时负载阻抗和源阻抗较小的场合，如设 $Z_S=Z_1=R$，电感滤波器的插入损耗为

$$\text{Loss}_L(\text{dB})=10\lg\left[1+\left(\frac{\omega L}{2R}\right)^2\right] \tag{1-46}$$

作为滤波器使用的电感线圈有两种：一种是差模扼流圈，用于抑制差模高频噪声；另一种是共模扼流圈，用于抑制共模高频噪声。差模扼流圈一般是单线扼流圈，串联在单根传输线上。单线扼流圈通常是把导线缠绕在磁损较大的铁粉芯上，电感值可达几十纳亨。共模扼流圈可插入传输导线对中，同时抑制每根导线对地的共模高频噪声，而对于传输线中传输的差模电流则没有影响，其结构如图 1－42 所示。通常把两个相同的线圈绕在同一个铁氧体环上，铁氧体磁损较小，绕制的方法使得两线圈在流过共模电流时磁环中的磁通相互叠加，从而具有相当大的电感量，对共模电流起到抑制作用；而当两线圈流过差模电流时，磁环中的磁通相互抵消，几乎没有电感量，所以差模电流可以无衰减地通过。共模扼流圈的优点就在于即使有较大差模电流通过也不会使磁环饱和，而对于共模电流则有较大的电感(约几毫亨)，所以可以用在大电流的电源滤波器中。

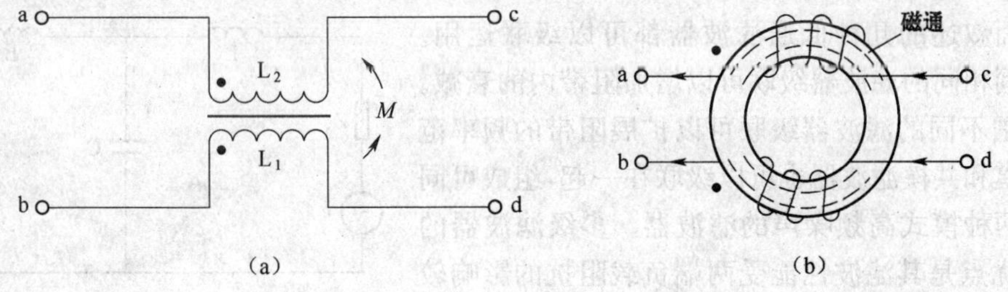

图 1－42　共模扼流圈

3. Γ 型 LC 滤波器

Γ 型 LC 滤波器的结构如图 1－43 所示。该滤波器适用于高频时负载阻抗较大，而源阻抗较小的场合。Γ 型滤波器的插入损耗为

$$L_\Gamma(\text{dB})=10\lg\left[\frac{(2-\omega^2 LC)^2+\left(\omega CR+\frac{\omega L}{R}\right)^2}{4}\right] \tag{1-47}$$

4. Ⅱ型滤波器

Ⅱ型滤波器由两节Γ型滤波器组合而成，其结构如图1－44所示。Ⅱ型滤波器适用于高频时负载阻抗和源阻抗都比较大的场合，与电容滤波器相比由于是多节滤波器串接而成，所以插入损耗更大，滤波效果更好。当 $Z_S=Z_1=R$ 时其插入损耗为

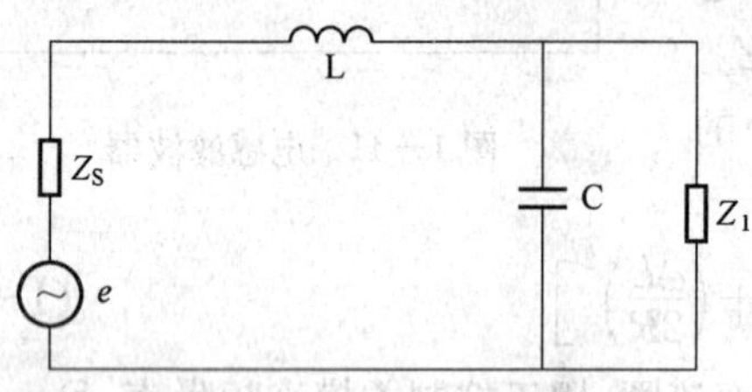

图1－43　Γ型LC滤波器

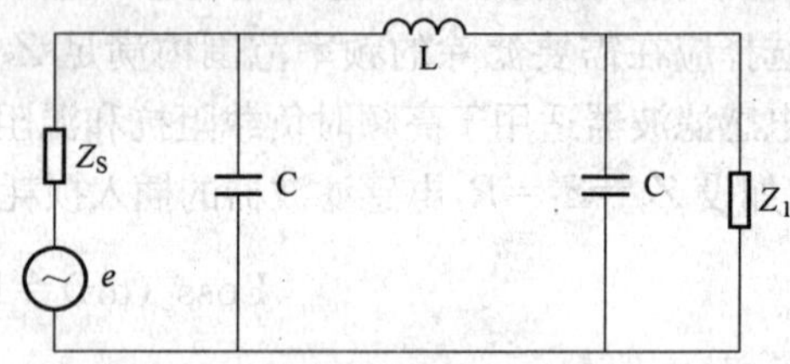

图1－44　Ⅱ型LC滤波器

$$L_{\text{Ⅱ}}(\text{dB})=10\lg\left[(1-\omega^2LC)^2+\left(\frac{\omega L}{2R}-\frac{\omega^2LC^2R}{2}+\omega CR\right)^2\right] \tag{1－48}$$

5. T型滤波器

T型滤波器也是由两节Γ型滤波器以不同的方式组合而成，适用于高频时负载阻抗和源阻抗都比较小的场合，它比电感滤波器的插入损耗大，其结构如图1－45所示。

当 $Z_S=Z_1=R$ 时，T型滤波器的插入损耗为

$$L_T(dB)=10lg\left[(1-\omega^2LC)^2+\left(\frac{\omega L}{R}-\frac{\omega^2L^2C}{2R}+\frac{\omega CR}{2}\right)^2\right] \tag{1－49}$$

6. EMI电源滤波器

上面叙述的几种低通滤波器都可以级联运用。阻带范围相同的滤波器级联可以增加阻带内的衰减。阻带范围不同的滤波器级联可以扩展阻带的频率范围。差模和共模滤波器也可以级联在一起，组成可同时抑制两种模式高频噪声的滤波器。多级滤波器的另一个优点是其滤波性能受两端负载阻抗的影响较小，EMI电源滤波器是多级低通滤波器级联的一个实例。

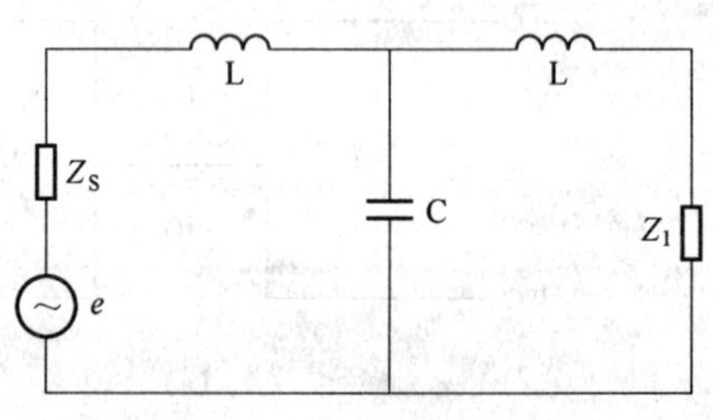

图1－45　T型滤波器

电源滤波器的作用往往是双向的，它不仅可以阻止电网中的噪声进入设备，也可以抑制设备产生的噪声污染电网。图1－46是EMI电源滤波器的一种典型结构，这种结构对交流和直流电源都适用。

图中 L_1 和 L_2 是两个差模电感扼流圈，电感量一般选为几十纳亨左右，C_1 是差模滤波电容，一般选0.047～0.22μF，L_3 和 L_4 是共模扼流圈，绕在同一个铁氧体环上，电感量约为几毫亨，C_2 和 C_3 是共模滤波电容，电容量约为几纳法。C_2 和 C_3 的电容盘不宜选得过大，否则容易

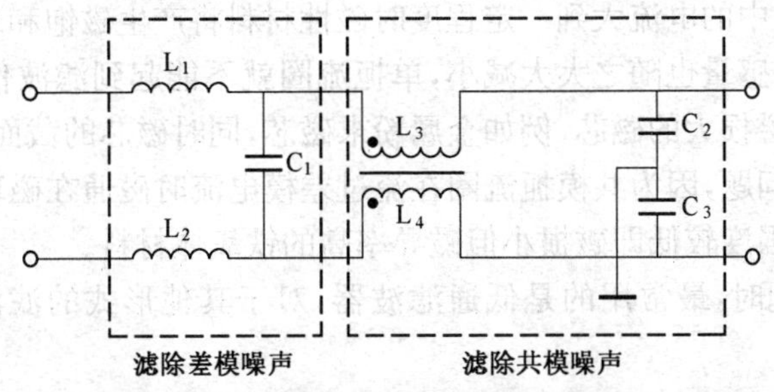

图 1－46　EMI 电源滤波器的结构

引起滤波器机壳漏电的危险。因为 C_2 和 C_3 的连接点是接“地”的，这里的地指的是滤波器的金属机壳，按规定金属机壳应接大地。当滤波器用于交流电网时虽然 C_2 和 C_3 对低频交流的阻抗很大，但仍存在一定的漏电流，电容越大漏电流也越大。如果机壳接大地不良，人手摸到机壳就会有麻的感觉。国际电工委员会 IEC 435(CO)14 规定了漏电流的限值，对于Ⅰ类安全设备漏电流不得大于 3.5 mA，对于Ⅱ类安全设备应小于 0.25 mA。

在实际运用中电源滤波器并非是一个理想的低通滤波器，滤波器的实际频率特性可由图 1－47 说明。低频时插入损耗很小，可以让电源频率几乎无衰减地通过。对于理想低通滤波器，在截止频率以后随着频率的升高插入损耗应该无限止的增加，但实际上插入损耗升高到一定值以后就不再增加，在相当一段频率范围内维持在该值附近振荡。然后当频率进一步升高时插入损耗反而随频率下降。产生这种情况的原因是构成滤波器的电感器件和电容器件存在分布参数。

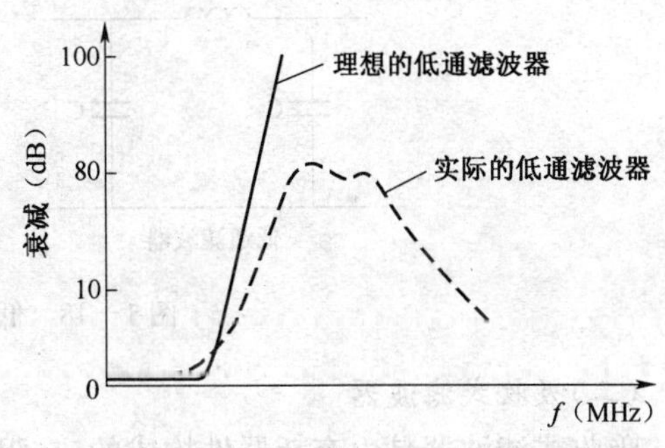

图 1－47　滤波器实际的插入损耗特性

高频时电容器不再是单纯的电容，而是电容 C 和分布电感的串联电路，当频率超过谐振点后，感性阻抗起主导，当频率大于谐振频率之后电容器就不再是电容而变成电感了，并且随着频率的升高阻抗反而越来越大，就不再具有高频滤波功能了。因此要改善滤波器的高频特性就必须选择高频特性好、等效串联阻抗(ESR)低的陶瓷电容和聚酯电容，并且尽可能地缩短电容的引线，减小高频分布电感。

电感器件如扼流圈在高频时的分布电容必须考虑，这些分布电容主要存在于线匝之间，电感器在高频时可看成是电感 L 和分布电容 C_L 的并联。当频率大于谐振频率后电感器就不再是电感而变成电容了，并且随着频率升高阻抗进一步减小，这样就失去了对高频的抑制作用。因此在绕制扼流圈时一定要注意采用适当方法尽量减少匝间的分布电容。单扼流圈是绕在磁性材料上的，当扼流圈中的电流大到一定程度时磁性材料将产生磁饱和现象，这时磁性材料的磁导率将急剧下降，电感量也随之大大减小，单扼流圈就不能起到滤波作用了，所以应该采用饱和磁感应强度高即磁损大的磁芯，例如金属粉末磁芯，同时磁芯的截面积也不能过小。共模扼流圈不存在磁饱和问题，因为共模扼流圈在流过差模电流时磁通在磁环中互相抵消，所以磁环可以用饱和磁感应强度较低即磁损小但磁导率高的铁氧体材料。

在处理 EMC 问题时，最常用的是低通滤波器，对于其他形式的滤波器在此仅作简单的介绍。

高通滤波器用在高频信号线上可以滤除交流电源分量或外界低频噪声。高通滤波器可由低通滤波器转换而成，其转换方法可用图 1—48 说明，只要把电感变成电容，电容变成电感即可。

带通滤波器只允许以特定频率为中心的一段窄带信号通过，而带阻滤波器则正好相反。带阻滤波器通常串联于噪声源与被干扰对象之间，对阻带呈现高阻抗，从而起到滤波作用。也可将带通滤波器并联在带有噪声的导线与地之间，在通带内呈现低阻抗，把噪声引入地中，从而起到滤波作用。

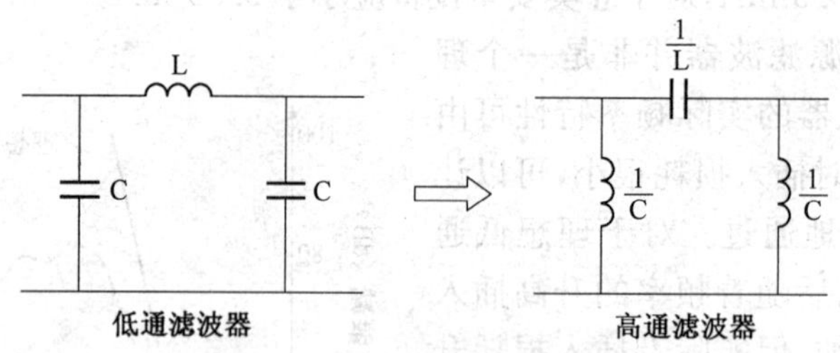

图 1—48　低通与高通的转换

(二)吸收式滤波器

吸收式滤波器是由有耗器件构成的，在阻带内吸收骚扰的能量转化为热损耗，从而起到滤波作用。铁氧体吸收型滤波器是目前应用发展很快的一种低通滤波器，已广泛应用于各种电路中。用于电磁噪声抑制的铁氧体是一种磁性材料，由铁、镍、锌氧化物混合而成，具有很高的电阻率，较高的磁导率(相对磁导率约为 100～1 500)。铁氧体一般做成中空型，导线穿过其中。当导线中的电流穿过铁氧体时低频电流可以几乎无衰减地通过，但高频电流却会受到很大的损耗，转变成热量散发，所以铁氧体和穿过其中的导线即成为吸收式低通滤波器。它可以等效为电阻和电感的串联，但电阻值和电感量都是随着频率而变化的，总的阻抗为

$$Z(f)=R(f)+\mathrm{j}X(f) \tag{1—50}$$

其中 $X(f)=\omega L(f)$，图 1—49 是典型的铁氧体的 Z、R、X 随频率变化的曲线。

由图可知，总的阻抗是随频率升高而增加的，在低频段内 $X>R$，这时电感起主导作用，而在高频段内 $X<R$，这时电阻起主导作用，并且电阻随频率升高而增加而电感却下降。对于直流和低频信号，滤波器的阻抗很低，直流电阻只有零点几欧姆，所以几乎没有衰减，可以顺利通

过。但对于几十～几百兆赫的高频信号滤波器的阻抗则成百倍的增加，因此对高频信号起到较大的衰减作用。铁氧体吸收式滤波器与常规的电感滤波器相比具有更好的高频滤波特性，因为电感器在高频时的分布电容会使电感器的实际阻抗下降，从而降低滤波性能，而铁氧体滤波器在高频时电阻值大于感抗，主要呈现电阻性，相当于一个品质因数很低的电感器，所以能在相当宽的频率范围内保持较高的阻抗，从而提高了高频滤波性能。

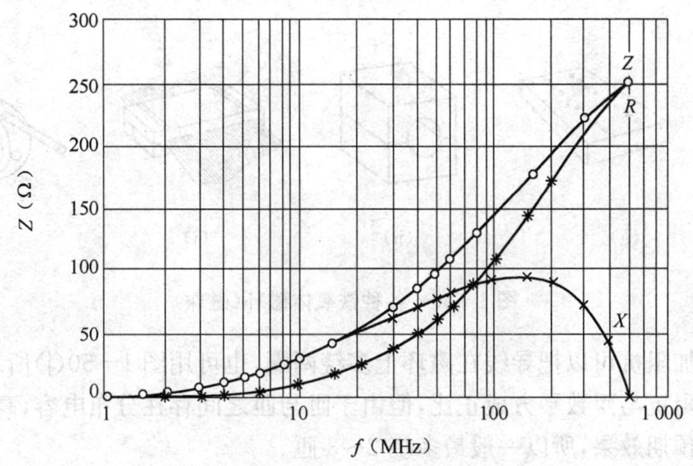

图1－49　铁氧体低通滤波器的阻抗特性

根据不同的使用场合铁氧体滤波器可以做成多种形式，图1－50列出了常用的10种形式。图1－50(a)、(b)、(c)常做成元件型，可以直接焊接在印刷电路板上。多线磁珠可串接在低速信号轨线对中，例如键盘线对，RS-232接口线对等。图1－50(d)、(e)、(f)是磁环，导线应从中间穿过。圆磁环可套在元件引脚或导线上；柱形磁环用于圆形电缆；矩形磁环用于扁平电缆；图1－50(g)是多孔磁板，专用于DIP型连接器的插座，使用时应把插座上的每个引脚都插入磁板上相应的孔中。为了使用方便，磁环还有做成分裂式的，两个半环套在电缆上，然后用夹子夹紧。图1－50(h)型可用于圆电缆；图1－50(i)型可用于扁平电缆。

磁珠和磁环可以应用在以下场合：磁环可套在交流电源线对、直流电源线对、信号线对上，也可套在电缆线束上用于抑制共模噪声；磁珠可串接在电源的正负导线中用于抑制差模噪声；磁环还可套在高频元件引脚上，防止电路产生高频振荡。使用铁氧体磁珠和磁环时应注意以下问题。

1. 电缆或导线应与环内径密贴，不要留太大的空隙，这样导线上电流产生的磁通可基本上都集中在磁环内，从而增加滤波效果。

2. 磁环越长阻抗越大，例如2个截面积相同的磁珠，长度为6.68 mm的磁珠在100 MHz时阻抗为110 Ω，长度为13.97 mm的磁珠阻抗则为220 Ω，如果一个磁环不起作用可以多穿几个磁环。

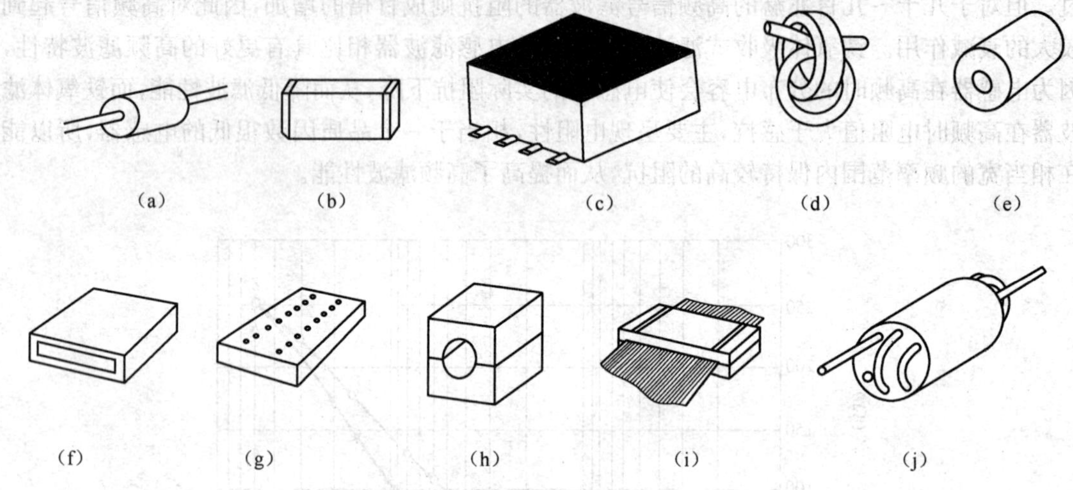

图 1－50　各种铁氧体磁环(磁珠)

3. 有时为增加阻抗可以把导线在磁环上多绕两圈，也可用图 1－50(j)所示的穿孔磁环，增加匝数。理论上阻抗与匝数平方成正比，但由于匝与匝之间存在分布电容，高频时实际增加的阻抗不可能达到预期效果，所以一般最多绕 2～3 匝。

4. 磁环内的导线如流过直流或低频交流电流的强度较大则会使其滤波作用失效，因为铁氧体磁环与其他电感器铁芯相比容易产生磁饱和，这时磁导率急剧下降，阻抗也随之下降。所以在利用磁珠抑制差模电流时要注意产品说明书给出的电流允许值，特别当磁珠用作大电流的电源滤波器时要挑选允许电流值大的磁珠。在用磁环抑制共模噪声电流时最好把正负电源线对或正负信号线对都穿过磁环，这样磁环就不易产生磁饱和。

5. 如果使用铁氧体磁珠或磁环的线路负载阻抗很高，则磁珠很可能不起作用，因为磁珠的阻抗在几百兆赫时也只有几百欧，因此磁珠比较适用于低阻抗电路。如果能在磁珠后面再并接一个电容组成类似 LC 滤波器则会大大降低负载阻抗，从而增加滤波效果。

综上所述，铁氧体磁珠与电感器的功能是相同的，都是对高频产生高阻抗，只是磁珠是吸收性的，而电感器是反射性的，磁珠的高频滤波性能比电感器好。磁珠可以做得很小，而且使用起来比电感器更方便灵活。

二、屏蔽技术

屏蔽技术用来抑制电磁骚扰沿着空间的传播，即切断辐射电磁骚扰的传输途径。通常用金属材料或磁性材料把所需屏蔽的区域包围起来，使屏蔽体内外的“场”相互隔离，如果目的是防止骚扰源向外辐射场，则应该屏蔽骚扰源，这种方法称主动屏蔽。如果目的是防止敏感设备受骚扰辐射场的干扰，则应该屏蔽敏感设备，这种方法称被动屏蔽。

电磁骚扰沿空间的传播是以“场”的方式进行的，场有近场和远场之分，在考虑同一设备内部各部分之间的相互干扰时大多数都按近场干扰来分析。近场又包含电场和磁场。当骚扰源是高电压、小电流时其辐射场主要表现为电场。当骚扰源具有低电压和大电流性能时其辐射场主要表现为磁场。如果骚扰波长和两者距离满足条件 $d>\lambda/2\pi$ 则骚扰源的辐射场为远场。在考虑系统之间的干扰时常常以电磁场即远场形式来分析，对于电场、磁场、电磁场等不同的辐射场，由子屏蔽机理不同因此采用的方法也不尽相同。

对于屏蔽作用的评价可以用屏蔽效能来表示

$$SE_E(\text{dB})=20\lg(E_2/E_1) \tag{1-51}$$

$$SE_H(\text{dB})=20\lg(H_2/H_1) \tag{1-52}$$

式中 SE_E, SE_H——电场屏蔽效能和磁场屏蔽效能；

E_1, H_1——加上屏蔽后待测点的电场强度和磁场强度；

E_2, H_2——未加屏蔽时待测点的电场强度和磁场强度。

对于远场而言，由于电磁场是统一的所以 $SE_E=SE_H=SE$，即电场屏蔽效能和磁场屏蔽效能是一致的，统称电磁屏蔽效能。

（一）电场屏蔽

电场屏蔽是抑制骚扰源和敏感设备之间由于存在电场耦合而产生的干扰。电场有静电场和交变电场，以下分别讨论这两种电场的屏蔽技术。

1. 静电场的屏蔽

如果一个孤立导体带有电荷，则其周围有静电场存在。如果用一金属球壳把导体包围起来，在金属球壳外仍有静电场存在。因为根据静电感应原理，金属球壳内壁感应有异种电荷，球壳外壁感应有同种电荷。球壳外壁的电荷总量等于球内孤立导体的电荷总量，所以金属球起不到屏蔽作用。如果把金属球外壳接地，则球壳外壁的电荷被引入地中，球壳外壁电位为零，金属球周围就不再存在静电场了。可以认为静电场被封闭在金属球壳内，金属球壳对孤立导体起到了电场屏蔽作用。这是个主动屏蔽的例子，静电场屏蔽的条件是金属体和接地。

反过来讲，如果空间存在一静电场，把一金属球壳放在该静电场中。根据静电感应原理球壳外壁两侧分别感应出等量的异种电荷，金属球壳内部没有电荷是等电位的，不论球壳接地与否球壳内部都不存在由外界感应的静电场，所以金属壳起到了屏蔽外界静电场的作用。这是被动屏蔽的例子。这里接地似乎并非静电场屏蔽的必要条件，但是在实际应用中屏蔽壳体不可能是全封闭的，总可能存在孔、缝等。如果不接地静电场的电力线就容易通过孔缝进入屏蔽壳体内部，从而影响屏蔽性能，所以金属屏蔽体接地仍是静电场屏蔽的必要条件。

2. 交变电场的屏蔽

图 1－51(a)中有两个导体 g 和 s 置于大地上方，如导体 g 上对地有一交变电压 $\dot{U}_g$，则在其周围存在一个交变电场，该交变电场会使其附近的另一导体 s 产生感应电压 $\dot{U}_s$。交变电场

的耦合可用电容耦合和电路理论来描述。设导体 g 和 s 之间的耦合电容为 C_j，导体 g 对地阻抗为 Z_g，导体 s 对地阻抗为 Z_s。可以根据电路理论计算出导体 g 上的电压 $\dot{U}_g$ 通过耦合电容 C_j 在导体 s 上产生的干扰电压 $\dot{U}_s$。

$$\dot{U}_s=\frac{j\omega C_j Z_s}{1+j\omega C_j(Z_g+Z_s)}\dot{U}_g \tag{1-53}$$

在频率较低时上式可写成

$$\dot{U}_s\approx j\omega C_j Z_s\dot{U}_g \tag{1-54}$$

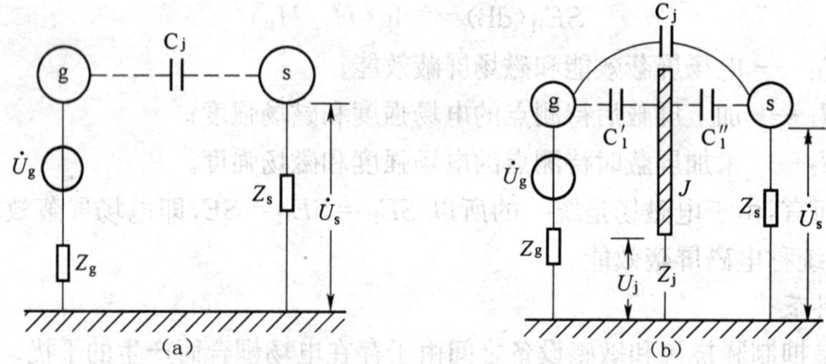

图 1－51　交变电场的耦合和屏蔽

由式可知干扰电压与耦合电容的大小成正比，C_j 越大，干扰就越强。

如果在导体 g 和 s 中插入一金属板，如图 1－51(b)所示。金属板的插入使两导体间的耦合电容变成 C'_j 和 C''_j 串联再和 C_j 并联。C'_j 是导体 g 和金属板的耦合电容，C''_j 是导体 s 和金属板的耦合电容。由于耦合电容与导体的面积成正比，与导体间距离成反比，显然 C'_j 和 C''_j 都大于 C_j。而 C''_j 由于金属板的插入而小于 C_j。在忽略 C''_j 的条件下金属板上感应到的骚扰电压为

$$\dot{U}_j=\frac{j\omega C'_j Z_j}{1+j\omega C'_j(Z_g+Z_j)}\dot{U}_g \tag{1-55}$$

式中 Z_j 为金属板对地阻抗。如金属板接地则 $Z_j=0$，金属板上感应的骚扰电压 $\dot{U}_j$ 亦为 0。金属板上的干扰电压也会通过耦合电容 C''_j 感应到导体上，导体 s 感应到的干扰电压 $\dot{U}_s$ 为

$$\dot{U}'_s=\frac{j\omega C''_j Z_s}{1+j\omega C''_j(Z_j+Z_s)}\dot{U}_j \tag{1-56}$$

由上两式可知，金属板接地使 $\dot{U}_j=0$，从而 $\dot{U}'_s=0$。这表明金属板接地切断了导体 g 的辐射电场对导体 s 的干扰途径，金属板起到了电场屏蔽作用。应该注意的是良好接地是金属板产生电场屏蔽的先决条件。如不接地或接地不良则可能产生比没有金属板时更严重的干扰，因为 C'_j 和 C''_j 都大于 C_j。

根据以上分析，无论是静电场或交变电场，电场屏蔽的必要条件是金属体和接地。对于电

场屏蔽只要把任何很薄的金属体接地就能达到良好的效果。

（二）磁场屏蔽

磁场屏蔽是抑制骚挠源和敏感设备之间由于磁场耦合所产生的干扰。磁场屏蔽必须对不同的频率采取不同的措施。

1. 低频磁场屏蔽

当线圈中通过电流时线圈周围即存在磁场，磁力线是闭合的。磁力线分布在整个空间，可能对附近的敏感设备产生干扰。在磁场频率比较低时（100 kHz 以下）通常采用铁磁性材料例如铁、硅钢片、坡莫合金等进行磁场屏蔽，如图 1－52 所示。铁磁性物质的磁导率比周围空气的磁导率大得多，一般约为 10^3～10^4 倍，所以可把磁力线集中在其内部通过，不至于大量发散在空气中。如果将线圈绕在由铁磁性材料组成的闭合环中，则磁力线主要在该闭合环的磁路中通过，漏磁通很小。根据磁路定律可知主磁路中的磁通

$$\Phi=\frac{F_m}{R_m} \tag{1-57}$$

式中　Φ——磁通；

F_m——磁通势，$F_m=NI$，I 为线圈中的电流，N 为线圈的匝数；

R_m——磁阻，$R_m=l/\mu S$，l 为磁路长度，S 为磁路截面积，μ 为磁导率。

铁磁材料的磁导率越高、磁路截面积越大，则磁路的磁阻越小，集中在磁路中的磁通就越大，在空气中的漏磁通就大大减少，因此铁磁材料起到磁场屏蔽作用，其实质是对骚扰源的磁力线进行了集流。以上例子是磁场的主动屏蔽。

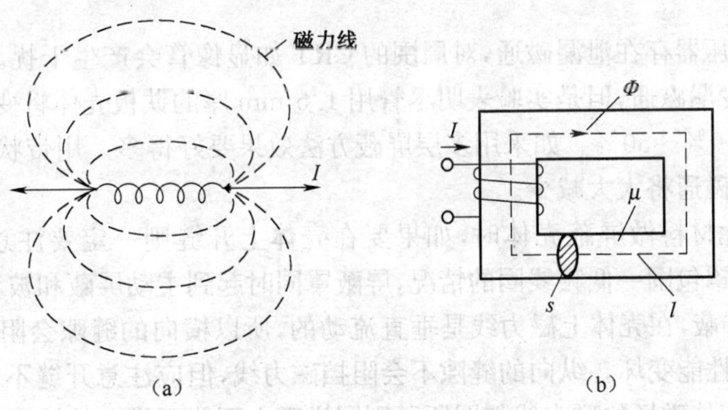

图 1－52　低频磁场的主动屏蔽

同样铁磁性材料做成的屏蔽壳也能进行被动屏蔽，如图 1－53 所示。把屏蔽壳体放入外磁场中，磁力线将集中在屏蔽体内通过，不至于漏泄到屏蔽壳体包围的内部空间中去，从而保证该空间不受外磁场的影响。

在低频情况下，单层铁磁材料的屏蔽效能可用下式表示

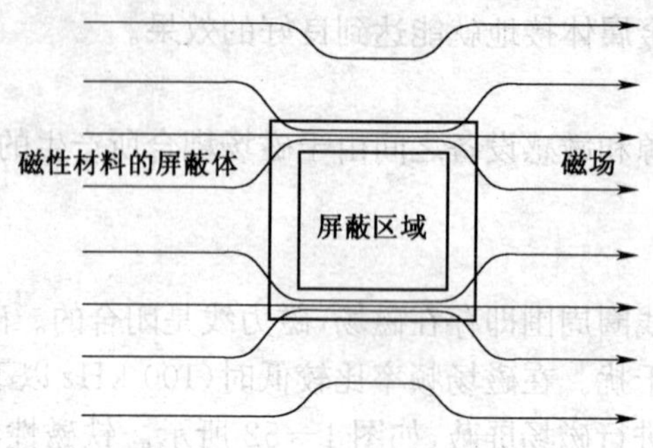

图1—53　低频磁场的被动屏蔽

$$SE_{\rm H}({\rm dB})=20\lg\left\{0.22\mu_{\rm r}\left[1-\left(1-\frac{t}{r}\right)^3\right]\right\} \tag{1—58}$$

式中　$SE_{\rm H}$——磁场屏蔽效能；

$\mu_{\rm r}$——铁磁材料的相对磁导率；

t——屏蔽体的厚度；

r——同屏蔽体相同容积的等效球半径。

由此可知单层铁磁材料的磁场屏蔽效能最大不超过 $20\lg(0.22\mu_{\rm r})$。铁磁材料的磁导率越大屏蔽效能越高。此外还可以看出屏蔽层的厚度增加也会加大屏蔽效能。但是采用单层屏蔽，增加屏蔽层的厚度的做法并不经济，最好采用多层屏蔽的方法。由式(1—58)可算出如欲获得最大屏蔽效能的一半即 $20\lg(0.11\mu_{\rm r})$，则要求屏蔽层厚度 t 为等效球半径的 1/5，这将使屏蔽层又厚又重。

例如，电源变压器存在泄漏磁通，对周围的 CRT 如显像管会产生干扰。把变压器装入铁板壳体中可以减少漏磁通，但是实验表明尽管用 1.5 mm 厚的铁板壳体将变压器屏蔽起来，漏磁通也只能减少 40%～50%。如采用多层屏蔽方法效果要好得多。用带状铁板，在变压器的侧面绕若干层，漏磁通将大大减少。

在使用铁磁性材料做屏蔽壳体时，如果要在壳体上开缝则一定要注意开缝的方向。图1—54是用一屏蔽罩包围一低频线圈的情况，屏蔽罩同时起到主动屏蔽和被动屏蔽的作用。图1—54(a)是主动屏蔽，在壳体上磁力线是垂直流动的，所以横向的缝隙会阻挡磁力线，使磁阻增加，从而使屏蔽性能变坏。纵向的缝隙不会阻挡磁力线，但应注意开缝不能太宽。图 1—54(b)是被动屏蔽，如外磁场的磁力线如图所示则同样理由不能开横向的缝隙。

低频磁场屏蔽的方法在高频时并不适用。主要原因是铁磁性材料的磁导率随频率的升高而下降，从而使屏蔽效能变坏。同时高频时铁磁性材料的磁损增加。磁损包括由于磁滞现象引起的磁滞损失以及由于电磁感应而产生的涡流的损失。磁损是消耗功率的，相当于增加了被屏蔽线圈的电阻值，造成线圈的 Q 值大大下降，所以利用铁磁性材料的高磁导率特性来集流骚扰磁力线的方法只适用于 100 kHz 以下的低频磁场屏蔽。

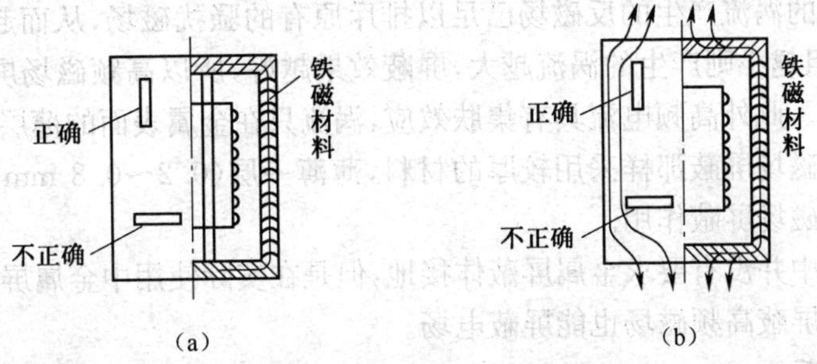

图 1－54 磁屏蔽体上的开缝

2. 高频磁场屏蔽

高频磁场屏蔽材料采用金属良导体，例如铜、铝等。当高频磁场穿过金属板时在金属板上产生感应电动势，由于金属板的电导率很高，所以产生很大的涡流，如图 1－55(a)所示。涡流又产生反磁场，与穿过金属板的原磁场相互抵消，同时又增加了金属板周围的原磁场。总的效果是使磁力线在金属板四周绕行而过，如图 1－55(b)所示。

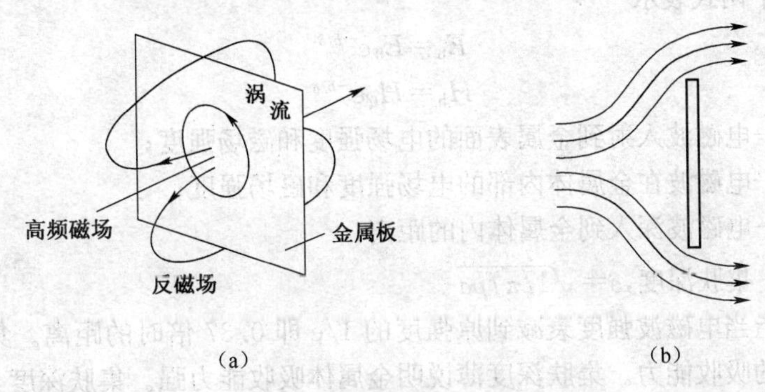

图 1－55 金属板的高频磁场屏蔽

如果做一个金属盒把一线圈包围起来，则线圈电流产生的高频磁场在金属盒内壁产生涡流，从而把原磁场限制在盒内，不至于向外泄漏，起到了主动屏蔽作用。金属盒外的高频磁场同样由于涡流作用只能绕过金属盒，而不能进入盒内，起到了被动屏蔽作用。

如果需要在屏蔽盒上开缝，则缝的方向必须顺着涡流方向，并且缝的宽度要尽可能地缩小。如果开缝切断了涡流的通路则将大大影响金属盒的屏蔽效果。

金属盒的高频磁场屏蔽效能与高频磁场在盒体上产生的涡流大小有关。线圈和金属盒的关系可以看成是变压器，线圈视为变压器初级，金属盒视为一匝短路线圈，作为变压器的次级。在低频时涡流很小，因此涡流产生的反磁场不足以完全排斥原干扰磁场，可见这种方法不适用于低频磁场屏蔽。随着频率升高，涡流也增大，到一定频率后涡流不再随着频率而升高，说明在高频情况下盒上的涡流产生的反磁场已足以排斥原有的骚扰磁场，从而起到屏蔽作用。另外，屏蔽材料的电阻越小则产生的涡流越大，屏蔽效果越好，所以高频磁场屏蔽材料应该用导电性能强的良导体。此外高频电流具有集肤效应，涡流只在金属表面的薄层中流过，所以金属屏蔽体无需像低频磁场屏蔽那样采用较厚的材料，薄薄一层(0.2～0.8 mm)的金属良导体就能起到良好的高频磁场屏蔽作用。

在上述的分析中并没有要求金属屏蔽体接地，但是在实际使用中金属屏蔽体都要求接地，因为这样可以同时屏蔽高频磁场也能屏蔽电场。

(三)电磁场屏蔽

电磁场屏蔽用于抑制骚挠源和敏感设备距离较远时通过电磁场耦合产生的干扰。电磁场屏蔽必须同时屏蔽电场和磁场，通常采用电阻率小的良导体材料。空间电磁波在入射到金属体表面时会产生反射和吸收，电磁能量被大大衰减，从而起到屏蔽作用。

1. 吸收损耗

当电磁波进入金属屏蔽体以后将产生感应电流，该电流又产生欧姆损耗，并变为热能而耗散，所以电磁波在金属体中以指数方式很快地衰减，传输距离很短。电磁波在金属体中的传输衰减规律可用以下两式表示

$$E_b = E_0 e^{-b/\delta} \tag{1-59}$$

$$H_b = H_0 e^{-b/\delta} \tag{1-60}$$

式中 E_0、H_0——电磁波入射到金属表面的电场强度和磁场强度；

E_b、H_b——电磁波在金属体内部的电场强度和磁场强度；

b——电磁波深入到金属体内的距离；

δ——集肤深度，$\delta=\sqrt{1/\pi f\mu\sigma}$。

集肤深度是指当电磁波强度衰减到原强度的 1/e 即 0.37 倍时的距离。集肤深度反映了金属体对电磁波的吸收能力。集肤深度薄说明金属体吸收能力强。集肤深度与频率和材料的性能有关，频率、金属体的磁导率和电导率越高，集肤深度越薄。金属体的吸收损耗

$$A(\text{dB}) = 20\lg\frac{E_0}{E_b} = 20\lg\frac{H_0}{H_b} = 20\lg e^{b/\delta} = 1.31b\sqrt{f\mu_r\sigma_r} \tag{1-61}$$

表 1－2 列出了四种常见材料的相对磁导率和相对电导率。图 1－56 画出了这四种材料在不同厚度(2 mm 和 0.5 mm)时的吸收损耗随频率变化的曲线。

表 1－2　四种不同材料的 σ_r 和 μ_r

参数＼材料	铜	铁	白铁皮	坡莫合金
σ_r	1	0.17	0.15	0.04
μ_r	1	500	1	10^4

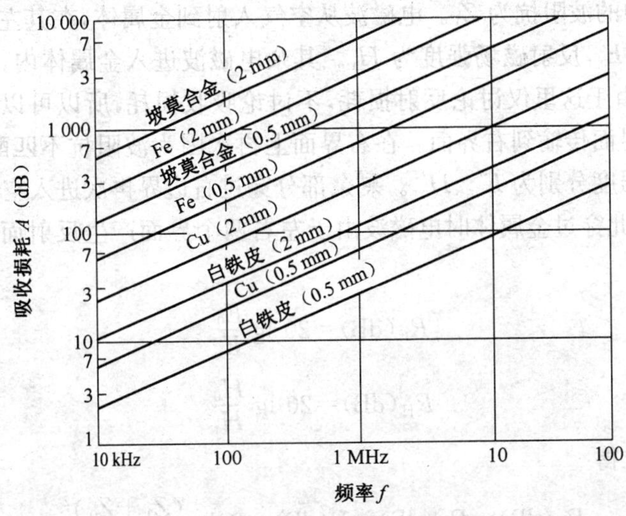

图 1－56　不同材料不同厚度金属体的吸收损耗

由式(1－61)和图 1－56 可知，金属体越厚吸收损耗越大，吸收损耗随频率升高而增加。铁磁性材料例如铁、坡莫合金的吸收损耗大于良导体，如铜。

2. 反射损耗

由于电磁波在空气介质和金属体中的波阻抗不一样，所以当电磁波到达两种介质的分界面时，因阻抗不匹配而发生反射，由此而引起的电磁波能量损耗称反射损耗。这种反射过程与传输线中的反射相似，所以比对传输线理论来进行分析。传输线中的电压可以看成电场强度，电流可看成磁场强度，传输线特性阻抗可看成空气中的波阻抗，传输线的负载可看成金属体的波阻抗。于是传输线理论中的有关反射的公式可以在此套用。

设入射到界面上电磁波的电场强度为 E_0，磁场强度为 H_0，如图 1－57 所示。空气中的波

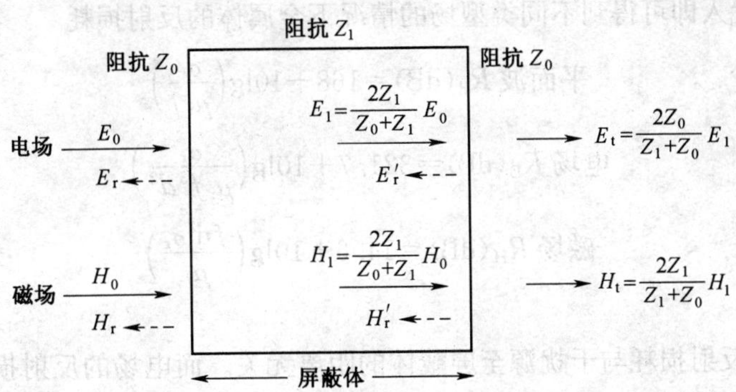

图 1－57　金属体两界面处的反射和传播

阻抗为 Z_0，金属体中的波阻抗为 Z_1。电磁波从空气入射到金属体，在其左边界处一部分被反射，反射电场强度为 E_r，反射磁场强度为 H_r。其余电磁波进入金属体内，电场强度和磁场强度分别为 E_1、H_1。由于这里仅讨论反射损耗，不讨论吸收损耗，所以可以认为电磁波在金属体内无损耗地从左界面传输到右界面。在右界面上再次因为波阻抗不匹配而产生反射，反射的电场强度和磁场强度分别为 E'_r、H'_r。剩余部分穿过右边界再次进入空气，电场强度为 E_t，磁场强度为 H_t。因此穿过金属体时电磁波由于左右两个界面产生反射而引起的反射损耗可由下式计算

$$R_E(\text{dB})=20\ \lg\frac{E_0}{E_t} \tag{1-62}$$

$$R_H(\text{dB})=20\ \lg\frac{H_0}{H_t} \tag{1-63}$$

运用传输线理论可求得

$$R_E(\text{dB})=R_H(\text{dB})=R(\text{dB})=20\lg\frac{(Z_1+Z_0)^2}{4Z_1Z_0} \tag{1-64}$$

式中 Z_1 为电磁波在金属中的波阻抗

$$Z_1=\sqrt{2\pi f\mu/\sigma}=3.68\times10^{-7}\sqrt{\mu_r f/\sigma_r} \tag{1-65}$$

电磁波在空气中的波阻抗由场的类型决定。对于远场即电磁波为平面波情况，波阻抗为

$$Z_0=120\pi\approx377(\Omega) \tag{1-66}$$

对于近场中的电场，波阻抗为

$$Z_{0E}=\frac{1.8\times10^{10}}{fd}\ (\Omega) \tag{1-67}$$

对于近场中的磁场，波阻抗为

$$Z_{0H}=8\times10^{-6}fd\ (\Omega) \tag{1-68}$$

上两式中 d 为干扰源到金属体的距离，单位为 m。

把上述阻抗代入即可得到不同类型场的情况下金属体的反射损耗

$$\text{平面波}\ R_P(\text{dB})=168+10\lg\left(\frac{\sigma_r}{\mu_r f}\right) \tag{1-69}$$

$$\text{电场}\ R_E(\text{dB})=321.7+10\lg\left(\frac{\sigma_r}{\mu_r f^3 d^2}\right) \tag{1-70}$$

$$\text{磁场}\ R_H(\text{dB})=14.6+10\lg\left(\frac{fd^2\sigma_r}{\mu_r}\right) \tag{1-71}$$

由此可知：

(1)平面波的反射损耗与干扰源至屏蔽体的距离无关。而电场的反射损耗以 20 lg$d$ 的速率下降，磁场的反射损耗以 20 lg$d$ 的速率上升。

(2)随着频率的升高，平面波的反射损耗以 −10 dB/10 倍频的速率下降，电场的反射损耗

以−30 dB/10 倍频的速率下降，而磁场的反射损耗以 10 dB/10 倍频的速率上升。

(3)同一屏蔽材料对不同类型的场反射损耗不一样，在频率不变条件下通常有 $R_H < R_P < R_E$。

(4)不同屏蔽材料的反射损耗无论场型如何只差一个常数，即 $10\lg\frac{\sigma_r}{\mu_r}$。铁的反射损耗比铜小得多。

3. 多重反射因子

电磁波在入射到金属体表面时在左边界一部分被反射，另一部分进入金属体，在金属体中被吸收衰减。如果频率不太高，即集肤深度较深，而金属体本身又很薄，于是电磁波在到达右边界时仍然具有较大的强度。在右边界处电磁波一部分穿出边界进入空气，另一部分被反射返回左边界。在左边界上又重复上述过程，如此不断循环直至电磁波能量消耗殆尽。由于多重反射的存在，使得金属体的实际屏蔽效能要小于上述的理论计算值，因为根据原式计算的反射损耗只考虑电磁波在金属体内传输一个单程，穿过金属体只有一次，而多重反射的存在说明电磁波在金属体内反复多次传输，穿过金属体也有多次。因此在计算金属体屏蔽效能时应加上多重反射修正因子 B(dB)，且该因子应该是负值。

$$B(\text{dB}) = 20\lg(1 - e^{-2b/\delta}) \tag{1-72}$$

式中，b 为金属体厚度。

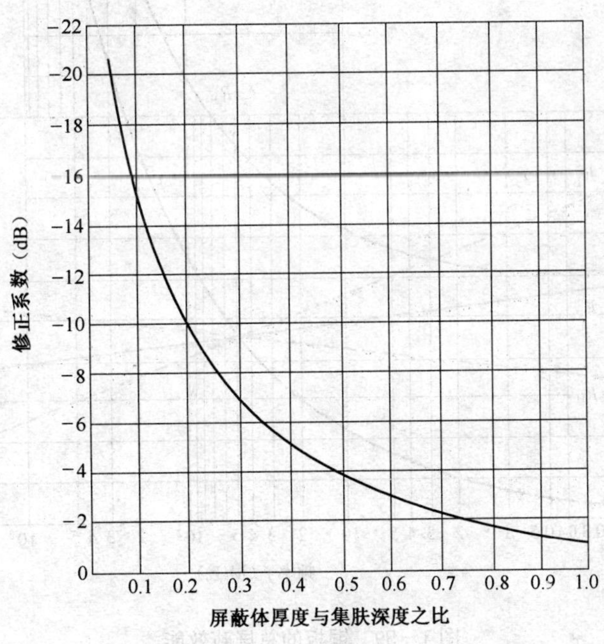

图 1−58 多重反射的修正因子

图 1－58 为 B 与 b/δ 的关系。当金属体较厚、频率较高而集肤深度较浅时，多重反射修正因子的绝对值较小。一般金属体厚度 $b \geqslant 1.15\delta$ 时，吸收损耗可达 $A \geqslant 10$ dB，即电磁波第一次到达右边界时已经衰减得很小了，所以多重反射可以不予考虑。一般情况下上述条件都符合，例如铜在 $f=1$ MHz 时集肤深度只有 0.077 mm。

4. 总屏蔽效能

金属体总的屏蔽效能应该是吸收损耗 A、反射损耗 R 和多重反射修正因子 B 之和。一般情况下多重反射可以忽略，所以总屏蔽效能为

$$SE(\text{dB})=A(\text{dB})+R(\text{dB}) \tag{1-73}$$

图 1－59 给出了 0.1 mm 厚的铜板在距离骚扰源 1 m 处的屏蔽效能与频率的关系。

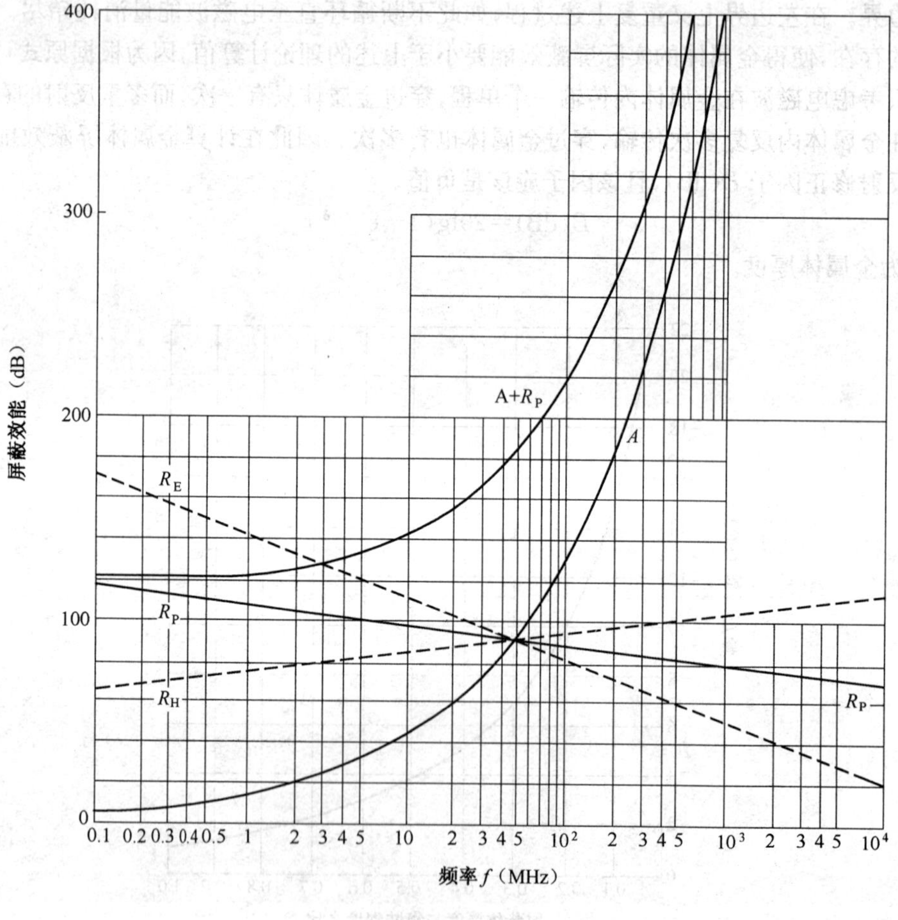

图 1－59　铜板的总屏蔽效能

对于屏蔽效能的讨论，可以得出以下几点重要结论：

(1)上述公式的使用要考虑频率范围。可以根据 $d=\lambda/2\pi$ 的条件来确定近场和远场的临界频率。当高于此临界频率时应该使用平面波公式；当低于此临界频率时，如果骚扰源是电场则使用电场公式，如果是磁场则使用磁场公式。图 1－58 中 R_P、R_E、R_H 三条曲线的交点处的频率即为临界频率。吸收曲线 A 对于平面波、电场、磁场都是相同的。

(2)由图 1－59 可知总的趋势是频率越高，屏蔽效能越好。在高频时屏蔽效能主要是吸收损耗 A 起作用，而低频时主要是反射损耗 R 起作用。铜等良导体对低频电场的反射损耗较大，但是对低频磁场的反射损耗较小。由此可见高电导率、低磁导率的金属材料只适用高频电磁场和低频电场的屏蔽，而对于低频磁场只能采用高磁导率的铁磁性材料如铁、坡莫合金等来屏蔽。

(四)屏蔽机箱

机箱的屏蔽材料一般采用铜板、铁板、铝板、镀锌铁板等，这些金属板对电场、高频磁场和电磁场的屏蔽效能都很大，可达 100 dB 以上，例如 0.2 mm 的铜板在 10 Hz～30 GHz 频率范围内能提供大于 160 dB 的屏蔽效能。对于低频磁场，屏蔽应采用高磁导率的铁磁性材料。由于这些材料厚度大，质量大，价格贵，所以一般不用作机箱，而是直接用在需要进行低频磁屏蔽的元器件上。现代电子设备广泛采用工程塑料做机箱，为了使其具备屏蔽作用，常在塑料中掺入高电导率的金属粉，使之成为导电塑料，或者在其表面喷涂一层薄膜导电层。表 1－3 列出了铜薄膜层的屏蔽效能。

表 1－3　镀铜层的屏蔽效能

层厚度(μm)	0.015		1.25		21.96	
频率(MHz)	1	1 000	1	1 000	1	1 000
吸收损耗(dB)	0.014	0.44	0.16	5.2	2.9	92
反射损耗(dB)	109	79	109	79	109	79
多重反射(dB)	－47	－17	－26	－0.6	－3.5	0
总屏蔽效能(dB)	62	62	83	84	108	171

由于导电层非常薄，所以吸收损耗很小，可以忽略，主要由反射损耗起作用。因为导电层的厚度小于集肤深度，故必须考虑多重反射的影响。由表 1－3 可知当薄膜导电层厚度增加时总屏蔽效能也增加，只是与铜板相比屏蔽效能要差一些。有趣的是对于同一厚度的导电层，不同的频率对总屏蔽效能的影响不大。

以上的讨论是在屏蔽体完整的条件下进行的，实际应用的机箱不可能是全密封的，总有各式各样大大小小的孔、洞和缝隙。例如通风孔、进出线孔、面板器件安装孔、机箱各板的连接缝、机箱盖和箱体之间的缝隙等等。这些孔缝都可能造成电磁波的严重泄漏。实际上场通过孔缝时的损耗要比穿过金属本体时的损耗小得多，所以讨论机箱的屏蔽效能时主要应该考虑孔缝的屏蔽效能。

已经知道金属板的屏蔽作用主要是由吸收损耗和反射损耗产生的。反射损耗是因为空气中的波阻抗和金属中的波阻抗不匹配而引起的。金属中的波阻抗与金属板上是否有孔缝无关，所以孔缝的存在并不会影响反射损耗。但是金属体的吸收损耗是由于电磁波在金属体上引起感应涡流，产生欧姆热损耗，同时涡流产生反向磁场抵消了原来的磁场，因此是否能保证涡流的畅通无阻是保证吸收损耗的重要条件。如果金属体上有缝隙存在，并且与涡流方向垂直，如图1－60(b)所示，则涡流受到阻挡只能绕过缝隙而行。根据电磁场理论，这时缝隙相当于一个二次发射天线，向金属板后发射电磁能量，这意味着电磁波穿过了缝隙，使金属板的屏蔽效能大大下降。缝隙天线可以等效于一个磁偶极子天线，当缝隙长度等于半波长的整数倍时则发射能量最大，所以缝隙长度是决定泄漏程度的重要因素。缝隙的宽度一般影响较小，如图1－60(c)中虽然缝隙变窄了，但长度与图1－60(b)中一样，这时涡流被阻挡的情况并没有多大改善。如果缝隙方向与涡流方向平行，则对涡流影响较小，如图1－60(d)所示。在实际应用中并不可能预测涡流的方向，所以唯一的办法是尽量缩短缝隙的长度。对于固定的缝隙长度，频率越高缝隙天线的二次发射越有效，泄漏就越严重，因此一般要求缝隙长度 l 应为 $l<\frac{\lambda}{10}\sim\frac{\lambda}{100}$。例如在拼接两块金属板时所用的螺丝或铆钉间的距离应符合上式。又如直径大的通风口应该改成很多小孔的组合，每个小孔的直径都要符合该式。改成小孔后对涡流的阻挡大大减小，各个方向的涡流都能比较顺利地流通，如图1－60(e)所示。

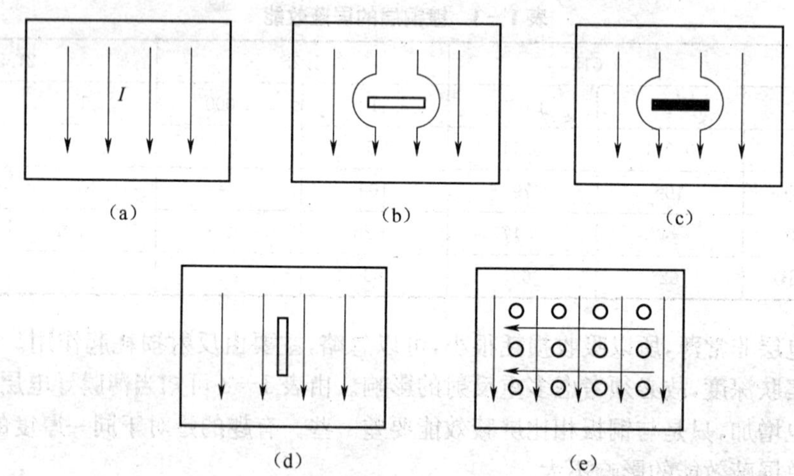

图1－60　孔缝对屏蔽的影响

改善由于孔缝造成屏蔽效能下降的方法有以下几种。

1. 使用导电衬垫

导电衬垫具有良好的导电性和弹性，用于两块金属板的连接处，可以减小缝隙，保持金属板之间的电连续性，从而增加屏蔽效能。导电衬垫有多种形式，通常有软金属、金属编织丝线、导电橡胶、导电泡绵、导电布、梳形弹簧片等。导电衬垫的使用方法可用图1－61说明。图1－61(a)是在金属面板上安装电位器的实例，为了减小面板上安装孔和电位器外壳间的缝隙使用了射频导电衬垫，并用螺母紧固。图1－61(b)是在面板上安装按钮开关或电表，由于按钮是非金属的，电表表头的窗口又较大，电磁波极易穿过，所以在开关或表头后面应该加一个屏蔽盒，屏蔽盒边缘通过导电衬垫紧固在金属面板上。开关或电表的引线则通过安装在屏蔽盒上的穿芯电容引出，穿芯电容可滤除由窗口进入并沿引线传导的电磁干扰。图1－61(c)～(j)是把盖板安装在机箱上的实例。盖板与机箱之间需放置导电衬垫，衬垫位置应该在紧固螺钉的内侧如图1－61(j)所示，因为螺孔不严可能引起电磁泄漏。图1－61(k)是梳形弹簧片，它是用弹性金属薄片弯成手指形状制成，所以又称指状衬垫。梳形簧片利用弹力压接在接触面上，达到良好的电接触。这种衬垫常用在经常启闭的屏蔽门和盖上。

导电衬垫的选择除了要考虑合适的形状、导电性和弹性外还需注意衬垫所用的材料，以避免产生电化腐蚀影响屏蔽的长期性和可靠性。使用导电衬垫时还应注意使用前要清除接触表面上的氧化物、腐蚀物、绝缘膜等，以保证接缝处的电连续性。

在接缝处也可以填充导电环氧树脂或采用带有导电胶的铜带或镀锡铜带，前者固化后不能拆卸；后者不需要时可以撕掉。一般这些材料工作频率小于1 GHz，频率再升高时胶中的导电粒随机位移太大，效果下降。

2. 使用金属丝网

设备的通风口经常覆盖一层金属丝网，使之既能保持通风又能起到屏蔽作用。金属丝网用于屏蔽要求不太高的场合，100 MHz以上时屏蔽效能下降。由于网孔太多，金属丝网的吸收损耗很小，主要靠反射损耗。在几十兆赫以下，主要是金属网对磁场的反射损耗，屏蔽效能随频率升高而增加；几十兆赫以后主要是金属网对平面波电磁场的反射损耗，屏蔽效能随频率升高而下降。金属丝网的屏蔽效能主要取决于网孔的大小：对于确定的金属线径，目数越高则网孔越小，屏蔽效能就越高；对于确定的目数，线径越细即网孔越大，则屏蔽效能越低。金属网的屏蔽效能还决定于网丝交点处的焊接质量及金属网与周边金属体连接处的电接触性能。

金属丝网还可用于屏蔽观察窗口。例如用莫乃尔合金制成的直径很细约0.05 mm的金属丝网(8～12孔/cm^2)被做在玻璃夹层中，作为CRT的观察窗，可以防止计算机信息以场的方式泄漏。这种金属丝网在1 MHz时屏蔽效能为98 dB，100 MHz时为82 dB，1 GHz时还能保持60 dB。

3. 使用截止波导

截止波导是一种金属管，对电磁波而言它是一种高通滤波器。波导管具有确定的截止频率，当电磁波的频率低于该截止频率时，电磁波不能穿过波导管，于是波导管起到了屏蔽作用。波导管的形状常做成圆形、矩形和六角形。

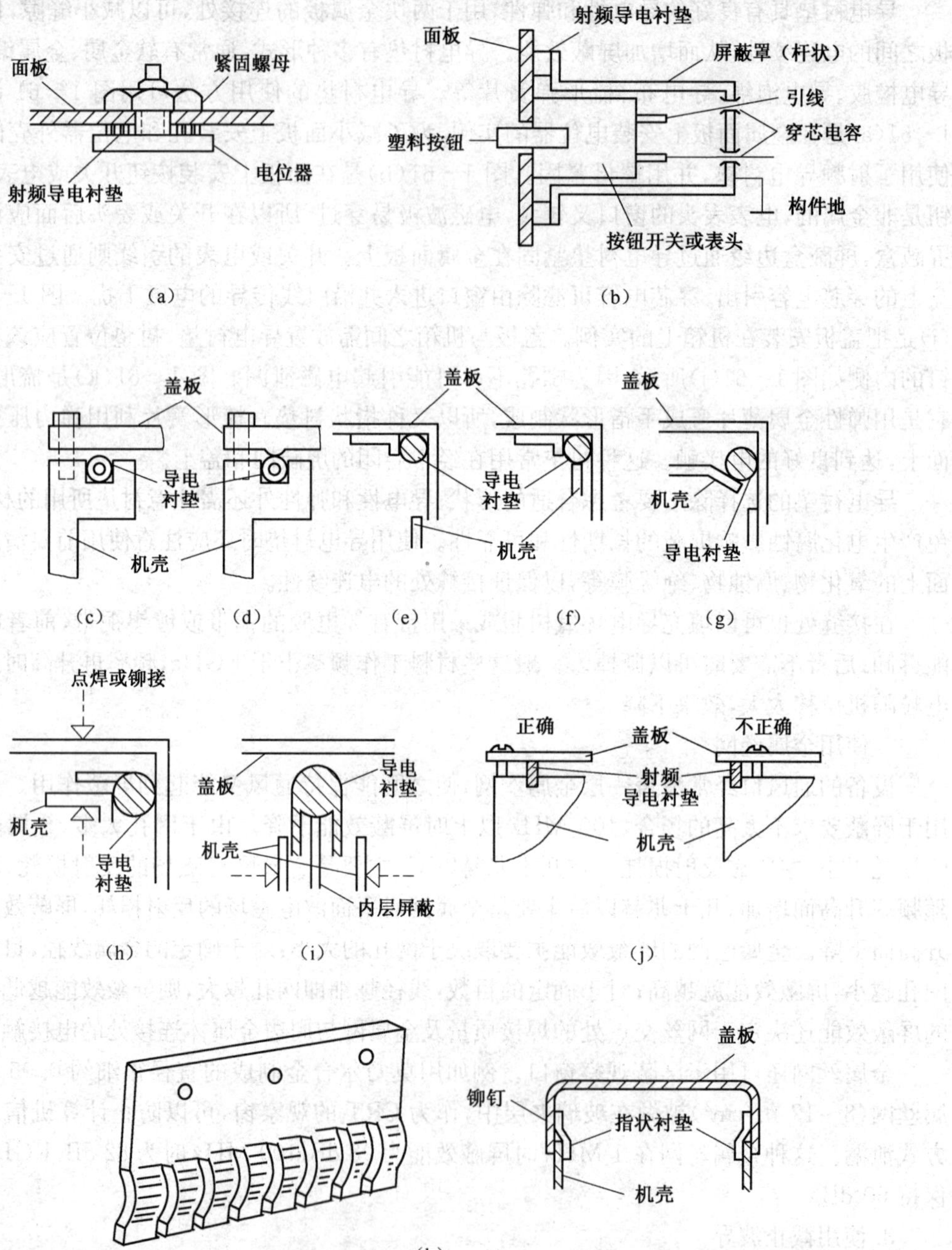

面板
紧固螺母
射频导电衬垫
电位器

(a)

射频导电衬垫
面板
屏蔽罩（杆状）
引线
塑料按钮
穿芯电容
构件地
按钮开关或表头

(b)

盖板
导电衬垫
机壳

(c) (d) (e) (f) (g)

点焊或铆接
机壳
导电衬垫

(h)

盖板
导电衬垫
机壳
内层屏蔽

(i)

正确
盖板
不正确
射频导电衬垫
机壳

(j)

盖板
铆钉
指状衬垫
机壳

(k)

图 1－61　导电衬垫的使用

圆形截止波导的条件和截止频率为

$$l \geqslant 3D$$

$$f_c = \frac{17.6 \times 10^9}{D} \tag{1-74}$$

式中　l——波导长度，cm；

D——波导内径，cm；

f_c——截止频率，Hz。

六角形及矩形波导的条件和截止频率为

$$l \geqslant 3W$$

$$f_c = \frac{15 \times 10^9}{W} \tag{1-75}$$

式中　l——波导长度，cm；

W——波导内壁的外接圆直径，cm；

f_c——截止频率，Hz。

波导管常组合在一起做成波导窗，用作通风窗及观察窗。图 1—62 为六角形波导组成的蜂窝状通风窗。低于截止频率的电磁波在波导中大大衰减，其屏蔽效能为

$$SE = 1.823 \times 10^{-9} \times f_c l \sqrt{1-(f/f_c)^2} \quad (\mathrm{dB}) \tag{1-76}$$

波导窗与金属丝网相比较具有很好的高频屏蔽特性，在 10 GHz 时仍可保持 100 dB 以上的屏蔽效能。

截止波导管还可用于在面板上安装可变电容、可变电位器、波段开关等可调器件。应该注意的是穿过波导管的轴杆必须是非金属的，否则波导管将失效，不起屏蔽作用。

根据电磁场理论任何具有一定深度的孔缝都具有波导性质，这也可用来改善盖板和机箱间接缝的屏蔽，如图 1—63 所示，图中 b 为缝隙的深度，只要 b 足够长就可以增加电磁波通过接缝时的衰减。

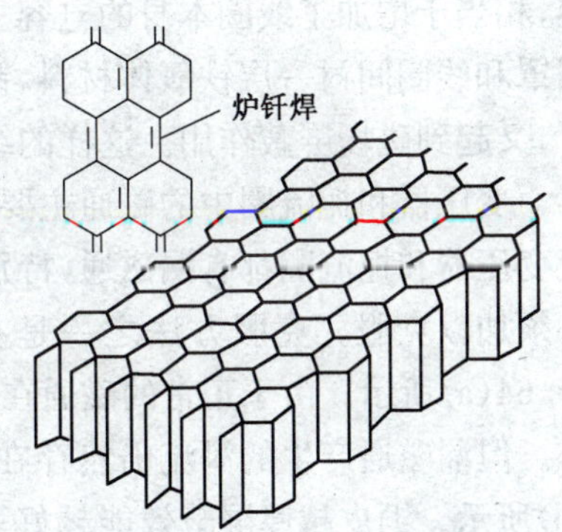

图 1—62　蜂窝形波导窗

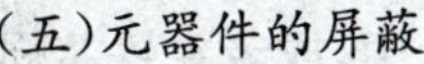

（五）元器件的屏蔽

1. 电感器件的屏蔽

电感器件包括各类线圈、变压器。电感器件产生的磁场可能对周围的电路和器件产生干扰，也可能受到外磁场的干扰，因此必要时应对电感线圈进行屏蔽。对低频磁场采用铁磁性材料对磁力线集中分流方法进行屏蔽，对高频磁场和电磁场采用良导体通过涡流和反射方式进行屏蔽。

对于低频工作的线圈，一般采用高磁导率材料做成的闭合磁环或磁罐作为磁芯，以免磁力

线泄漏；对于高频工作的线圈往往用铜、铝等良导体做成屏蔽罩，套在线圈上。由于屏蔽罩和金属底座之间有安装接缝，所以必须注意线圈的安装位置，应使线圈在金属罩上产生的涡流面和接缝面平行，以免阻断涡流，否则就可能导致高频磁场的泄漏。

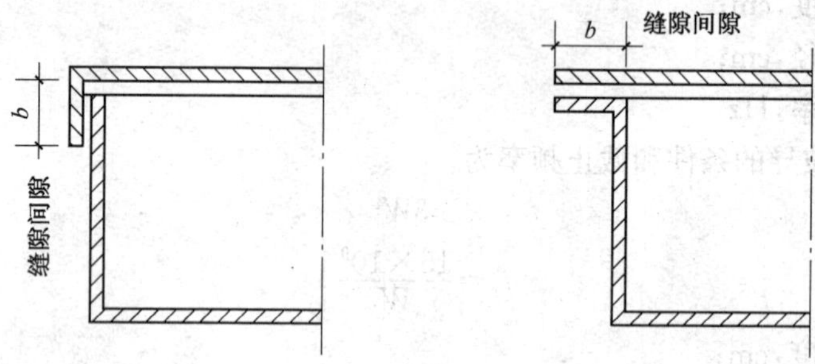

图 1－63　缝隙的截止波导效应

另一个需要注意的问题是金属罩对线圈电特性的影响。根据高频磁场的屏蔽原理，金属罩上感应的涡流将抵消线圈内的一部分磁通，从而减小线圈的电感；同时涡流会产生热损耗，相当于增加了线圈的电阻 R，所以线圈的品质因数下降；此外线圈与金属罩之间存在分布电容，相当于增加了线圈本身的电容。所以金属罩要做得适当大一些，不能紧贴线圈。或者在金属罩和线圈间衬一层铁氧体材料，铁氧体材料磁导率高，电阻率也高，因此线圈的电感量增加了，又起到磁场屏蔽作用。这样的结构具有体积小的优点，并可同时屏蔽磁场、电场。

变压器和扼流圈中的磁通主要沿铁芯构成闭合环路，铁芯通常采用 E 形和 C 形环路。一般变压器和扼流圈都有漏磁通，特别当铁芯环路为避免磁饱和而留有气隙时漏磁通更强，所以必须加以克服。克服方法之一是在绕组线包外面包一层铜皮作为漏磁通的短路环，如图 1－64(a)所示。由于正常的磁通在短路环中产生的涡流相互抵消，不会影响变压器的正常工作。但漏磁通产生的涡流仍然存在，涡流产生反磁通减弱了漏磁通，其屏蔽效果如图 1－64(b)所示。铜皮越厚屏蔽效能越好，有时采用多层铜皮叠加来增加厚度。如果铁芯环路有气隙，短路环应把气隙包围在内。

抑制漏磁通的方法之二是把变压器或扼流圈完全装在铁制屏蔽盒中，或者在铁芯周围包若干层铁皮。该方法本节前面介绍过，这里不再赘述。采用 C 形铁芯及对称线包结构是防漏磁的有效方法之三。图 1－65(a)为其原理图，图 1－65(b)是其结构图。变压器的初次级绕组各自分为对称的两半，分别绕在 C 形铁芯的两边，然后以适当方式串联起来。半绕组所产生的磁通在铁芯中形成闭合回路，使变压器能正常工作。但两半绕组产生的混磁通则方向相反，从而使总的漏磁通大大减小。对于外加磁场的干扰这种结构也有很好的防护作用。设外磁场穿越两半绕组的磁通相等，但两半绕组中感应出来的感应电势却大小相等方向相反，因此在整

个绕组的引出端合成电势为零,从而避免了外磁场的干扰。图 1—65(b)中的变压器还加了铜漏磁短路环,并且装入铁屏蔽盒,综合了以上介绍的三种方法,成为很有效的抗干扰变压器。

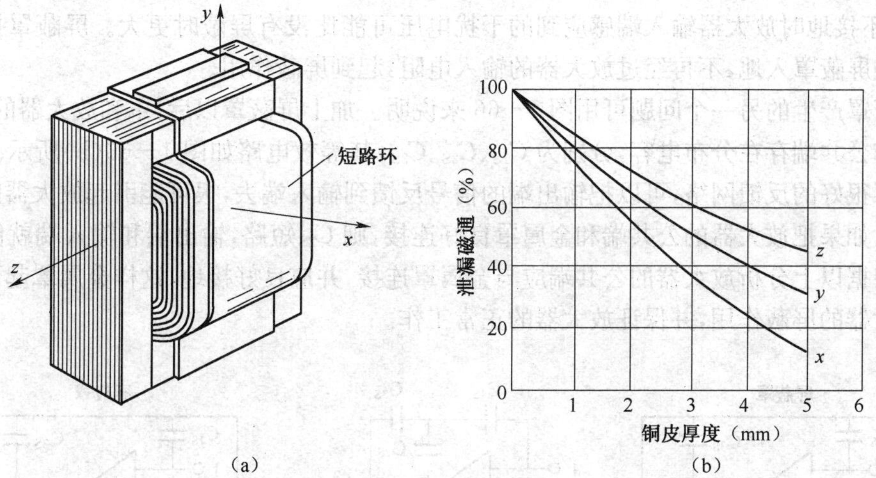

(a)

(b)

图 1—64 漏磁通短路环

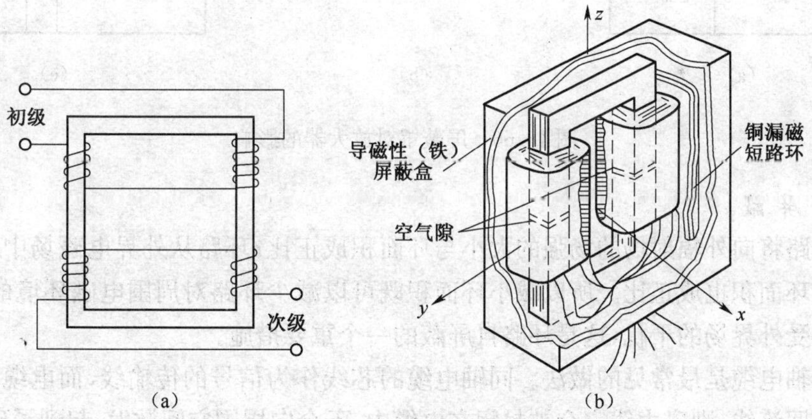

(a)

(b)

图 1—65 C形对称绕组变压器

2. 传感器和放大器的屏蔽

传感器是将各种物理量如温度、压力、流量、速度等转变为电参量的器件。一般传感器输出的电压、电流都较小,并且都直接安装在工业现场,在现场进行放大和初步处理以后再远距离传送到控制设备中去。大多数传感器输入阻抗较高,比较容易引入干扰信号,而工业现场又往往是电磁环境最恶劣的,所以对传感器和放大器进行屏蔽是很重要的。传感器和放大器一般都安装在同一个金属屏蔽罩内，并且屏蔽罩必须可靠接地。否则不但没有屏蔽作用，可能将导致更严重的干扰。在本节前面曾经说明电场屏蔽的必要条件之一是金属屏蔽罩接地，因为屏蔽罩的面积较大，离放大器又近，对放大器将形成更大的分布电容，且传感器的输入阻抗较高，因此不接地时放大器输入端感应到的干扰电压可能比没有屏蔽时更大。屏蔽罩接地后干扰电流经屏蔽罩入地，不再经过放大器的输入电阻，起到屏蔽作用。

屏蔽罩产生的另一个问题可用图1－66来说明。加上屏蔽罩以后，罩和放大器的输入端、输出端和公共端存在分布电容，分别为C_{1S}、C_{2S}、C_{3S}，其等效电路如图1－66(b)所示。这些电容构成了很好的反馈网络，可以把输出端的信号反馈到输入端去，很可能引起放大器的高频自激振荡。如果把放大器的公共端和金属罩良好连接，则C_{2S}短路，输出端和输入端就能被隔离开了。根据以上分析放大器的公共端应与金属罩连接，并应良好接地，这样金属罩起到对传感器和放大器的屏蔽作用，并保证放大器的正常工作。

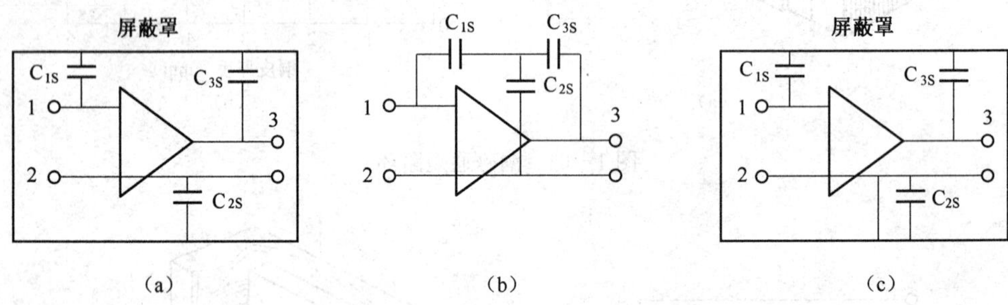

图1－66　屏蔽罩对放大器的影响

(六)自 屏 蔽

电流环路将向外辐射场的场强的大小与环面积成正比；环路从外界电磁场中感应的电流的大小也与环面积也成正比。所以减小环面积既可以减少环路对周围电磁环境的污染，又可以抑制环路受外界场的干扰，这是环路自屏蔽的一个重要措施。

采用同轴电缆是最常见的做法。同轴电缆的芯线作为信号的传输线，而电缆的外导体则作为信号的回流线，则磁力线完全被封闭在电缆中，不会向周围空间散发，起到了磁屏蔽作用；如果再把电缆外导体接地，则进一步起到了电场屏蔽作用。将屏蔽电缆和金属铠装电缆的屏蔽层或铠装层作良好的接地，也能起到同样的作用。

环路之间的电场和磁场耦合与环路的相对位置密切相关。拉大环路间的距离，使环路尽可能不要平行放置，最好是互相垂直，这些也是环路自屏蔽的有效措施。

在印刷电路板上仍可以采用上述的基本原理。例如拉开不同信号回路的距离、避免不同的信号线平行敷设、将信号线夹在两层回流面之间、敷设护送地线等措施，都可以减小信号线之间的耦合。

采用双绞线是另外一种常见的自屏蔽方法。把两根导线绞合在一起，既可以减少自身回路的向外辐射，又可以抵御外来磁场对绞线回路的干扰。当双绞线作为接收侧时，外界磁力线均匀地穿过每个小绞合结，小绞合结的面积相同，所以感应电压也相同，但由于相邻两个绞合结的方向相反，因此总的感应电压相互抵消接近为零。当双绞线作为发射侧时，每个绞合结通过磁场耦合在接收侧回路中产生感应电压。但由于相邻绞合结的方向是相反的，所以所有绞合结在接收侧回路中产生的感应电压也将互相抵消接近为零。由此可见双绞线既可实现主动磁场屏蔽，又可实现被动磁场屏蔽。

双绞线具有磁屏蔽作用，单位长度绞合数越多效果越好。多芯电缆中如有多对双绞线则应注意各对双绞线之间的相对位置，各对双绞线最好采用不同的绞距，这样才能防止各线对之间的相互干扰。双绞线本身没有电场屏蔽作用，通常在其外围包一层金属屏蔽层，构成屏蔽双绞线，屏蔽层接地就能产生电屏蔽。

上述双绞线的磁场自屏蔽原理同样可以用来解释印刷电路板上的差分线对。差分线对上传输的信号对于参考地电位而言是平衡的，即一来一去(电流)、一正一负(电压)。要达到自屏蔽的效果，就应当把差分线对的来线和去线尽量贴近，并平行等长敷设。

三、接地技术

接地的含义是提供一个等电位点或等电位面。接地可以接真正的大地，也可以不接，例如飞机上的电子电气设备接飞机壳体就是接地。如接大地则地线的电位就是大地电位，为零电位。接地的目的有两个：一是为了保护人身和设备的安全，免遭雷击、漏电、静电等危害，这类地线称保护地线，应与真正大地相连接；二是为了保证设备的正常工作，例如直流电源常需要有一极接地作为参考零电位，信号传输也常常需要有一根线接地作为基准电位，传输信号的大小与该基准电位相比较。

对设备进行屏蔽时在很多情况下只有与接地相结合，才能起到应有的效果。这类地线称工作地线，在电子设备中一定要注意工作地线的正确接法，否则非但起不到作用反而可能产生干扰，例如共地线阻抗干扰、地环路干扰、共模电流辐射等等。本节仅讨论工作地线的问题，有关保护地线的内容请参考第七章。

(一)接地形式

工作地线的本来目的是给电源和传输信号提供一个等电位，但在实际电路中工作地线常常兼作电源和信号的回流线。工作地线总是具有一定的电阻和分布电感，一般电阻很小可以忽略，但高频时电感的感抗不能忽略。当回流流过工作地线时就会在地线的阻抗上产生电压降，因此地线上各点的电位不同，任意两点间存在着一定的电位差，这就可能产生共阻抗干扰。

先考察工作地线的单点串联接地方式。如图 1—67 所示，电路 1、2、3 的接地点由工作地线串联起来，然后接地。设电路 1、2、3 的地电流分别为 I_1、I_2、I_3，这些电流有可能是电路中电源

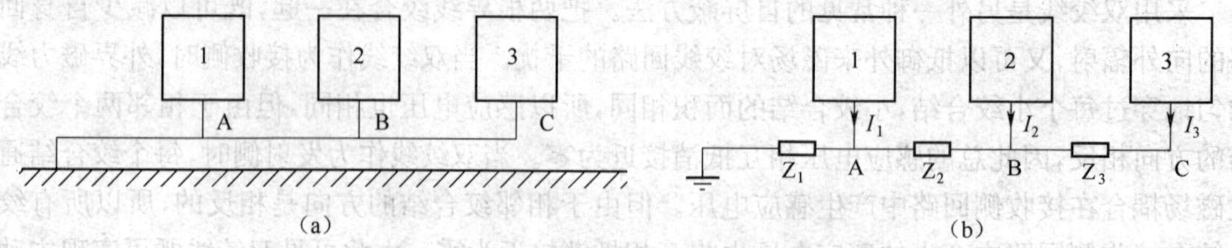

图 1－67　单点串联接地

的回流，如果电路的滤波去耦不充分，回流中将混有未滤除的高频成分。设各段地线的阻抗分别为 Z_1、Z_2、Z_3，其主要成分是地线分布电感的感抗，可以计算出各电路接地点 A、B、C 处的电位，分别为

$$U_A=(I_1+I_2+I_3)Z_1$$
$$U_B=U_A+(I_2+I_3)Z_2$$
$$U_C=U_B+I_3Z_3$$

由此可见 $U_A<U_B<U_C$，地线不再是等电位线，因此很容易产生共阻抗干扰。

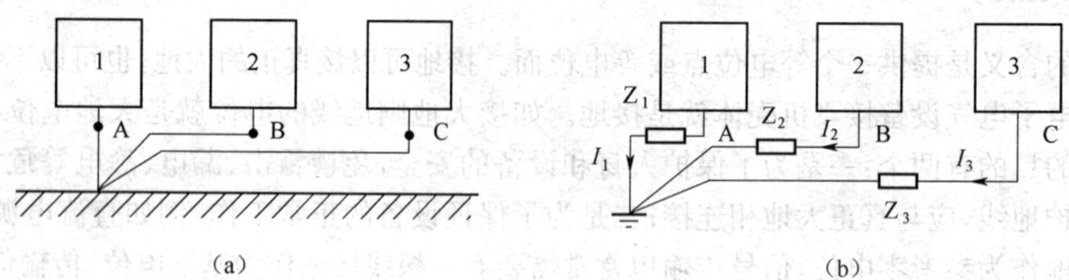

图 1－68　单点并联接地

如果将电路的接地布置改成如图 1－68 的形式，电路 1、2、3 各自独立的在同一点接地，各接地点的点位分别为

$$U_A=I_1Z_1$$
$$U_B=I_2Z_2$$
$$U_C=I_3Z_3$$

这种接地方式称单点并联接地方式。可知各电路的地电位只与本电路的地电流及地线阻抗有关，不受其他电路的影响，这是单点并联接地方式的优点。

在实际电路布置中常常把单点并联和单点串联方式结合起来使用。首先把容易产生相互干扰的电路各自分成小组，例如把模拟电路和数字电路、小功率和大功率电路、低噪声电路和高噪声电路等区分开来。在每个组内采用单点串联方式把小组内各电路的接地点串联起来，选择在电平最低的电路处作为小组接地点。分组后再把各小组的接地点按单点并联的方式分

别连接到一个独立的总接地点，如图 1－69 所示。

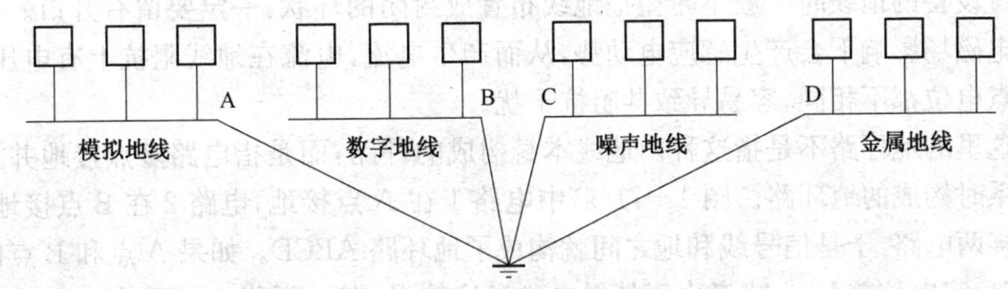

图 1－69　单点串并联混合接地方式

在频率较低，地线阻抗不大，组内各电路的电平又相差不大的情况下这种方式还是用得比较多的，因为它比较简单，走线和电路图相似，所以电路布线时比较容易。一般设备中的地线至少有三种：信号地线、噪声地线和金属件地线。信号地线一般用于功率较小的电路，又可以进一步分为模拟电路地线和数字电路地线；噪声地线用在高功率电路例如晶闸管、继电器、电动机等容易产生较高噪声的电路；金属件地线指设备机壳、机架和底板等。交流电源中的保护地线应与金属件地线相连。

单点接地形式的缺点在于地线太长，当频率升高时一方面增加地线阻抗，容易产生共地线阻抗干扰；另一方面频率的升高使地线之间、地线和其他导线之间由于电容耦合、电感耦合产生的相互串扰大大增加。所以单点接地方式只适用于低频电路，地线的长度不应该超过地线中高频电流波长的 1/20。较长的地线应尽量减小其阻抗，特别是减小电感，例如增加地线的宽度，采用矩形截面导体代替圆导体作地线带等等。

为了改善地线的高频特性则常用多点接地方式。多点接地的思路是把需要接地的电路就近接到一金属面上，各电路接地点到金属面的引线要尽可能缩短。金属面要导电好，面积大，因而本身阻抗很小，不易产生共阻抗干扰。多点接地方式如图 1－70 所示。在印刷电路板上常用大块的金属面而不是用轨线作地线，在设备中则常用机壳作地线。

根据以上分析，低频电路（$f<10$ MHz）一般采用单点接地方式，高频电路（$f>10$ MHz）一般采用多点接地方式。在印刷电路板上，作为地的金属面积一般都比较大，特别是多层印刷电路板专门有一层或多层用作地层，这种情况下无论是高频电路还是低频电路都可以多点就近接地，问题的关键是在布线时最好把各种不同类型的地线区分开，即进行地平面分割。

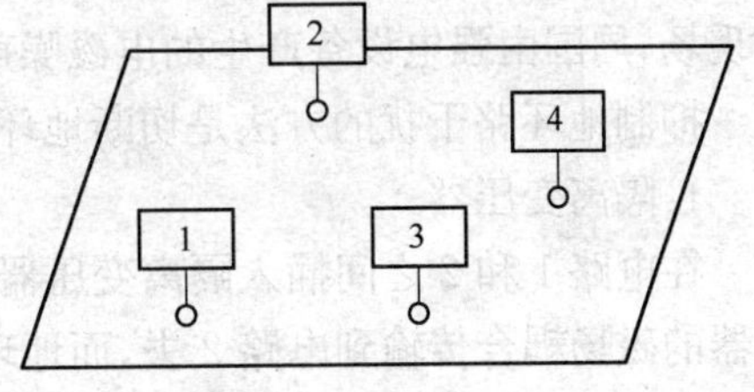

图 1－70　多点接地方式

(二)地 环 路

在布置设备的地线时一般不希望把地线布置成封闭的环状,一定要留有开口。因为封闭环在外界电磁场影响下会产生感应电动势,从而产生电流,电流在地线阻抗上有电压降,于是地线上各点电位都不相同,容易导致共阻抗干扰。

但是这里的地环路不是指这种由地线本身构成的环路,而是指电路多点接地并且电路间有信号联系时构成的地环路。图1—71(a)中电路1在A点接地,电路2在B点接地,有一根信号线连接两电路,于是信号线和地之间就构成了地环路ABCD。如果A点和B点的地电位不同,存在一定电位差U_{AB},或者由于外界电磁场比较强,在地环路ABCD中产生感应电动势U_{AB}。U_{AB}将叠加在有用信号E_S上一起加到负载上,从而产生干扰,这种干扰是差模干扰。如果电路间的信号传输用两根导线,如图1—71(b)所示,则U_{AB}将加到两根导线上,由于这两根导线对地的阻抗不对称,所以U_{AB}在两根线上产生的共模电流大小不等,最后在负载两端产生差模电压,影响电路2的正常工作,这是共模干扰。

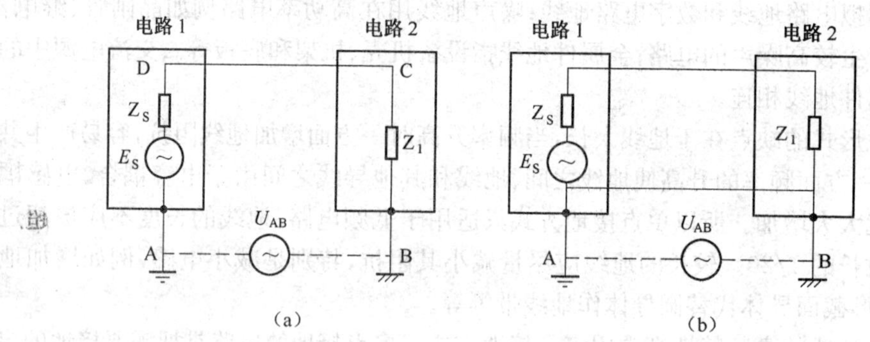

图1—71 地环路的构成

在轨道交通系统中地环路引起的干扰是必须考虑的严重问题,因为一般用来监测设备工作状态的传感器距离控制设备都比较远,两处的地电位可能差别较大,而且传感器往往装在工业现场,周围由强电设备产生的电磁噪声较强,很容易产生地环路干扰。

抑制地环路干扰的方法是切断地环路,常用的措施有以下几种。

1.隔离变压器

在电路1和2之间插入隔离变压器,如图1—72(a)所示。电路1的有用信号可以通过变压器的磁场耦合传输到电路2去,而地环路产生的共模电流由于方向相同在变压器初级绕组中互相抵消,起到了隔离作用。但是一般变压器并非理想的,初级绕组和次级绕组间存在着分布电容,所以共模电流可能通过这些分布电容从初级流到次级去,并进一步流向负载。为了减小分布电容,提高变压器的隔离效果,应该在初、次级间加一层金属屏蔽层,其结构是用一层铜箔绕一匝,但在交接处必须垫上绝缘层,不能让其变成短路环,否则差模电流也被隔离了,见图

1－72(b)。该铜箔起到了初级与次级间的电场屏蔽作用，即减小了两者间的分布电容。该铜箔应接地，而且要接在负载端，否则不起作用。这可用图 1－72(c)解释。屏蔽体如接在 A 端的地上则共模噪声仍可以通过 C_2 耦合到负载上去，所以必须在 B 端接地。隔离变压器的缺点是不能传输直流信号和频率很低的信号。

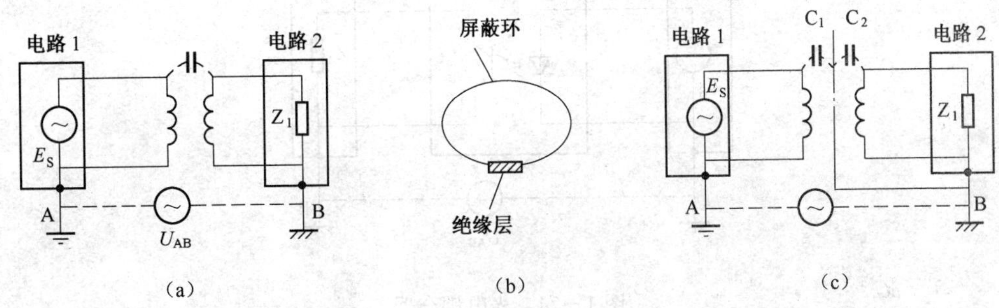

图 1－72　隔离变压器

2. 共模扼流圈

在电路 1 与电路 2 之间插入共模扼流圈，如图 1－73 所示。共模扼流圈可以传输差模信号，直流和频率很低的差模信号都可以通过，但对于高频共模噪声则呈现很大阻抗，所以共模扼流圈可以用来抑制地环路干扰。此外用铁氧体磁环套在两根导线上也可以同样起到共模扼流圈的作用。

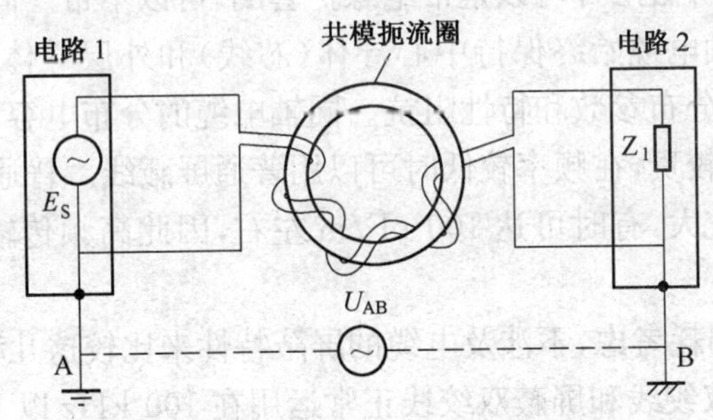

图 1－73　共模扼流圈

3. 光电耦合器

在电路 1 与电路 2 之间插入光电耦合器，如图 1－74 所示。光电耦合器是把电信号变成光信号，然后再把光信号还原成电信号的器件。光电耦合器由发光二极管和光敏晶体管封装在一起组成。发光二极管中有差模信号电流通过时就输出与信号电流强度相对应的光通量，当光照到光敏晶体管上时光敏晶体管根据光通量的大小转换成相应的电流。光电耦合器只能传输差模信号，不能传输共模信号，所以完全切断了两个电路之间的地环路。光电耦合器可以传输直流和低频信号，响应速度快，输入输出端的分布参数小，而且体积小，重量轻，便于安装，目前已广泛应用在数字电路中，频率高达 10 MHz。

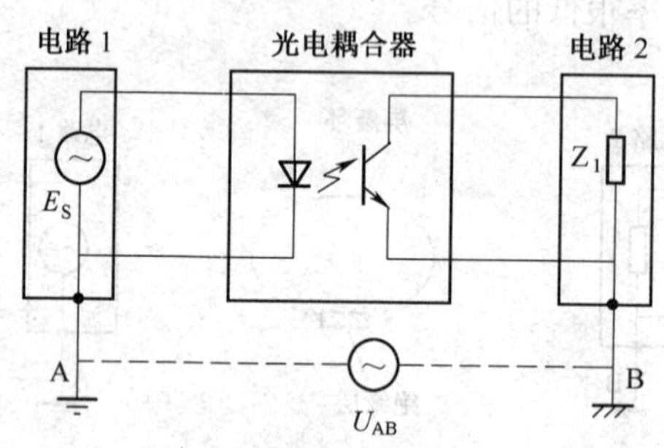

图 1—74　光电耦合器

数字电路只有两种状态：有信号和无信号，即有光和无光，所以使用很方便。光电耦合器在模拟电路中使用时应注意解决信号电流和光通量转换时的非线性问题，采用光反馈技术可大大提高转换精度，从而使光电耦合器在模拟电路中的运用得到进一步的推广。

(三)屏蔽电缆的接地

屏蔽电缆是在绝缘导线外面再包一层金属薄膜即屏蔽层。屏蔽层通常是铜丝编织网或者是无缝铅箔。屏蔽电缆的种类很多，一般可分为普通屏蔽线、双绞屏蔽线，同轴电缆。屏蔽线可以是单芯的或多芯的，屏蔽层外可以是带绝缘护套的，可以不带。同轴电缆和普通屏蔽线在结构上的差别主要是同轴电缆始终保持中心导体(芯线)和外层导体(屏蔽层)在同一中心轴上，因此保持均匀一致的分布参数和特性阻抗。同轴电缆的分布电容小，可以传输频率很高的信号，但同轴电缆价格比较贵，在频率较低时可以用普通屏蔽线。普通屏蔽线的芯线和金属编织屏蔽层间的分布电容较大，有时可达 100 pF/m 左右，因此高频传输损耗较大，只适合低频运用。

如果仅从信号传输损耗考虑，不涉及电缆的屏蔽特性来比较这几种屏蔽电缆，则普通屏蔽线适用于 30 kHz 以下；双绞线和屏蔽双绞线正常运用在 100 kHz 以下，特殊情况可用到几百 kHz；同轴电缆适用于 1 000 MHz 以下，更高频率应采用波导管。

屏蔽电缆的屏蔽层通常是由铜、铝等非磁性金属材料制成，并且厚度很薄，远小于使用频率上的金属材料的集肤深度，因此屏蔽层所起的屏蔽效果主要不是由于金属体本身对电场、磁场的反射、吸收、分流而产生的，而是由于屏蔽层的接地产生的，接地的形式将直接影响其屏蔽效果。

屏蔽电缆的屏蔽层只有在接地以后才能起到屏蔽作用，对电场和磁场，屏蔽层的接地方式不同，以下分别进行讨论。

1.电场屏蔽

图1－75中有两根平行导线，由于分布电容的存在，会产生电场的耦合干扰。设其中一根线是单芯屏蔽线。先假定屏蔽线接在敏感电路（接收回路）中，骚扰源电路（源电路）的导线对接收回路中单芯屏蔽线的耦合电容应由两部分组成，一部分是源电路导线对接收电路导线屏蔽层的耦合电容 C_{mS}，另一部分是屏蔽层对导线的耦合电容 C_S。接收电路导线的对地电容也应该由屏蔽层对地电容 C_{2S} 来代替。如先不考虑 C_{12}，由等效电路可知，导线1上的电压 U_1 会通过 C_{mS} 耦合到屏蔽层上，再通过 C_S 耦合到导线2的芯线上。如果把屏蔽层接地，即把 C_{2S} 短路，则 U_1 在通过 C_{mS} 后被屏蔽层短路至地，不能再传输到导线2的芯线上，从而起到了电场屏蔽的作用。屏蔽层的接地点通常选在屏蔽电缆的一端，称单端接地。如果屏蔽电缆的芯线伸出屏蔽层太长，或者屏蔽层的编织网孔较大则应该考虑 C_{12} 的影响，C_{12} 包括导线1对导线2露出屏蔽层的芯线的电容，也包括导线1经所有网孔对导线2芯线的电容。由等效电路图可知即使屏蔽层接地，U_1 也仍然能通过 C_{12} 耦合到导线2的芯线上去，所以接收电路的负载 R_{S2} 和 R_{L2} 上仍有一定的干扰电压。因此要提高屏蔽电缆的电场屏蔽效果除了屏蔽层单端接地外，还应尽量减小 C_{12}，即选用屏蔽编织层比较紧密的电缆，芯线不要露出屏蔽层外。

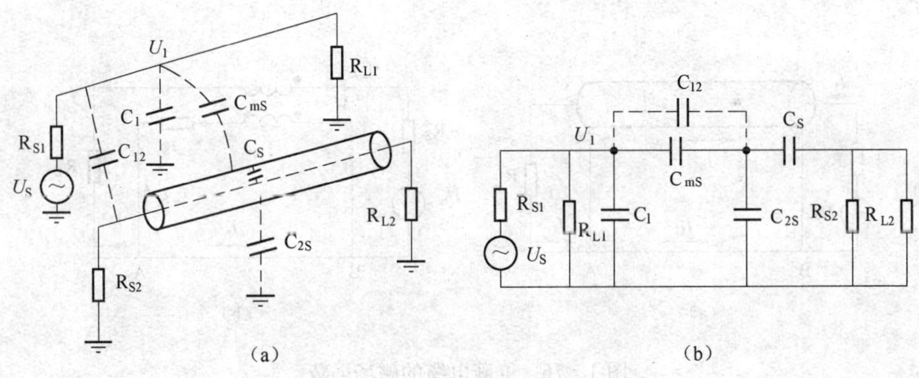

图1－75　屏蔽电缆的电场屏蔽

如果骚扰源电路用屏蔽电缆，接收电路用一般导线，在屏蔽层单端接地后同样能起到电场屏蔽作用，其原理与上述分析是相同的，所以屏蔽电缆既能对电场起到被动屏蔽作用也能起到主动屏蔽作用，条件是屏蔽层接地。应该指出的是如果屏蔽层不接地则有可能造成比不用屏蔽线时更大的电场耦合，因为屏蔽线的屏蔽层面积比普通导线大，与其他导线的耦合电容大，因此可能产生的耦合量也大。

在上述分析中假设了屏蔽层本身的阻抗为零，接地后屏蔽层处处都是零电位，通过耦合电容 C_{mS} 耦合到屏蔽层上的噪声电流不会产生任何电压降。这种情况只有在频率较低或电缆长度小于波长的 1/20 时才近似成立，这时的接地方式以屏蔽层单端接地为宜。当频率较高或电缆长度大于 1/20 波长时，屏蔽层的阻抗不能忽略，如只在屏蔽层一端接地将迫使噪声电流流过较长距离后才入地，电流在屏蔽层阻抗上的压降使屏蔽层上各点电位不同，从而影响了电场屏蔽效果。为了使屏蔽层尽可能保持等电位，频率较高或电缆较长时应每隔 1/10 波长的距离接一次地。

2. 磁场屏蔽

在讨论屏蔽电缆的磁场屏蔽之前先研究屏蔽层和芯线间的磁耦合情况。

设屏蔽层是一管状导体，流有均匀的轴向电流 I_S，如图 1－76(a)所示，则磁力线都在管外，管内无磁场，屏蔽层的电感为

$$L_S=\Phi/I_S \tag{1-77}$$

式中 Φ 为 I_S 产生的全部磁通。由图可知这些磁通 Φ 同样也包围着屏蔽层内的芯线，根据互感的定义，屏蔽层和芯线间的互感应该为

$$M=\Phi/I_S \tag{1-78}$$

由以上二式可知 $M=L_S$，即屏蔽层与芯线的互感等于屏蔽层的自感。这是一条很重要的结论，条件是屏蔽层必须是圆柱面，屏蔽层上的轴向电流必须是均匀分布的，但芯线位置不一定要求在管子中心。

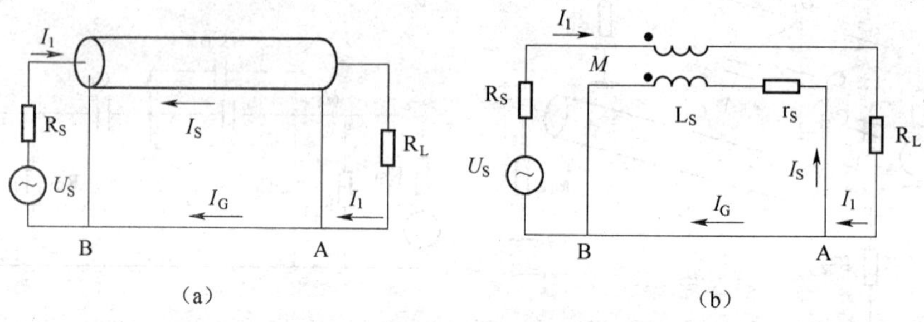

图 1－76　屏蔽电缆的磁场屏蔽

以下讨论屏蔽电缆的磁场屏蔽，先假设图 1－76 中 U_S 是骚扰电压源，电流 I_1 流过屏蔽线的芯线，M 是屏蔽层与芯线的互感，L_S 和 r_S 分别为屏蔽层的电感和电阻。如果屏蔽层不接地或只有一端接地，屏蔽层上无电流通过，电流经地面返回，所以屏蔽层不起作用，不会减少骚扰源回路的磁场辐射。如果屏蔽层两端接地，接地点为 A 点和 B 点，芯线中的电流 I_1 在 A 点将分两路流到 B 点，再回到源端，一路经过屏蔽层为 I_S，一路经由地为 I_G。根据等效电路可知 I_1 流过芯线时通过屏蔽层与芯线的互感 M 将在屏蔽层构成的回路中产生感应电动势，大小为 $j\omega MI_1$，所以屏蔽层中的电流 I_S 应为

$$I_S=\frac{j\omega MI_1}{j\omega L_S+r_S}=\frac{j\omega L_S I_1}{j\omega L_S+r_S}=\frac{j\omega I_1}{j\omega+\omega_0} \tag{1-79}$$

式中 $\omega_0 = r_S/L_S$ 称为屏蔽层截止频率。由该式可知 $I_S \leqslant I_1$ 且当频率升高时 I_S 将越来越大,当 $\omega > 5\omega_0$ 时,$I_S \approx I_1$,由于 $I_1 = I_S + I_G$,所以此时流过地面的电流为 $I_G \approx 0$。可见,当芯线电流的频率较高,大于5倍的屏蔽层截止频率时,该电流几乎全部经由屏蔽层流回源端。由于回流是在屏蔽层上均匀分布的,而且把去流包围在中间,所以磁场被封闭在屏蔽层内,屏蔽层外由回流和去流产生的磁场大小相等方向相反,因而互相抵消,抑制了噪声磁场的向外辐射。一般同轴电缆的5倍屏蔽层截止频率都小于10 kHz。

屏蔽电缆的磁场屏蔽也可以从另一种角度来解释。已知环路电流总是沿着阻抗最小的途径流动,阻抗包括电感和电阻 $Z = R + j\omega L$,当频率较低时电阻起主导作用,频率较高时电感的感抗起主导作用,环路的电感大小主要决定环路的面积,环路面积越小,环路电感越小。其结果是:当 $f > 10\text{kHz}$ 时回流几乎全部走屏蔽层,因为这条路径环路面积最小,环路电感也最小。环路面积小向外辐射的噪声磁场也小。

以上分析的是屏蔽电缆对磁场的主动屏蔽作用,同样地屏蔽电缆也能用于被动屏蔽,即把屏蔽电缆用在接收回路中,减小外界磁场对接收回路的干扰。减小接收回路面积即接收回路电流所包围的面积是减少外界磁场干扰的最好方法,屏蔽能影响接收回路的面积,现用图1－77来加以说明。图1－77(a)是没有屏蔽的导线构成的接收回路,这时回路面积最大,受外界磁场影响最大图1－77(b)虽然加了屏蔽层,但只是单端接地,屏蔽层上无电流,所以屏蔽层并没有改变回路面积;图1－77(c)屏蔽层两端接地,根据以上分析可知当频率大于5倍的屏蔽层截止频率时回流从屏蔽层流过,这时的回路面积最小,抑制外界磁场的能力最强。如果频率较低,回流大部分流经地面返回则屏蔽层仍不能起到防磁作用。

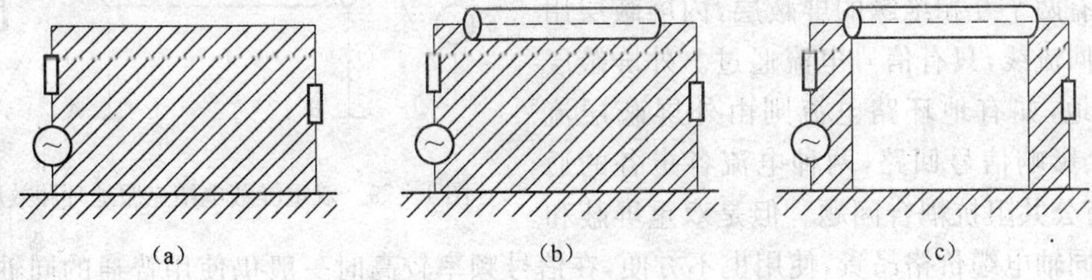

图1－77 接地对电缆屏蔽效果的影响

3. 地环路对屏蔽的影响

两设备间的信号传输常使用屏蔽电缆以防止外界电磁场的干扰,如果两设备接地,而电缆屏蔽层的两端也接地,那么构成的地环路是否会影响电缆屏蔽层的屏蔽效果呢?现以图1－78为例进行分析。

图中信号源 E 的电流通过屏蔽电缆芯线流至 R_L,当信号频率大于屏蔽层的5倍截止频率时,信号电流由屏蔽层返回信号源,屏蔽层是信号回路的一部分。这时信号回路面积最小,对

外界磁场的干扰有抑制作用。但如果电缆两端屏蔽层接地点 A 和 B 之间存在电位差，则屏蔽层中就有噪声电流 I_S 流过。一方面 I_S 在屏蔽层的感抗和电阻上有压降，另一方面也会通过屏蔽层和芯线的互感 M 在芯线上产生感应电压。根据等效电路可知加在负载 R_L 上的电压应该是所有这些电压的叠加，可用下式表示

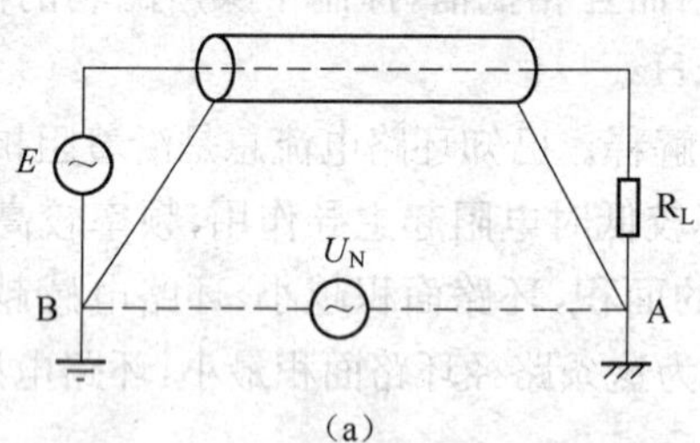

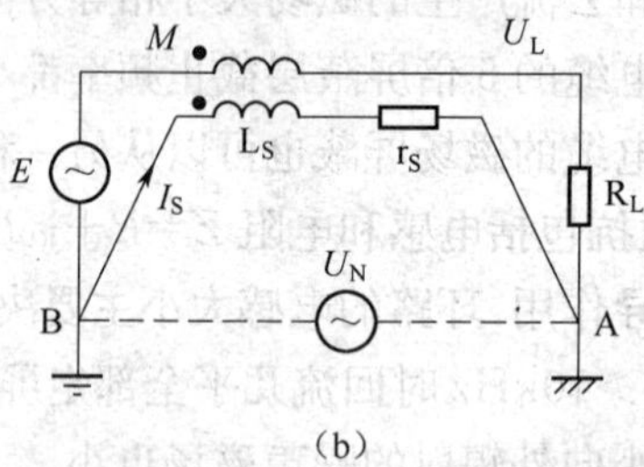

图 1－78　电缆屏蔽层双端接地的地环路效应

$$U_L = -j\omega M I_S + j\omega L_S I_S + r_S I_S + E \tag{1-80}$$

由于 $M = L_S$，上式可改写为 $U_L = r_S I_S + E$，即加在负载上的电压除信号源的有用电压外还有噪声电压，噪声电压为噪声电流与屏蔽层电阻的乘积。可见地环路确实减弱了屏蔽层的屏蔽效果，这主要是由于屏蔽层被当作信号回流线，而由地环路产生的噪声电流也流过屏蔽层，噪声电压被串联在信号回路中。

采用图 1－79 中的双重屏蔽电缆或三轴式同轴电缆可较好地解决这个问题。图中芯线外面有两个互相绝缘的屏蔽层，内屏蔽层用作信号回流线，只有信号电流通过。外屏蔽层两端接地，如有地环路电流则由外屏蔽层流过，不会影响信号回路，两种电流各走各的通道，没有公共阻抗耦合问题。但是双重屏蔽和三轴式同轴电缆价格昂贵，使用也不方便，在信号频率较高时一般仍使用普通的同轴电缆。当 $f > 1$ MHz 时（此时早已满足大于 5 倍屏蔽层截止频率的条件，信号电流不从地面而从屏蔽层返回），由于高频集肤效应，信号电流在屏蔽层的内表面流动，而地环路的噪声电流则在屏蔽层的外表面流动，这时的同轴电缆也起到了三轴式同轴电缆的作用，前提是使用频率较高。

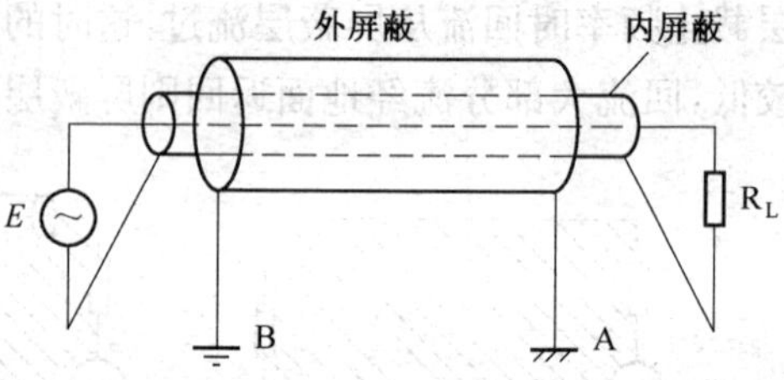

图 1－79　双重屏蔽电缆克服地环路效应

屏蔽双绞线也可起到三轴电缆的作用，且价格便宜，使用方便，信号电流在两根内导线上流过，一根是去流，一根是回流，而地环路产生的噪声电流则流过屏蔽层。由屏蔽层通过互感感应到两根内导线上的噪声电压因其大小相等且方向相同，在信号回路上将互相抵消。

复习思考题

1. 什么是电磁兼容？电磁骚扰、电磁噪声、电磁干扰有什么区别？

2. 请列出构成电磁干扰的三要素？

3. 解决电磁干扰问题，常采用的手段和措施有哪几类？

4. 实际使用的电感器并非是理想电感，存在匝间电容和损耗电阻，其等效电路如图1—80所示。试在同一坐标系中画出理想电感和实际电感器的阻抗—频率曲线，并给出比较结果。

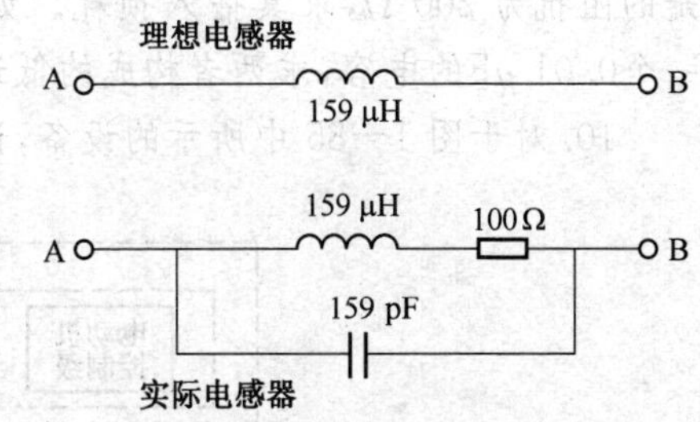

图1—80 题4图

5. PCB上有5种不同的轨线布置，它们的横截面示意图如图1—81所示，请比较它们的分布电感、分布电容和特性阻抗。

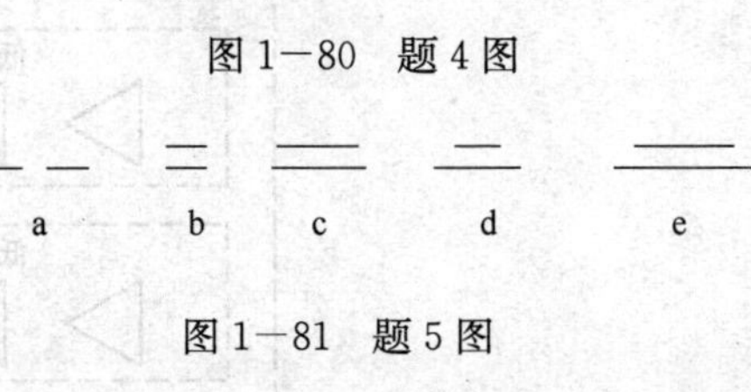

图1—81 题5图

6. 多层PCB布线时常常要遵循一个"20H"的规则，即电源层或信号线的边缘要比接地层的边缘缩进20倍的介质层厚度的距离。试用电磁兼容的观点来解释这一原则。

7. 图1—82中两导线间的分布电容为50 pF，导线对地分布电容为150 pF，导线1端接200 kHz、10 V的交流信号源，如果R_T分别为：(a)无限大阻抗、(b)1 000 Ω阻抗、(c)50 Ω阻抗，试求三种情况下导线2的感应电压为多少？

8. 如在上题中导线2外面加装一接地屏蔽层(如图1—83所示)，导线2与屏蔽层之间的

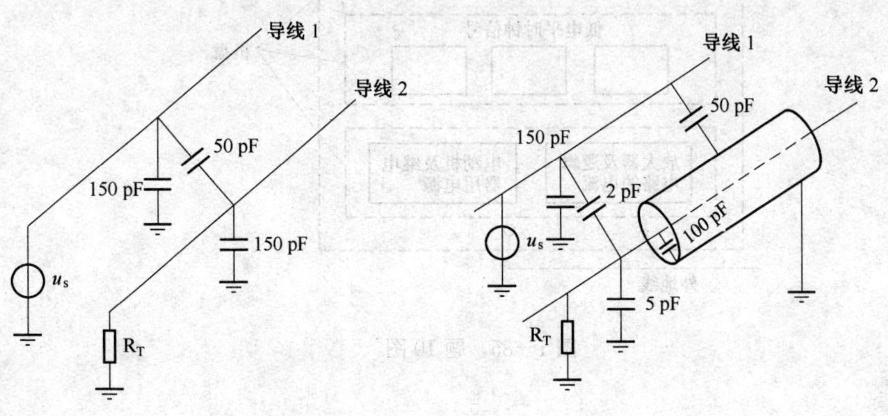

图1—82 题7图

图1—83 题8图

电容为 100 pF,导线 1 与导线 2 间的分布电容为 2 pF,导线 2 与地之间分布电容为 5 pF,试求三种情况下导线 2 上的感应电压。

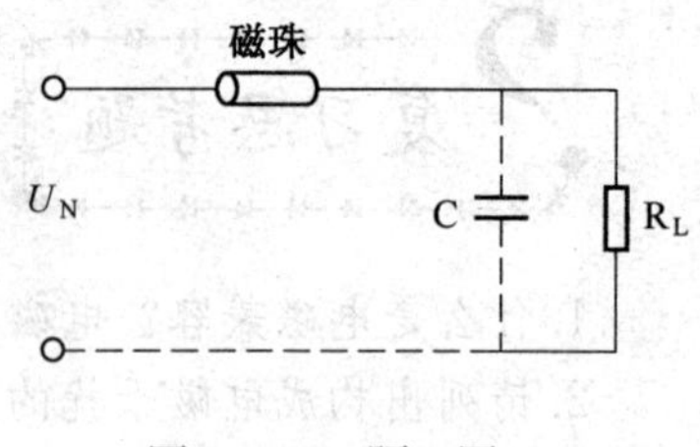

图 1—84　题 9 图

9. 铁氧体磁珠常串接在导线上用以抑制高频噪声,如图 1—84所示。图中负载阻抗 R_L 为 10 kΩ,设磁珠在 100 MHz 是的阻抗为 200 Ω,求其插入损耗。如果在磁珠后面再并接一个0.01 μF的电容,求两者构成的低通滤波器的插入损耗。

10. 对于图 1—85 中所示的设备,试设计其接地方案。

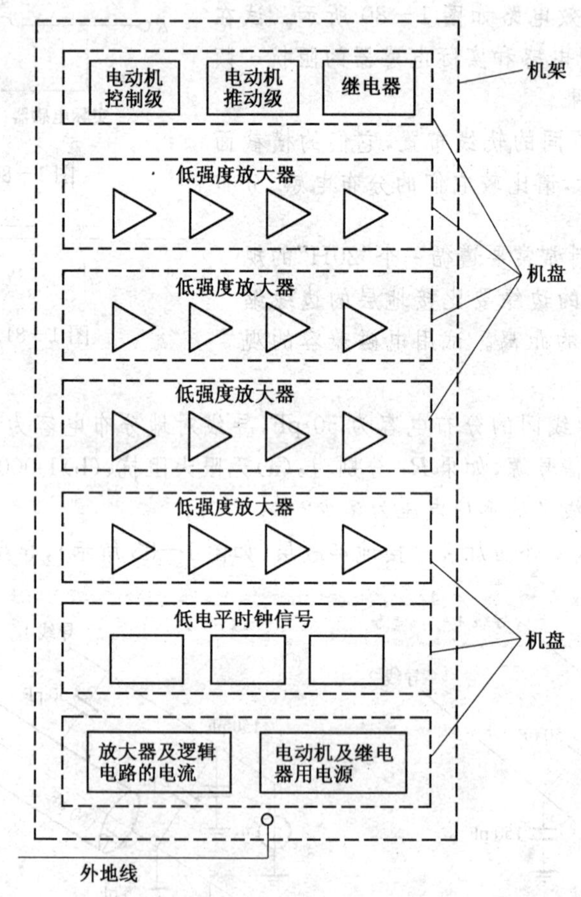

图 1—85　题 10 图

第二章
铁路信号系统及其干扰源

本章按照功能和环境，简要介绍铁路信号系统的分类和特点，概述了电气化铁道电磁环境及电磁干扰测试内容，还引用了有关电磁环境方面的国际、国家及行业标准，重点分析了电气化铁道干扰源基本类型和特点。

铁路信号系统是铁路运输的基础设施，保证调度指挥和控制列车运行。电磁干扰可能会导致设备故障，从而影响安全和运行效率。信号系统的电磁兼容是运输安全和效率的重要保障。

按照电磁兼容的三要素，研究铁路信号系统的电磁兼容技术，必须研究信号系统所处电磁环境存在的骚扰源（或干扰源）的特点和机理，尽可能减小骚扰源和阻断传输途径，并采用适当的干扰抑制技术，针对信号系统进行电磁兼容设计。

从电磁兼容的角度看，铁路信号系统是由多种电气和电子设备组成的、工作于不同地点的分布式复杂系统，其功能特点、工作参数、周围电磁环境均不尽一致。因此，铁路信号系统虽然总体上属于弱电系统，其电磁兼容设计技术也相应有所区别。如果把信号系统作为一个整体，设备遭受的电磁骚扰来源可以划分为两类，即系统内（Intra-system）和系统外或系统间（Inter-system）。系统内是指在同一电磁环境中各个信号设备之间的影响，如信号机械室或机房内部两种设备。系统外的主要电磁干扰源包括电气化铁道干扰和雷电电磁干扰。

值得特别关注的因素是，在高速和重载背景下，大量采用基于微电子器件及通信技术的信号系统所面临的电磁兼容问题。

第一节　信号系统及其电磁环境

一、信号系统组成和特点概述

传统的信号设备主要是以变压器、继电器等机电设备为基础构成的控制系统，对电磁干扰防护有天然的优势。20 世纪 90 年代以后，铁路信号开始大量应用微电子、现代通信、自动控制和计算机等技术，系统主要由信息和通信设备构成，其特点是小型化、数字化和低功耗化。一方面，电子设备组成更加复杂，微电子器件工作频率、通信速率越来越高，而功耗、工作电压和电流逐渐降低，即信号更加敏感；另一方面，列车高速度、高密度和重载的发展又会带来牵引功率和电流的增加，可能导致电磁环境更加恶劣。

铁路信号系统有多种分类方法，可以按照设备功能、安全等级、电磁环境等进行分类。在电磁兼容设计中，应该综合考虑各种因素。

信号系统及相关设备按功能可分为：

- 行车调度指挥系统　调度集中(CTC)、列车调度指挥系统(TDCS)。主要采用计算机和网络技术。
- 车站联锁　新线将逐步采用计算机联锁技术。
- 闭塞系统　主流为 ZPW-2000(UM)系列无绝缘自动闭塞系统，其中发送器和接收器以数字信号处理器(DSP)为核心器件；另外，计轴闭塞设备采用计算机及通信技术。
- 编组站(驼峰)控制系统　TW-2 型、TBZK 等驼峰自动控制系统及编组站综合集成自动化系统(CIPS)采用计算机网络、现场总线、智能 IO 等技术。
- 其他还包括信号微机监测系统、智能化铁道信号电源系统等。

这里，应当特别说明中国列车运行控制系统(简称 CTCS)中的设备及其特点。自 21 世纪以来，为提高安全性能，满足互通运营，规范系统设计，适应发展需求，铁道部制定了 CTCS 技术体制及基本框架，以分级形式满足不同线路运输需求。其系统结构如图 2—1 所示。CTCS 的体系结构按铁路运输管理层、网络传输层、地面设备层和车载设备层配置。铁路运输管理系统是行车指挥中心，以 CTCS 为行车安全保障基础，通过通信网络实现对列车运行的控制和管理。CTCS 网络分布在系统的各个层面，通过有线和无线通信方式实现数据传输。

地面设备层主要包括列控中心(TCC)、轨道电路、点式设备、接口单元、无线通信模块等。列控中心是地面设备的核心，根据行车命令、列车进路、列车运行状况和设备状态，通过安全逻辑运算，产生控车命令，实现对运行列车的控制。

车载设备层是对列车进行操纵和控制的主体，具有多种控制模式，并能够适应轨道电路、点式传输和无线传输方式。车载设备采用分布式结构，主要包括车载安全计算机(VC)、轨道电路连续信息接收模块(TCR/STM)、应答器点式信息接收模块(BTM)、GSM-R 无线通信单元(RTU)、测速测距单元(SDU)、人机界面(DMI)、司法记录器(JRU)、列车接口(TIU)、动态监测接口等。

另外，城市轨道交通正在逐步采用先进的 CBTC(基于通信的列车控制)系统，其中包括区域控制器(轨旁 ATP 计算单元)、CBI 计算机联锁单元、车载控制器车载 ATP 计算单元等设备。

从信号系统的组成可以清晰看到，作为铁路和城市轨道交通运行控制的核心或中枢神经系统，在高速度、高密度和重载的发展背景下，必然需要依赖当前计算机和通信技术，向数字化、网络化、智能化、综合化方向发展。在 CTCS 系统规范中，明确要求系统满足电磁兼容性相关标准。

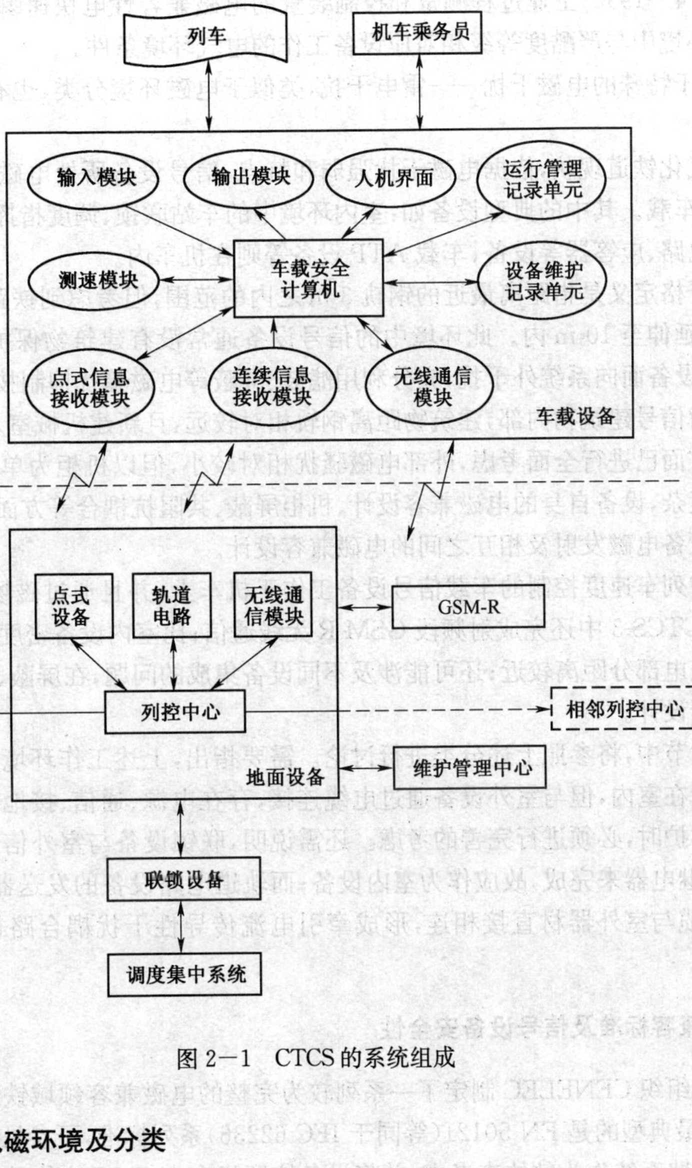

图 2—1 CTCS 的系统组成

二、信号系统电磁环境及分类

信号系统应当在其所处的环境条件下完成规定的功能，满足高安全性和高可靠性的要求，而影响信号设备安全性和可靠性指标的重要因素就是所在环境的电磁干扰。

电磁环境分类是按照典型位置占主要成分的电磁现象进行描述的，包括三类基本的电磁现象，即低频现象、高频现象和静电放电，也可能多种现象并存。电子设备工作的电磁环境分类，可参照 GB/Z 18039.1—2000“电磁兼容环境电磁环境的分类”(idt IEC 61000-2-5)，另外，

GB/T 13926.4—1992“工业过程测量和控制装置的电磁兼容性电快速瞬变脉冲群要求”中规定了在电磁环境中与严酷度等级相对应设备工作的电气环境条件。

另外，对于特殊的电磁干扰——雷电干扰，类似于电磁环境分类，也有相应的雷电保护区分区。

考虑电气化铁道现状，依据电磁干扰强弱和特点，信号设备所处电磁环境可划分为三类：室内、轨旁和车载。其中的典型设备如：室内环境中的车站联锁、调度指挥系统等设备；在轨旁工作的轨道电路、应答器器等设备；车载 ATP 设备等则在机车内。

轨旁的严格定义是指距离最近的钢轨 3 m 之内的范围，但考虑到铁路系统与外部系统的分界，范围可延伸至 10 m 内。此环境中的信号设备通常没有建筑物保护，环境复杂，电磁骚扰强烈，需要设备面向系统外干扰，充分利用滤波、屏蔽等电磁骚扰抑制技术。

室内是指信号建筑物内部，建筑物距离钢轨相对较远，且新建机械室及机房在屏蔽、接地、供电质量等方面已进行全面考虑，外部电磁骚扰相对较小，但以机柜为单元的设备种类较多，电缆连接较复杂，设备自身的电磁兼容设计、机柜屏蔽、共阻抗耦合等方面应重点考虑，即关注系统内信号设备电磁发射及相互之间的电磁兼容设计。

直接参与列车速度控制的车载信号设备工作于机车上，并且通过磁场耦合接收地面连续和点式信息，CTCS-3 中还完成射频段 GSM-R 无线通信；比室内设备密度更大，同时与电力机车变压器等强电部分距离较近；还可能涉及不同设备集成的问题，在屏蔽、电缆布线、电源等方面尤其需进行设计。

在后续章节中，将参照上述分类进行讨论。需要指出，上述工作环境并不是完全割裂的，许多设备尽管在室内，但与室外设备通过电缆连接，存在电源、通信、接地等的相互联系，在进行电磁干扰防护时，必须进行完善的考虑。还需说明，联锁设备与室外信号设备的联系(采集和驱动)通过继电器来完成，故应作为室内设备；而轨道电路设备的发送器和接收器虽然在室内，但通过电缆与室外器材直接相连，形成牵引电流传导性干扰耦合路径，因此应属于轨旁设备。

三、电磁兼容标准及信号设备安全性

欧洲标准组织 CENELEC 制定了一系列较为完整的电磁兼容领域铁路应用标准，且多数被 IEC 采纳，最典型的是 EN 50121(等同于 IEC 62236)系列标准，可参见第三章中详细介绍。其特点是将铁路系统作为整体来考虑，并将设备按照机车车辆、通信信号、供电等特点对发射和抗扰度分别提出全面要求。

以应答器设备为例，其带内频率辐射需满足 EN 300330[Electromagnetic compatibility and Radio spectrum Matters (ERM) - Short Range Devices (SRD) - Radio equipment in the frequency range 9 kHz to 25 MHz and inductive loop systems in the frequency range 9 kHz to 30 MHz - Part 1: Technical characteristics and test methods]中的辐射要求，带外频率需严格

满足 EN 50121-2 (Emission from the open railway route)；其他方面，设备抗扰度需满足 EN 50121-4(Emission and immunity of the signalling and telecommunications apparatus)中的相关要求。

参照 EN 50121 标准并根据需求进行了修改后，中国铁道行业标准 TB/T 3073—2003 给出了地面信号设备电磁兼容试验及其限值，对轨旁设备和其他设备的要求有所区分；TB/T 3034—2002 则提出了车载设备的有关要求。

固态器件的信号控制系统，尤其是基于处理器的系统已经替代了早期由机电或模拟设备(如继电器逻辑或 PID 控制器)所完成的许多功能。与用硬导线连接的电路完成一项特殊功能任务相比，可编程电子系统依赖于一个数字总线连接的架构。这种结构不仅对干扰更加敏感，而且由于状态改变仅需要很小的能量，所以干扰的后果是无法预测的。一个随机脉冲能否破坏其运行取决于脉冲相对于内部时钟时序、正在传输的数据和程序的执行状态等。随着系统功能复杂程度的增加，相应出现在复杂的、不可预测的失效模式下系统故障的可能性。

功能安全性是信号设备最显著的特征之一。相关的欧洲标准包括 EN 50126、EN 50129、EN 50128 等，国家标准 GB/T 20438.1～7“电气/电子/可编程电子安全相关系统的功能安全”等同采用 IEC 61508，于 2006 年颁布，2007 年 1 月 1 日开始正式实施。信号设备的安全性指标是根据安全完善度等级(SIL)划分的，按照危险侧故障率的量化指标，由低到高分为 1～4 级。但在目前的各种电磁兼容标准中，通常会明确指出不涉及安全方面的要求，抗扰度试验的性能判据 A、B、C、D 中仅包含了在电磁骚扰下设备性能的正常与否，无法明确体现信号设备在电磁干扰下对安全苛求的特点。

由于电磁干扰可能引起信号设备错误动作，具有潜在影响安全的风险。因此，对于信号设备，需要更详细地评估电磁干扰引起的故障及其影响，可引入电磁兼容安全性(EMC Safety)概念，目前，国外正在开展这方面的研究，并采用故障树分析法等来定义可能导致非安全状态故障的 EMI。

总之，铁路信号电磁兼容技术的研究目的是如何提高信号设备电磁兼容性能的策略和手段，主要涉及两个方面：系统内各设备应满足电磁骚扰的发射限值要求；应充分考察影响系统工作环境的电磁骚扰源，有的放矢地采取防护措施。

第二节　电气化铁道干扰源

铁路信号系统包含的设备属于弱电系统。在电气化铁道区段，信号设备常常是受扰(敏感)设备，处于被动防护的地位；而对周围环境的骚扰发射很小。信号设备受到的外部电磁干扰主要来自电气化铁道及雷电，若仅从这个角度出发，信号系统的电磁兼容技术也被称为信号抗干扰技术。本节重点分析电气化铁道干扰源，雷电干扰及防护另外讨论。

一、电气化铁道概述

电气化铁道因节能环保、动力性能强，被世界各国列为重点发展的绿色交通方式。利用电能作为牵引动力，驱动铁路列车、电动车组和城市电动车辆等有轨运输工具运行。电力牵引是一种有轨运输牵引动力形式，在干线铁路、城市交通运输和工矿运输中有着广泛的应用。

牵引动力类型和功率是提高列车重量的主要因素，也是提高行车速度、密度的关键。电力机车功率主要受牵引电机绝缘材料和悬挂空间的限制，在同等牵引重量情况下，列车速度与机车技术特性密切相关。随着信息技术、微电子技术的广泛应用，电力牵引系统易于实现全面自动化和信息化，从而提高劳动生产率和经济效益。电力牵引也存在缺点，主要是：一次投资费用较同类运输工具要高；导致对周围环境中的通信线路及信号系统干扰，对电力系统产生某些不利影响等，正不断寻求有效的解决途径。

1. 发展概况

1879 年 5 月，德国柏林的世界博览会上，西门子等公司展出了第一台电力机车和第一条电气化铁道，长 300 m，机车用直流 150 V 供电，最高时速 13 km。自 20 世纪 50 年代，电气化铁道迅速发展，至 20 世纪末已超过 25 万 km，占总营业里程的 21%以上。70 年代以后磁悬浮铁路开始取得突破性进展，德国高速常导磁悬浮列车、日本的超导磁悬浮居世界领先地位，时速可达 400～500 km。至 2001 年底，俄罗斯电气化约为 5.5 万 km，占 37%；日本 1.7 万 km，占 62%。目前，世界已进入建设高速电气化铁道的新时期，21 世纪初，世界高速电气化铁道长度约 30 000 km。

电气化铁道符合中国可持续发展的战略。我国 1958 年开始建设宝鸡—成都电气化铁道；1961 年 8 月 15 日 93 km 宝成铁路宝凤(宝鸡—凤州)段电气化铁道正式交付运营。中国电气化铁道从零起步，经过不懈努力，实现了从无到有、从常速到高速、从低吨位到重载的不断跨越。中国电气化铁道不仅实现了数量的不断攀升，而且实现了技术发展上的不断创新。中国已步入世界电气化铁道先进行列。截至 2009 年底，中国共建成开通电气化铁道正线总里程突破 30 000 km，仅次于俄罗斯，位居世界第二位；全国铁路电气化率达到 32.7%，承担着全路 50%的货运量。

电气化铁道的经济效益和社会效益十分显著。时速达 350 km 的京津城际高速铁路，全程旅客人均耗电仅 8 度，能效优势明显；2008 年，年运量已突破 3.5 亿 t 的大秦单元重载电气化铁道，可开行 2 万 t 级重载列车，大大优于其他牵引方式；运输最繁忙的京广、京沪等铁路干线，电气化改造后明显提高了运能利用率。根据《综合交通网中长期发展规划》，到 2020 年，中国铁路营业里程将达到 12 万 km 以上，其中电气化铁道比重将达到 60%。

2. 牵引供电系统和电力机车

电气化铁道包括牵引供电系统和电力机车。牵引供电系统包括牵引变电所和牵引网，牵引网是指由馈电线、接触网、轨道、回流线等设施构成的输电网络。如图 2—2 所示，由牵引变

电所——馈电线——接触网——电力机车——钢轨——回流连接——(牵引变电所)接地网组成了闭合的牵引供电回路。

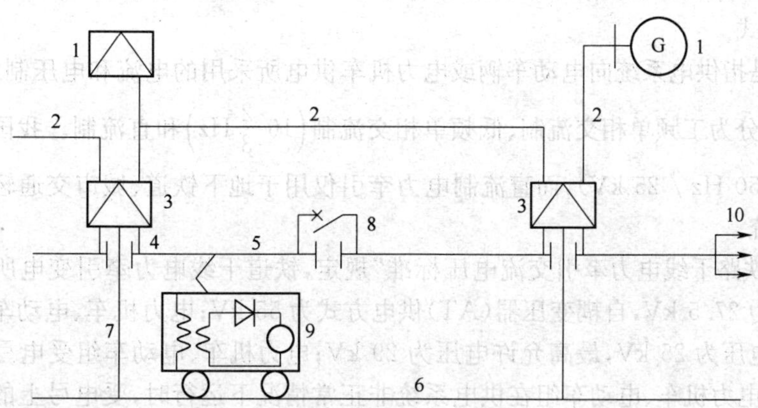

图 2—2　工频单相交流牵引供电系统示意图

1—区域变电所或发电厂；2—高压输电线；3—牵引变电所；4—馈电线；5—接触网；6—钢轨；7—回流线；8—分区所；9—电力机车；10—开闭所

(1)牵引供电系统

牵引供电系统各部分的主要功能是：

- 变电所　完成变压(110/220 kV)、变相和向牵引网供电等功能，并实现三相交流一次供电系统与单相电牵引系统的接口与系统变换。从一次供电网络接收电能，通过变压器降压，并将电能从三相 110 kV 或 220 kV 变换成两个单相 27.5 kV(对 AT 系统为 2×27.5 kV)电源，然后通过馈电线分别供电给牵引变电所两侧的接触网。变电所两侧的牵引网区段被称作供电分区(或供电臂)。
- 馈电线　连接牵引变电所和接触网的导线。
- 接触网　沿线路露天敷设，通过和受电弓的滑动接触把电能输送给电力机车的供电设施。由接触线、承力索以及支持、悬挂和定位等装置组成。
- 轨道和回流线　牵引电流的回流导线。将钢轨和大地中的回流引回牵引变电所。
- 其他设备还包括回流线(负馈线)，吸上线，BT(吸流变压器)，AT(自耦变压器)，正馈线，保护线，地线等。

牵引供电系统的主要特点是：

- 供电可靠性高　电气化铁道属一级负荷，对供电可靠性要求高。牵引变电所一般有两路独立的电源进线，当一路电源的故障停电，应不影响另一路电源的工作。变电所所内一般设置两台牵引变压器，一主一备运行。

● 大供电容量　如按照列车速度 350 km/h、3 min 追踪间隔考虑，当供电臂长度为 30 km时，变电所的峰值功率超过 120 MVA。牵引变压器负荷率普遍较低，一般不超过 30%。

● 供电电压品质要求较高　牵引网额定电压 25 kV，正常工作电压 20～29 kV。

(2)供电制式

供电制式是指供电系统向电动车辆或电力机车供电所采用的电流和电压制式，按牵引网供电制式不同，分为工频单相交流制、低频单相交流制$\left(16\frac{2}{3}\text{Hz}\right)$和直流制。我国铁路采用工频单相交流制(50 Hz / 25 kV)，而直流制电力牵引仅用于地下铁道、城市交通轻轨运输系统和工矿运输系统。

GB 1402“铁路干线电力牵引交流电压标准”规定，铁道干线电力牵引变电所牵引侧母线上的额定电压为 27.5 kV，自耦变压器(AT)供电方式为 55 kV；电力机车、电动车组受电弓和接触网的额定电压为 25 kV，最高允许电压为 29 kV；电力机车、电动车组受电弓上最低工作电压为 20 kV，电力机车、电动车组在供电系统非正常情况下运行时，受电弓上的电压不得低于 19 kV。

牵引供电方式主要有以下 5 种。

①直接供电(T-R)

一根馈线接在接触网(T)上，另一根接在钢轨(R)上，如图 2—3 所示。直接供电方式结构简单，投资省，维护费用低。但牵引电流经大地和钢轨流回，对信号设备和通信线路产生较严重的电磁骚扰。

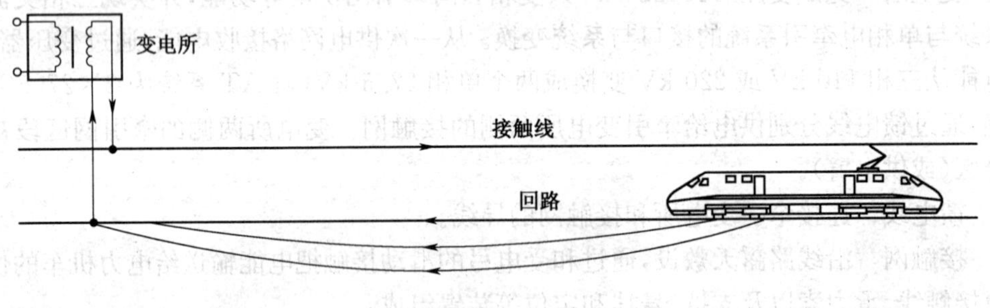

图 2—3　直接供电方式

②带回流线的直接供电(DN 或 T-R-NF)

在接触网支架上架有一条与钢轨并联的回流线，如图 2—4 所示。利用接触网与回流线间的互感作用，使部分回流从回流线流回变电所，从而一定程度抵消接触网的干扰。

③吸流变压器(Booster Transformer，简称 BT)供电

在牵引网中架有吸流变压器(变比为 1∶1)，两个吸流变压器间用吸上线将钢轨与回流线

连接，强制所有回流通过吸上线流入回流线，降低了电磁感应对通信线路和信号设备的影响，如图 2－5 所示。

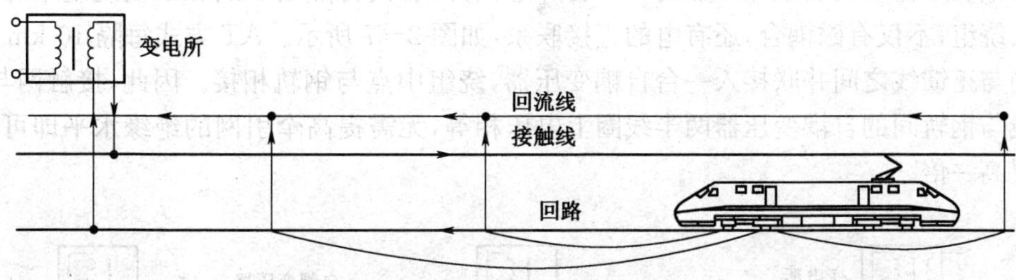

图 2－4　带回流线的直接供电方式

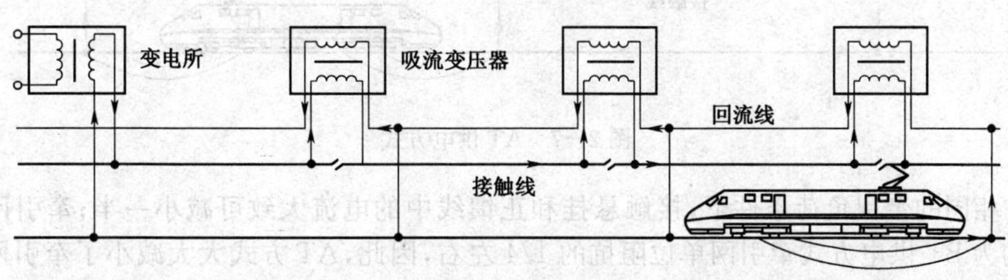

图 2－5　BT 供电方式

BT 方式牵引网阻抗偏大，能耗大，供电距离较短。由于是串联结构，可靠性较低。另外，电力机车过 BT 时，易产生电弧。

④同轴电力电缆(Coaxial Cable，简称 CC)供电

同轴电力电缆沿铁路线路埋设，其内部芯线作为馈电线与接触网连接，外部导体作为回流线与钢轨相接，每隔 5～10 km 为一个分段，如图 2－6 所示。

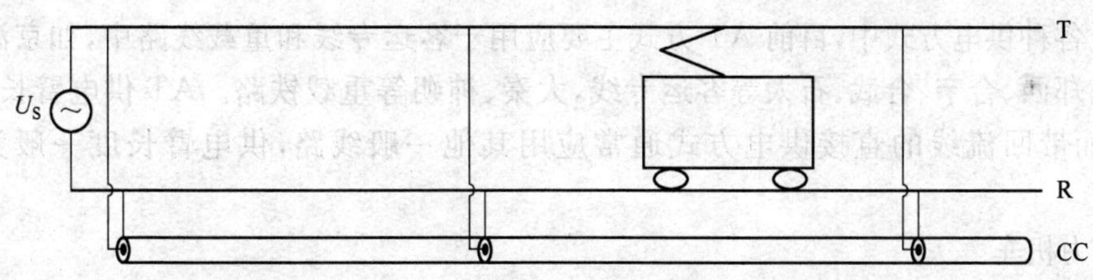

图 2－6　同轴电缆供电方式

该方式引起的电磁干扰小,供电距离长,但投资大。

⑤自耦变压器(Auto Transformer,简称 AT)供电

自耦变压器是两绕组变压器的一种特殊连接方式,其特点是一次和二次绕组中有一部分是公共绕组,不仅有磁耦合,还有电的直接联系,如图 2-7 所示。AT 方式每隔 10 km 左右在接触网与正馈线之间并联接入一台自耦变压器,绕组中点与钢轨相接。因此,接触网与钢轨、正馈线与钢轨间的自耦变压器两半线圈上电压相等,无需提高牵引网的绝缘水平即可将供电电压提高一倍。

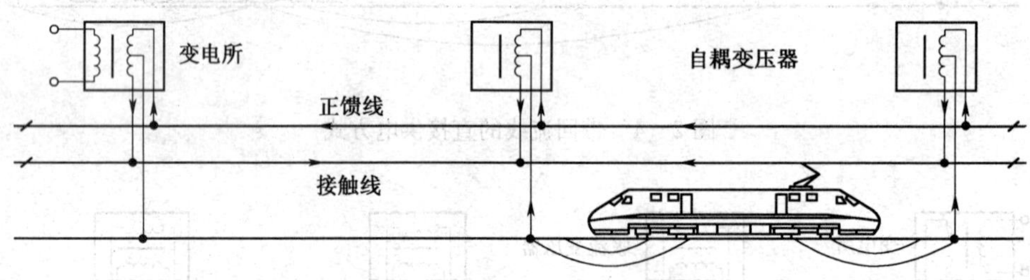

图 2-7　AT 供电方式

在相同的牵引负荷条件下,接触悬挂和正馈线中的电流大致可减小一半;牵引网单位阻抗约为 BT 供电方式牵引网单位阻抗的 1/4 左右,因此,AT 方式大大减小了牵引网的电压损失和电能损失。牵引变电所的间距可增大到 90～100 km,变电所和相应的外部高压输电线数量均可以减少。由于无需在 AT 处将接触悬挂实行电分段,当牵引重载、高速列车的大电流电力机车通过时,受电弓不会产生强烈电弧,能满足高速、重载列车运输电磁辐射等方面的要求。

在长回路效应条件下,接触网与正馈线中流过的电流大小相等,方向相反,因此,有效减弱了对通信线路和信号设备的电磁干扰。

AT 方式阻抗小,损耗低,干扰小。但变配电装置结构复杂,投资高,相应的施工、维修和运行也比较复杂。

在以上各种供电方式中,目前 AT 方式主要应用于客运专线和重载线路中,如京津城际、京沪、武广、郑西、合宁、合武、石太等客运专线,大秦、神朔等重载铁路。AT 供电臂长度一般为 30 km;而带回流线的直接供电方式通常应用其他一般线路,供电臂长度一般为 20～25 km。

(3) 电力机车

作为大容量电力系统的供电负荷,电力机车或动力车本身不带燃料,属于非自给式牵引动力,具有诸多优点:结构简单、运行可靠、效率高、起动和加速快、过载能力强、运输能力大。另一方面,电力机车与信号控制系统等弱电系统的电磁兼容也有密切关系。

电力机车的大牵引功率。如内燃机车 DF_4 仅为 2 430 kW，电力机车中，韶山 SS_4 型为 6 400 kW；和谐型 HXD_1 为 9 600 kW、HXD_2 为 10 000 kW；CRH3 型在 4M+4T 动力配置下，牵引功率为 8 800 kW；而 16 辆编组时速 350 km 的动车组可达 20 000 kW，此时机车总牵引电流为 800 A。日本功率最大的 500 系高速动车组的最高速度为 300 km/h，总功率也达到 18 240 kW。德国 ICE1 高速列车的最大牵引电流为 850 A，而 ICE3 型车运行电流最大可达1 450 A。

电力机车是波动剧烈的大容量单相不平衡非线性负荷，采用交—直整流式的电力机车由于机车变压器、整流器、平波电抗器的影响，使机车原边电流发生畸变，交流侧不再是正弦波，而包含了丰富的谐波成分。在机车和牵引供电构成的整个系统中，由于机车的基波和谐波阻抗比系统其他部分阻抗大得多，一般将电力机车视为谐波的恒流源。列车起动、加速、制动等不同工况下，机车取流不断变化，谐波电流分量也随之变化。因此，电力机车相当于移动的、幅度和成分不断变化的谐波电流源。

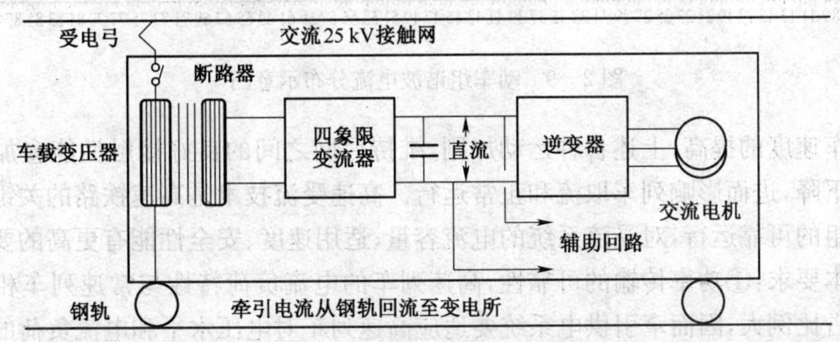

图 2—8　交—直—交型电力机车工作原理图

电力机车不仅是电力系统重要谐波源之一，对发电机、感应电动机、电力电容器及电气计量仪表会产生不利影响，同时对信号和通信系统也形成比较严重的电磁骚扰。国家标准 GB/T 14549—1993《电能质量 公用电网谐波》中，给出了公用电网谐波电压、谐波电流的限制值。但由于电气化铁道负荷的特殊性，还难以完全达到国标限制值。为降低谐波成分，可安装带 3、5、7 次滤波支路的静止无功功率补偿装置 SVC(Static Var Compensator)、有源电力滤波装置 APF(Active Power Filter)。电力牵引采用基于 PWM(脉宽调制)技术的交—直—交传动系统，如图 2—8 所示，可有效解决电气化铁道谐波问题。如图 2—9 所示，新型动车组的谐波含量已显著降低。

(4)高速铁路下机车受流特点

机车受流(取流)是受电弓在接触网下，以机车速度运动中完成的，受流过程是一个动态过程，包括了多种机械运动形式和电气状态变化：受电弓相对于接触导线的滑动摩擦；受电弓上下振动；受电弓由于机车横向摆动而形成的横向振动；接触网上下振动，并形成行波沿导线向前传播；受电弓和接触导线之间发生的水平和垂直方向撞击；弓网离线发生电弧、电流发生剧烈变化等等，所以，弓网受流过程是一个复杂的机械电气过程。接触网——受电弓系统需保持一定的接触压力，接触压力变化幅度越小、变化率越低，则动态受流质量越高；接触压力过大时，则接触线和受电弓滑板的磨耗加剧，寿命缩短；接触压力过小，则易造成接触不良，发生离线，甚至引起电弧，烧坏受电弓和滑板。

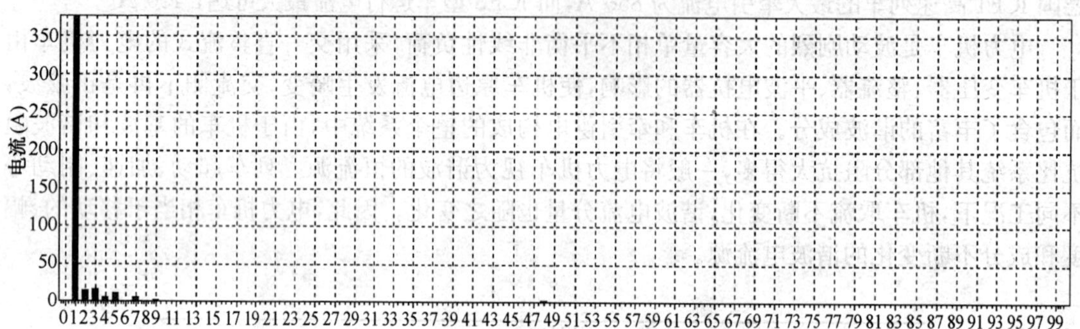

图 2—9　动车组谐波电流分布示意图

随着列车速度的提高，上述各种运动加剧，维持弓网之间的良好接触性能愈加困难，受流质量也随之下降，进而影响列车取流和正常运行。高速受流技术是高速铁路的关键技术之一，为确保动车组的可靠运行，对受流系统的电流容量、适用速度、安全性能有更高的要求，具体应满足以下基本要求：①功率传输的可靠性，高速列车的电流负荷特性与常速列车相比，特征是脉冲负荷所占比例大，因而牵引供电系统要适应高速列车对电压水平和电流负荷的要求；②受流系统的运行安全性；③良好的受流质量；④受流系统的使用寿命。

二、电气化铁道干扰来源和种类

对于信号系统而言，电气化铁道为强电系统，属于电磁干扰较严重的典型工业环境，电磁干扰的基本来源是：

- 牵引供电系统中接触网的额定电压为 25 kV。
- 牵引电流可达到数百安培甚至上千安培以上，大秦线等重载线路设计容量为1 600 A～2 000 A。
- 电力机车为非线性负载，在运行过程中会产生大量谐波成分和电磁辐射。

上述三点是对信号系统构成电磁干扰的基本原因。电气化干扰对信号系统的影响，可划分为传导、感应和辐射三种形式，由于传导性骚扰的能量大，一般称为传导性干扰，具体表现形式为：牵引电流不平衡引起的传导性干扰、牵引电流中进入大地的电流分量引起的地电位升、接触网高压电场感应引起的工频电场、牵引电流引起的工频磁场、电力机车受电弓与接触网摩擦和离线等引起的射频电磁场骚扰。

1. 传导性干扰

①对轨道电路和机车信号等信号设备影响程度最严重的是传导性干扰即不平衡牵引电流，不平衡电流的大小由钢轨中牵引电流和轨道（包括扼流变压器等器材）的不平衡程度决定。多数轨道区段不平衡系数小于10%，不平衡电流有稳态和瞬态脉冲两种形式，较大不平衡电流以及脉冲电流中的直流分量易造成扼流变压器等铁芯器件的磁饱和，削弱信号传输。对于轨道电路设备，此干扰源的性质近似为电流源，音频信号接收还应对同频段的谐波成分进行防护。

②地电位升是由于牵引电流在大地中回流造成的，与大地电阻等因素有关。距离轨道越远，地电位升越小。当系统中设备存在多个接地点时，地电位升引起地电位差，形成地环路干扰。另外，地中电流在流过与地连通的电缆外皮等金属件时，其温度升高将加速金属腐蚀，严重时会造成烧损。防护地电位升的措施包括：有条件可实施贯通地线；与电气化铁道距离较近时，可将电缆金属外皮对地绝缘；采用平衡传输、隔离技术等防止共地阻抗耦合。

2. 感应耦合

感应耦合包括容性耦合（电影响）、感性耦合（磁影响）。对于信号设备来说，工频电场和工频磁场属于近场，理论上可利用麦克斯韦（Maxwell）方程进行分析，但具有复杂的场几何结构，工程上常用电容和电感耦合分析其影响。

电场为容性耦合，电场占优时在近场处随距离的三次方衰减。设备防护手段有：采用良导体屏蔽并接地、与接触网保持距离以减小耦合电容等。埋地电缆可不考虑电场影响。工频磁场通过电感耦合，磁场占优时在近场处随距离的三次方衰减，在通信信号电缆和电路中产生感应电动势或电压，在AT、BT、直供加回流线等供电方式下，由于回流线的作用，会减弱磁耦合的影响。低频磁场屏蔽应采用高磁导率材料，但需考虑磁饱和问题。

3. 辐射影响

射频电磁场骚扰主要由机车受电弓与接触网离线等引起，频段为数百 kHz～1 GHz，射频电磁场为远场，随着距离增大而减小。骚扰场强大小主要与受电弓—接触网参数、列车速度等因素有关，对GSM-R等无线通信等产生干扰。对辐射骚扰屏蔽的机理是电磁波的反射和吸收，并不需接地。

上述电磁骚扰在室内、轨旁、车载具有不同的强度，对该环境中信号设备呈现出不同的侧重点和形式，影响机理及设备对干扰的防护都是电磁兼容学科和信号控制系统的研究范围。在很多情况下，尽管不能将各个环境中的信号设备作为完全独立的子系统，但从干扰能量和影响严重性的角度出发，对于不同的信号设备，应重点关注的干扰种类有所不同。

下面分别对上述干扰的基本特征及机理进行详细讨论。

三、传导性干扰机理和特征

钢轨和大地是电气化铁道牵引电流的回流通道，在不同的供电方式下，各部分的分配比例

不同。对信号系统形成传导性干扰的表现形式是钢轨中的不平衡牵引电流和大地中的杂散电流，前者是影响轨道电路等信号设备的主要干扰源。

1. 不平衡牵引电流

(1)相关概念

不平衡牵引电流是指在同一时刻、同一位置两条钢轨中的牵引电流差值有效值，简称为不平衡电流，如式(2－1)。该数值随时间而变化，通常主要考察其在信号设备发送端及接收端的影响。由于同一时间在同一区段(尤其是机械绝缘方式)各点的差别很小，故一般用一个值来表示

$$\Delta I(t)=|I_1(t)-I_2(t)| \tag{2－1}$$

不平衡电流是最终影响信号设备工作的干扰源，其数值大小主要与钢轨中牵引电流、钢轨不平衡程度有关。钢轨中牵引电流的分配主要与供电方式及道砟电阻、大地电导有关。

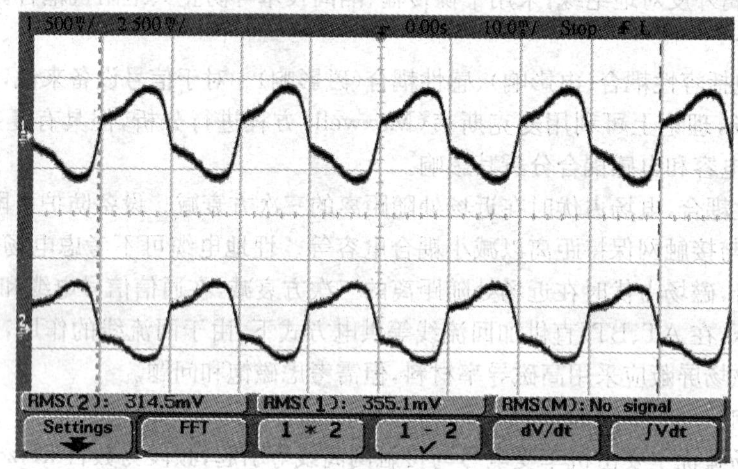

图 2－10 两轨条中不平衡牵引电流波形

实际中，经常采用不平衡系数来表征一个区段的不平衡程度，即同一时刻不平衡电流与钢轨中总电流的比值(%)，有些场合也称为不对称度。按图 2－10 中数据，不平衡系数约 6%。

$$k=\{\Delta I(t)/[I_1(t)+I_2(t)]\}\times 100\% \tag{2－2}$$

造成牵引电流传导不平衡的因素很多，可分为纵向和横向不平衡，一般来说，前者指沿着钢轨方向的不对称因素，如接触电阻等引起接续线阻抗不同、由于长度差异或一侧钢轨断裂等带来的钢轨阻抗不同、扼流变压器一次线圈或空芯电感(SVA)不对称、与钢轨连接线长度不相等；后者指两侧钢轨对地不平衡，如两侧对地漏泄电导不同、接触网杆塔地线或电缆护套等与一侧钢轨连接引起对地漏泄电流不同。另外，还涉及列车长度及运行时与钢轨的接触阻抗等动态因素。

分析和测试表明，对于同一区段，不平衡系数 k 并不是一个恒定的常数，而是牵引电流、大地电导、钢轨阻抗以及牵引网类型等的函数。

(2)指标要求

在《铁路信号设计规范》中，要求轨道电路纵向不平衡系数不大于 5%。新建线路一般均可满足此指标，但随着轨道电路的运用，尤其是在塞钉式接续为主的区段、站内道岔区段，或由于焊接线损坏、其他专业设备地线等无意或有意与钢轨导通，如杆塔地线、火花间隙(放电)等与钢轨连接，会造成轨道电路的不平衡程度较大且超过 5%，因而需要进行必要的测试和整治。此外还需注意，由于有绝缘区段扼流变压器设备实际也构成了牵引电流通道的一部分，其初级线圈的不平衡程度也需满足一定(如不大于 0.5%)的指标。

显然，相关信号设备应至少满足在所使用环境中最大牵引电流、最大不平衡系数条件下的抗扰度要求，即抗不平衡牵引电流指标。该指标的合理要求应根据具体环境来确定，钢轨中牵引电流的分布与供电方式等因素有关，最大牵引电流可依据牵引供电计算结果，一般按扼流变压器或空芯电感等器材的通流容量选取即可；最大平衡系数还应考虑一定裕量。由于轨道电路和机车信号等作为定型信号设备需要具备良好的适应性，其抗干扰指标应充分考虑恶劣条件的需求。

牵引电流指标主要需考虑客运专线(高速铁路)和重载运输的需求。高速列车的载重量尽管并不大，但由于列车运行阻力与速度平方相关，所消耗的电流会随速度提高而显著增加。另外还应考虑追踪运行时电流的叠加，移动列车取得牵引电流的时间函数可通过模拟列车行驶来分析，可参照国际铁路联盟(UIC)有关规程中双线高速铁路的单位长度功率值来估算，如列车间隔 2 min、最高速度 200 km/h 的线路功率为 5.5MVA/km。目前我国 300～350 km/h 高速区段的牵引电流容量按 1 000 A 考虑。参考法国、日本、前苏联等相关指标以及国内轨道电路的实际情况，铁道行业标准 TB/T 3073—2003 中，要求轨道电路设备应满足不平衡电流 100 A，即牵引电流 1 000 A 时不平衡系数 10%的要求，已在铁道信号产品检测和认证中采用。需要特别指出，随着大秦线 2 万 t 牵引等重载铁路的发展，接触网中牵引电流已按 1 600～2 000 A 考虑，参照不平衡系数 10%的要求，应满足 200 A 不平衡电流指标。

(3)牵引电流与不平衡电流相关性

前面提到不平衡系数并非常数，即不平衡电流与钢轨中牵引电流之间不满足线性关系，如在牵引电流较小时不平衡系数偏大，但不平衡电流本身以及产生的相应干扰并不大，说明此时的不平衡系数不具备实用价值。当牵引电流处于机车运行状态(如该区段容量的 30%或 50%以上)后，对于同一区段，在相对稳定的外部条件下，由于电流变化并未导致钢轨、大地等参数产生非线性，不平衡电流与牵引电流以及轨面干扰电压测试数据之间基本符合近似的线性关系。实际中，经常把某一区段的不平衡系数作为一个稳定的常数来看待。

下面取一组实际数据进行分析。图 2—11 为一组典型的牵引电流、不平衡电流和受端轨面干扰电压的变化曲线，具有明显的相同变化趋势。对上述数据基于最小二乘法进行曲线拟

合处理，则可得到不平衡电流 ΔI 与总电流 I 的关系表达式为

$$\Delta I = k \times I + C_1 \tag{2-2}$$

上式中系数 k 的物理意义即为不平衡系数，C_1 为平均误差值。

而同样也可得到不平衡电流与轨面电压 V 的关系表达式

$$V = R \times \Delta I + C_2 \tag{2-3}$$

式(2－3)中 R 的物理意义为轨道电路发送或接收端的视入阻抗，而 C_2 相当于叠加在干扰电压上的信号电压。但需要说明，信号电压和干扰电压的叠加不是有效值的代数和，而是均方根合成。

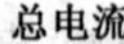

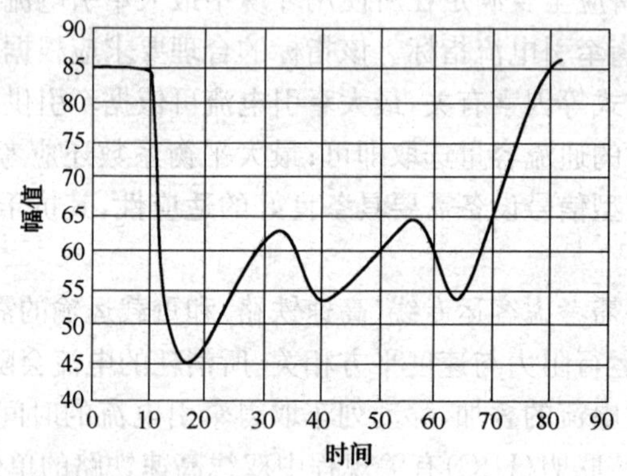

图 2－11 (a)　牵引电流典型变化曲线

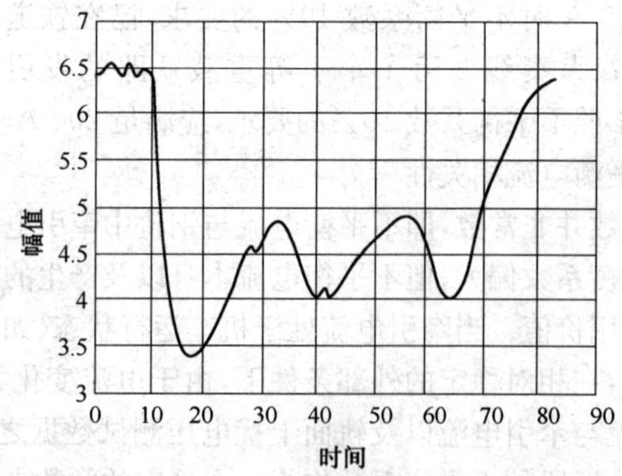

图 2－11(b)　不平衡牵引电流对应变化曲线

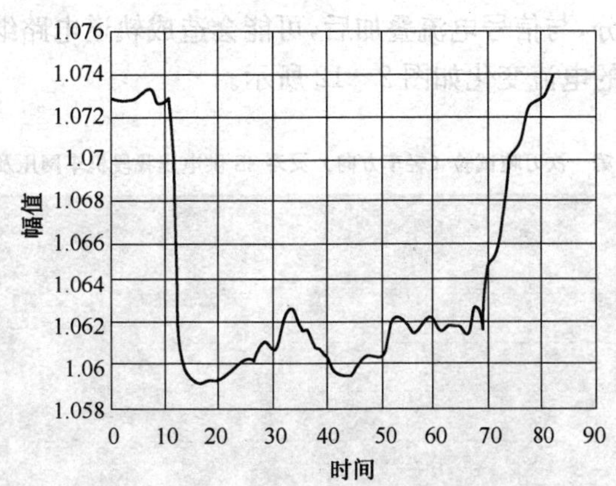

图 2—11(c)　轨面电压对应变化曲线

2.牵引电流和不平衡电流主要特征

(1)时域特征

由接触网、机车、包括钢轨的回流线等构成复杂分布参数但相对稳定的系统，在施加一个有界的输入激励，系统的响应将随时间推移趋于一个稳态的函数，达到一个平稳状态，工程上可称为进入稳态过程。系统达到稳态过程之前的过程称为瞬态过程或过渡过程。

尽管在理论上，只有当时间趋于无穷大时，系统响应才进入稳态过程，但这在工程上显然是不现实和没有意义的。实际中，稳态和瞬态过程的界定并不是非常严格和精确。牵引电流作为研究对象，瞬态过程经常称为脉冲或冲击电流，即包括稳态和脉冲(冲击)电流两种形式。与稳态电流的主要区别在丁，脉冲电流幅度变化剧烈，稳态电流的幅度基本稳定，两者的频率成分显著不同。另外，稳态和脉冲电流对信号设备的影响机理也不相同。这里，变化时间的参照是牵引电流频率 50 Hz 所对应的周期即 0.02 s。

按照时间特性来看，牵引电流多数情况处于相对的稳态过程，呈现平稳的特性，但在某些情况下，则表现为脉冲电流，如由于受电弓离线使机车断续取得牵引电流、升弓和降弓等。对于脉冲电流的认识可能存在一些误解，似乎冲击牵引电流只在升弓、降弓时才产生。事实上，因为升弓、降弓时，牵引电流处于逐步增加或逐步减小的过程，冲击电流幅度并不大。但是，下列情况下产生的冲击电流要大得多，如机车满载通过分相点(俗称闯换相)、接触网上有冰凌造成接触不良、变电所过流保护开关的瞬间开闭等，均会使牵引网中形成较大的冲击电流。钢轨是牵引电流的回流线，该电流对与钢轨连接的轨道电路等设备的工作产生严重影响。

脉冲电流干扰的机理涉及的因素非常复杂，以弓网拉弧为例，接触网、电力机车及钢轨共同构成的回路中包含了大量的非线性部件，变压器的断开放电和接通浪涌都会产生冲击电流，在空载变压器接通时冲击电流幅度最大，可达稳态电流的数倍以上。冲击形成的暂态过程中包含有直流和谐波成分，与信号电流叠加后，可能会造成轨道电路继电器的错误动作。

机车中实际测试的电流变化如图 2－12 所示。

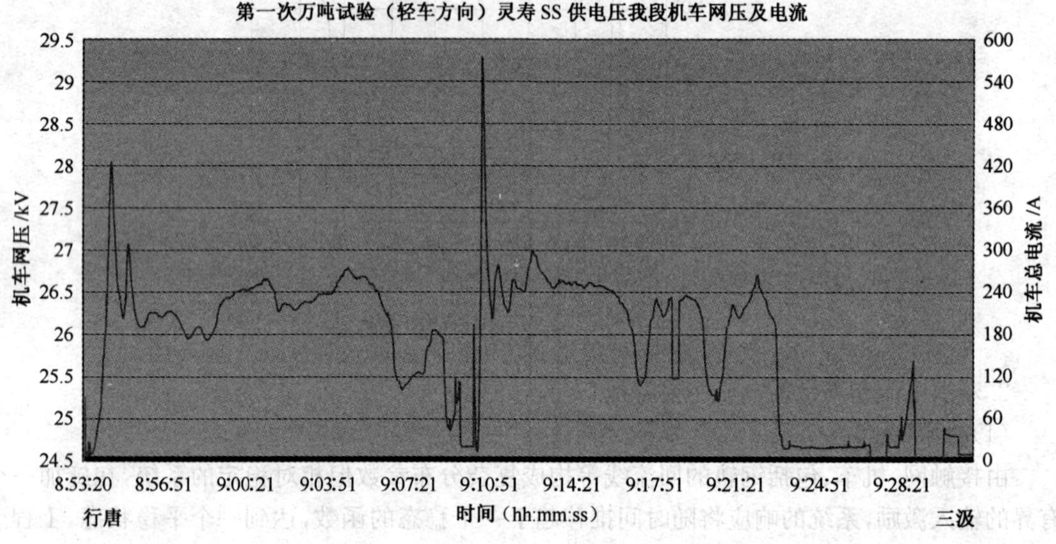

图 2－12　机车牵引电流随时间变化曲线

完全建立准确的模型是不现实的，下面采用简化的集中参数电路，如图 2－13 所示。建模仿真机车升降弓时脉冲电流的过渡过程。主要条件如下：机车到变电所距离为 10 km，分别设定变电所和接触网的等效阻抗（10 Ω，0.07 H）、接触网对地电容（1 μF）、机车和轨道的等效总

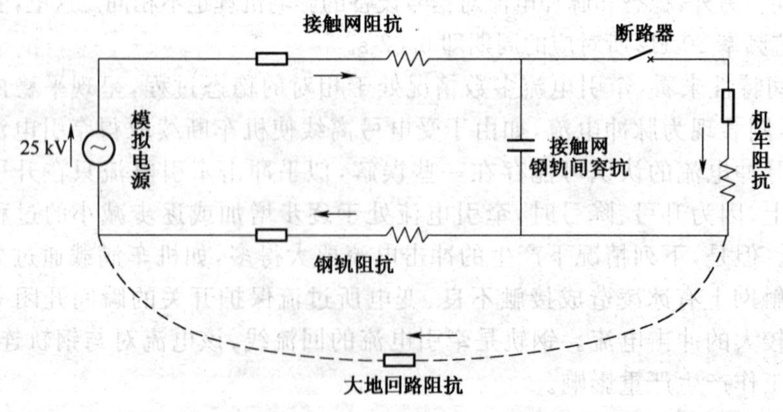

图 2－13　仿真等效电路

阻抗(50 Ω,0.15 H, 1 μF)。通过开关通断交流 50 Hz 激励源来模拟受电弓的升降情况。结果如图 2—14 所示,当受电弓离开接触网时(0.02~0.05 s),轨道中牵引电流迅速衰减为 0;在 0.05 s 时受电弓升弓,牵引电流幅值迅速增加后,进入稳态。显然,在升降弓后约 2 个周期内,牵引电流幅度和频率变化明显,处于瞬态的脉冲电流状态。实际中,由于系统参数更加复杂,且通断过程并非理想切换状态,从脉冲进入稳态的过程往往更长,可达 1 s 左右。

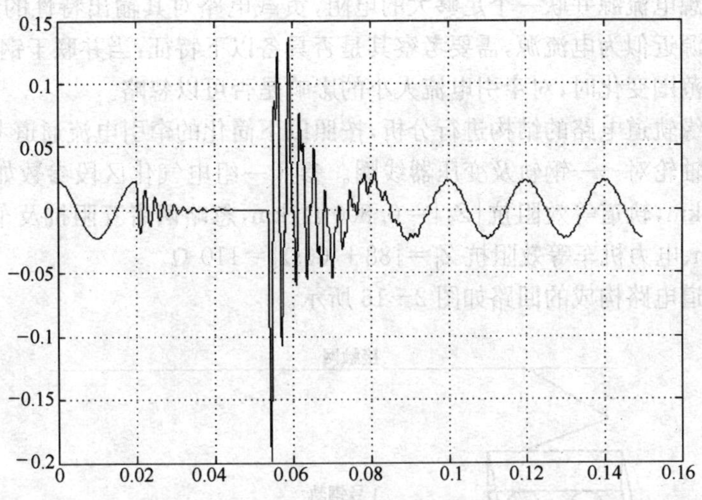

图 2—14 脉冲电流建模仿真波形

室内实际电路仿真采用扼流变压器和音频轨道电路作为负载,在信号正常工作状态下,施加牵引电流激励时的瞬态过程波形如图 2—15 所示,脉冲电流过渡过程持续约 2 个周期(100 ms)。

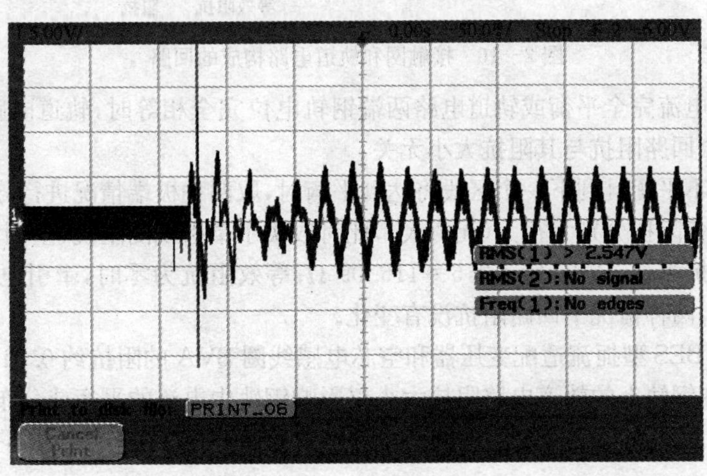

图 2—15 室内仿真轨道电路设备在施加牵引电流时的时域波形

(2)牵引电流干扰源特征

不平衡牵引电流是影响信号设备的大能量干扰源，作为电磁兼容三个要素之一，分析确定电气化传导性干扰源的性质对于仿真测试、干扰抑制和防护具有决定性意义。虽然前面提到电力机车相当于一个移动的谐波电流源，但针对受扰的信号设备，有必要对此进一步具体分析。

按照定义，理想电流源的内阻无穷大，电流恒定，不随负载的变化而变化。实际电流源可以理解成一个理想电流源并联一个足够大的电阻，负载电路对其输出特性的影响很小。为验证牵引电流干扰源近似为电流源，需要考察其是否具备以下特征：当并联于钢轨上的轨道电路设备阻抗在一定范围变化时，对牵引电流大小的影响是否可以忽略。

这里以有绝缘轨道电路的结构进行分析，按照以下简化的牵引电流通道考虑：接触网——电力机车——车轴轮对——钢轨及变压器线圈。参照一组电气化区段参数如下：接触网阻抗 $|Z_1|=0.718\ \Omega/\text{km}$，轨道等效阻抗 $|Z_2|=0.800\ \Omega/\text{km}$，忽略两者互阻抗及车轴轮对阻抗，取机车间隔为 5 km、电力机车等效阻抗 $Z_j=|88+j66\Omega|=110\ \Omega$。

接触网和轨道电路构成的回路如图 2－16 所示。

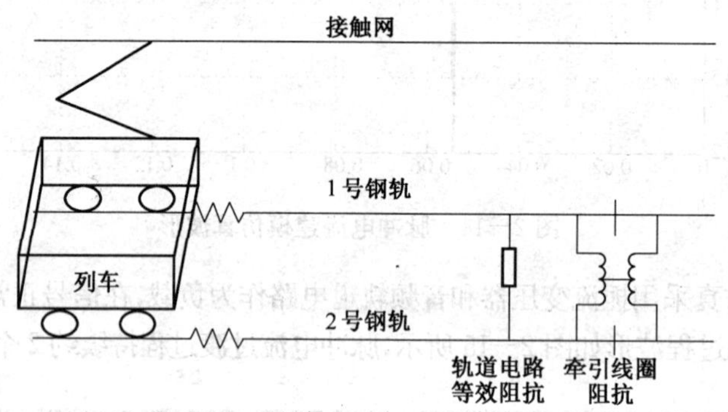

图 2－16　接触网和轨道电路构成的回路

当钢轨牵引电流完全平衡或轨道电路两端钢轨电位完全相等时，轨道电路等效阻抗上没有电流通过，整个回路阻抗与其阻抗大小无关。

当牵引电流不平衡且到下一个区段将达到平衡时，取两种极端情况进行分析，在并联在钢轨上轨道电路设备阻抗分别为很大(无穷大)，此时取决于牵引线圈阻抗(全圈 2 Ω)，简化计算得到整个回路阻抗为：3.59＋110＋2.5＝116.09 Ω；等效阻抗为零时，牵引电流得到平衡，但未改变回路阻抗，两种情况下回路阻抗没有变化。

实际设备如 BES 型扼流适配变压器和空芯电感线圈 SVA 的阻抗约 0.01 Ω。

可见，并联在钢轨上的轨道电路阻抗大小仅影响钢轨中电流的平衡或分布，但几乎不影响牵引电流的大小。因而可得到结论：对轨道电路信号设备来说，牵引电流及不平衡电流干扰源的性质是电流源。

(3)牵引电流频率成分特征

前面已定性说明了电力机车主变压器在整流换相过程中产生的大量稳态牵引电流成分是由 50 Hz 及其谐波组成，这里简单分析其特点，重点对谐波比例进行定量考察。

由牵引电流波形可知，具有以下特征的对称性：后半周期反号重复前半周期，或后半周左移半周与前半周成镜像，这种奇半波对称波形称为奇谐函数。其基本特点是：左右平移不影响对称性，上下平移则一定破坏对称性；如按傅立叶级数展开后，只含有奇谐波函数项，而不含偶次谐波和直流分量，即直流成分为 0，系数 a_n 和 b_n 中 n 只取奇数。

牵引电流奇次谐波含量与形成谐波的根源——机车自身特性有关，不同类型机车、在不同工作状态时的谐波比例不尽相同。

在铁道行业标准 TB/T3073 中，采用了一组典型的牵引电流谐波比例数据，见表 2－1。

表 2－1　牵引电流各次谐波比例

牵引电流谐波次数	谐波频率(Hz)	占百分比(%)	牵引电流谐波次数	谐波频率(Hz)	占百分比(%)	牵引电流谐波次数	谐波频率(Hz)	占百分比(%)
1	50	97.3	22	1 100	0.113	43	2 150	0.076
2	100	0.45	23	1 150	0.56	44	2 200	0.047
3	150	19.88	24	1 200	0.1	45	2 250	0.068
4	200	0.53	25	1 250	0.46	46	2 300	0.050
5	250	9.74	26	1 300	0.086	47	2 350	0.078
6	300	0.41	27	1 350	0.385	48	2 400	0.054
7	350	5.11	28	1 400	0.08	49	2 450	0.087
8	400	0.36	29	1 450	0.346	50	2 500	0.058
9	450	2.76	30	1 500	0.09	51	2 550	0.076
10	500	0.34	31	1 550	0.34	52	2 600	0.070
11	550	1.64	32	1 600	0.094	53	2 650	0.093
12	600	0.34	33	1 650	0.308	54	2 700	0.065
13	650	0.99	34	1 700	0.09	55	2 750	0.104
14	700	0.32	35	1 750	0.249	56	2 800	0.068
15	750	0.74	36	1 800	0.075	57	2 850	0.098
16	800	0.32	37	1 850	0.175	58	2 900	0.057
17	850	0.70	38	1 900	0.050	59	2 950	0.098
18	900	0.27	39	1 950	0.13	60	3 000	0.050
19	950	0.72	40	2 000	0.04	61	3 050	0.087
20	1 000	0.24	41	2 050	0.096	62	3 100	0.045
21	1 050	0.63	42	2 100	0.043	63	3 150	0.080

牵引电流谐波频谱示图如图 2—17 所示。

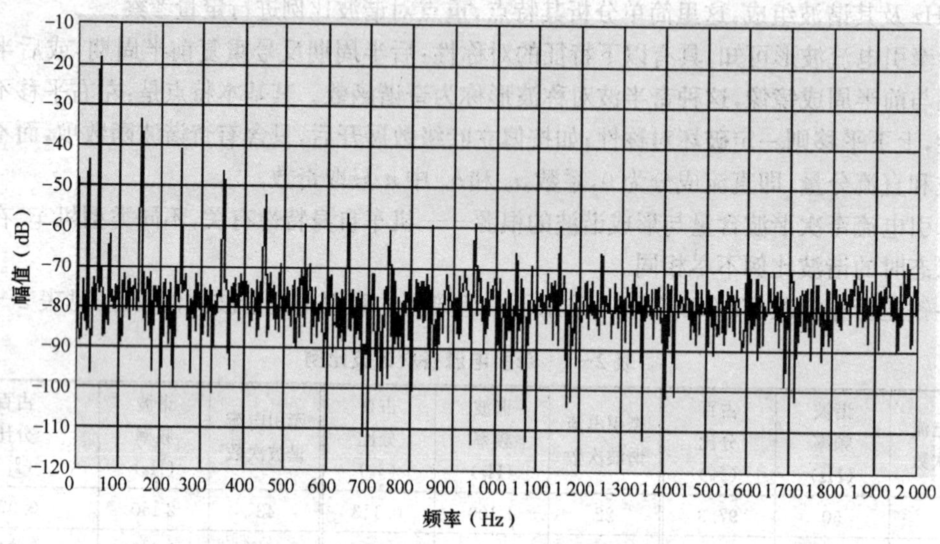

图 2—17　牵引电流谐波频谱示意图(包含 25 Hz 信号)

显然，谐波频率直到 2 600 Hz 以上时，奇次和偶次谐波功率含量才基本接近一致，或者说，在低频段以及目前整个信号频段内，奇次谐波比例都要占有明显优势。

牵引电流传导性干扰的谐波成分处于有用信号通带内，当达到一定幅度时，对信号工作将产生干扰。另外，谐波分量通过接触网传播时，还可能与接触网的分布电容和电感参数形成谐振，在音频段 13～27 次(650～1 350 Hz)谐波产生杂音干扰，影响附近电缆中话音和数据传输。

需要说明，由于脉冲电流上下半波不对称，谐波中就会产生直流成分；机车在某些工作状态时，偶次谐波分量会明显上升；对于有再生制动的电力机车，当处于再生制动状态时，也会产生较大的偶次谐波成分。

3. 不平衡电流形成干扰机理

钢轨是牵引电流和轨道电路信号电流的共同通道，具有共阻抗耦合的特点。按照通信传输线的方式来类比，信号电流是差模电流，而牵引电流则是共模电流。在一定条件下，共模电流将转化为差模干扰，形成传导性干扰即钢轨中不平衡牵引电流，影响设备工作。

(1)对有绝缘轨道电路的干扰

如图 2—18 所示，扼流变压器(BE)是铁芯变压器，其作用是为牵引电流构成通道，同时也实现信号传输的阻抗匹配。在理想情况下，当两条钢轨中牵引电流相等、且扼流变压器一次(轨道侧)线圈阻抗完全对称，即传输线特性完全平衡时，传递到次级(设备侧)的仅仅是差模信号电流能量，而共模电流形成的磁通完全抵消了。

当上述平衡受到破坏后，即从钢轨连接端流入的牵引电流不相等或变压器自身不平衡时，

该变压器成为干扰耦合器件，次级磁通不能完全抵消，则形成差模干扰。从本质上讲，相当于牵引电流传导性干扰能量通过变压器耦合进入到信号设备。

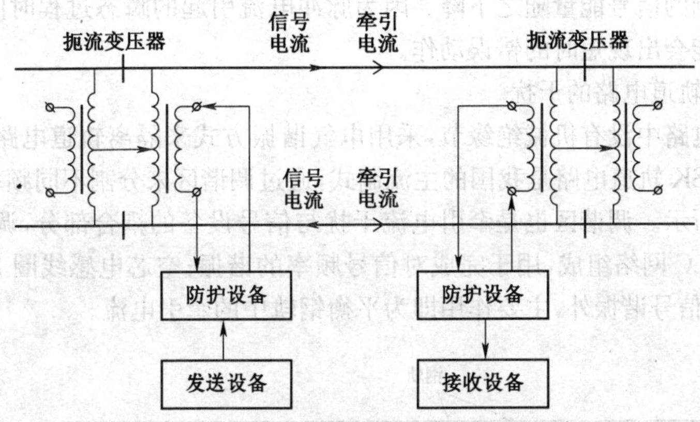

图 2－18　不平衡电流影响有绝缘轨道电路

BE 一次线圈的 50 Hz 阻抗约为 2 Ω，匝数比为 1∶3。假定其为理想变压器，且工作于磁化曲线线性区，当不平衡电流 20 A 时，则在半个线圈上产生的干扰电压为 10 V，在二次线圈即信号侧对应的干扰电压将达 60 V。按照轨面信号电压 1 V 考虑，干扰电压远大于信号电压。

值得关注的还有 BE 的饱和现象及其后果。根据变压器特性，麦克斯韦方程中的安培环路定律和媒质方程（磁路欧姆定律）理想情况下的简化形式如下

$$Ni=Hl \tag{2-4}$$

$$B=\mu H \tag{2-5}$$

考虑到 $\Phi=BA$，可改写成

$$Ni=\Phi l/\mu A \tag{2-6}$$

式(2－6)中，N、i 分别为铁芯磁路的电流和匝数，H 为磁场强度，l 为磁路平均长度；B 为磁感应强度或磁通密度，Φ 为磁通量，A 为截面积，$\mu=\mu_r\mu_0$ 为磁导率。

下面考察变压器的 B-H 关系即磁化曲线，如图 2－19 所示。变压器铁芯相对磁导率 μ_r 很高，可达真空磁导率 μ_0 的数千倍以上，但并不是常数。随着磁场强度 H 不断增大，磁通密度 B 先是线性增加，斜率即磁导率 μ；在 B 达到最大值时，就出现饱和现象，此后增量 ΔB 会下降到 0，磁导率的值下降到接近真空时的值。

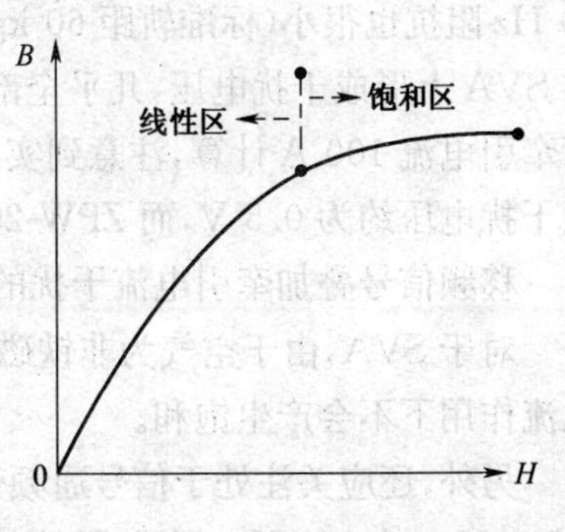

图 2－19　不考虑磁滞现象的铁芯磁化曲线示意图

随着 BE 铁芯中不平衡电流的增加，磁通密度相应增

大至最大时，变压器进入饱和，而脉冲电流中由于含有直流成分，更容易导致饱和现象出现。而另一方面，信号电流由于变压器饱和，波形会畸变失真，相应的磁通及感应电动势将下降，传输到变压器二次侧的信号能量随之下降。因为脉冲电流引起的瞬态过程时间较短，信号设备在瞬态干扰下可能会出现短时的错误动作。

(2)对无绝缘轨道电路的干扰

无绝缘轨道电路中没有机械绝缘节，采用电气谐振方式来隔离轨道电路。UM(含 ZPW-2000)系列音频 FSK 轨道电路是我国的主流制式，通过调谐区来分割不同频率的闭塞分区，其结构如图 2—20 所示。调谐区也是牵引电流干扰与信号设备的耦合部分，调谐单元 BA 由两元件或三元件的 LC 网络组成，用于完成对信号频率的谐振；空芯电感线圈 SVA 安装在调谐区中间，除参与对信号谐振外，主要作用即为平衡钢轨中的牵引电流。

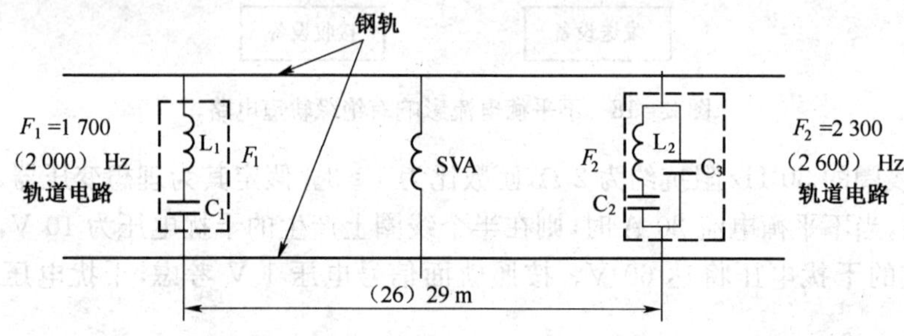

图 2—20　无绝缘轨道电路调谐区结构

由于牵引电流中基波含量最大，这里首先讨论 50 Hz 时的情况。SVA 电感值为 33 μH，忽略其电阻部分，其 50 Hz 阻抗为：$Z_s = 2\pi \times 50 \times 33\ \mu\text{H} = 0.010\ 4\ \Omega$。而轨道电路所用四种载频下 BA 对应的 50 Hz 等效阻抗范围约为 10～50 Ω，远大于 SVA 阻抗。因此，钢轨中存在不平衡电流且符合平衡条件时，为达到平衡所需的绝大部分电流将通过 SVA。考虑到钢轨的 50 Hz 阻抗也很小(标准轨距 60 kg 钢轨电感为 1.3 μH /m)，电流中 50 Hz 及低次谐波成分在 SVA 上形成干扰电压，几乎全部施加在 BA 两端，耦合进入发送或接收设备。按照抗不平衡牵引电流 100 A 计算，注意到实际流过 SVA 的电流为不平衡电流的 1/2，可得到 50 Hz 轨面干扰电压约为 0.5 V，而 ZPW-2000 设备受端轨面信号电压最小约 0.35 V。

移频信号叠加牵引电流干扰的轨面电压波形如图 2—21 所示。

对于 SVA，由于空气为非铁磁材料，磁导率 μ_0 很小，B-H 曲线呈直线关系，在不平衡牵引电流作用下不会产生饱和。

另外，还应关注处于信号通频带内的牵引电流中谐波的影响。在轨道电路信号频率范围 1 700 Hz～2 600 Hz，SVA 阻抗约 0.35～0.54 Ω，而调谐单元 BA 对本区段载频的阻抗约 2 Ω，对邻区段载频阻抗约数十毫欧。因此，不平衡牵引电流所含谐波的影响分为两方面，对于本区段信号带内谐波，有小部分(约1/4)将流过BA，SVA的分流作用比基波时有所减弱；对于邻区段信号的带内谐波，与SVA相比，大部分谐波将流过BA，由于BA对邻区段信号频率构成串联谐振，接近短路状态，相当于两部分电流相叠加。

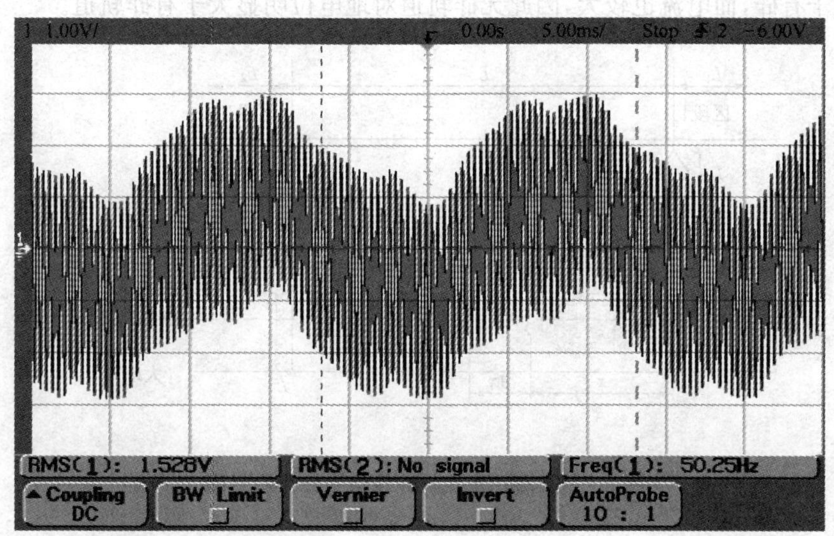

图2—21 移频信号叠加牵引电流干扰的轨面电压波形

(3)无砟轨道条件下的影响

无砟轨道在客运专线中得到应用，有长枕埋入式、板式道床等多种形式，一般采用钢筋结构。研究和测试表明，轨道板中的钢筋网络与钢轨产生电磁感应，增大钢轨电阻，改变了轨道电路的一次参数，一定程度削弱了无绝缘轨道电路的传输性能。这方面不再赘述。

下面简单分析无砟轨道对牵引电流分布的影响。为计算简便，以一个简单直供方式模型进行分析，区段内只有一台电力机车。如图2—22所示，机车与一个牵引变电所的距离为$L=30$ km，随着与机车的距离x的改变，轨条内的电流以及轨条对大地的电位发生变化，牵引电流经过钢轨和大地漏泄返回变电所。

按照均匀传输线方程，取无砟漏泄电导为0.2 S/km，钢轨阻抗$|0.2246+j0.5841|=0.6358\ \Omega/km$；有砟轨道漏泄电导为1 S/km，钢轨阻抗$|0.2223+j0.6108|=0.65\ \Omega/km$；总牵引电流1 000 A，并考虑两条钢轨间的互感、钢轨与上下两层钢筋网络的互感、轨条与接触导线的互感，可计算得到钢轨电位及钢轨电流对比的仿真结果，如图2—23、图2—24所示。无砟轨道钢轨电位和电流分布趋势与有砟轨道基本相同。在负载和变电所两点最高，向中间逐渐降低，分布曲线关于负载和变电所的中心点对称。

由图可见，无砟轨道和有砟轨道分布的区别在于：同样条件下，无砟轨道钢轨对地电位明显大于有砟轨道，最高电位约为有砟轨道钢轨对地电位的两倍；而无砟轨道钢轨回流大于有砟轨道。其主要原因是，由于无砟轨道道砟电阻高，钢轨漏泄电导小，当总的牵引电流大小相等时，更多的电流会流向钢轨。因为钢轨对地电位与大地回流、钢轨对地电阻成正比，无砟轨道电阻明显大于有砟，而电流也较大，因此无砟轨道对地电位明显大于有砟轨道。

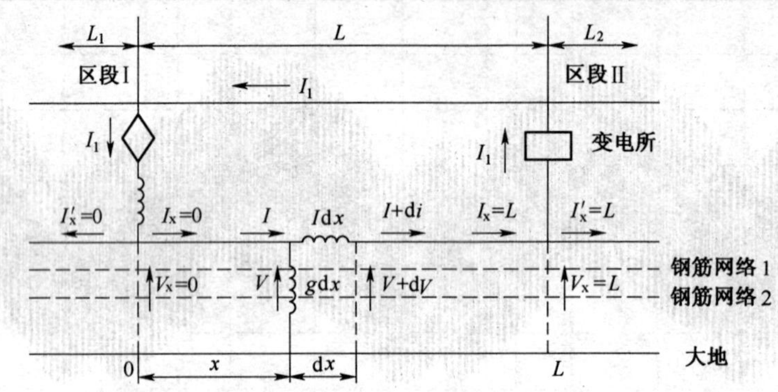

图 2—22　牵引电流无砟轨道中分布示意图

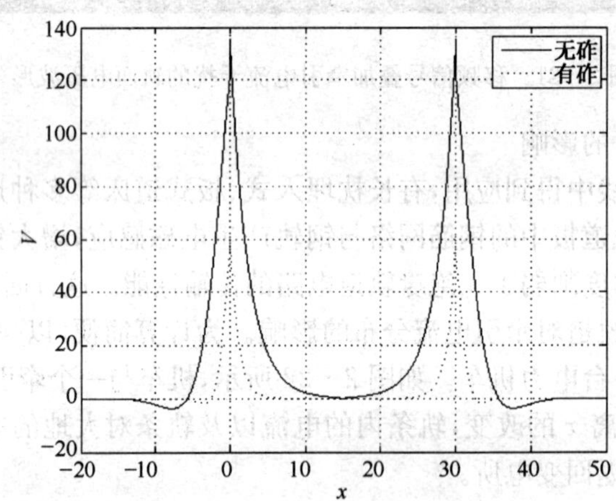

图 2—23　无砟和有砟条件钢轨对地电位分布

由于无砟轨道条件下道砟电阻较大，轨道区段较短，更容易造成钢轨不平衡，而钢轨中牵引电流比例有所提高，从而使不平衡牵引电流干扰一定程度增大。总体上，在无砟轨道时，轨道电路信号的信号干扰比将下降。

(4)对机车信号的影响

机车信号设备(Cab Signaling)在 CTCS 系统中称为轨道电路信息接收单元(TCR)，相当

于ETCS中的特殊传输模块(STM)。其功能是,在列车轮对分路时,通过感应器(感应线圈)接收地面模拟信号,并对信号进行转换和译码,将结果显示并传输给ATP设备(安全计算机或列车超速防护等)。

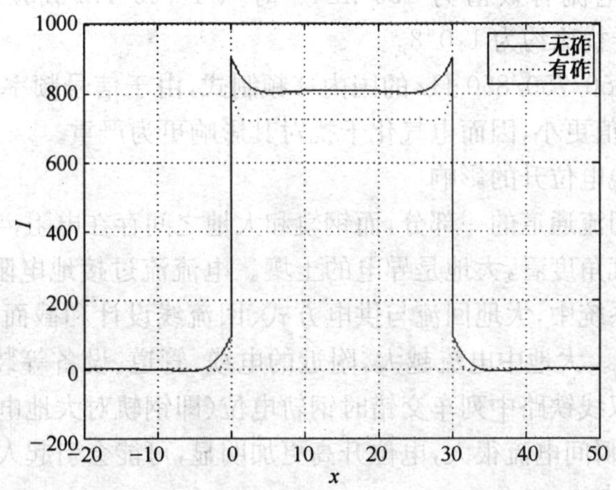

图2—24　无砟和有砟条件钢轨电流分布

机车信号为获取差模信号电流,两个线圈同名端反向串联。其结构如下图2—25所示。这是一种典型的差分放大器结构,电流平衡时形成的共模电压相互抵消,当存在不平衡电流时,共模干扰可转化为差模干扰,与差模的信号电压叠加后通过Vo输出。可见,不平衡牵引电流对机车信号造成影响的机理与轨道电路类似。

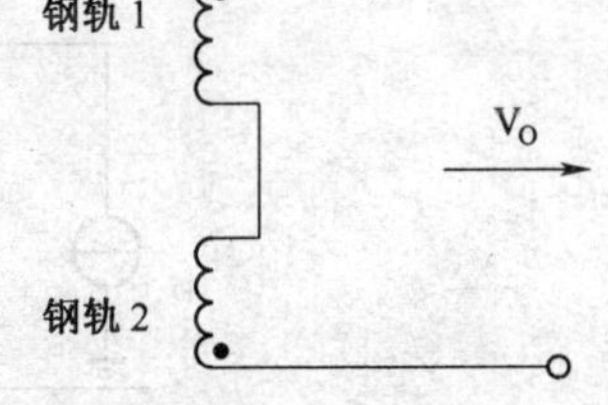

图2—25　机车信号感应线圈连接示意图

取基波和相应比例的低次谐波,室内模拟测试钢轨不平衡电流和接收器干扰电压对比数据见表2—2。机车感应器型号为JY·J1型,直流电阻不大于8 Ω,线圈电感约63 mH,距钢轨160 mm。由于钢轨构成回路,机车感应器线圈串联,故不平衡电流相当于实际电流两倍。

表2—2　基波和低次谐波电流和干扰电压对照表

频率(Hz)	50	100	150	200	250
不平衡电流(A)	100	8.6	47.0	4.0	24.2
干扰电压Vo(V)	0.700	0.106	0.940	0.096	0.784

对照UM系列轨道电路机车信号接收灵敏度(100±15)mV,基波和低次谐波要远大于信号幅度。

下面再简要分析带内谐波的影响。以 UM 系列载频 1 700 Hz 为例,仅有相邻的三个谐波可能形成干扰。参照谐波比例分布,取 1 650/1 700/1 750 Hz 谐波分别占总量的 0.308%、0.09%、0.249%,考虑钢轨总电流 2 000 A 时不平衡系数 10%,即 100 A 电流得到平衡,此时,上述 3 个谐波的合成电流有效值为 406 mA。对照 1 700 Hz 载频信号的最小分路电流 500 mA,二者的信号干扰比约为 1:0.8。

对于载频为 550/650/750/850 Hz 的国内移频制式,由于信号频率较低,电气化谐波比例更大,而信号的灵敏度值更小,因而电气化干扰对其影响更为严重。

4.牵引电流引起地电位升的影响

钢轨是牵引电流回流通道的一部分,而钢轨和大地之间存在电阻,导致部分回流进入大地再流回变电所。从电气角度看,大地是导电的土壤。电流流过接地电阻引起地电位的变化即地电位升。交流牵引系统中,大地回流与供电方式、回流线设计和截面积等有关,比例约为总牵引电流的 5%~50%。大地中电流越大,附近的电缆、管道、设备等装置受感性耦合和阻性耦合的影响就越大。双线铁路中列车交错时钢轨电位(即钢轨对大地电压)叠加后会增加约一倍。当接触网短路时,瞬间电流很大,电位升高更加明显,可能会引起人身或设备损害。

(1)钢轨电位及分布

接触网、钢轨、大地模型可用下图 2-26 描述,在均匀传输条件下,可列出任一点的电压和电流方程,计算钢轨中电流及钢轨电位。沿钢轨方向,距离机车为 x 处的钢轨电位可用式(2-7)来表示。

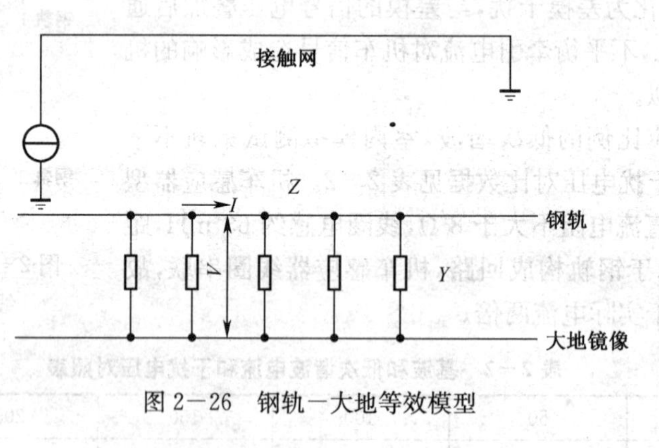

图 2-26 钢轨-大地等效模型

$$V=\frac{1}{2}I_T(1-k)\left[\mathrm{e}^{-\gamma(L-x)}-\mathrm{e}^{-\gamma x}\right]Z_0 \tag{2-7}$$

式中 I_{T}——列车牵引电流,A;

k——耦合因数;

γ——钢轨-大地回路衰减传播常数,1/km;

Z_0——线路—大地回路的特性阻抗，Ω；

L——车辆与变电所间距离，km。其中$(1-k)$可视为屏蔽系数。

在变电所，参考钢轨电位为零。对于稳定的牵引电流，钢轨电位随着车辆距离变电所的距离增加而增大，在0.5～5 km时达到最大值，然后基本保持稳定，具体数据与接地状况有关。

钢轨沿线的地电位升的计算较为复杂。机车入地电流引起的地电位升在入地点沿垂直于钢轨方向有最大值，可表示为

$$V=\frac{1}{2\pi}I_E\rho\gamma\eta\Omega(0,\gamma x) \tag{2-8}$$

式中　V——垂直于轨道x处地电位升最大值，V；

ρ——大地电阻率，Ωm；

γ——轨道/大地回路传播常数，N/m；

I_E——机车入地电流，A；

η——钢轨等的屏蔽系数；

$\Omega(0,\gamma x)$——特殊函数。

(2)电位升的影响及防护

电位升的影响主要分为对人身安全和设备接地两方面。

钢轨电位与牵引电流和短路电流、轨道对地漏泄电导以及车辆或接地故障距变电所的距离有关，为保证线路两侧人身安全，应满足接触电压保护的要求。EN 50122-1(Railway application- fixed installations Part 1：Protective provisions relating to electrical safety and earthing)中有关要求参见表2—3。表中，接触电压值是指距离外轨1 m处测量点与钢轨间的电位，这是考虑到全部钢轨电位不可能施加在这两点间。因而，欧洲标准中高压系统(钢轨电位)规定如果接地电压没有超过允许接触电压值的两倍，则接触电压符合标准。另外，故障状态下的时间是指在接触网短路时保护装置的切除时间，应不大于100 ms。

表2—3　接触电压和钢轨电位要求

	接触电压允许值(V)	钢轨电位(V)
正常、长期运行($t>300$ s)	60	120
运行状态($t=300$ s)	65	130
故障、短时运行(0.1s)	842	1 684

根据德国铁路有关资料，在双线铁路漏泄电导为0.5～8 S/km等条件下，钢轨电位数据为393～98 V/kA。由于地电位升与入地的牵引电流成正比，若考虑接触网发生闪络或短路，瞬间电流可达到4 000～5 000 A，这时会造成地电位更剧烈的变化，达到约2 000 V，超过标准要求。

另外，附近如果有其他电气及电子系统的接地体存在，由于不同接地点之间存在电位差，

还应考虑地电位升对相关设备的影响。此时,相当于一个共模电压源附加在接地体上,一旦共模电压差值超过了系统的允许值,就会对系统造成危害或引起误动作。

由于采用普速铁路中的接地措施已经难以满足高速铁路牵引负荷条件下安全电压要求,为降低钢轨电位,可在综合接地系统中设置贯通地线。根据资料,德国在地下 1 m 安装镀锌钢材的带状接地体后,钢轨电位降低 50%~55%。另外,还可一定程度(7%)降低邻近线路的感应纵向电压(感应纵电动势)。

四、空间耦合

空间传播的电磁场以距离源 $\lambda/2\pi$ 为界,分为近场和远场,其中近场又可分为电场和磁场,基本原理在第一章中已讨论。下面按照电场——容性耦合、磁场——感性耦合、电磁辐射三个方面的影响分别讨论。

1. 容性耦合(电影响)

容性耦合是指接触网存在对地不平衡电压而引起感应的影响。接触网额定电压为工频单相 25 kV,当强电线(接触网)上有一对地电压存在时,由于邻近的人或受扰设备(如通信线)与大地间存在电容,接触网线与人或设备之间又有耦合电容,因此必然产生感应电压,形成容性耦合(也称电影响)。若设备或线路与接触网接近段较长或接近距离较小,即耦合电容大,则感应电压会较高,可能会发生故障或损坏。当人体触碰时,就有可能因流经人体的静电感应电流过大而危及人身安全。地下电缆及导体不会受到容性耦合影响。

(1) 工频电场规范

国际辐射防护协会非电离辐射委员会(IRPA/INIRC)和世界卫生组织(WHO)规定了工频 50 Hz 电场限值,一些国家也制订了相应的标准或导则。具体规定是:5 kV/m 为公众活动区域的限值,10 kV/m 为跨越道路和经常会接近的地方的限值,15 kV/m 为非居民区但有可能接近的地方的限值,20 kV/m 为很难接近地方的限值。

日本规定人们来往频繁的地区场强限值为 3 kV/m。1986 年国际大电网会议 3601 工作组发表的一份调查报告中统计了一些国家对输电线下电场限值的规定。大多数国家将送电线与道路交叉处的地面场强控制在 10 kV/m 以下。对于变电所,除个别地点最大允许场强值不超过 15 kV/m 以外,一般区域也采用不超过 10 kV/m 的场强值。目前,这些限值并没有切实可靠的医学或生物学依据。1998 年中国国家环保局发布了 HJ/T 24—1998“500 kV 超高压送变电工程电磁辐射环境影响评价技术规范”,该规范推荐了 500 kV 等级的变电站及输电线路设计的工频电场和磁场限值。GB 16203—1996“作业场所工频电场卫生标准”规定限值为 5 kV/m,当达到 20 kV/m 时两侧需设 20 m 防护带、120 kV/m 时为 30 m、400 kV/m 时为40 m。

关于电场引起的电流对人体的影响,当电气化铁道正常运行时,由静电感应引起的流经人体的电流应小于 15 mA;当接触网短路故障状态时,由静电感应引起的流经人体的电流应小于 850 mA。

(2)接触网感应电压计算

前面提到,接触网周围存在通信线路或设备时如图 2－27 所示。工频电场在实际中可采用等效电路及电容分压的方法来计算,如图 2－28 所示。

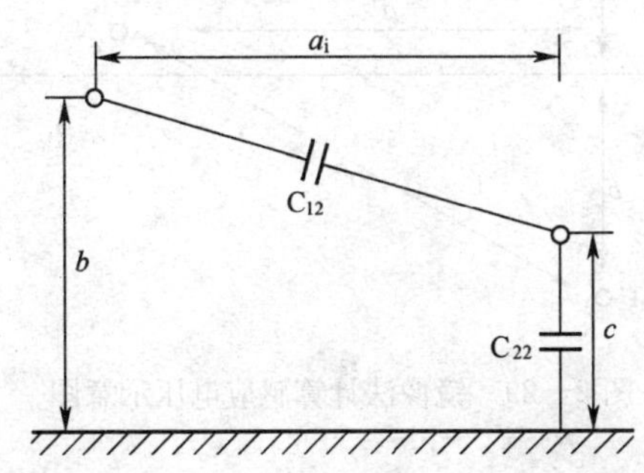

图 2－27　接触网的容性耦合

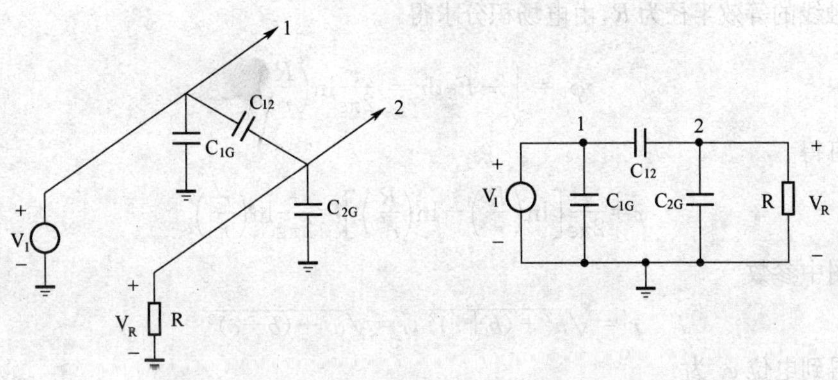

图 2－28　接触网与通信线路电容耦合及等效电路

图 2－27 中,电容 C_{12} 由两线间的水平距离 a_i 和接触网架设高度 b 等决定。因此通信线中产生的感应电压由接触导线、通信线位置以及接触导线的电压决定。

下面利用镜像法来分析计算接触网感应电压。当接触网中有高电压时,将在邻近空间产生电场,该空间各点具有一定电位,使这个电场的中性导体出现带电现象。镜像法是在研究区域之外,用一根或几根假想导线代替原来的边界,使得这些导线和原有导线一起产生的场满足原来的边界条件。如图 2－29 所示,接触网 T 的电荷线密度为 $+\tau$,在大地中感应出负电荷,利用其镜像 T'来代替大地中分布的负电荷。

T 和 T'可视为两条平行输电线,φ_T,$\varphi_{T'}$ 分别为接触网和镜像在空间一点产生的感应电位,则空间中任意一点 c 的感应电位 φ 为

$$\varphi=\varphi_T+\varphi_{T'} \tag{2-9}$$

利用高斯定理求出其电场强度

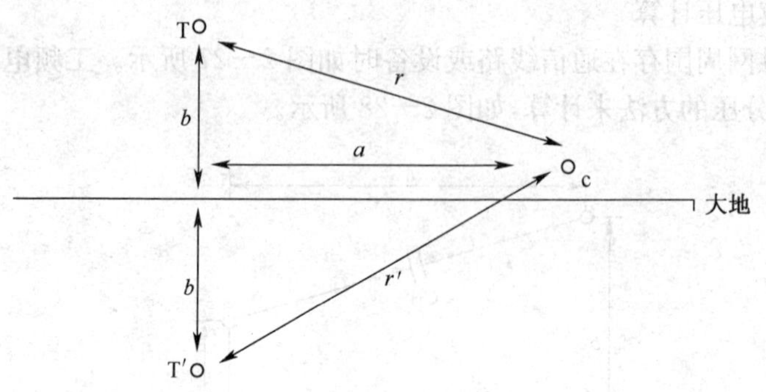

图 2—29　镜像法计算感应电压示意图

$$E_{\mathrm{T}}=\frac{\tau}{2\pi\varepsilon_0 r} \tag{2—10}$$

设接触线的等效半径为 R，由电场积分求得

$$\varphi_{\mathrm{T}}=\int_R^r -E_{\mathrm{T}}\mathrm{d}r=\frac{\tau}{2\pi\varepsilon}\ln\left(\frac{R}{r}\right) \tag{2—11}$$

从而可得

$$\varphi=\frac{\tau}{2\pi\varepsilon}\left[\ln\left(\frac{R}{r}\right)-\ln\left(\frac{R}{r'}\right)\right]=\frac{\tau}{2\pi\varepsilon}\ln\left(\frac{r'}{r}\right) \tag{2—12}$$

考虑图中参数

$$r'=\sqrt{a^2+(b+c)^2},\ r=\sqrt{a^2+(b-c)^2} \tag{2—13}$$

代入得到电位 φ_{c} 为

$$\varphi_{\mathrm{c}}=\frac{\tau}{2\pi\varepsilon}\ln\left(\frac{\sqrt{a^2+(b+c)^2}}{\sqrt{a^2+(b-c)^2}}\right)\approx\frac{\tau}{2\pi\varepsilon}\frac{2bc}{a^2+b^2+c^2} \tag{2—14}$$

由此可得接触线对通信线产生的感应电压(对地面)为 U_{S}，进一步设接触线对地面电压为 U_{T}，此时，$r'=2b$，$r=R$，则有

$$\frac{U_{\mathrm{S}}}{U_{\mathrm{T}}}=\frac{2}{\ln\left(\frac{2b}{R}\right)}\frac{bc}{a^2+b^2+c^2} \tag{2—15}$$

从而可得接触网在 c 点处感应电压的一般公式如下

$$\dot{U}_{\mathrm{S}}=KU_{\mathrm{T}}\frac{bc}{a^2+b^2+c^2} \tag{2—16}$$

式(2—16)中，$K=2/\ln(2b/R)$ 为常数，在 R 取 6 mm，b 取 6.0 m 时，可得到不同高度的感应电压与水平距离关系如图 2—30 所示。

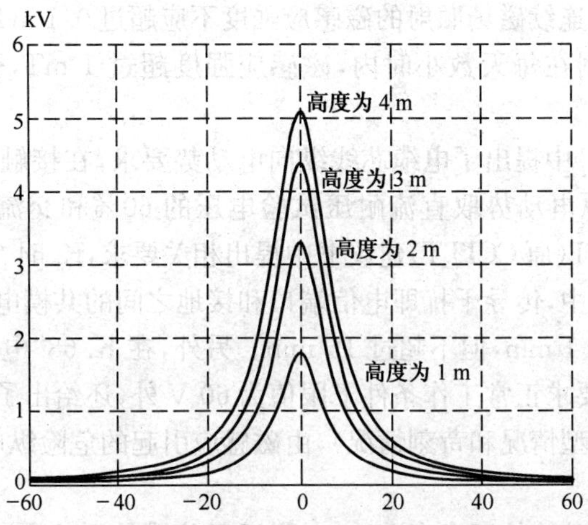

图 2—30　感应电压与水平距离关系

由图 2—30 可见，接触网下 2 m 内感应电压会超过 5 kV，对人身存在危险。以架空通信线为参照，表 2—4 中给出了高度为 4 m 时的感应电压值。据京广线测试数据，距地面 1.5 m，在接触网下测得工频电场强度 1.86 kV/m，与图中数据基本吻合。

表 2—4　高度为 4 m 时感应电压

a(m)	1	2	5	10	20	30	50	100	150	300
U_s(V)	4 972	4 620	3 521	2 050	725	350	130	35	16	4

可见，当单线接触网和通信线路的平行接近距离大于 100 m 时，接触网对通信息线路形成的感应电压危险影响可不予考虑。某些金属构筑物，如铁桥、金属支柱、信号机、管道等，如在距离电气化铁道危险电压范围内，应妥善接地，而电缆则可以入地敷设。

2. 感性耦合(磁影响)

随着重载和高速的发展，牵引电流不断增大。接触网电流含有丰富谐波，但其中工频 50 Hz比例最大。对于工频大电流产生的磁场，同样应考察其对人身、设备的影响。描述磁场强度 H 的单位是 A/m，由于磁通密度 B(单位是 T 或 Gs)测量相对容易，考虑到空气的磁导率，二者之间可直接换算。1 A/m 等价于 1. 256 μT，或 1 μT 等价于 0. 796 2 A/m；1 Gs=100 μT。

(1) 磁场影响的相关规范

国际非电离辐射委员会(IRPA/INIRC) 和世界卫生组织(WHO)推荐了频率为 50/60 Hz 磁场照射限值的临时指导原则，分为职业照射限值和公众照射限值。职业工作人员在整个工作日内受到连续磁场照射时，其磁感应强度不应超过 0. 5 mT；短时间内的全身照射，磁感应强度不应超过 5 mT，时间不应超过每天 2 h；当照射局限于四肢时，磁感应强度不超过 25 mT。

对于公众来说，每天受到连续磁场照射的磁感应强度不应超过 0.1 mT；当磁感应强度为0.1～1.0 mT，照射时间应限制在每天数小时内，磁感应强度超过 1 mT，受照射时间不应超过数分钟。

《铁路信号设计规范》中提出了电缆芯线纵向电动势要求；在接触网正常工作条件下不大于 60 V，故障状态危险纵电动势取直流耐压试验电压的 60%和交流耐压试验电压的 85%。根据国际电信联盟 ITU-T(原 CCITT)建议书中提出相关要求，K. 54“基础供电频率传导干扰抗扰度测试方法和电平”中，传导干扰即电信端口和接地之间的共模电压的有效值电平规定为 60 V；测试时长应不少于 1 min，但不超过 15 min。另外，在 K. 68“电力系统对电信系统造成电磁干扰的管理”中，除要求正常工作条件下限值为 60 V 外，还给出了在故障条件下产生电磁干扰的危险限值(包括典型情况和苛刻情况)，由磁感应引起的危险纵电动势为 430 V(苛刻情况下)。

另外，牵引电流中除基波外还含有谐波，对附近通信线的干扰影响允许值分别为：调度通信回线的杂音计电压为 1.25 mV；一般通信回线的杂音计电压为 2.0 mV。

(2)工频磁场分布和影响

牵引电流可达上千安培，当强电线(接触网)中有电流通过时，磁场强度不仅与接触网电流有关，还与距离等有关。利用毕奥—萨伐尔定律，按无限长直线周围磁感应强度公式，考虑接触网电流为 I，距离 r 处的磁场强度为

$$B=\frac{u_0 I}{2\pi r}=2\times10^{-7}\frac{I}{r} \tag{2—17}$$

下面分别考察在直供方式和 AT 方式长回路条件下的磁场分布。

在 AT 供电方式下，接触网高度为 6 m，正馈线高度为 7.7 m，取机车电流为 1 000 A。正馈线、接触网电流和钢轨中电流在空间产生磁场均可分解为水平方向和垂直方向两部分，两者需要矢量合成。在长回路效应下，钢轨中没有回流，正馈线和接触网中电流均为 500 A，可得到单线时不同高度条件下距离线路中心的磁感应强度分布(如图 2—31 所示)。

在直供方式稳定条件下，接触网电流取 1 000 A，两条钢轨中牵引电流分别取 300 A，接触网和两条钢轨的磁场按矢量合成，可得到单线直供方式下的仿真计算结果，如图 2—32 所示。图中，高度为 1 m 时，由于钢轨中电流的作用，在其上方的磁场出现峰值。

对比可知，同一高度时，AT 方式长回路时磁感应强度要显著小于直供方式；不同高度时，两者在 10 m 处的不同高度下磁场分别趋于稳定。前者在 1 m 高度时的最大磁感应强度约 5 μT，即磁场强度为 4 A/m。后者在距离地面 1 m 处最大磁感应强度约 130 μT，即磁场强度 103.5 A/m。在双线情况下，由于叠加作用，磁场会增强。

另据德国电气化铁道实际测试数据，站台边缘距线路中心 7 m，距轨面 1 m 以上，电流 1 000 A且无回流线(相当于直供方式)时的磁感应强度为 100 μT，相当于 79.6 A/m。通过数据对比可发现 AT 供电方式对磁影响的减轻作用。

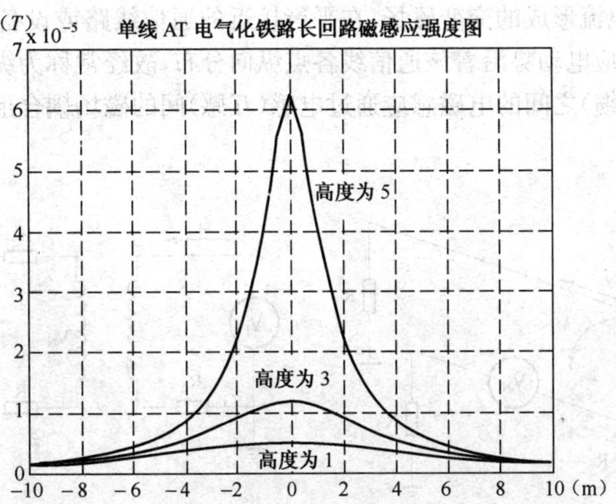

图 2—31　AT 供电方式长回路时磁感应强度分布

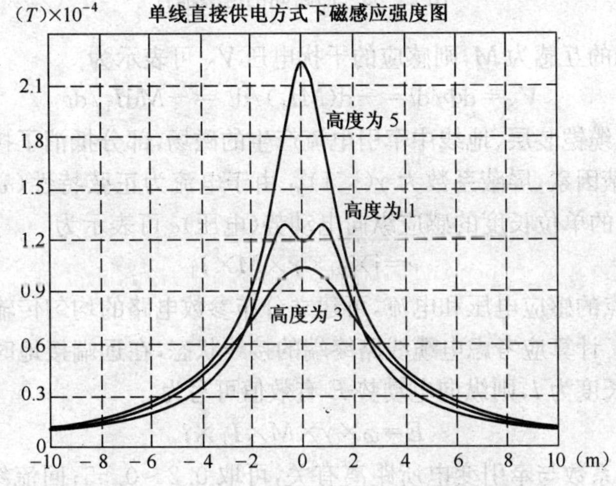

图 2—32　直接供电方式磁感应强度分布

综合以上数据，感应电压对人体和设备有危险影响，取决于作用时间的长短，在接触网正常和短路故障时有不同要求。将上述结果对比有关数据，对人身影响符合要求；磁场对信息技术设备存在影响，尤其是 CRT 显示器，其敏感度与设计有关，随显示屏尺寸而增大，一般满足 50 Hz 磁场强度 1 A/m 的要求，在 2 μT 左右即可观察到干扰影响，严重时会造成屏幕图像抖动，图像和文字无法辨认。

(3)对电缆的影响

接触网中交流电流形成的交变磁场，在平行接近的通信线路或设备回路中产生感应电动势或感应电压，该感应电动势沿着该通信线各点纵向分布，故经常称为纵向电动势。接触网与受扰设备(如通信电缆)之间的电磁感应通过电感(互感)间的磁场耦合形成，有时称为磁影响，如图 2－33 所示。

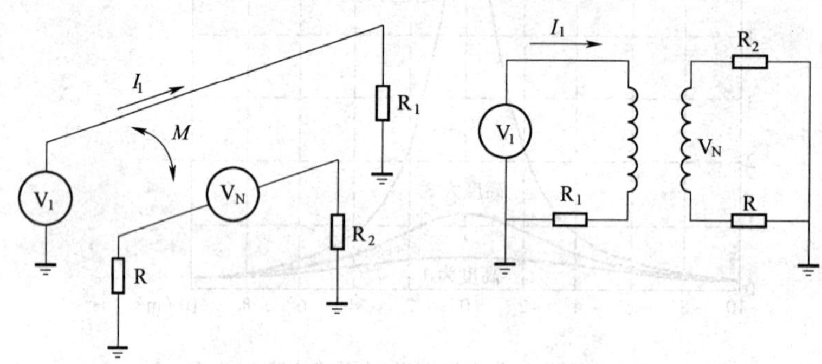

图 2－33　回路间的电感耦合

图中，若回路间的互感为 M，则感应的干扰电压 V_N 可表示为

$$V_N=d\Phi/dt=-d(MI_1)/dt=-MdI_1/dt \tag{2－18}$$

由于在钢轨、电缆铠装层、地线中牵引电流产生的磁场，部分抵消了接触网电流的干扰，电缆耦合还应考虑屏蔽因素，屏蔽系数为 $\gamma(<1)$。由于电流为正弦特性($\omega=2\pi f$)，则接触网电流 I_T 在电缆中产生的单位长度的感应纵向电动势(电压)e 可表示为

$$e=j\times\omega\times\gamma\times M\times I_T \tag{2－19}$$

电缆上任意一点的感应电压和电流，可建立分布参数电路的均匀传输线方程来描述，可求得稳定状态下的解。计算应考虑电缆线路终端的接线状态，在远端接地时，设等效电缆长度或与接触网平行接近长度为 l，则纵向电动势 E 有效值可写为

$$E=\omega\times\gamma\times M\times I_T\times l \tag{2－20}$$

其中，钢轨屏蔽系数与牵引变电所距离有关，可取 0.2～0.55；回流线屏蔽系数与接触网相对位置有关，取 0.55～0.7；电缆护套屏蔽系数取 0.1～0.5；其他接地导体屏蔽系数范围为 0.7～1.0。两条半径为 R、相距 x 的平行导线互感 L 可由下式表示：$L=(\mu_0/2\pi)\cdot\ln(R/x)$，铁路工程应用中，互感 M 有多种计算方法，这里采用如下公式计算

$$M=0.1+0.2\ln\left(\frac{400}{x\sqrt{f/\rho_E}}\right)\times10^{-3}(\text{H/km}) \tag{2－21}$$

式中　x——电缆与接触网中心线间距离，m；

ρ_E——土壤电阻率，Ω·m。

不失一般性，这里设单线电气化铁道接触网电流 $I_T=1\ 000$ A，通信电缆平行接近长度为

18 km，取钢轨、回流线、电缆屏蔽层、其他因素的屏蔽系数分别为0.4、0.6、0.3和0.85，即$\lambda=0.4\times0.6\times0.3\times0.85=0.0612$，土壤电阻率分别取27 Ω·m和290 Ω·m时，此时M分别为0.776 mH/km和1.00 mH/km，则可求得电缆纵向电动势分别为269 V和346 V。进一步，为使纵向电动势不超过60 V，在此情况下，电缆长度应不大于4.01 km和3.12 km。当牵引电流增大时，纵向电动势也随之增加。

可见，如果通信电缆距离接触网较近(5 m以内)，感应纵向电动势可能高于危险电压，应该采取相应措施，如每隔一段距离加设一处接地。一般在距接触网大于100 m外的位置，感应电压可不考虑。

3. 电磁辐射的影响

电气化铁道产生的射频辐射干扰原因主要包括：牵引接触网的火花放电；接触网和受电弓滑板间离线引起电弧；电力牵引机车的换流过程；电气化铁道开关设备、电力机车内电机、调压器、开关设备在操作中的瞬态过程。

铁路系统无线通信制式包括无线列调、模拟集群、数字集群以及GSM-R等。电磁辐射对无线通信形成干扰。电磁辐射的场强值一般用某一时间概率下的统计数据来描述。

(1)理论分析及预测

①无线电干扰横向距离特性

有关分析和研究表明，在简单(直供)供电方式下，对于低于30 MHz的频段，因大地电导率远小于钢轨电导率，可以忽略大地对传输高频电流的作用。在此前提下，计算表明：垂直于铁道、平行于大地的磁场分量比其他分量大；钢轨电流产生的场对接触网导线产生的场具有对消作用；列车前、后流动的高频电流产生的场也有对消作用。

对高于30～300 MHz的频段，受电弓可视为一衰减很大的线状辐射体，计算电场的垂直分量时，可不考虑其他构件与导线的辐射，分析结果不受供电方式的影响，此频段在横向距离上不会形成驻波；测量用接收天线的高度在小范围变化时，对接收电平的影响不大。而当频率高于300 MHz时，不再能将受电弓视为线状辐射体，在横向传播与接收天线高度方向上都会出现驻波。

②测试数据处理

对电磁环境辐射测试后，需要分析测试数据频率特性的规律，一般处理方法是，分别求出测试数据不超过50%、80%及95%事件概率时的三个电平值，取多组数据的平均值作为一个样本；在纵坐标以dB为单位刻度场强值，横坐标以频率对数值的坐标系中，将相同条件的样本值按“残差平方和最小”进行线性回归，可得到不同时间概率的频率特性的线性方程如下

$$E[\mathrm{dB}]=a+b\lg f(\mathrm{MH_Z}) \tag{2-22}$$

③高速铁路电磁辐射预测

受电弓与接触导线滑动接触产生的电磁辐射与弓网参数有着十分显著的相关关系。弓网参数技术指标越好，电磁辐射越小；反之越大。根据一条线路弓网动态接触压力随速度变化曲

线,可预测其电磁辐射值随速度变化规律。由于弓网振动的周期性稳定现象,电磁辐射也呈现周期性变化现象。即速度达到某值时电磁辐射最大,速度再提高,电磁辐射却可能低了下来。有的线路这种现象较为明显,有的线路不太明显。

由于高速铁路弓网技术指标较高,列车高速运行于高速线路上时,其所产生的电磁辐射并不一定比列车低速运行或普通速度线路上时所产生的电磁辐射高。如在运行速度达300 km/h时 150 MHz 干扰电压预测值约为 46 dB,接近于普速 60 km/h 时的大小。高速铁路如采用弹性链式悬挂,在整个速度范围内,将比采用简单链式悬挂产生的电磁辐射水平大大降低。如采用德国 Re330 弹性链式悬挂接触网,车上测量 150 MHz 干扰电压值在很宽的速度范围内将比采用简单链式悬挂降低近 10 dB。

(2)电磁辐射有关要求

对于整个铁路系统对外界环境的电磁辐射影响,EN 50121-2 规定了距离钢轨 10 m 时,9 kHz～1 GHz 范围 *RF* 干扰等级的最大允许值。由于采用了不同的测量方法,因而得出的限值曲线呈阶梯状特征。按照相应频率图的要求,频率在 30 MHz 时有最大值,场强不应超过 100 dBμV/m,即 0.1 V/m。

根据我国电气化铁道测试数据和统计处理结果,对于普速列车,频率 30 MHz 以下及以上距铁道 10 m 处,骚扰场强(准峰值检波方式)时间概率为 95%时频率特性的经验公式分别为

$$E_{10}[\text{dB}\,\mu\text{V/m}]=53.24-14.81\ \text{Log}[f(\text{MHz})] \quad (2-23)$$

$$E_{10}[\text{dB}\,\mu\text{V/m}]=61.46-10.46\ \text{Log}[f(\text{MHz})] \quad (2-24)$$

按第二个公式(2—24),当取频率为 30 MHz 时,场强值约为 200 μV/m。随着速度的提高,骚扰场强将相应增大。

按照欧洲标准以及铁标相关要求,针对地面信号设备及车载设备机箱机柜端口,射频电磁场辐射抗扰度限值要求为 10 V/m(载波有效值,频率范围 80 MHz～1 GHz,并用 1 kHz 按照 80%深度 AM 调制),对于放置在列车车厢、司机室或机车车辆外部的设备(如车顶),使用 20 V/m的严酷等级。对于电源和 I/O 等端口,在 150 kHz～80 MHz 频段,射频场感应的传导骚扰抗扰度限值为:地面设备为 10 V,而车载设备为 3 V。

根据 GSM-R 无线覆盖指标要求,GSM-R 网络无线覆盖指标应满足在 95%统计概率下,对于 8 W 的列控机车台,在增益为 0 dBi 的机车车顶天线处的最小接收电平不低于 −92 dBm,在接收机特性阻抗 50 Ω 时,场强值为 14.99 dBμV/m 即 5.62 μV/m(75 Ω 阻抗时为 16.75 dBμV/m)。该电平值考虑了最大 3 dB 机车台馈线损耗和 3dB 设备老化余量。电磁辐射干扰可能引起无线通信中语音质量下降和传输数据的误码。

考虑到电磁辐射是交流电气化对无线通信产生干扰的主要原因,其大小与弓网参数关系密切。减小辐射的有效途径之一就是降低导电弓和导线之间离线率,并且减少离开的时间。离线率降低还可以相应减少瞬态脉冲干扰,同时改善受流质量,提高电能利用率。因此,控制离线率是高速接触悬挂系统区别于普速的重要指标。以离线率作为判定接触悬挂系统优劣的

标准，也是有关国家高速铁路判定体系中的共同方法，如要求最长离线时间≤200 ms，离线率≤5%。

五、电气化铁道电磁环境测试

在铁道部的统一领导下，北京交通大学(原北方交通大学)抗电磁干扰研究中心、中国铁道科学研究院、郑州铁路局等相关单位对电气化铁道干扰进行了大量的测试，包括电磁环境测试、传导性干扰的测试、电磁场强度的测量、电网电源质量的测量等，这里对相关内容及结论进行简要概述。

(一) 传导性干扰测试和主要结论

1975 年 4 月，郑州局宝鸡电务段由于机车升弓产生牵引电流冲击干扰，造成 75 Hz 交流计数轨道电路中轨道继电器错误励磁吸起，酿成重大事故，有关单位和信号工作者开始高度重视牵引电流传导性干扰测试和分析。自 1986 年至 1990 年，主要对电力机车谐波、不平衡牵引电流等数据进行了比较全面的测试。在大秦、京秦铁路 AT 方式、丰(润)沙(城)铁路 BT 方式、北同蒲铁路直供方式下，对各种机车的牵引电流频谱进行了记录处理和理论分析。1992 年以后，襄渝、陇海(西)线等典型线路进行了牵引电流分布及不平衡牵引电流测试及防护对策研究。1993 年后对 25 Hz 相敏轨道电路受不平衡脉冲电流干扰误动作进行了测试和分析。2000 年左右对计算机联锁、国内及 UM71 两种无绝缘移频轨道电路的抗电气化干扰性能进行了全面测试，2003 年以后，面向大秦线开行 2 万 t 重载列车扩能改造条件的信号系统抗干扰，制定了 ZPW-2000A 抗牵引电流方案以及站内区间一体化轨道电路方案，随后根据客运专线的需求完善了站内轨道电路优化设计，2008 年还对朔黄铁路万吨重载试验进行了测试，并提出了改造方案。主要数据和结论如下：

- 各种类型机车及不同运行状态产生的谐波电流成分不同，验证了牵引电流主要含有奇次谐波分量，幅度随频率增加而减小。
- 谐波在移频段(500～900 Hz)的电流含量可达到与移频信号电流同一数量级，但几乎不含 25 Hz 成分。
- 牵引电流存在脉冲电流形式，峰值可能超过 1 000 A，时间小于 2 s。
- 机车牵引电流与钢轨中牵引电流回流之间基本呈现线性关系。万吨牵引时机车牵引电流超过 600 A。
- 直供加回流线方式下，在有吸上线的信号点，钢轨中最大牵引电流回流约为机车电流的 85%，距离机车较远(3 km 以上)时为 30%左右，吸上线的最大电流是机车电流的 30%。没有吸上线的信号点，钢轨回流最大为牵引电流的 50%左右。
- 杆塔地线与钢轨相连接是引起轨道电路不平衡电流干扰的主要来源。不平衡系数对某一轨道电路来说，并不是常数，是牵引电流、大地电导、道砟电阻、钢轨阻抗、牵引网型甚至扼流变压器等的函数。

● 轨道区段牵引电流不平衡系数离散性较大，多数(超过50%)小于5%，少数大于10%。站内道岔区段、有回流线区段和短区段的不平衡程度较大。某些区段最大可达26%～40%。

● 测试验证了UM71无绝缘轨道电路可以满足牵引电流1 000 A、不平衡系数10%条件下基波和谐波的抗干扰要求。

● 导致25 Hz相敏轨道电路继电器瞬间误动作(闪红)的原因是不平衡脉冲电流造成扼流变压器饱和以及接收器的过渡过程。

● 大秦线2万t列车总牵引电流为800～1 200 A，考虑一个供电臂运行两列车条件，最大牵引网流2 000 A，钢轨的最大不平衡牵引电流为200 A。

● 对应用于重载和客运专线的站内与区间(ZPW-2000)同制式轨道电路进行了室内及现场测试，满足不平衡牵引电流的抗扰度要求。

(二)电磁辐射测试

1979年，在环形铁道大环及小环上进行了电气化铁道无线电干扰的场强测试，牵引机车受电弓电流分别为100 A和200 A。

1980年由多家单位组成联合试验组，在阳安线城固机场对机场无线通信和导航系统的影响进行了实测，单机牵引总重2 592.4 t，分别测试了电气化铁道的无线电干扰特性和中波导航台，无线电罗盘，超短波定向台的干扰影响。

1986年3月，在宝成线广汉站进行了无线电干扰的特性及对广播收音机干扰影响的测量。1988年在石太线分两期进行了对短波、超短波通信接收设备干扰影响的研究。在环形道和石太线对电视接收影响的研究，进行了实测。

在京广线等线路进行了辐射和工频电磁场等测试。

测试表明总体上电气化铁道造成的辐射干扰电平值不大，干扰影响的范围较小。测试评估了电气化铁道环境下对通信的电磁干扰，并对有关设施的选址提出了依据。

电气化铁道无线电干扰的统计特性表明，电力机车运行在一条线路上产生的无线电干扰瞬时值、200 m区间80%时间干扰不超过值、10 km80%不超过值及多条电气化铁道合成值服从正态分布。不同型号电力机车，接触导线材质，供电方式，牵引重量，气候对机车运行产生的无线电干扰不造成显著影响。在其他因素不变，仅电流和速度变化时，干扰主要受速度影响。速度每增加10 km/h，干扰平均增加1.4 dB。下雨天干扰统计值平均比晴天降低10 dB。弯道干扰普遍增大。隧道内有的干扰增大，有的降低，取决于洞内接触网悬挂形态。

近年来，在胶济线电气化对青岛流亭机场导航影响、大秦线重载改造电磁干扰、武广客专GSM-R应用及车载电磁环境等进行了测试和研究。

(三)其他测试

牵引网高压产生的电磁场主要作用在接触网下及牵引变电所。露天接触网下平均电磁场强度高于牵引变电所平均电磁场强度，由于叠加的缘故，双线接触网下平均电磁场强度高于单线接触网下。工频电磁场部分测试数据统计结果如下：工频电场强度实际测量结果为(3.1±

2.2) kV/m，在多股道站场的接触网下、牵引变电所内的电流互感器、断路器等设备周围的电场强度较高，最大值可达 13.0 kV/m。磁感应强度测定结果为(0.13±0.14) mT，最高值 2.3 mT，电力机车机器间的磁感应强度最高。电场强度 98.1%的测量点<5 kV/m，磁感应强度 99.7 %的测量点<2 mT，人体感应电流 97.1% 的测量点<40 μA，最高测点值 66 μA。

另外，针对电气化铁道的其他测试还包括电缆纵向电动势、地电位升、计轴设备通信等电缆传输通道等方面。

第三节　信号系统的电磁兼容设计

信号系统及电磁环境的日趋复杂已是现实，信号系统的电磁兼容(EMC)设计显得越来越重要，其内涵也更加多元化。主要表现在：EMC 不仅是设计环节的问题，还应考虑产品制造等其他环节及使用环境；设备所在环境不仅只有一种电磁骚扰，可能存在多种；EMC 不仅需具备抗电磁干扰性能，还应满足对外界发射骚扰的要求；EMC 不仅是某一个设备自身的问题，而是整个信号系统问题。比如，设备是在轨旁还是在室内机房？所在环境中骚扰源有哪些？其中主要的骚扰源是什么？在信号机房或车载环境中，多个设备的各种地线如何连接？线缆如何走线和放置？等等。

这里就信号系统电磁兼容设计的重要环节进行讨论。

一、信号系统 EMC 设计理念

铁路信号系统的 EMC 设计应当从系统的角度考虑，可分为如下几个层次：

1. 整个铁路系统与外界的电磁关系。包括铁路对外部环境的需求以及自身电磁发射限值的约束，前者如电源质量要求、大功率设备如无线发射等；后者如谐波电流发射、工频电磁场、射频电磁场的限值要求等。需要以国家标准的形式来规范。

2. 信号系统与铁路内部其他系统的兼容。如牵引供电系统等，如电力机车谐波、射频发射限值，各系统接地规范，信号对所处环境如机械室、机房、机车内部等的要求。需要铁路系统内部达成一致，以行业标准或规范的形式来要求。

3. 在同一环境中的各个信号设备之间的兼容。内容包括：电源屏供电质量、各设备接地方式规划、电缆屏蔽及布线要求、通信接口要求等。需要以行业标准或设计规范的方式进行要求。

4. 信号设备自身的 EMC 设计。根据设备所处环境，在机柜、布线、PCB(印刷电路板)、器件选择、接口部分滤波等方面进行设计。需要满足设备 EMC 发射和抗扰度试验的要求，同时还需考虑设备特殊的需求。

随着信号设备 EMC 设计越来越受到重视，针对铁路系统及信号设备的国家和行业标准、设计规范、指导文件等正在逐步完善。如在客运专线有关功能和系统需求中均明确提出了对

EMC 的要求。

二、信号设备 EMC 设计重点环节

电磁兼容在理论上已形成完备的理论体系,在电子设备的电磁兼容设计方面也有比较成熟的技术和器件,但面向具体环境下的具体产品,既满足要求又合理可行的设计方案并不是现成的,尤其是随着计算机、微电子、通信等紧密相关领域的迅速发展,新的问题和需求也在不断产生,电磁兼容研究还在不断拓展和深化。对于铁路信号电磁兼容,同样需要解决类似的问题,设计中需要重点关注和解决的主要问题包括如下三个方面。

1. EMC 三要素分析

首先,应研究环境中最主要的骚扰源或干扰源,不仅要获得其幅度、频率特性,还要分析干扰源的基本性质。这样,一方面可以有的放矢地抑制干扰源,另一方面,也是对骚扰或干扰的防护,采取相应措施的依据。

其次,信号设备在多数场合下都是受扰的弱电设备,抗干扰设计是关键环节,应遵循滤波、屏蔽、接地等基本原理,参照具体环境及抗扰度试验限值的要求来设计,同时设计方案还应经济合理可行,避免浪费,即降低费效比(RIO:投入产出比)。

另外,为取得最佳效果,应特别注意在电源、输入和输出端口、机箱或机柜、接地等接口环节抗干扰措施的设计。

信号设备 EMC 设计目标和核心是:减小干扰进入受扰设备的功率(能量),提高信号干扰比。

2. EMC 管理

对于信号设备,尤其是微电子设备的 EMC 设计,应该实行过程化的电磁兼容管理,对设备进行全生命周期(life cycle)设计。

简单地说,从设计、研发、测试、生产、质量监督、使用维护、监测记录等各个环节,均涵盖电磁兼容的相关内容及要求,直到设备生命周期结束。

3. EMC 与安全性

信号设备从功能上需要满足故障—安全原则,在电磁兼容设计过程中,应充分考虑信号对安全性的高要求。在由于电磁干扰导致设备故障的情况下,信号设备不应有危险侧输出。

在设备的 EMC 抗扰度测试、评估等环节中,不仅关注标准要求的性能判据,还应考察电磁干扰下设备安全性表现。

在本书下面章节中,结合以上思路,从以下几方面进行讨论:

- 铁路信号电磁兼容标准和试验,主要介绍国外尤其是欧洲铁路信号设备有关标准、铁路信号设备发射和抗扰度要求、电磁兼容试验与对策。
- 室内信号系统电磁兼容技术,主要根据室内信号系统构成和特点,从系统电磁兼容设计原则出发,介绍典型室内电子设备电磁兼容设计技术。

● 轨旁信号设备对电磁干扰的防护技术，主要分析轨旁信号设备及主要干扰源、重点分析音频轨道电路(包括移频和 UM71 系列、机车信号设备)对电气化牵引电流传导性干扰的防护、站内 25 Hz 相敏轨道电路对冲击干扰的防护。

● 车载信号设备电磁兼容技术，主要介绍机车和车辆电磁环境，以及车载信号设备电磁兼容技术。

● 信号设备雷电防护和综合接地技术，考虑到雷电电磁脉冲对信号电子设备的影响，结合有关标准和规范，介绍信号设备雷电防护的原则和技术、并对信号设备综合接地技术进行介绍。

● 铁路信号发展趋势与电磁兼容，简介铁路信号发展趋势，重点说明信号设备的电磁兼容管理的具体方法。

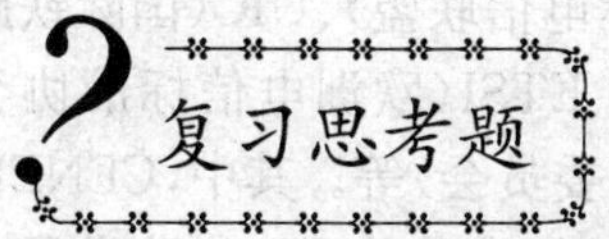

复习思考题

1. 简述铁路信号系统的构成及环境特点。
2. 列举电气化铁道的几种供电方式，简要说明形成电磁干扰的区别。
3. 电气化铁道干扰的来源和主要特点是什么?
4. 电气化干扰形式主要有哪几种?
5. 画图描述不平衡牵引电流，分析其形成原因，解释其为什么是共模干扰。
6. 建立接触网、机车及钢轨的模型，计算分析其瞬态响应。
7. 简要分析计算无砟轨道条件下，不平衡电流对轨道电路的影响。
8. 查找工频电场的其他计算方法，利用 MATLAB 仿真对比相关结果。
9. 检索铁路信号设计规范中有关对接触网高压防护的要求。
10. 定性分析各种供电方式下磁感应强度的大小。
11. 电缆纵向电动势(电压)是如何产生的?
12. 查询接触网与电缆互感系数的其他计算方法并进行对比。
13. 对比说明电磁辐射对信号系统中何种设备干扰最大。
14. 请结合已学专业知识，按照信号设备列出相应环境中的主要电磁骚扰源，并提出抑制措施。
15. 查阅资料，了解中国铁路信号电磁兼容方面的历史和近期成果；通过 IEC、ITU、CENELEC、UIC、WHO 等网站，查询了解有关电气化铁道相关标准和资料。

第三章
铁路信号电磁兼容标准和试验

早在20世纪30年代，国际上就开始了电磁兼容技术研究，不止一个组织涉及这一领域，并发布了一系列标准和规范性文件。目前，国际上制定电磁兼容标准的主要组织有IEC(国际电工委员会)、CISPR(国际无线电干扰特别委员会)、ITU(国际电信联盟)、UIC(国际铁路联盟)、CIGRE(国际大电网会议)以及地区标准标准化组织，如ETSI(欧洲电信标准协会)、CENELEC(欧洲电工技术标准化委员会)、FCC(美国联邦通信委员会)等。其中，CENELEC由欧共体委员会授权制定欧洲标准EN(European Norm)。EN标准目前可以堪称世界上最全面的标准，特别是制定了系统、完善的铁路标准。

电磁兼容试验按其目的可分为诊断试验和达标试验。诊断试验的目的是调查产生电磁兼容问题的原因，确定产生噪声和被干扰的具体部分，从而为采取抑制措施做准备。达标试验是根据有关电磁兼容标准规定的方法对设备进行试验，评价其是否达到标准提出的要求。产品在定型和进入市场之前必须进行达标试验，所以达标试验是任何新产品获得市场准入证的无法回避的重要一关。应该指出的是电磁兼容试验并不仅仅是根据标准的规定进行简单的重复操作。同样的测量仪器、场地和试验步骤，不同的操作人员得到的结果可能大相径庭，这主要取决于操作人员的素质。电磁兼容试验人员应该具有广泛的知识面，因为电磁兼容问题涉及电磁场、微波、传输线、天线、电波传播、电路、计算机等基础理论，同时应对各种受试设备的工作原理要有大概的了解。对标准规定的方法要进行仔细的研究，知其然还要知其必然。要了解仪器设备的原理框图，能熟练操作应用。在实际试验中要善于发现问题，用所学的理论去解决问题，从而不断积累经验。

第一节　国外铁路信号设备标准

目前国外完善且系统的铁路电磁兼容标准主要是由CENELEC制定的欧洲标准。

CENELEC成立于1973年，总部设在比利时的布鲁塞尔，是在电工领域并按照欧共体83/189/EEC指令开展标准化活动的组织，它负责协调各成员国在电气领域(包括EMC)的所有标准，并负责制定欧洲标准。同时CENELEC也采用了很多CISPR和IEC的标准，只是换了个编号而已。

其中,由技术委员会 TC 9X(铁路电气电子应用)制定了系统、完善的铁路标准:EN 50121。该标准为 CENELEC 自定标准,是规范铁路电磁兼容要求的系列标准,由五部分组成,见表3—1。

表 3—1 EN 50121 标准项目

标准号	标准名称(英文)	标准名称(中文)
EN 50121-1	Railway applications — Electromagnetic compatibility — Part 1: General	铁路应用—电磁兼容性—第 1 部分:总则
EN 50121-2	Railway applications — Electromagnetic compatibility —Part 2: Emissions of the whole railway system to the outside world	铁路应用—电磁兼容性—第 2 部分:整个铁路系统对外界的发射
EN 50121-3-1	Railway applications — Electromagnetic compatibility — Part 3—1: Rolling stock — Train and complete vehicle	铁路应用—电磁兼容性—第 3—1 部分:机车车辆—列车及配套车辆
EN 50121-3-2	Railway applications — Electromagnetic compatibility — Part 3—1: Rolling stock — Apparatus	铁路应用—电磁兼容性—第 3—2 部分:机车车辆—设备
EN 50121-4	Railway applications — Electromagnetic compatibility — Part 4: Emission and immunity of the signalling and telecommunications apparatus	铁路应用—电磁兼容性—第 4 部分:信号与通信设备的发射和抗扰度
EN 50121-5	Railway applications — Electromagnetic compatibility — Part 4: Emission and immunity of fixed power supply installations and apparatus	铁路应用—电磁兼容性—第 5 部分:固定供电装置和设备的发射和抗扰度

EN 50121 系列标准是一个整体,完整地概括了铁路系统的电磁要求。EN 50121-1 是总则部分,概述了整个系列标准的结构和内容,不涉及具体的测试要求和限值,必须和标准的其他部分一起使用才能确保系统符合电磁兼容指令。EN 50121-2 给出了整个电气化铁道系统的发射限值并详细规定了具体的测量方法。EN 50121-3 分为两部分,EN 50121-3-1 给出了机车车辆的发射限值及测量方法,EN 50121-3-2 给出了机车上设备的电磁兼容试验要求。EN 50121-4 则给出铁路信号与通信设备的电磁兼容试验要求。EN 50121-5 给出了固定供电装置和设备的电磁兼容要求。

下面介绍 EN 50121:2006 标准的主要内容。

一、EN 50121-1 铁路应用—电磁兼容性—第 1 部分:总则

EN 50121 中的第 1 部分是整个系列标准的总则部分,描述了铁路系统的电磁特性,规定了整个系统标准的性能判据,引用 EN 50238 铁路应用—机车车辆与列车检测系统间的兼容性(Railway applications - Compatibility between rolling stock and train detection systems),提出了管理铁路电磁兼容的要求。

总则部分概述了整个系列标准的结构和内容,不涉及具体的测试要求和限值,必须和标准的其他部分一起使用才能确保系统符合电磁兼容指令。

铁路是一个包含移动电磁能量源的复杂设施,由好几个子系统组成,例如传输系统,通信系统,监控系统和广播系统等,应用 EN 50121 系列中的电磁兼容标准并不能保证获得满意的性能,且对整个子系统规定抗扰度测试的方法和限值是不现实的,通常是子系统中的设备符合了相关的标准要求来保证整个系统的可靠性。但是由于系统运行环境的复杂和某些特殊的情况,设备可能放置在一个受限制的空间或很严酷的电磁环境中,要综合考虑系统电磁环境的复杂性,必须要实行电磁兼容管理,保证各设备、各子系统的电磁兼容性要求。

此外,标准的附录介绍了铁路的电磁兼容特性,主要有:系统间的耦合机制、抗扰度的主要电磁现象、发射的主要电磁现象、不同电牵引系统的描述、电牵引系统的部件以及内部电磁噪声源等等。

二、EN 50121-2 铁路应用—电磁兼容性—第 2 部分:整个铁路系统对外界的发射

本标准规定了包括在城市街道运行的城市车辆在内的整个铁路系统的发射限值,即包括弓网系统在内的整个电气化铁道系统对外发射;给出了各频段电磁发射量的测量方法;并给出了在牵引频率和射频段的典型场强测量值。这里重点介绍列车运行时铁路系统发射测量方法。

测量方法根据 EN 55016-1-1 无线电骚扰和抗扰度测量设备和方法的规范— 第 1-1 部分:无线电骚扰和抗扰度测量设备—测量设备(Specification for radio disturbance and immunity measuring apparatus and methods - Part 1-1: Radio disturbance and immunity measuring apparatus - Measuring apparatus (CISPR 16-1-1)),改编应用于车辆运行时的铁路系统。

1. 检波方法

测量采用峰值检波方法,并没有使用 EN 55016-1-1 的准峰值方法,因为由于车辆可能以高速运行,准峰值检波不能充分测量出宽频段内的骚扰,而且 EN 55016-1-1 的方法只是被设计用于保护无线电通信免受干扰,并不考虑诸如应用于轨道旁或机场的电子安全系统,在那里短时瞬态现象可能造成干扰。选择 EN 55016-1-1 作为欧洲标准的基础,必须应用峰值检波的方法。

标准推荐使用 50 ms 短时间窗的峰值检波,因为具备以下特点:

- 可以更好地表示对其他系统(电子或计算机)的影响,而准峰值检波的加权原理只表示对无线电传输的干扰。50 ms 的时间窗可以捕获交流供电铁路的峰值发射,该发射常在电流倒向时发生。对于中欧铁路系统所使用的最低频率是 16.7 Hz,倒向间隔是 33 ms,在 50 ms 时间窗内总能检测到一次。
- 峰值检波比准峰值检波更快,因为检流计型仪器的要求,准峰值检波系统需要差不多 1 s,这对于运动列车而言是太长了。
- 给出了 EN 55016-1-1 方法的测量值的最大值,表示对无线电传输干扰的"最恶劣情

况”。

由于当牵引机车经过测试点时，噪声可能没有达到最大值，而机车在远处时达到。因此，在机车通过前后的充足时段内都要进行测试，以确保记录到最大噪声电平。此外，测试过程中，可能检测到开关切换产生的瞬时现象，例如电力电路断路器操作产生的瞬时现象。试验时选择峰值检波时，应忽略瞬时现象。

在没有列车影响的情况下测量背景噪声，即通电的供电导体产生的噪声。如果噪声明显，建议在距离测试点 100 m 处也进行测量，以识别任何非铁路的强噪声源。

2. 测量频率

与 EN 55016-1-1 一致，测量的频段和 6 dB 带宽见表 3－2。

表 3－2 测量频段和带宽

频 段	9～150 kHz	0.15～30 MHz	30～300 MHz	300 MHz～1 GHz
带 宽	200 Hz	9 kHz	120 kHz	120 kHz

实际测量频率的选择取决于测试点的环境。如果有强信号，如基站，选择频率时需考虑此因素。标准建议每 10 倍频至少选择 3 个频率点。

鉴于列车单次通过的测量时间很短，应用扫频测量技术，即当频率变化时采用峰值保持电路测量峰值噪声，可以提供噪声的足够信息。但仍存在时间问题，因为由于精度的考虑因素，频率变化率是带宽的函数。扫频分析仪通常设置自己的扫频率以符合这种需求。如果采用这种技术，应注明扫频率和带宽。

3. 测试点

选择测试点时，测量天线与列车运行轨道的中心线之间的首选距离是 10 m。对于对数周期天线，10 m 距离是测量到天线阵列的机械中心。

天线与轨道中心之间的距离也有些其他选择。通常用于射频测试的距离是 1 m、3 m、10 m和 30 m。由于安全性的原因不可能选择 1 m，如果选择 3 m，就存在这样一种可能性，车体有很强的局部效应，导致将在测试点测量的场强值转换到等效 10 m 的测量值时，得到的是虚假的场强值。此外，因为对于电力牵引供电，天线直接对准了滑动触点而且车体效应变小，所以优先选用 10 m 距离。另一个标准距离是 30 m，而且在一些特定的测试点更容易实现，但信号强度更低了，本地噪声可能使铁路噪声的测量更困难。因此，优先选择的测量距离是 10 m。

不需要考虑在车辆的两侧进行两次测试，甚至车体两侧装有不同的设备，因为列车运行时主要发射是滑动触点产生的。

除了天线与轨道中心线的距离不是 10 m，测试点符合所有推荐标准，可使用下面的公式将结果转换到等效 10 m 的测量值

$$E_{10} = E_x + n \cdot 20 \cdot \log_{10}(D/10) \quad (3-1)$$

式中　E_{10} ——在 10 m 处的测量值；

E_x ——在 D m 处的测量值；

n——系数，见表 3—3。

表 3—3　系数 n

频　段	0.15～0.4 MHz	0.4～1.6 MHz	1.6～110 MHz	110 MHz～1 GHz
n	1.85	1.65	1.2	1.0

n 值是基于对高架电力线的观测结果，适用于开阔的乡村测试点。在高楼林立的城市区域，应发现更高的 n 值。表 3—3 中的 n 值是已知足够精确的，例如 100 MHz 的 n 值是为铁路专门测量的，对于 100 m 的距离，发现是 1.25。此外，EN 55022 标准使用每 10 倍距离（n=1）—20dB，但是这只是针对导电地平面的特殊情况。

在铁路实际布置完全妨碍了参考距离应用的地方，测量方法可适应特定的环境。例如，如果铁路在隧道中，可在隧道的墙上使用小型天线。选择限值应考虑到测量方法的影响。

如果在接触网馈电的铁路进行测试，测试点应该在高架线的支撑电杆的中点，不在接触导线的不连续处。普遍认为高架系统在射频可能存在谐振，这可能需要改变测试频率。如果存在谐振，应在测试报告中注明。

铁路供电系统的状态会影响射频发射。馈电站的开关和临时作业会影响供电系统的响应。因而在测试报告里必须注明系统的状态。如果可能，所有类似的测试应在同一工作日内完成。如果铁路采用轨旁导体铁轨供电，测试点距离铁轨缝隙至少 100 m，以避免集电极接触器开断产生的瞬态场的影响。导体铁轨和天线应在铁轨的同一侧。

如果测试点受到高架建筑、铁轨和悬链线的影响，就不符合完全空旷测试点的定义。然而，无论在哪里，只要可能，布置天线应远离反射物体。如果附近有高架电力线且并非铁路网部分，该电力线距离测试点不小于 100 m。

4. 天线布置

为覆盖完整的频率范围，需要使用不同类型的天线，典型天线见表 3—4。

表 3—4　典型天线

频段	9 kHz～30 MHz	30～300 MHz	300 MHz～1 GHz
天线	环天线或框天线	双锥天线	对数周期天线

对于环天线，天线相位中心在铁轨平面之上的高度是在 1.0～2.0 m 的范围内，对于偶极子天线或对数周期天线，是在 2.5～3.5 m 的范围内。如果天线所在地面的高度与铁轨平面的差异超过了 0.5 m，实际值应记录在测试报告中。

环天线的平面应垂直于轨道面且平行于轨线。双锥天线和对数周期天线都按垂直和水平两种极化布置。图 3—1、图 3—2 和图 3—3 分别给出了几种天线的布置图，其中双锥天线和

对数周期天线为垂直极化状态。

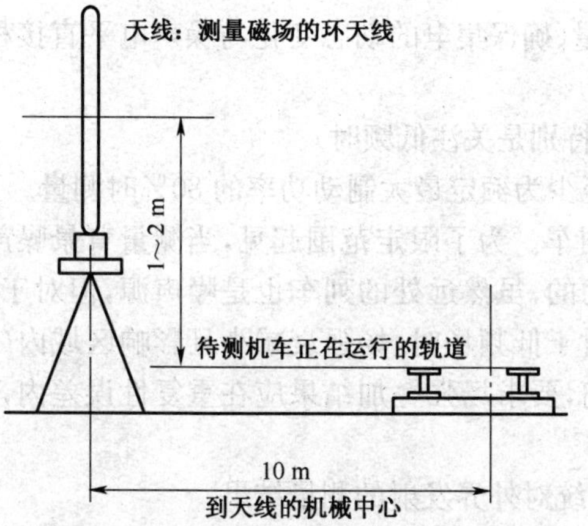

图 3－1　环天线的布置

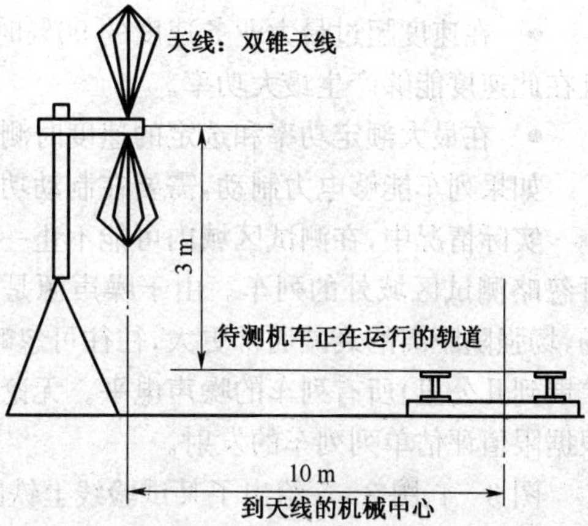

图 3－2　双锥天线的布置(垂直极化)

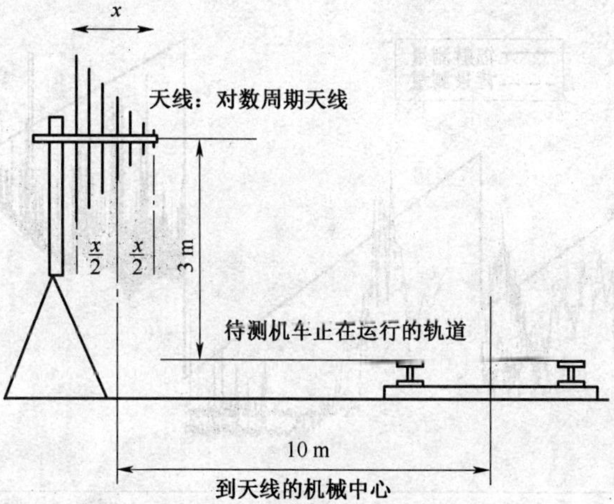

图 3－3　对数周期天线的布置(垂直极化)

在高架铁路系统情况下,如果不能按照推荐的天线高度布置天线,可用地平面取代轨道平面作为天线中心高度的参考。这里 D 为列车和天线之间的斜距,应用式(3－1)进行转换。从天线的位置应能看到列车,抬高天线的轴,直接指向列车。对于很高的高架铁路,首选距轨道中心线 30 m 的测试距离。应在测试报告中注明测试布置的全部细节。

5. 测量条件

为将天气对测量值的可能影响减少到最小,应在干燥天气完成测量(24 h 降雨不超过 0.1 mm之后),温度至少 5 ℃,风速小于 10 m/s。湿度足够低,避免供电导体冷凝。因为要在天气条件已知前制定测试计划,则不得不在天气条件不符合预定条件时进行测试。在这些情况下，应在测试结果中记录实际的天气条件。

对于列车牵引模式，指定了两个测试条件：

- 在速度超过最大业务速度的 90％时测量(确保集电的动态变化与噪声电平直接相关)且在此速度能够产生最大功率。
- 在最大额定功率和选定的速度时测量(特别是关注低频时)。

如果列车能够电力制动，需要在制动功率至少为额定最大制动功率的 80％时测量。

实际情况中，在测试区域内可能不止一辆列车。为了限定范围起见，当测量背景噪声时，可忽略测试区域外的列车。由于噪声源是运动的，虽然远处的列车也是噪声源，但对于高频场，场强随距离的衰减通常更大，往往可忽略；对于低频场时，场强衰减小且影响区域内(可能扩展到几公里)所有列车的噪声电平。无论如何，要求场强叠加结果应在重复性误差内，且能根据限值评估单列列车的发射。

图 3－4、图 3－5 给出了某试验线上铁路系统对外界发射的测量结果。

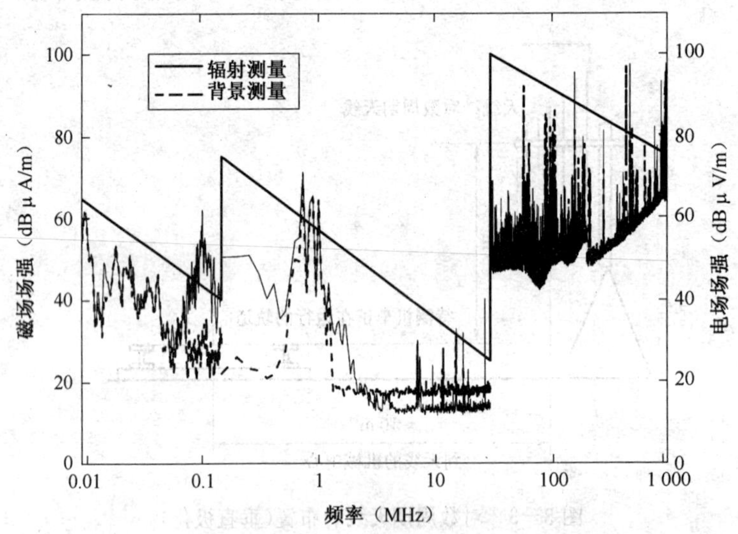

图 3－4　发射测试结果(环天线的天线面水平于轨道；其他天线垂直极化方式)

图中的折线是发射限值线，限值线的不连续是由于不同频段测量接收机分辨率带宽变化引起。9 kHz～30 MHz 频段是磁场场强测量结果，骚扰主要来源是牵引电流引起的，以及列车和列车上的控制、信号设备，例如 27 MHz 频点的测量值就是列车的点式信息接收模块(即应答器接收模块)向应答器发射的载波。由于 30 MHz～1 GHz 这段频谱已完全被划分使用，背景的频谱分量非常丰富，电气化铁道和列车的辐射骚扰基本和背景噪声重叠，不易区分。其中，典型信号有 450 MHz 的机车电台信号，806 MHz～960 MHz 之间的移动通

信信号。

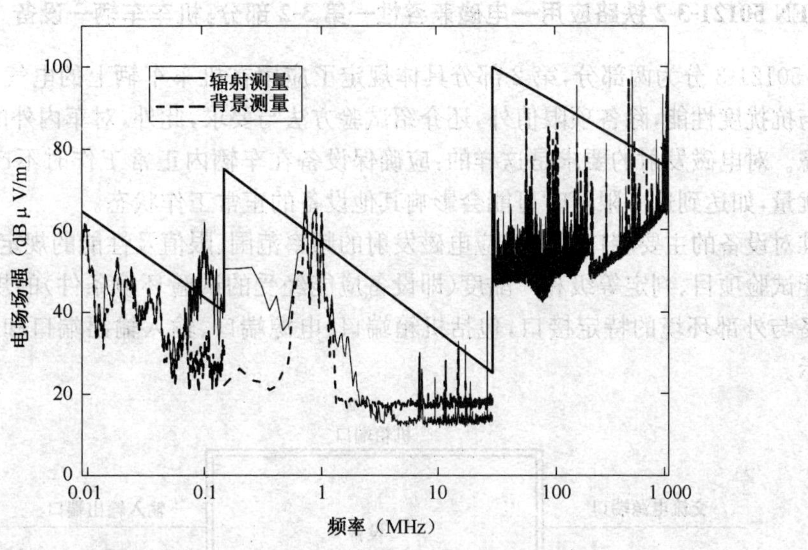

图 3－5　发射测试结果(环天线的天线面水平于轨道;其他天线水平极化方式)

三、EN 50121-3-1 铁路应用—电磁兼容性—第 3—1 部分:机车车辆—列车及配套车辆

EN 50121-3 分为两部分,第 1 部分规定了所有类型的机车车辆的发射要求。EN 50121-2 研究将铁路系统作为整体,对外界的电磁发射问题。这也是这两部分标准的重要区别。我们这里主要介绍 EN 50121-3-1 与 EN 50121-2 的不同之处。

EN 50121-3-1 标准规定了所有类型的机车车辆的发射要求,包括牵引车辆和在城市街道运行的城市车辆在内的小火车。

这部分标准的范围在机车车辆与各自能量输入输出的结合处终止。对于机车、小火车和有轨电车等情况,是指集电弓(受电弓、集电靴);对于拖车的情况,是指交流或直流辅助电力连接器。然而,既然集电弓是机车车辆的一部分,不可能完全排除与电力线的结合处的影响。因此标准要求慢速和/或静态测试以尽可能减小这些影响。这也是 EN 50121-3-1 与EN 50121-2 中试验时列车工作模式的重要区别。

基本上,所有集成进列车的设备都应符合 EN 50121-3-2 的要求。对于例外的情况,设备符合其他电磁兼容标准,但未证实与 EN 50121-3-2 标准完全兼容,应该通过设备进行综合测试或进行适当的电磁兼容分析和试验,证实设备的电磁兼容性。

此外,不需要对整车进行抗扰度测试,但是可选择 EN 50121-3-2 的抗扰度测试和限值。倘若准备和实施了电磁兼容计划,考虑了 EN 50121-3-2 的限值,可期望将设备装入整车的集

成技术能够实现足够的抗扰度。

四、EN 50121-3-2 铁路应用—电磁兼容性—第 3-2 部分:机车车辆—设备

EN 50121-3 分为两部分,第 2 部分具体规定了应用在机车车辆上的电气、电子设备的电磁发射与抗扰度性能,除各项限值外,还介绍试验方法与要求,此外,对车内外的环境都作了统筹的考虑。对电磁发射的要求是这样的:应确保设备在车辆内正常工作时不产生超过某一限值的骚扰量,如达到这一限值时可能会影响其他设备的正常工作状态。

标准对设备的主要端口都有相应电磁发射的频率范围、限值及性能的规定,同时也有对抗扰度性能试验项目、判定等级和严酷度(即设备应能经受的试验环境条件)的规定。这里端口是指设备与外部环境的特定接口,包括机箱端口、电源端口、输入输出端口和地线端口,如图 3－6所示。

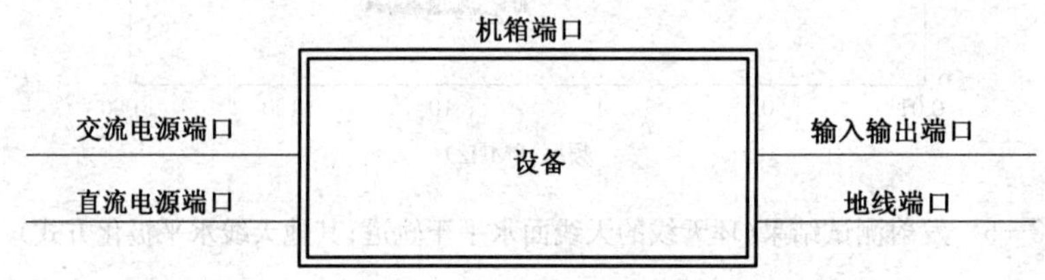

图 3－6　端口构成

五、EN 50121-4 铁路应用—电磁兼容性—第 4 部分:信号与通信设备的发射和抗扰度

标准是为机车车辆外的信号、通信设备制定的,对这些设备同样制定了电磁发射限值和抗扰度性能判据。在进行试验时也可用逐个端口进行试验,标准中详述了试验方法、所需条件、设备及试验结果的分析方法等。我们在下一节详细讨论此标准。

六、EN 50121-5 铁路应用—电磁兼容性—第 5 部分:固定供电装置和设备的发射和抗扰度

标准为铁路固定装置中使用的电力电子设备制定了发射和抗扰度要求。变电站对外的发射限值,标准引用了 EN 50121-2;工作电压低于交流有效值 1 000 V 的设备,标准引用了 EN 61000-6-4;对于有界墙的变电站,标准给出了发射限值。此外,标准给出了设备的抗干扰要求。

除上述 EN 50121 标准外,EN 50343(铁路应用—机车车辆—电缆布线规则)也很有参考价值,因为各种不同电路和功能块导线间会出现耦合(电导性、电容及电感性耦合),以及车辆上安装空间的限制,难以保证各导线电缆间的间距。为此该标准给出了导线的电磁兼容分类,以及布线的一般规则,可以指导机车电缆的布线。

第二节　铁路信号设备发射和抗扰度要求

铁路信号设备的电磁兼容标准国外主要有 EN 50121-4《铁路应用—电磁兼容性—第 4 部分:信号与通信设备的发射和抗扰度》,国内也修改采用此标准制定了 TB/T 3073《铁道信号电气设备电磁兼容性试验及其限值》,技术内容、条款结构与 EN 50121-4 基本一致。我们将基于这两个标准介绍对铁路信号设备的发射和抗扰度要求,以及目前两个标准的共同和差异之处。

一、EN 50121-4:2006 对铁路信号设备的要求

1. 标准适用范围

标准适用于安装在铁路环境的信号和通信设备,不包含安装在机车车辆上的设备。机车车辆上的设备适用于标准 EN 50121-3-2:2006。

标准规定了铁路信号电气设备电磁发射的试验项目、试验条件和限值,并规定了抗扰度试验的试验项目、试验等级和性能判据。性能判据由 EN 50121-1 给出。

如果一个端口发射或接收的目的是无线通信,则本标准发射和抗扰度限值在通信频率不适用。

各项要求和测试方法同样适用于连接到受试设备的通信信号数据线和电源线。

2. 发射试验及限值

设备的发射限值应用 EN 61000-6-4 电磁兼容性—第 6-4 部分:通用标准—工业环境的发射标准(IEC 61000-6-4,修订)的限值。其中,传导限值适用于交流和直流电源端口。如果因为过高的环境电平或其他原因,不能在 10 m 或 30 m 处进行辐射发射测量,测量应在更近的距离进行,例如 3 m。并且使用反比系数 20 dB/10 倍距离将测量结果归一化到规定的距离,以确定设备的兼容性。

在 3 m 处接近 30 MHz 测量大的受试设备时,要非常小心,因为存在近场效应。

3. 抗扰度试验

性能判据使用 EN 50121-1 中规定的性能判据。

所有试验应在定义完善和可重复的方式下进行。试验逐个单独进行,试验顺序可选。

基于端口形式给出标准中包含的抗扰度试验要求。对设备的机箱端口、输入输出端口、电源端口和地线端口的试验项目和技术要求以表格形式在表 3—5 至表 3—9 中列出。表中试验涉及的试验描述、试验发生器、试验方法以及试验配置在相应的基础标准中给出。如果设备有大量带有许多类似连接的类似端口,则应选择足够数量的端口来模拟实际的运行情况,并保证涵盖所有不同类型的终端装置。

表中仅注明必要的附加信息,不再重复基础标准的内容。

表 3—5　机箱端口抗扰度试验

序号	环境现象	基础标准	试验等级		性能判据	备　注
1	射频电磁场辐射	EN 61000-4-3	80 MHz…1 000 MHz 10 V/m (r. m. s) 80 % AM,1 kHz	未调制载波	A	规定的试验电平是未调制载波的 r. m. s 值
2	抵抗数字移动电话的射频电磁场	EN 61000-4-3	800 MHz…1 000 MHz 20 V/m (r. m. s) 80% AM,1 kHz	未调制载波	A	见注 1
			1 400 MHz…2 100 MHz 10 V/m(r. m. s) 80% AM,1 kHz	未调制载波	A	
			2 100 MHz…2 500 MHz 5 V/m(r. m. s) 80% AM,1 kHz	未调制载波	A	
3	工频磁场	EN 61000-4-8	16. 7 Hz 50 Hz 0 Hz 100 A/m(r. m. s) 300 A/m	直流 交流系统 直流系统	A	见注 1 和注 2,所有频率均需试验
4	静电放电	EN 61000-4-2	±6 kV ±8 kV	接触放电 空气放电	B	见注 3
5	脉冲磁场	EN 61000-4-9	300 A/m		B	见注 1

注:1. 试验应用于轨边 3 m 区域内的设备和重要设备,例如安装在已证实存在高风险的数字移动电话干扰区域的联锁和控制设备。铁路环境的其他设备,应用 EN 61000-6-2。

2. 仅适用于包含有霍尔元件等对磁场敏感器件的设备。对于未屏蔽地 CRT 显示器,限制为 1 A/m。

3. 仅适用于公众和操作人员易接近的设备。

表 3—6　输入输出端口抗扰度试验

序号	环境现象	基础标准	试验等级		性能判据	备　注
1	射频场感应的传导骚扰	EN 61000-4-6	0,15 MHz…80 MHz 10 V(r. m. s) 80% AM,1 kHz	未调制载波	A	见注 1,2,5,规定的试验电平是未调制载波的 r. m. s 值

续上表

序号	环境现象	基础标准	试验等级		性能判据	备 注
2	电快速瞬变脉冲群	EN 61000-4-4	±2 kV 5/50 ns 5 kHz	峰值 *Tr*/*Th* 重复频率	A	见注1,使用电容夹
3	浪涌	EN 61000-4-5	1,2/50 μs ±2 kV ±1kV	共模 差模	B	见注1,3,4

注:1. 适用于轨边3 m范围内电缆连接的端口,或10 m范围内长度超过30 m电缆连接的端口。
其他情况下电缆连接的端口适用EN 61000-6-2,除了EN 61000-6-2表3的注2不适用以外。
2. 仅适用于所连电缆总长度超过3 m的端口(按照制造商的规范)。
3. 本试验的目的是重复直接耦合现象,因而推荐使用42 Ω(40 Ω和2 Ω发生器)输出阻抗和0.5μF耦合电容。
4. 对于通信端口和其他连接到高度平衡线路上的端口,不要求进行差模试验。
5. 试验电平也可定义为注入150 Ω负载的等效电流。

表3—7 直流电源端口抗扰度试验

序号	环境现象	基础标准	试验等级		性能判据	备注
1	射频场感应的传导骚扰	EN 61000-4-6	0,15 MHz…80 MHz 10 V(r. m. s) 80% AM,1 kHz	未调制载波	A	见注2,规定的试验电平是未调制载波的r. m. s值
2	电快速瞬变脉冲群	EN 61000-4-4	±2 kV 5/50 ns 5 kHz	峰值 *Tr*/*Th* 重复频率	A	
3	浪涌	EN 61000-4-5	1,2/50μs ±2 kV ±1 kV	共模 差模	B	见注1

注:1. 本试验的目的是重复直接耦合现象。当电源与地隔离时,推荐使用42 Ω(40 Ω和2 Ω发生器)输出阻抗和5 μF耦合电容。当电源未与地隔离时,推荐使用12 Ω (10 Ω和2 Ω发生器)输出阻抗和9 μF耦合电容。以上要求电缆长度超过30 m。
2. 试验电平也可定义为注入150 Ω负载的等效电流。

表3—8 交流电源端口抗扰度试验

序号	环境现象	基础标准	试验等级		性能判据	备注
1	射频场感应的传导骚扰	EN 61000-4-6	0,15 MHz…80 MHz 10 V(r. m. s) 80% AM,1 kHz	未调制载波	A	见注2,规定的试验电平是未调制载波的r. m. s值

续上表

序号	环境现象	基础标准	试验等级		性能判据	备注
2	电快速瞬变脉冲群	EN 61000-4-4	±2 kV 5/50 ns 5 kHz	峰值 *Tr/Th* 重复频率	A	
3	浪涌	EN 61000-4-5	1,2/50 μs ±2 kV ±1 kV	共模 差模	B	见注 1

注：1. 本试验的目的是重复直接耦合现象。因而推荐使用 12 Ω(10 Ω 和 2 Ω 发生器)输出阻抗和 9 μF 耦合电容。

2. 试验电平也可定义为注入 150 Ω 负载的等效电流。

表 3－9　地线端口抗扰度试验

序号	环境现象	基础标准	试验等级		性能判据	备注
1	射频场感应的传导骚扰	EN 61000-4-6	0,15 MHz…80 MHz 10 V(r. m. s) 80% AM,1 kHz	未调制载波	A	见注 1,2,规定的试验电平是未调制载波的 r. m. s 值
2	电快速瞬变脉冲群	EN 61000-4-4	±2 kV 5/50 ns 5 kHz	峰值 Tr/Th 重复频率	A	见注 1

注：1. 试验不适用于长度小于 3 m 的电缆。

2. 试验电平也可定义为注入 150 Ω 负载的等效电流。

二、TB/T 3073-2003 对铁路信号设备的要求

本标准修改采用欧洲标准 EN 50121-4，技术内容、条款结构与 EN 50121 基本一致。由于 EN 50121-4 已更新为 2006 版，而 TB/T 3073-2003 采用的是 2000 版，因此，除了 TB/T 3073-2003 与 EN 50121-4:2000 有一些差异外，与EN 50121-4:2006 也存在一些差异。本节主要讨论 TB/T 3073 与 EN 50121 的差异之处。

1. TB/T 3073-2003 与 EN 50121-4:2000 的主要差异

TB/T 3073-2003 所做的主要更改有：

1)将信号设备分为安全和非安全设备两类。安全设备指直接影响铁路行车安全的信号控制设备，非安全设备指不直接影响铁路行车安全的信号设备。对于前者，抗扰度试验的性能判据基本采用 A，后者采用 B。

2)对于交流电源端口，增加了两项抗扰度试验：电压暂降、短时中断和电压变化抗扰度试验，以及交流电源谐波抗扰度试验。相应的试验项目和试验等级、性能判据见表3－10。

3)对于应用于电气化牵引区段并与钢轨连接的信号电气设备，如轨道电路设备，增加了牵引电流传导性干扰抗扰度试验。试验等级范围及性能判据见表3－11。

表3－10　TB3073-2003增加的交流电源端口抗扰度试验

序号	环境现象	基础标准	试验等级	性能判据	备注
1	电压暂降、短时中断和电压变化	GB/T17626.11-1999	0% 40% 70%	A	
2	交流电源谐波	IEC 61000-4-13	3级	A	

表3－11　牵引电流传导性抗扰度试验等级

试验等级	牵引电流基波电流(±5%)(A)	性能判据
1	50	A
2	100	A
X	特定*	A

*X为开放等级，可在产品要求中规定。

4)本标准还补充了EN 50121-4:2000中引用的发射限值的内容。表3－12给出了电源端口的试验项目和依据标准、试验条件和限值。表3－13给出了机箱端口的试验项目和依据标准、试验条件和限值。

表3－12　电源端口的传导发射要求

试验项目和依据标准	试验条件和限值
信息技术设备的无线电骚扰限值和测量方法GB 9254—1998	0.15 MHz～0.50 MHz：准峰值79 dB(μV)，平均值66 dB(μV) 0.50 MHz～30 MHz：准峰值73 dB(μV)，平均值60 dB(μV)

表3－13　机箱端口的辐射发射要求

试验项目和依据标准	试验条件和限值
信息技术设备的无线电骚扰限值和测量方法GB 9254－1998	30 MHz～230 MHz准峰值限值：10 m测试距离40 dB(μV)，3 m测试距离50 dB(μV) 230 MHz～1 000 MHz准峰值限值：10 m测试距离47 dB(μV)，3 m测试距离57 dB(μV)

2. TB/T 3073—2003与EN 50121-4:2006的主要差异

TB/T 3073—2003与EN 50121-4:2006的主要差异，即EN 50121-4:2000与EN 50121-4:2006的差异，主要是机箱端口射频电磁场辐射试验。80～1 000 MHz频段，TB/T 3073—2003与EN 50121-4:2006相同。但抵抗数字移动电话的射频电磁场部分的试验，TB/T 3073—2003未做要求。此外，对于电源端口的传导发射要求，TB/T 3073－2003更加严格。

第三节 电磁兼容试验及分析

铁路信号设备的电磁兼容标号 EN 50121-4:2006 和 TB/T 3073—2003 给出了信号设备应该满足的发射和抗扰度试验要求。本节介绍标准中主要试验的原理、方法。

首先介绍电磁骚扰发射试验项目:辐射发射试验和传导发射试验。

一、辐射发射试验

电气化铁道的电磁环境非常复杂,牵引电流回路、列车的开关设备、弓网离线放电现象等是主要的电磁骚扰源,且大功率电力设备与低电压、小功率信号设备并存的局面,使得解决电磁兼容性问题变得更加紧迫也更加复杂了。对于信号设备而言,不仅仅要在这种电磁环境中正常工作,而且必须限制设备本身对外的电磁发射,否则将会使铁路电磁环境更加复杂,实现设备或系统间的电磁兼容性将会变得更加困难。因此辐射发射是铁路信号设备必须通过的试验。

辐射发射测试是测量受试设备通过空间传播的骚扰辐射场强,依据的基础标准是 GB 9254—2008《信息技术设备的无线电骚扰限值和测量方法》。标准要求在开阔场地上进行,测试布置如图 3—7 所示。

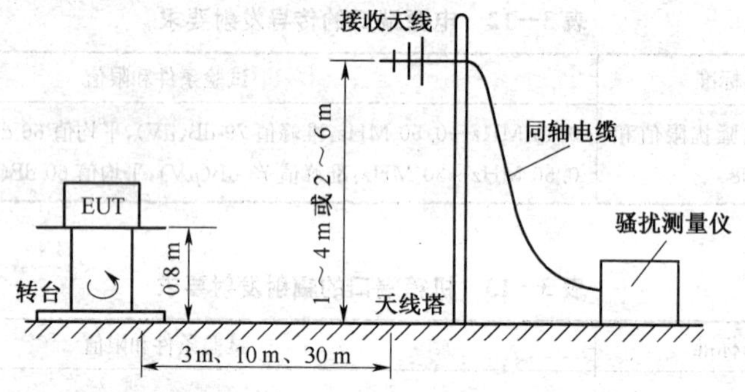

图 3—7 辐射发射试验的布置

标准规定测试天线和受试设备之间的距离为 3 m、10 m 或 30 m。测试天线接收到电磁骚扰后由同轴电缆送至骚扰测量仪进行测量,测量频率一般为 30～1 000 MHz。随着数字设备时钟频率的加快,测量频率现在有上升的趋势,有些标准要求测到 18 GHz,甚至扩展到 40 GHz。由于该测试是测量受试设备可能辐射的最大值,所以受试设备应放在转台上(可 360°旋转)以便寻找受试设备的最大骚扰辐射方向,受试设备离地面高度通常为0.8 m。接收天线的高度应该在 1～4 m(如测试距离为 3 m 或 10 m)或 2～6 m(如测试距离为30 m)内扫描,记录最大辐射场强。受试设备的辐射电磁波到达天线有两条途径,如图 3—8 所示。

一条是直射波 E_A，一条是通过地面的反射波 E_B，天线接收到的总场强为直射波和反射波的矢量和，即

$$E = E_A + E_B \tag{3-2}$$

由于两条路径长度不同，即电磁波到达天线所需时间不同，因此 E_A 和 E_B 有一定相位差 $\Delta\phi$，总场强与 $\Delta\phi$ 有关. 如果 E_A 和 E_B 同相，则两者相加，总场强最大。如果 E_A 和 E_B 反相，则两者相减，总场强最小。而 $\Delta\phi$ 与天线高度有关，所以接收天线应该在 1～4 m 之间变化，以寻找并记录最大场强。为了对辐射骚扰有一个统一的度量，标准不但对测量布置、测量方法作了规定，而且对骚扰测量仪、天线和测量场地都作了严格的规定，现分别加以讨论。

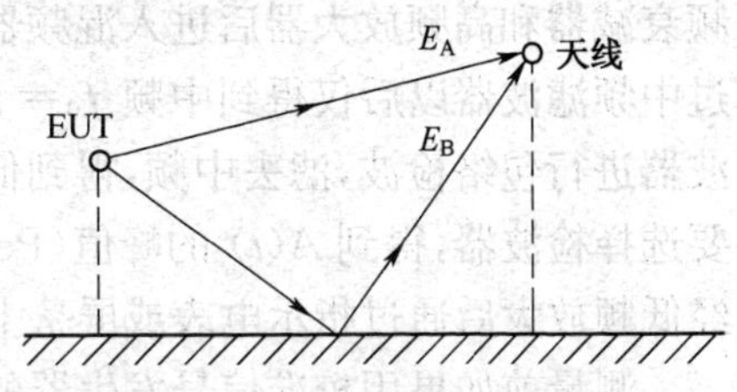

图 3－8 辐射骚扰的直射波和反射波

1. 骚扰测量仪

1)工作原理

骚扰测量仪实际上是一台超外差式选频电压表。骚扰波形通常是由很多频率组成的，骚扰测量仪可用来测量这些频率的电压幅值。图 3－9 是其电路原理图。

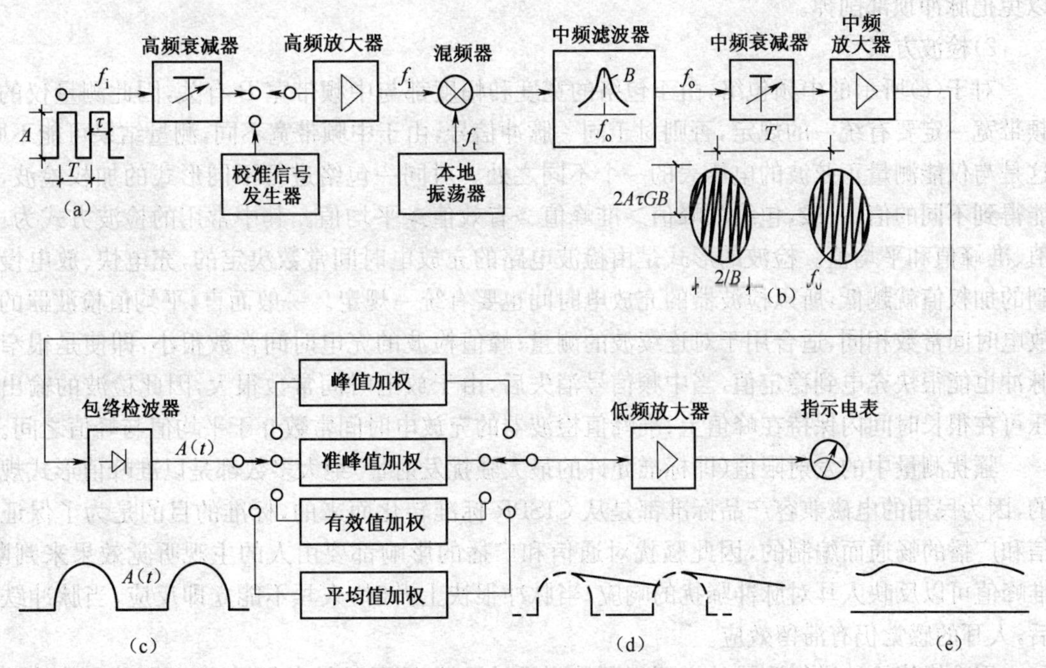

图 3－9 骚扰测量仪的电路框图

其电路结构类似半导体收音机。测量时先将测量仪调谐于某个测量频率 f_i，该频率经高

频衰减器和高频放大器后进入混频器，与本地振荡器的频率 f_1 混频，产生很多混频信号。经过中频滤波器以后仅得到中频 $f_0=f_1-f_i$。中频信号经中频衰减器、中频放大器后，由包络检波器进行包络检波，滤去中频，得到低频包络信号 $A(t)$ 。$A(t)$ 再进一步进行加权检波，根据需要选择检波器，得到 $A(t)$ 的峰值(Peak)、有效值(rms)、平均值(Ave)或准峰值(QP)，这些值经低频放大后通过指示电表或屏幕上显示出来。

测量前如果用校准信号发生器的信号进行预先校准，则可以直接读数。骚扰信号的读数等效于正弦信号的有效值。由于很多骚扰都是脉冲性的，所以骚扰测量仪应该可以测量脉冲信号，这是它与一般电压表的不同之处。设输入信号是幅度为 A、宽度为 τ、周期为 T 的脉冲信号，如图 3－9 中(a)所示。(b)为载波频率为中频 f_0 的调幅信号，其包络幅度为 $2A\tau GB$，G 为中频放大器和以前各级电路的增益，B 为中频带宽，包络主瓣宽度为 $2/B$，两个主瓣之间间隔为 T。(c)为包络检波器后的波形，只不过是滤去中频载波后的中频包络。(d)的波形是准峰值加权波形。(e)是电表读数。由于电表也有一定的惯性(即电表机械时间常数)所以电表读数将受一定影响，因此标准规定电表应处于临界阻尼状态，并具有确定的机械时间常数。由于测量仪以测量脉冲信号为主，脉冲幅度往往很大，所以测量仪还应该具有较大的过载能力，以免把脉冲顶部削掉。

2)检波方式

对于(c)所示的中频包络，由于包络的宽度和幅度都与中频带宽 B 有关，因此测量仪的中频带宽一定要有统一的规定，否则对于同一脉冲信号，由于中频带宽不同，测量结果可能不同，这是与仅能测量正弦波的电压表的一个不同之处。对同一包络进行不同形式的加权检波，可能得到不同的值，一般，包络的峰值＞准峰值＞有效值＞平均值。其中常用的检波方式为：峰值、准峰值和平均值。检波的形式是由检波电路的充放电时间常数决定的，充电快、放电慢得到的加权值就越低，所以检波器的充放电时间也要有统一规定。一般而言，平均值检波器的充放电时间常数相同，适合用于对连续波的测量；峰值检波的充电时间常数很小，即使是很窄的脉冲也能很快充电到稳定值，当中频信号消失后，由于放电时间常数很大，因此检波的输出电压可在很长时间内保持在峰值上；准峰值检波器的充放电时间常数介于平均值与峰值之间。

骚扰测量中的发射限值(即标准允许的最大骚扰发射量)绝大多数都是以准峰值形式规定的，因为民用的电磁兼容产品标准都是从 CISPR 标准转化而来的，标准的目的是为了保证通信和广播的畅通而编制的，因此骚扰对通信和广播的影响都要由人的主观听觉效果来判断。准峰值可以反映人耳对脉冲骚扰的响应，当脉冲很快上升时，人耳不能立即反应，当脉冲跌落后，人耳的感觉仍有滞留效应。

用准峰值检波进行测量的主要问题是测量时间长，测量的效率很低，因此既然峰值检波得到的测量值最高，在实用中常用峰值检波替代准峰值检波进行首轮测量。如果测量值比标准规定的准峰值限值低，即可判定试验已通过。如果峰值测量中有部分测量值高于准峰值限值，则取超过部分的频段补做准峰值测量。即使这样，整个测量时间也会短于全部用准峰值检波

的测量时间。

此外，准峰值、平均值只能有效评价模拟通信系统，而对近几年迅速发展的数字通信系统就无能为力了。这是由于通信系统的性能是由有效性和可靠性来衡量的，有效性是指在给定的传输信道内能够传输的信息量，可靠性是指接收到信息的准确程度。电磁干扰既影响系统的可靠性，又影响有效性，使整个通信系统的性能下降。对于模拟通信系统，可靠性用系统的输出信噪比衡量，而数字通信系统的可靠性用系统的误码率来衡量，只有确定了干扰的幅度统计特性—幅度概率分布（APD，Amplitude Probability Distribution）才能确定数字通信系统的误码率，并且找出误码率和系统输入信噪比的关系，因此与衡量数字通信系统性能直接有关的指标是干扰的 APD，而非传统的准峰值、平均值。APD 是一个用来描述无线电骚扰统计特性的参量，定义为“骚扰幅度超过某个规定电平的时间概率的累积分布”。APD 测试就是用来测量干扰模型的统计特性的，是评估数字通信系统性能的最优方案，而且 CISPER 已经在 CISPR 16-1-1 Ed. 2 中提出了 APD 的测试标准。目前，铁路系统，包括城市地铁系统，已经开始逐步引入数字通信技术，例如，地铁系统的 CBTC（Communication Based Train Control，基于通信的列车控制系统）的无线子系统就普遍采用了无线局域网 WLAN 的数字通信技术，但是由于铁路电磁兼容标准尚未引入 APD 的测量方法，这里不再展开介绍应用 APD 检波的测量方法。

3）技术指标

综上所述，骚扰测量仪必须有统一的中频带宽、检波器充放电时间常数、电表机械时间常数和过载系数，这样才能保证在测量同一脉冲信号时得到一致的结果。表 3－14 为GB/T 6113. 1《无线电骚扰和抗扰度测量设备规范》（等同采用 CISPR 16-1-1）规定的骚扰测量仪指标。其中各频率段的范围为：

A 频段——9～150 kHz；

B 频段——0. 15～30 MHz；

C 频段——30～300 MHz；

D 频段——300～1000 MHz。

表 3－14　骚扰测量仪的 4 大类指标

指标名称	频段		
	A	B	C 和 D
6 分贝处的带宽	200 Hz	9 kHz	120 kHz
准峰值电压表的充电时间常数	45 ms	1 ms	1 ms
准峰值电压表的放电时间常数	500 ms	160 ms	550 ms
临界阻尼指示仪器的机械时间常数	160 ms	160 ms	100 ms
检波器前电路的过载系数（高于使指示器产生最大偏转的正弦波信号的电平）	24 dB	30 dB	43. 5 dB

续上表

指标名称	频段		
	A	B	C和D
接入检波器与指示仪器之间直流放大器的过载系数(高于相应于指示仪器满刻度偏转的直流电压电平)	6 dB	12 dB	6 dB

为了鉴别骚扰测量仪是否达到了表3－14规定的4大类指标，标准又进一步规定了骚扰测量仪的绝对脉冲特性和相对脉冲特性。所谓绝对脉冲特性指输入规定的周期脉冲信号时，骚扰测量仪的读数应达到规定的值。绝对脉冲特性见表3－15。

表3－15　骚扰测量仪的绝对脉冲特性

频段	a(μVs)	b(MHz)	c(Hz)	频段	a(μVs)	b(MHz)	c(Hz)
A	13.5	0.15	25	C	0.044	300	100
B	0.316	30	100	D	0.044	1000	100

表的含义是在A、B、C、D各频段内，分别输入各自的标准周期脉冲，要求脉冲的幅度×宽度等于a(μVs)，重复频率为c(Hz)，该周期脉冲的频谱至少应该在b(MHz)以下是均匀的，脉冲信号发生器的源阻抗应和骚扰测量仪输入阻抗相等。对于该输入信号，骚扰测量仪在频段的任何频率上的读数都应该等于60 dB(μV)。

所谓相对脉冲特性指输入周期性脉冲信号时，脉冲的重复频率越高，其读数越高，重复频率低，读数低。当读数不变时输入脉冲的幅度和重复频率的关系应符合表3－16的规定。

表3－16　骚扰测量仪的相对脉冲特性

重复频率(Hz)	脉冲的现对等效电平(dB)			重复频率(Hz)	脉冲的现对等效电平(dB)		
	A频段	B频段	C和D频段		A频段	B频段	C和D频段
1 000	—	－4.5±10	－8.00±1.0	10	＋4.0±1.0	＋10.0±1.5	＋14.0±1.5
100	－4.0±1.0	0(基准)	0(基准)	5	＋7.5±1.0	—	—
60	－3.0±1.0	—	—	2	＋13.0±2.0	＋20.5±2.0	＋26.0±2.0
25	0(基准)	—	—	1	＋17.0±2.0	＋22.5±2.0	＋28.5±2.0
20	—	＋6.5±1.0	＋9.0±1.0	孤立脉冲	＋19.0±2.0	＋23.5±2.0	＋31.5±2.0

表3－16中各频段的输入脉冲的相对等效电平，以绝对脉冲特性中的各频段的标准周期脉冲的幅值为基准(定义为0 dB)、如果骚扰测量仪的绝对脉冲特性和相对脉冲特性都符合表3－15和表3－16的要求，则说明该测量仪的4大类指标基本符合表3－14的要求。

骚扰测量仪目前市场上有两种基本类型。一种是测量接收机类型，它是单频点测量，灵敏度较高，自动化程度高的可以自动扫描各频点。另一种是频谱分析仪类型，可以显示整个频段，但灵敏度稍低些。近年来推出的新产品都开始吸收对方的优点。总之，无论什么类型的测量仪，只有符合 GB/T 6113.1 规定的指标后才能进行 EMI 测量。

2. 测量用天线

天线用来接收骚扰电磁场，把场强转变成电压，骚扰测量仪测量的是转换后的电压值，所以测量仪的读数只有加上天线系数后才能得到骚扰场强。天线系数是用于场强测量和电磁骚扰测量的天线的重要参数，定义为

$$AF=\frac{E}{V}\ (1/\mathrm{m}) \tag{3-3}$$

式中 AF——天线系数；

E ——被测量的电场强度，V/m；

V ——测量天线输出端的电压，V。

以对数形式表示时，上式为

$$AF(\mathrm{dB/m})=20\lg\frac{E}{V}=E(\mathrm{dB\mu V/m})-V(\mathrm{dB\mu V}) \tag{3-4}$$

给定 E 时，产生的 V 越大，天线系数就越小，天线就越灵敏；反之，天线系数就越大，天线就越不灵敏。天线系数的典型范围为 0～60 dB/m。每部天线都有天线系数，该系数与频率有关，曲线一般由天线制造商给出，或由认证计量单位校准后给出。通常采用标准场地法、参考天线法和等效电容替代法这三种方法测量天线系数，具体步骤可参见标准 ANSI C63.5 - 2006《电磁兼容性美国国家标准——电磁骚扰控制的辐射发射测量— 天线校准(9 kHz～40 GHz)》[American National Standard for Electromagnctic Compatibility-Radiated Emission Measurements in Electromagnetic Interference(EMI) Control-Calibration of Antennas(9 kHz to 40 GHz)]。

如果连接天线和测量仪的同轴电缆有损耗，还应加上损耗值，则据式(3—4)测量的骚扰场强为

骚扰场强[dB(μV/m)]=测量仪读数[dB(μV)]+天线系数(dB/m)+电缆损耗(dB) (3—5)

电磁骚扰测量中常用的天线为宽带天线，便于自动化扫频测量。一般用双锥天线(30～300 MHz)和对数周期天线(200～1 000 MHz)，以及把两种天线合二为一的复合宽带天线(30～1 000 MHz)。在测量 1 GHz 以上的频率时常用喇叭天线，喇叭天线具有很强的方向性。有时电磁骚扰测量也用对称振子天线，其长度应该等于被测频率的半波长，由于改变测量频率时需同时改变振子长度，所以这种天线不适合进行自动化扫频测量。以上这些天线的形状如图3—10所示。

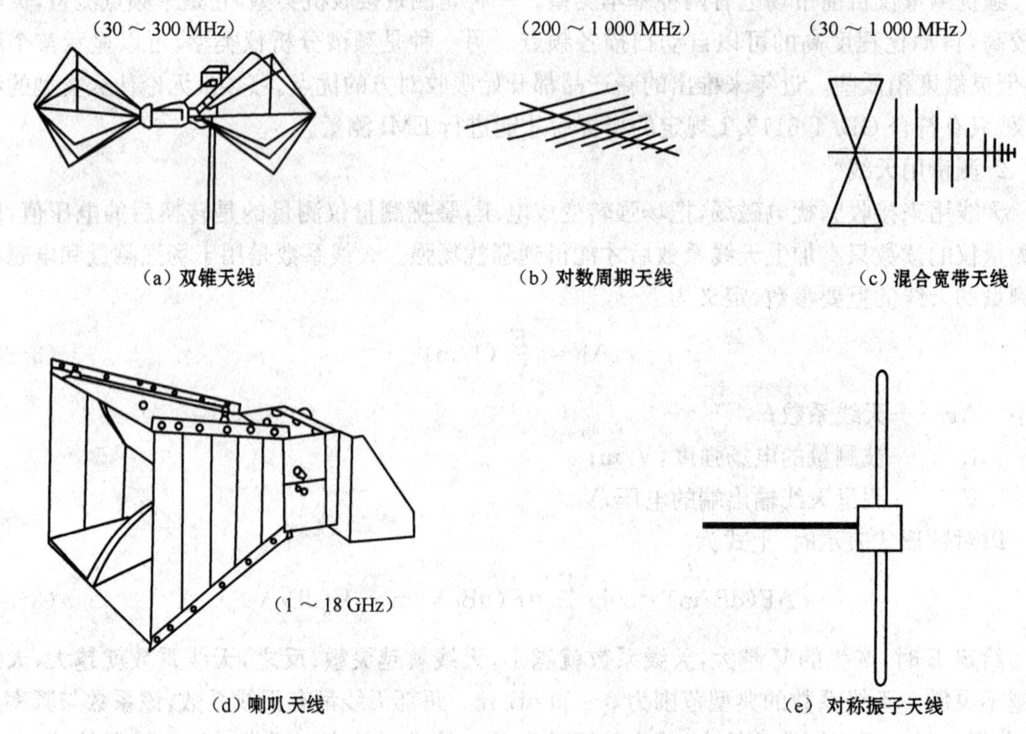

图 3—10 电磁骚扰测量常用的天线

由于骚扰场强的水平极化分量和垂直极化分量是不同的，所以测量时应把天线水平放置测水平极化，垂直放置测垂直极化。整个测试系统是同轴传输系统，应该保持阻抗匹配，即天线的阻抗、同轴电缆的特性阻抗和干扰测量仪的输入阻抗都应相等，一般为 50Ω。阻抗不匹配将引起反射，从而影响读数的准确性。目前已普遍使用自动化的电磁骚扰测试系统，测量仪、天线塔、转台都用 GPIB(IEEE-488)接口连接，由计算机控制，进行自动测试、数据处理和报告生成。

3. 测试场地

开阔场(Open Area Test Site，OATS)是电磁兼容测试中非常重要的试验场地，通常作为标准测试场地，如图 3—11 所示。按照 GB 6113.1 的要求，开阔场是一个平坦、空旷、地面电导率均匀良好、附近没有任何可能反射电磁波物体的椭圆形试验场地。其长轴是焦点距离的 2 倍，短轴是焦点距离的 $\sqrt{3}$ 倍，受试设备和天线分别放置于椭圆的两个焦点上，骚扰测量仪则放在椭圆外。地面应铺设金属板或金属栅网，板或网的连接处不应有电不连续点，孔、缝直径应小于 0.1λ，λ 为拟测试的最高频率的波长，对于频率为 1 GHz，孔、缝直径应小于 30 mm。开阔场的环境噪声越小越好，至少应比标准规定的受试设备的骚扰限值低6 dB。但是由于工业无

线电噪声的日益严重和无线电业务的广泛使用，实际上已很难找到一块无电磁噪声的净土，半电波暗室被广泛地用来代替开阔场。

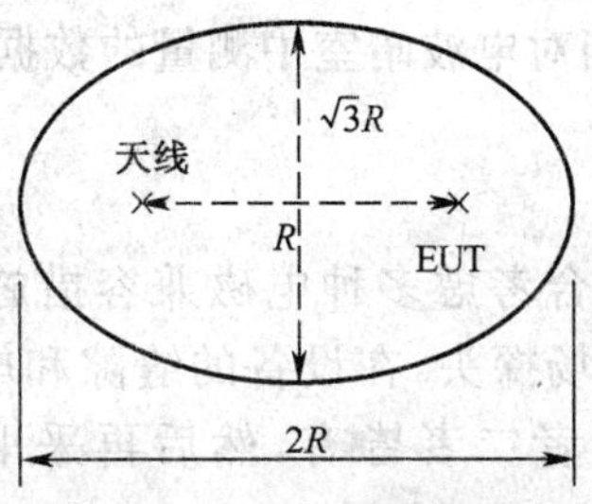

图 3—11　开阔场地的要求

半电波暗室由装有吸波材料的屏蔽室组成。屏蔽室的四周由金属体包围，可良好隔离室内外的电磁场，一般拼装式的钢板屏蔽室屏蔽效能可达到 70 dB 以上(10 kHz 磁场)以及 100 dB以上(200 kHz～18 GHz)。但是受试设备发出的电磁波将在各个金属面上发生反射和多次反射，到达接收天线的场强是直达波和所有这些反射波的矢量和，因此情况十分复杂，天线或受试设备的位置稍有变化，测量结果就会有很大的不同。此外屏蔽室相当于一个矩形波导谐振腔，存在很多谐振频率，其表达式为

$$f_i = 150\sqrt{\left(\frac{k}{\omega}\right)^2 + \left(\frac{m}{l}\right)^2 + \left(\frac{n}{h}\right)^2}\ (\text{MHz}) \tag{3-6}$$

式中，ω、l、h 分别为屏蔽室的宽、长、高，单位为 m。k、m、n 取 0、1、2……，分别为横电波 Te_{kmn} 沿着宽、长、高的场的半个正弦波的数目，取不同 k、m、n 就可以求得屏蔽室内存在的不同的固有谐振频率。如果被测辐射源的频率恰好等于屏蔽室的固有谐振频率，则引起谐振，幅值加大，从而带来很大的测量误差。在屏蔽室内测量电磁骚扰常可能获得高达 20～30 dB 的误差。减少反射的方法是在屏蔽室的四壁和天花板上挂吸波材料，使到达这些面的电磁波被吸收，从而使屏蔽室变成半电波吸波暗室，所谓“半”指地面不铺吸波材料，仍是反射面，因此半吸波暗室可以模拟室外的开阔场地。

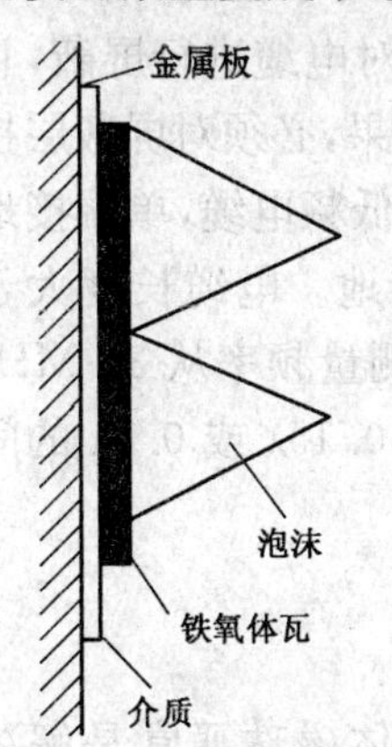

图 3—12　组合吸波材料

金属板产生反射的原因是金属板的波阻抗比空气的波阻抗小得多，电磁波由空气入射到金属板时由于阻抗不匹配而产生反射。吸波材料夹在空气和金属板之间，使波阻抗逐渐过渡从而减小反射。吸波材料通常用泡沫尖劈型介质材料，在碳胶液中渗透碳，使其尖端的波阻抗等于空气波阻抗，然后逐渐减小。由于渗了碳，吸波材料可以把进入内部的电磁波以热量形式耗散。尖劈长度越长，频率越高，吸波性能就越好。一般长度为 l 的尖劈材料，其能够吸收的最低频率的波长为 $l/4$。为了缩短尖劈长度。节省所占空间，同时又能保持其低频吸收性能，常在尖劈后面放铁氧体瓦，做成组合式吸波材料，如图 3—12所示。由于技术的发展目前 30～1 000 MHz 的电波暗室可以完

全用铁氧体瓦作吸波材料，不需任何泡沫尖劈材料。在 1 000 MHz 以上，仍需应用组合式吸波材料。半电波吸波暗室作为开阔场地的取代场地已被标准采纳，目前广泛使用的有 3 m 法和 10 m 法暗室。应该指出的是当对电波暗室中测量的数据有争议时，仍应以开阔场地的测量为依据。

4. 辐射发射问题的抑制措施

解决辐射发射问题，需要综合考虑多种电磁兼容措施。不明超标原因时，可采用频谱分析仪或接收机，以及近场电场探头，在设备的缝隙和电缆附近测量，确定辐射发射的主要渠道，是缝隙还是电缆，或者二者皆有，然后再采取针对性的措施。主要有如下措施。

(1)屏蔽和接地

为了辐射发射问题，常用的措施是对设备进行屏蔽，即设备的外壳采用电导率高的金属，按照屏蔽要求来设计，理想情况下是无孔、无缝隙完全密闭的金属腔体。但是为了电源线、控制线、信号线的输入输出以及散热、通风等，需在壳体上开孔开窗；设备插件的安装、机壳的盖子，必然会造成缝隙，因而造成电气不连续，使屏蔽效能降低，造成 EMI 发射增大。因此，机壳上的孔洞或缝隙应满足最小波长的要求(缝隙和孔洞的直线尺寸要求小于 $\lambda/10 \sim \lambda/100$)，例如，目前辐射发射试验的频率上限为 1 GHz，对应波长 30 cm，这样缝隙尺寸要求为 3 cm，如果安装机壳盖时螺钉的间距为 3 cm，就可以避免缝隙泄漏的影响。但是，对于机柜的柜门，由于其缝隙远远大于 3 cm，就要在结构装配上充分考虑屏蔽性，例如安装导电性填料或采用金属密封垫片等。

对于屏蔽机壳，必须做到良好的接地。所谓良好接地是指通过一个导电性能良好的接地件搭接到近于零电平的区域。为降低接地阻抗，底线应当短而宽，且与接地面可靠搭接。

此外，还需考虑电源线和控制、信号线这些输入输出线的 EMI 问题。对于控制、信号线，除了考虑加载铁氧体磁环外，为了衰减辐射骚扰和增强抗扰度能力，可以对电缆进行屏蔽，且屏蔽也可以实现电缆去耦，减少线间耦合干扰。为取到电缆良好的屏蔽效果，必须对屏蔽层接地。一般而言，当电缆长度小于 0.15λ 时，λ 是信号的工作波长，可认为是低频电缆，单端接地即可，一般均在输出端接地，若输出端不接地，也可以在输入信号源端接地。电缆长度大于 0.15λ 时，即为高频电缆，至少屏蔽层的两端都应该接地。由于辐射发射测量频率从 30 MHz 起，电缆可看作是高频电缆，至少应采取两端接地，如有条件，屏蔽层可按 0.15λ 或 0.1λ 的间隔接地，以减少地电位引起的骚扰电压。

采用 EMI 电源滤波器，对电源线的辐射发射也有抑制作用。

(2)铁氧体

在电源线和控制线、信号线上加载铁氧体磁环、铁氧体套管和铁氧体磁珠通常是解决 EMI 问题的好办法。为解决辐射问题，应该将铁氧体安装在电源线或信号线的源端。磁环的

正确安装方法如图 3－13 所示。

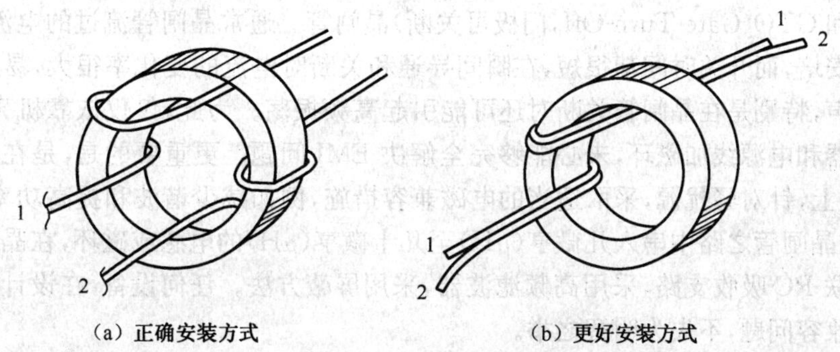

图 3－13　两根(或更多)导线在磁环上的共模安装

拉近导线距离可提高对称性,并具备更大的互感,可增大高频时磁环效果。

当铁氧体安装在导线上时,相当于一个衰减电感。在骚扰源和负载的距离很近时——小于几十厘米,铁氧体的插入衰减 A 近似为

$$A(\mathrm{dB})\approx 20\log\left(1+\frac{Z_\mathrm{f}}{Z_\mathrm{S}+Z_\mathrm{L}}\right) \tag{3-7}$$

式中,Z_f 为铁氧体的阻抗,Z_S 为源阻抗,Z_L 为负载阻抗。

据式(3－7),在选择应用铁氧体材料作为解决方案时应该注意:

①铁氧体材料在高阻抗(>300 Ω)电路中几乎不起作用。铁氧体磁珠或磁环的阻抗在 VHF 频段(30～300 MHz)达到 300～600 Ω。假定电路参数中的 Z_S、Z_L 均为 150 Ω,则用 300 Ω的磁环可达到的最佳衰减为

$$A(\mathrm{dB})\approx 20\log\left(1+\frac{300}{150+150}\right)=6\ \mathrm{dB}$$

则电磁骚扰电流衰减为原有的 1/2。但是如果 Z_S、Z_L 均为 300 Ω,则用 300 Ω 的磁环可达到的最佳衰减仅为 3.5 dB,衰减效果很有限。

②增加线圈匝数 N,可以增大铁氧体的衰减,理想情况下阻抗为 Z_f 乘以 N^2。依旧以的 Z_S、Z_L 均为 150 Ω 为例,使导线两次穿过磁环,可取得的衰减为

$$A(\mathrm{dB})\approx 20\log\left(1+\frac{300\times 2^2}{150+150}\right)=14\ \mathrm{dB}$$

则电磁骚扰电流衰减为原有的 1/5。但是需要注意,如果铁氧体磁饱和了,再增加线圈匝数,并不能改善衰减特性。通常三匝或四匝后铁氧体就会饱和,太多的匝数也会加剧寄生电容的问题。

③只绕一匝的磁环或磁珠通常在低于 10～30 MHz 的频率范围内是不起作用的。

④如果将铁氧体安装成差模形式,则可能会因为有用信号的电流而造成磁饱和。

⑤当使用分离式铁氧体元件时，要注意可能产生的空气缝隙，必须压紧接触面。

对于铁路信号电源等设备，广泛应用了斩波器、开关调节器和逆变器等电路，其中大量使用了晶闸管和GTO(Gate-Turn-Off，门极可关断)晶闸管。通常晶闸管流过的电流很大，约几安培到几十安培，而开关时间却很短，在瞬间导通和关断时电流的变化率很大，易产生较大的高频宽带噪声，特别是在晶闸管关断时还可能引起高频振荡。为此，仅仅依靠机壳屏蔽、电源端口加滤波器和电源线加磁环，未必能够完全解决EMI问题。更重要的是，是在产品设计阶段，在电路板上，针对骚扰源，采取适当的电磁兼容措施，例如减少谐波和提高功率因数；抑制高频噪声：在晶闸管之路中串入几微亨(μH)至几十微亨(μH)的电感或磁环，在晶闸管的阳极和阴极间并联RC吸收支路，采用高频滤波器，采用屏蔽方法。任何设备，在设计阶段就充分考虑到电磁兼容问题，不失为明智之举。

此外，电磁兼容问题是综合性问题，屏蔽、接地、EMI滤波器和铁氧体，这些措施并不是仅仅对辐射发射有效，往往对其他电磁兼容试验也大有裨益。例如，改善屏蔽和接地，有利于通过静电放电实验；应用EMI滤波器和铁氧体往往也是传导发射试验的主要解决措施。

二、传导发射试验

传导发射试验是测量受试设备通过电源线或信号线向外发射的骚扰。根据骚扰的性质，传导骚扰测试可分为连续骚扰电压测量、骚扰功率测量、断续骚扰喀呖声测量、谐波电流测量、电压波动和闪烁测量。铁路信号设备的传导发射试验主要是连续骚扰电压测量试验，依据的基础标准是GB 9254—2008《信息技术设备的无线电骚扰限值和测量方法》。

连续骚扰电压测量主要测量受试设备沿着电源线向电网发射的骚扰电压，测量频率为0.15～30 MHz。测量一般在屏蔽室内进行。

1. 人工电源网络

测量时需要在电网和受试设备之间插入一个人工电源网络(AMN)，其原理图如图3—14所示。

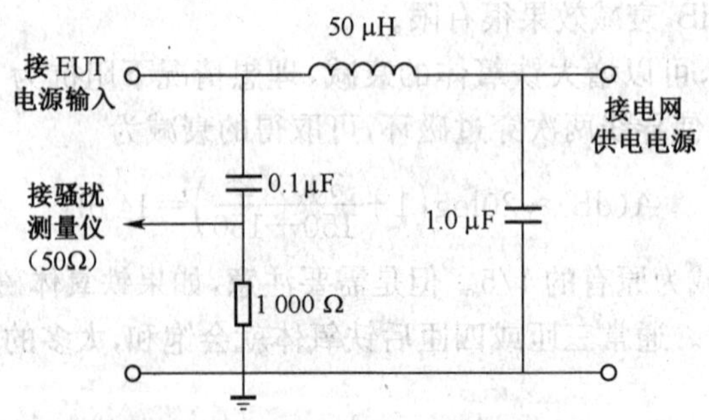

图3—14　人工电源网络(AMN)的原理图

AMN 的作用是隔离电网和受试设备，使测到的骚扰电压仅是受试设备发射的，不会混入电网的骚扰。另一作用是为测量提供一个稳定的阻抗，因为电网的阻抗是不确定的，阻抗不一样受试设备的骚扰电压值也不相同，所以要规定一个统一的阻抗，通常为 50 Ω。AMN 实际上是个双向低通滤波器，电网中的骚扰由 50 μH 和 1.0 μF 的滤波器滤掉，不能进入骚扰测量仪，而受试设备发射的骚扰由于 50μH 滤波器的阻挡不能进入电网，只能通过 0.1 μF 电容进入骚扰测量仪。在 0.1 μF 电容下方接了一个 1 kΩ 的电阻，它与测量接收机的输入端并联，由于测量仪的输入阻抗是 50 Ω，所以受试设备骚扰的负载阻抗约等于 50 Ω。对于 50 Hz 的工频电源，仍然可以通过 AMN 向受试设备供电。图中的 AMN 仅是一种基本结构，由基本结构可以组成 V 型 AMN，用于测量电源中相线——地线和零线——地线的不对称骚扰电压，也可组成 Δ 型 AMN，除了测量线——地间的不对称骚扰电压外还可以测量相线——零线间的对称骚扰电压。AMN 外壳要良好接地，否则将影响电网和受试设备之间的隔离。

2. 试验布置

试验布局如图 3－15 所示。试验布局的要求如下：

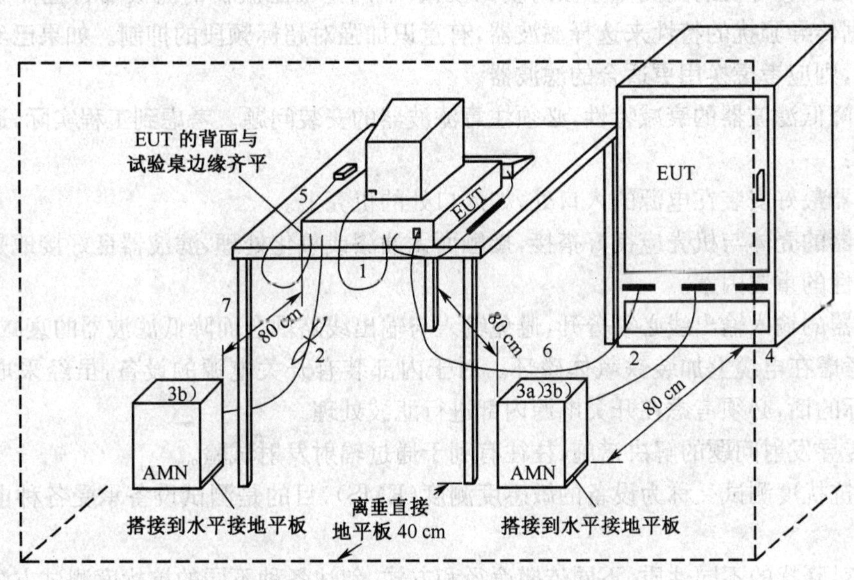

图 3－15　落地式和台式组合设备系统传导测量的试验配置

台式设备放在距离大小为 2 m×2 m 的垂直接地平板 0.4 m 处，并与其他不属于该受试设备组成部分的任何金属面或接地面保持 0.8 m 的距离。如果测量在屏蔽室内进行，则上述 0.4 m 距离可以是距屏蔽室任一侧壁的距离。如果测量在开阔场或半电波暗室进行，则0.4 m 距离是指距水平金属接地平板的距离。落地式设备应被放在一块水平金属接地板上，接触的各点应该和正常使用情况一致，但不得与接地板形成金属接触。接地板至少比受试设备的边框大 0.5 m，且其最小尺寸为 2 m×2 m。AMN 与接地板之间要有良好的高频连接。

将受试设备与 AMN 相连，受试设备边框与 AMN 相邻表明之间的距离为 0.8 m，受试设备电源线一边应为 1 m。如果超过 1 m，应将其超长部分来回折叠，折叠长度不超过 0.4 m。

试验时，由测量接收机在 AMN 的相应端子测量骚扰电压，应分别读取相线和零线各自对地的骚扰电压值，并要求测量设备的稳态骚扰电压值。

此外，为避免设备开关时产生的瞬态电压或电流损害测量接收机，应在受试设备工作状态达到稳态后再将测量电缆连接到测量接收机，测量结束后，先取下测量电缆再关闭设备。而且如果输入到测量接收机端口的电压过大，轻者引起系统线性的改变，使测量值失真；重者会损坏仪器，烧毁混频器或衰减器。因此，测量前需小心判断所测信号幅度的大小，没有把握时，可以外接衰减器，以保护测量接收机的输入端。

3. 传导发射问题的抑制措施

对于电源线通常需在电源入口处安装 EMI(Electromagnetic Interference，电磁干扰)电源滤波器。考虑到传导发射的测量频段跨度比较大，不同型号滤波器的滤波器特性曲线差异很大，必须根据传导骚扰的特性来选择滤波器，有意识加强对超标频段的抑制。如果已经安装了电源滤波器，则应考虑换用更适合的滤波器。

为避免降低滤波器的衰减特性，必须注意滤波器的安装问题。考虑到工程实际，通常应注意以下事项：

①滤波器最好安装在电源的入口处，如入口处的机壳上。

②滤波器的壳体与机壳应良好搭接，接触面无油漆或氧化处理，滤波器良好接地是保证滤波器衰减特性的重要因素。

③滤波器的输入输出线必须分开，避免输入与输出线路耦合而降低滤波器的衰减特性。

其次，考虑在电缆上加装铁氧体磁环。对于内部装有开关电源的设备，虽经采取以上措施，仍未达标的话，必须考虑在开关电源内部进行滤波处理。

此外，传导发射问题的解决措施，往往有利于通过辐射发射试验。

设备的抗扰度测试又称为设备的敏感度测度(EMS)，目的是测试设备承受各种电磁骚扰的能力。

以下针对骚扰的不同性质、不同传播途径和方式，叙述各种不同的抗扰度测试方法。首先介绍机箱端口的抗扰度试验：射频电磁场辐射抗扰度试验、静电放电抗扰度试验、工频磁场抗扰度试验和脉冲磁场抗扰度试验。

三、射频电磁场辐射抗扰度试验

射频电磁场辐射抗扰度试验主要是考核设备抵抗射频电磁场辐射干扰的能力，对应的国家标准为 GB/T 17626.3《电磁兼容—试验和测量技术—射频电磁场辐射抗扰度试验》(等同

于国际标准 IEC 61000-4-3）。

目前，由于数字通信技术的迅速发展，GB/17626.3 已把个人使用的移动电话作为辐射源的重点之一，一方面是由于移动电话已得到了普遍的使用，另一方面由于移动电话的使用人员与设备的距离可能非常近，移动电话在局部范围内对设备产生的辐射骚扰就很强，有可能达到几十伏/米（V/m）。因此测试的频率范围除原有的 80～1 000 MHz，还增加了三个频段，扩展到了 2.5 GHz，表 3－5 的 1、2 项给出了 EN 50121-4：2006 标准要求的测试频段和试验等级。

此外，标准还要求用 1 kHz 的正弦波对载波频率进行幅度调制，以便模拟语音信号对载波频率的幅度调制，如图 3－16 所示。

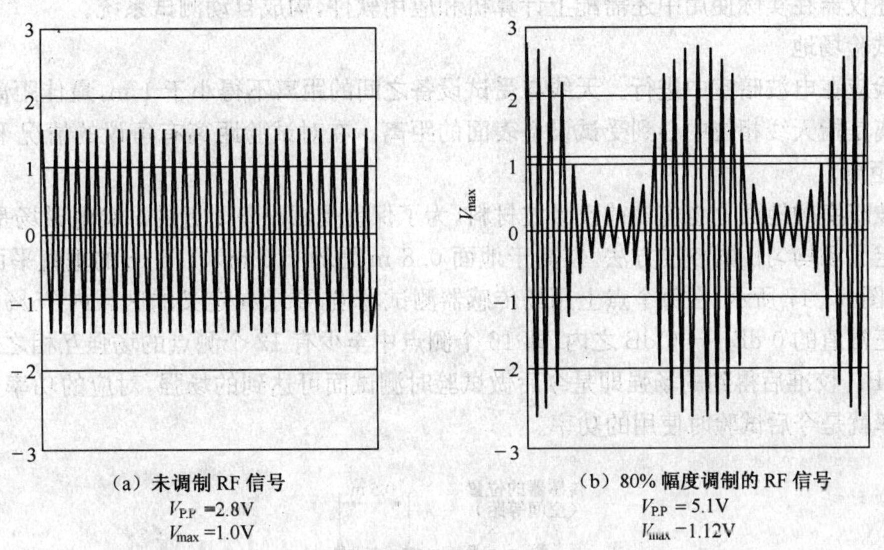

图 3－16　载波和调幅波的试验波形

1. 试验仪器

下面是完成射频电磁场辐射抗扰度试验所必需的仪器。

- 信号发生器

可覆盖试验频段，用 1 kHz 正弦波调幅，调制度为 80%，具备自动扫频的能力，并可程控频率的步进间隔和驻留时间。

- 微波功率放大器

用于放大调制和未调制的信号，并通过天线产生电磁场，使之达到所需要的等级。通常，在 80 MHz～2.5 GHz 范围内至少需要 2 个不同的放大器才能全部覆盖。

- 功率计

由于微波功率放大器本身提供的功率值误差较大，通常采用功率计和配套的功率耦合器精确控制输出功率。

- 天线

用于产生需要的电磁场。

往往还需要摄像监视系统，观察受试设备的工作状态。此外，进行场地校准时还需要场强探头和场强测试仪。

- 场强探头

一个能够监测水平和垂直极化的场强探头，用于测量测试面上各校正点的场强。

- 场强测试仪

读取场强探头的场强值。

上述仪器在实际使用中还需配上计算机和应用软件，构成自动测试系统。

2. 试验场地

试验应在电波暗室中进行。天线与受试设备之间的距离不得小于 1 m，最佳距离为 3 m。这个距离是指天线相位中心到受试设备表面的距离。在对试验距离有争议的情况下，优先使用 3 m 距离。

电波暗室的地面上也应该铺设吸波材料，为了保证受试设备附近的试验电磁场是均匀的，标准规定了场均匀性的校准方法，在高于地面 0.8 m 处的 1.5 m×1.5 m 的垂直平面内设 16 个点，如图 3－17 所示，在每个点上用场传感器测试场强，要求在定义的区域内 75％表面上场强值在正常值的 0 dB～＋6 dB 之内，即 16 个测点中至少有 12 个测点的场强互相之间的差值小于 6 dB。校准后得到的场强即是今后做试验时测试面可达到的场强，对应的功率放大器的输出功率就是今后试验时使用的功率。

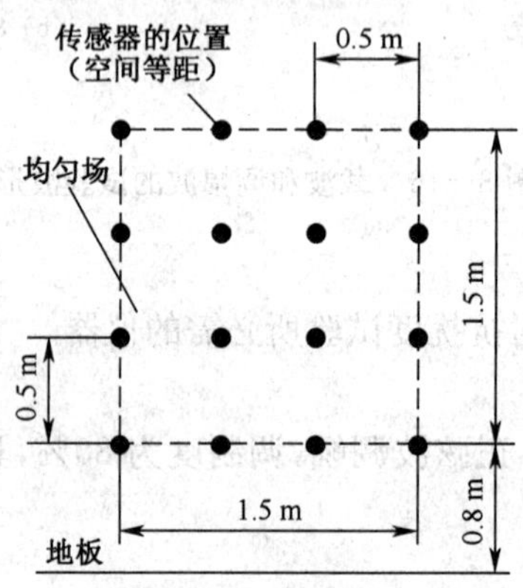

图 3－17　场均匀性的校正点布置

下面是场地校验的主要步骤：

①把场强探头置于 16 个校正点中的任意一点上。

②向发射天线馈入能产生 10 V/m 或 20 V/m 场强的正向功率，并同时记录功率和

场强。

③保持发射功率不变，测量其他 15 点上的场强。

④分析全部 16 点的测量结果，剔除场强变化最大的 4 个点。

⑤其余 12 个点的场强应在±3 dB 偏差之内。

⑥以 12 点上场强最低的点为基准，要保证全部 12 点的场强在规定值之上的 0～6 dB 范围内。

⑦根据发射功率与场强成平方正比的关系，可推算出所需试验场强所必需的发射功率。

⑧在垂直极化和水平极化下，都要以不大于起始频率 10%的步长重复步骤①～⑦。

对于频率较低的辐射电磁场抗扰度试验可在横电磁波小室（TEM Cell）中进行，如图 3－18(a)所示。TEM 小室实质上是同轴传输线的一种变形，将同轴线的外导体扩展为矩形箱体，内导体渐变成扁平芯板，当其一端接宽带匹配负载，另一端送入激励功率时，小室内就能建立起横电磁行波。图 3－18(b)为小室横截面上场的分布，实线代表电场，虚线代表磁场。受试设备放在小室中心底部的绝缘座上，有效利用空间（场均匀的空间）约为整个体积的 1/3。小室的最高工作频率决定于小室的体积，体积越大，最高工作频率越低，一般 TEM 小室用于 500 MHz以下的测试。TEM 小室不但可用于受试设备的抗扰度测试，也可以用于受试设备的辐射发射测试。

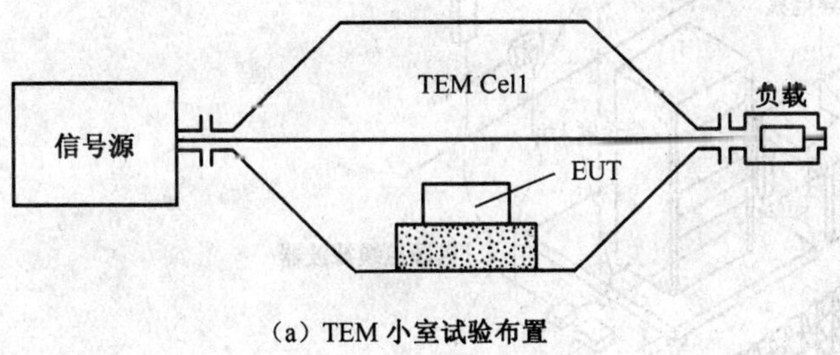

(a) TEM 小室试验布置

(b) 小室中的场分布

图 3－18　TEM 小室

3. 试验布置

该试验布置如图 3－19 所示。信号发生器通过微波功率放大器为发射天线提供一定功率的射频调幅信号，调制信号为 1 kHz，调幅度为 80%，该信号经天线发射后在受试设备处形成一个规定场强的电磁场，考察受试设备的工作性能是否下降，记录试验结果。

试验中，试验的布局（包括布线）非常严格，应尽量详细记录，以便重现和对比试验结果。

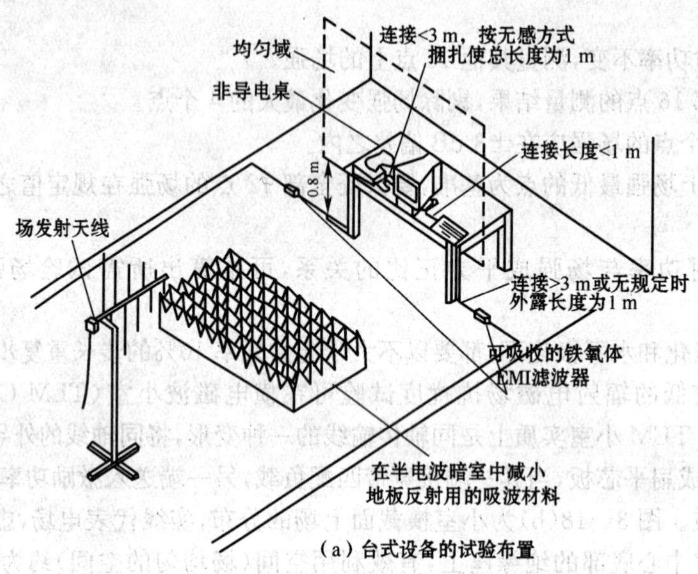

（a）台式设备的试验布置

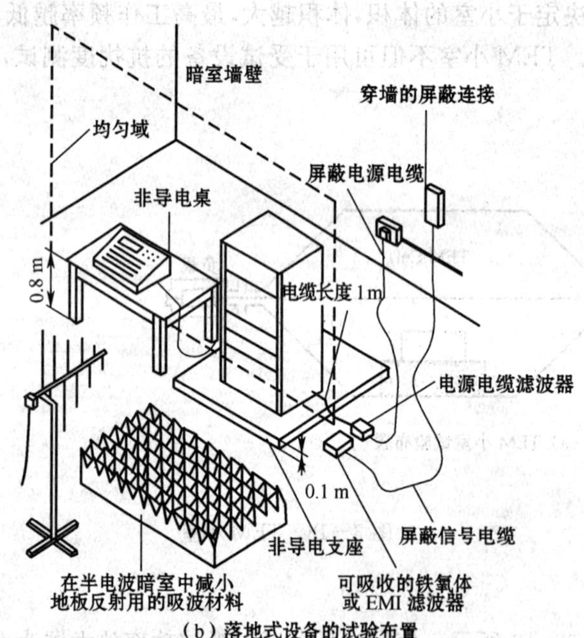

（b）落地式设备的试验布置

图 3－19　射频电磁场辐射抗扰度试验布置

4. 射频电磁场辐射骚扰的抑制措施

针对射频电磁场辐射抗扰度的试验，设备应采取的措施与辐射发射试验类似，由于前者是

抵抗射频电磁场辐射抗扰度试验设备的影响，而后者测量设备对外界临近设备的骚扰。

设备未能通过试验时，重点是分析干扰的耦合途径。如果是通过设备机箱孔缝耦合，则应加强机箱的屏蔽和接地；如果是通过电缆耦合的，则应采用屏蔽电缆，并保证电缆至少双端360°良好接地。现场可以临时采用导电箔片做临时屏蔽处理。安装时要留出一定裕量，把多留的边在边缘处压紧；如果需要几个并列的箔片，在交界处留足重叠部分并压紧；如果用做临时的电缆屏蔽，应确保在封口处完全密封，在接入机箱的入口处铝箔展开固定在机箱上入口周围。对于机柜门，可采取密封垫改善屏蔽效果。

四、静电放电抗扰度试验

在低湿度环境下，人体通过摩擦带电，带电人体与设备接触过程中可能对设备放电，放电会产生很强的尖峰脉冲电流。这种脉冲电流富含高频分量，其上限频率可超过 1 GHz，具体频率取决于放电电平、相对湿度、靠近速度和放电物体的形状和材质。对于模拟或数字电子设备，静电放电会感应出高电平的噪声，可能导致设备操作失常甚至严重损坏。静电放电抗扰度试验对应的国家标准为 GB/T 17626.2《电磁兼容—试验和测量技术—静电放电抗扰度试验》(等同于国际标准 IEC 61000-4-2)。该试验主要是考核设备抵抗静电放电产生的瞬态射频电磁场辐射干扰的能力，模拟了两种情况：设备操作人员直接触摸设备时对设备的放电和放电对设备工作的影响，即直接放电；设备操作人员在触摸邻近设备时放电，放电对受试设备的影响，即间接放电。

1. 试验发生器

试验发生器是静电发生器。图 3－20 是静电发生器的基本电路。图中，直流高压电源为高压真空继电器，这也是目前唯一能产生重复和高速放电波形的器件。电路中的 150 pF 电容表示人体的储能电容，330 Ω 电阻表示人体在手握金属工具时的人体电阻，即放电电阻，R_e 为发生器的充电电阻。图 3－21 为空气放电和接触放电的电极结构。图 3－22 为放电电流波形，电流脉冲的前沿十分陡峭，含有丰富的高频成分，带宽大于 1 GHz，因此试验布置的规范性是保证试验重复性和可比性的关键之一。

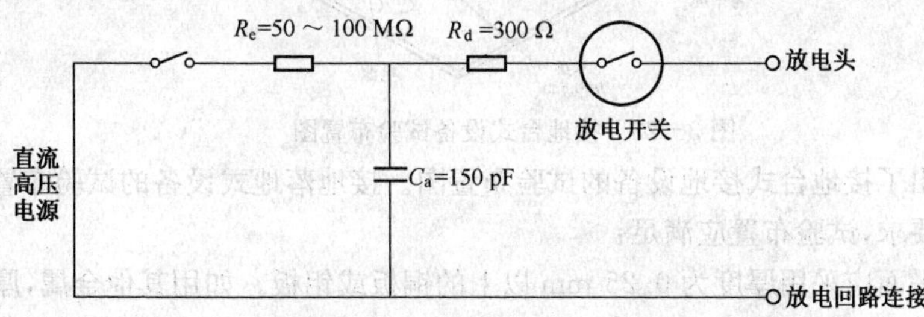

图 3－20　静电放电发生器简图

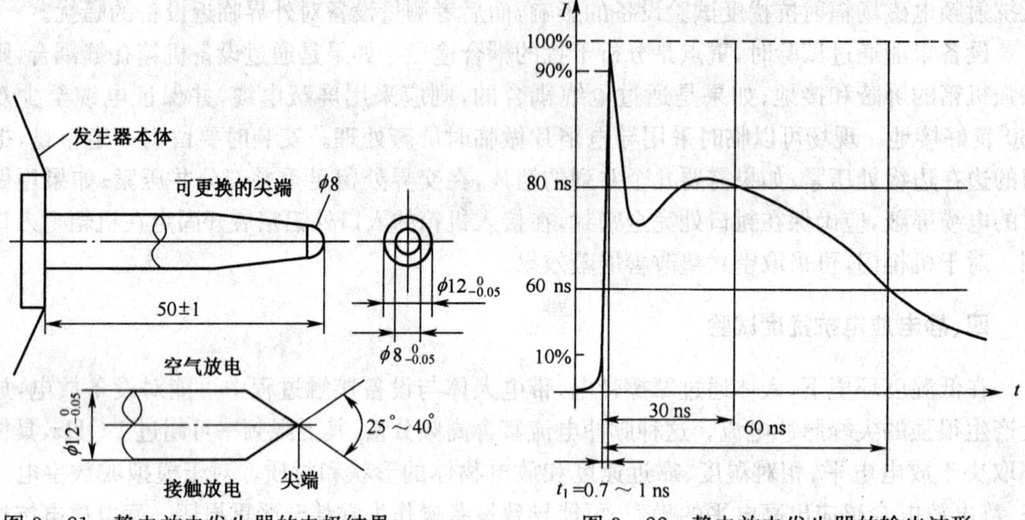

图 3－21　静电放电发生器的电极结果　　图 3－22　静电放电发生器的输出波形

2. 试验布置

(1)接地设备的试验布置

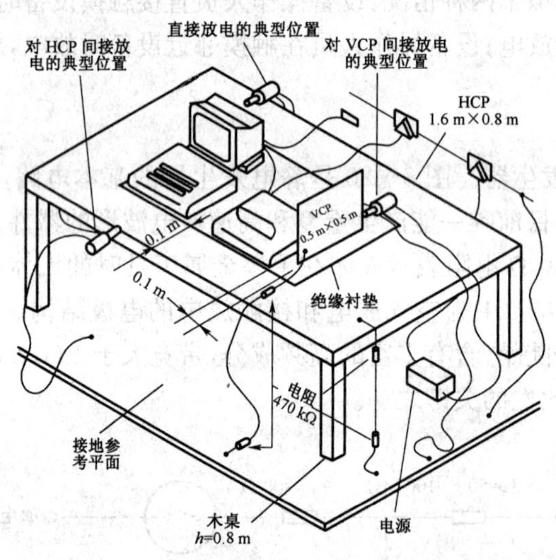

图 3－23　接地台式设备试验布置图

图 3－23 给出了接地台式接地设备的试验布置图。接地落地式设备的试验布置图与此类似。根据标准的要求，试验布置应满足：

①参考接地平面应采用厚度为 0.25 mm 以上的铜板或铝板。如用其他金属，厚度至少为 0.65 mm。参考接地平面尺寸最小为 1 m^2，实际尺寸不限，但每边应超出受试设备(落地式)或耦合板(用于台式设备)之外 0.5 m，且与保护接地系统相连。

②对于台式设备，受试设备放在距离接地参考平面 0.8 m 的桌子上，放在桌面上的水平耦合板（HCP）的面积为 1.6 m×0.8 m，材料与厚度与接地平面一致，经过每端带有一个 470 Ω电阻的电缆与参考接地平面连接。耦合板上覆一块 0.5 mm 的绝缘衬垫。对于落地式设备，受试设备与电缆用厚度约为 0.1 m 的绝缘支架与接地参考面隔开。

③对于用于间接放电的耦合板，如图 3－23 中的垂直耦合板（VCP），材料与厚度与接地平面一致，尺寸为 0.5 m×0.5 m，而且经过每端带有一个 470 Ω 电阻的电缆与参考接地平面连接。

(2)不接地设备的试验布置

对于不接地设备，即安装规范规定或设计为不与任何接地系统连接的设备或设备部件，包括便携式、电池供电和双重绝缘设备，其试验布置可能有所不同。

由于不接地设备不能如接地设备那样通过地线自行放电，因此如果在施加下一个静电脉冲时设备上的电荷未能消除，累积的电荷可能使电压达到预期试验电压的两倍，就远远超出试验应用的严酷程度。此外，双重绝缘设备的绝缘体电容经过几次静电放电累积，可能被充电到异常高的电压，然后以高能量在绝缘击穿电压处放电。

为解决此问题，仍然可以采用接地设备的布置方法，但每次施加静电脉冲前，应先消除试验点上的电荷。此外，还可以采取图 3－24 所示的布置方法。如果设备功能允许，应安装带泄放电阻的电缆，靠近试验点的电缆端焊接到导电黏性铜箔，并将铜箔紧密粘到试验点上，电缆的第一个电阻应尽可能靠近试验点，最好小于 20 mm，第二个电阻应靠近电缆末端，并连接到水平耦合板（对于台式设备，如图 3－24 所示）或参考接地平面（对于落地式设备）。泄放电缆会影响某些设备的试验结果，存在争议时，如果能够有效衰减连续放电之间的电荷，断开电缆的试验优于连接上电缆的试验。

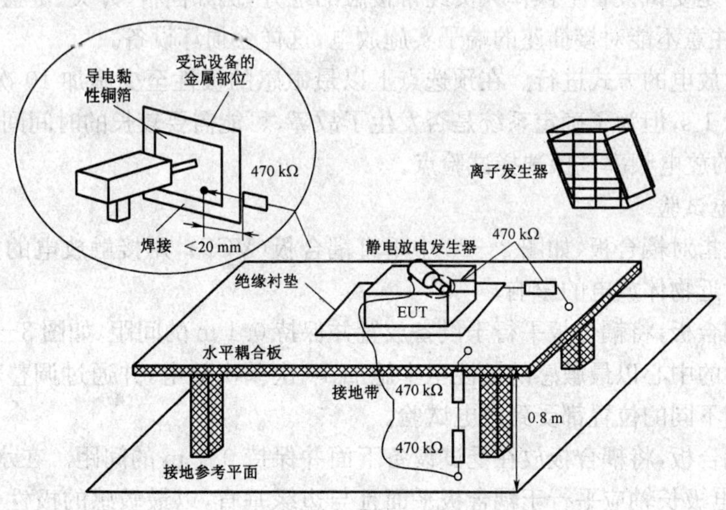

图 3－24　不接地台式设备试验布置图

此外,可以选择一下替代方法:

- 连续放电的时间间隔长于设备上电荷自然衰减所需时间。
- 使用带泄放电阻和碳纤维刷的接地电缆。
- 使用加速电荷“自然”泄放到环境空气的设备,如离子加速器。当施加空气放电时,应关闭离子加速器。

3. 试验步骤

(1)试验环境条件

为了最大限度减小试验环境试验的影响,应满足一定的气候和电磁环境条件。

在空气放电试验情况下,气候条件应满足:

—环境温度为15℃~35℃

—相对湿度为30%~60%

—大气压力为86 kPa~106 kPa

电磁环境条件:实验室的电磁环境不应影响试验结果。

(2)直接放电试验

直接放电有两种形式:接触放电和空气放电。接触放电指静电发生器的电极直接与受试设备保持接触,然后用发生器内部的放电开关控制放电,接触放电一般用在对受试设备的导电表面放电,铁路信号设备的试验等级为±6 000 V。空气放电是发生器的放电开关已处于开启状态,把入电器极逐渐移近受试设备,从而产生火花放电。每次放电后,移开空气放电电极,然后重新开启放电开关,进行下一次单次放电。铁路信号设备的试验等级为±8 000 V。

放电部位应是受试设备上操作人员经常接触的地方,例如面板、开关、键盘、指示器、缝隙、连接罩等,但应注意不能对接插座的端子实施放电,这样会损坏设备。

试验以单次放电的方式进行。在预选点上以最敏感的极性至少施加10次单次放电。每次放电间隔至少1 s,但为了确定系统是否发生了故障,可能需要较长的时间间隔。此外,可以20次/s或以上的放电频率试探选择试验点。

(3)间接放电试验

间接放电是指对耦合板,如图3-23中垂直耦合板(VCP),用接触放电的方式进行试验,模拟受试设备附近物体放电的影响。

对于垂直耦合板,将耦合板平行于设备放置并保持0.1 m的间距,如图3-23所示。对耦合板一个垂直边的中心以最敏感的极性至少施加10次单次放电,并通过调整耦合板的位置,使受试设备四周不同的位置都受到放电试验。

对于水平耦合板,将耦合板放在受试设备下面并保持0.1 m的间距。在水平方向对耦合板边缘中心,即电极长轴应平行于耦合板平面且与边缘垂直,以最敏感的极性至少施加10次单次放电。

4.静电骚扰的抑制措施

对于机箱导电连接良好，机箱有低阻抗的接地措施，静电放电的能量可在机箱上迅速得到疏散，静电一般情况下不会对设备造成干扰。因此措施的重点是改善机箱的屏蔽和接地，特别要关注接口与机箱的电连接，例如避免串口、USB接口等与机箱的缝隙，并使接口的外壳与机箱紧密、良好的接触。此外，对于设备内部一些易受静电影响的高速数字电路，还可以考虑再单独安装屏蔽外壳，但要注意部件的通风、散热问题。对于显示屏等易受静电影响的部件，还可以考虑外加透明屏蔽材料。

五、工频磁场抗扰度试验

电力机车的牵引电流很强，可以达到1 000A左右。牵引电流通过的环路也很大，该环路为牵引变电所——接触网——受电弓——机车——钢轨和大地——牵引变电所，这个庞大的电流环路在接触网附近产生很强的磁场。测试受试设备对直流磁场、16.7 Hz以及50 Hz交流磁场的抗扰度，这对轨边的铁路信号设备尤为重要。试验对应的国家标准为GB/T 17626.8《电磁兼容—试验和测量技术—工频磁场抗扰度试验》(等同于国际标准IEC 61000-4-8)。

试验步骤主要是试验电流发生器给感应线圈提供工频电流，感应线圈形成较均匀的磁场，把该磁场加于受试设备上。用于台式设备的感应线圈为边长1 m的正方形，其试验区在线圈中部，体积可达0.6 m×0.6 m×0.5 m。试验时应在X、Y、Z三个方向上加于受试设备上，如图3—25所示。

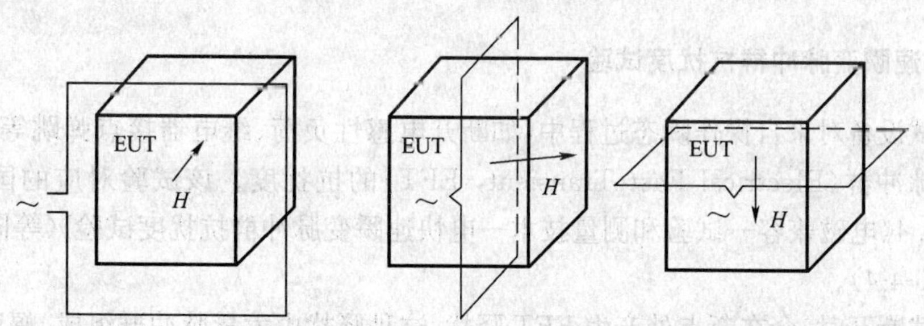

图3—25　台式设备的工频磁场抗扰度试验

对于立式设备，沿受试设备的侧面将感应线圈移动到不同的位置重复试验，在每个方向上对设备的整体进行试验。在工频试验过程中，为使受试设备暴露在不同方向的磁场中，感应线圈应旋转90°，再按相同步骤进行试验。

对于含有磁敏感部件(如霍尔线圈)的轨边设备，工频磁场问题的主要抑制措施是采用高磁导率材料(如铸铁)外壳进行磁屏蔽。

六、脉冲磁场抗扰度试验

脉冲磁场由雷击建筑物或电力网中故障暂态电流所引起。试验对应的国家标准为GB/T 17626.9《电磁兼容—试验和测量技术—脉冲磁场抗扰度试验》(等同于国际标准IEC 61000-4-9)。试验步骤主要是脉冲电流发生器向感应线圈提供脉冲电流,在线圈内部产生脉冲磁场,脉冲电流波形如图3—26所示。所用感应线圈和试验方法与工频磁场扰度试验相同。受试设备应采取的抗干扰措施也与工频磁场试验时采取的措施相同。

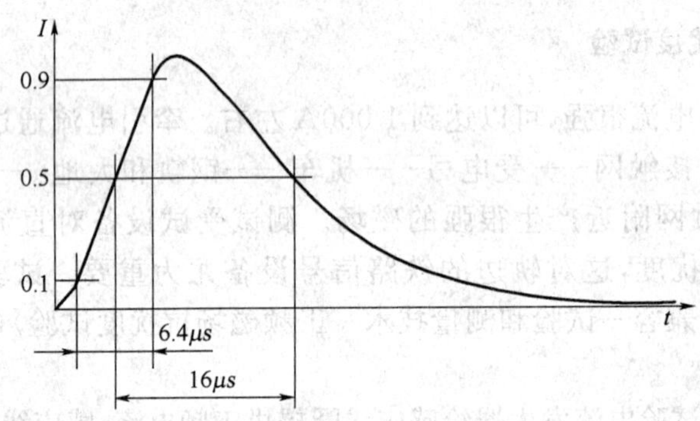

图3—26　脉冲磁场发生器的输出电流波形

以上试验是机箱端口的抗扰度试验项目。下面介绍电源端口和信号线端口的抗扰度试验项目。

七、电快速瞬变脉冲群抗扰度试验

评估受试设备对来自操作瞬态过程中(如断开电感性负荷、继电器接点弹跳等)所产生的电快速瞬变脉冲群(Electrical Fast Transient, EFT)的抗扰度。该试验对应的国家标准为GB/T 17626.4《电磁兼容—试验和测量技术—电快速瞬变脉冲群抗扰度试验》(等同于国际标准IEC 61000-4-4)。

电感负载断开时,会在断点处产生EFT骚扰,这种骚扰由大量脉冲群组成,幅度在100 V至数千伏(kV)之间,脉冲重复频率在1 kHz～1 MHz。对单个脉冲而言,其上升沿时间在纳秒(ns)级,脉冲持续期在几十纳秒(ns)至数毫秒(ms)之间。可见这种骚扰信号的频谱分布非常宽,数字电路对它比较敏感,易受干扰,可能出现程序混乱、数据丢失和控制电路失灵等现象。由于感性负载、继电器等设备在铁路信号系统得到了广泛的应用,进行EFT试验对于铁路信号设备非常重要。

1. 试验发生器

电快速脉冲群发生器的基本电路及其输出波形如图3—27所示。

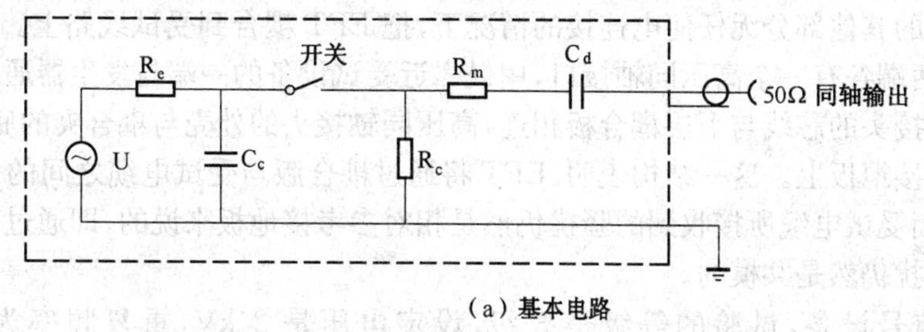

(a) 基本电路

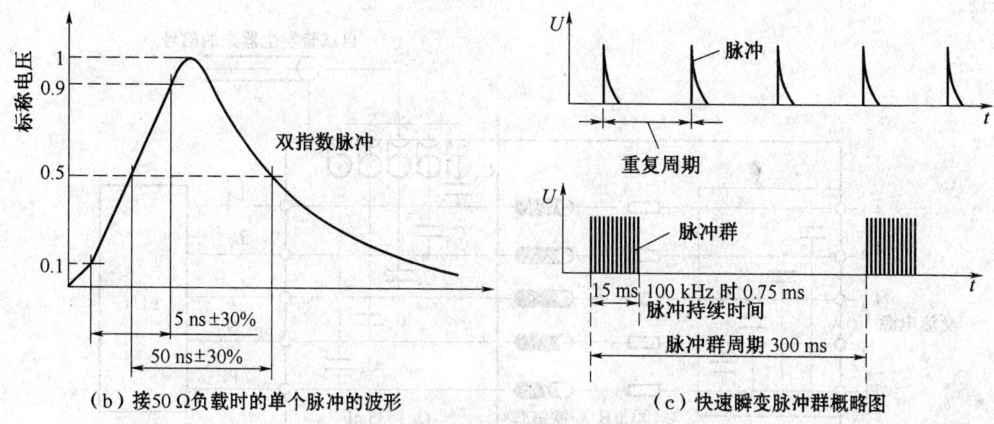

(b) 接50 Ω负载时的单个脉冲的波形　　(c) 快速瞬变脉冲群概略图

图 3－27　快速瞬变脉冲群示意图

U—高压源；R_e—充电电阻；C_e—储能电容器；

R_s—脉冲持续时间形成电阻；R_m—阻抗匹配电阻；C_d—隔直流电容器

图 3－27(a)给出了脉冲群发生器的基本电路。其中 R_c 是充电电阻；储能电容器 C_e 的大小决定了单个脉冲的能量；脉冲持续时间形成电阻 R_s 与储能电容器配合，决定了脉冲波的形状，特别是脉冲的持续时间；阻抗匹配电阻 R_m 决定了脉冲群的输出阻抗；隔直流电容器则 C_d 隔离了输出波形中的直流成分，并避免了负载对脉冲群发生器的影响。

图 3－27(b)给出了单个脉冲波形的前沿和脉宽的定义，这是个双指数脉冲，上升时间 5 ns，宽度 50 ns。脉冲群的重复频率概念及脉冲群周期如图 3－27(c)所示，标准规定重复频率为 5 kHz 或 100 kHz；5 kHz 时脉冲群持续时间为 15 ms，100 kHz 时脉冲群持续时间为 0.75 ms，这样不同重复频率时施加到受试设备的总能量是相同的；脉冲群周期为 300 ms。

2. 试验步骤

对于电源端口的试验，试验时 EFT 通过耦合/去耦网络(如图 3－28 所示)加到受试设备的电源线上，电源线的长度为 0.5 m。耦合网络的作用是将能量从发生器传递到受试设备，去耦网络的作用是防止施加到受试设备上的 EFT 影响其他不被试验的装置、设备和系统。EFT 是加在电源线的每一根导线和供电电源的保护地之间，因此加在电源线上的骚扰是共模骚扰。

对于输入/输出线和通信线，采用电容性耦合夹，能够在与受试设备各端口的端子、电缆屏蔽层或受试设备的其他部分无任何电连接的情况下，把 EFT 耦合到受试线路上。如图 3－29 所示，耦合夹的两端各有一个高压同轴接口，用最靠近受试设备的一端与发生器通过同轴电缆连接。高压同轴接头的芯线与下层耦合板相连，高压同轴接头的外壳与耦合夹的底板相连，而耦合夹放在参考接地板上。这一结构表明，EFT 将通过耦合版与受试电缆之间的分布电容进入受试电缆，因而受试电缆所接收到的骚扰仍然是相对参考接地板来说的，即通过耦合夹对受试电缆施加的骚扰仍然是共模的。

对于铁路信号设备，试验的等级是 3 级，设定电压是 2 kV，重复频率为 5 kHz 或 100 kHz。

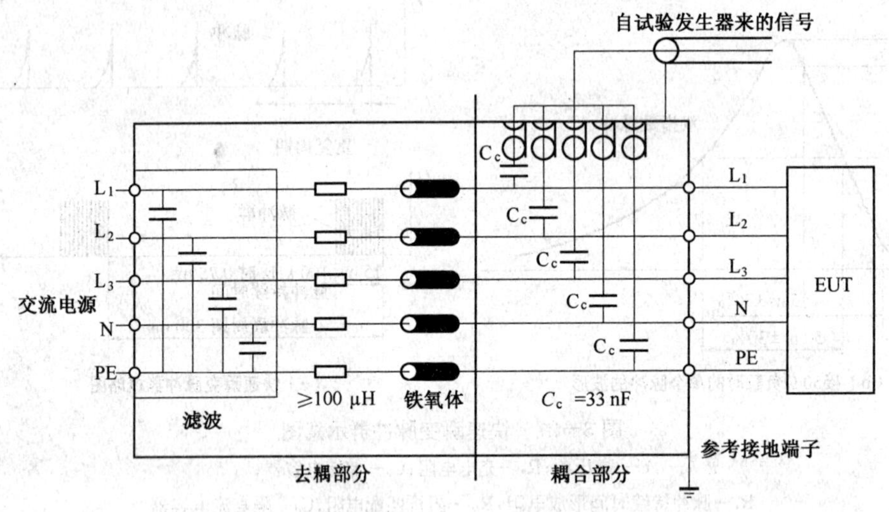

图 3－28　电源端口耦合/去耦网络

L_1，L_2，L_3—相线；N—中线；PE—保护地；C_c—耦合电容

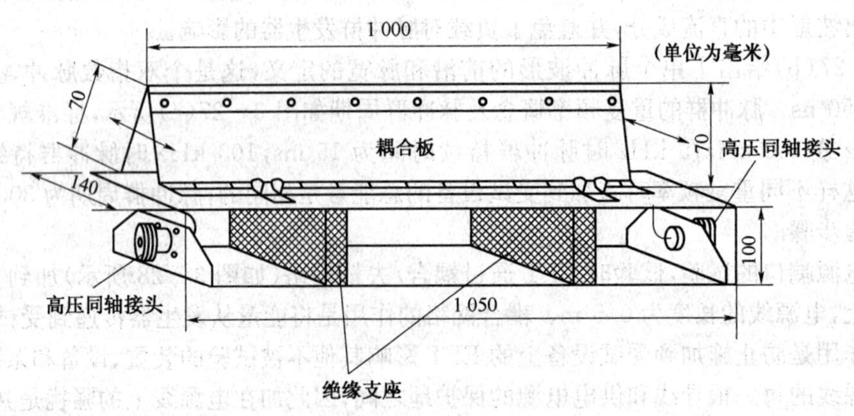

图 3－29　容性耦合夹的结构

3. 电快速瞬变脉冲群骚扰的抑制措施

脉冲群的特点是电压高，对于铁路信号设备，试验等级为3级，即±2 000 V，脉冲的波形前沿非常陡峭，因此含有及其丰富的高频成分；持续时间非常短暂，骚扰能量并不大。虽然脉冲群的能量不大，但电压高，必须采用压敏电阻、硅瞬变压吸收二极管等瞬态抑制器件。需要注意气体放电管也是常见瞬态抑制器件，由于气体放电管一旦起弧放电，会将所有电压（骚扰瞬态电压和正常电压）短路。这样，在气体放电管放电期间，被保护设备就失去了电源。对于铁路信号设备，尤其是采用直流供电的设备，设备就可能掉电、复位。因此，铁路信号设备的电源端口一般不宜采用气体放电管作为瞬态抑制措施。此外，由于气体放电管的电容较小，不会改变系统的阻抗特性，因此非常适合用作高频传输线的瞬态抑制措施，例如用在射频发射机和接收机天线电缆上，保护敏感的射频电路不受到天线馈线馈送来的瞬态骚扰。

瞬态抑制器件安装在电源的入口处，共模（对保护地）和差模（线间）均需安装，尽可能使引线最短。此外，可以采取组合保护方案发挥不同抑制器件的各自特点，从而取得更好的保护效果。在瞬态抑制器件后加装电源滤波器，抑制残余的骚扰。

八、浪涌（冲击）抗扰度试验

评估受试设备对大能量的浪涌（冲击）骚扰的抗扰度，例如电力系统的开关瞬态、感应雷击等。该试验对应的国家标准为GB/T 17626.5《电磁兼容—试验和测量技术—浪涌（冲击）抗扰度试验》（等同于国际标准IEC61000-4-5）。

感应雷击（又称二次雷击），指雷云之间或雷云对地之间的放电在附近的架空线路、埋地线路、金属管线或类似的传导体上产生感应电压，该电压通过传导体传送至设备，干扰设备的正常工作，甚至毁坏设备。

电力系统开关瞬态主要有：主要电力系统的切换骚扰，例如电容器组的切换；配电系统中较小的局部开关动作或负载变化；与开关器件（如晶闸管）相关联的谐振现象；各种系统故障，例如设备组合对接地系统的短路和电弧故障。

由于大功率开关设备在铁路系统的广泛应用，以及很多铁路信号设备工作在室外，浪涌现象对铁路信号设备的威胁很大，一旦发生又没有适当防护措施，往往导致电路的毁坏，因此进行浪涌试验对于保障铁路信号设备的正常工作非常重要。

1. 试验发生器

标准描述了两种不同的波形发生器：一种是雷击在电源线上感应产生的波形；另一种是在通信线路上感应产生的波形。虽然两种线路都是架空线，但线路阻抗明显不同：电源线阻抗低，通信线阻抗高。因此，感应出的浪涌波形也有明显不同：在电源线上的浪涌波形要窄一些，前沿要陡一些；而通信线上的浪涌波形要宽一些，前沿要缓和一些。这里以电源线的试验为例介绍浪涌发生器。

用于电源线试验的浪涌发生器也被称为综合波发生器。这是指在一个发生器里可提供两个波形:发生器输出开路的时候提供电压波,发生器短路的时候提供电流波。由于将两个波形集成在一个发生器里发生,所以称之为综合波发生器,其基本电路及其输出波形如图 3—30 所示。

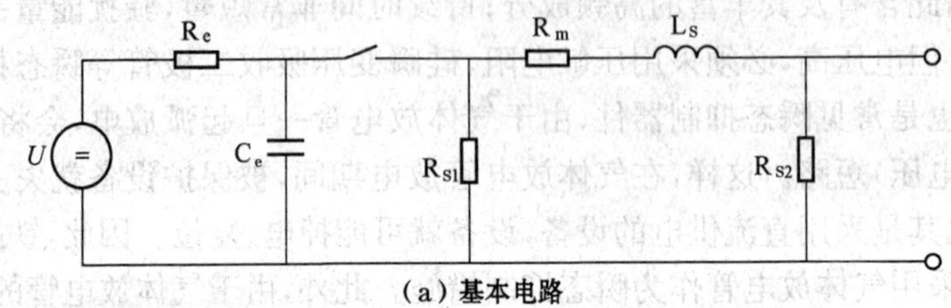

(a)基本电路

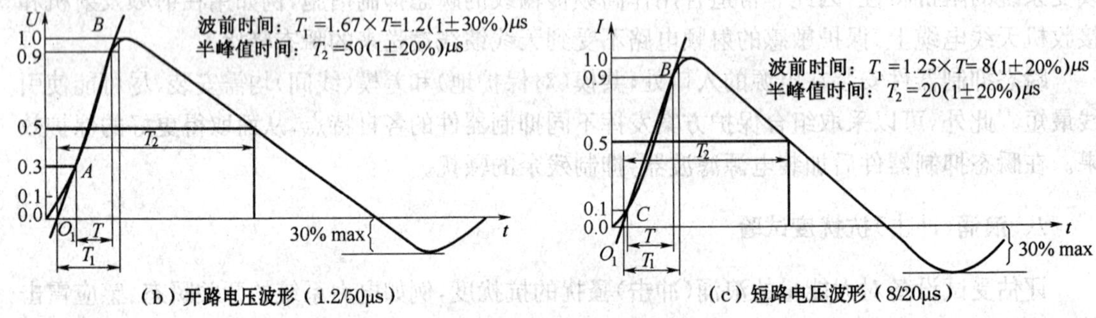

(b)开路电压波形(1.2/50μs)　　(c)短路电压波形(8/20μs)

图 3—30　浪涌示意图

U—高压源;R_e—充电电阻;C_e—储能电容器;R_s—脉冲持续时间形成电阻;R_m—阻抗匹配电阻;L_s—上升时间形成电感

图 3—30(a)给出了浪涌群发生器的基本电路。其中 R_e 是充电电阻;C_e 是储能电容器,其实际容量在 10 μF 左右,可以估算出,在 4 kV 时的单个脉冲能量要接近 100 J。这几乎是同等电压的脉冲群单个脉冲能量的 10^5 倍。由此可见,浪涌试验是一种高能量的脉冲抗扰度试验。电压波的宽度主要由脉冲持续时间形成电阻 R_{s1} 决定,阻抗匹配电阻 R_m 决定了发生器的开路电压峰值与短路电流峰值,电流波的上升与持续时间主要由上升时间形成电感决定 L_s。

图 3—30(b)给出了脉冲波形的前沿和脉宽的定义。电压波的前沿为 1.2 μs,半峰值时间(又称半宽时间或脉冲持续时间)为 50 μs;电流波的前沿为 8 μs,半峰值时间为 20 μs。

2. 试验步骤

对于电源端口的试验,试验时浪涌可以以共模形式(线—地),也可以差模形式(线—线),通过耦合/去耦网络(如图 3—31 所示)加到受试设备的电源线上。去耦网络提供较高的反向阻抗,这个反向阻抗既可以使浪涌波在耦合/去耦网络的输出端产生,又可以阻止浪涌电流反向流回交流或直流电源。耦合网络用高压电容作为耦合元件。受试设备的电源线的长度不超过 2 m,过长的接线会造成输出波形的衰减和畸变。

对于非屏蔽的不对称的输入/输出线,优先采用电容器的耦合/去耦网络进行试验,如图 3—32所示(其他类型耦合/去耦网络的试验配置图与此类似)。如果由于电容接至受试设备而引起功能问题,则可采用箝位器件或雪崩器件的耦合/去耦网络,因为箝位器件或雪崩器件

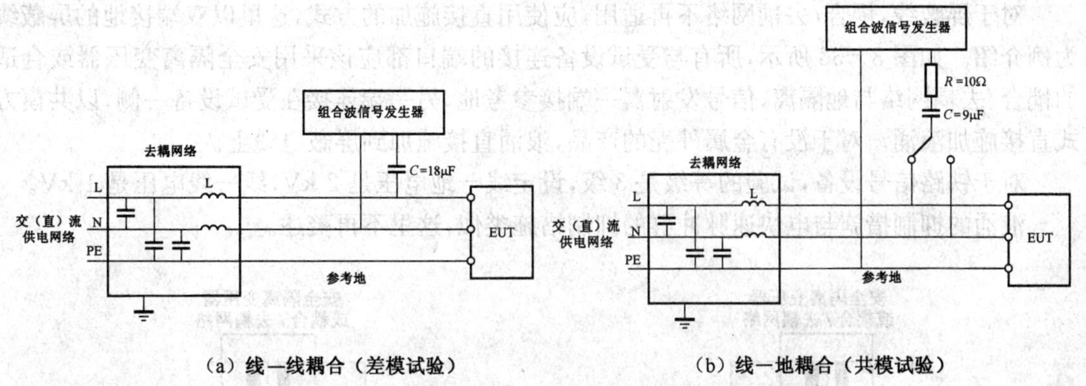

图 3－31　交/直流线上电容耦合的试验的试验配置示例

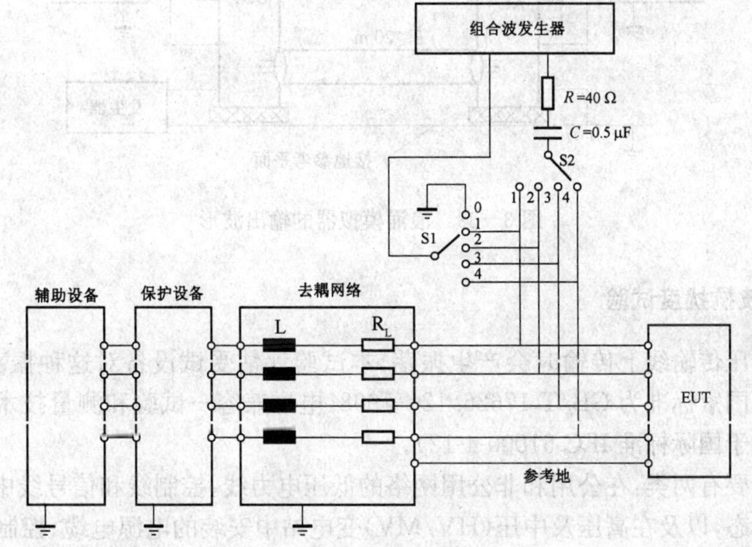

图 3－32　非屏蔽不对称互连线的试验配置示例:线－线/线－地耦合,用电容耦合

1)开关 S1:线—地,置于“0”;线—线,置于“1”～“4”。

2)开关 S2,试验时置于“1”～“4”,但与 S1 不在相同的位置。

3)L＝20 mH,R_L 代表电感线圈的电阻部分。

的寄生电容较小,可与大多数形式的输入/输出线相连接。对于非屏蔽的对称的输入/输出线(通信线),采用避雷器的耦合/去耦网络进行试验。对于高速通信线路,由于物理结构的限制,大部分耦合/去耦网络的工作频段被限制在 100 kHz 以内,因此在没有合适的耦合/去耦网络的情况下,浪涌应直接施加到通信数据端口。

对于屏蔽线，耦合/去耦网络不再适用，应使用直接施加的方式，这里以双端接地的屏蔽线为例介绍。如图 3—33 所示，所有与受试设备连接的端口都应该采用安全隔离变压器或合适的耦合/去耦网络与地隔离，信号发射器一端接参考地，另一端连接在受试设备一侧，以共模方式直接施加浪涌。对于没有金属外壳的产品，浪涌直接施加到屏蔽电缆上。

对于铁路信号设备，试验的等级是 3 级，设定线—地电压是 2 kV，线—线电压是 1 kV。

浪涌的抑制措施与电快速脉冲群的抑制措施类似，这里不再赘述。

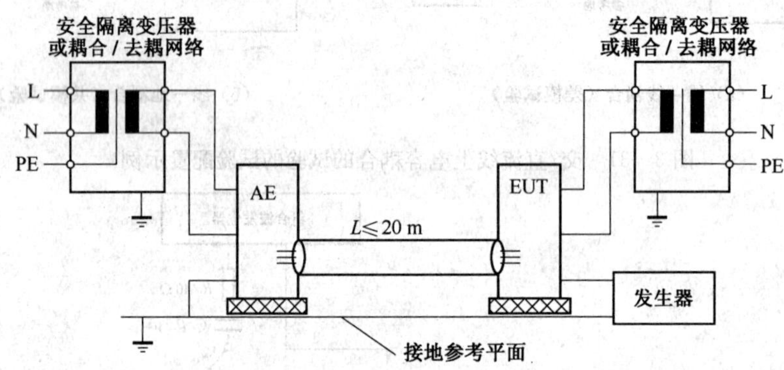

图 3—33　浪涌模拟器的输出波形

九、振荡波抗扰度试验

浪涌在低压传输线上传输时会产生振荡，本试验评估受试设备对这种振荡波的抗扰度。该试验对应的国家标准为 GB/T 17626.12—1998《电磁兼容—试验和测量技术—振荡波抗扰度试验》(等同于国际标准 IEC 61000-4-12)。

振荡波主要有两类：在公用和非公用网络的低压电力线、控制线和信号线中出现的非重复的阻尼振荡瞬态，以及在高压及中压(HV/MV)变电站中安装的电源电缆、控制电缆和信号电缆中出现的重复的阻尼振荡脉冲群。其中，单次冲击的振荡瞬态波被称为“振铃波”，阻尼振荡瞬态的脉冲群被称为“阻尼振荡波”。振荡波模拟器的输出波形如图 3—34 所示。振荡波一般加在电源线上，通过耦合/去耦网络加到线—线和线—地之间，其试验方法与浪涌试验类似。

振荡波骚扰的抑制措施与浪涌、电快速脉冲群的抑制措施类似。

十、射频场感应的传导骚扰抗扰度试验

空间的射频电磁场会在设备的连接电缆(电源线、信号线、控制线、地线)中感应出骚扰电压或电流，作用到设备的敏感部分，本试验用于测试设备对此类传导骚扰的抗扰度。该试验对应的国家标准为 GB/T 17626.6—2008《电磁兼容—试验和测量技术—射频场感应的传导骚扰抗扰度试验》(等同于国际标准 IEC 61000-4-6)。在通常情况下，对于频率较低的电磁骚扰

(如本试验所关注的 80 MHz 以下频率),敏感设备的尺寸远小于骚扰频率的波长,而输入输出线,例如电源线、通信线、接口电缆,其长度则可能达到几个波长。这样,设备引线就变成被动天线,接收到的射频场的感应变为传导骚扰进入到设备,最终以射频电压和电流形成的近场电磁场影响设备的工作。

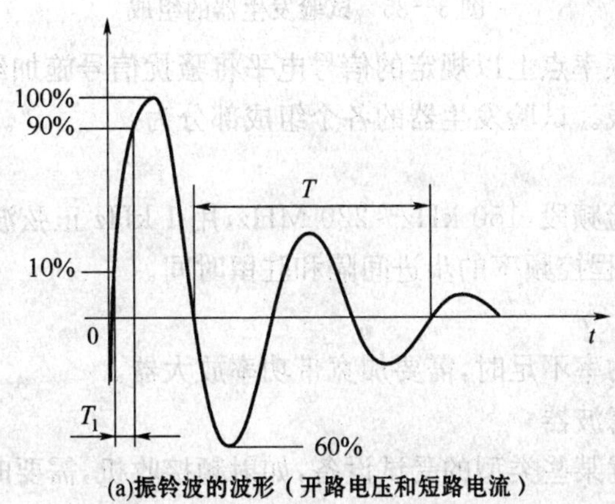

(a)振铃波的波形(开路电压和短路电流)

T_1—上升时间(开路电压,0.5μs;短路电路,1μs);T 振荡周期(10μs)

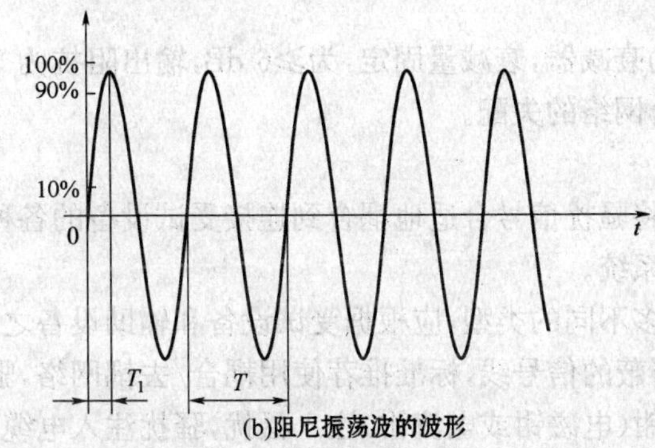

(b)阻尼振荡波的波形

图 3—34　振荡波模拟器的输出波形

T_1—上升时间(75ns);T—振荡周期(对于 0.1MHz,10μs;对于 1MHz,1μs)

对于铁路机车,电气电子设备组成复杂、强电与弱电系统共存,既存在着电力牵引单元、机车二次电源、空调系统等诸多强电磁骚扰源,又有车载信号设备等弱电类敏感系统。如果强电电缆与信号电缆缺乏足够的间隔距离,强电电缆产生的骚扰就可能以射频场感应的方式耦合到信号电缆,进而进入信号设备内部,影响设备的工作。因此进行射频场感应的传导骚扰抗扰度试验对于保障铁路信号设备的正常工作非常重要。

1. 试验设备

(1)试验发生器

完成试验所必需的试验发生器如图 3－35 所示。

图 3－35　试验发生器的组成

试验发生器在试验频率点上以规定的信号电平将骚扰信号施加给耦合装置输入端的设备或电磁注入钳内的信号线。试验发生器的各个组成部分为：

- 射频信号源

能够覆盖规定的试验频段：150 kHz～230 MHz，用 1 kHz 正弦波调幅，调制度为 80％，具备自动扫频的能力，并可程控频率的步进间隔和驻留时间。

- 宽带功率放大器

当射频信号源输出功率不足时，需要加宽带功率放大器。

- 低通和/或高通滤波器

为避免信号谐波干扰某些类型的受试设备，如射频接收机，需要时将其插入在宽带功率放大器和固定衰减器之间。

- 固定衰减器

具有足够额定功率的衰减器，衰减量固定，为≥6 dB，输出阻抗为 50 Ω。采用固定衰减器的目的是减小功放至耦合网络的失配。

(2)耦合/去耦装置

耦合/去耦装置可以将骚扰信号合适地耦合到连接受试设备的各种电缆上，并防止测试信号影响被测装置、设备和系统。

耦合/去耦装置有很多不同的类型，应根据受试设备和辅助设备之间的连接电缆类型来确定。对于电源线以及非屏蔽的信号线，标准推荐使用耦合/去耦网络，骚扰直接注入各条线上。对于屏蔽电缆，使用注入钳(电磁钳或电流钳)注入骚扰，骚扰注入电缆的屏蔽层上。

2. 试验步骤

如图 3－36 所示，功率射频信号发生器为受试设备提供所要求的限值电平的骚扰信号，载波频率为 150 kHz～80 MHz，幅度调制信号为 1 kHz 正弦波，调幅度 80％。频率递增扫频，步进尺寸不应超过先前频率值的 1％。在每个频率点，驻留时间应不低于受试设备运行和响应的必要时间，且最低不应低于 0.5 s。铁路信号设备的试验等级为 10 V(140 dBμV)。受试设备应放在 0.1 m 高的绝缘支座上，测试系统的参考地平面为 2 m×1 m 的金属板。辅助设备是为保证受试设备正常工作而提供所需信号、负载、控制等的设备。CDN 是耦合/去耦网络，其中的耦合部分是把骚扰信号以共模方式耦合到受试设备的被测端口上，去耦部分是抑制骚扰信号耦合到辅助设备上；注入钳提供耦合，由辅助设备提供去耦。

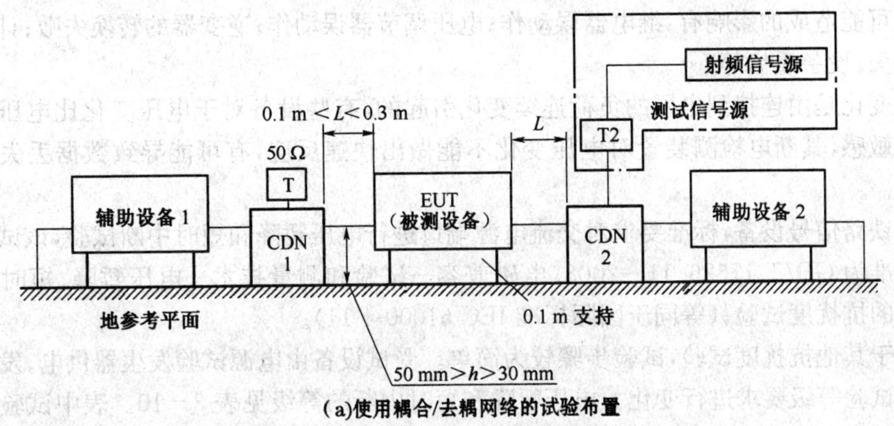

(a)使用耦合/去耦网络的试验布置

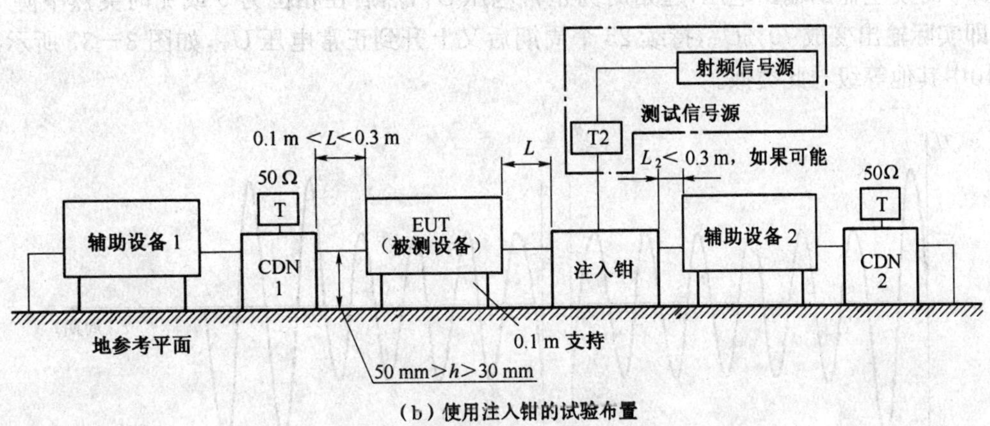

(b)使用注入钳的试验布置

图 3－36　射频场感应的传导骚扰抗扰度试验布置

3. 射频场感应的传导骚扰的抑制措施

由射频场感应引起的传导骚扰是共模骚扰，如果能够顺利通过电快速脉冲群试验、浪涌试验，一般应无大碍。但是，要注意信号线的抑制措施，有些铁路信号设备的工作频率较低，例如应答器，对这种传导骚扰较为敏感，如果依靠电缆本身的屏蔽层尚不能通过试验，可以考虑额外增加一层金属护套，且至少双端接地。

十一、电压暂降、短时中断和电压变化的抗扰度试验

电压暂降是指电压突然降低，低于规定的阀值，经过一段短暂间隔后恢复到正常值。短时中断是指 100％的电压暂降。电压暂降可能是由于电网、电力设施偶然产生的短路、接地故障或负荷突然出现大的变化引起的，短时中断则可能是由于故障情况下的连续快速重合闸造成的，持续时间可能短于 0.5 s。在某些情况下会出现两次或更多次连续的暂降或中断。电压暂

降和中断可能造成的影响有:继电器误动作;电压调节器误动作;逆变器的转换失败;计算机内存信息丢失;设备重启等。

电压变化是由连接到电网的负荷连续变化引起的,有些设备对于电压变化比电压暂降或中断更为敏感,其断电检测装置对电压变化不能做出快速反应,有可能导致数据丢失或设备重启。

对于铁路信号设备,标准要求对交流电源端口进行电压暂降和短时中断试验,该试验对应的国家标准为 GB/T 17626.11—2008《电磁兼容—试验和测量技术—电压暂降、短时中断和电压变化的抗扰度试验》(等同于国际标准 IEC 61000-4-11)。

相对于其他抗扰度试验,试验步骤较为简单。受试设备由电源试验发生器供电,发生器的电压可按试验等级要求进行变化。电压暂降和短时中断的等级见表 3－10。表中试验等级为 70%U_T 时发生器的输出电压,起始时为正常电压 U_T,然后在相位为 0 或 π 时突然下降 30% U_T,即实际输出变成 70%U_T,持续 25 个周期后又上升到正常电压 U_T,如图 3－37 所示。表 3－10中其他等级与此类似。

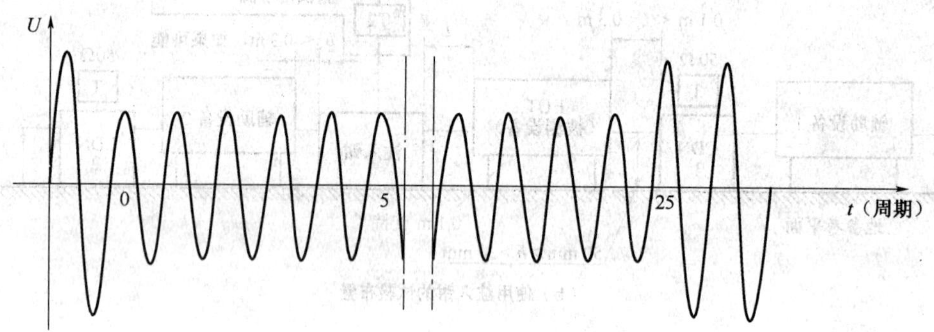

图 3－37　电压暂降—70%电压暂降正弦波波形图

注:电压减少到 70%,持续 25 个周期,在过零处突变。

对于安装了 UPS 设备,一般均能顺利通过试验。如果没有安装 UPS,设备电源端口应有断电检测装置,此外可依靠电源模块内的大的电容和电感维持输出电压,等待输入电压恢复正常。

十二、交流电源谐波抗扰度试验

谐波是具有频率为供电系统运行频率整数倍的正弦电压和电流,例如通常使用的交流电的频率是 50 Hz,则二次谐波的频率是 100 Hz,三次谐波的频率是 150 Hz。由发电、输电和配电设备产生的谐波电流是少量的,主要由工业负荷和居民负荷产生,特别是非线性负荷,例如可控和不可控的整流器,相控设备。

对于电气化铁道系统，负荷大，且广泛应用了电力电子器件，为保证信号系统的正常工作，进行交流电源谐波抗扰度试验非常重要。该试验对应的国家标准为国家标准 GB/T 17626.13—2006《电磁兼容—试验和测量技术—交流电源端口谐波、谐间波及电网信号的低频抗扰度试验》(等同于国际标准 IEC 61000-4-13)。

试验发生器应可以产生 50 Hz 基波频率，以及可以叠加试验所需要的谐波频率。

1. 试验步骤

试验布置较为简单，受试设备由电源试验发生器供电，发生器的供电输出可按试验等级要求进行变化。试验等级是按基波电压的百分数规定的谐波电压，铁路信号系统适用的试验等级是 3 级。具体的试验流程如图 3－38 所示。

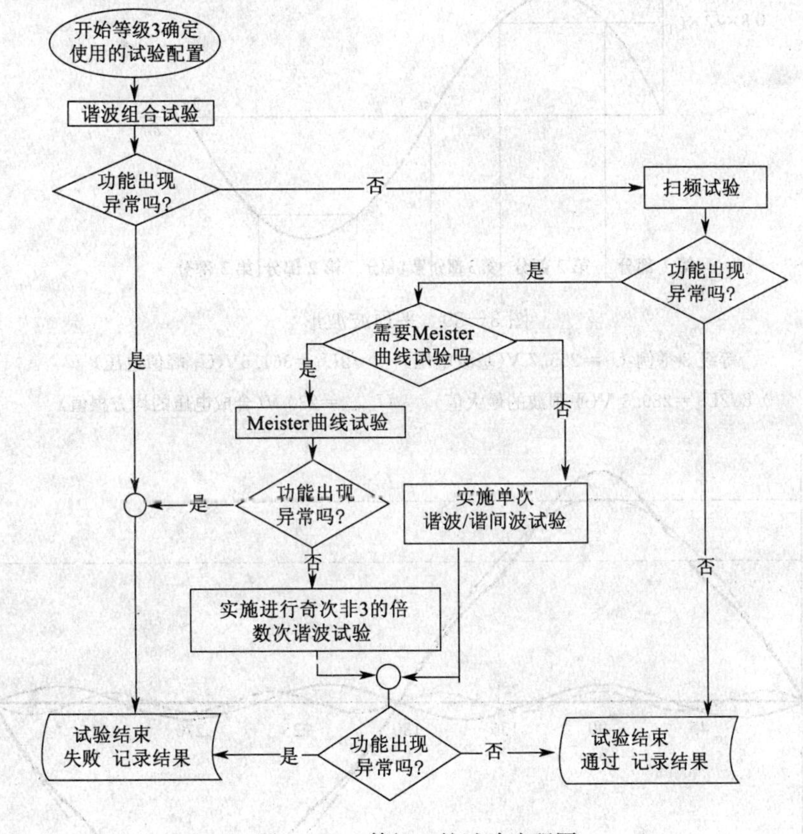

图 3－38　等级 3 的试验流程图

(1)谐波组合试验

包括平顶波和尖顶波两个试验，每次试验时间为 2 min。等级 3 的具体试验参数见表 3－17和表 3－18，单独试验时的时域波形如图 3－39 和图 3－40 所示。

表 3—17 平顶波的时间函数

等级	函数(第1和第3部分)	电压(第1和第3部分)	函数(第2部分)	电压(第2部分)
3	$0\leqslant\vert\sin(\omega t)\vert\leqslant 0.8$	$u=\sqrt{2}U_1\sin(\omega t)$	$0.8\leqslant\vert\sin(\omega t)\vert\leqslant 1$	$u=\pm 0.8\sqrt{2}U_1$

注:最大偏差 $\Delta u=\pm(0.01\times\sqrt{2}u_1+0.005u)$

表 3—18 尖顶波试验参数

等级	h	3	5
3	U_1%	8%/180°	5%/0°

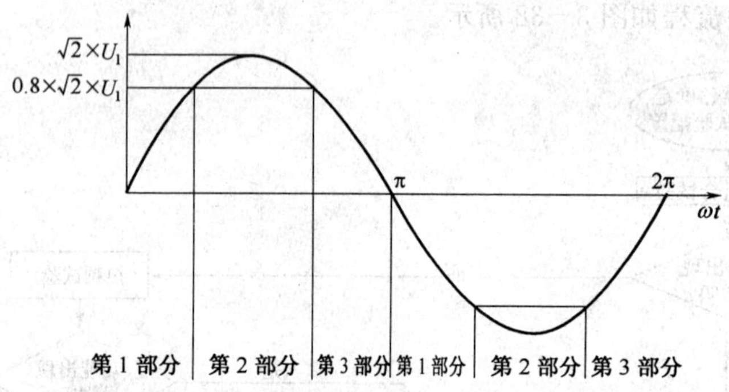

图 3—39 平顶波波形

等级 3 举例:$U_1=255.7$ V(基波电压) $\sqrt{2}U_1=361.6$V(U_1 峰值电压)

$0.8\sqrt{2}U_1=289.3$ V(平顶波的最大值) $U_{r.m.s}=230$ V(合成电压的均方根值)

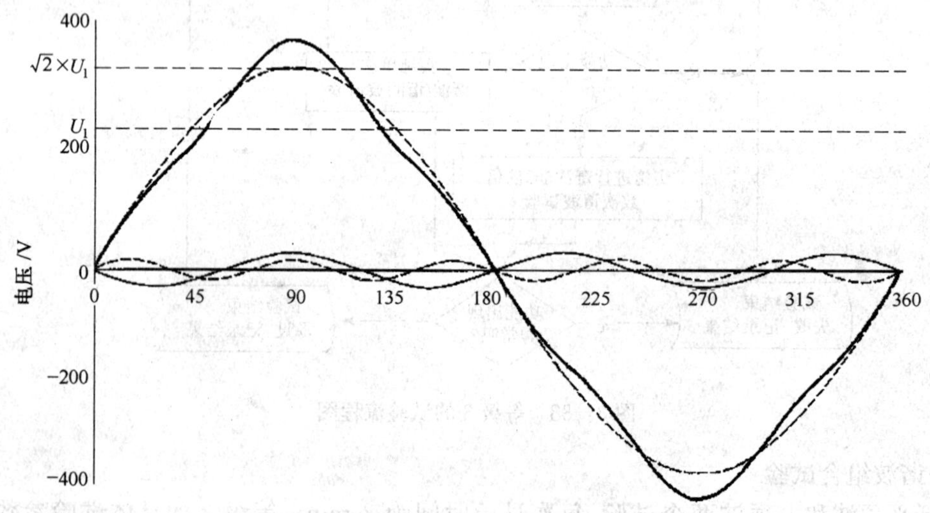

图 3—40 尖顶波波形

等级 3 举例:$U_{t,m,s}=230$ V(合成电压),$U_1=229$ V(基波电压),$h=3$ 时,8%U_1/180°;$h=5$ 时,5%U_1/0°

(2)扫频试验

扫频的幅值取决于频率范围，等级 3 的具体试验参数如表 3－19 和图 3－41 所示。扫频速率不低于每 10 倍频率 5 min。扫频中遇到受试设备性能异常的频率点以及所有的谐振点，应该驻留，每个频率点的驻留时间至少为 120 s。

表 3－19　扫频试验时的频率等级(等级 3)

频率范围 f	频率步长 Δf	试验电平 U_1%	频率范围 f	频率步长 Δf	试验电平 U_1%
$0.33f_1 \sim 2f_1$	$0.1f$	4.5	$20f_1 \sim 30f_1$	$0.5f$	6
$2f_1 \sim 10f_1$	$0.2f$	14	$30f_1 \sim 40f_1$	$0.5f$	4
$10f_1 \sim 20f_1$	$0.2f$	9			

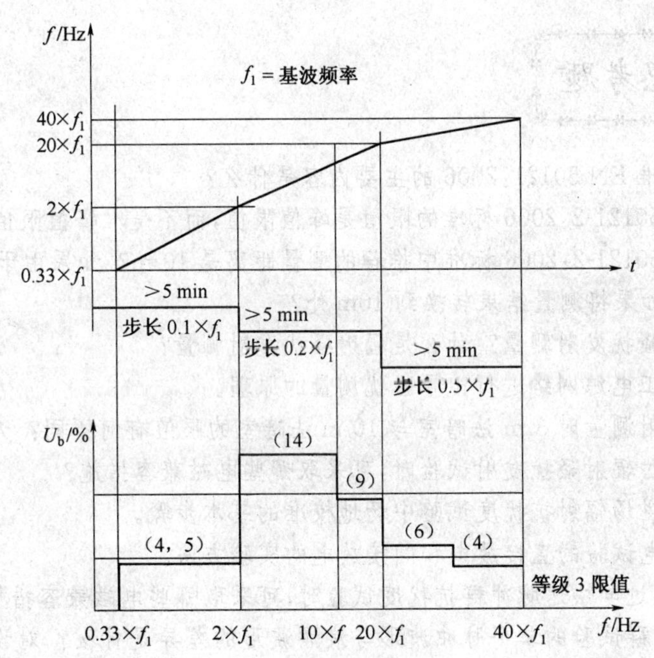

图 3－41　等级 3 的扫频试验举例

注：U_b＝所叠加的谐波图，%

(3)Meister 曲线试验

在具有电网信号和/或纹波控制的电网中使用的受试设备，必须实施 Meister 曲线试验。扫频速率不低于每 10 倍频率 5 min。等级 3 的具体试验参数见表 3－20，且等级 3 的 Meister

曲线试验可代替谐间波频率试验。

表 3－20 Meister 曲线试验等级(等级 3)

频率范围 f	频率步长 Δf	试验电平 $U_1\%$	频率范围 f	频率步长 Δf	试验电平 $U_1\%$
$0.33f_1 \sim 2f_1$	$0.1f$	4	$10f_1 \sim 20f_1$	$0.2f$	$4\,500/f$
$2f_1 \sim 10f_1$	$0.2f$	10	$20f_1 \sim 40f_1$	$0.5f$	$4\,500/f$

此外,对于通过 Merister 曲线试验的设备,还需根据标准进行奇次非 3 倍数的谐波试验。对于不需要进行 Merister 曲线试验的设备,需要进行单次谐波/谐间波试验。

2. 交流电源谐波的抑制措施

如果能够顺利通过电快速脉冲群试验、浪涌试验以及射频场感应的传导抗扰度试验,一般均能通过本试验。如果出现问题,主要通过加强滤波来改善对谐波成分的抑制效果。

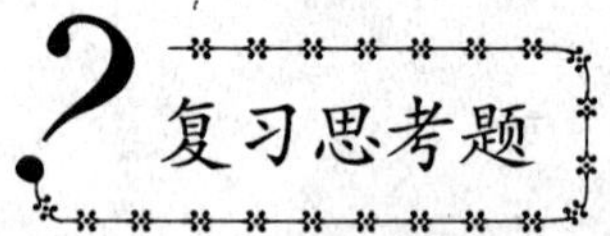

复习思考题

1. 欧洲系列标准 EN 50121:2006 的主要内容是什么?

2. 为什么 EN 50121-2:2006 标准的限值是峰值限值,而不是准峰值限值?

3. 为什么 EN 50121-2:2006 标准中推荐的测量距离是 10 m? 如果由于试验条件的限值,测量距离非 10 m,如果将测量结果转换到 10m 处?

4. 什么是传导骚扰发射测量? 什么是辐射骚扰发射测量?

5. 简述利用人工电源网络进行传导骚扰测量的原理。

6. 辐射骚扰发射测量时 3 m 法暗室与 10 m 法暗室的限值有何不同? 为什么?

7. 设备未能通过辐射骚扰发射试验时,可采取哪些电磁兼容措施?

8. 简述射频电磁场辐射抗扰度试验中场地校准的基本步骤。

9. 简述静电放电试验的直接放电和间接放电的实验方法。

10. 设备未能通过电快速脉冲群抗扰度试验时,可采取哪些电磁兼容措施?

11. 电快速脉冲群试验的单个脉冲波形与浪涌波形的差异是什么? 对设备的影响有什么不同?

12. 如何对屏蔽电缆进行浪涌试验? 试验中隔离变压器的作用是什么?

第四章 室内信号系统电磁兼容技术

本章从室内信号系统的构成及环境特点出发，重点从环境及设备布局、接地和搭接、机箱和机柜设计、线缆布置、通信总线、PCB及电路设计等方面阐述系统电磁兼容设计的原则和方法，并以计算机联锁设备为典型实例，对电磁兼容设计技术进行说明。

室内信号系统由以计算机为核心的、完成不同功能的电气电子设备组成，信号设备数字化不仅带来宽频干扰，还对电磁脉冲干扰有很高的敏感性。传统的信号设备受到干扰后，通常会造成功能下降，而计算机联锁等电子设备遭受电磁干扰时可能会导致逻辑错误或信息丢失，造成设备死机，甚至引起误操作和失控，带来危险后果。因此，信号设备的电磁兼容性是系统安全性和可靠性的保证。

室内信号电磁兼容性表现为两个方面：系统内设备彼此之间的兼容性；系统与其所处环境及同一环境中其他系统的兼容性。相应的，为使室内信号系统作为一个整体能够可靠稳定运行，应采用综合设计的思想：信号机械室和机房的电磁环境（包括电源）应适合信号设备工作；系统接地、设备布局及设备间线缆布放采用合理方案；设备自身在机柜、滤波、内部总线、电路板及元器件等各方面进行EMC设计。另一方面，从信号设备的电磁兼容试验限值要求来看，既规定了其抗扰度水平，还关注和考察其发射指标。在设备发射和抗扰度试验中，发射试验针对电源和机箱端口，抗扰度试验内容包括浪涌、瞬变脉冲群、电压波动和谐波成分、射频电磁场辐射、静电放电等。

除有关雷电防护的内容单独讨论外，本章将围绕以上内容讨论室内信号系统的电磁兼容设计相关技术，重点是设备本身的电磁兼容设计。

第一节 室内信号系统构成和特点

一、主要设备功能和结构

室内信号系统由各种设备组成，传统信号设备主要包括：车站联锁设备、闭塞设备、编组站（驼峰）自动控制设备、信号电源屏等。近年来，随着铁路大提速和客运专线的建设，信号技术装备也出现了新的发展趋势，列车运行控制系统成为铁路信号的核心设备，我国干线铁路开始装备CTCS-2级和CTCS-3级列车运行控制系统，新增室内设备，如无线闭塞中心（RBC）、列控中心(TCC)、GSM-R 通信接口设备等。

1. 计算机联锁设备

计算机联锁设备正逐步取代传统的继电联锁设备。计算机联锁设备以计算机作为控制核心，通过冗余设计构成高可靠、高安全的容错控制系统。目前，主要有双机热备系统、三取二系统、二乘二取二系统等制式。计算机联锁设备的接口层接收来自联锁计算机的控制命令，主要完成控制命令的驱动输出和现场设备信息的采集，包括电子终端和继电器控制电路。计算机联锁设备室内设备一般包括控制台、联锁控制机构、继电器接口电路组合、电源屏和室内外分线盘。如图 4－1 所示是系统的设备结构图。

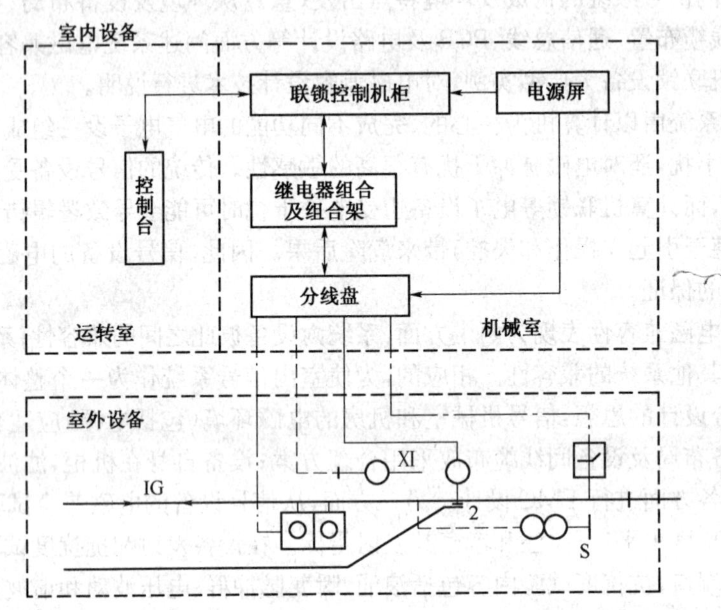

图 4－1　计算机联锁设备组成结构图

其中，需要注意的问题包括：联锁机与控制台之间视频电缆较长带来的干扰；与调度集中和列控系统等通信方式；防护室外干扰通过继电器进入采集驱动；设备结构复杂，如何合理设计安全地、系统地、防雷地、屏蔽地的接地方案。

2. ZPW-2000(UM)系列自动闭塞系统

ZPW-2000 系列自动闭塞系统是为满足主体化机车信号和列车超速防护对轨道电路提出的高安全、高可靠的要求而设计的，系统设备分为室内和室外两部分。

室内设备是整个系统的核心部分，是实现 ZPW-2000 系列自动闭塞系统功能的关键，区间电源、轨道电路的发送接收以及相关电路的控制设备都集中安装在信号楼机械室内。室内设备主要包括发送器、接收器、衰耗器、电缆模拟网络盘等。

应考虑的主要问题包括：发送器功率可达 70 W，如何减小辐射；室外传导性干扰的防护等。其中传导性干扰的防护在轨旁信号设备部分详细讨论。

3. 分散自律调度集中(CTC)系统

分散自律调度集中系统是综合了计算机技术、网络通信技术和现代控制技术，采用智能化分散自律设计原则，以列车运行调整计划控制为中心，兼顾列车与调车作业的高度自动化的调度指挥系统。分散自律调度集中系统采用计算机分布式网络控制技术、信息化处理技术，将列车运行调整计划下传到各个车站自律机中自主自动执行；在列车运行调整计划的基础上，解决列车作业与调车作业在时间与空间上的冲突，实现列车和调车作业的统一控制。

CTC 系统由控制中心设备和车站设备两大部分组成。车站系统主要设备包括车站自律机、车务终端、打印机、综合维修终端、电务维护终端、网络设备、电源设备、防雷设备、联锁设备接口设备和无线系统接口设备等。车站系统硬件结构图如图 4－2 所示。

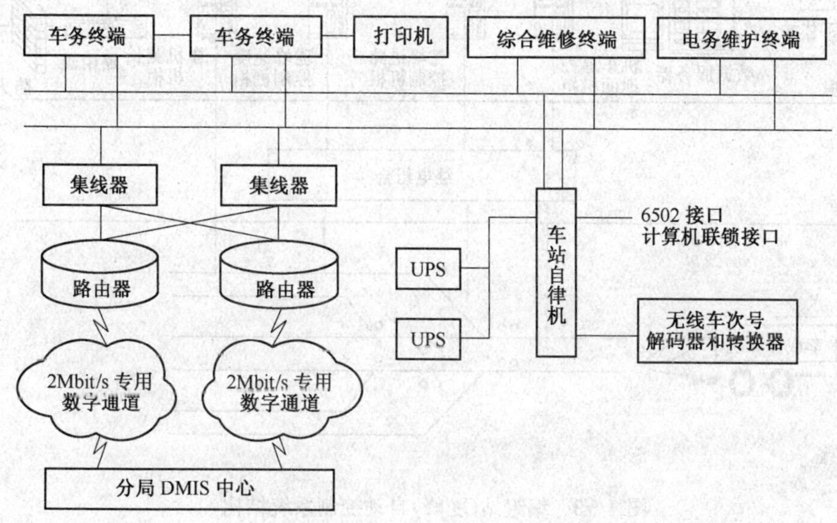

图 4－2　分散自律调度集中系统结构图

CTC 是典型的分布式计算机网络结构，主要应当考虑如何防止室外雷电及电气化干扰的影响。

4. 编组站(驼峰)自动控制系统

编组站地处铁路网的交汇点，是货运车流集散地，主要完成大量货物列车的解体和编组作业，作业过程一般分为到达、解体、集结、编组、出发。编组站的作业效率直接关系到机车车辆周转和货物送达时间，对提高铁路的经济效益和社会效益具有举足轻重的作用。

驼峰自动化控制是编组站综合自动化系统中的信号设备，它的主要功能包括驼峰调车进路、溜放速度、溜放进路的自动控制及其相关的辅助功能。驼峰自动化控制系统典型结构如图4—3所示。

系统除网络和室外设备控制外,还包括较多的室外测长、测速、测重等测量电路。

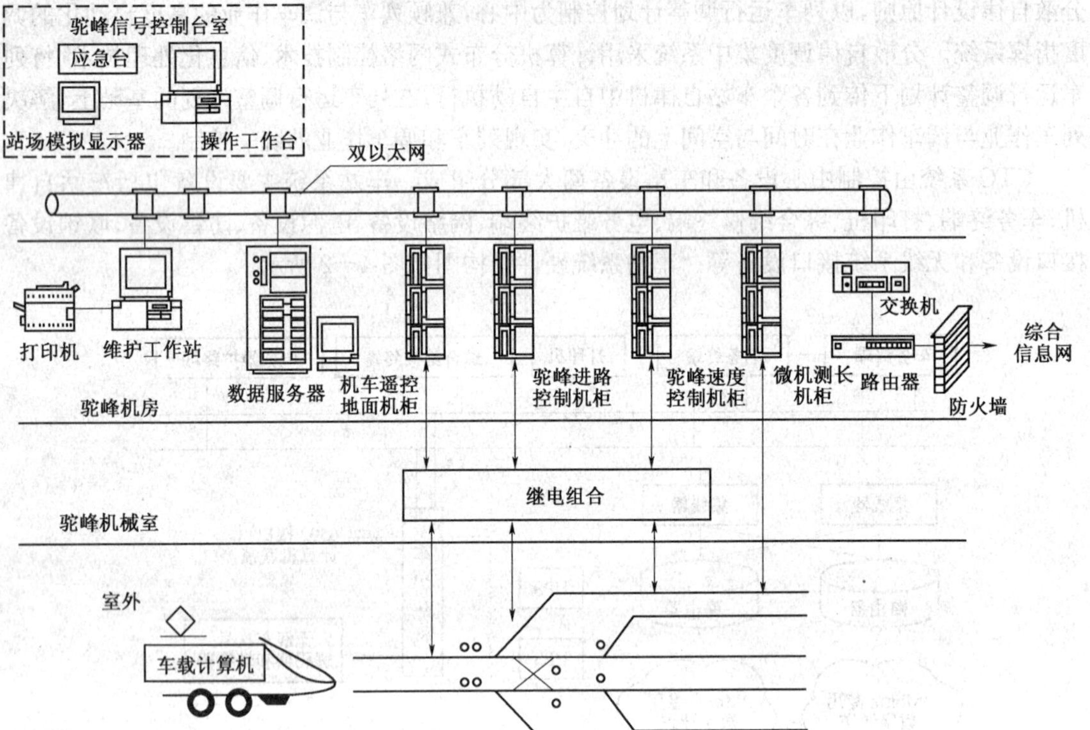

图4—3　编组站(驼峰)自动控制系统结构

5. 车站列控中心(TCC)和无线闭塞中心(RBC)

车站列控中心简称列控中心,是CTCS-2级和CTCS-3级列控系统的重要地面设备,它依据调度指挥系统下达的临时限速命令和联锁设备的进路状态,实时计算并选择相应的应答器报文,通过有源应答器发送给动车组,从而实现高速条件下对列车运行的动态控制。列控中心包括列控主机、维护子系统、电源系统、LEU、表示盘等。列控主机包括用于逻辑运算的CPU板、用于双系通信的LAN控制板和LAN接口板、用于双系运行状态控制的系统控制板和倒机板、用于与外部设备接口的串口通信板以及电源板等。

无线闭塞中心是CTCS-3级列控系统的核心设备之一,根据轨道电路、联锁进路等信息生成行车许可,并通过GSM-R无线通信系统将行车许可、线路参数、临时限速等信息传输给

CTCS-3 级车载设备；同时接收车载设备发送的位置和列车参数等信息。RBC 硬件采用冗余安全结构，设备包括：无线闭塞单元（RBU）、协议适配器（VIA）、RBC 维护终端、司法记录器（JRU）、ISDN 服务器、操作控制终端和交换机等设备。

除上述设备以外，其他设备还包括：列车调度指挥系统（TDCS）、智能化铁路信号电源、信号微机监测系统、采用微电子接收器的 25 Hz 相敏轨道电路等。

二、室内信号系统的特点

室内信号设备功能各异，差别很大，但组成结构形式具有很多共性，从电磁兼容角度，可以归纳出如下主要特点。

1. 设备结构有共性

信号设备（特别是计算机相关设备）一般安装在机柜内，不同的单元或系统之间通过通信线连接。如果需要与室外设备结合，经过分线盘再与信号电缆连接完成。在控制机柜内部，核心计算机单元通过总线扩展的方式来带动外部 I/O 模板，进而完成系统功能。图 4—4 是典型的室内信号设备硬件组成。

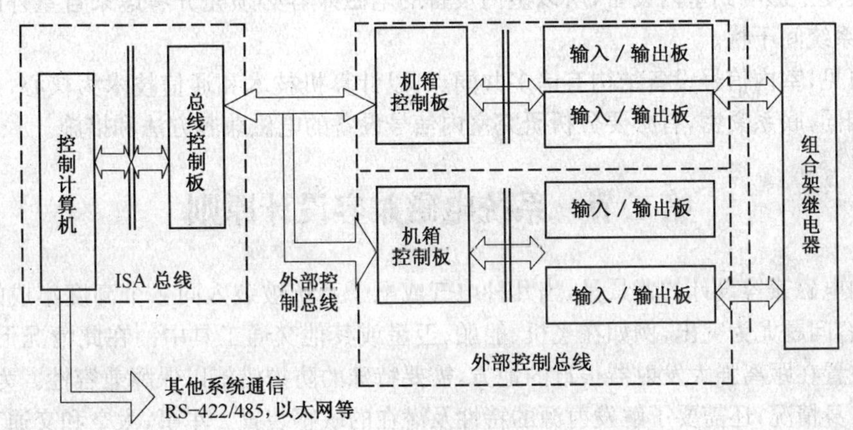

图 4—4　典型室内信号设备硬件组成

2. 微电子化程度高

传统的室内信号设备多应用信号安全型继电器来完成逻辑功能和控制功能，随着技术的进步，现阶段的室内信号设备几乎都以计算机、专用高可靠计算平台、电子单元为核心。一方面，电子设备越来越灵敏、越来越精密和小型化，而集成度更高，功耗更小，对电磁干扰非常敏感；另一方面，电子设备所处的电磁环境越来越恶化。还有一个显著特点是，信号设备的逻辑运算和智能化负荷加重，对软件依赖性非常强，程序由于干扰而错误输出的风险更大，因而与安全密切相关。

3. 线缆和接口类型复杂

室内信号设备通常以机柜构成相对独立的单元，但设备之间信息交换频繁，且接口的机械电气特性和协议复杂多样，线缆种类繁多。

在设备内部，控制单元一般通过总线扩展的方式来与外部模板接口，常用的计算机内部总线有 ISA 总线、STD 总线、PCI 总线、MCA 总线、EISA 总线、VESA 总线等，一般通过串口、现场总线和局域网络进行通信。与远程系统之间的信息交换多通过广域网和光纤接口进行通信，常见的接口形式主要有：RS-232C、RS-485、RS-422、RJ45 以太网接口、CAN 总线、光纤接口、各种信号工程电缆接口等。

接口的复杂化直接影响到接地、屏蔽、滤波等电磁兼容处理。结合系统内 EMC 设计的特点进行设计，相互影响会发生在系统内各个部分之间，而各部分设备不一定需要或要求划分一个边界，但要考虑各部分之间的影响。

4. 室外电磁干扰耦合较为严重

室内信号设备与室外设备联系紧密，需要直接控制室外设备或采集室外设备状态信息，而铁路电磁环境复杂，室外的雷电干扰、电气化牵引电流传导性干扰、接触网感应、辐射耦合等都会在一定程度上影响到室内设备，所以室内设备的电磁兼容必须充分考虑来自室外的各种电磁干扰，即系统间干扰。

由此可见，室内信号设备结构有诸多共同点，以计算机技术和通信技术为核心，加之所处环境基本相同，联系紧密，有必要分析研究室内信号设备的电磁兼容方法和措施。

第二节　系统电磁兼容设计原则

系统内电磁兼容设计的背景是，当几种电气或电子系统被装入同一个高度集成的装置中时，电磁兼容问题尤为突出，例如在飞机、船舶、卫星或其他交通工具中。在此情况下，敏感系统可能被放置在距离强大发射器很近的地方，需要特殊的防护措施以保障兼容性。为此，需要掌握设备自身情况，还需要了解发射源的特性及潜在的敏感装置。军事、太空和交通工具等领域的电磁兼容研究已非常深入，并且行业电磁兼容性规范也已经建立。

按照电磁兼容综合设计的要求，对于室内信号系统和设备，主要从如下几方面来进行：元件、电路板级的电磁兼容性；设备内部的电磁兼容性；系统内或设备间的电磁兼容性；系统及各设备对外部电磁干扰的防护。实现复杂系统的电磁兼容性是一项互相关联、涉及因素很多的任务，并不存在唯一、绝对和万能的方法，但在系统和设备电磁兼容设计中遵循基本原则，采用合理方案和技术，系统的电磁兼容性是可以达到的。

下面先对几个铁路现场的电磁干扰实例进行分析，进一步从各个层次简要阐述室内信号的电磁兼容设计原则。

一、电磁干扰案例及分析

1. 工频磁场和射频干扰引起联锁控制台显示器图像抖动(设备与环境)

某站计算机联锁设备的工作环境如图 4—5 所示，电力加强线用来为电力机车供电。电磁干扰现象是：位于运转室的控制台 CRT 显示器屏幕经常出现严重抖动，致使图像和文字无法辨认，影响值班员操作和运输。

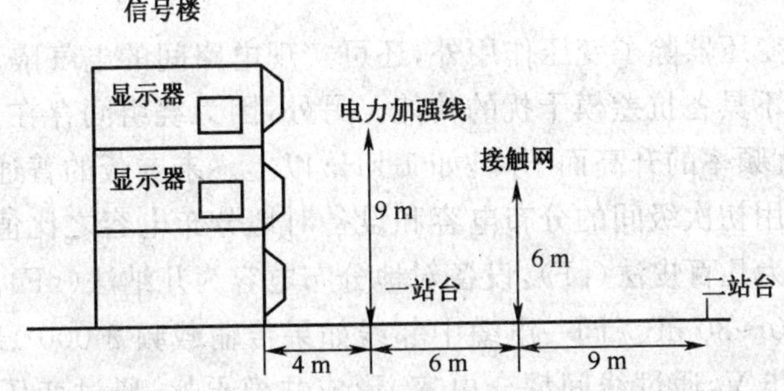

图 4—5　某站计算机联锁设备工作环境示意图

原因分析：显示器显像管中的高速电子束在帧偏转线圈和行偏转线圈磁场的共同作用下以扫描形式轰击显示屏，产生图像显示。如显示器周围存在其他外部磁场，同样会影响电子束的轨迹。由于图像是每秒 50 帧，所以，50 Hz 的工频磁场是产生图像抖动的主要原因。而周围高频电磁场、显示器电源中的瞬变脉冲等干扰因素可能通过各种途径影响视频信号，使屏幕显示出现同步不稳、滚动、雪花、亮条等现象，但不会出现显示字符和线条的抖动。

实际测试记录的最大磁场为 138 mGs，而 CRT 显示器满足磁场强度为 1 A/m(磁感应强度为 12.6 mGs)要求。其解决方案有三种：

- 采用抗工频磁场干扰性能强的 CRT 或液晶显示器，其工频磁场抗扰度试验等级应达到三级以上。
- 去除干扰源。结合变电所的整改工程，取消电力加强线，或将该线移到远离信号楼的地方。
- 信号楼采用屏蔽网或显示器加屏蔽罩，屏蔽效能应达到 20～30 dB。由于低频磁场不易屏蔽，加之不能遮挡屏幕，所以在屏蔽材料、尺寸、开口方向、孔隙安排等方面应做周密考虑。

2. 隔离变压器级间耦合(设备内部)

利用隔离变压器测试 UM71 轨道电路信号，在载频 2 300 Hz 区段，除在负载两端测到正常的信号波形外，还在负载对地端测到 2 000 Hz 电压 V_N，如图 4—6 所示。

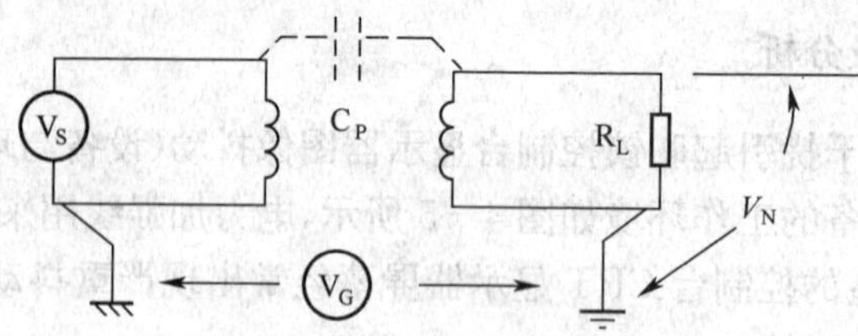

图 4—6　变压器级间耦合电容

原因分析:隔离变压器除了变压作用外,还可实现电路间的电气隔离,解决了设备之间的公共地的问题,但不具备抗差模干扰的功能。另外,因为绕组间存在分布电容,对共模干扰的抑制效果随干扰频率的升高而下降,如 1 kHz 以上。未屏蔽的普通隔离变压器对共模干扰的抑制效果,可用初次级间的分布电容和设备对地分布电容之比值来估算。通常初次级间的分布电容 C_p 为几百皮法(pF),设备对地分布电容为几纳法(nF),共模干扰衰减值在 10～20 倍左右,即 20～30 dB。同一电缆中邻线如果传输载频 2 000 Hz 信号,其发送功率大,最大电压可达 176 V,通过线间耦合电容,形成共模干扰,通过变压器级间电容耦合到次级。

解决方法:要提高对共模干扰的抑制能力,关键是减小变压器绕组间的耦合电容,可在变压器初次级间加设屏蔽层,并在次级接地。

3. 无线集群电话干扰信号设备(设备之间)

在机械室 ZPW-2000 无绝缘轨道电路接收器附近使用无线对讲机时,射频干扰引起轨道继电器错误落下,轨道电路出现"红光带"。另外,现场也出现过使用 400 MHz 手持电台时,引起联锁控制台上鼠标移动甚至错误操作的现象;使用 150 MHz 或 230 MHz 电台时,射频辐射对车载信号造成干扰。

原因分析:目前铁路行业用于集群移动通信的频段主要在 400 MHz 和 800 MHz 频段,手持终端对讲机的功率范围 0.5～5 W。在第一章中给出了单点辐射骚扰源的功率和场强之间的关系,GB/T 17 926.3 附录 A 中提供了便携式收发机由功率 P 在 VHF(米波)和 UHF(分米波)频段场强 E 的计算公式

$$E=\frac{k\sqrt{P}}{d}=\frac{3.0\sqrt{P}}{d} \tag{4—1}$$

式中,d 为到源的距离(远场区),单位 m。可得距离为 0.5 m 处的场强值:0.5 W 时为 4.24 V/m,5 W 时为 13.42 V/m。如果距离更近,再叠加其他射频成分,则骚扰场强更大。而信号设备射频辐射的抗扰度限值(等级 3)为 10 V/m。由于轨道电路接收器采用基于数字信号处理器(DSP)的技术,因而,当辐射干扰对逻辑电路、时钟电路或其他数字信号时,造成两路输出

不一致,使继电器落下,导向安全。

主要解决措施为:在微电子设备附近,应限制大功率无线通信设施或器材的使用;同时,信号设备工作场所应考虑射频辐射源的影响,设备本身应采取屏蔽及滤波等措施。

现场发生的电磁干扰实例表明,电磁兼容性能的优劣不仅与设备内部良好的设计有关,还与设备所处环境,以及设备之间电磁兼容设计密切相关。

二、室内系统电磁环境

铁路环境的要求主要是针对外部强电磁干扰,尤其是雷电干扰以及电气化铁道环境中存在工频和脉冲磁场、电源波动和谐波、射频辐射、瞬态脉冲等电磁干扰,基本要求是,一方面设备的抗扰度指标高于规定的限值,另一方面设备所处环境中的干扰低于规定的限值,同时再保留一定的裕量,这样才能保证设备在环境中稳定工作。当然,系统的接地、布线等设计也必须要求。

1. 有关标准和规范

关于计算机设备电磁环境接地、搭接等规范,很有参考价值的是 ITU-T 的 K.27 建议《电信大楼内部的搭接布置与接地》,主要的国家标准有:GB/T 2887－2000《电子计算机场地通用规范》、GB 50174－2008《电子计算机机房设计规范》、GB 50462－2008《电子信息系统机房施工及验收规范》等,对机房分级、防雷设计、电磁屏蔽、线缆布放等提出了要求。

铁道行业标准和规范有:TB/T 3074《铁道信号设备雷电电磁脉冲防护技术条件》、铁运(2006)26 号《铁路信号设备雷电及电磁兼容综合防护实施指导意见》、《铁路电气设备防雷、电磁兼容及接地工程设计规范》等,针对信号机房环境、接地和搭接、屏蔽、线缆布放、防雷保安器配置以及施工维护等详细规定了具体的实施方法。有关内容在后续雷电防护中还将介绍。

2. 典型建筑物的屏蔽效能

在新建线路中,我国室内信号设备环境将以钢筋混凝土结构的建筑物为主。根据《电磁兼容手册》提供的数据,对于如下特点的钢结构建筑物:钢梁垂直距离 6～9 m、水平距离 3～5 m,地板为钢筋混凝土、外表面为砖石、灰浆及玻璃,经验数学模型分析表明,以 70 MHz(对应于水平极化下 3 m 地板间距时谐振半波长)为分界点,在 10 kHz～70 MHz 频段,电场的屏蔽衰减 A 随频率增加衰减变小,斜率为每倍频程 23 dB(理论值为 20 dB),其公式为

$$A(\mathrm{dB})=48+0.73d-23.6\lg f \tag{4－2}$$

式中　d——内部距建筑物表面距离,m;

f——频率,MHz。

例如,内部 5 m 处,在 10 kHz 时衰减为 98.85 dB,接近 10^5;而在 70 MHz 时,2 m 处仅为 5.92 dB,约衰减到原来的一半。

在 70 MHz～10 GHz 频段,由于建筑物的吸收,电场的屏蔽衰减随频率增加衰减增大,公

式为

$$A(\text{dB})=3.7+0.73d+(5+1.09d)\lg(f/75) \tag{4-3}$$

例如,频率 900 MHz 时,在 2 m 处衰减为 12.9 dB,而在 20 m 处衰减可达 47.2 dB。

根据以上分析,计算机设备位于建筑物内中央时,其屏蔽效果要远好于放置在靠近建筑物表面的位置。

另外,改善建筑物外表面材料,墙、地板和天花板安装导电网格,采用金属化墙纸、门窗设计等方面的措施也会提高屏蔽效能。

对于电磁干扰更为严重的场合或针对某些敏感设备,必要时可在建筑物内设置屏蔽室。目前,在客运专线中继站等地点,已经采用模块化的箱式机房(Shielded Hut)作为信号设备的工作环境,实际是屏蔽室的一种,有优良的防雷电和电磁干扰性能,但要特别注意保证在孔缝、进出管线处的屏蔽完整性。由于结构弯曲性和通道门屏蔽效果的限制因素,其典型的屏蔽效能比固定屏蔽室要低 20～30 dB。

3.设备在电磁环境中应重点关注的问题

(1)合理布局和接地

电磁兼容设计后大约 90%的干扰问题都是由于布局或接地不当所引起的,因此被认为是成本最划算的设计方法,设计不好时则完全可能成为产生发射或引入干扰的通道。布局或接地不仅针对系统内设备之间,也包括了设备内部及电路板的设计。

机房中的信号设备一般以机柜为单元,地线种类包括系统工作地、安全地、防雷地和电磁兼容地;有的需要与其他设备及室外设备进行连接或通信,其他还有电源线、空调线等,线缆的频率和功率差异很大。另外,各种通信介质一般都有传输距离的要求。

前面列出的有关铁路标准和规范已对接地和线缆布放提出具体措施,计算机网络布线也有较为完善的规划和布线方案。但目前尚未对信号机房内各种信号设备的布局制定相关规范。合理布局、布线、接地不仅可以提高设备的电磁兼容性能,还可节约成本。

设备自身对电磁干扰控制的主要原则是利用反射或吸收的原理,控制进出设备的干扰流。可分为三个层次,第一级为电路设计方法,如去耦、平衡结构、带宽和速度限制等,尤其是电路板的布局与接地。第二级措施,应考虑内部电路与外部电缆的接口问题,采用滤波、选择连接器等。第三级是屏蔽。

有关接地、线缆引入和布放、机柜和 PCB 设计的电磁兼容技术将在以下内容中分别讨论。

(2)电源质量

室内信号系统由信号电源屏提供工作电源,电源端口是电磁干扰侵入设备的重要通道。电源屏应根据外电网输入电源质量,输出符合信号设备正常工作所需的电源质量,同时,后级负载的电源模块则相应进行配置,这样既能保证设备稳定工作,又可避免重复浪费。

在国标计算机机房设计规范中,要求采用地下电缆进线,电源质量分为 A、B、C 三个等级,表 4—1 中列出了规定的相关指标。

表 4—1　计算机机房设计规范中电源要求

电源质量等级	A	B	C
稳态电压偏移范围(%)	±2	±5	+7/−13
稳态频率偏移范围(%)	±0.2	±0.5	±1
电压波形畸变率(%)	3～5	5～8	8～10
允许断电持续时间(ms)	0～4	4～200	200～1 500

在《客运专线铁路信号产品标准暂行技术条件　铁路信号电源屏》中，根据客专信号系统的需求，针对 200 km/h 及以上客运专线铁路信号电源屏即智能型电源屏，不仅规定了产品分类、技术要求、试验方法、检验规则等，还对影响产品质量的重要因素如关键件要求、元器件老化筛选、生产环境和工艺要求、生产过程检验要求、产品的一致性和可追溯性要求及可靠性指标等方面做出了严格规定。其中，涉及电源质量和影响电磁环境的主要内容包括：在雷电电磁脉冲干扰防护、电磁发射和抗扰度方面均给出了全面的要求；对站内和区间设备额定容量及输出额定电压、允许波动范围进行了详细的规定。其他要求还有：当电源屏输入电压不超过额定电压的±25%时，其输出应保证信号设备正常工作；主备电源的转换时间(包括手动和自动)不大于 0.15 s。

简单对比铁路标准和国标对电源质量的要求，铁路信号电源屏对输出电压波动范围的指标很完备，同时电磁兼容的要求比较全面，不仅可以有效抵御外界电磁干扰进入信号电源，而且还对自身传导和辐射发射有约束，避免影响周围环境。不过，铁标对 50 Hz 输出频率偏移没有提出要求，另外，由于主备电源切换时间最大 150 ms，各种信号设备还需配置 UPS 不间断供电电源。

三、接地和搭接

第一章已介绍了接地技术基本内容，这里仅对接地中的重要概念进一步说明，重点讨论信号系统所在建筑物的接地和搭接(连接)方案。

1. 接地相关概念

(1)信号地

信号地是电路中各种电压信号的电位参考点，还应认识到，地线是信号电流流回信号源的低阻抗路径。在没有认真进行地线设计的情况下，地线电流实际处于不受控的状态，会以一条阻抗最低的路径流回信号源。而由于不知道地线电流的真实分布，一旦出现地线干扰问题，很难找出一个解决方案。地线导致电磁干扰的机理如下：

- 地线电流导致了地线电位的差异，这与地线电位一定的假设相矛盾，导致了电路工作异常。
- 地线的设计不当导致了较大的信号回路面积，这种较大的电流回路面积会产生很强的电磁辐射，产生辐射干扰问题。

- 较大的信号回路面积会增加电路之间的耦合，导致电路工作异常。
- 较大的信号回路面积会增加电路对外界电磁场的敏感性。

因此，地线对电磁兼容的重要性不言而喻。在进行设备 EMC 设计时，要精心设计地线，以实现两个目的，一是保证地线的电位一致，二是为信号电流提供一条低阻抗的路径，使信号电流回流处于受控状态，控制电流回路面积。

信号回路的阻抗由导线的电阻和回路电感形成的感抗组成，当频率较低时，感抗很小，回路的阻抗主要由电阻决定。当频率较高时，感抗所占比重越来越大，回路的阻抗主要由电感决定。回路的电感与导线自身电感不同，回路的面积越大，则包围的磁通量越大，电感量也越大。

(2)单点接地

从理论上讲，单点接地系统是最佳方案。每一个电路模块都有自己到单点地的连接，每一个设备或子单元都有一个到地的搭接，在其他接地网络部分流动的电流都不会耦合进电路，因而排除了共模阻抗耦合问题，也避免了低频地环路。但是，随着频率增大到 MHz 以上，地线长度及阻抗将不能忽略，在电路之间会形成共模电位，同时，分布电容的存在对地线上高频电流路径会产生影响。一般来说，单点接地线的长度应小于最短工作波长的 1/20；或者频率在低于 1 MHz 时采用。单点接地模型如图 4－7 所示。

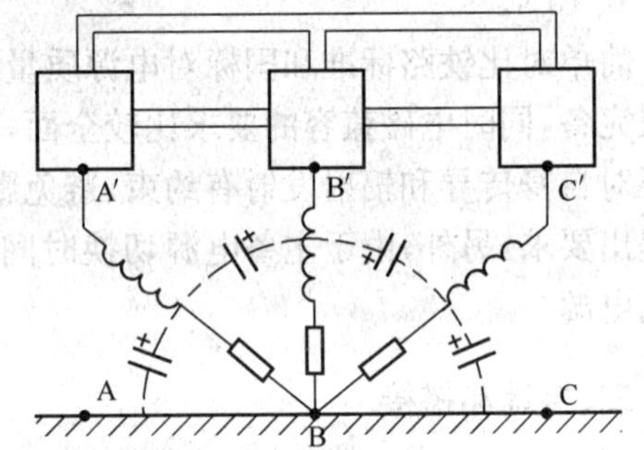

图 4－7　高频时单点接地模型

单点接地还有一种修正方法，将具有相似特性的电路模块连接在一起，并将每一个公共点连接在单点地上，这样在一定程度上可降低电路之间的共阻抗耦合，同时减小高频电路影响。为了使共阻抗效应的影响最小，噪声最大的电路应距离公共接地点最近。

(3)多点接地

对于数字和信号高频系统来说，应采用多点接地，模块和电路之间使用许多短的(小于 1/10 波长)连接搭接在一起，尽量减少接地阻抗感应的共模电压。一般在 10 MHz 以上时应使用多点接地。

但是，连接到底板、地平面或者其他低阻抗导体会引入环路，导致磁场耦合。如电源工频 50 Hz 会干扰音频信号电路，更高频率或电平工作的电路对工频干扰通常并不敏感。除对敏感电路进行抑制外，应尽量减小环路面积。

(4)混合接地

混合接地一方面是指单点和多点接地的组合使用，另一方面是指通过电抗元件(电容器或电感器)来接地。由于器件在低频和射频时特性不同，这种接地方式可应用在敏感的宽带电路中。例如，较长线缆的外护套可通过合适的电容器连接地到地(底板)，以防止形成射频驻波，

同时，该电容可以阻断低频和直流，避免形成不期望出现的附加地环路。再例如，计算机设备可通过约 1 mH 的电感(RF 扼流圈)接地，在工频 50 Hz 时阻抗约 0.3 Ω，具有安全接地功能，但在高频时呈现数千欧姆高阻，防止高频干扰进入设备。

需要注意，使用电抗元件接地时，谨防出现毛刺谐振，使干扰电流增强。例如，如果 0.1 μF电容用于去耦自感等于 0.1 μH 的电感时，则谐振频率是 1.592 MHz。显然，在这个频率附近，线缆的屏蔽层相当于没有接地。

2. 建筑物内设备接地方法

参照 ITU-T 的 K.27，电信设施建筑物内部设备接地和连接(搭接)方法有：星状隔离连接法(Star-IBN，IBN 是指 Isolated Bonding Network)、内部网状隔离连接法(Mesh-IBN)、内外网状多点连接法(Mesh-BN)三种基本模式，如图 4－8 所示。

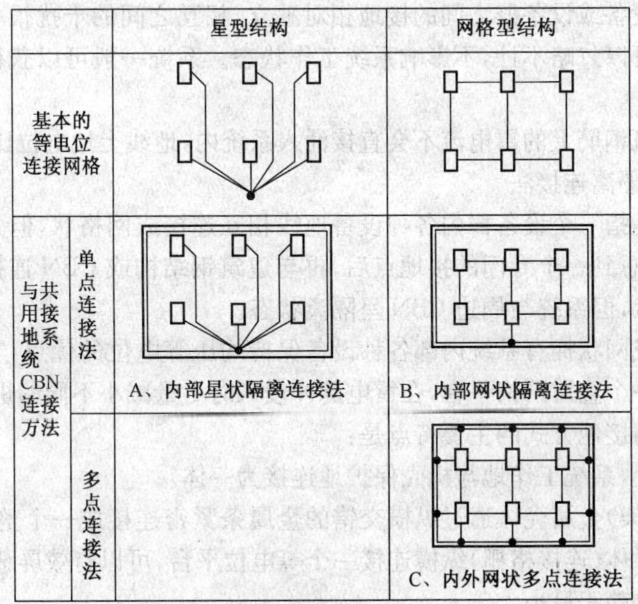

注：□ 代表设备或设备系统群；

═ 代表建筑钢结构为主体的共用接地系统 CBN；

● 代表设备地线与附近钢结构(共用地线系统)的连接点或设备地线与专门接地点的连接点。

图 4－8 建筑物内设备连接和接地方式

这些方法宏观上指整个大楼内各种设备群之间的地线连接方式，如组合架、分线盘等接地线与信号楼接地系统的连接方式；微观上指一个设备群内的地线连接方式。对整个信号楼建筑来说，图中方块就是一个子系统(或一个机房)；而对单独一个子系统(或一个机房)来说，方块就代表一台设备或一个机框。在接地设计过程中,可采用一个基本工具——接地图,给出整个设备所有接地参考点和接地路径,其生成、维护和优化贯穿于整个项目的设计过程,这实际也是 EMC 管理的内容之一。

目前,Star-IBN 和 Mesh-IBN 方式在我国应用较普遍。

(1)星状隔离连接网接地

基本特征是系统内连接成星形状,但系统与周边共用接地系统(CBN)呈隔离状态。为保证每个设备的地都单独连接到接地汇流排,必须做好设备的绝缘措施,否则机壳金属与建筑钢结构等有电气接触,相当于有多条地线与接地汇流排连接,也可能导致不同设备机柜之间的电气连接。主要特点是:

①系统只通过一个指定位置与地网或共用接地系统 CBN 单点连接,二者接口或过渡区域最大为 2 m,其他任何地方 IBN 与 CBN 要隔离。

②系统内各个设备或设备群之间的接地相对独立,相互之间的干扰很小,从 CBN 或其他设备流入的漏电流可以忽略不计,不影响系统工作状态。系统一般可以获得从直流到数十千赫的屏蔽效果。

③直击雷在建筑钢筋上的雷电流不会直接涌入系统内,地线上地电位比较稳定。

(2)网状(网格)隔离连接法

这种接地结构是指一个设备群内各种设备地线相互连接成网格状,但并不直接与建筑钢结构相连接,而是汇总到一个专门的接地点后,再与建筑钢结构或 CBN 连接。其基本特征是系统内连接成网格状,但系统与周边 CBN 呈隔离状态。

内部设备连接成网状拥有系统内部各种设备保持均压等电位的优点,实施方法是在设备群顶上或底部安装一个金属网格平台,在雷电脉冲侵入时尽量减小不同的机柜之间的电位差。内部网状隔离连接网接地方式的主要特点是:

①在各个机柜上,系统工作地与机壳保护地连接为一体。

②系统内机柜(架)金属壳体通过纵横交错的金属条紧密连接成一个整体,而且在机房顶上或者底部用金属导体(连接格栅)纵横连接一个等电位平台,可以有效屏蔽外界电磁脉冲,保证各个机柜的电位差趋于最小。

③系统所有机柜必须保证与建筑钢筋或其他任何金属构件(CBN)完全隔离,系统与地网或 CBN 的连接通过单点连接(SPC)来实现。

(3)三种方法的分析比较

网状多点接地 Mesh-BN 是指搭接网络中所有相关设备的机架、机柜等均以多点方式与 CBN 连接。从原理上看,两种 IBN 都是单点接地,而 Mesh-BN 是多点接地。

由于设备 IBN 与共用接地系统 CBN 之间存在分布电容,适用于较低的频率范围,分布电容大小与 IBN 尺寸有关。随着频率升高,需考虑接地线电感与电容的并联谐振,此时屏蔽效果最差。另外,当强电磁干扰进入设备内部地线上,会产生地电位升。

系统内部的等地位连接在一般电磁干扰情况下，甚至附近有雷电感应电磁场影响时，能发挥很好的抑制作用，引起电子设备核心电路遭雷击损坏的主要原因是雷电流带来的地电位差。IBN 要求设备安装时与建筑物金属绝缘，严禁设备与柱梁、楼面及墙面有任何电气上的连接。如果设备机架与梁柱内钢筋碰触在一起，直击雷发生时有瞬态雷电流侵入设备内，在不同的机柜之间、不同的电路板之间产生显著的电位差，导致一些脆弱的接口芯片损坏。为保持与 CBN 的隔离或绝缘，需要有完善的施工安装、维护检查措施。比如应注意：设备机柜的固定安装螺钉与周边金属体绝缘，打在建筑水泥板上的固定螺钉应加装绝缘套等，以保证设备对建筑体的完全绝缘。

网状多点接地 Mesh-BN 的优点是，设备机架与 CBN、线缆屏蔽层与机壳等就近连接，不受限制，易于维护，CBN 的屏蔽效果可从直流到数兆赫兹(MHz)。其缺点是需要有定量的设计规范并确定设备恰当的抗扰度数据。与网状多点接地相比，IBN 的缺点是布线的限制以及为保证有效隔离而投入的费用。由于 K. 27 建议中对 Mesh-BN 方式还有其他要求，如所有进入一个系统内的线缆都要在统一的入口处做屏蔽层接地处理。因此，当难以达到 Mesh-IBN 的绝缘要求时，改为多点接地的 Mesh-BN 一般并不可行。

(4)应用

在实际应用中，这些方式可以组合使用。在铁运 2006(26)号文中，信号设备与建筑物绝缘，地线按类型和性质接到各自的接地汇集线，各种汇集线再连接到总接地汇集线，接入环形接地装置。这种方式相当于两级星状隔离接地，不过，对于电源和室外电缆(分线盘)，其接地汇集线单独接到环形接地装置。而信号机房门窗、地板等的屏蔽接地，则是多点与建筑物结构连接，属于网状多点接地。

ITU 在 K. 56 建议《无线基站(RBS)防雷》中，给出了两种方式的实施要求。在 Mesh-IBN 方式下，对进入 RBS 机房的所有导线应采用单点连接窗(SPCW)方式，要求 SPCW 应尽可能小，最好的情况是：所有导线(包括从杆塔引下来的电缆、电源线、外面电线杆上引入的通信电缆)应从同一点进入 RBS，并在同一接地排上进行等电位连接。RBS 内设备电缆应与地面、墙壁绝缘，其绝缘强度应能承受规定的感应电压。

3. 地环路和网格接地

地环路干扰是一种较常见的地线干扰现象，常常发生在通过较长的电缆连接相距较远的设备之间，其产生的内在原因是地环路电流的存在，如图 4－9 所示。形成地环路电流的原因是：

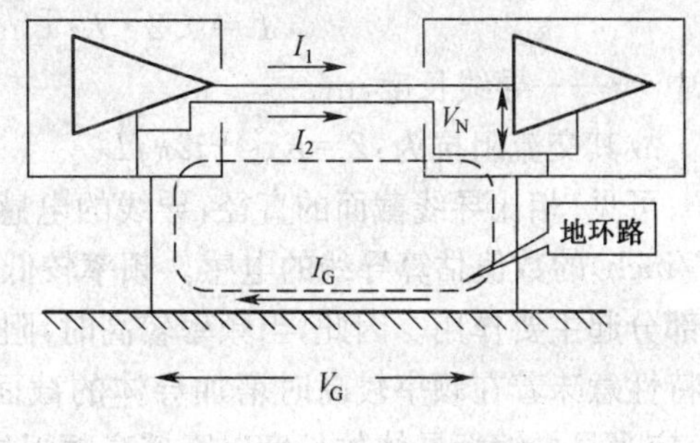

图 4－9　地环路的形成

①当两个设备的接地点不同时，由于两个接地点的电位不同，会在两个设备的接地点之间再形成电位差。

②当一个设备的滤波器、浪涌泄放、静电放电电流进入地线时，形成电位差。

③当设备互连线处在较强的交变电磁场中时，根据电磁感应定律，交变磁场会在互连线包围的回路中产生感应电动势或感应电压。

如果设备两个接地点之间构成一个闭合环路，出现地电位差时，环路中将会有共模电流产生，在信号或电源线缆回路中形成电磁干扰。抑制地环路干扰的方法主要有：单点接地、采用变压器或光耦等隔离、利用共模扼流圈等提高阻抗等。

如果环路是开路，尽管此时电位差仍然存在，但电流没有形成回路，不能流通。在通常的单点接地策略(如上面提到的星型连接方法)中，隐含了一个公式化的原则——消除地环路，保留接地系统中各个部分之间存在的电位差。显然，网状(Mesh)接地系统会产生“地环路”，在地环路中的电流与它们相关的在接地网络不同部分上的共模驱动电压已被证明是产生干扰的重要来源。

在简单的低频系统中，单点接地方案容易实现，也非常有效。但对于以兆赫兹衡量的干扰频率，这种方案就难以达到目的了。因为星型接地导体在高频时呈现高阻抗，相当于去耦作用，而不是耦合到地。随着时间的推移，由于系统和建筑物变换或增加，大的星型接地系统可能会退化为环路系统，为了确保安全和设备可靠性以及维护系统接地的有效性，在管理和控制上的任务会更重。

在高频情况下，可行的方法是网格接地系统。尽管网格会产生地环路，但由于环路都很小，而且易于控制，因而在结构上每个部分之间的电压都可以控制到很小，因而干扰电流也很小。

这个问题本质上也是单点接地和多点接地的区别。可见，任何方案都不是绝对的，应根据应用场合选择合理可行的方法。

4. 接地导体

接地导体可按以下等级分类：长导线最差，短导线略好，编织带较好，而片状(平板)最好。

(1)圆导线的阻抗

半径为 r 的圆导线在电流频率 f 时的交流电阻 R_{AC} 为

$$R_{AC}=0.076\cdot r\cdot\sqrt{f}R_{DC} \tag{4-4}$$

式中 R_{DC}——导线直流电阻。

$$L=0.2\cdot l\cdot[\ln(2l/r)-0.75]\ (\mu\text{H}) \tag{4-5}$$

式中 l——导线长度，m。

故其交流阻抗为：$Z=R_{AC}+\text{j}2\pi fL$。

可见，相比导线截面的直径，导线的电感与导线长度关系更密切。一般可用 1 μH/m(20 nF/inch)的数值估算导线的电感。频率较低时，电阻成分起主要作用，频率较高时，电感的感抗部分起主要作用。因此，当频率较高时，阻抗与导线直径关系不像频率较低时那么明显。这种特性意味着在频率较高时增加导体的截面积并不能明显地降低导体的阻抗。在实际应用中，应当尽量缩短导体的长度以降低高频阻抗。

(2)长地线模型

如果接地线沿着地平面或者底板延伸到一定长度，可等效为一根传输线(如图 4－10 所示)。考虑分布电容后，地线模型可表示为一个 RLC 电路，其特性阻抗 Z_0 为：

$$Z_0=\sqrt{L/C} \tag{4-6}$$

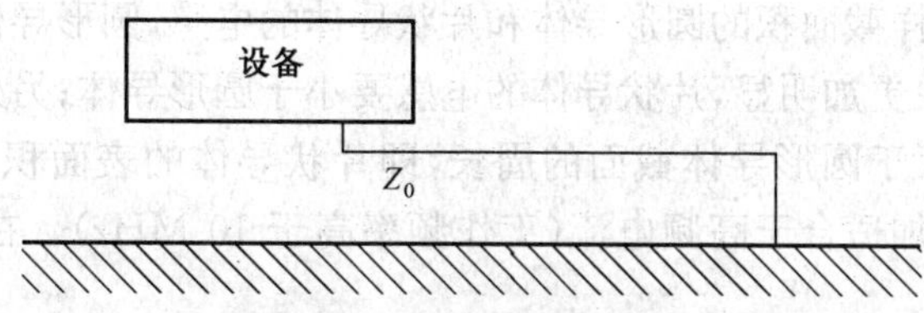

图 4－10　长地线

如图 4－11 所示，随着工作频率的升高，其感抗将超过电阻成分，总阻抗继续增大，直到在 f_{P1} 产生并联谐振，线路阻抗呈高阻，并联谐振阻抗 Z_P 典型数值可达数百欧姆。

$$Z_P=Q\omega L=(\omega L)^2/R \tag{4-7}$$

式中　Q——电路品质因数；

ω——谐振角频率。

过了第一个谐振点之后，随着频率增加，还会出现串联(低阻抗)和并联(高阻抗)谐振点。由于趋肤效应使损耗增大，谐振的峰值和零值变化将不再明显。为了保持导线接地的有效性，即控制在第一个谐振频率之下，接地线长度应小于最短工作波长的 1/20。

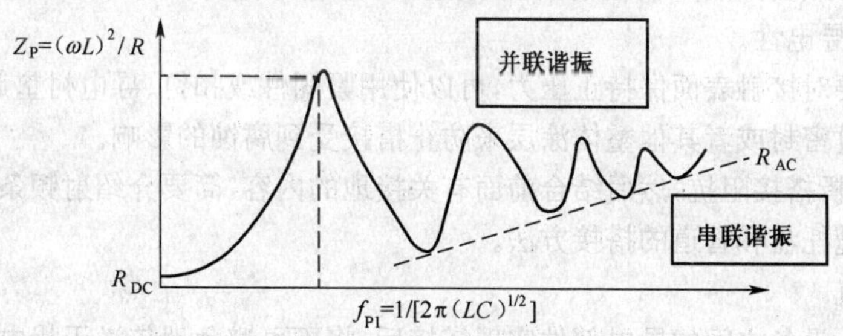

图 4－11　随频率变化的长地线阻抗

综合考虑接地各种因素，接地导体主要特性是：

- 在数千赫兹以上，任意长度的导线主要呈现为感性；1 MHz 时典型长度的导线感抗达到欧姆级，在数十兆赫兹范围可达数十欧姆。
- 当一段导线的长度等于 1/4 波长的整数倍时，其阻抗达到最大谐振值。
- 产生谐振波峰和波谷的频率会受到设备或器件布局的很大影响。

(3)片状导体的电感

片状导体的电感为

$$L=0.2\cdot l\cdot[\ln(2l/W)+0.5+0.2\cdot l/W]\quad(\mu\text{H})\tag{4-8}$$

式中,l 和 W 分别为导体的长度和宽度,m。

对比单位长度、同样截面积的圆形导体和片状导体的电感,圆形导体比扁平的金属条/带、金属编织网的趋肤现象更加明显,片状导体的电感要小于圆形导体;另外,当截面积一定时,片状导体截面的周长也大于圆形导体截面的周长,即片状导体的表面积更大,高频时的电阻更小。因此,片状导体更加适合于高频电流(工作频率高于 10 MHz)。在工程中通常用金属片(如铜排)做地线。

尽管片状导体(短的扁平带)作为接地导体有最低的阻抗,但也并非尽善尽美。例如,一个 10 cm 长,9 mm 宽,2 mm 厚的镀锡铜编织带,参照上式计算其电感约 0.116 μH,在数百兆赫兹频率时,仍然呈现一定的阻抗(0.73 Ω/MHz);其优点在于将谐振点推移到更高频率,并且有非常低的 Q 值,因此其阻抗通常可忽略不计。

5.搭接

搭接是导体间稳定的低阻抗连接,最好是相同金属的直接接触。搭接首选焊接方式,焊缝长度要大于导体的重叠部分;其次是金属间直接压制搭接;还可在金属表面上涂导电涂料加压形成。有关搭接的一些常用规则是:

- 表面对表面的导电性接触可获得好的搭接效果,有缝隙时应沿着缝隙保持连续接触,表面粗糙或不平应处理,必要时可使用搭接条。
- 搭接时必须去掉隔离层或绝缘层,如金属表面的喷漆或电镀物,通常需要对接触表面进行处理以保证导电性。
- 搭接需要对接触表面保持正压力,可以使用紧固件或扣钉、导电衬垫等。
- 应当通过密封或者其他整体涂层来防止搭接受到腐蚀的影响。

这里首先分析搭接阻抗,然后结合前面有关接地的内容,简要介绍射频条件下建筑物等电位网络结构、线缆托盘和管道的搭接方法。

(1)搭接阻抗

设备与地线、设备之间的导电部件实现搭接后,将不可避免地传送干扰电流。对高频干扰电流来说搭接阻抗将增大,因此,评价搭接阻抗时应采用交流阻抗,而不是直流电阻。较好的搭接电阻典型数据为电阻 0.5 mΩ、电感 25 nH,压接时电阻典型值为几个毫欧,在 1 MHz 时则可能超过 1 Ω。

确保搭接的低阻抗不能仅仅用直流进行连续性检查,不能简单地用欧姆表进测量。测量搭接阻抗一般用高频信号源,用四端点方法,即用一个信号源向被测量点注入高频电流 I,然后测量被测点上的电压 V,应用欧姆定律计算阻抗。如图 4—12 所示。

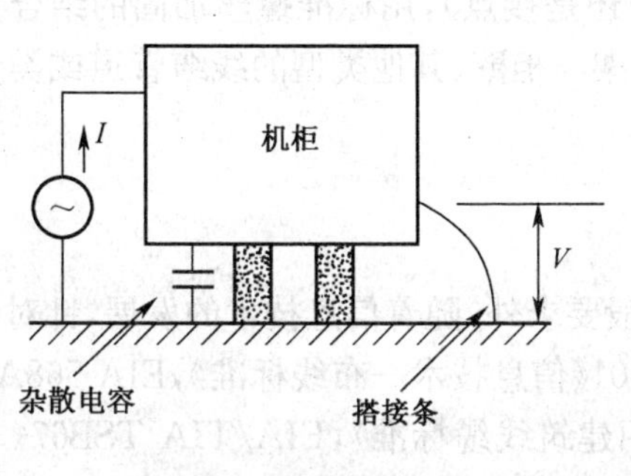

(a) 搭接测量方法

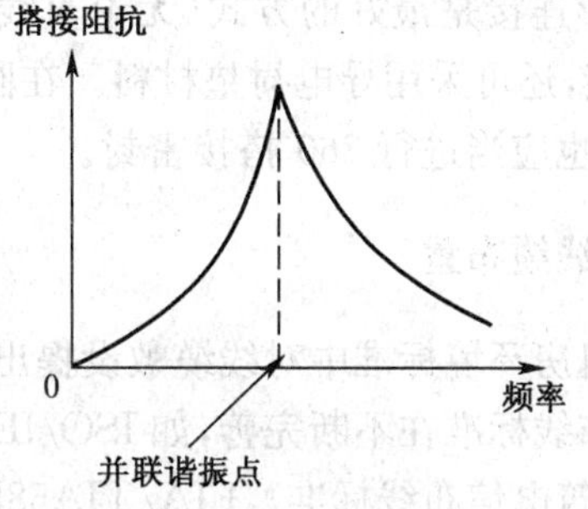

(b) 测量结果

图 4—12　搭接阻抗的测量

从图中可以看出，在频率较高时，由于机箱与大地之间的寄生电容和接地导线的电感，搭接阻抗表现为电感和电容并联时的阻抗特性，在某一频率上发生并联谐振，阻抗很大。

室内信号设备中需要搭接的地方很多，如屏蔽机箱、屏蔽电缆、地线、滤波器与机柜的搭接等。值得注意的问题是，随着时间的推移，如果设备电磁兼容性能逐渐降低，出现内部干扰、容易受外界干扰等现象增多，很可能是由于接触松动、金属氧化、腐蚀等原因，导致设备中的搭接点阻抗变大。

片状导体对高频干扰具有较低的阻抗，在设备机柜中可采用接地铜排，以减小接地阻抗；在地线与柜体的搭接部分，要保证可靠搭接。

(2)等电位网络结构的搭接

为在射频范围实现等电位，获得较好的电磁兼容指标，需要三维的接地结构，必须有直接金属对金属的多点搭接，尽量使用焊接。

建筑物结构上所有的金属件或线缆支撑部件都应当在它们的连接点实现射频搭接，距离很近时也应射频搭接，包括建筑水管、空气导流管、烟囱、钢筋、线缆桥架托盘、导管、走道、楼梯和天花板支撑物等，从而构成一个三维接地网络。建筑物的钢结构和加强柱应采用焊接方式连接，对于其中长期搭接到接地网络的，还需要有足够数量的连接点，形成网状接地网(Mesh-BN)，并满足网格尺寸不大于 4 m 的要求。

参照前面接地导体的要求，在将设备配电板的接地总线或本地交流电源配电柜的接地条连接到网络时，应当使用长度小于 1 m 的导体，最好小于 0.5 m。公共接地网络和结构组成部分之间的连接长度不应超过 0.5 m，此外，相隔一定距离再增加一次并行连接。

(3)线缆托盘和管道的搭接

电镀的线缆托盘和矩形管道最好使用接缝焊接法进行连接。

线缆托盘、托架(走线槽)、管道可充当并联接地导体(类似于贯通地线)。在它们的结合点、末端端接处所使用的搭接方法也应当考虑与相应的干扰频率相匹配。

环形连接是最好的方式(无论直线、拐角还是接点),用标准螺丝加固的结合方法可达到360°连接,还可采用导电衬垫材料。在圆形托架与柜壁、其他类型的线缆管道或类似金属表面搭接时,也应当进行360°搭接密封。

四、线缆布置

除机房环境标准中对线缆敷设提出的一般要求外,随着信息技术的发展,针对电信和计算机网络布线标准在不断完善,如ISO/IEC 11801《信息技术—布线标准》,EIA 568A/TIA 568B《商业建筑电信布线标准》,EIA/TIA586《民用建筑线缆标准》,EIA/TIA TSB67《非屏蔽双绞线布线测试标准》等,我国在借鉴国际标准的基础上,颁布了GB 50311—2007《综合布线系统工程设计规范》。

铁路行业室内信号设备工作环境比较复杂,一方面计算机等信息技术设备占有越来越重要的地位,同时还必须考虑其他强电大功率电力电缆的影响。铁运2006(26)号文中,对线缆进出建筑物、通信信号电缆与电力电缆间距等方面提出了具体要求。这里主要参照IEC 61000-5-2《安装和减缓导则:接地和布线》、EN 50174-2《信息技术:电缆安装》等,分析讨论各种线缆的布放。

1. 线缆的辐射

室内信号设备中存在大量线缆,由于长度的原因,线缆实际上是高效的接收和辐射天线,也是导致电磁兼容问题的主要因素之一。电缆产生的辐射有两种,一种是信号或电源电流回路产生的差模辐射,另一种是导线上的共模辐射。

差模辐射可以用电流环天线模型进行估算,实际辐射强度比用电流环天线模型计算的要小。环路面积是影响辐射的主要因素之一,如果电缆中包含信号线和回线,此时两者之间距离很小,由此形成的差模电流环路的面积也很小,两个电流趋向于互相抵消,因此差模辐射往往并不强。但是对于单线传输,往往会形成较大的差模辐射环路面积,则情况就不同了。

电缆辐射主要来自共模电流产生的共模辐射,共模电流沿着线缆内导体(有时包括屏蔽层)在同一方向上流动。共模电流的环路由电缆与大地构成,因此具有较大的环路面积,会产较强的辐射。共模电流是由电缆与大地之间的共模电压驱动的。

较低频率的线缆共模辐射模型是一个短的($L<\lambda/4$)、在地平面上方(考虑反射)的单极子天线(当线缆长度达到谐振时该模型无效),最大场强与频率成正比,其表达式为

$$E=126\cdot f\cdot L\cdot I_{CM}(\mu V/m) \quad (4-9)$$

式中 L——线缆长度,m;

f——共模电流信号,MHz;

I_{CM}——是共模电流,mA。

对于一根1 m长的线缆,如需满足50 MHz时10 m距离处42 dBμV/m的场强,则I_{CM}必须小于20 μA,相当于等效差模电流的千分之一。在实验室中使用电流探头或吸收钳很容易

测得共模电流 I_{CM}，可以用于诊断或预测符合性测试。

共模电压的产生原因是，由于地环路干扰会产生共模电流；还有些共模电流是因为存在不平衡的外部阻抗而由差模信号电流转换而来。如图 4－13 所示，虽然两个设备的互联电缆中包含了信号回线，但并不保证信号电流 100%从回线返回信号源，特别是在频率较高的场合，空间分布的各种杂散电容为信号电流提供了另外的返回路径。图中 I_1 是信号电流；返回信号源的电流有两部分，从信号地线返回信号源的电流 I_2 和从地线(或邻近的其他导体)返回信号源的共模电流 I_3。I_2 和 I_3 的比例取决于两个回路的阻抗。

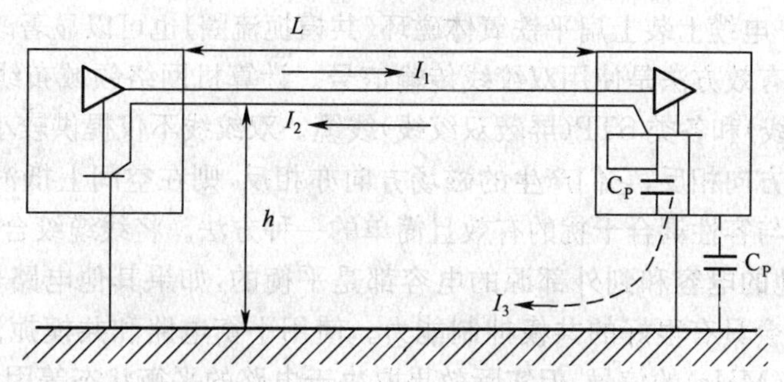

图 4－13　差模电流泄漏产生的共模电流

共模电流虽然所占的比例很小，但是由于辐射环路面积大，辐射强度是不能忽视的。假设电缆长为 L，信号和信号回线之间的间距为 3 mm，电缆距离地面的高度 h 为 1 m，如有 1/10 的信号电流从地回路流回，则共模辐射强度 E_{CM} 和差模辐射 E_{DM} 两者的比值为：$E_{CM}/E_{DM}=(0.1\times I\cdot L\cdot 1)/(0.9\times I\cdot L\cdot 3\times 10^{-3})=37$ 倍，相当于 20lg37≈31(dB)。尽管共模电流远比差模电流小，但其辐射强度比差模辐射高 31 dB。

将电路与大地断开(将印制板与机箱之间的地线断开或者将机箱与大地之间的地线断开)，以切断地环路，仅能在低频段减小共模电流，对于处理器时钟信号及其数百兆赫兹谐波，高频段时杂散电容形成的阻抗已经很小，成为共模回路阻抗的主导因素。从产生原理可知，减小这种共模电流的有效方法是减小差模回路的阻抗，促使大部分信号电流从信号地线返回。信号线与回线形成的回路面积越小，则差模电流回路的阻抗越小。

2. 线缆类型及特性

在设备内部，如果其屏蔽体及外部线缆的屏蔽和滤波都很好的话，几乎任何一种类型的导线和线缆都可使用，尽管信号的完整性(Signal Integrity)可能有一定程度的损坏(信号完整性是指信号在信号线上的质量)良好的完整性要求信号不失真地从源端传送到接收端。对于高性能数字或模拟电子设备，进行屏蔽和滤波的成本比较高，使用昂贵的内部线缆相对要经济得多。还有一种更实用的方法是，在设备内尽量避免使用互连线缆，通过 PCB 母板(最好是单块 PCB，即使通过柔性线路板连接也不是很理想)来传输信号。但 PCB 需进行设计,并专门设地线层。这样可以最大限度地降低产品成本,同时还可以保持信号的完整性,减少反复试验的次数。

在设备外部,可用的线缆种类很多。不管是数字设备还是模拟设备,包含单线信号的非屏蔽线缆的 EMC 问题很大。单线驱动会在信号自身频率处产生大量的共模电流,对数字信号进行滤波也难以使发射显著减少,滤波措施还将或多或少地影响信号,从而使产品不能通过传导或辐射发射的测试(具体情况取决于信号频率)。例如,含有大量单线传输(以 0 V 为参考点)信号的扁平电缆对 EMC 和信号完整性来说是很不理想的,也不易屏蔽;对策是在扁平电缆中采用双馈送导线技术,以改善其 EMC 特性,按回流线、信号线的顺序交替来布置导线是最好的;在源端的扁平电缆上装上扁平铁氧体磁环(共模扼流圈)也可以显著改善其性能。

减小差模辐射的有效方法是使用双绞线传输信号。计算机网络领域布线标准中,大量采用 UTP(非屏蔽双绞线)和各类 STP(屏蔽双绞线)线缆。双绞线不仅提供较小的面积,而且由于相邻绞节中地电流方向相反,它们产生的磁场方向亦相反,则在空间上抵消。相应的,双绞线线缆也是减少感性与容性耦合干扰的有效且简单的一种方法。将线缆绞合趋向于分布电容的均匀一致,线缆到地的电容和到外部源的电容都是平衡的,如果其他电路也采用平衡结构(如 RS-485 总线),就会具有很好的共模抑制能力。使用平衡电路和共模扼流圈的双绞线适用于高达数十兆赫兹(MHz)的信号,但实际效果取决于电路的平衡状态等因素。电源电缆中应尽可能使用绞线。

采用屏蔽电缆可以减小电缆辐射,原因是:屏蔽层直接遮挡了电缆信号回路的差模辐射;另外,屏蔽层为共模电流提供了一个返回共模噪声源的通路,从而减小了共模电路的回路面积,从这个意义上讲,屏蔽层提供的通路阻抗越小越好,这样可以将大部分共模电流旁路回共模噪声源。用屏蔽电缆控制共模辐射的关键是为共模电流提供了一个低阻抗的通路,使共模电流通过屏蔽层流回共模电压源。其阻抗由两部分构成:一部分是电缆本身的阻抗;另一部分是电缆与金属机箱之间的搭接阻抗。因此,要构成一个低阻抗通路,不仅要求屏蔽层的质量好,而且电缆屏蔽层与机柜之间的搭接阻抗要低。保证电缆屏蔽层与机柜间的低阻抗搭接的方法是屏蔽层在 360°范围内与机柜连接。

度量电缆的屏蔽效能有两种办法,一种是前面介绍过的屏蔽效能(SE),另一种是表面转移阻抗(STI)Z_T,其定义是线缆内导体单位长度上感应电压与流过线缆外屏蔽层的干扰电流之间关系的比值,单位通常用 mΩ/m。对于给定频率,只有较低的 Z_T,才会导致较高的 SE。比较理想的情况是,在整个频率段上 Z_T 的值为几个毫欧(mΩ)。

3. 线缆屏蔽层的端接

线缆屏蔽层端接时,首要的要求是直接将它连接到金属底板或机壳地,而该金属底板或机壳地能够提供可能的最低阻抗,这样就可以保障屏蔽层上的干扰电流无需经过电路或者耦合到电路之后再传送到地。实现连接的最佳方案是将线缆屏蔽层延长到地平面或底板,并做到可靠的 360°连接(即与它穿过的屏蔽机箱表面形成完整的圆周连接),使用带有夹在线缆屏蔽

层上的金属套管或金属箍的线缆就可以实现这种连接方式。

(1)小辫或“猪尾巴”连接

所谓小辫或“猪尾巴”(pigtail)连接是指将线缆屏蔽层收缩拧成一根线状，然后经由连接器引脚延长到接地点。因为这样安装起来比较方便，常被用于连接数据线缆的屏蔽层。遗憾的是，这种方式只适合屏蔽层仅需几兆赫兹(MHz)以下起作用的场合，并且使用小辫方式端接屏蔽层时，一定要使其尽可能短。在高频时，因为小辫的电感而严重影响屏蔽效果，甚至可能与不连接没有什么区别。由于屏蔽层上的干扰电流，小辫与屏蔽层连接串联的数十纳亨的电感，在接口线缆屏蔽层上会产生一个共模电压耦合到内部导体上；或者反过来，内导体上的噪声电压耦合到屏蔽层。

(2)屏蔽线缆的端接

应将线缆屏蔽层两端进行端接，在高频时，若线缆一端不端接会引起很严重的泄漏。不过，两端端接会导致屏蔽层在两端地电位差的驱动下产生干扰电流，产生交流声，甚至可能使电缆烧毁。在这种情况下，表明建筑物的地线系统较差，导致地线电位不稳定，雷电浪涌电流损坏保护欠佳的电子设备。在雷电期间，电缆未端接的一端有可能被瞬态过电压击穿。

还有一种方法是，把电缆屏蔽层在一端接地，而另一端通过一个小电容接地，目的是阻止额外的电源频率的屏蔽电流。但这种方法对防止浪涌及击穿没有什么效果。

端接通常用连接器来完成，如果没有连接器，最简单的方法是，线缆进入机箱后放在一个金属夹具下面，然后将线缆屏蔽层从夹具的下面折叠回来，再将该夹具直接用螺栓固定到机架，完成线缆屏蔽层到机架的低电感直接连接。还有一个方案是使用金属套管，即沿着线缆进入机箱所走过的路径并一直延伸到屏蔽层端接的位置。

采用电气隔离通信如光纤通信，可以避免屏蔽电缆两端端接，但应注意安装接线的故障和浪涌等带来的安全性及可靠性问题。

4. 线缆分类、隔离和走线

为了尽量减小线缆的串扰效应，需要对线缆类别进行分组。传输高频干扰电流的线缆应远离其他线缆(甚至在屏蔽机箱内部)。

(1)线缆类别

确定线缆类别归属的目的是为了能够选择正确的线缆型号和端接方式，还有一个目的是布线时将其隔离开来，防止不同类别的线缆之间相互干扰。

IEC 61000-5-2 将电源和信号线缆从最敏感到噪声最强分成四类，要求线缆应当根据其所传输的信号的类型进行隔离。这四类线缆分别是：

- 第 1 类　敏感类：低电平模拟信号，宽带数字和模拟信号(例如以太网、视频、射频接收机输入)，满量程小于 1 V 或 1 mA 的信号，源阻抗大于 1 kΩ 或频率大于 1 MHz 的信号。
- 第 2 类　轻微敏感类：较低功率低频信号，低速率数字信号；模拟仪表(如 4～20 mA，0～10 V)；低速数字总线通信(如 RS-232C、RS422/485、Centronics 并行接口)。

- 第 3 类　轻微噪声类:DC 电源,被抑制的开关负载,滤波的交流源;外部供电的低压 AC 或 DC 电源(不给其他噪声设备供电),接触器和螺线管线圈电路。
- 第 4 类　噪声类:AC 电源及回路,底板接地,大功率射频和宽带信号;电源输入、输出和可调速电机驱动的直流线路,焊接设备和类似电子噪声类设备。

(2)并联接地导体(PEC)技术

根据 IEC 61000-5-2 和 EN 50174-2,电缆应贴近构成地线网格的导体或金属件布置,当没有建筑网格地时,可采用电缆托架、电缆输送管、导管等来代替,或采取较粗的接地导体构成平行接地导体(PEC)。PEC 必须两端搭接到设备机壳地,达到从线缆和其屏蔽层移走电源电流的目的。

线缆外部的屏蔽线或接地导线都应当做并联接地导体处理,并在两端接地。传统上,线缆护套仅仅视作一种保护或者机械加强,不会在连接点将其两端接地。线缆护套也可实际作为并联接地导体,但导电连续性必须不能中断。

并联接地导体具有非常低的电阻和足够的通流能力,其第一个作用是从屏蔽和非屏蔽线缆上转移走大地环路电流。因为地电流通常是工频 50 Hz,并且雷击带来的浪涌能量集中在 10 kHz 以下。

并联接地导体也能用于高频控制,按照高频性能由差到好,PEC 种类包括平板、托架、窄导管、加盖导管、金属管等。需要注意,为便于固定线缆,通常要对线缆托盘打孔,但是这样做会降低其高频性能。开孔和缝隙使结构的转移阻抗增大,降低了屏蔽效能。类似地,开放式结构的阶梯式或篮网型的线缆支撑系统也是较差的并联接地导体。

在一些极端应用环境中,并联接地导体可能需要传输大的连续电流,所以必须具有足够的金属截面积。因此,导电型涂覆的塑料管道或线缆护套显然是不符合要求,此时必须在里面增加一根较大的铜金属线并联接地导体,以通过大电流。

在线缆下方有一个连续的平面金属并联接地导体时,图 4－14 中给出了不同种类线缆之间的最小间隔。

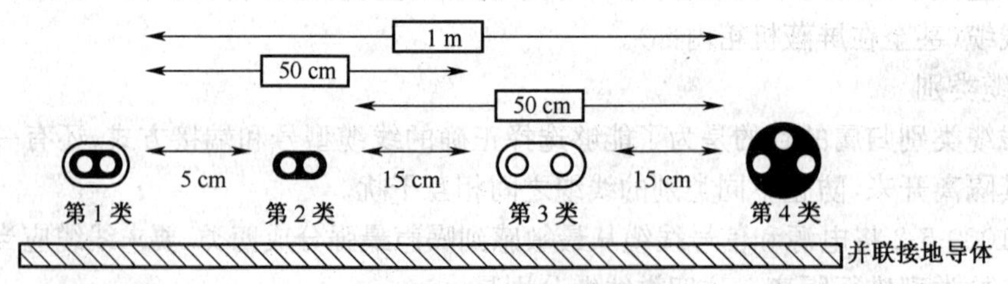

图 4－14　并联接地导体上方各种线缆最小间距

在 EN 50174-2《信息技术(IT):电缆安装》中,当综合布线电缆与电力电缆位于同一线缆系统中时,各种安装类型下的最小间距规定见表 4－2。

表 4—2　不同种类电缆最小间距　（单位：mm）

	没有分隔物或有非金属分隔物	铝隔板	钢隔板
非屏蔽动力电缆与非屏蔽 IT 电缆	200	100	50
非屏蔽动力电缆与屏蔽 IT 电缆	50	20	5
屏蔽动力电缆与非屏蔽 IT 电缆	30	10	2
屏蔽动力电缆与屏蔽 IT 电缆	0	0	0

应该说明的是，上述数据是最小值，根据实际的电磁环境，表中的间距可能还需要增加。在铁运 2006(26)号文中，对不同容量的电力电缆和非屏蔽通信信号电缆在不同条件下的间距分别提出了要求，总体比上表更严格一些。

(3)同类线缆的隔离处理

对于同一类别的各种线缆，也不等于可以完全捆扎在一起，特别是对那些极端的类别。各子类别的线缆都应当各自捆扎，并彼此隔离布线。在任何时候，每一束线缆都尽可能靠近并联接地导体的金属表面。

例如，敏感的第 1 类线缆不应当与高速率的数字信号以双绞线形式捆扎在一起，也不能与同轴线缆中高速率数字信号扎成一束，每对之间应至少保持 10 mm 的距离。第 4 类线缆本身噪声较大，也能从附近其他第 4 类线缆上耦合到足够大的干扰，影响连接在它上面的电子设备。因此，虽然没有统一要求，但这些线缆可能也需要隔离布置，如调速逆变器和电机的线缆与其他并行走线线缆的距离需要保持 600 mm 甚至更多。

(4)走线

在理想情况下，设备不同部分之间的所有线缆应当沿着单独的并联接地导体，遵循单独的路径，同时根据类别进行隔离。线缆布线的两个原则是：

- 设备两部分之间的线缆必须沿同一路径；
- 设备的每一机箱，必须有单独的互联面板。

在需要几个路径或互连面板的时候，其中任意一个都必须有各自的并联接地导体。

因为在不同线缆类别之间有最小隔离间距要求，由于宽度等限制，通常情况下，沿同一个线缆托盘来布置所有四类线缆的布线是不太可能做到的。可以用"堆叠"线缆托盘方式解决这一难题。沿着设备两部分之间同一路径的线缆托盘垂直堆叠在一起，并一同连接到它们的支撑体上。

对于一个机箱来说，应当有且仅有一个连接器面板。所有外部线缆都应当从机箱一侧进入机箱，并沿着接地背板的其中一个边沿进入背板。这样，长线缆中流通的电流通过连接器面板或背板边沿(经由屏蔽终端或安装在这个区域的滤波器)从线缆到线缆，不会流过机箱或背板结构的其他部分而影响电子单元。

铁路信号与通信技术的结合已经非常紧密，但采用电缆并非是唯一途径。从另一个角度考虑，避免使用金属电缆和连接器或许是更经济的 EMC 方案，即采用非金属导线进行通信，目前成熟的产品包括：光纤、无线局域网或 Bluetooth（蓝牙）、红外（如 IrDA）、自由空间微波和激光通信等。在 CTCS-3 级系统中，室内多种信号设备如 RBC 和联锁之间已采用光纤作为传输介质。

五、机箱（和机柜）EMC 设计

下面首先讨论机箱或机柜内的布局和布线，再从机箱、电源及 I/O 口等端口的角度讨论机箱和机柜的设计。

1. 机箱内布局

机箱内布局的重要原则是：从电磁兼容的角度，评估每一个对象的干扰水平，然后确定其在设备内部的布局。可将机柜或机箱内分割成敏感部分和其他部分，谨慎布置背板和底板上各个部分的位置，使敏感单元，如计算机或微处理器、可编程逻辑控制器（PLC）、精密器件、低电平模拟仪表等，远离电噪声（例如开关、继电器、接触器），同时有助于划分不同种类的线缆。重要部分的电路应重点考虑，对其与外部的连接进行 EMI 控制。

工业机箱设计中广泛采用一种有效的方法是，将机箱划分成“干净”和“脏”两个隔间，二者可以用隔板分开。干净隔间用于需要与外界环境屏蔽的电子电路和装置，进出的线缆必须经过处理；孔缝必须严格控制。

设计中其他应注意的一些项目还有：

- 机箱与外界接口处电源、输入输出口及通信线等线缆，应沿着机箱入口的接地带布放，尽量减小线缆的耦合，接地带良好的导电连续性可降低线缆和机箱之间的转移阻抗。同时，I/O 线缆必要时应分开隔离、屏蔽。
- 在安装进入机箱的电源和其他线缆的滤波器时应注意，在高频时引线电感和分布电容会明显降低滤波器的性能；不合理的设置可能使未滤波的线缆影响“干净”的线缆。因此，应使滤波器的接地端子直接耦合到设备电感最低的地上（首选为底板），最好将滤波器统一跨接在设备屏蔽机壳上或入口处。
- 机柜内部的金属部件要以尽可能大的面积保持和机柜的接触，保证导电连续性。
- 机柜内线缆尽量在机柜两侧布置，尽量减少环路；参照有关隔离的要求走线，防止互相干扰。
- 机柜内各类接地线连接端子一般通过接地汇流排与接地母线相连，通常为矩形铜或铝导体，在环境温度为 25℃时，铜和铝导体的电流密度约为 4 A/mm^2 和 3 A/mm^2。

另外，信号设备中包含了大量开关式感性负载，典型例子有电机、继电器线圈和变压器。当流过电感的电流被切断时，会产生反电动势，其大小由公式 $V=-L\mathrm{d}i/\mathrm{d}t$ 决定，理论上来说，如果 $\mathrm{d}i/\mathrm{d}t$ 无穷大，产生的电压也是无穷大，甚至一根长线缆的分布电感也能产生明显的瞬态幅度。实际上，即使没有采取其他措施，其大小会受到分布电容的限制，产生的电压波形

是一个阻尼正弦波，频率由电感和分布电容的值决定。

如果因为瞬态没有被抑制而存在过电压时，前级电子器件很容易出现雪崩击穿。在分布电路谐振频率上，还能产生辐射干扰。常用的抑制措施包括用于箝位的二极管、齐纳器件和压敏电阻等，RC 缓冲电路可用于阻尼感性瞬态。为避免连接线路形成一个辐射电流环，抑制元件必须都直接靠近负载端子安装。

2. 滤波器的应用

滤波器主要包括电源 EMI 滤波器和信号线滤波器，已经有大量成熟的产品模块，第一章中简单介绍了其结构和作用。

(1)电源滤波器

电源滤波器在电源输入端和设备间增加模块式滤波器，就可双向抑制高频信号传播，例如开关电源产生的谐波和电磁噪声。电源线滤波器并不是理想的低通滤波器，实际是一个带阻滤波器，通常在 100 kHz～30 MHz 范围内有效。对于高频(1 MHz 以上)发射，需要关注滤波器周围电路的布局，避免出现“毛刺”谐振和增加耦合路径。典型的电源 EMI 滤波器及其等效电路如图 4－15 所示，下面对组成各部分进行说明。

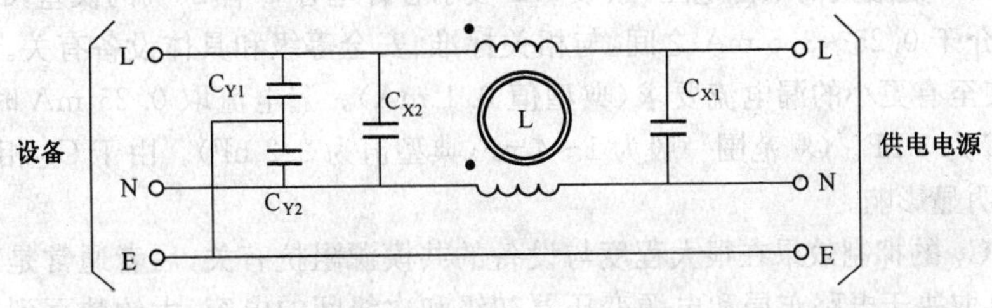

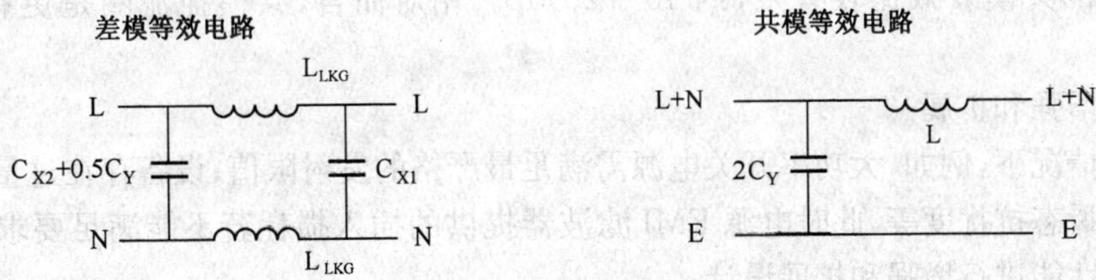

图 4－15　电源 EMI 滤波器及其等效电路

①共模扼流圈

共模扼流圈 L 由绕在同一高磁导率磁芯上的两个同向线圈组成。电感典型值是在 1～10 mH。由于差模电流大小相等，方向相反，净磁场接近于零。实际的差模电感很小，主要是线圈之间的残留电感，即漏感 L_{LKG}。因此不必担心工频电源电流造成扼流圈饱和。另一方面，导线中共模电流产生的磁力线在磁心中叠加，因此扼流圈总电感呈现高阻抗。当 100 kHz 时

10 mH 感抗为 6 280 Ω。总之，磁芯的磁导率对共模电流有较大影响，而对差模电流的影响可忽略不计。

②差模电容器

差模电容器 C_{X1} 和 C_{X2} 用来衰减差模干扰，电容量的大小仅涉及所用线路中容性差模电流的大小。电容器耐压与相线—中线电压相当。可用 AC250 V 的 CBB(聚丙烯)电容，电容典型值在 0.1～0.47 μF。应注意，此电容对于电源频率实质上也相当于负载，两个电容是否需要以及取值大小应具体考虑源阻抗和负载阻抗，还取决于设备具体特性和要求。例如，0.1 μF 电容在 150 kHz 时大约有 10 Ω 的阻抗，而对于电源频率 50 Hz 的阻抗为 31.83 kΩ，对电路一般没有明显影响。

③共模电容器

共模电容器(一般 $C_{Y1}=C_{Y2}=C_Y$)用于衰减共模干扰。电容 C_Y 的值受到允许流进安全地的连续电流的限制，该电流是 C_{Y1} 和 C_{Y2} 两端电源工作电压在某些故障条件下产生的。采用下式，容易计算得到电容器的漏电流 I_{LKG}

$$I_{LKG}=1.2\cdot V\cdot\omega\cdot C \tag{4-10}$$

式(4—10)中，V 是最大的电源电压，系数 1.2 表示容许电容 C 有 20% 的误差，$C=2\ C_Y$。对地漏电流通常介于 0.25～3.5 mA 之间，与相关标准、安全等级和具体设备有关。有的设备(如医疗行业)甚至有更小的漏电流要求(典型值 0.1 mA)。漏电流取 0.25 mA 时，简单计算可得，电容值 C 为 3 nF。C_Y 范围一般为 1～4 nF(典型值为 2.2 nF)。由于 C_{X2} 相对较大，故 C_Y 对差模没有明显影响。

电容器 C_Y 的抑制效果在很大程度与设备的共模源阻抗有关，后者通常是对地分布电容的函数，主要取决于电路布局和电源变压器初级和次级间的电容，大约数百到 1 000 pF。因而，电容 C_Y 的共模衰减比较有限，约 15～20 dB。相对而言，共模扼流圈是更有效的抑制器件。

④性能增强和扩展

在有些情况下，例如，大功率开关电源需满足最严格的发射限值；设备存在过量共模耦合；需要更高的瞬态抗扰度等，此时电源 EMI 滤波器提供的插入损耗若不能满足要求，可采用以下方法对其性能进行增强和扩展设计。

- 大容量电容器 C_x 并联一个起保护作用的旁路电阻(典型值 1 MΩ)，在电源切断时可以防止电源 L 线和 N 线之间产生静电电荷积累的危险(参考 IEC 60335 安全规范中的详细要求)。

- 在电源 L 线和 N 线上各自使用差分线路扼流圈，二者之间没有交叉耦合，对差模干扰呈现更高阻抗。因为需要在 AC 满载时不饱和，在电感值一定的条件下，体积和重量都会增大。

- 接大地线路扼流圈，以提高在安全地中流通的共模电流的阻抗，从而减小了共模电流

的影响，也可理解为更多的共模噪声电压降在共模扼流圈上，减小了对电路的影响。

- 在L和N线上跨接浪涌保护器件SPD(如压敏电阻器等)，用于限制瞬态差模浪涌进入(对共模瞬态没有影响)。一般安装在电源端口位置，其额定参数必须满足规定的最高瞬态能量要求。如果安装在设备侧，就会明显降低其价值。
- 可采用级联π型滤波器等方法，滤波器应配合使用良好屏蔽的机壳，防止在滤波器周围产生高频耦合。

(2)信号线滤波器

信号线滤波器包括简单的RC低通网络、共模扼流圈，以及商用的滤波连接器等。可以安装在电缆端口，也可以安装在印制板上，安装简单，成本较低，设计和安装时应注意以下几个问题：

- 滤波器要尽量靠近电缆端口。
- 滤波电容的地线应是一块独立的接地区域(铜箔)，并以最低的阻抗连接到机箱上。
- 滤波电容应并排放置，保证线缆组内所有导线的未滤波部分与已滤波部分分别在一起，避免已滤波部分受到未滤波部分的污染。

2.机箱屏蔽设计

室内设备多采用铁制机柜，机柜上不可避免地存在很多孔洞(散热孔、观察窗、各种表示灯和按钮等)，并且在各金属构件的结合处不可能完全接触。对于机箱或机柜的电磁屏蔽而言，影响屏蔽效能的因素主要有两个：

- 屏蔽体的导电连续性。理想的屏蔽体必须是一个完整的、连续的导电体。但一个完全封闭的屏蔽体没有任何实用价值，机箱和机柜上会有很多的孔洞和缝隙，这些孔洞和缝隙形成了不连续点，会产生电磁泄漏。
- 穿过机箱或机柜的导体。很多设备的线缆(如计算机联锁设备中的采集和驱动电缆)都是从机箱后面出去的，使屏蔽体效能降低。

对于孔洞与缝隙泄漏处理，一般商用设备要求小于$\lambda/20$；军用$\lambda/50$(λ为最高频率时的波长)。应当通过机械加工手段减小接触电阻，降低缝隙的阻抗(需考虑成本)；常用的电磁兼容设计方法有：在缝隙处使用电磁密封衬垫(导电衬垫)、在通风孔处使用截止波导管等。

(1)缝隙处理

导电衬垫是一种弹性的导电材料，作用是将缝隙中的非接触点填满，消除缝隙，提高屏蔽效能，其使用效果依赖于接缝阻抗与屏蔽材料阻抗之间的匹配状况。现在有很多种类的商业产品，如泡沫织物、导电橡胶、指形簧片、螺旋套、导向金属线、编织金属网等，各自的特点和适用场合可参阅有关产品资料。在选择导电衬垫材料时，应关注以下几个因素。

- 导电性：至少应当与面板材料的导电性在同一个数量级。
- 可压缩性：指衬垫在外力消除后能完全恢复到原来的形状，对于频繁开关的缝隙(如机柜的前后门)，需考虑材料的弹性。另外要根据衬垫的回弹力和面板的刚度合理设计紧固螺钉的间距。

- 易于安装:可通过粘贴安装、焊接安装、铆钉安装、钎焊安装、螺丝紧固安装或者在合适的位置上卡装;安装螺钉时应避免其穿透屏蔽体，并考虑生锈等不利情况。
- 防止电化学腐蚀:尤其在恶劣环境中使用导电衬垫时，为减小腐蚀，衬垫金属和机壳电化序列的位置应当足够近。
- 环境性能:导电橡胶能够同时提供电和环境的保护，如果会受到湿气、菌类、风化或者热的影响，导电衬垫应当安装在环境密封的内侧。

(2)通风孔处理

通风孔是屏蔽外壳设计的难题之一，简单的处理方法是用打孔的网状屏蔽体覆盖通风孔，或者直接用孔状导电面板，但这种方法的屏蔽性能较差(约 20 dB)，更好的改善方法可采用波导管型屏蔽通风板。

与电路中的高通滤波器类似，波导管的频率特性也可以用截止频率来描述，低于截止频率的电磁波不能通过波导管。因此，将波导管的截止频率设计成远高于要屏蔽的电磁波的频率，使要屏蔽的电磁波在通过波导管时产生很大的衰减。由于这种应用中主要是利用波导管的频率截止区，因此称为截止波导管。常用的波导管有圆形、矩形、六角形等，截止频率 10 kHz～10 GHz。

波导管型的屏蔽蜂窝状结构具有高效电磁干扰屏蔽效能，并且具有很好的空气通过性。屏蔽板体的厚度 t 是每个单独开孔宽度 w 的数倍，而蜂窝板是一簇集中的波导。在需要阻塞的最高频率上，波导管孔径尺寸 w 都小于 1/2 波长。例如，对于低于 1 GHz 的情况，任何直径小于 15 cm 的管子都相当于截止波导。此时，在 t 方向上电磁场沿每一个开孔传播，大约每一个 w 距离，衰减 27 dB，常用的 t/w 的比值是 4：1，固有屏蔽效能可超过 100 dB。

(3)其他方法

导电涂层(导电喷漆、电镀等)可用于塑料机壳设备的屏蔽，主要的屏蔽机理是电场反射损耗，高频时，薄的涂层对电场的屏蔽效果与金属机壳接近，但对磁场没有效果。涂层电阻率越大，屏蔽效果越差。涂层擦伤、剥落、裂缝都会降低屏蔽效能。

机柜如需设观察窗口，可采用屏蔽视窗、夹金属丝网屏蔽玻璃，但在一定程度上会影响光的透射和观察质量。

另外，在必要时可采用以下方法:利用单独的屏蔽罩将板上敏感模块或器件隔离;电缆穿过机柜时经过专门的屏蔽穿线板;利用屏蔽热缩管在电缆、连接器终端提供屏蔽;在黏合导电弹性体时，使用导电黏合剂等。

(4)机箱屏蔽效能标准

类似于环境条件 IP(防尘防水)的等级评估方案，IEC 6100-5-7 标准规定了商用机箱屏蔽

效能 EM 的等级分类，还给出了各频率范围屏蔽效能的测试方法。

标志 EMABCDEF 指定了六个频率范围内与之分别对应的屏蔽效能。表 4—3 中给出了各标志的含义。如 EM66644x 规定：在 10 kHz～30 MHz 范围内，屏蔽效能(SE)应不小于 60 dB；在 30 MHz～10 GHz 范围，屏蔽效能则应不小于 40 dB。

表 4—3　IEC 61000-5-7 标准 EM 屏蔽规程

频率范围	屏蔽标志	屏蔽效能(dB)	标志值
10～100 kHz	A	不测试	X
100 kHz～1 MHz	B	<10	0
1～30 MHz	C	≥10	1
30 MHz～1 GHz	D	≥20	2
1～10 GHz	E	≥30	3
10～40 GHz	F	≥40	4
		≥50	5
		≥60	6
		≥70	7
		≥80	8
		≥100	9

(5)屏蔽机箱安装和维护

在产品的整个寿命期间维持良好的屏蔽性能，不仅要求设计环节的 EMC 技术，还与安装、维护有密切关系，包括对安装人员和使用者的培训。例如在铁路现场，为了通风散热或方便，使屏蔽机柜门一直打开，因而有意或无意间损害了屏蔽完整性。有关安装维护的注意要点包括：

①机柜和机箱屏蔽机壳上的开孔或缝隙，将显著地影响屏蔽性能。在系统设计阶段、安装和维护过程中，应采取相应措施防止可能的降级。

②必须保持搭接的连续和完整性。如防止导体接触表面发生腐蚀，安装完成之前不允许喷漆；在腐蚀性环境下需采取特殊措施和合理维护周期。

③如果门、面板、盖板通过导电衬垫、指簧等来实现接触，安装时应避免损坏或使接触表面变形，维护时有必要时定期进行检查和清洁；滤波器引入线或屏蔽的穿透处必须保证与面板的 360°接触。

六、PCB 设计

PCB(印制电路板)设计是 EMC 最基础的工作，这方面已经有大量的系统方法和规范，还有商业化的自动布线、仿真及评估工具等。设计的核心和难点是高频电路和微弱信号的设计，高速数字电路和模拟电路的敏感干扰源和抗扰度设计方法有不同特点。

模拟电路对瞬态干扰没有数字电路高，但对射频能量的调制可能更敏感。模拟信号（如传感器输出微弱信号）更容易受到被非线性电路元件调制的连续干扰的影响，产生偏置或者信号电平的漂移。抗扰度设计遵循的主要原则是：使电路带宽最小；最大化信号电平；确保良好的电路稳定性裕量；使用平衡的电路结构；隔离敏感电路等。

下面主要针对 PCB 设计中与微处理器和数字电路 EMC 相关的若干关键问题进行讨论。

1. 电路地的规划

PCB 上的电路地应按照单点接地和多点接地的指导原则来处理。对于多种类型电路并存的接地，通常的处理方法是“分地”的方案（如图 4－16 所示），即单点连接到公共地。数字地与模拟地仅在 AD 转换器的位置单点连接。

另外，数字电路接口可采用光电隔离器或继电器来进行隔离；使用共模扼流圈或串联电阻来进行缓冲。在静电放电时，由于外壳与内部电路之间将产生瞬态高压，从而可能引起二次放电，因而，电路地必须以机箱外壳或底板为参考，以防止两者之间出现瞬态高压。

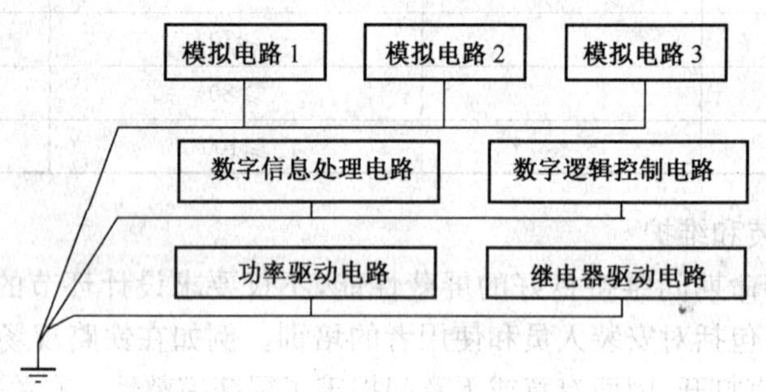

图 4－16　PCB 多种地线的接法

另一种是“共地”方案，即电路所有部分均采用一个完整的参考地平面。由于所有信号和电源回路的电流都在同一个平面上流动，电路各部分之间的共阻抗耦合将难以避免，为使耦合降低到可接受的程度，必须谨慎精心布局和设计，以提供高质量、低阻抗的地平面。

两种方案各有利弊。“分地”方案消除了不同电路之间交叉干扰的隐患，但对于多个分区的复杂电路，以及在边界位置和连接外壳、底板时应处理好。“共地”则增加了一部分电路影响另一部分的风险。

需要注意的是，I/O 口是设备与外界联系的通道，为防止外部电磁噪声进入电路，同时也避免内部噪声向外发射，应在接口处提供低转移阻抗的接地路径，接口地一般应单点连接到内部逻辑地。所有的 I/O 线缆最好设在一个区域内，将屏蔽层和滤波电容等与该区域的接口地相连接。这部分电路本身可构成一个完整的 PCB，接口地平面通过导电衬垫等搭接形式连接

到外部金属或金属机壳，可防止产生共模发射。

2. PCB的差模辐射

PCB设计不仅需要关注抗扰度，还需考虑发射。PCB上时钟、视频与数据驱动器以及其他振荡器或脉冲源等电路可等效模拟成传输干扰电流的小环形天线。其尺寸应小于相应波长的1/4（当接近1/4波长时，环上不同点的电流在某一距离上的相位不同），如在150 MHz时为0.5 m。这些电流形成的能量一部分从PCB上向外辐射，在地平面上，源电流10 m距离处的最大电场强度与环路面积、电流、频率平方成正比，表示为

$$E=263\times10^{-6}\times(f^2\cdot A\cdot I_S)\quad(\mu V/m)\tag{4—11}$$

式中 A——环的面积，cm^2；

I_S——源电流，mA；

f——源电流的频率，MHz。

假定源电流为单一频率，对于带有许多谐波的方波，应利用傅立叶级数展开。在自由空间和远场条件下，场强随着到源的距离成正比下降。

可以通过上式来粗略预计是否需要给一个PCB增加屏蔽。例如，取$A=10cm^2$，$I_S=20$ mA，$f=50$ MHz，计算得到场强$E=42$ dBμV/m，此数值已超出GB 9254中相应发射限值2 dB。如果频率和工作电流固定不变，只能减小环路面积，或进行屏蔽。

数字电路中的主要辐射源是处理器时钟及其谐波，比电路其他部分的辐射高10～20 dB。因此，在不影响电路时序的条件下，可采用串联小电阻或铁氧体磁珠、并联电容等方法，适当减缓时钟边沿，减小谐波成分。

与数字电路不同，模拟电路一般不会表现出快速上升沿和大的di/dt（目前发射标准从150 kHz开始），因而不会产生大的发射。

3. PCB布局和布线

PCB布局和布线已经有比较完整的程式化规则，这里只就印制线阻抗以及高频、长线传输进行说明。

(1)印制线的阻抗

印制线阻抗主要由频率数千赫兹以上时的电感决定，电感主要是其长度的函数，其次才与宽度相关，线的宽度与电感是对数关系。

一对特性相同的平行线，即导线电感$L_1=L_2$，如果其中电流方向相反，互感M的大小与线间距离成反比，如果两线紧密耦合，则$M=L$，此时总环路电感为$L=L_1+L_2-2M=0$；反之，如果线中电流方向相同，则距离越近总电感越大，趋近于一条线自身的电感，即电感$L=(L+M)/2=L$。当两导线距离较远（如大于1 cm）时，互感可以忽略，则并联总电感降低为原来的1/2。

彻底消除闭合的地电流是不切实际的，地线设计主要是设法降低地阻抗。减小阻抗的方

法有两种：使导线长度最短，尽量增加宽度，或将两根导线并起来减小总的电感量；返回路径与其平行并紧邻放置。

在没有地平面时，接地布局可采用网格地，而梳状地线则是很差的接地类型。如果电流在大的环路上流动，可在不同地线分支间的空隙增加一些桥接线，等效转化为了网格地。

(2)高频电路和长线传输

对于射频电路和高速时钟数字电路，宜采用地平面，其电磁兼容目的是提供低阻抗的地和电源返回路径，其次对信号线还有屏蔽作用。地平面提供信号线回流路径，为使环路电感最小，应尽可能使地平面靠近信号线。需要注意，应确保地平面覆盖到所有敏感走线（如 di/dt 较大），还需保证在电流方向上，地平面保持完整。

根据传输线理论，负载阻抗与线路特性阻抗不匹配时，信号会出现反射，产生振铃现象，若在源端也存在不匹配，则向负载再次反射部分信号，如此往复。振铃的幅度与线路任何一端的不匹配程度有关；同时，振铃的频率与线缆长度有关。在 PCB 上如果使用长线来传输数据或时钟，也需对其进行端接来防止产生发射或振铃现象。在数字信号的过渡状态，如果严重振铃产生的毛刺变化超过器件的输入噪声裕量，就会影响到数据的准确传输。另外，振铃也是一种辐射干扰源。

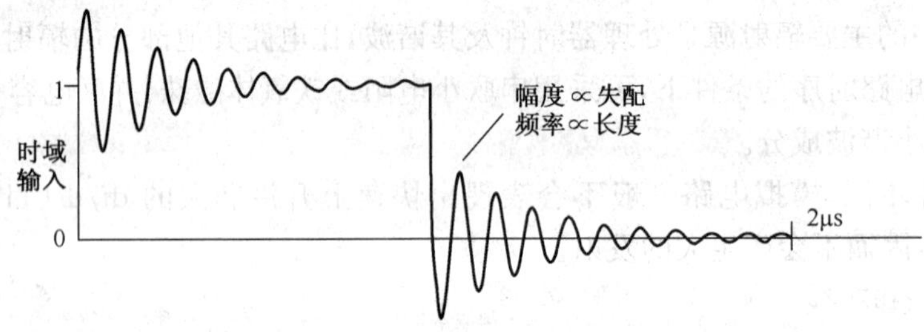

图 4－17　传输线的上振铃波形

根据信号反射时间，即从数字发送器传到接收器再返回的时间，是否大于数字逻辑转换时间（过渡时间），可判定是否需利用传输线理论来进行分析

$$2\times t_{PD}\times 线缆长度>过渡时间 \tag{4-12}$$

式中，t_{PD}是线路的传输延迟，单位是纳秒每单位长度，取决于电路板材料的介电常数。

因此要求 PCB 走线的特性阻抗应当与源、负载的阻抗相匹配（相等），可能需要增加元件在任选一端来端接线路（数字电路数据与应用手册中一般包括应用快速逻辑设计传输线系统的建议和公式）。数字电路是否应当考虑传输原理设计的关键线路长度可参考表4－4。

表 4—4　数字电路类型与传输线长度

逻辑系列	上升/下降沿时间 t_r/t_f(ns)	关键的线路长度
CMOS 4000B	40	3 m
74LS	6	45 cm
74HC	6	45 cm
74ALS	3.5	26 cm
74F	3	22.5 cm
74AC	3	22.5 cm
74AS	1.4	10.5 cm
线路长度计算条件:介电常数 4.5(PCB 基材为 FR4 环氧树脂玻璃),t_{PD}=0.067 ns/cm		

4. 数字电路的去耦

数字电路工作时电源引脚瞬间开关电流会产生噪声,典型的方法是在集成电路电源和地之间使用去耦电容,其作用除了旁路该器件的高频噪声外,还充当集成电路的蓄能电容。当逻辑电路输出电平变化、导致电源线上的电流增加时,这部分增加的电流由该电容提供,从而保持电源线上的电流 di/dt 很小,因而减小了噪声电压,因此,去耦电容也称储能或滤波电容。

为了控制差模辐射,应使储能电容在布线时应尽量靠近芯片,将电流变化局限在有尽可能小的范围内,减小电流环路面积。尽管在多层板中单独一层电源层具有很小的电感,但储能电容也是必要的。同理,最好使用表面安装(贴片式)芯片,而不使用芯片插座。再考察电流的变化,当 8 位驱动/缓冲器最大负载即所有引脚输出电平全部从高(FFH)变到低(00H),或者反之时,流过电源引脚的电流脉冲很大,可能超过 1 A。具体设计时,对于如 AS-TTL、ECL 等快速逻辑器件,尤其是有大电流器件应用时,相互间距离应很近(小于 1 cm)。对于典型的 FPGA(Field Programmable Gate Array)或 ASIC (Application Specific Integrated Circuit)电路,时钟频率可达百兆赫兹以上,需要每一个电容器靠近每一个引脚,或安装在其封装下面电路板的背面。对于小电流、慢速器件,例如常用的 CMOS 数字集成电路 4000B 和 4000UB 系列器件,距离则允许若干厘米。

另一方面,为降低高频噪声,去耦电容应当呈现低阻抗。电容可以表示为一个 RLC 串联模型,安装引线会加大电容的总电感,在高频和快速脉冲时呈现出阻抗。例如,去耦电容值是 2.2 nF,总电感约 1.5 nH,自谐振频率大约在 87.6 MHz,此时阻抗最低。为达到预期的去耦效果,与器件的距离应当大致小于 1/4 波长的 1/10,上述频率下的距离(考虑介电常数后)约 4 cm。

在选择电容器的电容值时,电源端并联电容的最小值可由电容公式确定

$$\Delta I = C_{\min}\frac{\Delta V}{\Delta t} \tag{4—13}$$

式中,ΔI 是动态开关电流,$\Delta V/\Delta t$ 是在开关量变化时允许的电压变化。

例如,器件吸收电流 8×50=400 mA,开关时间 10 ns,允许电压变化 0.25 V,则需要的最小去耦电容为 16 nF。小的钽电容器没有线绕结构,自感很小,适合用作储能去耦电容。

需要注意的是,在 PCB 上较多的去耦电容与走线电感形成的谐振会影响去耦效果,可以通过建立模型更深入地分析并采取相应的措施,这里不再讨论。另外,还可采用铁氧体磁珠等新型器件避免发生谐振。

5. 数字电路抗干扰设计

对于数字电路而言,一个脉冲电平的出错,有可能提供一个错误的输入状态或输出错误的命令;如果微处理器的地址总线中一位出错,程序就会执行非预期的指令或存取错误的数据。

(1)瞬态干扰和射频干扰

相对于静态噪声而言,带有时钟电路和高速器件的微处理器电路对瞬态干扰和射频干扰更敏感。

以差模方式耦合到逻辑电路的瞬态脉冲幅度与耦合环路的面积有关。瞬态影响不仅与耦合到逻辑电路输入端的峰值电压有关,还与元件的响应速度有关,不同种类电路的敏感度与瞬态脉冲的宽度和幅度均有关系。包含处理器的数字电路受到瞬态干扰后,会导致错误状态而出现执行错误。

基于工作特性,数字电路对射频干扰(RFI)的敏感频率主要在 20~200 MHz 范围,属于宽带特性。由于传输路径上的谐振现象,在不同频率上有峰值出现。RFI 叠加在输入电压上带来的效应是引起时序抖动,在过渡边沿处形成超前或延迟,导致错误操作。为提高射频抗扰度,应尽量保证系统的时序有一定裕量。

射频和瞬态的共模干扰与地线有密切关系,由于转移阻抗较高,共模的地噪声在敏感的电路节点上会转化为差模噪声。因此,首先应在 PCB 布线时使模式转换最小,合理使用地平面。

(2)地线尖峰干扰

在高速电路中用信号完整性来衡量信号质量,影响信号质量的因素除前面提到的互联印制线的传输线匹配外,还有集成电路节点和引脚上出现的地线尖峰脉冲。图 4-18 是一个集成电路包括内部搭接导线的等效电路,假定在理想地平面和电源平面条件下,即电感为零,仅考虑芯片及其互连引脚之间搭接导线以及引脚和平面之间的电感。

在输出状态变化时,GND(接地引脚)产生一个电流尖峰,其中一部分是充电/放电输出节点的电容,一部分是 ΔI 电流。该电流流经引脚电感并在集成电路内部 0 V 参考地上形成一个电压脉冲。设总地电感为 10 nH,取 di/dt 为 50 mA/ns,那么尖峰幅度可达 0.5 V。同一芯片上的其他电路相应也会受尖峰电压扰动,影响动态逻辑零阈值,可能误读逻辑电平或产生错误的时钟信号。

实际中,地和电源平面本身阻抗并不为零,再考虑集成电路芯片与地平面之间印制线的电感,同一系统中的不同高速集成电路之间也存在地尖峰干扰的相互影响。地尖峰可能造成很多后果,如引起时序的错误;逻辑电平阈值变差,对外界干扰更加敏感;极端情况下会阻止电路工作。

- 对输入数据进行多次采样，对模拟数据采取变化率检查，对开关量数据进行校核验证。
- 不需要修改的静态数据存储于只读存储器(ROM)中，有效防止程序把数据作为代码执行。
- 对数据存储区开机及定时自检，应用错误检测和修正算法保护易失性存储器中的数据，对所有数据执行类型检查和范围检查。
- 对关键和重要的数据进行原、反码双重存放，利用数据的异地存储，在程序运行过程中通过比较(或多数表决)来鉴别数据的合法性。
- 关键数据、重要数据和其他数据的编码之间应保持一定汉明(Hamming)距离。
- 采用不对称码元来表示关键和重要信息，实际是对数据的空间冗余，n 位二进制码元可生成 2^n 种码字集合，仅取其中少量码字(子集)来代表有效码字，而其余的均作为非法代码。如只取一种状态代表危险侧码字。
- 在所有数据传输中，进行差错控制和检验。
- 关键数据信息的输出不得仅由单一处理器产生。

软件可从以下几方面对数据的正确(完好)性进行检验：静态数据是否发生改变；数据校验和是否正确，即数据有无丢失或多余；是否出现非法数据；关联的数据之间逻辑关系是否合理。

2. 程序抗干扰设计

设计应保证程序从启动及运行全过程中的正确性。

- 对程序区进行映象存储，代码分别存储于两种介质中，在上电或复位时，引导程序从 EPROM 中装入代码后，将其与 FLASH 中代码相比较，对程序代码进行检验，确保其一致性。
- 为防止瞬态干扰，尽量使用电平触发中断，而不用边沿触发。
- 设计中充分考虑对不正确输入、异常情况(如电磁干扰)等如何做出正确反应。
- 对可编程接口芯片等周期性地进行初始化。
- 执行重要功能时，采用令牌传递(特定数据值)，在令牌匹配后才执行。
- 除硬件看门狗外，软件采用内部自检(Built-in Test)和动态监督，对重要的函数和逻辑功能、子程序进行典型校核。
- 程序中严格控制停止和等待指令，对未使用的程序存储区设陷阱，防止由于故障或逻辑错误等原因，程序执行进入死循环或"走飞"。

为保证信号设备在电磁干扰环境中安全可靠地工作而采取的以上一系列措施，多数都需要以存储空间、CPU 开销等作为代价，对于信号设备而言，还需要考虑实时性的要求。

综上所述，电磁兼容性设计包含的内容相当丰富，需要考虑的因素错综复杂，但从根本上讲，就是如何改善电磁环境，正确处理系统内各设备与外界以及设备之间的电磁联系，提高设备的抗扰度并减小电磁发射。同时，除设计环节外，还应在设备生命周期的全阶段，包括组装生产、现场安装、调试、使用维护等过程引入电磁兼容的理念，才能取得预期的效果。

第三节 室内信号设备电磁兼容设计实例

本节以计算机联锁设备为例，具体介绍室内信号系统中的电子设备电磁兼容设计中采用的常用措施。

一、机箱和机柜屏蔽

计算机联锁设备的联锁机柜采用机箱式结构，机箱提供电路板插槽，电路板在机箱前面插入机箱，每个机箱后面安装有一块 I/O 母板，输入或输出电路板通过机箱插槽插在 I/O 母板上。采集和驱动电缆通过 I/O 母板后面的接插件与室外设备相连。

室内信号系统环境电磁频谱密集、高低电平器件大量混合使用，利用机箱和机柜屏蔽切断电磁能量从空间传播的路径，是抑制辐射干扰、解决电磁兼容问题的有效手段。

机箱应采用电磁屏蔽机箱，铁路专用的室内通信信号机柜，根据其不同的屏蔽效能，可分为两个级别，见表 4—5。一般来讲，计算机联锁设备应用高等级屏蔽效能机柜，在设计时应重点处理以下环节。

表 4—5 机柜的屏蔽效能分级

屏蔽效能等级	屏蔽效能最低要求(dB)		适用情况
	30～230 MHz	230 ～1 000 MHz	
1	20	10	适用于对电磁兼容性要求不高的场合
2	40	30	适用于对电磁兼容性要求较高的场合

1. 控制机柜的屏蔽设计

机柜内部框架一般选择铝合金型材，表面采用导电氧化处理，框架上下以及四周的门和侧板则采用钢板材料，结合处使用高温导电胶和金属丝网屏蔽条，实现连续导电接触，从而形成一个封闭的空间，如图 4—20 所示。

2. 机柜孔洞与缝隙处理

机柜上不可避免地存在很多孔洞(散热孔，各种表示灯和按钮等)并且在各金属构件的结合处不可能完全接触，只能在某些点接触上，这就构成了一个孔洞阵列或缝隙。为减小孔洞和缝隙的泄漏，应该尽量降低缝隙的阻抗，包括减小接触电阻、增加电容。通过机械加工手段可以减小接触电阻，但是会增

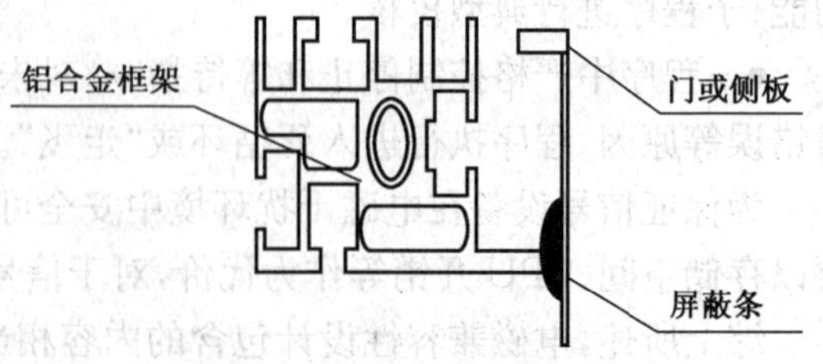

图 4—20 控制机柜的屏蔽

加成本，所以最常用的方法是使用电磁密封衬垫。

电磁密封垫的种类很多，由特殊合金铍青铜制成的指形簧片，能够解决其他衬垫不能承受侧剪切力的问题，同时具有接合压力小，形变范围大，低频段和高频段屏蔽性能优异，重量轻，安装方式灵活多样等优点，同时它具有高屏蔽性能，高导热等特性。形式多样，适用于联锁和室内信号电子设备机箱门、印刷板插板、集成电路屏蔽等。图4－21为联锁系统I/O板的面板卡接指形簧片的电磁防护。

图4－21 面板加装指形簧片的I/O电路板

二、电缆和通信接口设计

(一)电缆EMC设计

电缆是计算机联锁中导致电磁兼容问题的主要因素，主要有以下种类：

- 电源电缆。
- I/O电缆，即信号继电器接点采集电缆和安全型继电器线圈驱动电缆。
- 连接计算机网络的各种网线或通信电缆。
- 计算机鼠标和显示电缆。

电缆的电磁兼容问题主要是防护电磁辐射，考虑到辐射的产生机理，主要措施包括：

1. 电缆差模辐射的抑制

计算机联锁外部控制总线一般为电流型总线，利用双绞线传输信号可有效抑制差模辐射。从理论上讲，双绞线的节距越短，抑制干扰的效果越明显，但是对于电流型的控制总线，双绞线的节距缩短，线间电容就会增加，增大信号电流衰减，降低总线的带载能力，甚至导致信号传输出现错误，所以，双绞线的节距应根据实际情况而定。

2. 电缆共模辐射的抑制

(1)增加共模电流回路的阻抗

计算机联锁设备组装完成之后，设备的共模电压基本确定。这时减小电缆上的共模电流的方法是增加共模电路的阻抗。最有效的方法是在电缆上串联共模扼流圈，将整束电缆穿过一个铁氧体磁环。根据需要也可以将电缆在磁环上绕几匝。分体式磁环很容易卡在电缆上。

(2)减小共模电压

①在印制板设计时，要采取各种措施降低地线的阻抗。地线的阻抗越低，地线上各点之间的噪声电压越小，外拖电缆上的共模电压也越低。

②在计算机联锁 I/O 电缆接口处设置“干净地”。通常干净地与金属机箱连接起来，进一步减小共模电压。干净地与整个电路的地之间仅通过一点连接起来。

③强干扰电路远离 I/O 端口。高速数字脉冲电路、时钟电路等在工作时会产较强的干扰，这些电路要尽量远离 I/O 接口电路，防止干扰耦合到 I/O 电缆上。

④屏蔽机箱内部电缆，屏蔽层应与金属机箱低阻抗连接。当内部电缆较长时，更容易感应上较高的共模电压。

(3)对电缆进行共模滤波，即利用低通滤波器将电缆上的高频共模电流成分滤除掉。

(4)采用屏蔽电缆。通信电缆多采用屏蔽电缆，显示电缆的屏蔽尤其重要。

(5)从结构工艺设计和工程施工中实现低的搭接阻抗。例如，I/O 电缆从机箱后面引出时，可以设计一种金属环与电缆的屏蔽层卡紧，然后与机柜可靠连接。

另外，室内线缆传输的信号频率和幅度强弱各异，计算机联锁设备与其他设备间及内部的布线也很重要。布线包含了分开、隔离、分类捆扎和电缆安置等一系列内容，其实质就是保证敏感电路与干扰电路之间的充分隔离。基本要求是控制线路、交流电线路和信号线路应分别独立布线，而且相互间要保持一定距离。

(二)计算机通信接口的干扰防护

1. RS-232C/485/422 接口

RS-232C/485/422 串行通信接口是室内信号设备之间比较常用信息传输方式，对电磁干扰较为敏感。接口设计可采用隔离的方式，内部电路采用浮地方式。

RS-422/485 采用平衡方式，不能简单地用一对双绞线将两端连接起来，而忽略了信号地的连接。在电磁环境较好的场合，没连接信号地，电路也可以正常工作，但会带来隐患。通常情况下，系统接地良好时，可以把信号地和大地连接起来。但是，接口电路的信号地和屏蔽层之间应串联电阻，如图 4－22 所示，防止信号线和信号地之间的瞬间电流过大损坏芯片或者对外产生严重的电磁辐射骚扰。

2. 局域网接口防护

连接局域网的电路板设计涉及很多因素，有一定难度，设计时要满足有关的局域网协议，如 ISO/IEC 8802-3、ISO/IEC 8802-4、ISO/IEC 8802-5、ISO/IEC 9314-X 等，不同的协议有不同的连接方式和性能要求。

局域网干扰防护电路板器件的安排次序，通常应该是从局域网的 I/O 控制器开始，然后是隔离变压器或成形电路，其次是数据线滤波器，最后是 I/O 连接器。图 4－23 为局域网 I/O

电路电磁兼容设计实例。

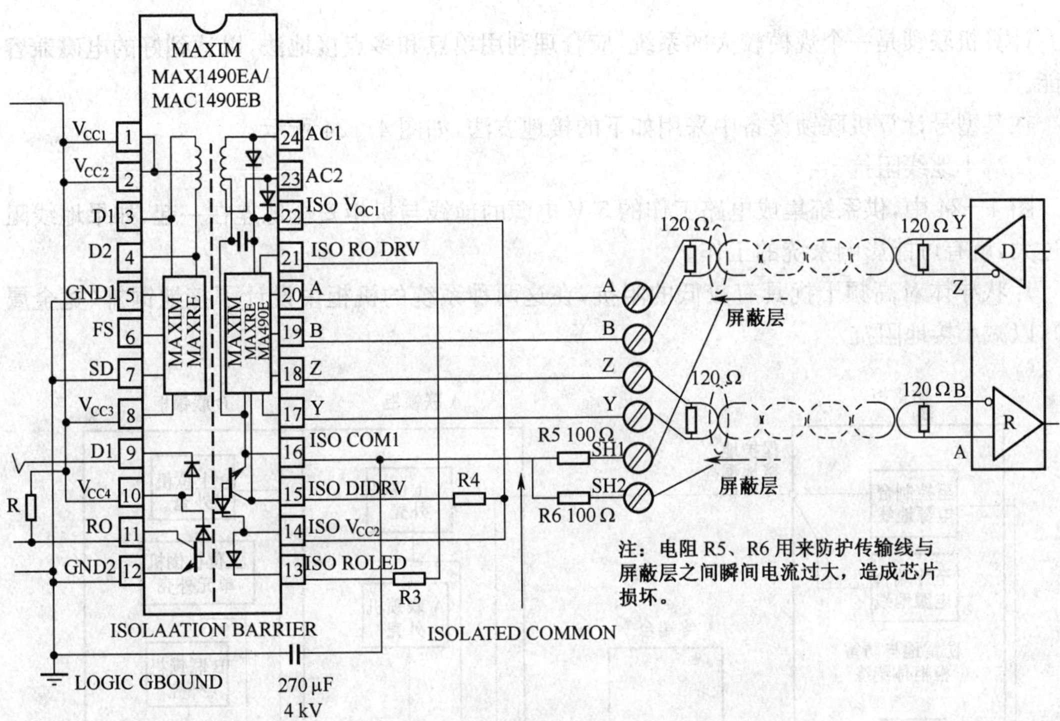

图 4－22　MAX1490 与 RS-422/485 总线接口连接

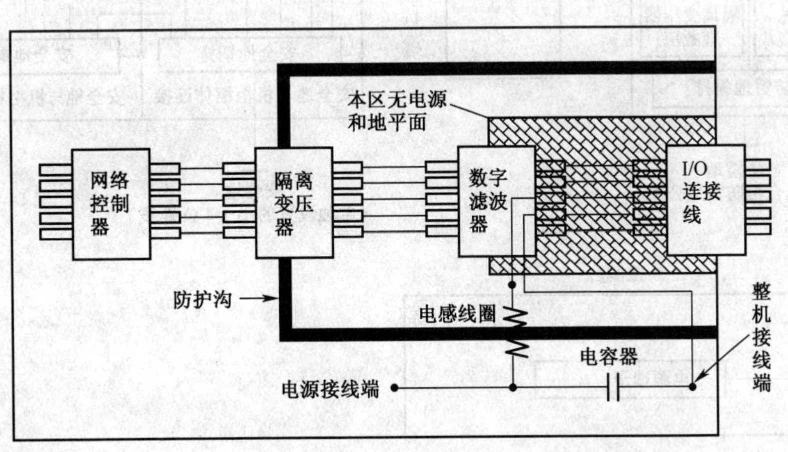

图 4－23　局域网 I/O 电路印制电路板布线

三、接地设计

计算机联锁是一个规模较大的系统，应合理利用单点和多点接地法，以达到好的电磁兼容性能。

在某型号计算机联锁设备中采用如下的接地方法，如图 4－24 所示。

1. 减小地线阻抗

图 4－24 中，供系统集成电路工作的 5 V 电源的地线与机柜安全地连在一起，如果地线阻抗过大，就有可能影响系统的工作。

片状导体对高频干扰具有较低的阻抗，在这两种系统的机柜中设计了接地铜排（宽金属板），以减小接地阻抗。

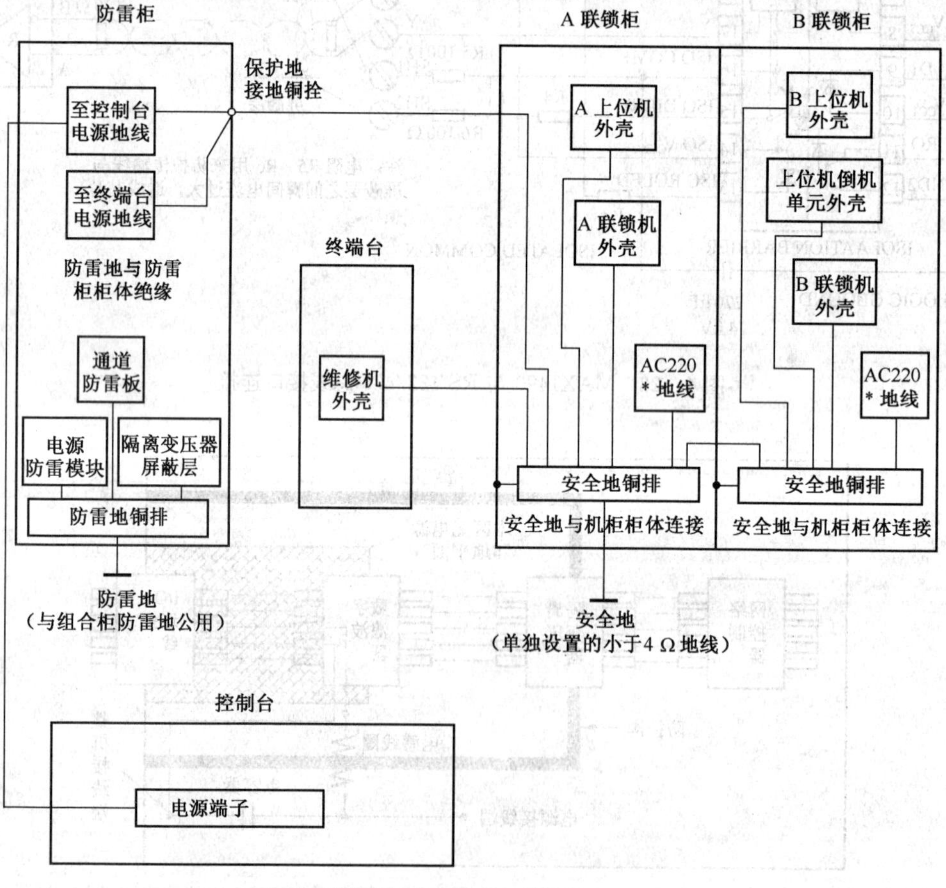

防雷柜
保护地
接地铜拴
至控制台
电源地线
至终端台
电源地线
防雷地与防雷
柜柜体绝缘
通道
防雷板
电源
防雷模块
隔离变压器
屏蔽层
防雷地铜排
防雷地
（与组合柜防雷地公用）
终端台
维修机
外壳
A 联锁柜
A 上位机
外壳
A 联锁机
外壳
AC220
* 地线
安全地铜排
安全地与机柜柜体连接
B 联锁柜
B 上位机
外壳
上位机倒机
单元外壳
B 联锁机
外壳
AC220
* 地线
安全地铜排
安全地与机柜柜体连接
安全地
（单独设置的小于4 Ω 地线）
控制台
电源端子

(a)计算机联锁设备的接地方案之一

图 4－24 计算机联锁设备的接地方案

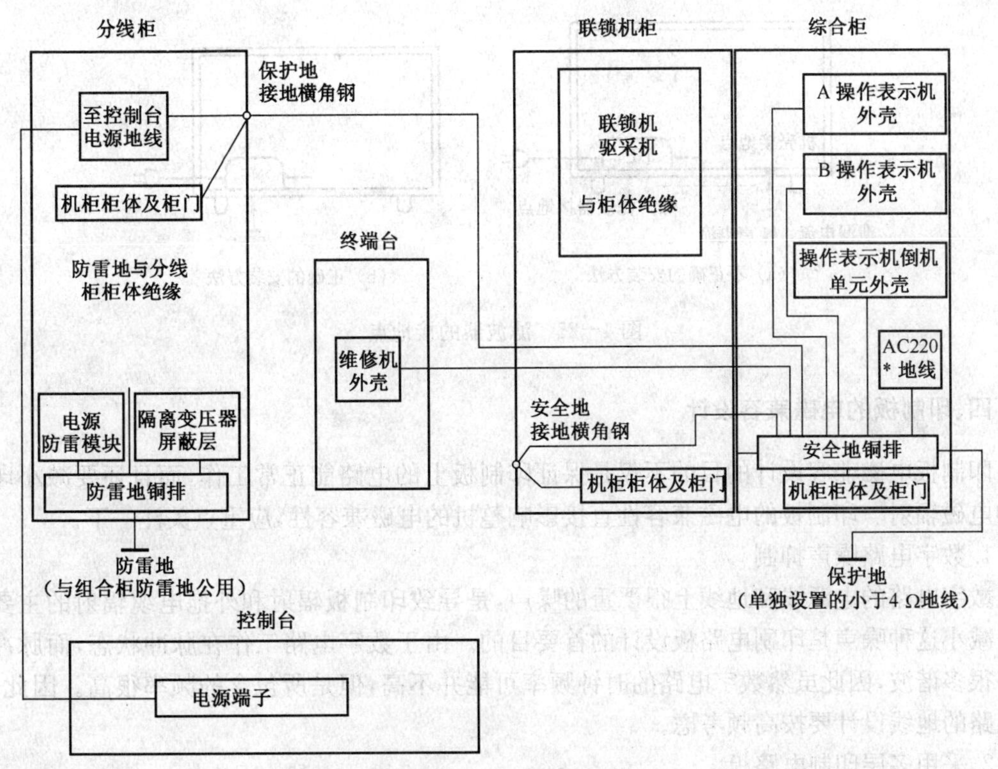

(b)计算机联锁设备的接地方案之二

图 4—24　计算机联锁设备的接地方案

2. 搭接

在地线与柜体的搭接部分，要保证可靠搭接。如果搭接阻抗过高，则应在工艺上采取相应措施，减小搭接阻抗。如在安装中采用紧固螺钉，并通过弹簧垫圈的止退作用保证电气连接；如果未装弹簧垫圈，一段时间之后螺母会逐渐松动，搭接阻抗会不断增大。

3. 悬浮地设计

图 4—24 中，联锁机箱和驱采机箱采用悬浮地设计，采集驱动单元与机柜绝缘，防止机柜上的干扰电流的直接耦合。但是，悬浮地的机箱容易出现静电积累，当电荷达到一定程度后，会产生静电放电。为了消除静电放电和飞弧，其绝缘电阻应控制在 100 kΩ～100 MΩ 范围内。另外，对机箱的绝缘支承架需进行防潮处理，以保证绝缘的稳定性。悬浮地的机箱也容易受空间耦合电磁干扰，对联锁机柜要进行严格的屏蔽。

4. EMI 电源滤波器的接地

电源滤波器的安装应考虑散热和滤波效果，为了尽量缩短滤波器的接地线，滤波器的接地点应尽量和设备机壳的接地点一致，如图 4—25 所示。

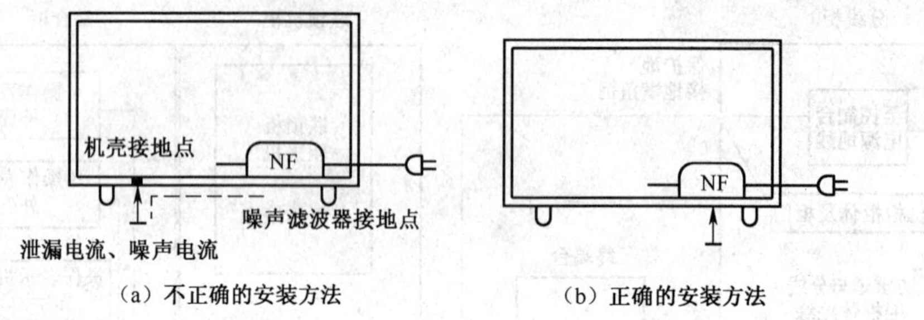

图 4—25　滤波器的接地点

四、印制板的电磁兼容设计

印制板电磁兼容设计的目的不仅是保证印制板上的电路能正常工作，而且还要减小印制板的电磁辐射。印制板的电磁兼容性直接影响整机的电磁兼容性，应重点关注一下。

1. 数字电路噪声抑制

数字电路的电源线和地线上很严重的噪声，是导致印制板辐射和外拖电缆辐射的主要原因。减小这种噪声是印刷电路板设计的首要目的。由于数字电路工作在脉冲状态，而脉冲信号有很多谐波，因此虽然数字电路的时钟频率可能并不高，但是所包含的频率很高。因此，数字电路的地线设计要按高频考虑。

2. 采用多层印制电路板

计算机联锁有很多输入输出环节需要处理，由于铁路信号故障—安全的特殊要求，设计者一般自行开发专用的接口电路板。设计中应使用多层印制电路板技术，除将电源和地单独的一层外，可把强弱电平信号分开在不同的层。

3. I/O 电路的滤波与连接器防护

图 4—26 为一个室内信号设备的典型 I/O 电路防护方法。通常有两种基本的滤波类型：电容型和电感型。不同情况可能需要一个或同时两个。电容型的滤波器一般用来滤除由 I/O 电缆引入的外界干扰噪声的辐射电流，也用来滤除逻辑器件和内部 I/O 的差模干扰噪声的辐射电流。设计时可以将旁路电容直接放在连接器的输入点上，距离要远小于 1 英寸(2.54 cm)，将数据线滤波器放在数据线控制器和

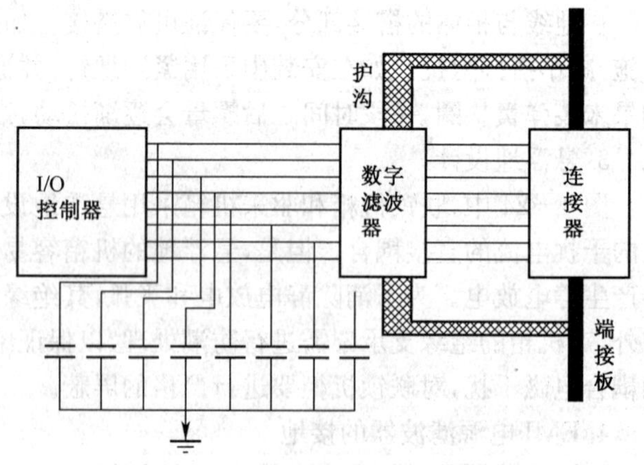

图 4—26　I/O 电路典型数字滤波防护措施

I/O 连接器之间并加上旁路电容。使用 I/O 连接器时，连接器本身的屏蔽结构和连接器中数据线的接地处理非常重要，它不但决定了连接器的防护特性，还决定了与连接器有关的 I/O 电路特性。

五、联锁软件抗干扰技术

软件抗干扰措施是硬件抗干扰措施的补充和延伸，采用硬件与软件结合的方法，充分发挥软件作用，可以大大增强控制系统的抗干扰能力。软件抗干扰措施的出发点是：计算机不仅在正常工作时能充分发挥智能作用，而且在系统因受干扰而破坏正常工作时也应发挥其作用。

1. 软件抗干扰措施

计算机联锁设备受到电磁干扰后，可能出现如下现象：数据采集错误；控制状态失灵；计算机中 RAM 等数据受干扰发生变化；程序运行失常。软件抗干扰的基本条件是抗干扰软件不会因干扰而损坏，相应的软件抗干扰措施包括：

(1)多次采样后比较取舍法

对每个开关量输入连续采样多次，并对这些采样值进行比较，取多数相同采样值作为结果。

(2)软件冗余设计

计算机联锁为条件控制系统，将对控制条件的一次采样、处理、控制输出改为循环采样，实时刷新控制输出。这一点对于开关量控制系统特别有效，它将瞬间偶然误差在执行器件尚未响应之前及时更正，但对于惯性较小或响应较快的系统则抗干扰作用相对较小。

(3)设置闭环输出控制系统

在硬件上设计输出状态采集电路，在软件上设置输出状态寄存单元，当干扰侵入后向通道造成输出状态破坏时，系统能及时查询比较实际输出状态与寄存单元输出状态信息是否一致，并及时纠正输出状态。

(4)设计软件看门狗

在计算机内的特定部位或某些内存单元设状态标志，在开机运行时不断查询测试，一旦发现问题，自动纠错复位，以保证系统中信息存储、运算和传输的高可靠性。

(5)设置监视定时器

采用定时中断法等方法，检查程序计数器值是否在程序区。利用定时中断监视程序运行状态，即在一个经常产生外部中断的某个定时中断服务程序中，读取转入该中断时压入堆栈的断点地址。

(6)设置软件陷阱

所谓“陷阱”是指某些类型的提供给用户使用的软件中断指令或者复位指令，它强行将捕获到的程序引向一个指定的地址，进入对程序出错进行处理的专用程序。一旦机器程序“跑飞”，总会碰上“陷阱”，这样就可以避免程序异常。

2. 软件抗干扰措施举例

图 4—27 所示为一种计算机联锁设备的联锁安全软件冗余处理方式。

此联锁设备的单系由两个不同计算单元组成，为了防止计算单元受到电磁干扰后造成软件运行失常导致危险输出，采用双版本冗余软件比较校核的方式来确保联锁设备的安全。

在满足硬件计算平台运行周期和应用的实时性指标的前提下，联锁软件把整个运行周期划分为足够细的同步表决点 P_i，$i=1,2,...n$；n 为最大表决点数量，$T_p=T/n$。当计算单元 1 中运行的软件执行到表决点 P_{m1} 时，计算单元 1 将会把自身的表决信息发送给计算单元 2，同时检查自身的表决信息与从计算单元 2 发来的表决信息是否一致，如果不一致则程序返回到表决点前重复运算，同时错误计数器累加，表决一致则继续向下执行，直到执行完所有表决点程序，进入到下一循环周期。计算单元 2 的流程与计算单元 1 完全相同。

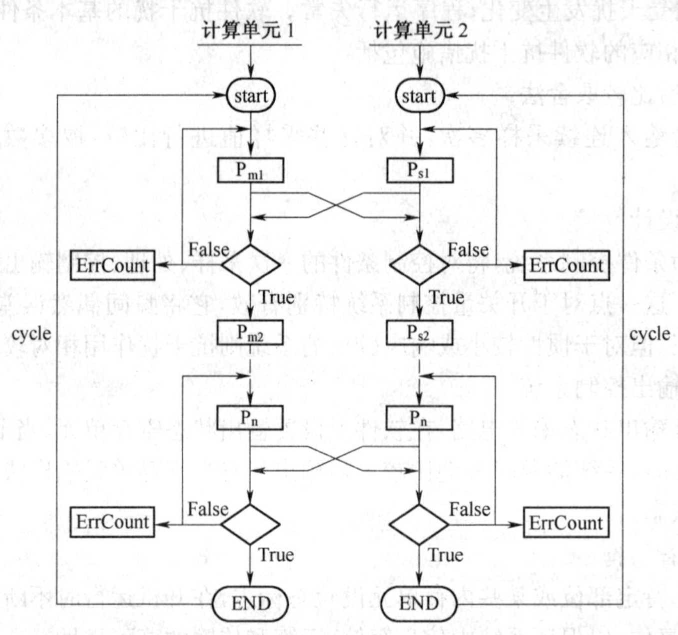

图 4—27　联锁设备双版本冗余软件计算流程

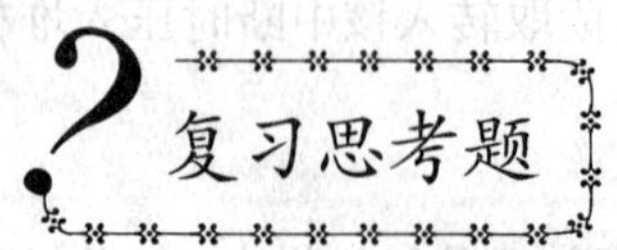

1. 简述室内信号系统的主要组成及相互联系。

2. 结合电磁干扰实例 1，计算显示器加屏蔽罩应达到的屏蔽效能。检索目前液晶和 CRT

显示器的结构和工频磁场抗扰度等级。

3. 隔离变压器为什么可以抑制共模干扰？如何减小级间电容的影响？

4. 取一组符合实际的数据，计算使用移动电话时辐射场强的大小。

5. 箱式屏蔽机房在EMC性能上有什么特点？

6. 简要对比《铁路信号智能电源屏技术条件》与TB/T 3073中有关电源质量要求的有关内容。

7. 说明分别在何种条件下应采用单点接地、多点接地和混合接地。

8. 建筑物内电信和计算机设备的连接和接地有哪些方式？

9. 画图说明地环路形成的原因和抑制方法。

10. 采用网格(网状)接地需考虑什么因素？

11. 片状导体作为接地体有什么优点？

12. 简单描述搭接阻抗的测量方法和原因。

13. 为什么线缆的共模辐射场强经常会大于差模辐射？

14. 减小线缆差模辐射的手段有哪些？

15. 说明屏蔽层“小辫”连接的缺点以及360°连接方法。

16. 试将室内铁路信号设备线缆按照IEC的有关定义进行分类。

17. PCB上去耦电容应如何布置？有何作用？

18. 在铁路信号设备中软件设计时，对关键数据可采取哪些方法来防护电磁干扰？

19. 通过网络等手段，检索铁氧体磁芯、共模扼流圈、波导管、导电衬垫等新型的干扰抑制器件，并了解其主要指标。

第五章

轨旁信号设备对电磁干扰的防护技术

本章首先在第二章基础上强调说明了轨旁信号设备及相应的电磁干扰源，在简要介绍设备基本结构、工作原理后，结合重载运输和客运专线的应用背景，重点分析了音频 FSK(移频和 UM 系列)轨道电路在调制方式和频率参数选择、轨道电路结构、传输补偿、接收电路硬件、接收器软件处理等方面的抗干扰设计，针对不平衡脉冲电流干扰，论述了 25 Hz 相敏轨道电路的抗干扰技术及在其他轨道电路中的应用。

按照 EN 50121-4 和 TB/T 3073 标准中的定义，所谓轨旁的含义是指距离最近的钢轨3 m以内的范围，基本覆盖了在室外环境工作的地面信号设备及传输电缆。从电磁兼容的角度，一方面，设备需要满足发射的要求，如信号设备应满足 TB/T 3073 中的发射限值；应答器的带内和带外频率辐射需分别满足 EN 300330 和 EN 50121-2 中规定的要求。另一方面，更需重视的是，由于邻近接触网和钢轨，电气化铁道电磁环境更加恶劣，形成的电磁干扰能量对信号电子设备构成更严重的威胁。箱式机房、无线基站中的信号设备，即使距离钢轨较近，但由于设备处于有良好防护的建筑物内，因此并不属于轨旁设备。另外，关于雷电电磁干扰及防护则在第七章中讨论。

轨旁信号电子设备大致可划分为以下三种类型：①设备独立在轨旁工作，如无源应答器、室外灾害和环境监测设备等，遭受空间感应和辐射干扰；②设备带有较长的室外电缆，一般还与室内信号设备连接，典型设备有计轴器、有源应答器和 LEU(地面电子单元)、驼峰测量设备等，主要的干扰源为工频磁场感应在电缆形成的纵向电动势以及电缆屏蔽接地引起的地电位升；③设备直接与钢轨连接，主要为音频和 25 Hz 相敏轨道电路设备，需要重点防护牵引电流传导性干扰。

第一节　轨旁信号设备及干扰源

下面按照轨旁信号设备类型及面临主要电气化铁道干扰源的特点，进行简要分析和讨论。

一、独立工作的轨旁设备

这类微电子信号设备包括应答器设备中的无源应答器、灾害预警监测设备等。设备大多

在轨旁地面，有的监测设备安放在杆塔上，靠近高压接触网，必须考虑感应过电压和电流对人身的防护。轨旁地面信号设备重点应防护工频磁场和射频辐射干扰。

1. 工频磁场的影响计算

在第二章中，在直供方式下已计算得到距离地面 1 m 处的最大磁感应强度约 130 μT。下面考虑当接触网中牵引电流为 1 000 A 时，在钢轨中心点、距离中心点 3 m 和 10 m 处地面的工频磁场强度(如图 5—1 所示)，并分析其影响。近似和简化考虑：钢轨中回流取 60%，即两条钢轨分别为 300 A，磁场按照水平和垂直分量合成计算。计算结果参见表 5—1，简要分析如下。

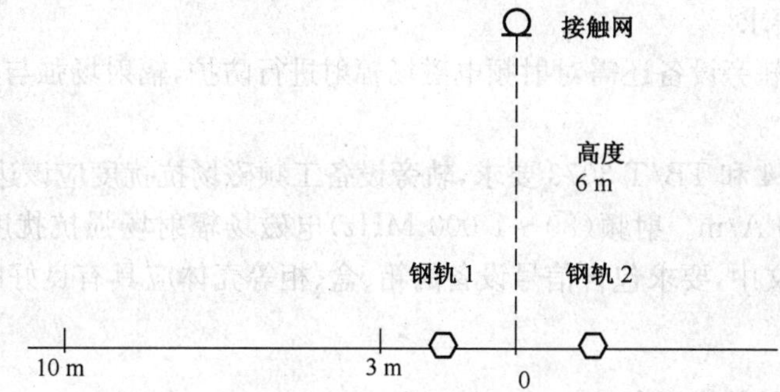

图 5—1 轨旁设备的磁感应强度

表 5—1 轨旁设备的磁感应强度

距离中心位置(m)		0	3	10
磁感应强度(μT)	水平分量	33.3	26.7	8.82
	垂直分量	0	29.1	2.64
	合成	33.3	39.5	9.20

①设备(应答器)在钢轨中心位置时，忽略大地分布回流的影响，由于两条钢轨中牵引电流产生的磁场互相抵消，相当于计算距离接触网 6 m 处产生的磁场，相应磁场强度相当于 26.5 A/m。由于设备水平放置，而磁感应强度仅有水平分量，因此工频磁场对设备几乎没有干扰。

②设备距离钢轨中央位置 3 m，距离接触网相当于 6.71 m，设备所在位置的磁场强度相当于 31.45 A/m，其垂直分量较大。在 10 m 处磁场有较大的衰减，垂直分量不足 3 m 处的 10%。

③在重载线路，或者考虑双线或多线的因素，相应的磁感应强度会因为叠加有所增大。

2. 工频磁场的影响和防护

磁场可以在闭合的电路环中产生干扰电压，大小取决于磁场及穿过的面积。由于频率低，低频磁场很少影响数字电路或大信号模拟电路。工频磁场主要影响 CRT 显示器等设备,还对处于信号带宽内(例如音频)的设备带来干扰。

设备对工频磁场的防护手段主要是屏蔽措施。由于磁场源的阻抗低,反射损耗也很低,应使用具有高吸收损耗的材料,如钢、坡莫合金,才能有效屏蔽低频磁场。但是随着频率的增大,这些材料会失去导磁性及屏蔽效能。另外,由于只有在环路平面法向(垂直)的磁力线分量才能感应产生电压,所以改变环路与源的相对方向也有效果。需要注意,由于应答器既要从机车天线获得无线能量,还要向 BTM 模块通过无线方式发送报文,故应答器不能进行简单的屏蔽。

3. 抗扰度有关要求

除工频磁场外,轨旁设备还需对射频电磁场辐射进行防护,辐射场强与机车类型和弓网参数有关。

根据 EN 50121-4 和 TB/T 3073 要求,轨旁设备工频磁场抗扰度应该达到 100 A/m,脉冲磁场则要求达到 300 A/m。射频(80~1 000 MHz)电磁场辐射场强抗扰度限值为 10 V/m。在铁运(2006)26 号文中,要求包含信号设备的箱、盒、柜等壳体应具有良好的电气贯通和电磁屏蔽性能。

二、带有长电缆的轨旁设备

带有长电缆的轨旁信号设备包括:有源应答器及 LEU、计轴设备、LED 信号灯,驼峰中的测量设备等。随着信号系统向智能化、电子化、网络化的发展,此类设备数量将逐渐增加。这些设备大多通过电缆与室内设备连接,除要对上面提到的工频磁场及射频场进行防护外,还必须考虑由于长电缆的效应而引入电磁干扰。根据 EN 50121-4 和 TB/T 3073 抗扰度要求(在第三章中已有说明),抗扰度试验包括射频场感应的传导骚扰、电快速瞬变脉冲群以及浪涌冲击干扰等。由于这些干扰产生于导线和地之间,因此属于共模骚扰。在抗扰度试验中,干扰相应的以共模方式施加于设备的电源或 I/O 端口。(浪涌抗扰度试验中还包括差模方式,但对于连接在高度平衡线路上的端口,不要求进行差模试验。)

下面着重分析电缆纵向电动势及相关测试规范,提出共模干扰的防护手段,以计轴和有源应答器为例讨论轨旁设备的相关 EMC 技术。

1. 电缆纵向电动势及共模干扰防护

第二章中已详细讨论了工频磁场引起的电缆纵向电动势,这里结合有关标准,对电缆感应电动势形成共模干扰的测试进行分析。

《铁路信号设计规范》中提出了电缆芯线纵向电动势要求。国际电信联盟 ITU-T(原 CCITT)建议书中提出相关要求,K. 54“基础供电频率传导干扰抗扰度测试方法和电平”中,传导干扰即电信端口和接地之间的共模电压的有效值(r. m. s.)电平规定为 60 V;测试时长应不少于 1 min,但不超过 15 min。另外,在 K. 68(电力系统对电信系统造成电磁干扰的管理)中,

除要求正常工作条件下限值为 60 V 外，还给出了在故障条件下产生电磁干扰的危险限值(包括典型情况和苛刻情况)，例如，感应电压最大值 2 000 V 时，基准故障时长 $t \leqslant 0.10$ s。测试电路如图 5－2 所示。

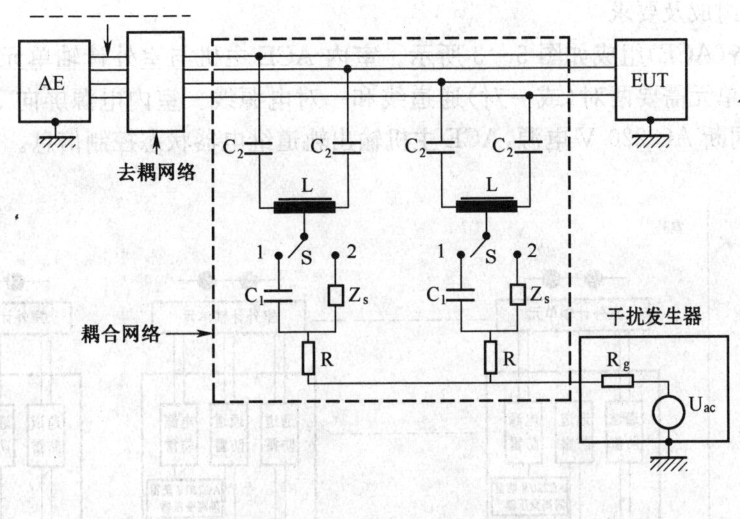

图 5－2　电缆共模干扰测试电路图

图中电路包括干扰发生器(Disturbing generator)、耦合网络(Coupling network)、去耦网络(Decoupling network)、被测设备 EUT 和辅助设备 AE 部分。干扰发生器可等效为一个具有内阻(R_g)的基础电源频率 50 Hz 的电压源 U_{ac}，可对 EUT 的电源端口、输入输出端口或通信端口进行试验，根据设备的对地阻抗开关 S 处于不同位置。试验时可产生持续的和短时间的干扰电压。由图可见，干扰发生器为共模电压源，耦合网络各元件的分布都是对称的，因此，若线对的特性不同时，共模电压在两条线上产生的干扰电流不同，则会在 EUT 端口转化成差模干扰，影响 EUT 工作。

由于牵引电流工频磁场耦合会引起轨旁通信信号电缆的共模干扰，IEC 62236-4:2003 附录 A 中要求对电缆端口进行共模传导骚扰的抗扰度试验，以 3 km 作为电缆典型长度，抗扰度等级包括 150 V(≥60 s)和 650 V(0.1 s)；在最新的 IEC 62236-4:2008 中虽然未列入共模骚扰抗扰度，但特别指出必须在功能规范中包含此项要求。该基础标准涉及 IEC 61000-4-16(0 Hz～150 kHz 共模传导骚扰抗扰度试验)，我国 GB/T 17626.16-2007 已等同采用。

对于双线通信信号电缆，感应电压本质是共模干扰，理想情况下端口电压大小相等，极性相同，可以抵消，否则会转化为差模干扰。工频感应电压共模干扰试验目前尚未包含在我国铁路标准中，但有必要针对连接电缆的通信信号设备，在标准或功能规范中补充相关检测要求。

轨旁信号设备应充分考虑设计共模干扰的防护措施，常用方法已在第一章中列举。这里不再赘述。在铁运(2006)26号文中，要求进出室外设备金属箱、盒的电源线、信号线宜采用屏蔽电缆或非屏蔽电缆穿钢管埋地敷设，屏蔽电缆的金属屏蔽层或钢管应接地。

2. 计轴设备干扰防护实例

(1)计轴设备组成及要求

典型计轴设备(ACE)组成如图5－3所示。室内ACE主机与室外计轴单元采用通信总线方式连接，每个单元需要两对(或一对)通道线和一对电源线。室内电源屏向ACE主机和室外单元提供不间断AC 220 V电源，ACE主机输出轨道继电器状态控制信息。

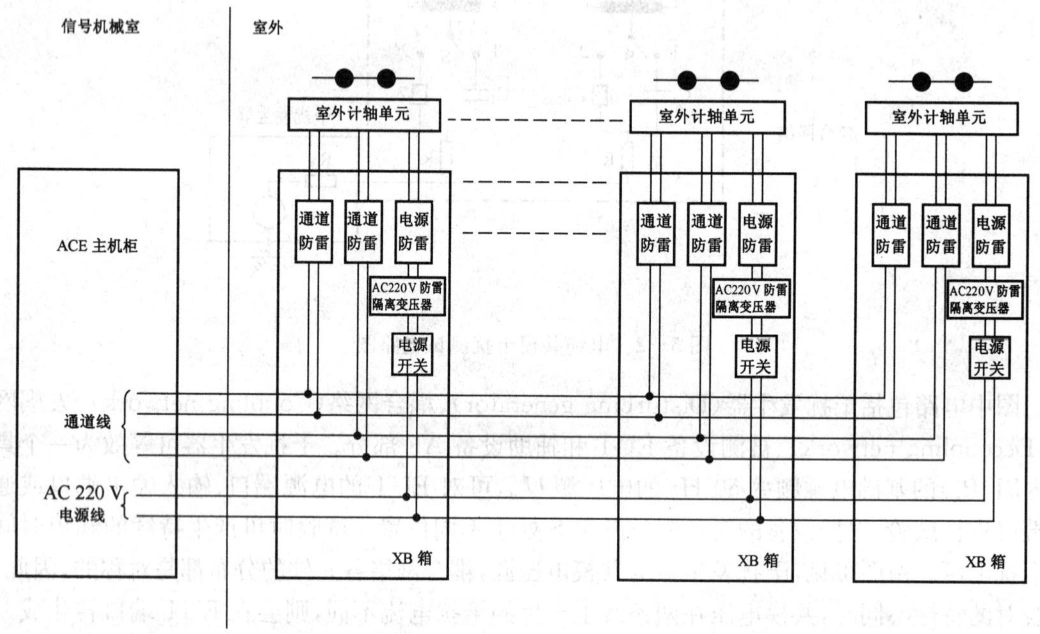

图5－3　计轴设备组成框图

不同厂商的计轴设备所采用的接地要求和电磁干扰防护方案不尽相同。室外单元配置电源防雷、通道防雷、隔离变压器和电源开关等配套设备，室内主机柜内也配置相应的防雷设备。数据通信一般采用标准协议，如基于CCITT V.23建议的FSK(频移键控)方式，使用频率为1 300 Hz和2 100 Hz，传输速率为600/1 200 bps。发送电平可调整，通常采用最高电平0 dB，即600 Ω负载上0.775 V电压(1 mW功率)。

在TB/T 3189-2007《铁路信号计轴设备及应用系统技术条件》中，要求计轴应用系统站间、室内至室外设备间通信传输通道可采用光缆或对称电缆，对称电缆的电气特性指标见表5－2。

表 5—2　对称电缆电气特性指标

<table>
<tr><th>序号</th><th colspan="2">项　目</th><th>测量频率</th><th>单　位</th><th>指　标</th></tr>
<tr><td>1</td><td colspan="2">0.9 mm 线径环阻(20℃)</td><td>直流</td><td>Ω/km</td><td>≤57</td></tr>
<tr><td>2</td><td colspan="2">1.0 mm 线径环阻(20℃)</td><td>直流</td><td>Ω/km</td><td>≤47</td></tr>
<tr><td>3</td><td colspan="2">环阻不平衡(20℃)</td><td>直流</td><td>Ω</td><td>≤1</td></tr>
<tr><td>4</td><td colspan="2">绝缘电阻</td><td>直流</td><td>MΩ·km</td><td>≥5 000</td></tr>
<tr><td>5</td><td colspan="2">固有衰耗</td><td>800 Hz</td><td>dB/km</td><td>≤0.7</td></tr>
<tr><td rowspan="2">6</td><td rowspan="2">电气绝缘强度持续时间 2 min</td><td>芯对地</td><td>直流</td><td>V</td><td>1 800</td></tr>
<tr><td>芯对芯</td><td>直流</td><td>V</td><td>1 000</td></tr>
<tr><td>7</td><td colspan="2">杂音计电压</td><td>800 Hz</td><td>mV</td><td>≤1.5</td></tr>
</table>

(2)计轴设备抗干扰方案

计轴设备干扰耦合途径主要包括:室内和室外设备机箱端口、电源端口、电缆接口、地线端口。根据有关测试数据,计轴设备由于电磁干扰引起的故障和现象有:数据传输通道杂音干扰偏大;误码率特征表现为突发性误码情况较多;个别区段的电缆导线不平衡电阻较大;电缆的屏蔽特性、绝缘特性的完整性难以保证。因此,设备的抗电磁干扰设计应考虑:

①室内和室外设备应综合设计,包括防雷单元、共模扼流圈或 EMI 滤波器、高性能隔离变压器;微电子电路需对瞬态干扰进行防护;保证电缆屏蔽层两端均按 360°搭接在金属机柜或箱体。

②屏蔽接地仅考虑防止地环路干扰的目的,屏蔽层采用单点接地的效果更好,但以安全为首要目的,同时利用屏蔽层中电流抵消感应干挠,所以一般在室内和室外两端接地或多点接地。屏蔽层中的干扰电流为共模电流,耦合到芯线转化为差模干扰后,噪声会影响信号的接收。应提高对称电缆的通信四芯组平衡性、保证电缆绝缘特性和屏蔽层完整性。

另外,应保证传输通道终端及始端的阻抗匹配。

3. 有源应答器干扰防护实例

有源应答器的防护措施包括在电路设计以及采用高性能电缆。

电路设计中,在应答器电缆端口(接口 C)采用 EMI 防护器件,同时设计了带通滤波器,在机车 27 MHz(接口 A)耦合天线的后级设计了高频接收滤波器等。另外,室内 LEU 驱动电路(如 ALSTOM 公司的应答器驱动板 SERB)要求,在入口处可以防护 2 kV 的电压。

应答器分线盘—室外分线盒采用屏蔽双绞电缆,主要指标见表 5—3。

表 5—3　应答器屏蔽双绞电缆主要指标

序号	项目	单位	指标	测试条件
1	导线直流电阻	Ω/km	≤9.9	20℃
2	工作线对导体电阻不平衡		≤2%	

续上表

<table>
<tr><th>序号</th><th>项目</th><th>单位</th><th colspan="2">指标</th><th>测试条件</th></tr>
<tr><td>3</td><td>绝缘电阻</td><td>MΩ·km</td><td colspan="2">≥10 000</td><td></td></tr>
<tr><td>4</td><td>工作电容</td><td>nF/km</td><td colspan="2">≤42.3</td><td></td></tr>
<tr><td>5</td><td>特性阻抗</td><td>Ω</td><td colspan="2">120±5</td><td>1.8 MHz</td></tr>
<tr><td>6</td><td>线对衰减常数</td><td>dB/km</td><td colspan="2">≤8.0</td><td>1.8 MHz，20℃</td></tr>
<tr><td rowspan="3">7</td><td>绝缘电气强度</td><td rowspan="3">V</td><td>AC 50Hz</td><td>DC</td><td rowspan="3">2 min</td></tr>
<tr><td>线芯间</td><td>1 000</td><td>1 500</td></tr>
<tr><td>线芯对地</td><td>2 000</td><td>3 000</td></tr>
<tr><td>8</td><td>理想屏蔽系数 50 Hz 电缆金属护套感应电压为：50～200 V/km</td><td></td><td colspan="2">≤0.2(铝护套)
≤0.8(综合护套)</td><td></td></tr>
<tr><td>9</td><td>屏蔽层的连续性</td><td></td><td colspan="2">电气导通</td><td></td></tr>
</table>

除电缆衰耗、电缆绝缘指标等基本特性外，还特别对电缆的屏蔽系数和屏蔽连续性提出了要求，以减小外界干扰在芯线的耦合；电缆与负载特性阻抗匹配可避免在高速率(564.48 kbit/s)数据传输时的反射；导体电阻不平衡是指导体电阻之差与电阻和的比值，显然，导体平衡度越高，对共模干扰的抑制性能越好。

三、与钢轨相连接的信号设备

与钢轨相连接的信号设备主要指轨道电路设备，在 CTCS-2 级及以下系统中，设备给出列车行车许可；在 CTCS-3 级系统中，完成轨道占用检查，因此，轨道电路是信号系统中的基础设备。

目前，轨道电路的发送器和接收器通常都在室内集中设置，其特点表现在，室内设备通过电缆及变压器等与钢轨直接连接，分析和应用均表明，影响设备最严重的是牵引电流传导性干扰，即不平衡牵引电流干扰，从这个角度看，轨道电路设备属于轨旁设备。

按照电磁兼容基本要素，为防护不平衡电流对轨道电路的影响，首先应削弱和抑制干扰源，一方面在牵引供电系统、电力机车等设计中应充分考虑对弱电信号的影响，如：强电设备的接地应加以规范、优化弓网参数、降低谐波含量等，另一方面，从钢轨接续线采用焊接方式、扼流变压器两根连接线的等阻、器材的对称性指标等各方面进行充分考虑，并在实际运营中保证有效的维护。

下面按照目前我国轨道电路的主流制式，分别论述音频 FSK 轨道电路和 25 Hz 相敏轨道电路对电气化传导性干扰的防护技术。

第二节 音频轨道电路对传导性干扰的防护

自动闭塞系统是列车运行控制的基础设施，而区间轨道电路则是大多数固定闭塞系统的基础和关键环节。音频的严格范围为 20～20 000 Hz，但铁路信号传统上把交流轨道电路分为低频(如 25 Hz)、工频(50 Hz)、音频几个频段。

一方面，由于钢轨机械绝缘节故障率高等固有缺陷，高速铁路的发展要求采用无绝缘轨道电路，另一方面，在电力牵引方式下，轨道电路必须适合交流电气化区段的抗干扰要求。因此，轨道电路传输的信号一般采用抗干扰性能强的角度调制信号(频率调制或相位调制)。无绝缘轨道电路按原理分为两类：电气隔离式(也称谐振式)、自然衰耗式(也称叠加式)。

一、国内外主要轨道电路制式及特点

(一)国外典型音频轨道电路

1. 日本 ATC 轨道电路

日本 ATC 系统中包括模拟和数字两种类型的轨道电路，不仅检查列车对区段的占用和列车完整性，而且向列车传送 ATC 信息。模拟轨道电路采用电源同步单边带音频(SSB)，为了提高抗牵引电流干扰的能力，采用双频组合轨道电路。

数字 ATC(D-ATC)为自然衰耗式无绝缘轨道电路，向机车传送数字编码信息。采用速度一目标距离控制模式，传送至前方列车的目标距离。轨道电路主要参数为：①载频：上行采用 515 Hz、525 Hz、535 Hz、615 Hz、625 Hz、635 Hz；下行采用 565 Hz、575 Hz、585 Hz、665 Hz、675 Hz、685 Hz。②调制方式采用 MSK 制式。③ATC 报文信息量为 75 bits。④向列车传送轨道电路、空闲区间、临时限速等信息。其中载频的选择避开了牵引电流谐波频率。

2. 德国 FTG S 轨道电路

德国 LZB 系统中采用 FTG S/FTG L 两种音频轨道电路。FTG S 是西门子(SIEMEMS)公司数字频率轨道电路(Digital frequency track circuits)的德文缩写，是远程馈送和编码无绝缘音频轨道电路的简称，其结构如图 5－4 所示。

FTG S 应用 S 形跳线(S-Bond)作为电气绝缘节，分隔两个相邻的轨道区段，同时对两条轨道的牵引回流进行平衡。主要参数为：①载频：FTG S917 型为 9.5～16.5 kHz，用于车站；FTG S46 型为 4.75～6.25 kHz，用于车站；FTG L48 型为 4.75～8.25 kHz，分四个频率用于区间。②传输速率为 207 bit/s。③包括四种传输码型：B(运行命令报文)、K(简化报文)、N(紧急停车报文)、C(ATO 控制报文)。④采用 32 位 CRC 校验。

为提高抗干扰能力，FTG S 采用调频方式防护牵引电流引起的谐波干扰。与非编码式的音频轨道电路相比，允许的牵引回流谐波干扰高许多倍。

3. 法国 UM 系列轨道电路

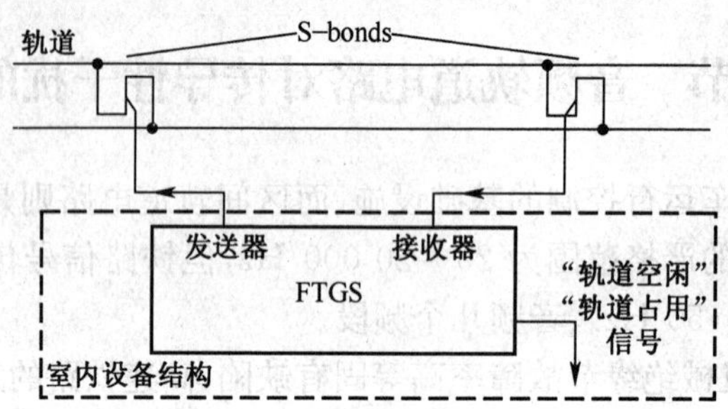

图 5—4　FTG S标准结构

法国 CSEE 公司 UM 系列无绝缘轨道电路采用电气隔离原理，包括两种制式：UM71 轨道电路属于 TVM300 列车控制系统地面设备，是 4 显示自动闭塞系统；UM2000 数字编码轨道电路属于 TVM430 列车控制系统，面向 200 km/h 以上高速铁路。

(1)UM71 无绝缘轨道电路

主要参数为：①调制方式：FSK(频移键控)。②载频：上行方向为 2 000 Hz、2 600 Hz；下行方向为 1 700 Hz、2 300 Hz。③调制频率为 10.3～29Hz 共 18 个方波信号，一般称之为低频(TBF)，频率间隔 1.1 Hz。④频偏为±11 Hz。另外，400 Ω 负载时输出功率可达 70 W。

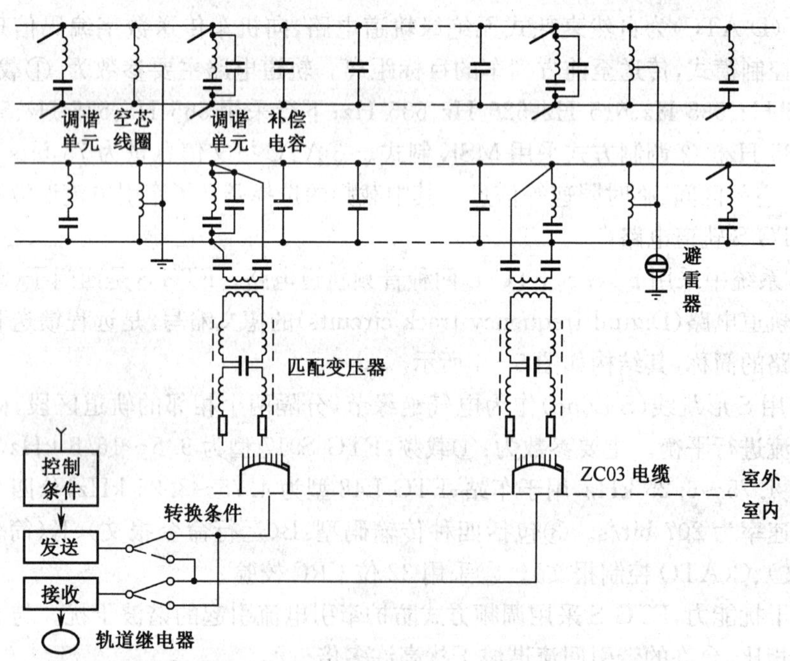

图 5—5　UM71 无绝缘轨道电路构成

UM71 的构成如图 5—5 所示，其主要组成部分为：发送器、匹配变压器、调谐单元、空芯线圈、接收器和轨道继电器。其中，发送设备包括：编码发生器和辅助发生器、移频振荡器、检查与门、功率放大器等部分；接收设备主要完成以下功能：与钢轨隔离、轨道电路长度调整、限幅和滤波、鉴幅、鉴频、低频信号检查和执行开关等部分。由于载频频率的提高使轨道电路极限长度减小，轨道电路每隔 100 m 在钢轨间并联一个 33 μF 补偿电容，以抵消钢轨电感对信号传输的影响。

(2)UM2000 型无绝缘轨道电路

室内设备包括模拟电缆、发送器、接收器、电源和方向控制电路，以及室外用于相邻轨道电路电气分割调谐区设备配置方式、原理等，与 UM71 型轨道电路基本相同。补偿电容值为 22 μF，载频频率为 1 700 Hz 和 2 000 Hz 时，补偿电容间距为 60 m；载频频率为 2 300 Hz 和 2 600 Hz时，间距为 80 m。

UM2000 的调制方式由频移键控变为多音调频(FM)方式，调制信号由 28 种低频正弦信号叠加而形成，其中 27 个正弦信号对应码长为 27 bit 的信息码，用来传输列车控制信息，还有一位是轨道电路信息。TVM430 车载设备在接收到地面速度信息后，取得入口和出口速度，根据距离、线路坡度等得到“速度—距离”一次模式曲线。

调制信号由多个幅度相同的正弦信号叠加构成，包括从 0. 88 Hz 到 17. 52 Hz，间隔为 0. 64 Hz的 27 个正弦信号叠加的组合，另外还有一个单频的轨道电路特征信号。调制信号的时域表达式为

$$x(t)=\sum_{i=0}^{26}A_i\delta_i\sin[2\pi(0.88+i\times0.64)t+\varphi_i] \tag{5—1}$$

式中，$\delta_i=1$ 或 0。

用调制信号对载频信号的频率进行调制，得调频信号，其时域表达式为

$$s(t)=A\sin[2\pi f_c t+2\pi k_f\int_0^t x(t)\mathrm{d}t] \tag{5—2}$$

式中　A——振幅；

f_c——载频；

k_f——调频系数。

除单频轨道电路信息外，其余 27 bit 组成一个信息帧，具体分配如下：①校验码：共 6 bit；②坡度信息：共 4 bit，可以将坡度划分为 16 个等级；③目标距离信息：共 6 bit，将距离按精度划分成不同的等级；④速度信息：共 8 bit，同时提供三种速度信息，允许速度、入口速度和目标速度；⑤运行模式：3 bit，指示列车运行的网络。

(二)国内区间轨道电路主要制式

我国既有线的区间轨道电路主要包括：多信息(包括 4 信息、8 信息和 18 信息)移频轨道电路、引进法国的 UM 系列轨道电路、微电子(25 Hz/50 Hz/75 Hz)交流计数电码轨道电路、

极频轨道电路等,新建线路采用的主流制式是 ZPW-2000 系列轨道电路,移频轨道电路是我国自主研发的音频 FSK 轨道电路,4 信息和 8 信息是基于分立元件的模拟电路。下面简单介绍 18 信息移频和 ZPW-2000 系列轨道电路。

1.18 信息移频轨道电路

发送部分包括发送盒、功放、发送电缆和轨道变压器等,发送盒由信息源、基于单片微处理器的编码器、波形产生器等组成。接收由轨道变压器、接收电缆、隔离衰耗器、A/D 采集器、基于数字信号处理器的解码器和执行机构等组成。

移频轨道电路采用方波调制的 FSK 方式传输信号,从时域波形看,移频信号为两个不同频率交替出现的正弦信号(如图 5—6 所示),包括相位连续和相位离散的两种方式。相位连续的信号一般采用同一个移频振荡器产生信号;而相位离散的移频信号是通过键控信号分别控制两个独立的振荡器产生的信号。相位离散的 FSK 信号可看作是两个不同载频 ASK 信号的叠加,其频谱是分别以上/下边频为中心的两个连续谱线。

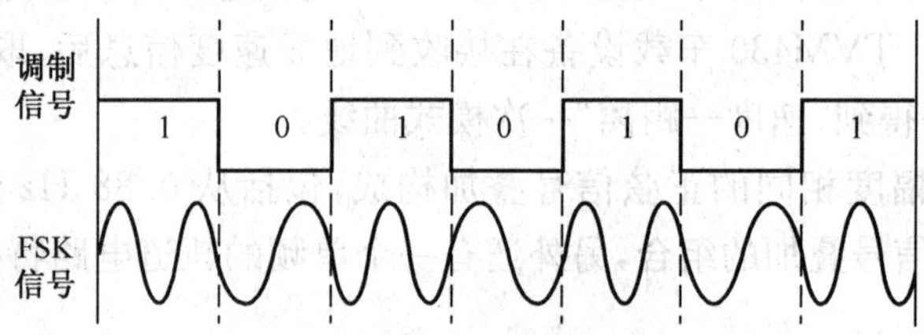

图 5—6 方波调制的相位连续的 FSK 信号

其主要技术参数为:①载频或中心频率(f_c):上行线 650 Hz、850 Hz,下行线 550 Hz、750 Hz;②调制(低频)频率(F):7.0 Hz、8.0 Hz、8.5 Hz、9.0 Hz、9.5 Hz、11.0 Hz、12.5 Hz、13.5 Hz、15.0 Hz、16.5 Hz、17.5 Hz、18.5 Hz、20.0 Hz、21.5 Hz、22.5 Hz、23.5 Hz、24.5 Hz、26.0 Hz 共 18 个;③频偏(Δf):±55 Hz。

2.ZPW-2000 系列轨道电路

(1)特点

ZPW-2000 系列轨道电路充分借鉴了 UM71 的优点,结构和主要技术参数基本相似,其创新点及主要特点如下:

- 解决了调谐区断轨检查,实现轨道电路全程断轨检查。
- 减少调谐区分路死区。
- 实现对调谐单元断线故障的检查。
- 实现对拍频干扰的防护。
- 通过系统参数优化,提高了轨道电路传输长度。

● 发送和接收器采用了先进的DSP等技术，提高了轨道电路抗干扰水平。

● 另外，采用了新型电缆及引接线；系统中发送器采用"$N+1$"冗余，接收器采用成对双机并联运用，提高系统可靠性。

(2)相关技术参数

在不影响轨道电路整体结构的条件下扩展了载频数量，每个载频频率微调后划分为"−1"和"−2"两种类型：下行为：1 701.4/1 698.7 Hz；2 301.4/2 298.7 Hz；上行为：2 001.4/1 998.7 Hz；2 601.4 Hz/2 598.7 Hz。

为进一步改善轨道电路传输，补偿电容按载频类型细化确定（测试频率1 000 Hz条件下）：1 700 Hz：55 μF±5%；2 000 Hz：50 μF±5%；2 300 Hz：46 μF±5%；2 600 Hz：40 μF±5%。

二、FSK信号特点及解调方法

移频和UM71系列轨道电路，均为周期低频调制信号，轨道电路的基本要求是在特定的传输通道中、存在特定干扰的条件下，选取合适的频率和幅度参数，采用合理的接收方案，获得正确的编码信息。

1. FSK信号及频谱特征

(1)FSK信号基本特点

根据通信原理，幅度调制(AM)信号在波形上，幅度随基带信号规律而变化；在频谱结构上，完全是基带信号频谱结构在频域内的简单搬移，因此幅度调制通常又称为线性调制。角度调制（即调频和调相）与线性调制不同，已调信号频谱不再是原调制信号频谱的线性搬移，而是频谱的非线性变换，会产生与频谱搬移不同的新的频率成分，故又称为非线性调制。调幅制的信号带宽是固定的，无法进行带宽与信噪比的互换。宽带调频输出信噪比相对于调幅的改善与其带宽比的平方成正比，即对于调频系统来说，增加传输带宽就可以改善抗噪声性能，这正是在抗噪声性能方面调频系统优于调幅系统的重要原因。

调频(FM)信号的级数展开式为

$$\begin{aligned} s_{FM}(t) &= J_0(m_f)\cos\omega_c t - J_1(m_f)[\cos(\omega_c-\omega_m)t-\cos(\omega_c+\omega_m)t]+ \\ &\quad J_2(m_f)[\cos(\omega_c-2\omega_m)t+\cos(\omega_c+2\omega_m)t]- \\ &\quad J_3(m_f)[\cos(\omega_c-3\omega_m)t-\cos(\omega_c+3\omega_m)t]+\cdots \\ &= \sum_{n=-\infty}^{\infty} J_n(m_f)\cos(\omega_c+n\omega_m)t \end{aligned} \tag{5-3}$$

式中，m_f是调频指数，ω_c是载频，ω_m是调制信号频率，$J_n(m_f)$第一类n阶贝塞尔函数。

根据贝塞尔函数的性质，可推出调频波的平均功率。如果将最大相位偏移限制在一定范围内，调频波的展开就要简单得多，在$m_f \leqslant \pi/6 \approx 0.52$条件下，已调波频谱只占有限或比较窄的频带宽度，因此把它称为窄带角度调制。

调频波的频谱包含无穷多个频率分量，理论上调频波的频带宽度 B_{FM} 为无限宽。由于边频幅度 $J_n(m_f)$ 随着 n 的增大而逐渐减小，取适当的 n 值可使边频分量小到可以忽略的程度，即调频信号可近似认为具有有限频谱。若 m_f 较小时，窄带调频（NBFM）的带宽为 $B_{FM}\approx 2f_m$（f_m 指调制频率）。若 m_f 较大时，$B_{FM}\approx 2\Delta f$，即宽带调频（WBFM）时带宽由最大频偏决定。在相同的解调器输入信号功率、相同噪声功率谱密度、相同基带信号带宽的条件下，若 AM 为 100％调制，调制信号为单音正弦，则 WBFM 抗噪声性能最好，DSB/SSB/VSB 抗噪声性能次之，AM 抗噪声性能最差，NBFM 和 AM 的性能接近。

考虑低频调制信号 $f(t)$ 为方波信号，周期为 T，时间表达式为

$$f(t)=\begin{cases} A, & \text{当} -\dfrac{T}{4}<t<\dfrac{T}{4} \\ -A, & \text{当} \dfrac{T}{4}<t<\dfrac{3T}{4} \end{cases} \tag{5-4}$$

式中 A——方波的振幅。

$f(t)$ 作为键控信号、相位连续的 FSK 移频波 $s(t)$ 的时域表达式为

$$s(t)=A_0\cos[\omega_0 t+g(t)] \tag{5-5}$$

$$g(t)=\int kf(t)\mathrm{d}t=\begin{cases} \Delta\omega t, & \text{当} -\dfrac{T}{4}<t<\dfrac{T}{4} \\ \Delta\omega\left(\dfrac{T}{2}-t\right), & \text{当} \dfrac{T}{4}<t<\dfrac{3T}{4} \end{cases} \tag{5-6}$$

上式中，A_0 是调频信号的幅度，ω_0 为载频，$g(t)$ 是一个周期为 T 的三角形周期函数，而且 $g(t)=g(t\pm nT)$，系数 k 称为调频灵敏度，实质上即调频系数。

FSK 信号 $s(t)$（载频为 ω_0 且调制频率为 ω_1）的频谱由载频和无限多的边频分量 $\omega_0-n\omega_1$ 和 $\omega_0+n\omega_1$ 组成

$$\begin{aligned} \mathrm{FFT}(s(t))=&\frac{2A_0}{\pi}\left\{\frac{1}{m}\sin\left(\frac{m\pi}{2}\right)\cos(\omega_0 t)-\right. \\ &\sum_{k=1}^{\infty}(-1)^k\frac{m}{m^2-(2k-1)^2}\cos\left(\frac{m\pi}{2}\right)[\cos(\omega_0-(2k-1)\omega_1)t-\cos(\omega_0+(2k-1)\omega_1)t]+ \\ &\left.\sum_{k=1}^{\infty}(-1)^k\frac{m}{m^2-(2k)^2}\sin\left(\frac{m\pi}{2}\right)[\cos(\omega_0-2k\omega_1)t+\cos(\omega_0+2k\omega_1)t]\right\} \end{aligned} \tag{5-7}$$

式中，调频系数 $m=\Delta\omega/\omega_1=\Delta f/F_1$，$F_1(\omega_1)$ 为调制频率，$\Delta f(\Delta\omega)$ 为频偏。

(2)FSK 频谱特征及示例

由上述分析可知，方波调制且相位连续的移频波的频谱，在频域具有确定的、离散的谱结构，由载频 $\omega_0(n=0)$ 及无限多的成对边频分量组成，其边频分量为 $\omega_0-n\omega_1$ 和 $\omega_0+n\omega_1$，其间距为调制频率 ω_1。其相对幅度可分别写为，载频$\frac{2}{m\pi}\sin\left(\frac{m\pi}{2}\right)$；奇次边频分量$\frac{2m}{\pi(m^2-n^2)}\cos\left(\frac{m\pi}{2}\right)$；偶次边频分量$\frac{2m}{\pi(m^2-n^2)}\sin\left(\frac{m\pi}{2}\right)$。

据此，其频谱特征可总结如下：

①两个边带以载频为中心，对应的上下边频大小相等，奇次项上下边频相位相反，偶次项相位相同。

②频谱不同于原来的方波信号，出现新的频率分量，是非线性调制。

③当调频系数 m 增加时，移频波频谱中载频的幅度下降，边频幅度上升，即信号功率扩展到较宽的频带中。为不失真地传输移频信号，要求占用较宽的频带。

④当频偏 Δf 固定，m 随调制低频的增大而减小时，频谱中相邻边频的间隔增大，相邻边频谱线的间隔是移频信号的调制低频频率。另一方面，高次数的边频幅度相应下降。在频偏对应的频点，只有 m 等于整数时才有频谱（相对幅度为 0.5）。

⑤特殊地，当 $m=2$、4、6……（偶数）时，载频频谱分量幅度为 0。

通过下述仿真波形，可以清楚地看到在 UM71 和国产移频制式在不同载频和低频条件下的典型频谱分布和结构特点。其中，图 5－7(a)和(b)分别相当于 UM71 在最小和最大调频系数时的情形；图 5－7(c)～(f)分别考虑了移频 550 Hz、650 Hz、750 Hz 及 850 Hz 在最大和最小调频系数、调频系数为奇数和偶数时的频谱分布，需注意，其中调制频率 13.75 Hz 在实际应用中并未采用。

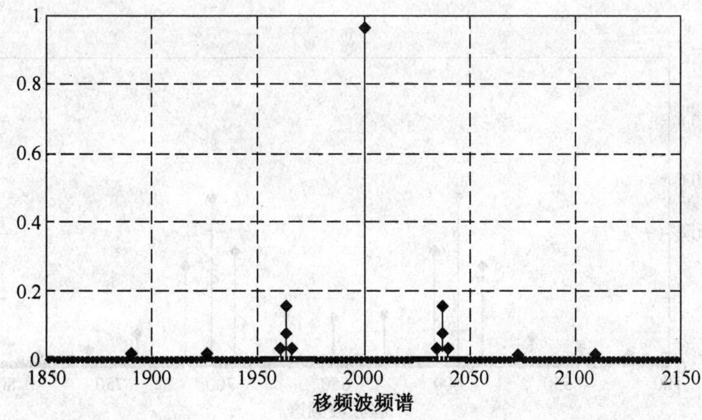

图 5－7(a)　载频 2 000 Hz、频偏 11 Hz、调频系数 $m=0.3$ 时频谱

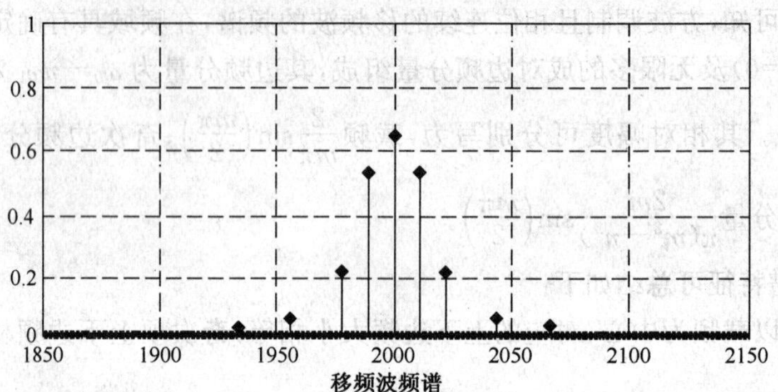

图 5－7(b) 载频 2 000 Hz、频偏 11 Hz、调频系数 $m=1$ 时频谱

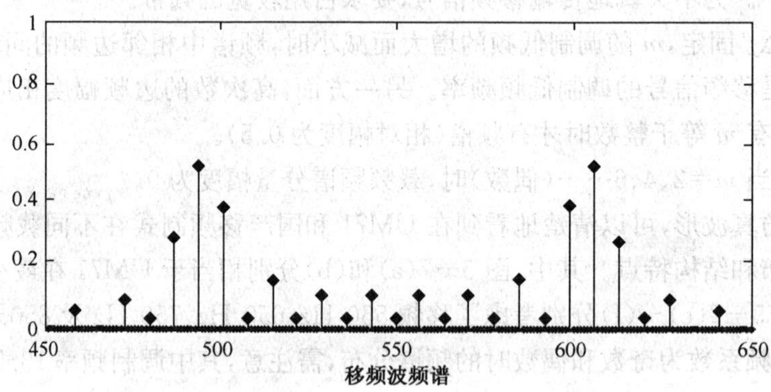

图 5－7(c) 载频 550 Hz、频偏 55 Hz、低频 7 Hz、调频系数 $m=7.86$ 时频谱

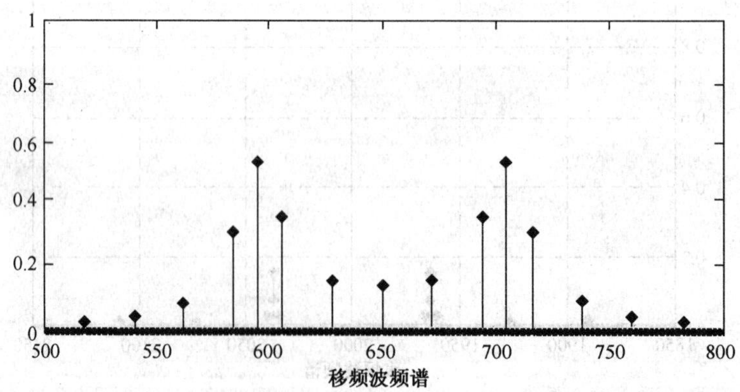

图 5－7(d) 载频 650 Hz、频偏 55 Hz、低频 11 Hz、调频系数 $m=5$ 时频谱

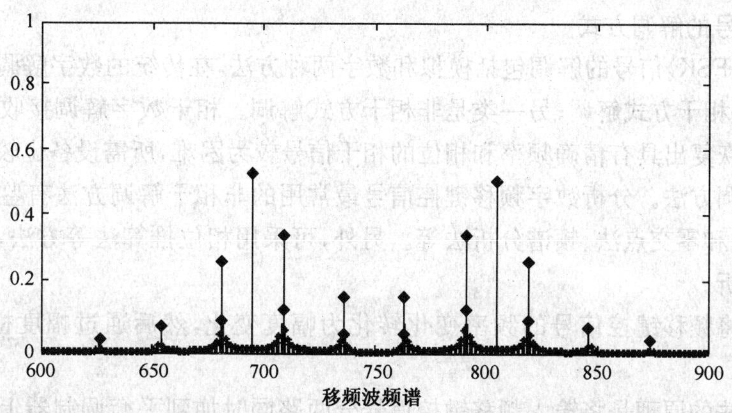

图 5－7(e)　载频 750 Hz、频偏 55 Hz、低频 13.75 Hz、调频系数 $m=4$ 时频谱

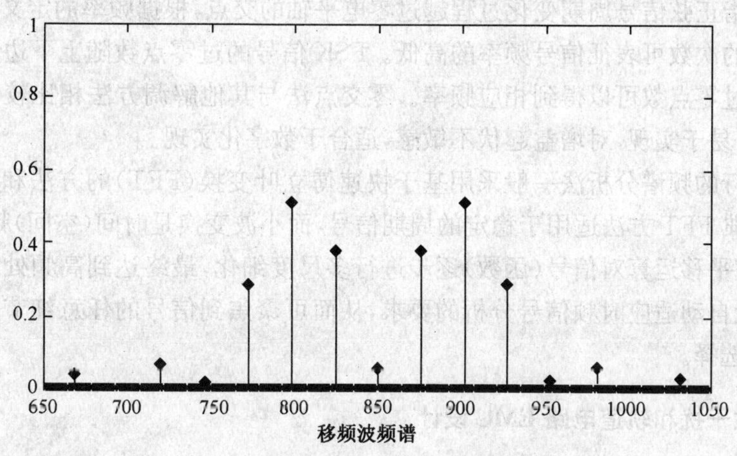

图5－7(f)　载频 850 Hz、频偏 55 Hz、低频 26 Hz、调频系数 $m=2.12$ 时频谱

表 5－4 列出了部分典型调频系数与 FSK 信号低次边频分量之间的关系。

表 5－4　调频系数与 FSK 频率分量　　(单位:%)

调频系数	载频	1	3	5	2	4	6
0.3	0.963 4	0.187 0	0.019 1	0.006 4	0.022 2	0.005 4	0
1	0.636 6	0.5	0	0	0.212 2	0.042 4	0.018 2
2	0	0.424 4	0.127 3	0.060 6	0.5	0	0
2.11	0.051 87	0.383 3	0.291 0	0.064 40	0.510 8	0.020 0	0.007 32
4	0	0.169 8	0.363 8	0.282 9	0	0.5	0
5	0.127 3	0	0	0.5	0.151 6	0.353 7	0.289 4
7.86	0.018 9	0.080 2	0.092 3	0.132 7	0.020 2	0.025 6	0.045 5

2. FSK 信号的解调方式

频移键控(FSK)信号的解调包括模拟和数字两种方法,在传统的数字解调理论中,可分为两大类:一类是相干方式解调;另一类是非相干方式解调。相干数字解调接收质量最佳,但在其解调过程中恢复出具有精确频率和相位的相干信号较为困难,所需设备也较复杂,一般采用非相干数字解调方法。分析数字频移键控信号最常用的非相干解调方法有鉴频法、差分检波法、动态滤波法和零交点法、频谱分析法等。另外,可采用相位推算法等方法,对低频 FSK 信号进行辅助分析。

鉴频法是将频移键控信号的频率变化转化为幅度变化,然后通过幅度检波而得到基带信号。

差分检波法的原理是将输入频移键控信号分两路同时加到平衡调制器上,其中一路经过延迟,在平衡调制器上这两个信号做乘积处理,经低通滤波器除去高频成分,可取出基带信号。

零交点是指正弦信号周期变化过程越过零电平轴的交点,根据频率的定义,单位时间内信号经过零交点的次数可表征信号频率的高低。FSK 信号的过零点数随上下边频而异,在一定时间内检出的过零点数可以得到相应频率。零交点法与其他解调方法相比较,最明显的特点就是结构简单,易于实现,对增益起伏不敏感,适合于数字化实现。

在频域进行的频谱分析法一般采用基于快速傅立叶变换(FFT)的方法和小波(Wavelet)分析方法。经典 FFT 方法适用于稳定的周期信号,而小波变换是时间(空间)频率的局部化分析,它通过伸缩平移运算对信号(函数)逐步进行多尺度细化,最终达到高频处时间细分,低频处频率细分,能自动适应时频信号分析的要求,从而可聚焦到信号的任意细节,小波分析的关键是基函数的选择。

三、传导性干扰和轨道电路 EMC 设计

电气化铁道传导性干扰即不平衡牵引电流中与轨道电路信号有共同的通道,其中牵引电流基波和谐波成分都将对信号产生影响,轨道电路设备应从系统设计的高度对传导性干扰进行防护。

1. 传导性干扰对轨道电路 FSK 信号的影响

理论分析、室内仿真以及现场测试均表明传导性干扰对轨道电路 FSK 信号存在较为严重的影响。

图 5—8 和图 5—9 分别为在仿真环境下,叠加有 50 Hz 基波和偶次谐波干扰的移频 FSK 信号的时域波形以及频谱结构。基波干扰的特点是能量大,谱线幅度高,但在频域来看,距离信号谱线较远,采用时域滤波的方法可有效滤除干扰成分。而对于与信号能量接近的带内谐波干扰,无法采用时域滤波来消除,在频域处理时,由于其能量可能超过信号谱线,同样不能简单地以单根谱线来判别,而必须考虑多条谱线及其相互关系。

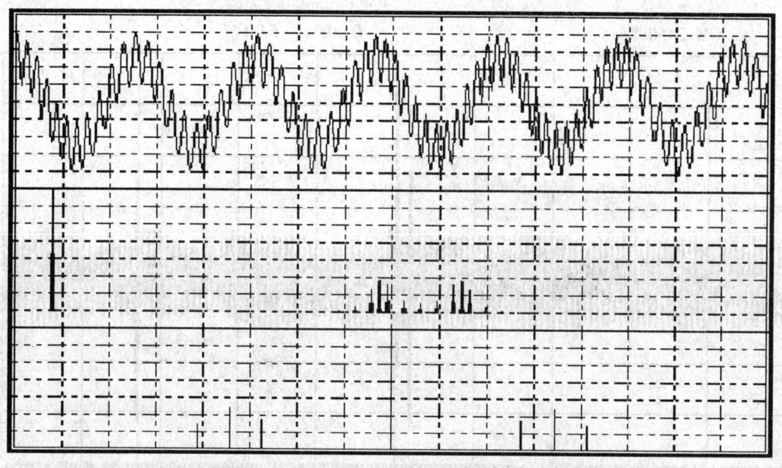

图 5—8 叠加 50 Hz 干扰的 FSK 波形及频谱

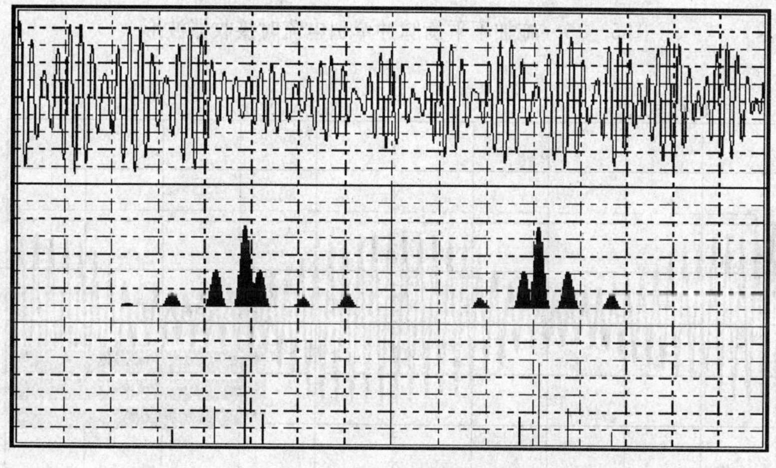

图 5—9 叠加 50 Hz 偶次谐波干扰的 FSK 波形及频谱

图 5—10 是在室内模拟不平衡电流脉冲干扰时在 ZPW-2000 接收器(轨出端)测试到的波形。图 5—11 是施加稳态不平衡电流时的波形。可见,由于牵引电流脉冲干扰,在接收端信号会相应出现多个周期的高频脉冲。在较大的稳态不平衡电流下,接收端信号由于牵引电流干扰及传输中的非线性,波形幅度出现明显影响,但频率成分并未产生变化。

下面具体分析估算 FSK 信号的信号干扰比(信噪比)。先考虑 50 Hz 基波,尽管其能量大,但可通过滤波器来消除,重点应关注在不平衡下对轨道电路中变压器非线性的影响。对于带内谐波,参照牵引电流谐波分布比例,可得到在移频信号带内的谐波比例及在 100 A 不平衡电流下的干扰电流数值(见表 5—5)。类似地,可列出 UM71 轨道电路的带内谐波比例及干扰电流,参见表 5—6。

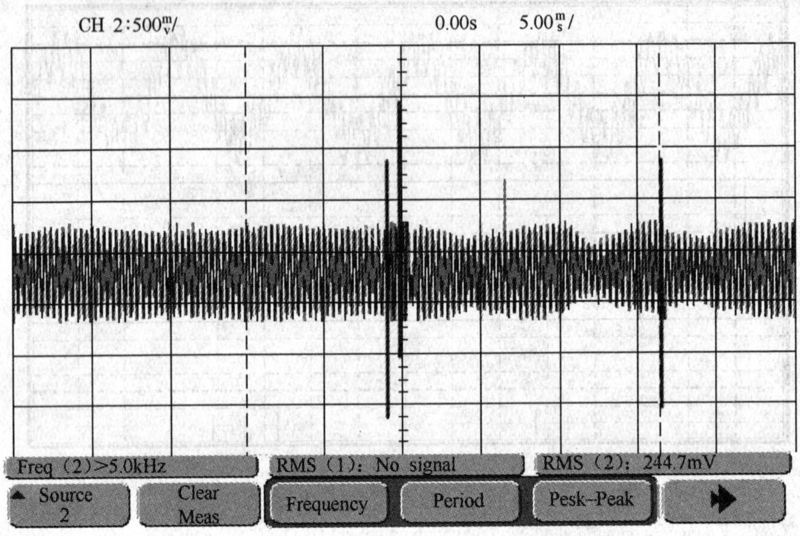

图 5—10　施加不平衡脉冲牵引电流时接收器波形

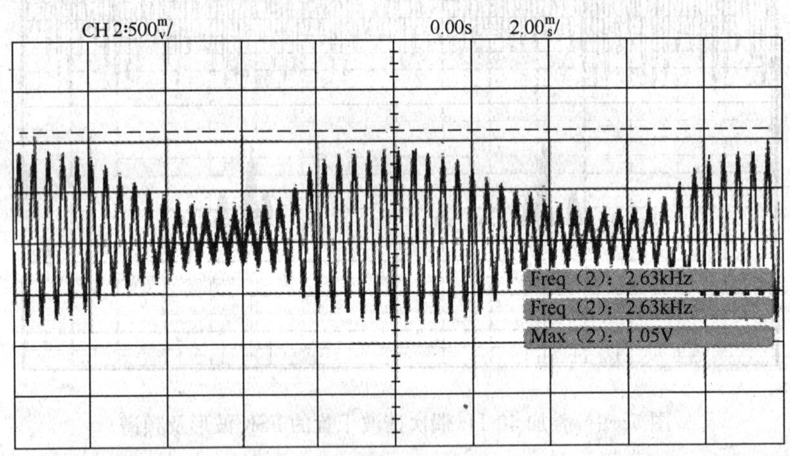

图 5—11　载频 2 600 Hz 信号在稳态牵引电流干扰时接收器波形

表 5—5　移频带内谐波比例和电流

谐波(Hz)	500	550	600	650	700	750	800	850	900
比例(%)	0.34	1.64	0.34	0.99	0.32	0.74	0.32	0.70	0.27
谐波电流(A)	0.34	1.64	0.34	0.99	0.32	0.74	0.32	0.70	0.27

表 5—6　UM71 带内谐波比例和电流

谐波(Hz)	1 650	1 700	1 750	1 950	2 000	2 050
比例(%)	0.308	0.090	0.249	0.130	0.040	0.096
谐波电流(A)	0.308	0.090	0.249	0.130	0.040	0.096
谐波(Hz)	2 250	2 300	2 350	2 550	2 600	2 650
比例(%)	0.068	0.050	0.078	0.076	0.070	0.093
谐波电流(A)	0.068	0.050	0.078	0.076	0.070	0.093

以移频 550 Hz 载频为例计算。上表中 500 Hz 和 600 Hz 谐波在 100 A 不平衡电流时的干扰电流均达到 0.34 A，二者合成后电流有效值为 0.48 A，注意到干扰在接收端等效阻抗中影响为 50%即 0.24 A，而 18 信息移频信号要求的可靠工作电流为 120 mA。简单对照可知，移频轨道电路的信号干扰比应不小于 1∶2。由于 UM71 载频较高，邻近的牵引电流谐波比例较小，而信号可靠工作电流较大，因此，信号干扰比也相应提高。

可见，牵引电流传导性干扰的能量可能达到甚至超过轨道电路信号强度，使 FSK 信号被干扰淹没，带内谐波还可能破坏信号的谱结构，可能引起地面和机车信号接收的错误判决。

2. 牵引供电频率漂移的影响

上述讨论牵引电流基波和谐波时，均按照理想情况进行考虑，而实际情况并非如此。根据国标 GB/T 15945—1995“电能质量电力系统频率允许偏差”，频率偏差范围为(50±0.5)Hz，即±1%，而工频谐波同样将会按此比例偏移。对于音频段的信号而言，相当于干扰频率可能在一定范围内变化，表 5—7 列出了谐波频率在高端和低端时的两个数值。

表 5—7　供电频率漂移后信号带内谐波高端和低端频率　(单位：Hz)

无漂移	500	550	600	650	700	750	800
低端	495	544.5	594	643.5	693	742.5	792
高端	505	555.5	606	656.5	707	757.5	808
无漂移	850	900	1 650	1 700	1 750	1 950	2 000
低端	841.5	891	1 633.5	1 683	1 732.5	1 930.5	1 980
高端	858.5	909	1 666.5	1 717	1 767.5	1 969.5	2 020
无漂移	2 050	2 250	2 300	2 350	2 550	2 600	2 650
低端	2 029.5	2 227.5	2 277	2 326.5	2 524.5	2 574	2 623.5
高端	2 070.5	2 272.5	2 323	2 373.5	2 575.5	2 626	2 676.5

不同于电源同步式的轨道电路，基于微电子的轨道电路通常采用与电源频率相独立的信号频率，而谐波频率漂移有可能恶化信号干扰比。以 UM71 为例，其接收滤波器带宽±40 Hz，对于 50 Hz 谐波，理论上仅有一个谐波频率可以通过，如载频 2 000 Hz 时，通带为1 960～2 040 Hz，仅有 50 Hz 的 40 次谐波 2 000 Hz 进入接收器通带内；考虑工频 50 Hz 的漂移(±1%)，则有可能有

两个谐波频率，如1%漂移时，则谐波1 969.5 Hz和2 020 Hz均能通过滤波器。

3. 轨道电路EMC设计

根据电磁兼容设计要素，既要抑制电磁干扰，还需要改善设备自身的性能，最终效果表现在提高信号干扰比。

对于传导性干扰，在干扰源环节，应当减小轨道电路不平衡，降低牵引电流谐波比例；减小耦合的关键点是干扰进入信号通道的接口环节的设计，分别是有绝缘轨道电路的扼流变压器和无绝缘轨道电路的空芯线圈，可类比转移阻抗的概念，用干扰电流转化为干扰电压的比例来评估，转移阻抗越小，则对干扰的抑制效果越好。

轨道电路自身的EMC设计是一个系统工作，应包括频率参数选择、结构、传输、滤波、软件处理等全面设计。需要注意的是，提高信号发送功率固然可以提高信号干扰比，但必须在最不利条件下保证轨道电路可靠分路，还要考虑邻线干扰及故障防护等问题。

另外，轨道电路的抗干扰设计直接影响机车信号，二者有密切联系。

四、UM71系列轨道电路的抗干扰

鉴于ZPW-2000与UM71在原理层面的诸多相似点，下面主要以UM71轨道电路为例，从多个角度分析其抗干扰技术。

1. 频率参数选择

UM71调制方式采用FSK调频方式，优于调幅制的抗干扰性能。下面仅从干扰防护的角度讨论有关频率参数的选择。

(1)载频：选在偶次谐波上，加之谐波次数高，因此谐波干扰量相对较小。

(2)频偏为±11 Hz，而最近的载频间隔为300 Hz，载频的上下边频不会重叠，信号之间互不干扰。

(3)由于仅有±11 Hz频偏，调谐内的串联谐振电路的通带可以很窄，或者品质因数Q值可以高，串联谐振电阻可以很小，因此电气分隔性能很好。

(4)由于频偏小，信号主要功率所占频带较窄，接收设备的带通滤波器通带窄，选择性好，当带宽±40 Hz时，在通带内一般仅有一个偶次谐波干扰，在牵引频率漂移时，最多有两个谐波分量，故牵引电流谐波干扰量小。

(5)调制频率(低频)：在选择低频组合时，无二次谐波干扰。

另外一方面，UM71参数选择也存在缺点。首先，UM71载频较高，由于钢轨呈现电感性，会带来较大的衰耗。其次，由于UM71频偏小，使得调频系数m较小，在最高调制频率(低频)时，m=0.344，属于窄带调频。表5－8是部分低频对应的能量分布比例(仅列出4次边频)，显然，发送信号的大部分功率都落在不带信息的载频上，载频功率所占比例很大，而带信息的边带功率则较小；尽管对于无选频的地面设备而言有好处，但对于需要解析出低频信息的机车信号等场合则不利于抗干扰。针对此缺点，UM71采用提高发送功率、传输补偿等手段进行了弥补。

表 5—8　UM71 部分低频对应的比例分配　　　　(单位:%)

低频(Hz)	载频	1	2	3	4
10.3	0.592 7	0.515 4	0.236 4	0.009 2	0.454 9
15.8	0.812 3	0.395 0	0.112 0	0.023 9	0.025 4
22.4	0.903 7	0.295 4	0.058 0	0.025 6	0.013 8
29.0	0.941 9	0.233 5	0.035 1	0.022 6	0.008 5

2. 轨道电路结构设计

(1)调谐区设计

①调谐区的谐振特性

UM 71 无绝缘轨道电路属于电气隔离方式,其调谐区的结构如图 5—12 所示。

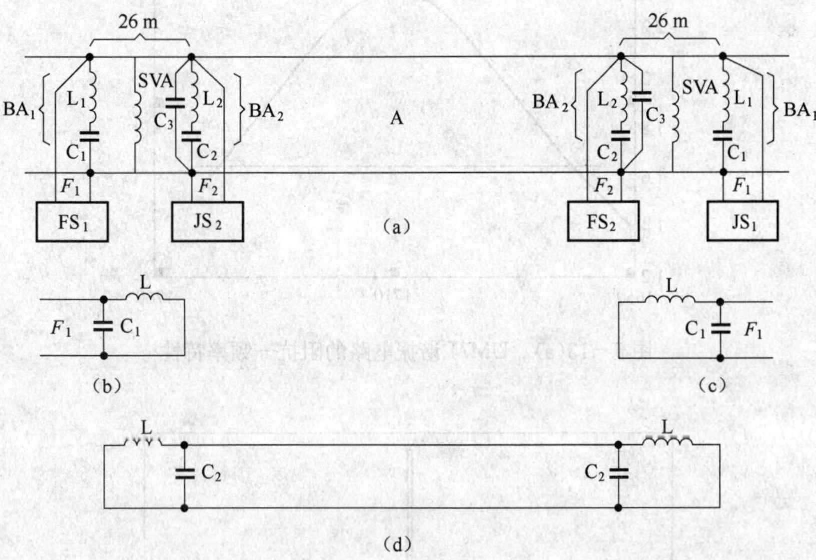

图 5—12　UM 71 轨道电路调谐区结构及等效电路图

如图 5—12 所示,调谐区利用串、并联谐振电路(BA:调谐单元)的谐振特性,并将其巧妙组合使用,实现了轨道电路的分隔功能和对信号的频率选择功能。调谐区工作原理是:轨道电路 A 发送器 FS_2 发送载频为 F_2 的信号,相邻轨道电路的发送器发送载频为 F_1 的信号,且 $F_1<F_2$。调谐单元 BA_1 是电感 L_1、电容 C_1 构成的串联谐振电路,谐振频率为 F_2,其串联谐振阻抗很小(数量级为毫欧),因此载频为 F_2 的信号相当于短路,使得轨道电路中的信号电流不会混入相邻轨道电路,起到电气隔离的作用。与轨道电路 A 发送器和接收器 FSA 相连的调谐单元 BA_2 由 L_2、C_2、C_3 构成,对载频为 F_2 的信号呈现容性,相当于一个电容 C。该电容与调谐区内钢轨电感及空芯线圈 SVA 的电感混连而成的等效电感构成并联谐振槽路,其谐振

频率为 F_2。对于相邻轨道电路来说，发送载频为 F_1 的信号被 L_2、C_2 所组成的串联谐振电路所短路，不能混入相邻轨道电路，从而实现电气化隔离。由于 L_1、C_1 所构成的串联电路对 F_1 信号呈现容性（$F_1 < F_2$），该等效电容与其右侧四小段钢轨电感以及空芯线圈的电感共同构成对 F_1 信号的并联谐振槽路。

考虑调谐单元和钢轨间引线电感以及电感元件的电阻后，可得到图中所有元件的数值。利用仿真环境建立电路模型，可得到载频 1 700 时的阻抗—频率特性曲线，如图 5－13(a)所示。显然，谐振电路具有带通特性，其 3 dB 带宽对应的频偏约为±37 Hz。因此，调谐区具有高 Q 值。UM71 信号的频谱参见图 5－13(b)，调谐区阻抗特性能够使信号主要能量通过。

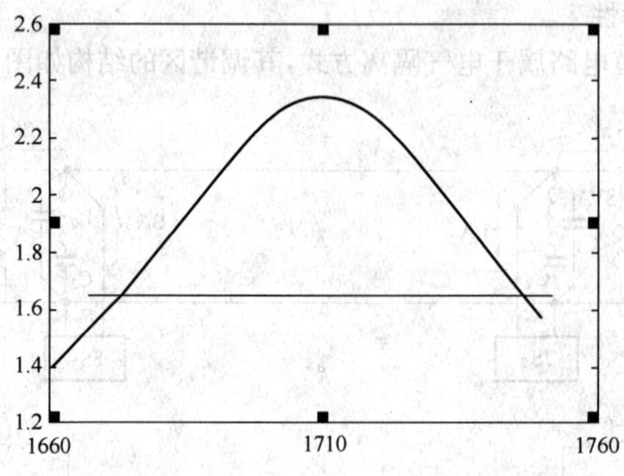

图 5－13(a)　UM71 谐振电路的阻抗—频率特性

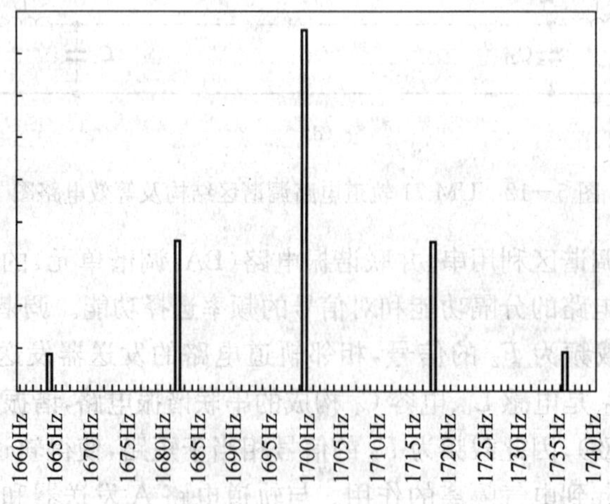

图 5－13(b)　UM71(窄带调频)频谱

②空芯线圈的作用

由于空芯线圈 SVA 电感值 $L_s=33\ \mu H$,50 Hz 阻抗仅为 0.01 Ω,除上面提到的参与调谐区谐振的作用外,在第二章中已分析了空芯线圈的主要作用是平衡 50 Hz 牵引电流,减小传导性干扰,同时也完成了两条钢轨的等电位连接。根据调谐单元、钢轨、SVA 电感实际参数进行的仿真分析表明,SVA 中 50 Hz 电流约为两种调谐单元中电流的 800～1 100 倍。因此,可将 SVA 视作短路,而不平衡电流经过后完全平衡的简化原理电路如图 5－14 所示。

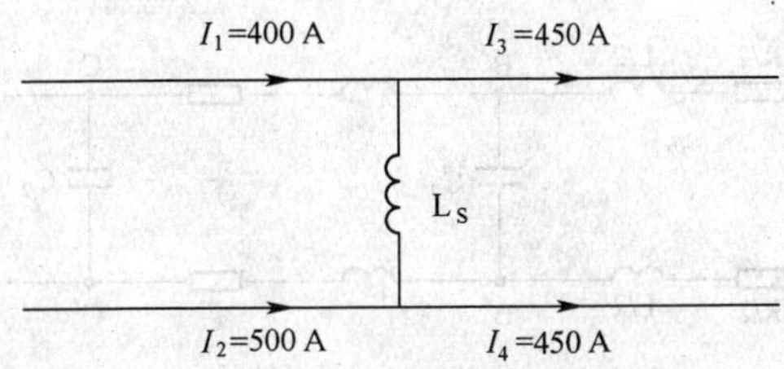

图 5－14 空芯线圈平衡牵引电流的简化电路

进一步,UM71 轨道电路还按照不同的距离要求,将上行和下行轨道电路的 SVA 中点进行连接,称为简单横向连接(可通过防雷元件接地)和完全横向连接(直接接地),既起到平衡上下行牵引电流的作用,还实现了上下行的等电位连接,保证了人身安全。其连接方式及效果如图 5－15 所示。

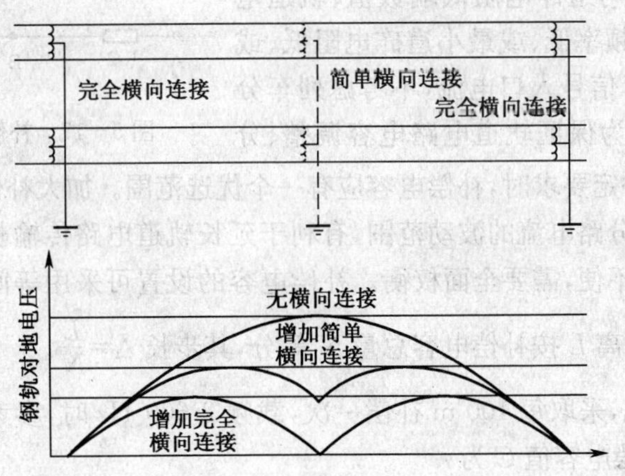

图 5－15 横向连接及其等电位作用

(2)传输补偿

钢轨和道床构成了轨道电路的传输通道,它的一次参数由钢轨阻抗和道砟电阻来表征。

在 60 kg 轨重和 1 435 mm 轨距条件下，钢轨电感约为 1.3 μH/m，同时道床每米约有几个皮法(pf)电容。对于 1 700～2 300 Hz 的音频 FSK 信号，钢轨将呈现明显的感抗值，参考《铁路信号维护规则》，2 600 Hz 时的钢轨阻抗为 21.147∠85.78°＝1.556＋j21.090 Ω/km，显然，感抗已大大高于电阻损耗，对轨道电路信号的传输产生较大的衰减。

为保证轨道电路传输距离，按照通信传输匹配的原理，可采取分段加电容进行补偿的方法，减弱电感的影响，如图 5－16 所示。

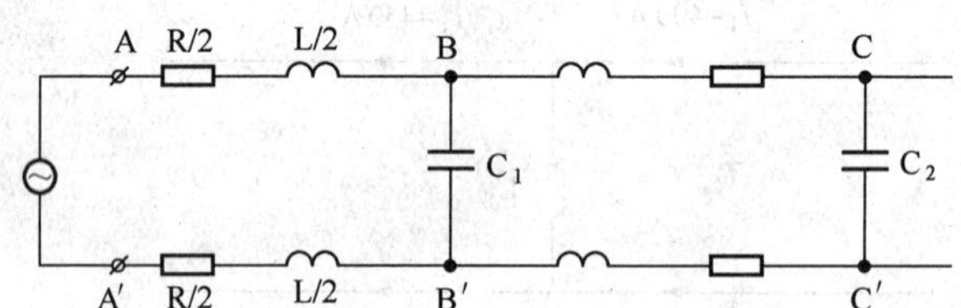

图 5－16　轨道电路传输补偿原理

补偿电容 C 根据信号频率确定，其补偿原理可理解为将每段钢轨的电感 L 与电容 C 视为串联谐振，即满足谐振条件 $\omega L=1/\omega C$，使轨道电路呈现阻性，并在输出端 BB'、CC'呈现较高的输出电压。其补偿后的等效电路如图 5－17 所示。

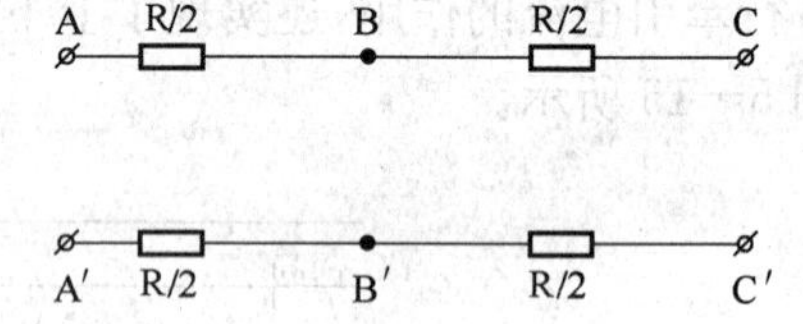

图 5－17　补偿效果等效电路

补偿电容容量主要与载频频率和钢轨长度(或补偿总电感)有关，实际中，还与道砟电阻低端数值、轨道电路传输要求等有关，载频频率低、或最小道砟电阻低、或轨道电路只考虑加大机车信号入口电流，不考虑列车分路状态时，电容容量大。为保证轨道电路电容调整、分路及机车信号同时满足一定要求时，补偿电容应有一个优选范围。加大补偿电容设置密度，有利于改善列车分路，减小分路电流的波动范围，有利于延长轨道电路传输长度，但过密设置又增加了成本，带来维修的不便，需要全面权衡。补偿电容的设置可采用等间距法，即将无绝缘轨道电路两端 BA 间的距离 L 按补偿电容总量 N 等分，其步长 $\Delta=\dfrac{L}{N}$。

UM71 为使补偿简化，采取每 100 m 补偿一次，载频 2 600 Hz 时，参考上述数据，电感值为 2.109 Ω，则可得到补偿电容值 C 为

$$C=\frac{10^6}{2\pi\times 2\ 600\times 2.109}=29.02\ \mu F \tag{5-8}$$

根据 1.5 Ω · km 道砟电阻，兼顾 1 700～2 600 Hz 各载频，统一选取补偿电容容量为 33 μF。这样，轨道电路发送端和接收端的电流相差不是很大，信号的传输损耗大大减少，弥补了发送边带功率小的缺陷，在保证 UM71 无绝缘轨道电路传输长度上有明显效果。

ZPW-2000 根据我国轨道电路 1.0 Ω·km 道砟电阻标准，以及南方隧道和特殊线路的低道砟电阻的情况，对不同载频采用不同容值，进一步改善补偿效果。

3. 接收器硬件设计

利用干扰抑制技术，提高敏感设备抗干扰能力是轨道电路设计的重要环节。音频 FSK 轨道电路接收端对信号解调之前，主要采用限幅器和滤波器来对传导性干扰进行防护。

(1)限幅器

限幅器的作用是把信号幅度限定在一定范围内，即当输入电压超过或低于某一参考值后，输出电压将被限制在某一电平(称作限幅电平)，不随输入电压变化。最常用的有二极管限幅器[如图 5－18(a)所示]和三极管限幅器。

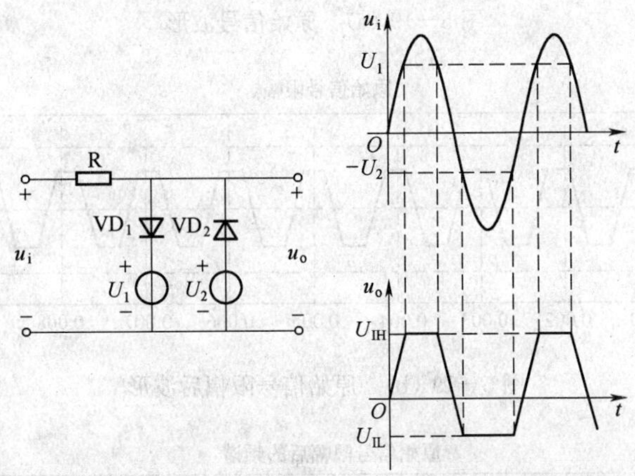

图 5－18(a) 限幅器原理

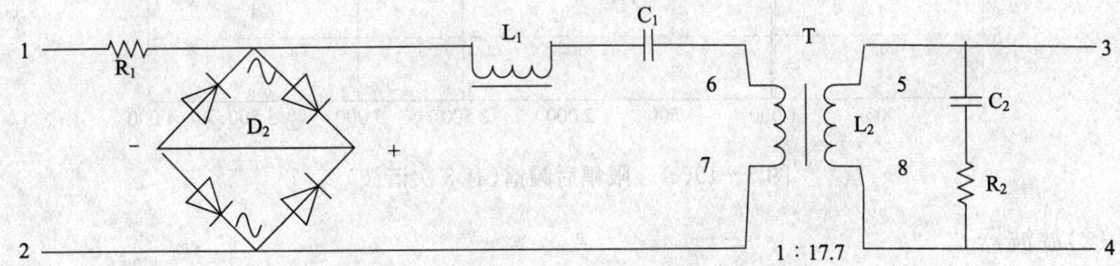

图 5－18(b) 限幅和滤波工作原理图

UM71 轨道电路接收器中限幅器的作用是把信号传输中引入的寄生调幅和强信号削去，保护后级电路。图 5－18(b)中，R_1 和 D_2 构成约 1.4 V 箝位器，R_1 用于滤波器阻抗调节，兼对 D_2 限流，防止烧坏 D_2。

音频 FSK 轨道电路接收器中限幅器的作用是把信号传输中引入的寄生调幅削去，变为较纯净的移频信号。由于限幅(类似平顶波)使频谱中产生了 3 次、5 次等谐波，但并未影响调频信号的频率特征，如图 5－19(c)所示，因而信息没有损失，这也是调频优于调幅的原因。

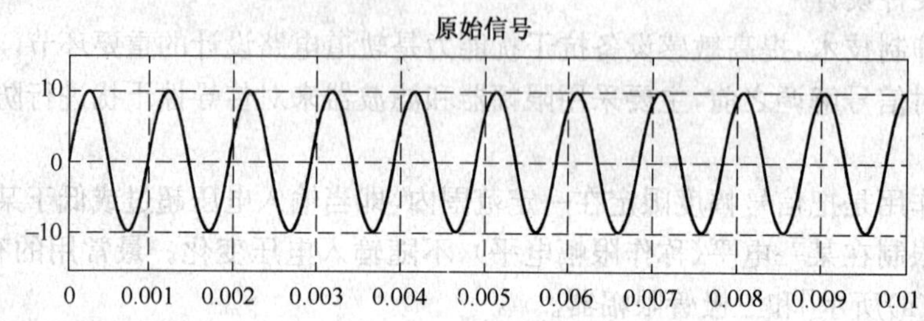

图 5－19 (a)　原始信号波形

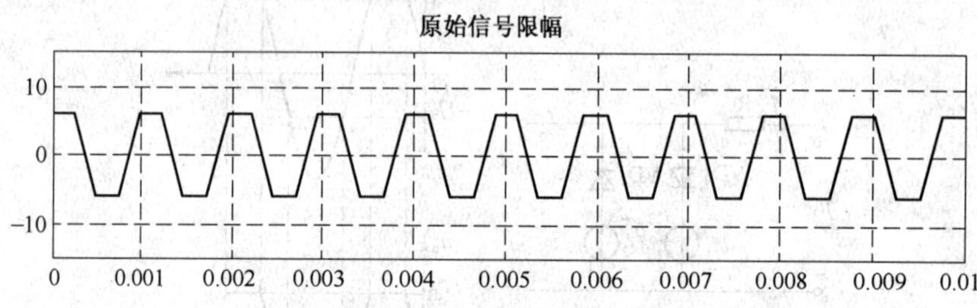

图 5－19 (b)　原始信号限幅后波形

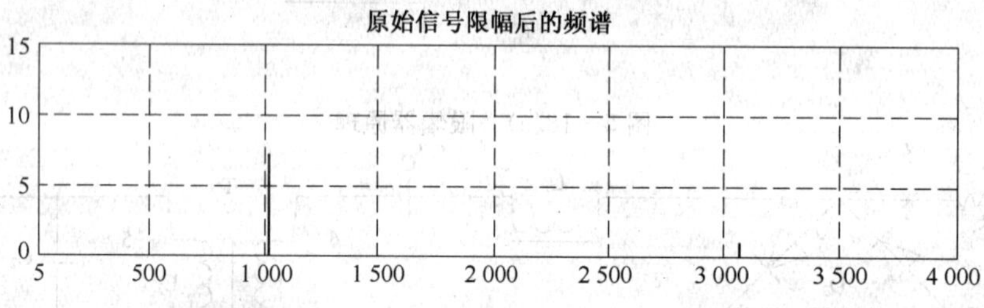

图 5－19(c)　限幅后频谱(有 3 次谐波)

(2)滤波器

音频 FSK 轨道电路接收器中滤波器的作用主要是针对电气化工频基波和谐波干扰。鉴于 FSK 信号的频谱特点，通常采用带通滤波器来限制牵引电流谐波干扰，同时使信号正常通过。

从抑制干扰的角度来说，通带范围越窄，进入的谐波能量越小，抑制效果越好。但从另一方面分析，由于 FSK 信号在理论上频谱很宽，通带越窄，则边频能量损失越大，信号失真越大。因此，滤波器的设计应保证信号的有效带宽。对于移频和 UM71 信号，由于频偏和调制频率

不同，应按照各自的有效带宽，设计相应的滤波器特性。

UM71轨道电路调频系数为1.07～0.38，接近窄带调频，有效带宽主要覆盖了载频和一次边频能量[如图5－7(a)、(b)所示]，其带通滤波器带宽为±40 Hz，既能保证主要信号能量接收，还最大限度地抑制了谐波干扰，正常情况仅有一个偶次谐波干扰可以进入。

图5－18(b)中，UM71带通滤波器结构包括：

- L_1 和 C_1 构成串联谐振带通滤波器，抑制工频牵引电流；
- L_2 和 C_2 构成并联谐振带通滤波器，提高信号阻抗。

二者合成带通滤波器，通带为(f_0±40)Hz，阻抗约300 Ω，可以使最高调制频率通过，并衰减牵引电流干扰。

另外，当滤波器的某个器件故障后，串联阻抗增大或并联阻抗减小，输出电压下降，满足故障安全原则。

4. 软件处理

尽管UM71接收器采用模拟电子电路，但ZPW-2000等音频FSK轨道电路接收器(包括机车信号)多采用基于AD转换器和DSP器件的微电子电路来实现，利用先进的软件技术可提高轨道电路抗干扰性能。

由以上分析可知，FSK信号时域分析的特点是算法简单直观，实时性好，还可直接得到上下边频；但对于带内谐波则无法有效去除。FSK信号的谱结构与不平衡牵引电流等干扰的频谱有显著的区别，因而，采用频域的频谱分析和识别的方法，来分辨有用信号和干扰具有天然的优势。尤其是当干扰信号落在信号频带内时，可以利用频谱识别的办法将其剔除。软件设计中采用的频谱分析及相关技术包括：FFT、IFFT(FFT逆变换)、ZFFT(Zoom FFT)技术、FIR(有限脉冲响应)抗混叠滤波、噪声和泄漏消除技术、模式识别技术等。

(1)频谱分析的优势

UM71载频的能量很大，而边频的能量小，这是识别的重要特征；另外，滤波器的通带可以很窄，仅让调制信号的一次边频通过即可。

频域分析优势表现在：

①在频域易于剔除信号的带外干扰。

②利用FSK信号和干扰频谱特征进行模式识别，滤除混入信号通带内的干扰，比如工频谐波干扰及邻线信号干扰等。

③鉴于FFT具有能量平均和统计特点，可以计算得到稳定信号的技术参数，比如调制频率、载频等。

④利用ZFFT可以对感兴趣的频段进一步细化分析，得到更高精度的数据，调制频率精度不低于0.03 Hz，载频精度不低于0.1 Hz。

⑤通常从FSK信号的频谱特征可判别得到准确的信号；干扰较大或必要时，可采用相关

性和多次判决等方法，从受污染的残缺频谱中提取信号。

(2)频谱分析的误差

对数字信号的 DFT(离散傅立叶变换)是对连续 FFT 的近似，设计时需要克服造成误差的三种因素。

①频谱混叠：不满足采样定理会带来频谱混叠，避免混叠的方法是保证采样率足够高，并加抗混叠滤波器。对于 UM71 信号，通常取每秒 8 192 点。

②频谱泄漏：对信号处理时的时域截断相当于频域与窗函数频谱周期卷积，频谱分量从其正常频谱扩展开来，成为泄漏。由于时域截断是必须的，因此泄漏是固有的。可通过窗函数加权来抑制 DFT 等效滤波器的振幅特性的副瓣；或对有限长度的输入信号周期延拓后，在边界上尽量减少不连续程度。

③栅栏效应：DFT 计算频谱只限制为基频的整数倍，而不可能将频谱视为一个连续函数。如同通过一个栅栏观看一幅图景一样，只能在离散点的地方看到真实图像。克服栅栏效应的一个办法是，在原记录末端补零来改变时间周期内的点数，并保持记录不变，从而在保持原有频谱连续形式不变的情况下，变更了谱线位置。

(3)频谱分析和相关技术

①FFT 及 ZFFT、IFFT 技术

滤波实质上是一种时域的处理方法，因为它只能把信号按频段分割，而不能按频谱分离。软件采用复数 FFT 技术的优势是，可以把在时域中不可分离的信号在频域中分离出来，甚至把混入有用频段内的干扰信号频谱剔除出去，如图 5－20(a)、(b)所示。

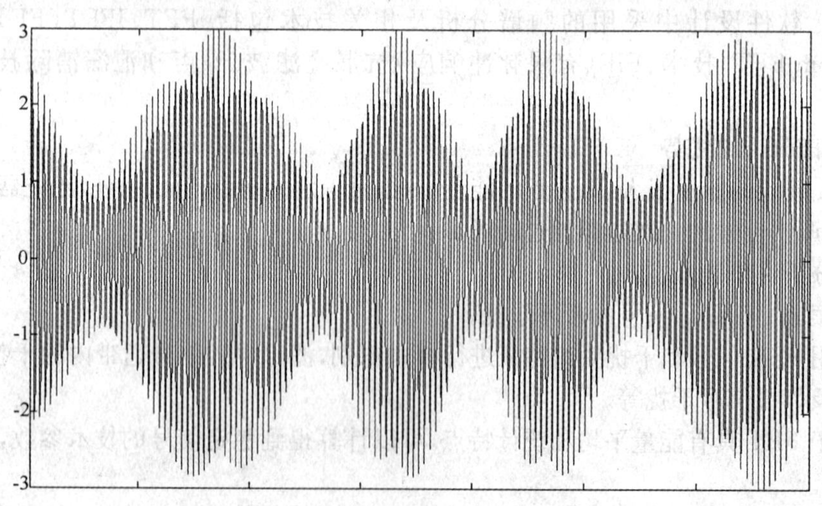

图 5－20(a)　UM71 叠加谐波干扰

(f_c＝1 700 Hz，F_1＝15.8 Hz，谐波干扰 1 650 Hz)

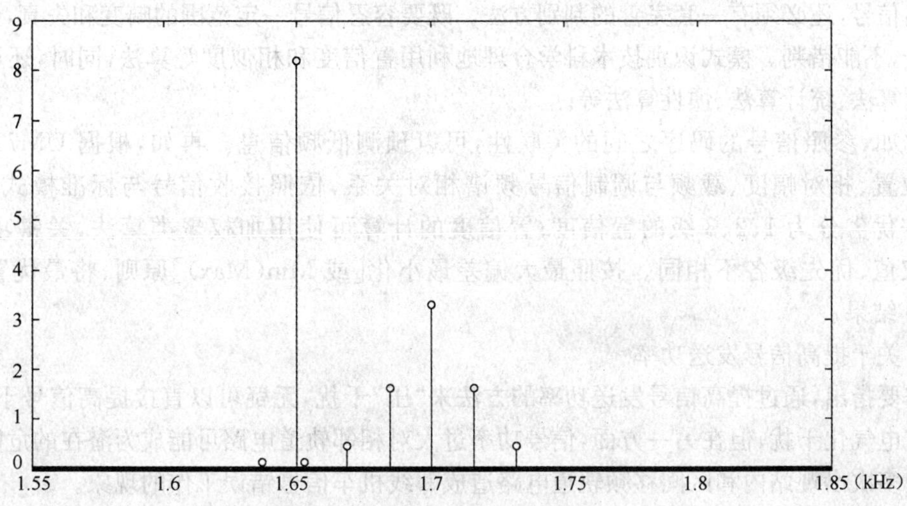

图 5－20(b)　UM71 叠加谐波干扰对应的频谱

FFT 后再采用 IFFT(FFT 逆运算)，可以按照要求对信号频域滤波，将不需要的频谱彻底删除。对于时域特征明显的信号，采用 IFFT 技术相当于把信号再变换到时域。

当确认在某一频段存在有用信号后，可进一步利用 ZFFT 技术进行处理，其作用是有限度地放大和细化某段感兴趣的频谱，使谱分辨率达到设定的要求。按照奈奎斯特(Nyquist)定理进行采样，可以保证不丢失有用信号的信息。因此，灵活运用 ZFFT 技术，完全可以满足对分辨率的要求。在进行 ZFFT 运算时，同样会进行频域滤波，即包含 IFFT。

②抗混叠滤波器设计

为防止信号频谱产生混叠，在信号采样前必须要进行硬件的抗混叠滤波。在 ZFFT 中降低采样率作进一步处理时，还需进行软件的抗混叠滤波，如采用 FIR 滤波器，其优点是输出必然收敛。

③泄漏及干扰消除技术

谱分析技术中很重要的一点是，如何解决泄漏和噪声的问题。频谱细化后，并不是简单的一条谱线，而是一簇谱线。为提取有用频谱，必须把残留的泄漏频谱剔除。

工频谐波干扰是影响信号频谱的主要原因之一。由于工频基波、谐波有其特定的谱结构，因此，可以利用其相互关联的特征，将其去除。

④模式识别技术

铁路信号(继电器)输出表面上为二值逻辑，本质则是模糊逻辑。因为在接收和解码算法中，输入量和运算后结果实际都是模拟量，通过关键指标的判别使得模糊量清晰化，最后结论演变为二值逻辑。轨道电路和机车信号接收的信号并不是标准的信号，往往会产生频率漂移、幅度抖动、结构失真等现象，在经过滤波及频域处理后，有时也难以恢复到理想状态。要准确判断出信号，还必须有一套完善的判别方法。既要容忍信号一定范围的畸变和失真，还必须保证安全，不能错判。模式识别技术科学合理地利用置信度和相似度等算法，同时，还可灵活采用预测算法、统计算法、惯性算法等。

比如，参照信号的码序之间的关联性，可以预测低频信息。再如，根据 UM71 信号的频谱位置、相对幅度、载频与调制信号频谱相对关系，依照接收信号与标准模式差异，将信号按优劣分为 1、2、3 级的置信度；置信度的计算可使用加权聚类算法，关键项技术指标的权值、优先级各不相同。按照最大偏差最小化[或 Min(Max)]原则，将最优置信度作为运算结果。

5. 关于提高信号发送功率

需要指出，通过提高信号发送功率的方法来“压”干扰，无疑可以直接提高信号干扰比，有利于抗电气化干扰，但在另一方面，信号功率过大对相邻轨道电路可能成为潜在的危险。铁路现场曾多次出现站内和区间移频轨道电路造成邻线机车信号错误工作的现象。

随着客专线路的建设，会更多地出现相同方向载频线路并行情况，而线路间通过空间电磁耦合形成感应电压，或在故障条件下通过横向连接线形成传导性干扰，无法使用频率进行防护。

根据相关文献对广州—深圳四线条件进行的测试及仿真计算，并行钢轨回路在各种线间距条件下的互感值 M 参见表 5—9，显然，信号电流越大引起的感应电压就越高。

表 5—9 各种线间距条件下的互感值 (单位：H/km)

线间距	1 700 Hz	2 000 Hz	2 300 Hz	2 600 Hz
10 m	5.752 98E-06	5.901 47E-06	5.999 45E-06	6.154 4E-06
12 m	3.982 62E-06	4.085 51E-06	4.153 25E-06	4.260 5E-06
14 m	2.920 96E-06	2.996 09E-06	3.046 09E-06	3.124 3E-06
15 m	2.542 73E-06	2.608 55E-06	2.651 66E-06	2.720 3E-06
16 m	2.233 79E-06	2.291 04E-06	2.329 2E-06	2.389 8E-06
18 m	1.763 81E-06	1.808 8E-06	1.839 28E-06	1.886 6E-06
20 m	1.427 71E-06	1.464 23E-06	1.488 44E-06	1.527 3E-06

在本区段设备故障情况下，信号电流可能通过横向连接线或牵引回流线进入邻线同频区段，此时，信号相当于共模电压驱动源，主要抑制方法是：增加回路中横向连接设备阻抗；保持传输通道的平衡。

通过以上多种措施，既保证了信号传输，同时有效抑制了传导性干扰，即提高了信号干扰比，使轨道电路设备在干扰环境下能够可靠稳定工作。

五、移频轨道电路抗干扰技术

移频轨道电路信号同样是 FSK 信号，其系统设计是在模拟电子电路背景下，在抗干扰设计上与 UM71 有诸多相似点，但在具体的频率选择等方面则有一定差异，这里仅做简单分析。

1. 频率参数选择

(1)载频

从频段来看，载频如果选得太高，钢轨的集肤效应趋于严重，传输衰耗大；如果载频太低，距离工频低次谐波近，干扰相应增大，另外扼流变压器等设备电感的体积变大。同时，考虑上下行邻线及相邻区段的干扰绝缘节破损。

如果将载频选在工频干扰小的偶次谐波附近，由于距离强干扰的奇次谐波仅 50 Hz，滤波器通带受限；频偏和调制低频不能太高，窄带调频，且只能通过一次边频，信号失真严重，抗干扰能力差。另外模拟电路接收设备制作困难。如载频选在奇次谐波，如图 5—21 所示，可得 150 Hz 通带，用带阻滤波器滤除本级奇次谐波后，可得双边 100 Hz 通带。选择适当的调频系数 m，使载频分量很小，进一步减少信号失真。

因此，移频信号载频选在工频牵引电流奇次谐波上，分别为 550 Hz、650 Hz、750 Hz、850 Hz，同时考虑其他参数选择，使传输的有用边频信号落在偶次谐波上，避开较强的奇次谐波干扰，如图 5—21 所示。

(2)调制频率(低频)

低频首先需要满足信息量要求；为达到实时性要求，调制频率不能太低，以保证单位时间有足够载频，并降低选频放大器制作难度。另外，还应考虑尽可能避免差频出现带来自身干扰，以及各低频信息之间的频率间隔可有效区分。

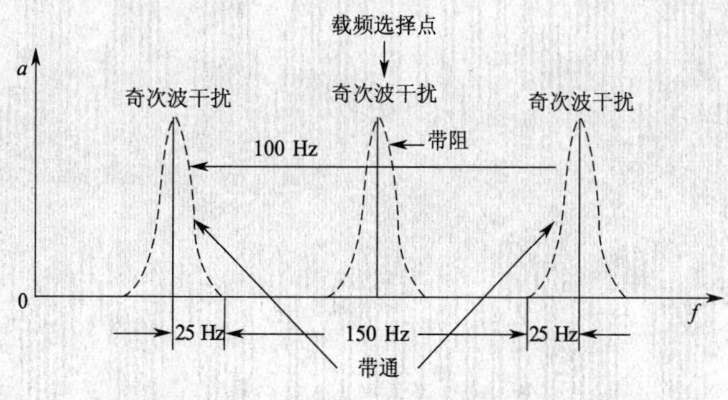

图 5—21　移频信号滤波器设计

另一方面，受载频处带阻滤波器的限制，为使移频信号不失真，要求有较大的调频系数，而调制低频不能太高。由于滤波器单边通带为 50 Hz，调制低频最大约(50/2)Hz＝25 Hz。这样，移频信号通过滤波器时，保证移频信号尽可能小的失真度。

综合确定移频信号调制低频范围为 7～26 Hz，实际中 18 信息移频的低频分别为：7.0 Hz、8.0 Hz、8.5 Hz、9.0 Hz、9.5 Hz、11.0 Hz、12.5 Hz、13.5 Hz、15.0 Hz、16.5 Hz、17.5 Hz、18.5 Hz、20.0 Hz、21.5 Hz、22.5 Hz、23.5 Hz、24.5 Hz、26.0 Hz。

(3)频偏

在选定载频和调制频率的基础上，移频应有较大的调频系数。频偏选择主要考虑应将边频能量落在工频干扰较小的偶次谐波附近，故选为 55 Hz。考虑调制低频 7～26 Hz，调频系数范围为 2.12～7.86。信号有效带宽较宽，能量向边频扩散，中心频率能量减少，分别集中在上下边频附近。

当然，移频参数的选择也存在一些缺点，例如，由于频偏较大，相邻载频会引起所谓单边侵入甚至双边侵入，如 650 Hz 信号(主要在 595 Hz 和 705 Hz 附近)可能被 550 Hz 上边频 605 Hz以及 750 Hz 下变频 695 Hz 信号所干扰。另外，低频频率的选择没有经过优化。

2. 其他抗干扰措施

由于移频轨道电路载频较低，没有使用补偿电容，但对阻抗匹配进行了设计。本质上与 UM71 的特征是相同的，接收器的硬件措施也包括限幅和滤波，滤波器包括带通和带阻滤波器，其中，带通滤波器的中心频率选在工频偶次谐波，即边频信号位置；带阻滤波器的中心频率则选在强干扰能量即工频奇次谐波上。

基于微处理器的接收器采用频域处理的方法，对移频信号的解调判别同样有利。图5－22和图 5－23 分别为时域叠加干扰及其对应的频谱结构。对于较强的工频谐波，在频域的特征很明显，易于消除。

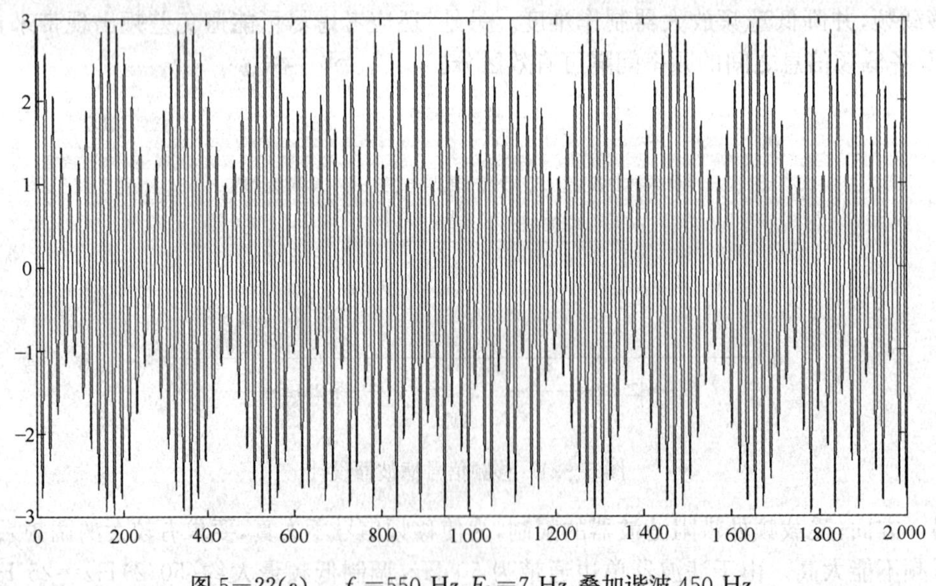

图 5－22(a)　f_c＝550 Hz，F_1＝7 Hz，叠加谐波 450 Hz

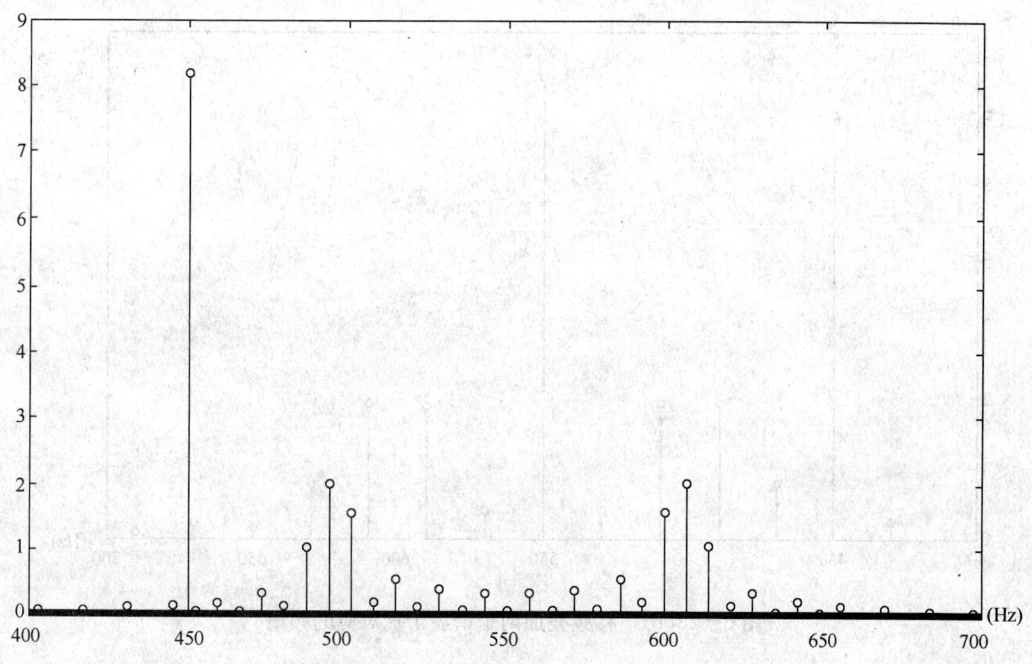

图 5－22(b) 移频叠加谐波干扰对应的频谱

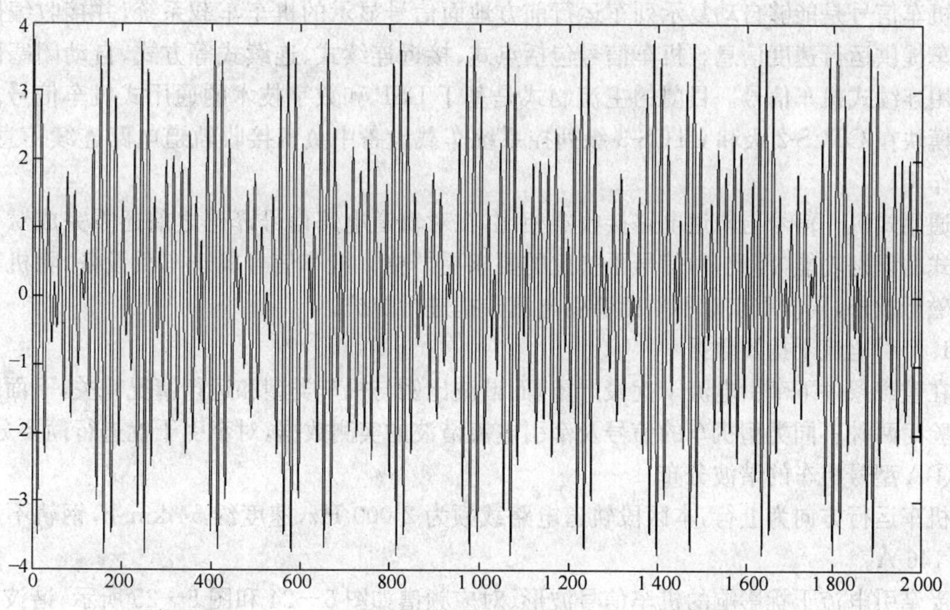

图 5－23(a) f_c＝550 Hz，F_1＝20 Hz，叠加谐波 450 Hz 和 550 Hz

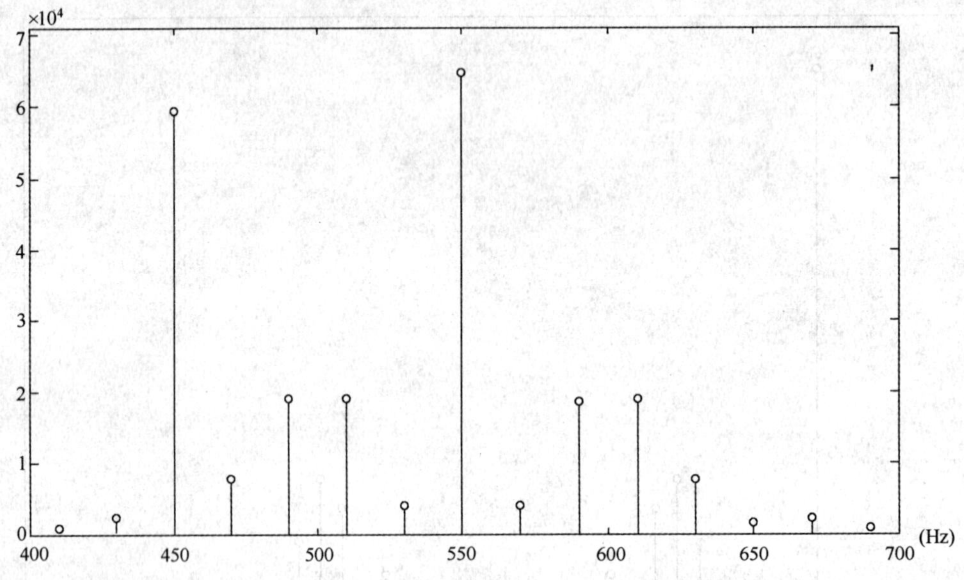

图 5－23(b)　移频叠加两个谐波干扰对应的频谱

六、机车信号抗干扰技术

机车信号是能够自动复示列车运行前方地面信号显示的机车车载系统，并接收编码信息为机车提供运行速度信息。机车信号包括点式、接近连续式、连续式等方式，自动闭塞区段通常采用连续式机车信号。目前的主流制式是基于 DSP 和数字技术的通用式机车信号。机车信号模块在 CTCS-2 级和 CTCS-3 级列控系统车载设备中负责接收轨道电路连续信息，具有重要作用。

通用式机车信号与轨道电路接收器相比，在对轨道电路信号译码之前还需完成对不同信号制式的识别功能，因此，对信号干扰比的要求更严格。机车信号属于车载设备，除机车环境的电磁干扰外，同样重点对不平衡牵引电流干扰进行防护。

1.牵引电流干扰及数据

在重载条件下牵引电流干扰最严重，而谐波比例与机车类型和运行情况有关，下面通过重载试验时两种不同类型机车的信号及牵引电流谐波的实测数据，对牵引干扰进行简要分析。

①A 型号机车的谐波分布

机车运行方向为上行，本区段轨道电路载频为 2 000 Hz，速度约 54 km/h，钢轨不平衡电流约 146 A。

受牵引电流干扰影响的机车信号波形、对应频谱如图 5－24 和图 5－25 所示，谐波比例分布参见表 5－10。

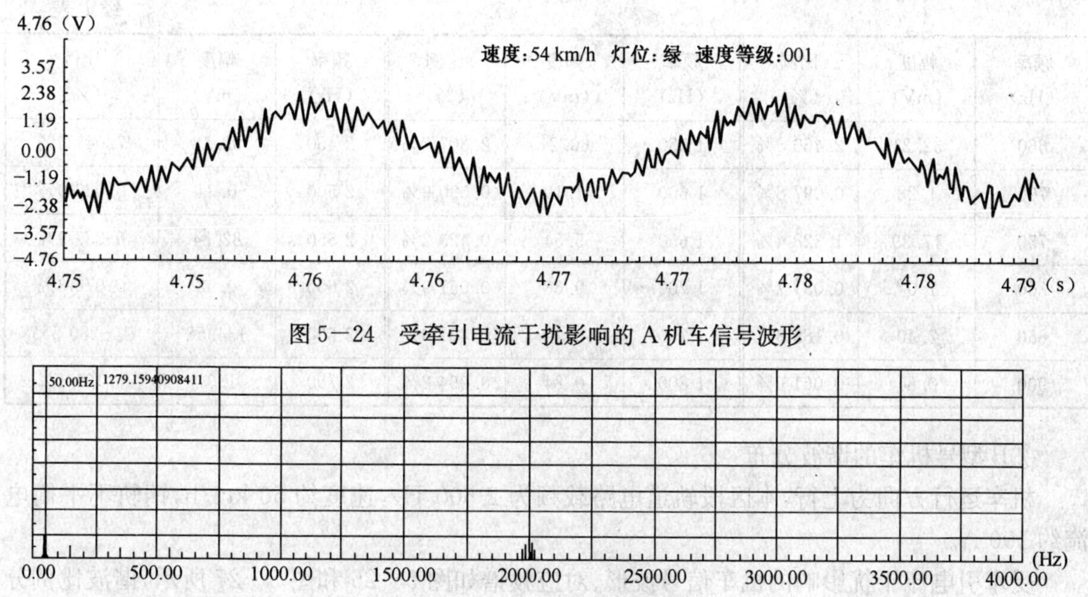

图 5—24　受牵引电流干扰影响的 A 机车信号波形

图 5—25　A 机车信号频谱

表 5—10　信号与各次谐波分布比例 1　（总电压幅度:1 309.08 mV）

频率（Hz）	幅度（mV）	比例（%）	频率（Hz）	幅度（mV）	比例（%）	频率（Hz）	幅度（mV）	比例（%）
50	1 279.16	97.714 3%	950	12.51	0.955 6%	1 850	12.34	0.942 6%
100	6.43	0.491 2%	1 000	0.46	0.035 1%	1 900	1.50	0.114 6%
150	85.85	6.558 0%	1 050	6.09	0.465 2%	1 950	12.45	0.951 0%
200	2.42	0.184 9%	1 100	0.51	0.039 0%	2 000	128.5	9.816 0%
250	60.00	4.583 4%	1 150	6.89	0.526 3%	2 050	7.30	0.557 6%
300	2.54	0.194 0%	1 200	0.47	0.035 9%	2 100	0.74	0.056 5%
350	48.22	3.683 5%	1 250	1.36	0.103 9%	2 150	20.89	1.595 8%
400	1.43	0.109 2%	1 300	0.84	0.064 2%	2 200	0.46	0.035 1%
450	31.60	2.413 9%	1 350	12.67	0.967 9%	2 250	22.12	1.689 7%
500	1.61	0.123 0%	1 400	0.71	0.054 2%	2 300	0.68	0.051 9%
550	69.22	5.287 7%	1 450	9.83	0.750 9%	2 350	65.34	4.991 3%
600	1.23	0.094 0%	1 500	0.48	0.036 7%	2 400	1.14	0.087 1%

续上表

频率 (Hz)	幅度 (mV)	比例 (%)	频率 (Hz)	幅度 (mV)	比例 (%)	频率 (Hz)	幅度 (mV)	比例 (%)
650	32.21	2.460 5%	1 550	30.21	2.307 7%	2 450	92.18	7.041 6%
700	1.28	0.097 8%	1 600	1.19	0.090 9%	2 500	0.34	0.026 0%
750	17.39	1.328 4%	1 650	5.54	0.423 2%	2 550	82.34	6.289 9%
800	1.07	0.081 7%	1 700	0.68	0.051 9%	2 600	0.92	0.070 3%
850	2.40	0.183 3%	1 750	6.30	0.481 3%	2 650	134.58	10.280 5%
900	0.81	0.061 9%	1 800	0.84	0.064 2%	2 700	1.31	0.100 1%

②B型号机车的谐波分布

机车运行方向为上行，本区段轨道电路载频为 2 600 Hz，速度约 50 km/h，钢轨不平衡电流约 190 A。

受牵引电流干扰影响的机车信号波形、对应频谱如图 5－26 和图 5－27 所示，谐波比例分布参见表 5－11。

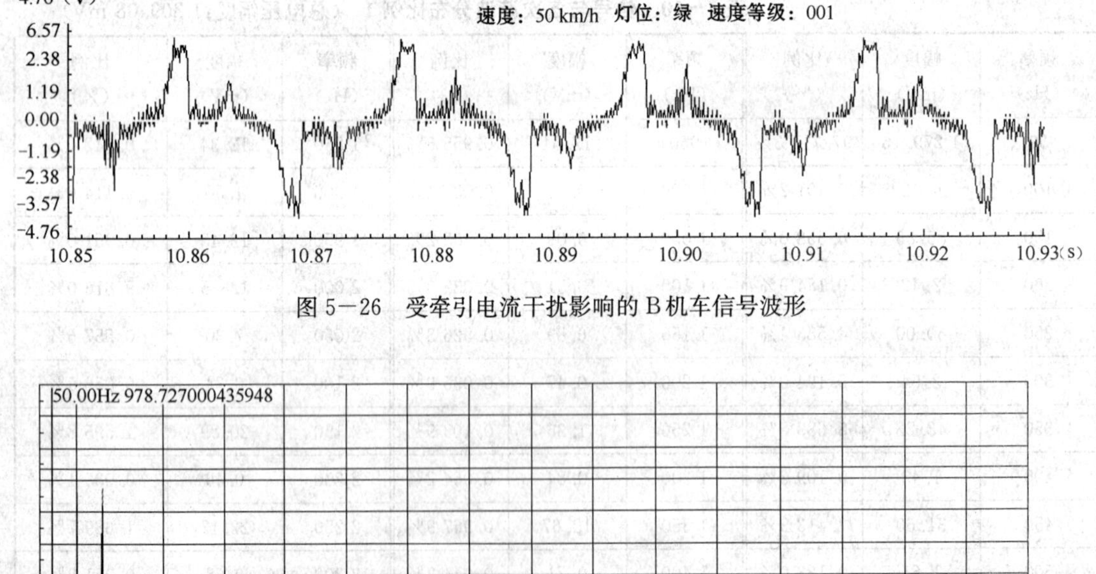

图 5－26 受牵引电流干扰影响的 B 机车信号波形

图 5－27 B 机车信号频谱

表 5—11　信号与各次谐波分布比例 2（总电压幅度：1 312.37 mV）

频率(Hz)	幅度(mV)	比例(%)	频率(Hz)	幅度(mV)	比例(%)	频率(Hz)	幅度(mV)	比例(%)
50	978.73	74.577 3%	950	104.55	7.966 5%	1 850	45.78	3.488 3%
100	22.20	1.691 6%	1 000	20.58	1.568 2%	1 900	2.10	0.160 0%
150	562.69	42.875 9%	1 050	121.54	9.261 1%	1 950	23.82	1.815 0%
200	16.41	1.250 4%	1 100	20.30	1.546 8%	2 000	9.77	0.744 5%
250	514.40	39.196 3%	1 150	52.14	3.973 0%	2 050	46.92	3.575 2%
300	30.41	2.317 2%	1 200	4.20	0.320 0%	2 100	7.26	0.553 2%
350	167.53	12.765 5%	1 250	97.08	7.397 3%	2 150	60.87	4.638 2%
400	19.72	1.502 6%	1 300	18.93	1.442 4%	2 200	4.78	0.364 2%
450	167.20	12.740 3%	1 350	69.53	5.298 1%	2 250	39.70	3.025 1%
500	4.06	0.309 4%	1 400	12.50	0.952 5%	2 300	9.31	0.709 4%
550	94.68	7.214 4%	1 450	25.35	1.931 6%	2 350	13.32	1.015 0%
600	15.48	1.179 5%	1 500	11.96	0.911 3%	2 400	11.51	0.877 0%
650	27.14	2.068 0%	1 550	11.40	0.868 7%	2 450	21.35	1.626 8%
700	19.57	1.491 2%	1 600	12.15	0.925 8%	2 500	6.16	0.469 4%
750	140.27	10.688 3%	1 650	25.20	1.920 2%	2 550	74.23	5.656 2%
800	12.50	0.952 5%	1 700	9.73	0.741 4%	2 600	132.35	10.084 8%
850	94.62	7.209 9%	1 750	63.74	4.856 9%	2 650	36.91	2.812 5%
900	10.58	0.806 2%	1 800	13.45	1.024 9%	2 700	12.30	0.937 2%

根据上述图表，可得出如下结论：机车谐波总体分布特点与理论分析基本一致，但机车不同比例差异很大，基波的比例分别为 97.7%和 74.6%；谐波在移频频段的干扰量较大，但在 UM71 和 ZPW-2000 频段则相对较小；谐波分布在信号通带附近，仅仅通过时域滤波去除干扰有一定困难；存在一定的邻线干扰。

2.牵引电流干扰防护措施

机车信号对工频及谐波干扰的防护与轨道电路类似，这里不再细述。目前的通用式机车信号在软件方面，主要采用数字滤波器和频谱分析相结合的方法进行处理。

移频轨道电路信号频率相对较低，而频带附近的电气化干扰较大。为此，通用式机车信号利用数字信号处理技术，增设了 50 Hz 及奇次谐波梳状数字滤波器（陷波器），其在 50 Hz、150 Hz、250 Hz，以及 550 Hz、650 Hz、750 Hz、850 Hz 处的幅频特性为零（如图 5—28 所示），使得这些频率的能量在通过滤波器后大大衰减，而对其他频率信号的衰减不大，进而可以有效滤除电化区段 50 Hz 牵引电流基波及奇次谐波的干扰。

由于 FSK 信号显著的频谱特征，可采用频谱分析和识别技术进行处理，与地面信号处理原理和方法相同。

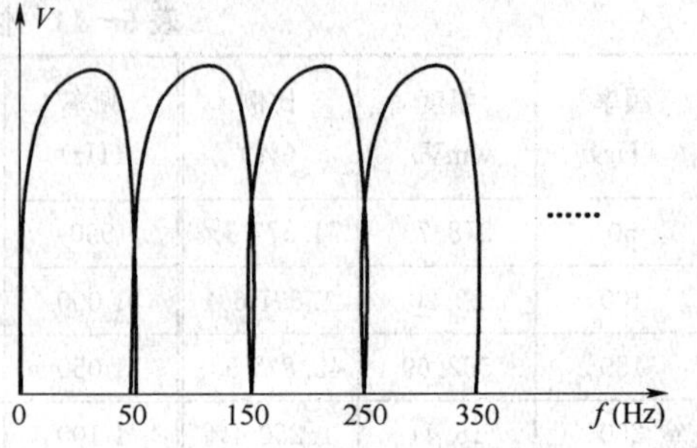

图 5－28　机车信号奇次谐波梳状数字滤波器幅频特性

七、不平衡电流干扰实例

电务检测车在某线下行区间 08923 信号点处有较大 50 Hz 工频干扰，如图 5－29 中曲线 3 所示，最大幅值可达 1 V。

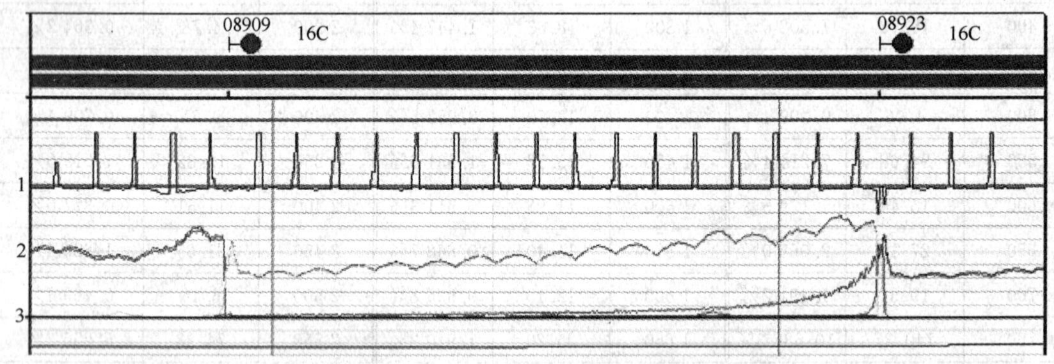

图 5－29　牵引电流干扰实例

对该轨道区段地面发送端和接收端的轨面电压进行测试，测得 50 Hz 工频干扰电压 2.6 V，明显高于正常值，基本判定原因是两条钢轨牵引电流不平衡。对扼流变压器进行检查，测到其中一侧连接线中电流数值为 0，进一步检查发现连接线断线，处理后测试轨面 50 Hz 工频干扰基本消除。

第三节　25 Hz 相敏轨道电路对冲击干扰的防护

自 20 世纪 80 年代以来，我国借鉴了前苏联和日本的经验，开始大力发展 25 Hz 相敏轨道电路(包括由单片机构成的相敏接收器)，该设备具有简单可靠，造价低廉，抗稳态不平衡牵引电流干扰能力强等诸多优点，得到了广泛应用，逐渐成为铁路电气化区段站内轨道电路的主要制式。目前电气化铁路中既有线约 90％的车站采用 25 Hz 相敏轨道电路。在客运专线站内，采用与区间同制式(一体化)的轨道电路，但在复杂大站，正线及股道区段采用计算机编码控制的 ZPW-2000(UM)系列有绝缘轨道电路，其他区段依然采用 25 Hz 相敏轨道电路。

一、25 Hz 相敏轨道电路简介

现场应用的相敏轨道电路除原有(下称旧型)设备外，主要有 97 型 25 Hz 相敏轨道电路、抗电气化干扰的 BES 扼流适配变压器型(简称 BES 型)相敏轨道电路、基于微电子相敏接收器的相敏轨道电路。97 型设备与其他两种设备可以配合使用。

1. 97 型设备基本构成

97 型 25 Hz 相敏轨道电路与旧型相比，在器材工艺、技术指标、抗干扰性能等方面均有改进，是目前的主流制式，主要由以下部分组成(如图 5—30 所示)。

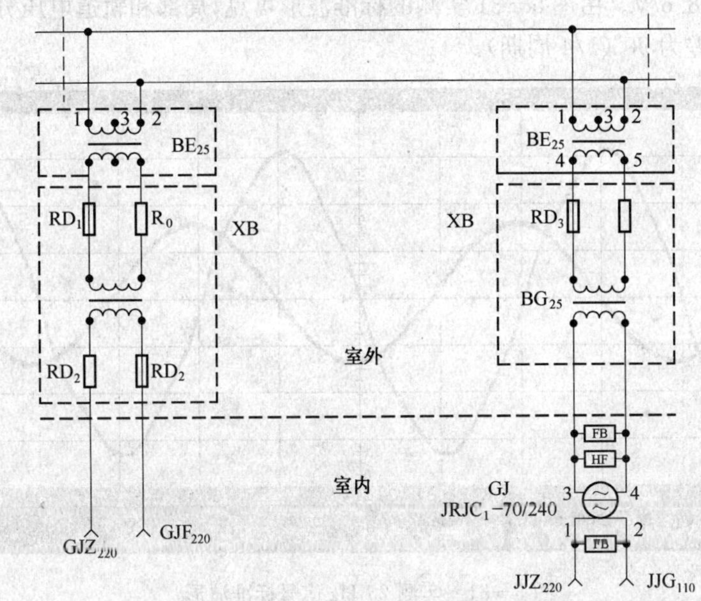

图 5—30　25 Hz 相敏轨道电路构成

①发送(送电)端：包括送电端扼流变压器(BE25)、电源(轨道)变压器(BG25)、限流电阻、熔断器。

②接收(受电)端：包括送电端扼流变压器(BE25)、中继(轨道)变压器(BG25)、熔断器(RD)、防雷补偿器(FB)、防护盒(HF)、轨道继电器(JRJC1-70/240)。

轨道电源和局部电源为独立的 25 Hz 分频器，分别为轨道继电器的轨道线圈和局部线圈供电。

2. 工作原理及抗干扰设计

(1)工作原理

25 Hz 电源屏输出的局部电压恒超前于轨道电压相位 90°。JRJC 轨道继电器称为二元二位继电器，属于交流感应式继电器，它利用电磁铁所建立的交变磁场与金属转子中感应电流之间相互作用的原理而动作，继电器具有可靠的频率选择性和相位选择性。

继电器翼板的转矩力可用下式表示

$$F=\frac{c}{f}U_{G}U_{J}\sin\alpha=\frac{c}{f}U_{G}U_{J}\cos\beta \tag{5-9}$$

式中，c 为系数，f 为电流频率，U_G 为轨道线圈电压，U_J 为局部线圈电压，α 为轨道和局部相位差，β 称为失调角或相移。

显然，轨道电压、局部电压最大、二者相位差 90°时，继电器翼板受力最大。《铁路信号维护规则》要求的可靠工作值分别为：$U_J=110$ V，$U_G\geqslant 15$ V，$72°\leqslant\alpha\leqslant 90°$。继电器返还系数为 55%，即释放值为 8.6 V。由图 5－31 实测的标准波形可见，局部和轨道电压分别为 111.72 V 和 20.26 V，相位差为 90°(1/4 周期)。

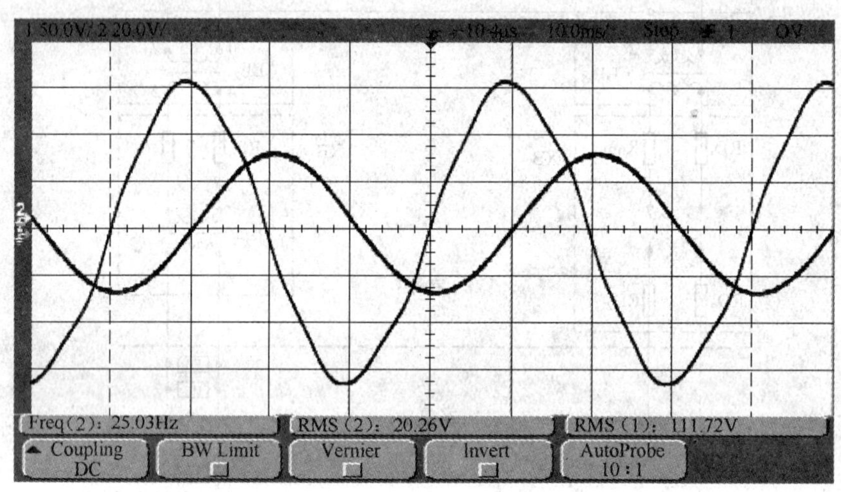

图 5－31　实测 25 Hz 信号标准波形

(2)抗干扰设计

①相敏轨道电路采用 25 Hz 作为信号频率，最主要的目的是为了有效防止工频牵引电流对轨道电路的影响。不平衡牵引电流干扰会以传导方式进入继电器轨道线圈上，50 Hz 及其谐波为 25 Hz 信号的整数倍，由三角函数的正交性可知，其与局部线圈 25 Hz 能量在一周期(40 ms)内乘积的积分值为零，即力矩平均值为零。尽管在周期内瞬间乃至半周期的力矩并不为零，但由于翼板惯性较大，使继电器缓动时间大于 100 ms，故不会造成继电器错误动作。

另一方面，局部分频器输出可能含有偶次谐波即 50 Hz 成分，技术指标要求口字形铁芯不大于 4%(4.4 V)，田字形不大于 2.5%。因此，理论上存在继电器误动作的可能性。实际测试表明，不平衡牵引电流 60 A，且防护盒断线时，轨道线圈电压为 270～300 V，同时局部线圈为 50 Hz、7.5～8 V 电压的条件下，继电器前接点吸合。可见，若要动作继电器，50 Hz 干扰在局

部和轨道线圈的电压和相位均应满足一定的极端条件。

②接收端防护盒(HF)并接在轨道继电器轨道线圈上，由0.845 H电感和12 μF电容串联组成。HF本质上是一个滤波器，对50 Hz呈现串联谐振，相当于15～20 Ω电阻，反射到扼流变压器牵引线圈侧(初级)的阻抗有一定程度减小，对工频干扰电流起着减小干扰电压的作用；对25 Hz信号则相当于16 μF电容，以减小轨道电路传输衰耗和相移。但是，随着稳态不平衡电流增大，防护盒上干扰电压持续增加(大于12 V)，其电感值下降，50 Hz阻抗增大，滤波性能变差，失调角增加10°以上。

③牵引电流脉冲干扰会引起继电器接点的颤动，为避免轨道继电器误动作，还使用缓动继电器(JWXC-H310)作为轨道继电器的复示继电器，其缓吸和缓放时间分别为(0.4±0.1)s和(0.8±0.1)s。

二、脉冲干扰对相敏轨道电路的影响

1.脉冲干扰导致的“闪红”现象

25 Hz相敏轨道电路尽管有许多优点，对传导性稳态干扰有较强的抑制能力，但该制式也存在一定缺陷，表现在抗电气化不平衡电流脉冲干扰能力差，实际运用中，尤其在短的道岔区段没有被列车占用时，会发生轨道继电器受干扰而瞬间或短时落下，已开放的进站或出站信号机关闭，控制台上闪红光带，即现场所谓的25 Hz轨道电路“闪红”问题。

25 Hz轨道电压受干扰的波形如图5－32所示。在脉冲干扰下，继电器轨道电压短时间下降，造成信号突然闪红，致使行进中的列车紧急制动，列车或停在信号机前，或冒进信号。停在信号机前时，需经人工解锁，方能重新开放信号；冒进信号时，需进行人工

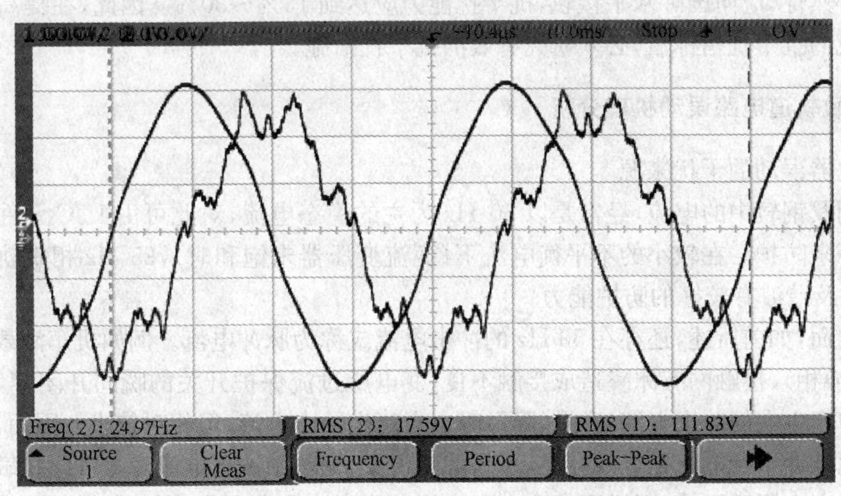

图5－32　25 Hz轨道电压受干扰的波形

引导。这些都会引起安全事故。其后果是，轻则影响运输效率，重则烧损设备，危及人身安全。

据统计，随着重载运输的发展，牵引功率增加带来牵引电流的加大，“闪红”出现的概率明显增多，例如，大功率机车或双机牵引运行后，上述“闪红”现象明显增加；大坡道牵引时轨道电路误动更频繁。鉴于上述原因，非常有必要深入研究电化脉冲干扰对相敏轨道电路的影响机理和对策。

2. 国内外对比

25 Hz 相敏轨道电路在前苏联和日本等国有较长时间的应用，将国内外情况进行对比，可发现主要三点不同：①在站内轨道电路的结构方面，国外一般采用焊接式，我国多采用塞钉式。轨道电路的不平衡系数，焊接式要比塞钉式低得多。②在不轨道电路平衡系数要求方面，国外一般达到 10%以上，我国则规定为 5%。③在研究干扰性质方面，国外重点在于研究不平衡牵引电流脉冲干扰，我国侧重抗稳态干扰。抗脉冲干扰要比抗稳态干扰的难度大得多。例如日本在研究分频倍频轨道电路时(其中轨道电路传输部分是 25 Hz 信号，实质也是 25 Hz 相敏轨道电路)重点在抗脉冲干扰，其抗脉冲干扰的能力(对 400 A 扼流变压器)可达到 57 A。我国的旧型 25 Hz 相敏轨道电路的抗干扰能力，400 A 扼流变压器容量时实测为约 16 A，还不到 5%。前苏联在 1984～1987 年在接触网挂冰、弓网电弧增加的条件下，对脉冲干扰进行了专门研究，总结出当不平衡系数超过 20%时，轨道继电器在脉冲干扰下电压瞬间下降 20%～25%，失调角增加到 35°，前接点断开0.4～6 s；当有车占用时，如不平衡系数大于 40%，会造成继电器错误闭合 0.08～0.2 s。

由此可见，我国 25 Hz 相敏轨道电路在不平衡牵引电流脉冲干扰下，设备发生误动甚至烧损有一定必然性，应向国际水平接轨，抗干扰能力应达到 15%～30%。因此，在提高 25 Hz 相敏轨道电流的抗干扰指标后，必须研究有效的抗干扰措施。

三、相敏轨道电路误动机理分析

1. 继电器误动的干扰来源

接触网及钢轨中的电流，经常是以 50 Hz 为主的稳态电流，对此可由 L、C 元件构成的线性滤波器等来防护。在较小的不平衡电流下(扼流变压器未饱和时)，25 Hz 相敏轨道电路对 50 Hz 基波及谐波有较好的防护能力。

另一方面，如前所述，还存在在 50 Hz 的冲击电流或称为脉冲电流。例如机车满载通过换相点(俗称闯换相)、接触网有冰凌造成接触不良、变电所过流保护开关的瞬间开闭等，均会使牵引电力网中产生大的冲击电流，升弓、降弓时也会产生冲击电流，但相对较小。因而，钢轨线路中的电气化脉冲干扰电流是客观存在，不是偶然现象，钢轨中冲击电流对 25 Hz 相敏轨道电路的正常工作产生严重影响，现场测试和室内模拟证明 25 Hz 相敏轨道电路产生误动的根源主要来自不平衡牵引电流脉冲干扰。

2. 干扰途径和机理

冲击电流通过下列两个途径对 25 Hz 相敏轨道电路产生干扰。

(1)扼流变压器饱和

脉冲电流的波形是上下半波不对称的近似正弦波形，其中含有直流成分，相敏轨道电路中的扼流变压器等铁磁元件中磁通密度显著增大，容易产生铁磁饱和，从而导致轨道电路中传输的 25 Hz 信号电流产生陷落现象。这是使轨道继电器瞬间落下的主要原因。

一般变压器设计时，其工作值接近铁芯磁化曲线线性部分的高端，以减少线圈的匝数。因此，当激磁电流增加到额定值两倍时，该变压器铁芯的磁化曲线进入深度饱和区，电感量减小，扼流变压器阻抗下降，减少轨道电路接收器所获得的信号能量，从而使轨道电路接收器错误失磁落下。

为试验方便，不考虑直流成分，仅在扼流变压器初级线圈施加 50 Hz 稳态不平衡电流时，得到 BE 测试数据，参见表 5－12。

表 5－12　扼流变压器在不平衡电流下的阻抗特性

BE-800A 扼流变压器 50 Hz 阻抗测试						
1号			2号			备注
U(V)	I(A)	Z(Ω)	U(V)	I(A)	Z(Ω)	
11.49	4.97	2.31	11.39	4.95	2.30	1. 扼流变压器为空载。 2. 不平衡电流相当于表中电流的 2 倍。
20.59	10.0	2.06	20.2	10.15	1.99	
26.69	20.5	1.30	25.22	20.4	1.24	
29	30.0	0.97	26.86	29.9	0.90	
27.6	42.4	0.65	28.5	39.7	0.72	
28.7	49.5	0.58	30.06	49.8	0.60	

可见，在不平衡电流达到额定电流的 10％即 80 A 时，扼流变压器阻抗从 2.3 Ω 降低到 0.7 Ω，其变化曲线如图 5－33 所示。当不平衡电流继续增大或含有直流时，饱和情况更严重。其直接后果是信号能量下降，由于牵引电流脉冲干扰以及大的不平衡电流时间短暂，相敏继电器会瞬间落下后再吸起，形成所谓的“闪红”现象。值得注意的是，扼流变压器饱和在发送端和接收端都有可能发生，仅在接收端设置滤波器也是不够的。

(2)接收器中过渡过程

一般的线性滤波器只对稳态干扰有防护作用，对冲击干扰形成的瞬态过程则无防护作用。

根据电路分析理论，电路的正弦激励下的完全响应中除了与激励频率有关的强制分量外，还包括与电路自身参数(特征根)有关的自由分量。因为在 50 Hz 冲击电流干扰激励下，轨道电路接收器中滤波器(防护盒)的响应形成的暂态过程或衰减振荡，与原有的 25 Hz 信号叠加，可能增强，也可能削弱；相加时在极端情况可使落下的相敏继电器吸起，削弱时可使吸起的相敏继电器落下，因此，冲击干扰在滤波器的通带内产生衰减振荡，使相敏继电器发生误动。由于过渡过程中自由分量大小与脉冲电流大小、电路状态等有关，因此，必须有效减小进入滤波器的传导性干扰能量。

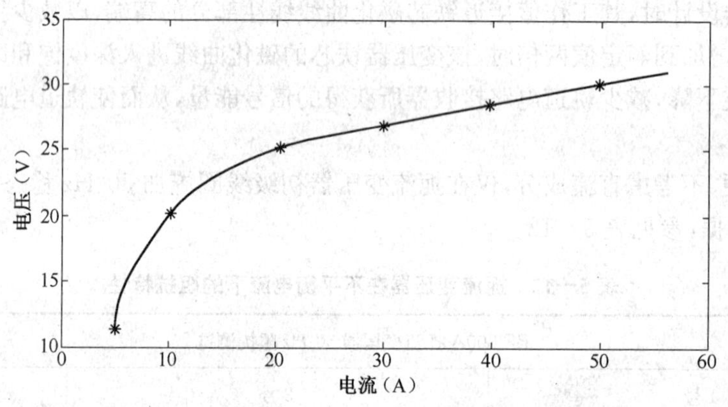

图 5－33　不平衡电流下的扼流变压器阻抗曲线

按照 25 Hz 相敏接收器等效电路，如图 5－34(a)所示，进行如下电路仿真，不考虑扼流变压器的非线性，单独施加 50 Hz 冲击电流 100 A 下的干扰电压，在继电器上测得的干扰电压波形如图5－34(b)所示，相应的信号波形如图5－34(c)所示。

图 5－34(a)中，R_1 和 R_2 为电缆电阻(均取 100 Ω)，L_1、C_1 和 R_3 为防护盒的 50 Hz 等效电路，R_4 和 L_1 为二元二位继电器的等效电路。

从脉冲干扰造成相敏继电器误动的机理可以看出，虽然现有轨道电路有较高的抗牵引电流稳态干扰水平，但对较大脉冲干扰引起的变压器饱和以及不平衡电流带来的过渡过程还不能有效地防护。采用缓动继电器的措施可以起到一定效果，但随着列车不断提速，缓动将带来两个不利因素，一是短列车(如单机)通过短区段时，占用不能及时反映；二是电码化信息延时使列控系统的应变时间加长。如按缓动0.8 s考虑，时速 250 km 条件下，列车可以行驶约55.6 m。

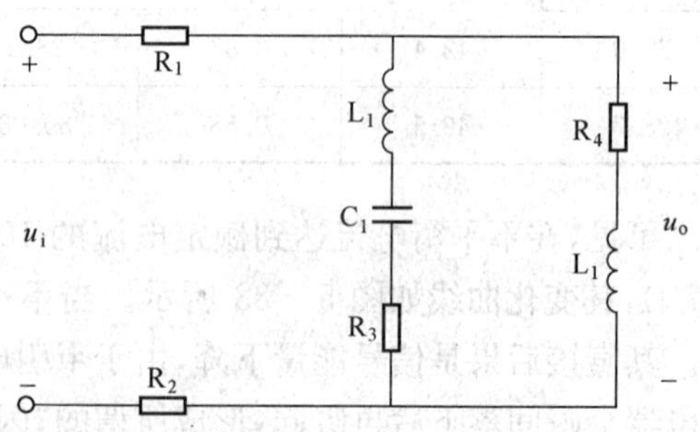

图 5－34(a)　25Hz 相敏接收器等效电路

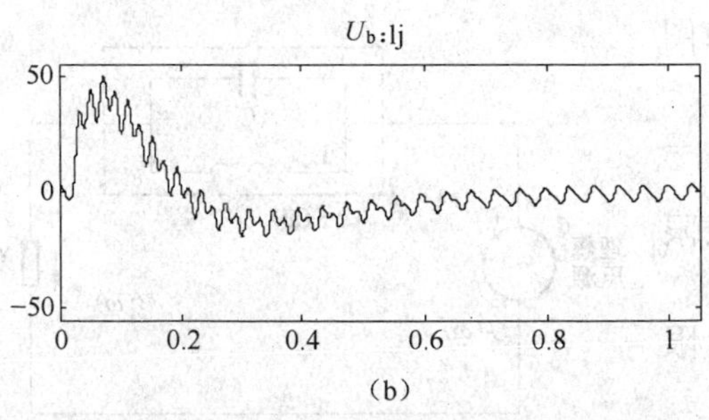

图 5－34(b)　相敏继电器冲击干扰电压

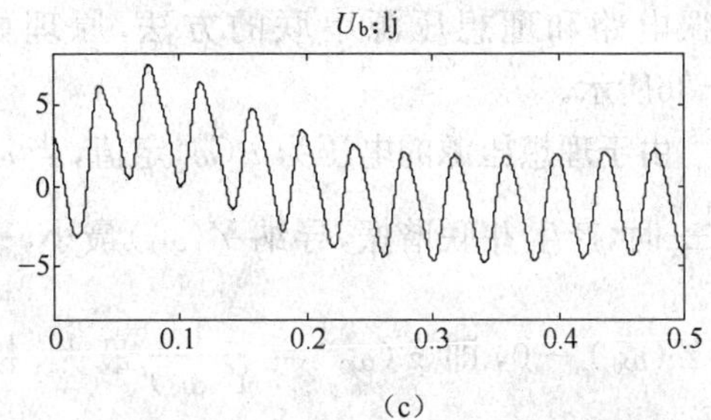

图 5－34(c)　25 Hz 相敏继电器信号波形

综上所述，根据产生误动的原因，相应的解决问题的主要思想是：

- 防止扼流变压器在大的电气化脉冲电流下产生饱和。
- 有效防止传导性干扰进入发送和接收设备。
- 设法使 25 Hz 信号传输处于最佳状态。

四、抗脉冲干扰理论分析及方案设计

根据电磁兼容原理，抗干扰的本质是减小进入受扰设备的干扰能量，同时提高信号自身的抗扰度水平，轨道电路抗电气化干扰方案应围绕这两个目标进行。

1. 减小传导性干扰功率基本方法分析

为减小电气化传导性干扰即不平衡牵引电流的功率，主要应在强电和弱电结合部实施正确的抗电化脉冲干扰方案，轨道电路设备必须在入口处采用滤波器，而采用何种滤波器则有必要对电化干扰源性质进行分析。

①干扰源性质与滤波器

如果把传导性干扰形象地比作洪水，抗干扰的基本方法与防洪思路可谓异曲同工：导和堵。从电路概念的角度，导是指电路阻抗小，即串联谐振电路；堵是指电路的阻抗大，即并联谐振电路。从滤波器原理来看，则是对干扰的吸收或反射，指滤波器的阻带特性。具体采用何种方式，需要根据干扰源的性质来决定。

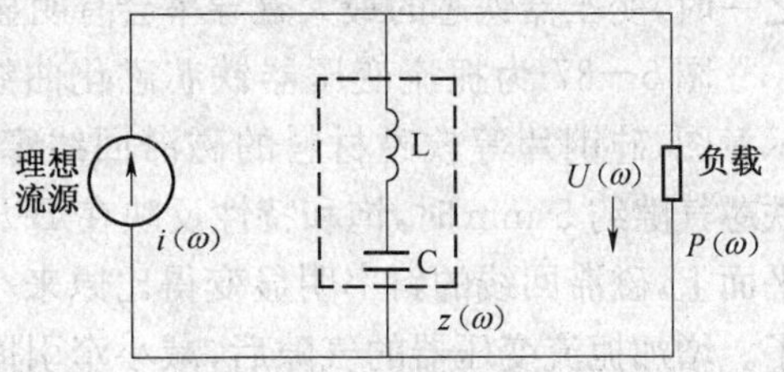

图 5－35　理想电流源条件下的滤波器

当干扰源是理想电流源或接近理想电流源时，应采用导的方法，即采用串联谐振电路和理想流源并联的方法，原理如图 5－35 所示。

由于理想流源的电流 $i(\omega)$ 为定值，当 $\omega_0=\dfrac{1}{\sqrt{LC}}$ 时产生串联谐振，阻抗 $z(\omega_0)$ 最小，极限时 $z(\omega_0)\to 0$，则负载上干扰电压：$u(\omega_0)=i(\omega_0)\cdot z(\omega_0)\to 0$；干扰功率：$p(\omega_0)=i(\omega_0)u(\omega_0)\to 0$。

另一方面，当干扰源是理想的电压源或接近理想压源时，则应采用堵的方法，即采用并联谐振电路和理想压源串联的方法，原理如图5－36所示。

由于理想压源的电压为 $u(\omega)$ 定值，当 $\omega_0=\frac{1}{\sqrt{LC}}$ 时，产生并联谐振，导纳 $Y(\omega_0)$ 最小，极限时 $Y(\omega_0)\rightarrow 0$，即 $z(\omega_0)=\frac{1}{Y(\omega_0)}$ 最大，极限时 $z(\omega_0)\rightarrow\infty$。

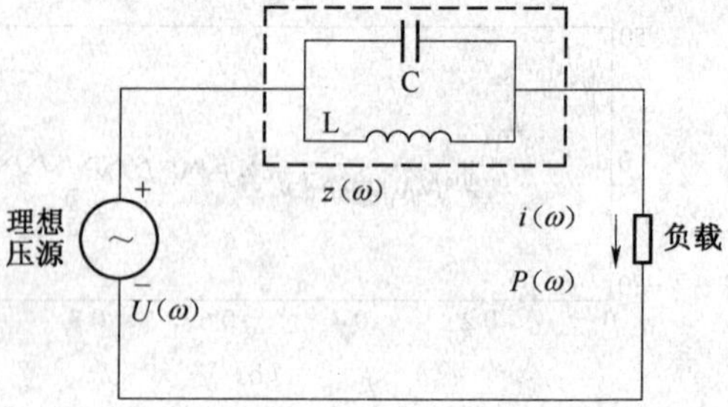

因此有：负载上干扰电流 $i(\omega_0)=u(\omega_0)\cdot Y(\omega_0)=\frac{u(\omega_0)}{z(\omega_0)}\rightarrow 0$；干扰功率 $p(\omega_0)=u(\omega_0)i(\omega_0)\rightarrow 0$。

图5－36　理想电压源条件下的滤波器

由上述分析可见，两种滤波器的效果都实现了干扰功率 $p(\omega_0)\rightarrow 0$，可见这两种选择是正确的。

②不平衡电流干扰源的性质及抑制方法

前面提到，电化干扰源的性质是理想电流源。牵引电力网的额定电压为25 kV，两根轨条中牵引电流之和 $\dot{I}_1+\dot{I}_2$ 主要由机车消耗功率 $P=25\ 000\times(\dot{I}_1+\dot{I}_2)$ 所决定。流过扼流变压器半个牵引圈的牵引电流值 $|\dot{I}_1-\dot{I}_2|$ 由钢轨线路和扼流变压器等的不平衡系数等因素综合决定，而与轨道电路发送端或接收端的阻抗无关。因此，对于轨道电路设备而言，不平衡牵引电流干扰源接近理想电流源，采用串联谐振电路与干扰源并联是正确的方法，反之，采用并联谐振电路与干扰源串联的方法对抗干扰作用不大。

2. 增大扼流变压器饱和电流

为避免变压器饱和，可在变压器铁芯中留出一定气隙。由于空气的磁导率与铁芯的磁导率相差可达上千倍，因此，只要在磁回路中留百分之一或几百分之一的气隙长度，其磁阻或者磁动势将会大部分降在气隙上，因此磁芯也就很难饱和。当气隙长度达到总磁路长度的百分之一时，变压器铁芯的最大磁导率会有明显下降。

图5－37为扼流变压器铁芯磁化曲线示意图，硅钢片等软磁材料的磁滞回线窄。铁芯气隙约5 mm时，饱和特性反映在 B-H 平面上，磁滞回线的斜率明显变得比原来小了。增加扼流变压器的气隙后，减小牵引圈的激磁电感，使牵引圈的50 Hz阻抗 $X_M=\mathrm{j}2\pi 50L_M$ 减小，从而增加铁芯的饱和电流幅值。图中，曲线1和2分别为开气隙前后的曲线，饱和电流对应的磁场强度值从 H_{S1} 增大至 H_{S2}。

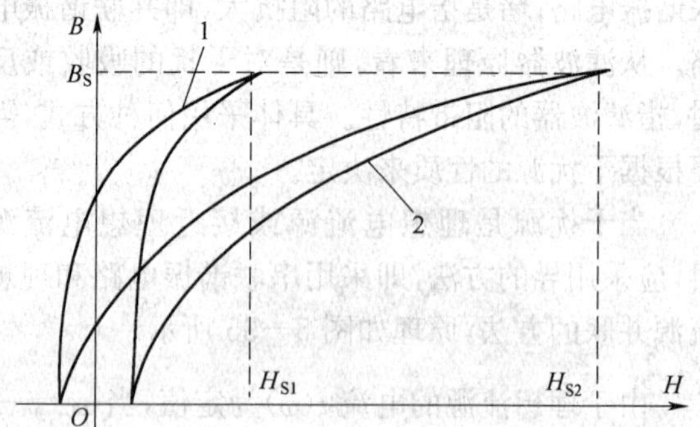

图5－37　扼流变压器开气隙后的饱和特性

参照上述测试数据，扼流变压器在初级全圈 10 A，相当于不平衡电流 20 A 时进入饱和，电压约 20 V，对应阻抗为 2 Ω。

根据变压器磁通与感应电动势关系，简单估算开气隙后 50 Hz 阻抗取值范围，如要求不平衡电流在 100 A，即全圈 50 A 时变压器不会饱和，则开气隙阻抗应降低为原来的 1/5，约0.4 Ω。随着扼流变压器容量增大，不平衡电流指标越高，则阻抗相应越小，开气隙应越大。

3. 减小扼流变压器牵引圈激磁电流幅值

显然，应采用低阻抗的串联谐振电路与干扰源并联的方法。牵引电流谐波的分布比例与机车类型有关，但其中很大比例都是 50 Hz 基波成分，因此工频是滤波器应主要吸收的干扰能量。在扼流变压器次级(或称抗干扰圈)并接 50 Hz 串联谐振电路，其谐振阻抗 Z_{50} 很小，而折算到牵引圈的阻抗 $Z'_{50}=\dfrac{Z_{50}}{n^2}$ 更小，n 表示次级和初级(牵引圈)的匝比，则可大大减小牵引圈的激磁电流，极限时次级相当于短路，牵引圈的不平衡电流，绝大部分消耗在串联谐振电路内。其电路原理如图 5－38 所示。

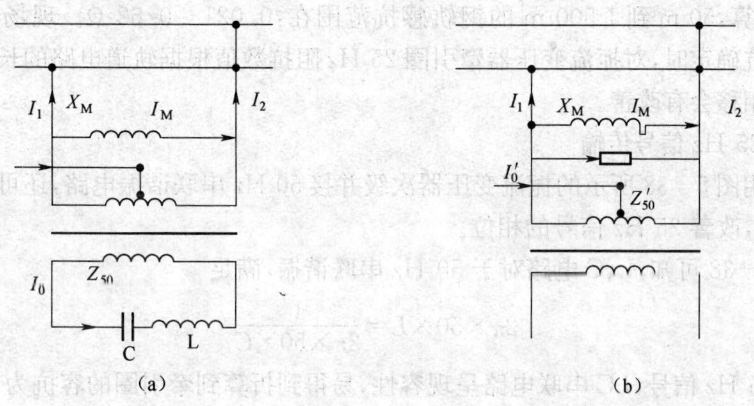

图 5－38　扼流变压器采用串联谐振电路

图 5－38(a)中，Z_{50} 表示 50 Hz 串联谐振阻抗；I_0 表示串联谐振电流；X_M 表示牵引圈的激磁阻抗；I_M 表示牵引圈的激磁电流；I_1-I_2 表示钢轨线路中的不平衡电流。

图 5－38(b)中，I_0 表示次级的I_0 折算到牵引圈中的电流；Z'_{50}表示次级中的 50 Hz 串联谐振阻抗折算到牵引圈中的阻抗。

由图 5－38(a)，可按式(5－10)求得牵引圈的激磁电流 I_M 的幅值

$$I_M=\sqrt{(I_1-I_2)^2-(2I_0n)^2} \tag{5－10}$$

图 5－38(b)为图 5－38(a)的等效电路，可按式(5－10)求得牵引圈的激磁电流的幅值

$$|I_M|=\left|\frac{(I_1-I_2)}{2}\cdot\frac{\frac{Z_{50}}{n^2}}{\frac{Z_{50}}{n^2}+jX_M}\right| \tag{5-11}$$

由式(5－11)可见，除不平衡电流本身因素外，当串联谐振阻抗 Z_{50} 越小，匝比 n 越大，则牵引圈中激磁电流 I_M 的幅值越小。

4. 改善 25 Hz 信号传输

为了增加扼流变压器的饱和电流值，加大了其铁芯气隙，减小了牵引圈的 50 Hz 激磁阻抗，降低了 50 Hz 干扰的传输能力，但带来的不利影响是同时相应减小了牵引圈 25 Hz 激磁阻抗，降低了 25 Hz 信号的传输能力。

另外，由于钢轨的电感性，造成信号传输中的相移，使轨道电压与局部电压相位差偏离 90°较大，而防护盒无法实现较大范围的高精度补偿。尽管 25 Hz 频率较低，漏泄电容很小，传输损耗不大，但相位会一定程度受到传输的影响，《铁路信号维护规则》中定义的塞钉式接续线的 25 Hz 钢轨阻抗为

$$0.62\angle 42°=0.461+j0.415\Omega/\text{km} \tag{5-12}$$

据此可估算，50 m 到 1 500 m 的钢轨感抗范围在：0.021～0.62 Ω。现场试验也间接表明，当补偿容抗确定时，对扼流变压器牵引圈 25 Hz 阻抗数值根据轨道电路的长度作适量调整后，轨道信号相移会有改善。

(1)改善 25 Hz 信号传输

为此，采用图 5－38 所示的扼流变压器次级并接 50 Hz 串联谐振电路，还可增加 25 Hz 信号的传输能力，改善 25 Hz 信号的相位。

分析图 5－38 可知，L、C 电路对于 50 Hz 串联谐振，满足

$$2\pi\times 50\times L=\frac{1}{2\pi\times 50\times C} \tag{5-13}$$

而对于 25 Hz 信号，LC 串联电路呈现容性，易得到折算到牵引圈的容抗为

$$X'_C=\frac{3}{200\pi\cdot C\cdot n^2} \tag{5-14}$$

容抗 X_C 和牵引圈激磁感抗 X_M 并联，通过选择恰当的线圈匝数比 n、电容 C 或通过调整扼流变压器铁芯气隙，再和钢轨线路的感性传输特性相结合，可达到以下两个目标：

①增加牵引圈 25 Hz 信号的阻抗，改善其传输特性，提高 25 Hz 信号的传输效率。

②抵消传输中感抗的影响，改善 25 Hz 信号的相位特性。

(2)进一步减小轨道电压传输相移

由电路和传输匹配概念可知，匹配是指负载阻抗等于信号源内阻抗或传输线特性阻抗的共轭值，即它们的模相等而辐角之和为零，这时，在负载阻抗上可以得到最大功率，这种匹配条件称为共轭匹配。实际与 UM71 系列增加补偿电容的原理一致。

由于钢轨及变压器本质上是感抗的影响，上述LC谐振电路的等效容抗具有补偿作用，但由于轨道电路的长度等特性离散性很大，相应的容抗值并不是一个恒定值。为最大限度减小传输相移，由式(5－14)，可通过调整线圈匝数比n、电容C或通过调整扼流变压器铁芯气隙等手段来改变等效容抗，抵消传输中的感抗，从而可以使25 Hz信号传输中相移接近于0，从而使相敏继电器轨道圈和局部圈上的电压相差在90°左右，使轨道电路处于纯电阻状态，即最佳状态。改变气隙和采用可变电容均有明显弊端，将抗干扰线圈设计为可调匝数，从而改变等效容抗的方式是合理可行的方式。

5.方案优点

按照前述抗传导性干扰理论分析，构成25 Hz相敏轨道电路抗干扰方案。该方案采用下列具体措施：加大扼流变压器铁芯的气隙，并增加抗干扰线圈；在扼流变压器的次级(信号圈)加装适配器即50 Hz串联谐振电路，并改善信号传输。

上述各项措施达到下列几个目的：

①加大了扼流变压器的饱和电流值，大大减小了扼流变压器激磁电流，使其在大的不平衡电流冲击下不会饱和。

②大大减小了不平衡牵引电流干扰的功率，增加了信号功率，从而大大提高了信干比，可抗大的不平衡牵引电流脉冲干扰。

③大大减小了轨面不平衡电压，降低钢轨间电位差，改善了机车信号的工作状态，减小了对信号机械室内设备的干扰。

④抗干扰线圈设计为可调匝数，从而可以调整相敏继电器相位差至90°。

⑤可增加25 Hz相敏轨道电路传输长度。

从上述分析可知，50 Hz串联谐振电路起着多种功能，并非单一的阻带滤波器，故称为适配器(简称FSP)。新型的扼流变压器和适配器在一起构成BES型扼流适配变压器。当L、C器件故障时，轨道信号失去并联谐振，电压将下降；传输的相移不再有补偿，继电器相位差的正弦值会变小，因此，符合故障—安全原则。另外，设备构成简单，具有高可靠性。

BES型扼流适配变压器方案显著提高了25 Hz相敏轨道电路的信号干扰比，在此基础上，还可通过以下方法增强设备的抗干扰性能。

①站内轨道电路在一定条件下需要转发或叠加不同信号频率的机车信号信息(站内电码化)，为保证和增强机车信号入口电流，可根据不同的信号频率，在扼流适配变压器电路基础上，通过增加针对信号的谐振电路、提高电码化信号阻抗来实现。

②在短轨道电路区段等不平衡干扰大的恶劣情况或必要时，为进一步提高抗干扰性能，可在相敏轨道电路接收端串联电阻。假定串联4.4 Ω电阻，由于防护盒对50 Hz阻抗约为15 Ω，而对25 Hz则为70 Ω，因此，该电阻吸收干扰功率比例更大，信号干扰比得以提高。此时，需要增加25 Hz信号的发送功率。

五、适配器基本参数

与抗电气化干扰及信号传输有关的扼流适配变压器基本参数包括：开气隙大小及牵引圈阻抗、适配器电感 L 和电容 C 的数值、适配器 50 Hz 谐振阻抗、抗干扰线圈匝数等。另外，还需考虑电感饱和电流以及电容耐压等指标。

(1)L、C 约束条件

牵引圈阻抗应根据抗脉冲干扰指标决定，牵引圈（初级电感）50 Hz 阻抗给定后气隙大小即确定。由于牵引圈基本为纯电感特性，25 Hz 信号阻抗相当于 50 Hz 阻抗的一半，而适配器在信号频率下的等效容抗应与 25 Hz 阻抗形成并联谐振。

适配器串联谐振频率 $f=50$ Hz，LC 数值满足串联谐振条件。

根据上述两个约束条件，同时考虑实际器件的商业性及体积等因素，可以确定 L、C 的值。

(2)适配器谐振阻抗

适配器 50 Hz 谐振阻抗在理论上趋于无穷小，实际中则与适配器的品质因数 Q 值有关。品质因数是滤波器的关键参数，如 Q 值大，则要求电感和电容耐压高，且对电感工艺要求更高；而 Q 值变小，则滤波器的通频带变宽，选择性变差，谐振阻抗增大，降低对干扰能量的吸收效果。

综合考虑，适配器 Q 值取 20～30 为宜，则 50 Hz 谐振阻抗为

$$Z_{50}=2\pi\times50\times L/Q \quad (5-15)$$

原有扼流变压器的匝数比为 1∶3，如在变压器次级并接适配器，则变压器牵引圈等效阻抗为 $Z_{50}/9$。为有效平衡牵引电流并降低钢轨间电位，等效阻抗值可参考 UM71 空芯线圈的技术指标 0.01 Ω。如果由于受到 Q 值以及 L 的限制，$Z_{50}/9$ 不够小，则需要在原有次级线圈上加绕抗干扰线圈，增大变压器匝数比，使 Z_{50}/n^2 满足谐振阻抗要求。

(3)实际参数计算

例如，加大扼流变压器铁芯的气隙，使其牵引圈（次级开路），取开气隙后 25 Hz 阻抗标称值为 0.327 Ω，即 50 Hz 阻抗 $Z_M=0.327\times2=0.654$ Ω，则可计算得到适配器的电容 $C=20$ μF，电感值 $L=0.506\ 6$ H。

要求电路 $Q=20$，则可计算得到 $Z_{50}=8$ Ω。考虑到折算到初级的等效阻抗约 0.9 Ω，显著大于 0.01 Ω，为此，如在变压器初级增加匝数 384 匝线圈，与原信号圈共同构成 1∶27 的匝数比，此时等效阻抗为 $Z_{50}/27^2=0.011$ Ω。另外，为调整轨道电压相位，抗干扰线圈设计为可调匝数。

按照上述构造的扼流适配变压器原理图如图 5—39 所示。

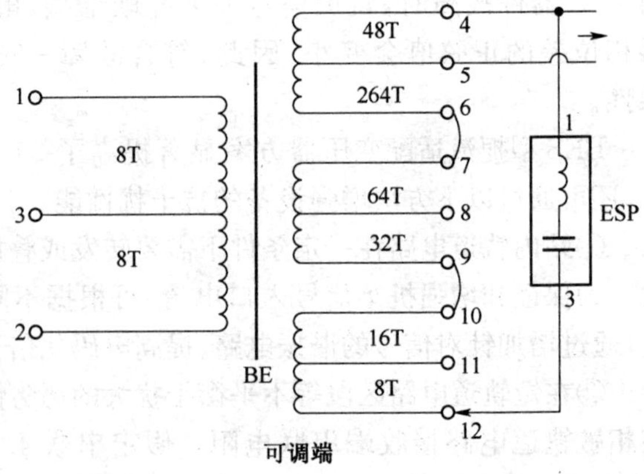

图 5—39 BES 型扼流适配变压器原理图

原有扼流变压器牵引线圈 16 匝、信号圈 48 匝，次级 4、5 端子连接相敏轨道电路原有设备，因此，设备的原连接(接口)保持不变，区别在于扼流变压器的饱和特性有了明显不同；在次级加绕了抗干扰线圈，同时并联了适配器电路。

基于 BES 型扼流适配变压器的 25 Hz 相敏轨道电路(一送一受带空扼流)组成结构如图 5－40所示。

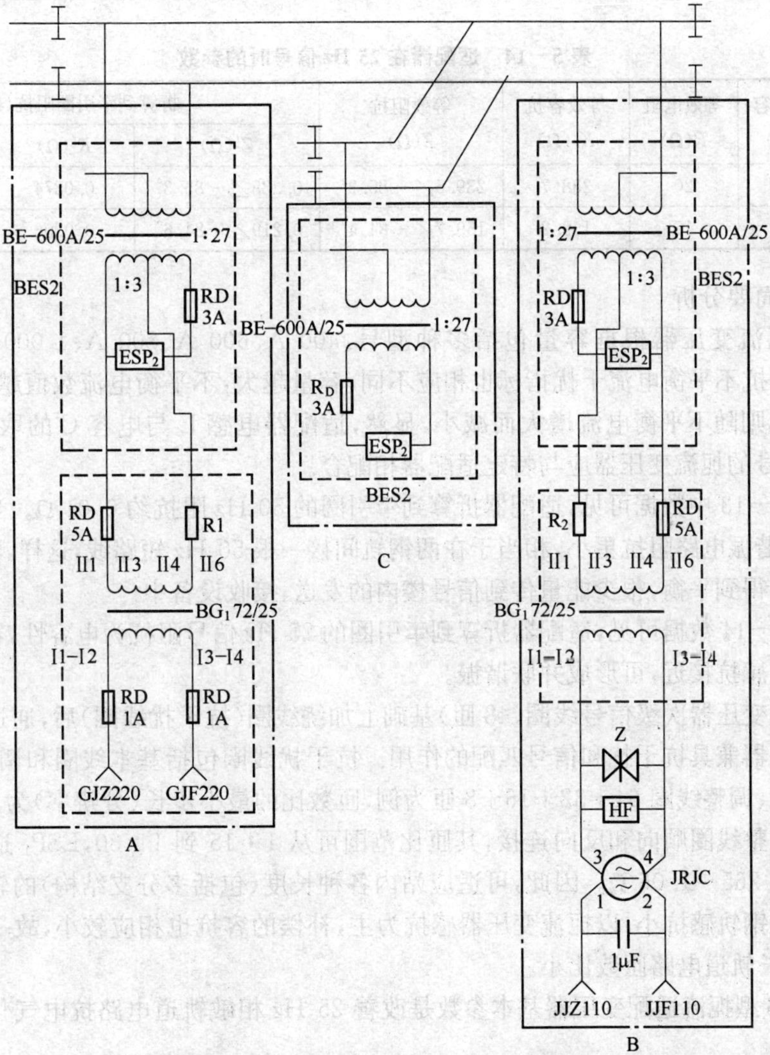

图 5－40　BES 型扼流适配变压器 25 Hz 相敏轨道电路组成结构

下面以 ESP_1 和 ESP_2 两种适配器类型为例，在表 5－13 中给出了适配器 50 Hz 干扰时的参数,在表5—14中给出了适配器25 Hz信号时的参数。

表5—13　适配器在50 Hz干扰时的参数

类型	C(μF)	L(H)	Q值	谐振阻抗 Z_{50}(Ω)	折算到牵引圈阻抗(Ω)
ESP_1	20	0.506 6	20	8	0.011 0
ESP_2	30	0.337 7	20	5.3	0.007 3

表5—14　适配器在25 Hz信号时的参数

类型	等效电容 C(μF)	等效电阻 R(Ω)	等效容抗 X_c(Ω)	等效阻抗 Z(Ω)	折算到牵引圈阻抗(Ω)		
					Z'(Ω)	R'(Ω)	X_c'(Ω)
ESP_1	26.67	20	238.7	239.5∠−85.2°	0.328∠−85.3°	0.0274	0.327
ESP_2	40.0	15	159.2	159.7∠−84.4°	0.219∠−84.6°	0.0206	0.218

(4)参数简要分析

①由于扼流变压器根据容量包括多种型号:400 A、600 A、800 A、1 000 A、1 200 A、1 600 A等,其抗不平衡电流干扰指标也相应不同,容量越大,不平衡电流数值越大;开气隙后的牵引圈阻抗则随不平衡电流增大而减小,显然,适配器电感L与电容C的取值也不相同。因此,不同型号的扼流变压器应与特定适配器相配合。

②由表5—13中数据可见,适配器折算到牵引圈的50 Hz阻抗约0.01 Ω。当品质因数提高后,相应的谐振电路阻抗更小,相当于在两钢轨间接一根50 Hz短路线,这样,50 Hz干扰电流通过适配器得到平衡,很少能量传到信号楼内的发送、接收设备中。

③由表5—14数据可见,适配器折算到牵引圈的25 Hz信号阻抗为电容性,容抗与扼流变压器牵引圈的感抗接近,可形成并联谐振。

④在扼流变压器次级信号线圈(48匝)基础上加绕线圈(抗干扰线圈)后,通过变压器阻抗变换使得适配器兼具抗干扰和信号匹配的作用。抗干扰线圈包括基本线圈和调整线圈,以基本线圈312匝、调整线圈64+32+16+8匝为例,匝数比的最小步长(分辨率)为1∶0.5,通过基本线圈与调整线圈顺向和反向连接,其匝比范围可从1∶15到1∶30,ESP_1适配器对应的容抗范围为0.265~1.06 Ω。因此,可适应站内各种长度(包括多分支结构)的轨道电路。由于短轨道电路钢轨感抗小,以扼流变压器感抗为主,补偿的容抗也相应较小,故一般短轨道电路匝数比大,长轨道电路匝数比小。

以上BES型扼流适配变压器基本参数是改善25 Hz相敏轨道电路抗电气化脉冲电流干扰能力的基础。

六、抗不平衡牵引电流干扰特性及对比

1.理论计算值

为了描述更加直观，下面在 BE-600A/25 扼流变压器条件下，以上述 ESP_2 适配器构成的扼流适配变压器、发送端和接收端串接 4.4 Ω 电阻为例，通过几个关键指标数据，对比说明 BES 型 25 Hz 相敏轨道电路与原 25 Hz 相敏轨道电路（下文简称原型）的抗电气化脉冲干扰特性。

(1)扼流（适配）变压器的 50 Hz 激磁电流

BES 型扼流适配变压器信号圈开路时牵引圈的 50 Hz 激磁电流 I_M。

$$I_M=\left|\frac{(I_1-I_2)}{2}\times\frac{Z'_{50}}{Z'_{50}+jX_{M50}}\right|=0.016\ 8\left|\frac{I_1-I_2}{2}\right| \tag{5-16}$$

式中，$Z'_{50}=0.007\ 3(\Omega)$，$X_{M50}=0.436(\Omega)$（因为 25 Hz 时 $X_{M25}=0.218\ \Omega$）。

原型扼流变压器信号圈开路时牵引圈中的 50 Hz 激磁电流为 I_M

$$I'_M=\left|\frac{I_1-I_2}{2}\right| \tag{5-17}$$

对比式(5－16)和式(5－17)可知，BES 型扼流适配变压器的激磁电流比原型扼流变压器的激磁电流小$\frac{I_M}{I_M}=\frac{1}{0.016\ 8}=59.5$ 倍。这是因为不平衡牵引电流$\left|\frac{I_1-I_2}{2}\right|$绝大部分损耗在适配器内的缘故。

(2)扼流（适配）变压器牵引圈输入电气化干扰电压及功率

BES 型扼流适配变压器信号圈开路时牵引圈电气化干扰电压及功率

$$U_n=\left|\frac{(I_1-I_2)}{2}\times\frac{Z'_{50}\cdot jX_{M50}}{Z'_{50}+jX_{M50}}\right|=0.007\ 3\left|\frac{I_1-I_2}{2}\right|$$

$$P_n=\left|\left(\frac{I_1-I_2}{2}\right)^2\times\frac{Z'_{50}\cdot jX_{M50}}{Z'_{50}+jX_{M50}}\right|=0.007\ 3\left|\left(\frac{I_1-I_2}{2}\right)^2\right| \tag{5-18}$$

原型扼流变压器信号圈开路牵引圈电化干扰电压及功率

$$U'_n=\left|\frac{(I_1-I_2)}{2}\times X'_{M50}\right|=1.4\left|\frac{I_1-I_2}{2}\right|$$

$$P'_n=\left|\left(\frac{I_1-I_2}{2}\right)^2\times X'_{M50}\right|=1.4\left|\left(\frac{I_1-I_2}{2}\right)^2\right| \tag{5-19}$$

式中，X'_{M50} 根据扼流变压器器材标准 25 Hz 阻抗不小于 0.7 Ω，得到 50 Hz 干扰时 $X'_M=1.4\ \Omega$。对比式(5－18)和式(5－19)得

$$\frac{P'_n}{P_n}=\frac{U'_n}{U_n}=191.8\text{ 倍} \tag{5-20}$$

由式(5－20)，可知 BES 型扼流适配变压器牵引圈干扰电压及功率比原型扼流变压器牵引圈干扰电压及功率小 191.8 倍。

(3)扼流（适配）变压器传输 25 Hz 信号特性

BES 型的扼流适配变压器在 25 Hz 信号作用下，由于适配器阻抗呈现容性，折算到牵引圈为 $z'=0.219\angle-84.6°$，而牵引圈的激磁阻抗 $jX_M=0.22\angle90°\Omega$，其并联阻抗为

$$|z_b|=\left|\frac{z\mathrm{j}X_M}{z+\mathrm{j}X_M}\right|=|2.3\angle 10.8°|=2.3\ \Omega \tag{5—21}$$

可见,适配器与牵引圈接近并联谐振。

原型的扼流变压器传输 25 Hz 信号的特性为

$$X'_M=0.7\ \Omega \tag{5—22}$$

对比式(5—21)和式(5—22)得

$$\left|\frac{z_b}{X'_M}\right|=3.3 \tag{5—23}$$

可知,BES 型和原型相比较,传输 25 Hz 信号的特性改善 3.3 倍。

另外,如果 BES 型接收端扼流适配变压器信号圈串联电阻 $R_2=4.4\ \Omega$,在 BES 型和原型相敏继电器轨道圈电压相等条件下,BES 型发送端、接收端轨面电压(或功率)也将比原型的大。

综上所述,BES 型与原型相比,牵引圈的电化干扰电压(或功率)小,有用信号的电压(或功率)大,即

$$\frac{U_S}{U_n}>\frac{U_S}{U'_n},\frac{P_S}{P_n}>\frac{P_S}{P'_n} \tag{5—24}$$

式中,U_S,U_n 或 P_S,P_n 为扼流适配变压器牵引圈上的信号电压或功率和电化干扰的电压或功率;U'_S,U'_n 或 P'_S,P'_n:为扼流变压器牵引圈上的信号电压或功率和电化干扰的电压或功率。

2. 系统实测数据对比

室内试验结果表明,在 600 A 容量扼流变压器时,BES 型 25 Hz 相敏轨道电路与原 25 Hz 相敏轨道电路的抗电气化脉冲干扰性能分别为 140 A 和 16.5 A,约为 8.5 倍,效果明显。下面从干扰和信号两方面对方案效果进行评价。

①轨面信号电压

在相敏继电器轨道圈 25 Hz 信号电压基本相等条件下,接收端轨面 25 Hz 信号电压:

BES 型 $U_S=0.988$ V,原型 $U_S=0.451$ V。

BES 型约为原型的 2 倍。

②轨面干扰电压

分别考察在 BES 型不平衡电流 140 A、原型不平衡电流 16.5 A 条件下,发送端和接收端轨面(即扼流变压器牵引圈)脉冲干扰电压幅值下干扰电压。

- 发送端:BES 型 $U_1=0.906$ V,原型 $U'_1=5.12$ V,即 BES 型为原型的 0.177 倍。
- 接收端:BES 型 $U_2=0.728$ V,原型 $U'_2=0.566$ V,二者基本接近。

③发送端轨面 50 Hz 视入阻抗

BES 型:$z_{nS}=\dfrac{0.906}{140}=0.0065\ \Omega$;原型:$z'_{nS}=\dfrac{5.12}{16.5}=0.31\ \Omega$

BES 型是原型的 0.021 倍。

④接收端轨面 50 Hz 视入阻抗

BES 型：$z_{nJ}=\frac{0.728}{140}=0.005\ 2\ \Omega$；原型：$z'_{nJ}=\frac{0.566}{16.5}=0.034\ 3\ \Omega$。

BES 型是原型的 0.15 倍。

上述测试数据从信号与干扰的角度说明了 BES 型相敏轨道电路抗不平衡牵引电流脉冲干扰能力比原型大 140 A/16.5 A=8.48 倍的原因，此时，相当于在 600 A 牵引电流时不平衡系数 23%。

七、阻抗匹配技术在其他轨道电路中的应用

基于 BES 型扼流适配器变压器，以阻抗匹配为特征的抗传导性干扰技术在其他轨道电路中得到了应用。

1. 在站内与区间同制式轨道电路中的应用

在重载线路和客运专线，站内采用与区间同制式轨道电路(ZPW-2000 和 UM 系列)，或称区间—站内轨道电路一体化方案。根据 CTCS-3 系统技术方案，在复杂大站，正线及股道区段采用计算机编码控制的 ZPW-2000(UM)系列有绝缘轨道电路。

(1)站内一体化轨道电路方案

ZPW-2000 本身为无绝缘系统，采用长度为 29 m 的电气绝缘节(调谐区)来分隔相邻区段，当应用于站内轨道电路时，调谐区必须改为基于机械绝缘方式。除了一般要求外，具有抗传导性干扰功能的阻抗匹配装置(如图 5—41 所示)需要解决的主要问题与关键技术指标可归结为以下两点：

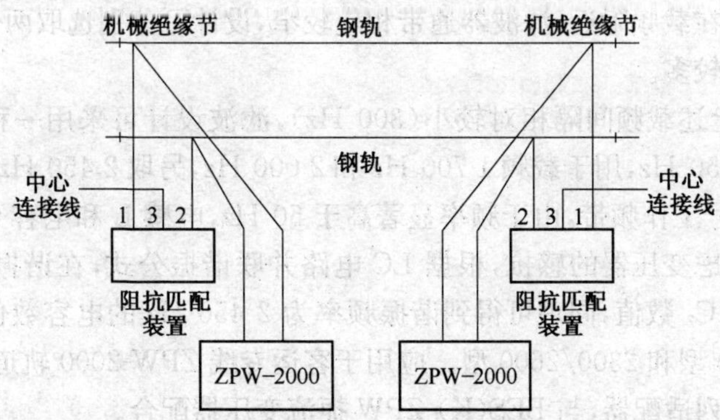

图 5—41　重载和客专站内一体化轨道电路方案

①为实现对干扰功率的吸收，有效防止电气化铁道不平衡牵引电流对信号设备的影响，工频 50 Hz 阻抗应不大于原系统中等效器件空芯线圈(即 SVA)的阻抗。大秦线重载牵引电流

容量为 1 600 A,客专为 1 000 A 和 800 A。

②考虑到轨道电路信号的输入阻抗,确定装置对信号(1 700～2 600 Hz)的输入阻抗不小于 17 Ω,以减小对有用信号功率的消耗,满足信号正常传输和机车信号接收要求。

(2)阻抗匹配装置原理

借鉴 25 Hz 相敏轨道电路中适配器的设计原理,重载和客专站内轨道电路阻抗匹配装置的原理图如图 5－42 所示。

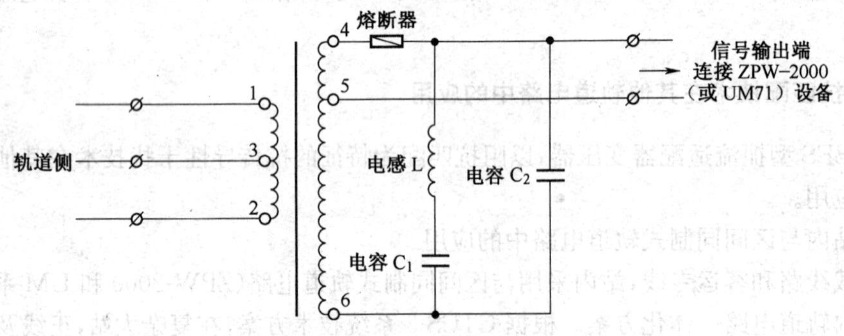

图 5－42　阻抗匹配装置原理图

对于工频 50 Hz 干扰的抑制原理与适配器相同,与扼流变压器牵引圈阻抗、串联谐振电路品质因数等因素有关,这里不再赘述。

对于音频 FSK 信号频率,不同于 25 Hz 相敏需要考虑相移,但是,鉴于机车正向和反向不同运行方向的要求,站内同一段轨道电路需要适合上行和下行两个信号频率,分别为载频 1 700 Hz和 2 000 Hz,或载频 2 300 Hz 和 2 600 Hz。由于 ZPW-2000 的 FSK 信号采用窄带调频,主要功率集中在载频附近,滤波器通带相应较窄,设计可分别选取两个载频作为谐振点,电路相对复杂,器件较多。

进一步注意到上述载频间隔相对较小(300 Hz),滤波设计可采用一种兼顾的简化方案,即取谐振频率为 1 850 Hz,用于载频 1 700 Hz 和 2 000 Hz,另取 2 450 Hz 用于载频 2 300 Hz 和 2 600 Hz。在信号工作频带,由于频率显著高于 50 Hz,电感 L 和电容 C_1 串联电路显然表现为电感性,同时考虑变压器的感抗,根据 LC 电路并联谐振公式,在谐振频率 $f=1\ 850$ Hz 时,可计算得到电容 C_2 数值,同理可得到谐振频率为 2 450 Hz 的电容数值。因此,阻抗匹配装置包括 1700/2000 型和 2300/2600 型。应用于客运专线 ZPW-2000 轨道电路的阻抗匹配装置称为 QSP6(K)系列适配器,与 BES(K)-ZPW 扼流变压器配合。

上述 1700/2000 Hz、2300/2600 Hz 通用型同时适用于两种载频频率,因为要同时兼顾两种频率,性能上略低于单频,因此对于不需反向接车的区段,最好使用单频的适配器。

2. 3 V 化分路不良解决方案

我国有的中间车站调车作业少,部分轨道区段不经常走车,造成钢轨生锈,导致轨道电路

分路不良，引起联锁失效，极有可能造成信号错误开放、道岔中途转换，由此造成列车冲突、脱轨或挤坏道岔等行车事故。因此，分路不良严重影响行车效率，威胁行车安全。站内轨道电路出现分路不良以 25 Hz 相敏轨道电路尤为突出。

分路不良主要原因是，原设计轨面电压过低和终端阻抗选取值较小，在较长时期不过车或因气候高温潮湿等情况下，会导致钢轨生锈。据现场调查，绝大多数分路不良出现在生锈区段或因生锈过车后在轨面黏附黑色固体（氧化铁成分）的区段，这些成分可视为半导体。当半导体两端的电压大于一定值（约 0.6 V），半导体将导通。由于现有 25 Hz 相敏轨道电路的轨面电压约 0.4～0.8V，该电压不足以击穿两端轨面的半导体，因而产生了轨道电路的分路不良。

以此为背景，在借鉴了日本等国的经验后，国内多家单位研制了 25 Hz 提高轨面电压（又称 3 V 化）方法来解决分路不良的方案。但是，25 Hz 相敏轨道电路的终端阻抗范围在 0.2～0.5 Ω，终端阻抗过低，造成轨间电压不可能提高，一般都小于 1 V，在 0.4～0.9 V 左右，对应的是轨道继电器大于工作值 15～17 V。当大幅度提高轨面电压后，由于功率与电压平方成正比，必然造成轨道电路功率过大的难题，不具备可行性，而解决对策即为提高信号阻抗。

3 V 化方案提高信号阻抗的核心是改造扼流变压器，如图 5－43 所示。为了提高 25 Hz 阻抗，除了牵引圈和信号圈外，加绕第三线圈。L_1 和 C_1 为 50 Hz 串联谐振电路，消耗不平衡电流功率；第三线圈在扼流变压器正常工作时与调谐器产生 25 Hz 的电流谐振，电流谐振将产生很大的 25 Hz 阻抗；电容 C_2 的作用是改善机车信号的接收。

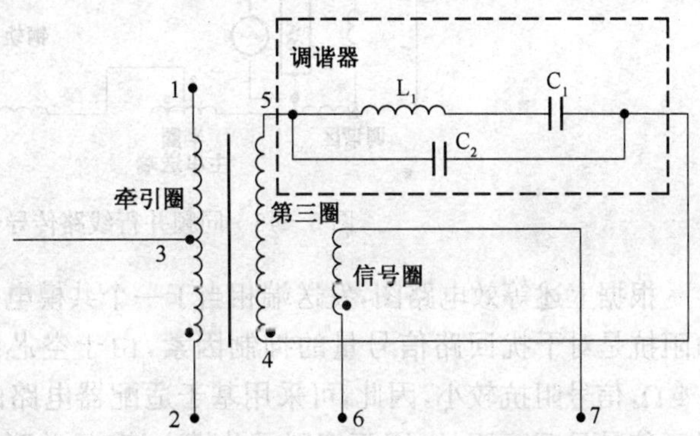

图 5－43　3 V 化相敏轨道电路扼流变压器结构

可见，上述电路与 BES 型扼流适配变压器的设计原理及结构是一致的。

3. 区间无绝缘轨道电路横向连接时干扰防护

随着客运专线的建设，区间可能会形成新线和既有线四线甚至六线并行的情况，因此将出现相同载频的轨道电路并行的可能。作为主流的 ZPW-2000 和 UM71 系列轨道电路，为了上下行平衡牵引电流及降低钢轨电位，在线路间采用了对空芯线圈进行横向连接的方式。在两线条件下，由于上下行载频不同，横向连接不会引起串扰，即使在故障情况下，对同载频区段的串扰也有完善的防护。

在四线情况下，如果存在多条不同线路的横向连接，并且考虑调谐单元断线等器材故障情况，信号电流将通过横向连接线构成通道，在如图 5－44 所示条件下，即横向连接时器材与钢轨连接断线，加之相邻线路存在不平衡，被串接收端将形成干扰电压，其等效电路如图 5－45 所示。

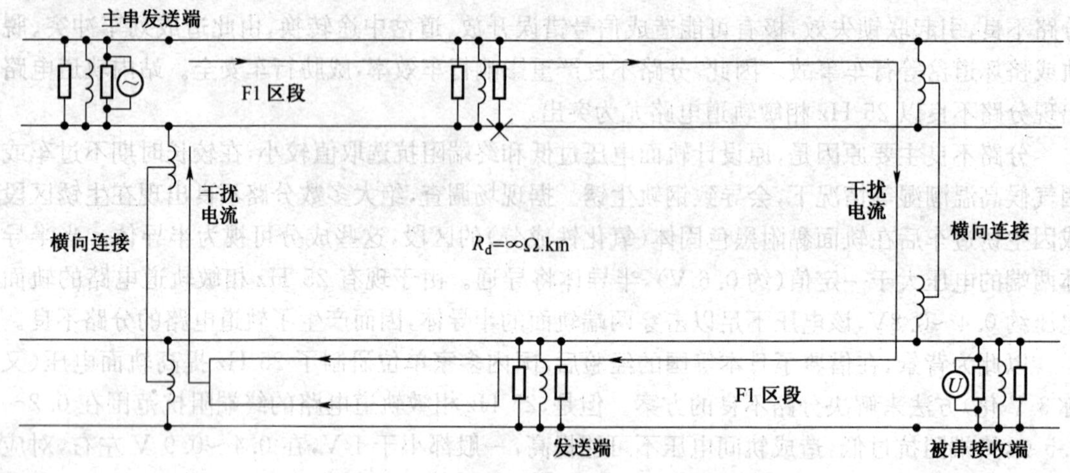

图 5－44　同频并行线路传导性干扰示例

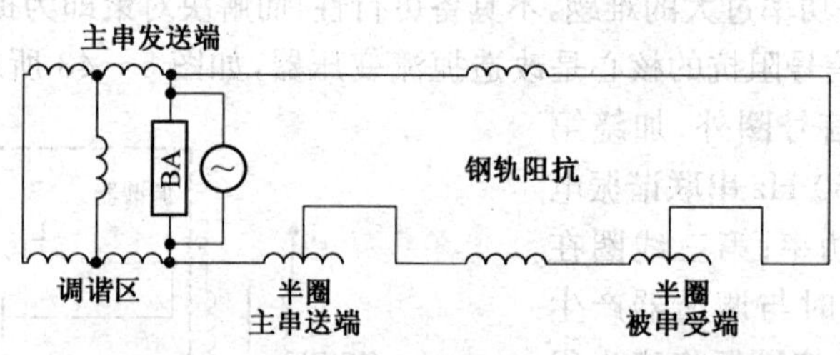

图 5－45　同频并行线路传导性干扰等效电路

根据上述等效电路图，发送端相当于一个共模电压源，回路中用于横向连接半圈阻抗和钢轨阻抗是对干扰回路信号量的抑制因素，由于空芯线圈全圈的阻抗在 2 000 Hz 信号时约 0.4 Ω，信号阻抗较小，因此，可采用基于适配器电路的扼流变压器代替 SVA 用于横向连接，对于信号呈现高阻抗，因而抑制了共模电流，且并联于钢轨中，吸收很小的信号功率；另一方面，对工频呈现很低的阻抗，可以完成均衡牵引电流和钢轨电位的功能。

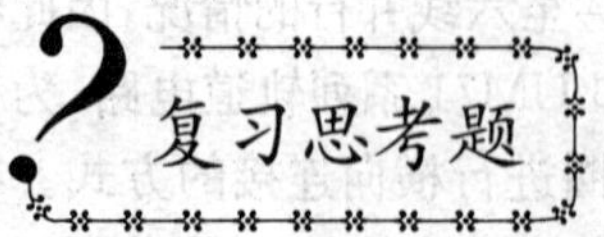

复习思考题

1. 电缆共模干扰测试中耦合网络中电阻和电容取值与哪些因素有关？

2. 电缆特性与电磁干扰防护有什么联系？

3. FSK 信号时域和频域的主要特点是什么？

4. 国产移频信号频谱有何特点？计算分析调频信号主要能量的分布范围。如希望频谱中载频分量为零，应如何选取调制频率和调频系数？并用仿真工具验证结论。

5. 试画图描述并比较国内移频和 UM71 的频谱结构，对照 UM71 频谱分布，说明其滤波器带宽如何选择。

6. 采用频谱识别的方法处理 FSK 信号要考虑哪些误差因素？ZFFT 应用于机车信号解码有什么优点？

7. 试分析电气化谐波干扰对 FSK 信号的影响和防护策略。

8. 建立 UM71 调谐区（包括钢轨电感）的电路模型，计算存在 50 Hz 不平衡牵引电流时，空芯线圈 SVA 中电流与调谐单元的电流分布。

9. 在正常情况和工频漂移－1%时，载频 2 600 Hz 轨道电路带内分别有哪些电气化谐波干扰成分？

10. 查阅有关参数，利用 MATLAB 建立 UM71 轨道电路模型，计算其极限传输长度、电气分隔接头谐振阻抗、发送端和接收端等效阻抗、接收器最小工作电平、带内牵引电流谐波量允许值、校核在 0.15 Ω 分路电阻下是否满足始端和终端分路要求。

11. 25 Hz 相敏轨道电路针对电气化干扰防护从哪些方面进行了设计？

12. 25 Hz 相敏轨道电路误动的主要原因是什么？

13. BES 型扼流适配变压器的设计思想是什么？

14. 试从提高信号干扰比的角度解释 BES 适配器的作用。

15. 请根据变压器阻抗变换原理，具体说明扼流变压器次级加绕抗干扰线圈的作用。

16. 若给定 BES 适配器电容为 50 μF，试计算相应的电感值，并简要说明相关设计指标要求。

第六章 车载信号设备电磁兼容技术

近年来我国电气化铁路建设飞速发展，在给交通运输带来了方便快捷的同时，也带来了电磁干扰问题，特别是牵引等强电系统可能会对信号设备等弱电系统产生电磁干扰。众所周知，车载信号设备与列车的安全、有效运行密切相关。因而非常有必要研究机车车内的电磁环境，加强和完善车载信号设备的电磁兼容设计。

本章首先了介绍了典型的车载信号设备，然后介绍了影响机车车辆电磁环境的骚扰机理，分析了车内电磁环境特点，并给出了车内电磁环境的测量方法和测量步骤和结果分析，最后给出了车内信号设备应采取的电磁兼容措施。

第一节 典型车载信号设备

我国铁路的多次大面积提速，对铁路信号技术的发展既提出了新的挑战，也提供了难得的发展机遇，使得铁路信号技术发生了巨大变化。当列车速度大于 160 km/h 后，对列车的控制必须由开环控制变为闭环控制。目前动车组的列车控制系统车载设备采用了符合 CTCS 标准的列车运行控制系统。

目前 200 km/h 以上速度的线路，全面采用了 CTCS-2 级列车运行控制系统，而且CTCS-3 系统业已经在验证调试阶段，不久将投入使用。与 CTCS-2 以前的系统相比较，车载 CTCS-2 级或 CTCS-3 级控车设备使用了 ATP 安全防护系统替代原有的 LKJ 系统来进行高速运行时的列车控制。ATP 是由地面信号设备和车载信号设备共同组成的闭环高安全系统，是地面联锁向车载设备的延伸，在此基础上实现了以车载设备为主的行车方式。ATP 依靠车载信号设备实现速度控制的自动防护系统，已成为行车安全不可缺少的重要技术装备，是保障列车安全运行的重要技术手段。

CTCS-2 级列控系统的组成及车载 ATP 系统的构成如图 6－1 和图 6－2 所示。

CTCS-2 级 ATP 系统的车载设备由车载安全计算机（VC）、连续信息接收模块即轨道电路信息接收模块（STM）、点式信息接收模块即应答器接收模块（BTM）、测速模块、人机界面

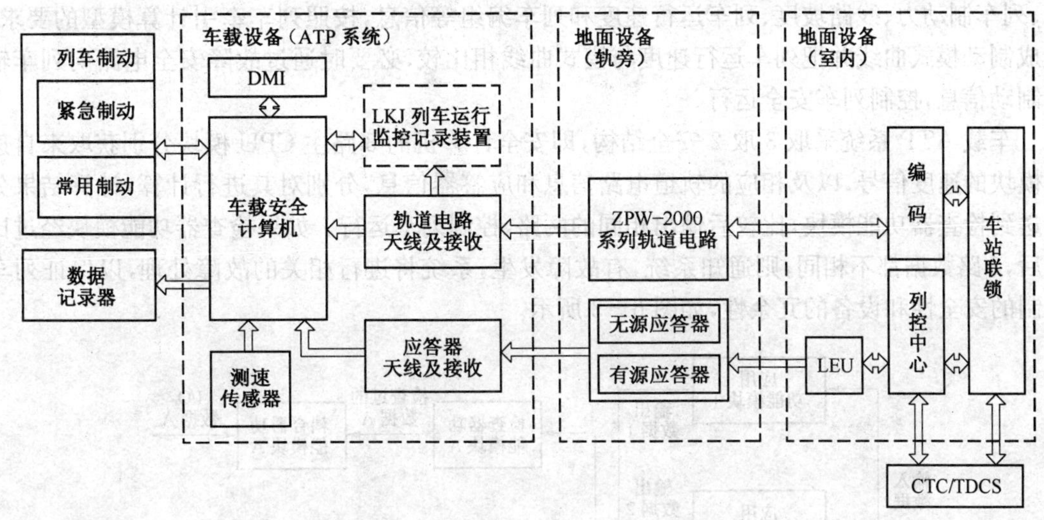

图 6—1　CTCS-2 级列控系统构成图

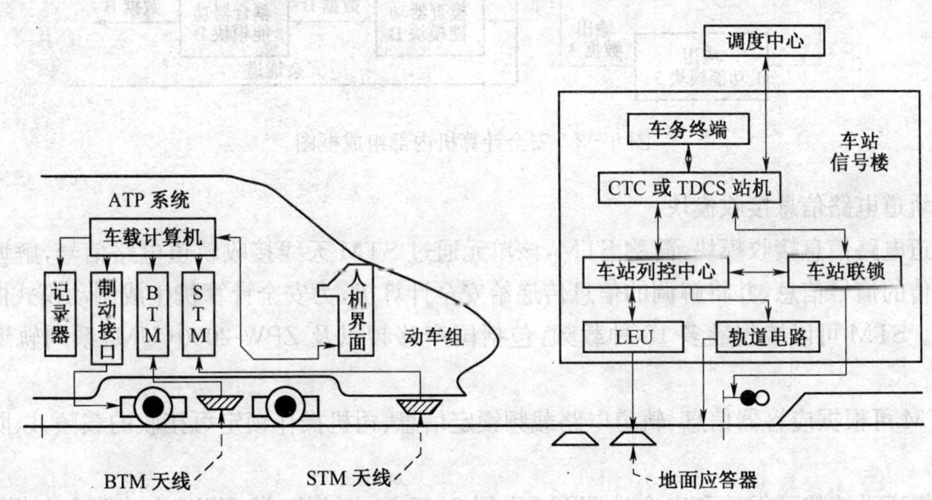

图 6—2　CTCS-2 级车载 ATP 系统组成

(DMI-Drive Machine Interface)、制动接口单元(RLU)、运行记录单元(DRU)、轨道电路信息接收天线、应答器信息接收天线等组成。为了安装方便，车载 ATP 系统将上述的一些主要功能模块集成在一个主机柜内，其他一些外围设备，如轨道电路信息接收天线、应答器信息接收天线，通过列车电缆与主机柜相连。下面简要介绍主要模块的功能。

1. 安全计算机

安全计算机是 ATP 装置的核心部分，负责从 ATP 各个模块搜集信息，依据轨道电路信息、列车制动力、线路坡度、列车运行速度和列车编组等信息，按照列车牵引计算模型的要求，生成制动模式曲线并把列车运行速度与模式曲线相比较，必要时通过故障安全电路向列车输出制动信息，控制列车安全运行。

车载 ATP 系统采取 3 取 2 安全结构，即安全计算机的 3 路主 CPU 模块分别获取来自速度模块的速度信号，以及相应的轨道电路信息和应答器信息，分别对其进行计算，计算结果分别送到检查器功能模块，比较后输出相同的两路，控制列车运行。如果检查器功能模块经过比较后，3 路数据都不相同，则通知系统，有故障发生，系统将进行相关的故障处理，以保证列车控制的安全性和设备的冗余性，如图 6－3 所示。

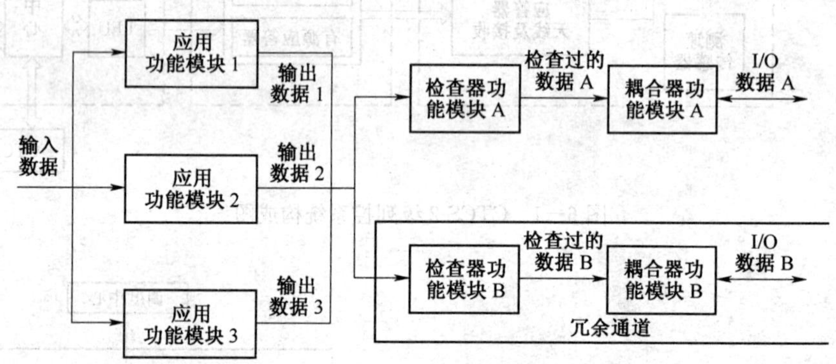

图 6－3　安全计算机内部组成框图

2. 轨道电路信息接收模块

轨道电路信息接收模块，简称 STM，该单元通过 STM 天线接收轨道电路信号，解调轨道电路上传的信号信息，并将解调的信息传递给安全计算机，为安全计算机生成制动模式曲线提供依据。STM 可以接收最多 16 种载频，包括国产移频以及 ZPW-2000（UM）系列轨道电路信息。

STM 可根据应答器信息、轨道电路载频锁定信息、司机操作锁定可接收的载频，以防止邻线干扰。

为提高系统的可靠性和安全性，STM 采用 2×2 取 2 结构，即 STM 由功能完全相同的 2 个系统，每个 STM 系统与一个安全计算机配合，组成一系控制系统。两系 STM 完全独立工作。

3. 点式信息接收模块及其天线

点式信息接收模块，简称 BTM，通过 BTM 天线，接收来自地面应答器线路数据，校核后传输至车载安全计算机，为车载安全计算机生成制动曲线提供数据。来自应答器的数据包括线路参数信息、进路信息、临时限速信息以及级间切换等信息。

应答器和车载设备之间的数据传输通过磁场耦合完成。BTM 天线向地面发送

27.095 MHz的载波，为地面应答器提供产生能量的磁场。当BTM天线接近应答器时，应答器天线环感应到能量，通过电磁耦合转换成电能，应答器被激活，发出携带应答器报文、载频为4.234 MHz的上行链路信号，BTM通过天线接收该信号，经过内部的解调和译码功能模块，形成无差错的应答器报文，通过串行接口，向安全计算机提供应答器信息。此外，根据应答器技术规范，上行链路信号是一种相位连续的FSK调制信号，中心频率为4.234 MHz±200 kHz，调制频偏为(282.24±14.11) kHz，调制速率为(564.48±14.11) kbit/s，调制信号为BCH编码的应答器报文。

4. 测速模块

测速模块由速度传感器、测量通道和测速测距板构成。速度传感器为ATP系统提供列车运行的实际速度。速度传感器为6通道，为双冗余结构，即一套系统有2个速度传感器，分别安装于两个不同转向架的2轴端，同时每个速度传感器的每2个通道的信息分别传送到一块测速测距板。共有3块测速测距板，与对应的3个安全计算机共同形成3取2的安全计算机系统，确保系统的安全运行。测速该模块除了进行正常的列车速度、加速度、走行距离的检测外，还具有防滑和防空转功能。

5. 人机界面

人机界面，简称DMI，提供车载子系统与司机之间的接口，DMI通过RS-422串行接口与ATP主机通信，获取主机的实时信息，通过声音、图像等方式将ATP系统的状态通知司机，同时司机可通过DMI的功能键进行参数设置和功能选择，确定后发送给主机，主机进行相应的控制。

DMI的显示界面采用文字和图形相结合的方式分区显示不同的信息，主要显示的信息有：制动介入报警时间、日标距离、速度表和指针、模式信息、等级信息、制动状态信息、速度/距离图标(机车信号区域)、文本信息区(功能信息和维护信息)、制动控制模式(人控/机控)、实际时间、任务号等。下图是DMI在CTCS-2级时的典型界面—完全监督模式下的目标速度监视。

6. 制动接口单元

制动接口单元，简称RLU，核对车载安全计算机各系统输出的制动指令，对两套车载安全计算机输出的制动指令进行“或”操作后，作为系统的最终输出。当各系统制动指令输出不相同时，选择输出大制动力的进行输出。

双系统中单系统故障时，该系统的常用、紧急输出短路，制动接口单元不再核对双系统的输出。此时，正常系统的制动指令输出将作为系统的最终输出。两系统均故障时，则认为系统停机，最终输出紧急制动。

系统除向列车输出制动指令外，还检测列车的状态、司机牵引手柄位置以及与LKJ系统之间的逻辑转换等，这些功能都由I/O接口与系统相连。

CTCS-3级车载ATP系统的设备组成与CTCS-2级类似，主要是增加了与GSMR-C相关的设备与对应的接口。

由此可见,ATP系统接收的输入信号主要有三类:一为来自STM的轨道信号,二为来自BTM的点式应答器信息,三为来自速度传感器及测速雷达的列车速度信号。由于这三类输入信号均为弱信号,来自动车组系统内或其他的电磁骚扰源可能影响这三类敏感回路。而在复杂的车内电磁环境下,ATP系统能否经受工作条件的考验,是一个非常值得关注的问题,其能否正常、安全、稳定地工作更是关系到整个铁路的安全运行的大事。

第二节　机车和车辆电磁环境

机车和车辆的电磁环境非常复杂,要理解机车和车辆的电磁环境,必须理解电磁骚扰机理。

一、机车和车辆骚扰机理

任何陡峭的、尖角的或持续时间很短的非正弦电流或电压,都能产生宽带电磁骚扰。电气化铁道作为一个用电系统也和其他用电设备一样,会产生电磁骚扰。

首先,电力机车的牵引电流很强,可以达到1 000 A左右。牵引电流通过的环路也很大,该环路为牵引变电所——接触网——受电弓——机车——钢轨和大地——牵引变电所,这个庞大的电流环路在接触网附近产生很强的磁场。由于电流是交变的,交变的磁场又产生交变的电场,电场、磁场互相变换,最后以电磁场的形式向远处传播。处于这些电场、磁场或电磁场中的各种天线、传输电缆和设备就会由于电感性(磁场)耦合和电容性(电场)耦合产生感应电压和感应电流,从而可能影响车内外设备的正常工作。此外,电气化铁道虽然是交流单相50 Hz供电,但是牵引电流却不是单纯的50 Hz正弦波,而是包括丰富的谐波和高频成分的复杂波形。电力机车内部包括大量的电力电子器件,是一个完整的机电一体化系统。交流单相50 Hz电压要经过这些电力电子器件组成的变流装置多次变换以后才能产生合适的电压,提供给牵引电机、励磁系统、控制系统及各种辅助系统使用。这些电压变换都是非线性变换,因此牵引电流波形严重失真,包含丰富的谐波成分(以奇次谐波为主)。牵引电流中的高频成分来源于电流中的脉冲。机车内的各种开关操作、电流通断、升降受电弓、受电弓与接触网之间的火花放电(尤以机车通过接触网的分相绝缘时最甚)等都会在牵引电流中产生脉冲。如果接触网发生短路故障,例如电力机车主断灭弧室的瓷瓶爆裂,则牵引回路中会产生很强的瞬间电流脉冲。根据理论分析,脉冲波形包含从低频到高频的很宽的频率成分,脉冲越窄包含的高频成分越多,这些频率可以高达几百兆赫兹(MHz),这就是为什么电气化铁道的电磁场耦合非但能够干扰低频设备,而且能干扰高频设备。

电力机车本身产生的电磁骚扰主要就是上述机车内部电力电子器件,以及空调等大功率

设备产生的。此外，随着机车电台、GSM-R 等无线通信设备在机车上的广泛应用，也必须考虑通信设备对外的电磁骚扰以及通信系统之间的干扰。例如机车电台的工作频率为 450 MHz 频段，其二次谐波如果很强，则可能干扰 GSM-R 系统的正常工作。

射频频段的骚扰源，最重要的是受电弓在接触网导线上滑动所产生的无线电噪声。大致分为三部分。

A:电平相对稳定的连续噪声。在低速与启动时表现比较明显，一般认为这部分是由于受电弓滑板与接触网导线之间接触电阻变化引起的。

B:由弓网分离开的一系列脉冲产生的连续放电噪声。该脉冲系列的出现是随机的。这类噪声是在一般正常运行速度下产生的。

C:叠加在上述一般噪声电平上的随机产生的孤立脉冲，其幅度很高，动态范围很宽。

对于交流电气化铁道受电弓离线产生电磁脉冲骚扰的过程说明如下：

在列车运行时，火花放电并不是单次出现的。当受电弓与接触线分离，空气间隙的端电压随着接触网工频电压变化到达击穿电压时，发生火花放电；继而形成电弧构成低阻电流通路。当该工频电流减小至零点附近时，电弧熄灭，受电弓与接触线之间恢复高阻状态；然后空气间隙的端电压再次达到击穿电压，重复上面所描述的现象，直到受电弓与接触线恢复良好电接触为止。图 6—4 是弓网分离期间在回流线上测到电流变化情况，可以清晰地看到在电压过零点两侧发生的断流、气隙击穿时的脉冲和起弧后的大电流现象。

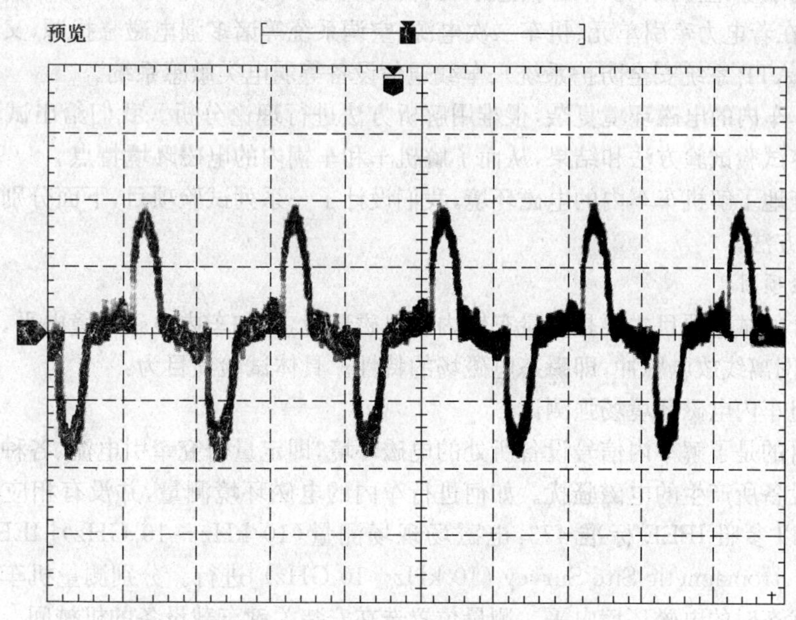

图 6—4　离线期间的典型电流波形

首个火花脉冲的产生时刻与受电弓离线时的弓网间电压条件有关:如果离线时刻发生在弓网间电压高于空气间隙的击穿电压之时,则首次放电即刻发生;如果该时刻弓网间电压不足以击穿空气间隙,则弓网间出现短暂的断流,然后在达到击穿电压的时刻发生首次放电。

在受电弓离线的持续期间,火花脉冲的重复发生频率和工频电压过零点的出现频率近似相同,即约 100 Hz。

车载信号设备接收电磁骚扰的主要途径是电源端口、天线端口和电缆。机车辅助电力单元输出的电源可能含有各种谐波分量,通过电源端口,进入设备;而天线端口在接收信号时也会同时接收骚扰信号;而车载信号设备的信号电缆众多,电缆耦合则是电磁骚扰的重要耦合途径。例如,BTM 天线安装于车底,发射的 27 MHz 载频信号遍布车底附近空间,周围的信号电缆上均可测量到明显的 27 MHz 的耦合骚扰信号。

二、机车和车辆电磁环境分析

目前已广泛采用的动力分散式电动车组,其特点是把牵引动力分散到全列车地板下,增加客席,列车黏着性能好,启动制停快。但由于动力设备分散,电气设备的数量与总重也随之增大,加之车下空间有限,设备密度大,线缆密集,例如 CRH_2 型动车组的电缆总数近十万根。在动车组上电气电子设备组成复杂、强电与弱电系统共存,从工作电压等级角度可以分为高压设备、中压设备和低压设备;从功能分系统角度分类则可分为高压系统、牵引系统、制动系统、列车网络控制系统、空调系统、乘客信息系统、辅助供电系统等分系统。在动车组上复杂的电磁环境中,存在着电力牵引单元、机车二次电源、空调系统等诸多强电磁骚扰源,又有车载列控设备(主要指 ATP 系统安全防护系统)、车载通信设备等弱电类敏感系统。

由于机车车内的电磁环境复杂,很难用解析方法进行理论分析。我们给出试验线上车辆内的电磁兼容试验试验方法和结果,从而了解机车和车辆内的电磁环境特点。

为了系统地了解机车车内的电磁环境,我们设计了一系列试验项目,下面分别介绍这些试验项目、测量方法。

(一)试验项目

我们设计的试验项目主要是测量车辆内的电磁环境,例如车内电磁环境电平,即稳态电磁场的特性;弓网离线放电脉冲,即瞬态电磁场的特性。具体试验项目为:

1. 动车组车内电磁环境场强测试

试验的目的是了解车内信号设备所处的电磁环境,即定量研究牵引电流、各种电力电子开关以及车内设备所产生的电磁骚扰。如何进行车内的电磁环境测量,并没有相应的铁路标准作出规定,可以参照 IEEE 标准 473:电磁场现场测量(10 kHz～10 GHz)[IEEE Standard 473:1985 Electromagnetic Site Survey (10 kHz～10 GHz)]进行。分别测量机车在上电待机状态和运行状态时的电磁环境电平。测量位置选在安装关键车载设备的机械间。测量频段包括车载列控及信号设备的工作频段,以及 GSM-R 等无线通信系统的工作频段。为覆盖完整

的频率范围，需要使用不同类型的天线。

2. 弓网离线放电脉冲的测量

弓网离线放电是电气化铁道主要的射频骚扰源，一般情况下是在车外距离轨道中心 10 m 或 30 m 处进行测量，但是很少在车内测量。我们采用电场近场探头和高性能的数字荧光示波器，设计了车内试验，目的是定量分析弓网离线放电产生的脉冲电磁骚扰分布，以及对车内电磁环境的影响。该项试验为非标试验。

（二）试验仪器

测量车内电磁环境电平所需仪器设备见表 6—1。

表 6—1　测量动车组车内电磁环境电平所需仪器设备

仪表名称	型　号	性　能	数　量
频谱分析仪	Agilent E7404	9 kHz～13.2 GHz	1
有源环天线	EMCO 6507	1 kHz～30 MHz	1
双锥天线	EMCO 3104C	30 MHz～200 MHz	1
对数周期天线	EMCO 3148	200 MHz～2 GHz	1

测量频段从 9 kHz～2 GHz，需要使用多个天线。其中，有源环天线是磁场天线，双锥和对数周期天线是电场天线。使用频谱分析仪进行扫频测量。

测量弓网离线放电项目所需仪器设备见表 6—2。

表 6—2　测量弓网离线放电所需仪器设备

仪表名称	型　号	性　能	数　量
数字荧光示波器	Tektronix DPO7354	3.5 GHz 带宽，50 GS/s 采样率	1
电场探头	EMCO 7405：904B	30 MHz～3 GHz	1

电场探头是宽带近场电场探头，数字荧光示波器具备 50 GS/s 的高采样率、高达 3.5 GHz 的模拟带宽，可以完整记录弓网离线脉冲数据。

（三）试验步骤

1. 动车组车内电磁环境场强测试

具体的试验步骤如下：

- 对于 9 kHz～30 MHz 频段，采用有源环天线测量。天线环平面始终垂直于轨道面（即车厢地面），按天线环平面垂直于设备面（平行于轨线）下测量，天线相位中心距离车厢地面 1 m，距离设备面 1 m，如图 6—5 所示。
- 对于 30 MHz～200 MHz 频段，采用双锥天线测量。天线分为垂直极化和平行极化两种情况测量，且天线对准设备面，天线相位中心距离车厢地面 1 m，距离设备面 1 m，如图 6—6 所示。

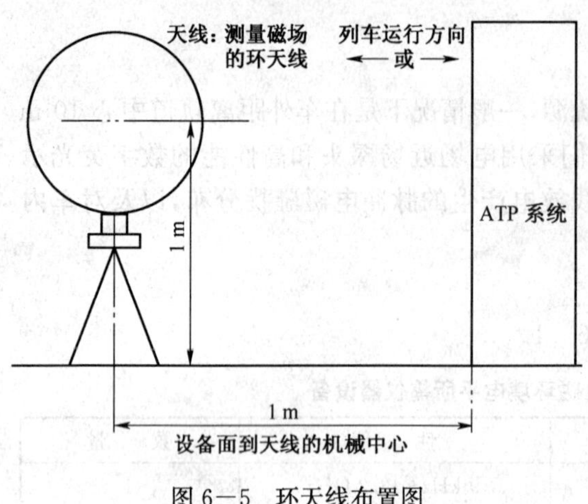

图 6—5 环天线布置图

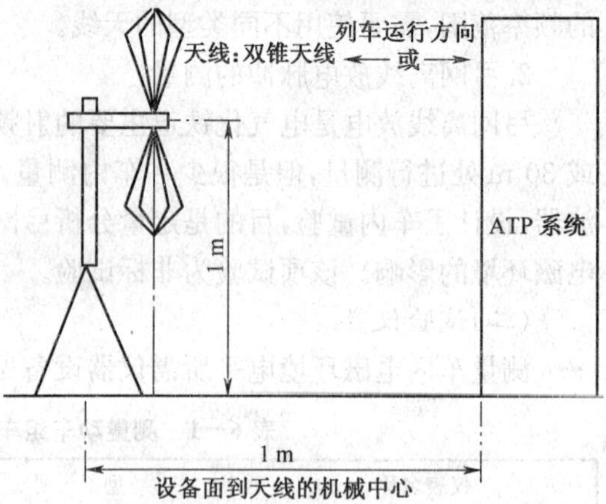

图 6—6 双锥天线布置图

- 对于 200 MHz～2 GHz 频段，采用对数周期天线测量。天线分为垂直极化和平行极化两种情况测量，且天线对准设备面，天线相位中心距离车厢地面 1 m，距离设备面 1 m，如图 6—7 所示。

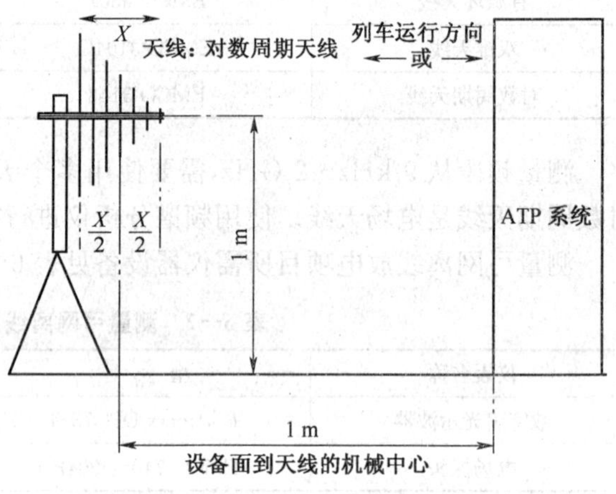

图 6—7 对数周期天线布置图

- 对于每个测量频段，为频谱分析仪设置适当的分辨率带宽、参考电平，并设置为峰值最大保持模式，其中 9 kHz～150 kHz，频谱分析仪的分辨率带宽设置为 200 Hz；150 kHz～30 MHz，分辨率带宽设置为 9 kHz；30 MHz～200 MHz，分辨率带宽设置为 120 kHz；200 MHz～2 GHz，分辨率带宽设置为 120 kHz；为得到列车不同工况下的数据，每隔 20 s 刷新一次测量数据，总的测量时间为列车单程时间。
- 将测量数据存储到计算机，并记录测量时列车的运行状态。

2. 弓网离线放电脉冲的测量

我们采用高速大带宽数字荧光示波器，捕捉完整的放电脉冲，然后应用快速傅立叶变换(FFT)得到整个频谱分布，弓网离线放电脉冲测量的试验步骤如下：

- 选择适当的试验地点。试验地点位于弓网所在车厢，电场探头固定在 1 号位的车窗上。
- 示波器的输入阻抗设置为 50 Ω。
- 为示波器设置适当的触发电平，设置连续触发模式，捕捉弓网离线放电的脉冲串。
- 将示波器测量结果存储到示波器内，并记录测量时列车的运行状态。

（四）试验数据处理方法

通过仪器直接得到电磁环境空间场强的频谱测量数据为端口电压，单位为 dBμV。

对于 30 MHz～2 GHz，试验点的电场场强通过下面的公式获得：

电场场强（dB/m）＝频谱分析仪端口电压（dB）＋同轴电缆损耗（dB）＋天线系数（dB/m）

双锥天线的天线系数如图 6－8 所示。

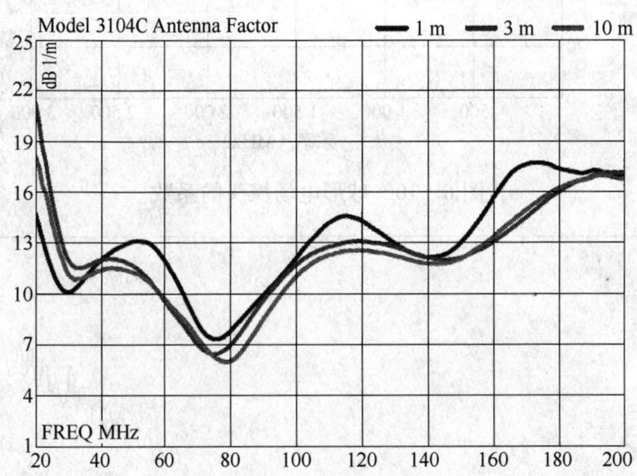

图 6－8　双锥天线的天线系数（本次试验适用 1 m 的系数）

对数周期天线的天线系数如图 6－9 所示。

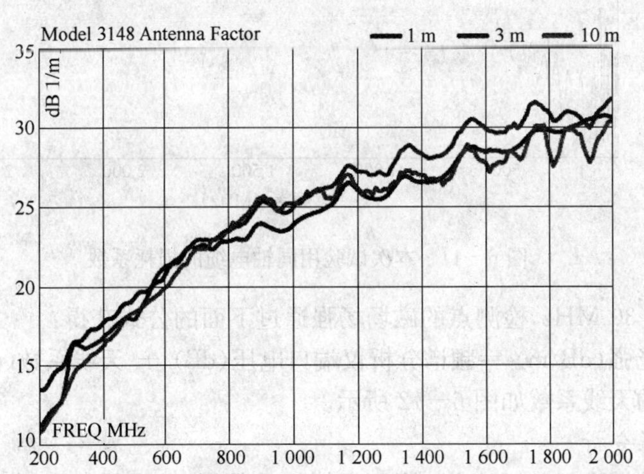

图 6－9　对数周期天线的天线系数（本次试验适用 1 m 的系数）

测量弓网离线放电脉冲的电场探头的系数如图 6－10 所示。

本次试验用的电缆的衰减系数如图 6－11 所示。

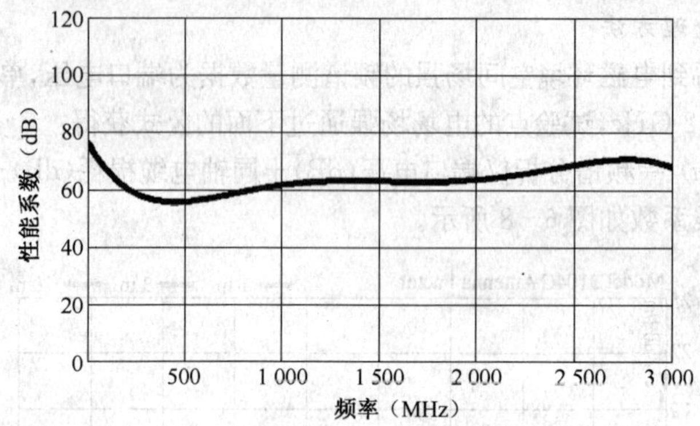

图 6—10　球形电场探头的系数

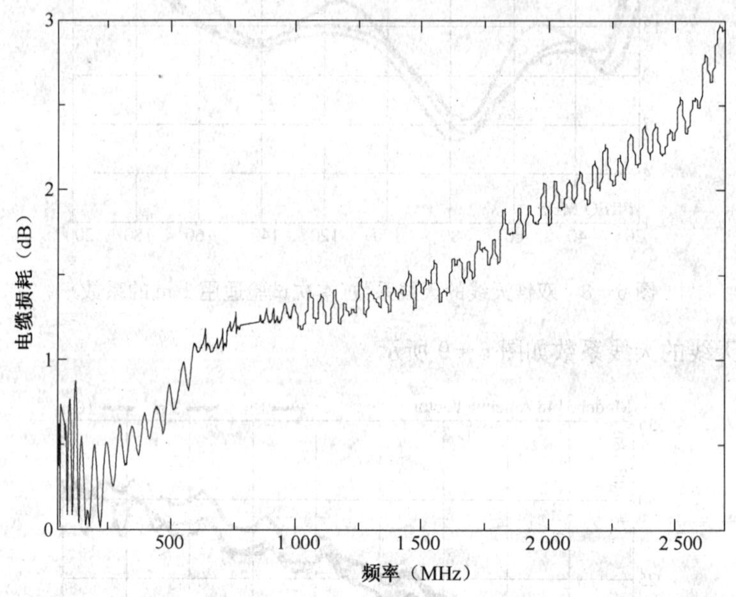

图 6—11　本次试验用同轴电缆的损耗系数

对于 9 kHz～30 MHz，检测点的磁场场强通过下面的公式获得：

磁场场强(dB/m) ＝频谱分析仪端口电压(dB) ＋ 天线系数(dB S/m)

有源环天线的天线系数如图 6—12 所示。

(五)试验结果分析

下面对试验数据进行分析。由于全程根据记录数据，数据量极大，为便于数据分析，对于频谱分析仪的测量数据，将每个频段的每个天线极化模式下的测量曲线或电缆上测量曲线，做最大保持处理，即每个频点取所有测量曲线中的对应的最大测量值，生成 1 条检测数据的最大值曲线，等效于在总的测量时间内，对频谱分析仪设置了最大保持模式。这样，便于分析车辆

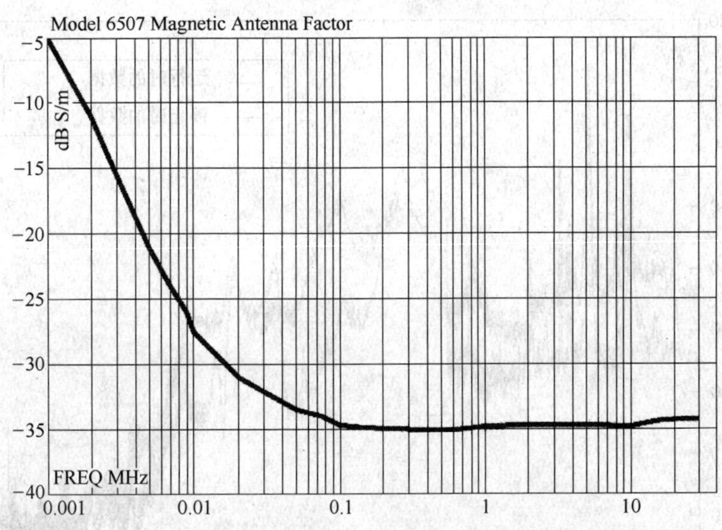

图 6－12　有源环天线的磁场天线系数

内总的电磁骚扰情况。

1. 动车组设备间电磁环境的测量数据分析

(1)9 kHz～30 MHz 频段空间磁场的测量数据分析

应用环天线测量的空间磁场的试验频段为:9 kHz ～ 30 MHz,如图 6－13 所示。分为 2 个频段测量,其中 9 kHz～150 kHz,频谱分析仪的分辨率带宽设置为 200 Hz;150 kHz～30 MHz,分辨率带宽设置为 9 kHz。

空间磁场的骚扰频率在 4 MHz 以下,磁场强度的最大值超过了 70 dBμA/m。这些电磁骚扰主要是列车的牵引电流引起的,随着列车运行速度的提高,牵引电流也随之加大,伴随着不平衡电流的加剧。不平衡电流是影响轨道电路正常工作的一个主要原因,它所含有的高次谐波成分,通过各种耦合方式,既可能是共地线耦合、线间串扰等方式,也有可能是空间辐射被天线或电缆接收而窜入设备。在 27 MHz 频点的电磁骚扰,应是 BTM 的载波信号产生的骚扰。

(2)30 MHz～2 GHz 频段空间电场的测量数据分析

30 MHz～2 GHz 频段空间电场的测量分别应用双锥天线和对数周期天线实现。因此分为 2 个频段测量,其中 30 MHz～200 MHz,频谱分析仪的分辨率带宽设置为 120 kHz;200 MHz～2 GHz,分辨率带宽设置为 120 kHz。图 6－14、图 6－15 给出天线水平极化时的测量结果,天线垂直极化时的测量结果与之类似。

415 MHz 和 458 MHz 附近有较强的载波信号,该频率应为机车电台的模拟信号电台的工作频率。该场强较大,最大值的场强超过了 130 dBμV/m,但如果电台的发射功率未超出批准的额定功率,应属于正常情况。在 860～960 MHz 频段内,有 GSM、GSMR 移动通信信号。列车运行时检测到的射频骚扰主要集中在 1 GHz 以下。

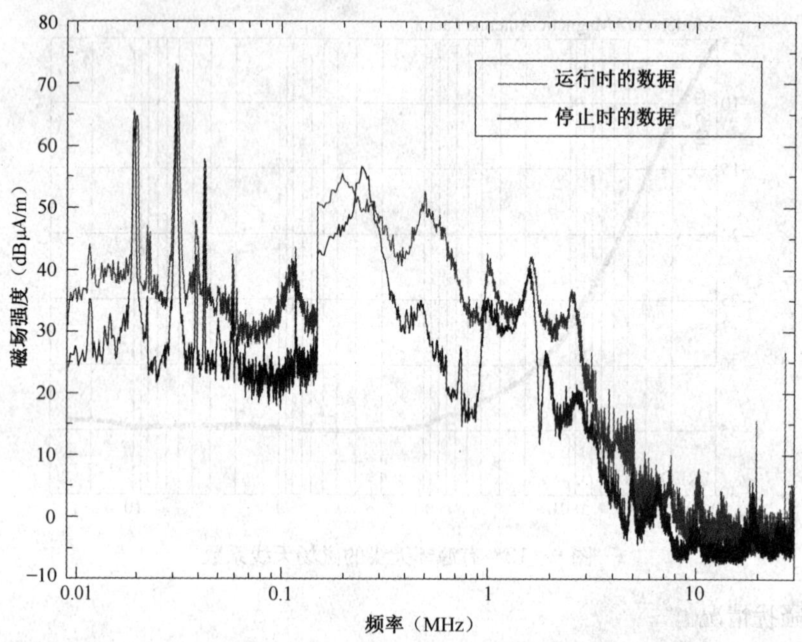

图 6－13　环天线垂直设备面测量的空间磁场强度(9 kHz ～ 30 MHz 最大化保持处理)

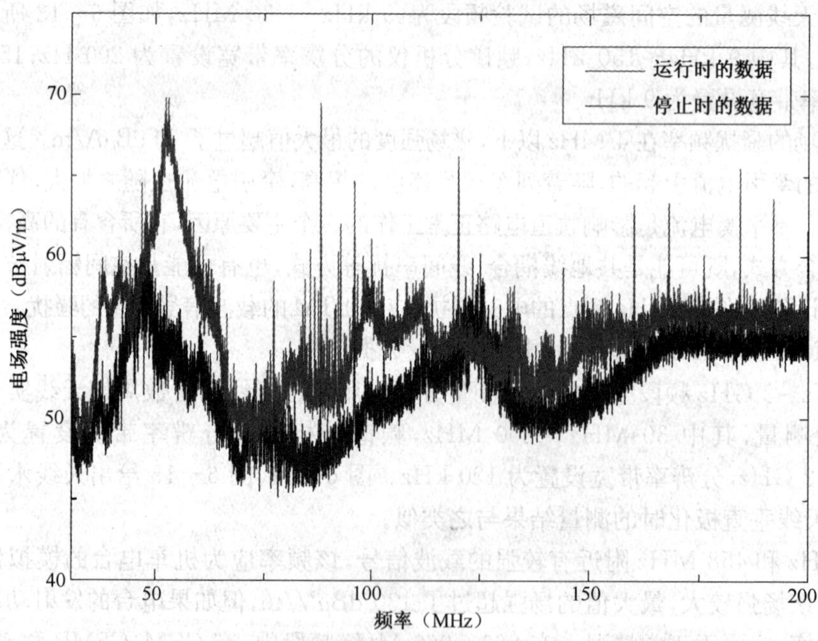

图 6－14　30～200 MHz 电场强度测量结果(天线水平极化,最大化保持处理)

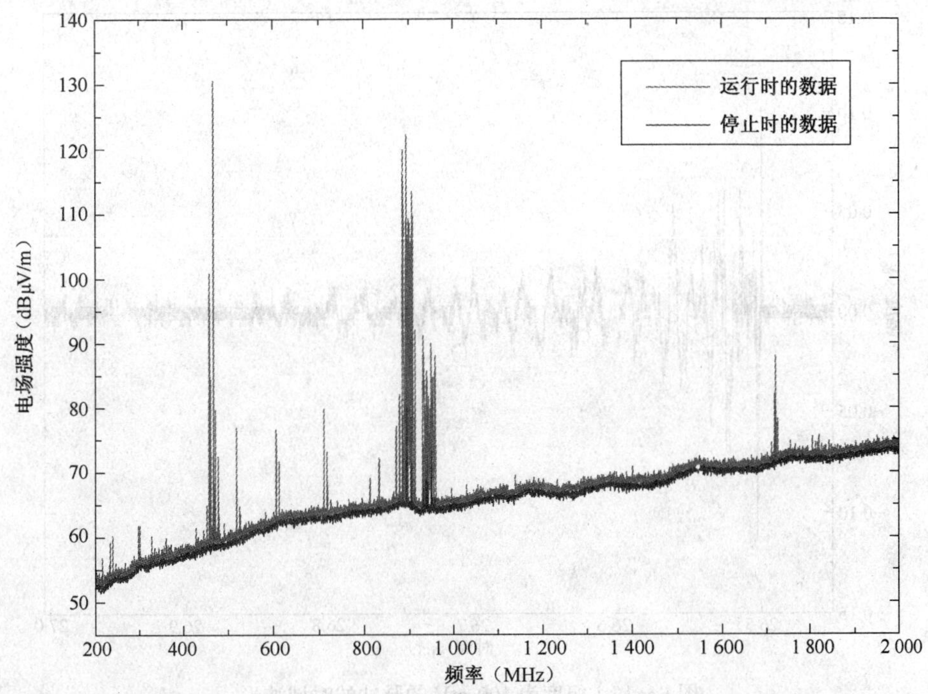

图 6－15　200MHz～2 GHz 电场强度测量结果(天线水平极化,最大化保持处理)

对比第三章的图 3－4 和图 3－5,即车外 10 m 处测量的电气化铁道的对外发射结果,虽然试验地点不同,车内、车外测试环境也不同,但均反映了电气化铁道的骚扰特性。

2. 弓网离线放电脉冲电磁骚扰的试验数据分析

试验检测到的离线脉冲,幅度为 100 mV 的脉冲频繁,幅度为 300 mV 以上的脉冲相对较少,幅度为 500 mV 以上的脉冲相对很少。下面给出典型脉冲的测量结果。

脉冲幅度为 100 mV 左右的典型脉冲及其频谱分布如图 6－16 至图 6－18 所示。

脉冲幅度为 300 mV 左右的典型脉冲及其频谱分布如图 6－19 至图 6－21 所示。

脉冲幅度为 500 mV 左右的典型脉冲及其频谱分布如图 6－22 至图 6－24 所示。

脉冲的持续时间均很短,在 1 μs 之内。然后应用 FFT 变换到频率,得到端口电压的频率数据,分辨率带宽为 120 kHz,再根据电场探头系数和电缆损耗系数得到探头处的电场场强。分析 1 GHz 以内的频谱,可以看出弓网离线放电产生的射频骚扰主要集中在 600 MHz 之内,之后的频谱强度基本上已低于示波器的底噪,但是对于幅度高达 500 mV 及以上的强脉冲信号,在 1 GHz 频率之内均测量到明显的射频辐射骚扰所示。

图 6－25 是测量到的离线事件的连续脉冲放电,脉冲间隔为 10 ms,即放电频率为 100 Hz。以前我们通过理论分析和仿真研究,预测弓网离线放电的频率为 100 Hz,这次首次通过试验方式验证了该结论。

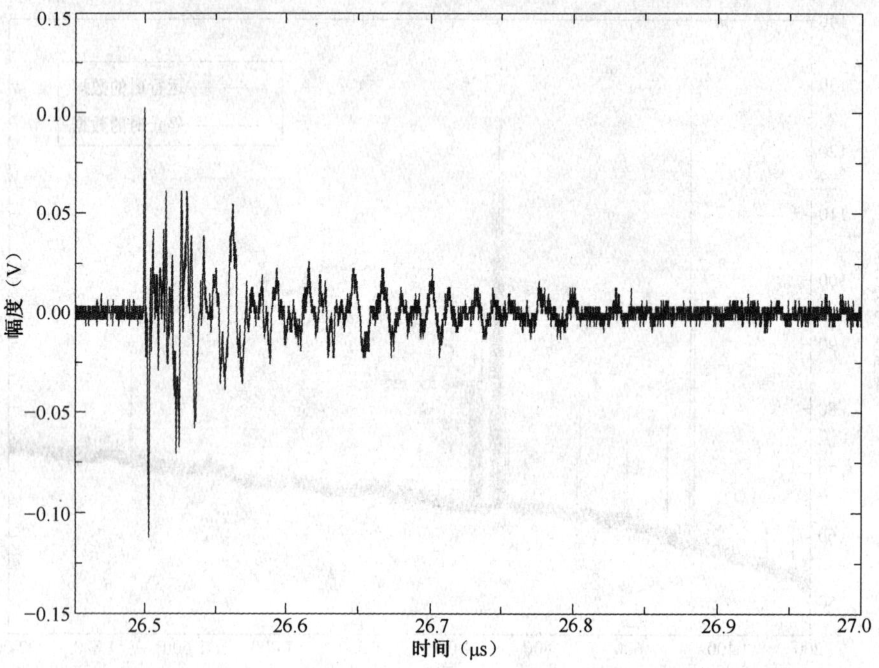

图 6－16　幅度为 100 mV 的脉冲的时域波形

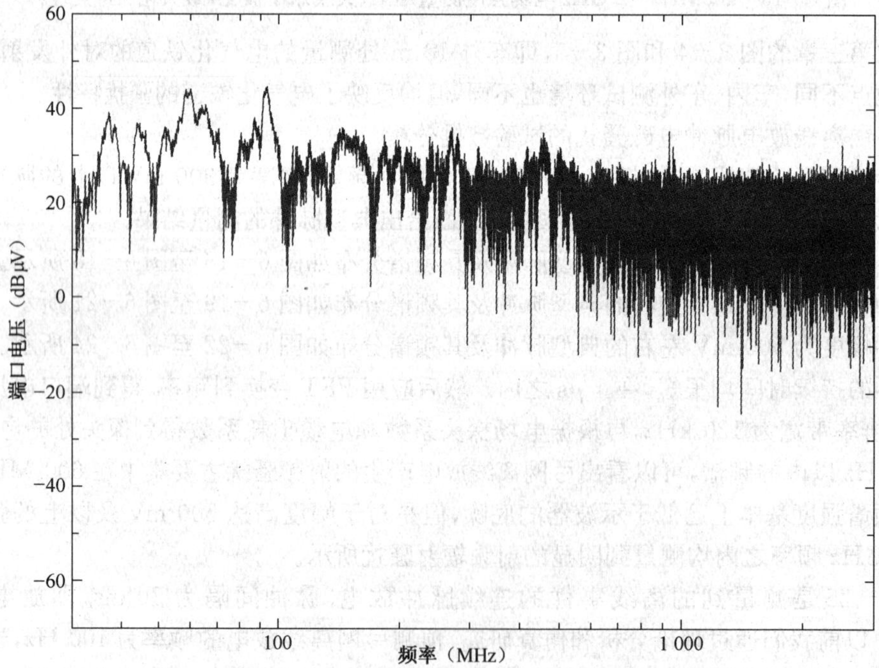

图 6－17　幅度为 100 mV 的脉冲的频域波形

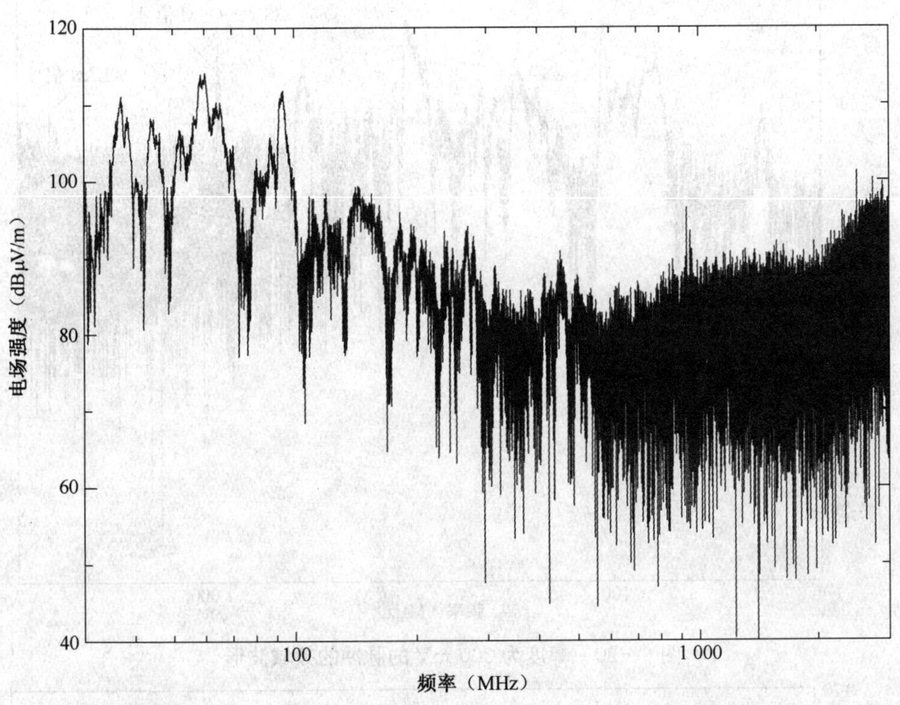

图 6—18　幅度为 100 mV 的脉冲的电磁骚扰的电场场强

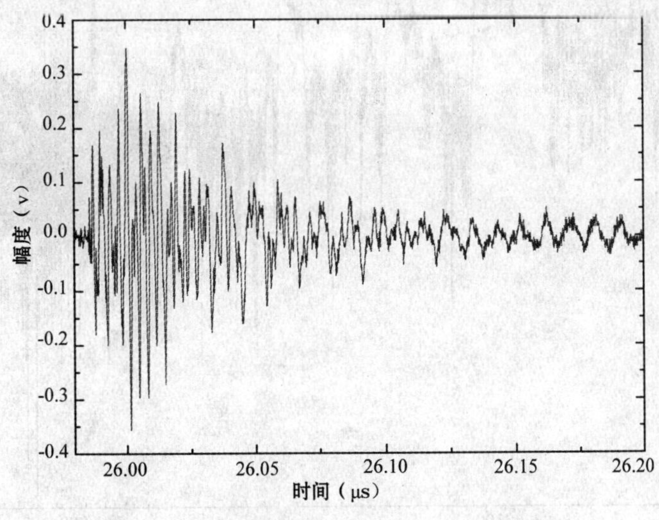

图 6—19　幅度为 300 mV 的脉冲的时域波形

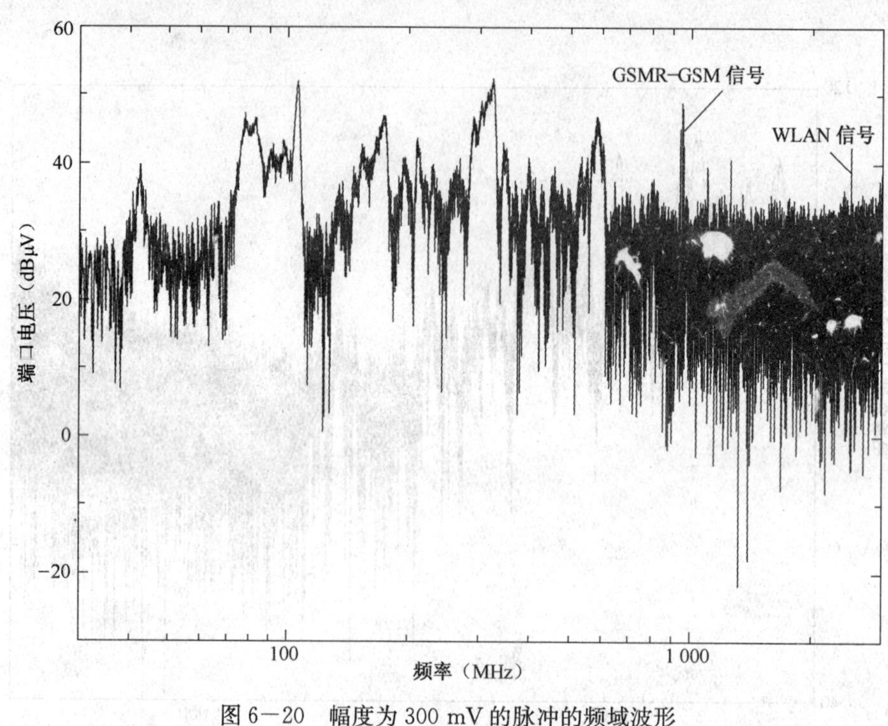

图 6－20　幅度为 300 mV 的脉冲的频域波形

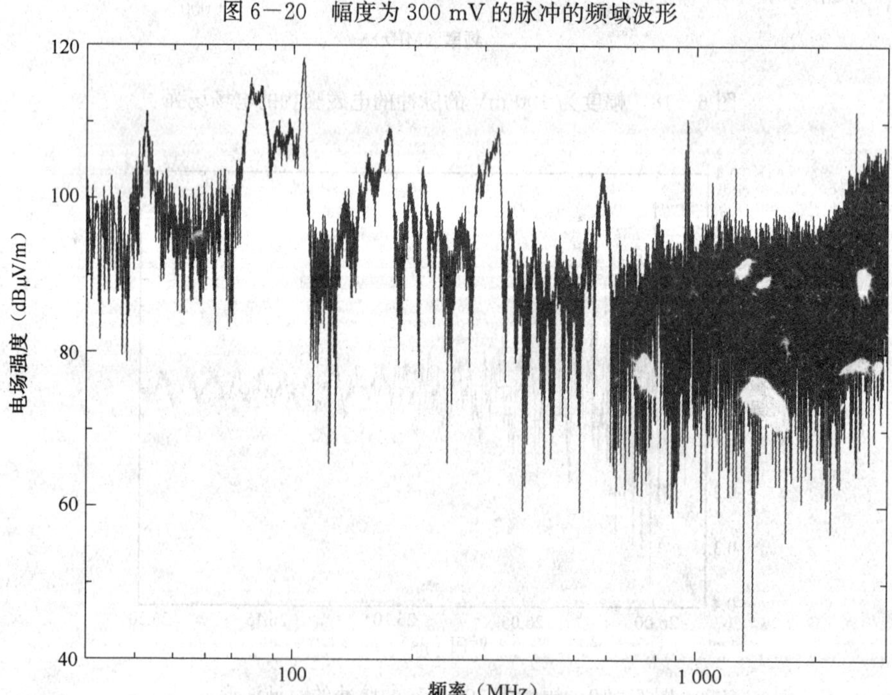

图 6－21　幅度为 300 mV 的脉冲的电磁骚扰的电场场强

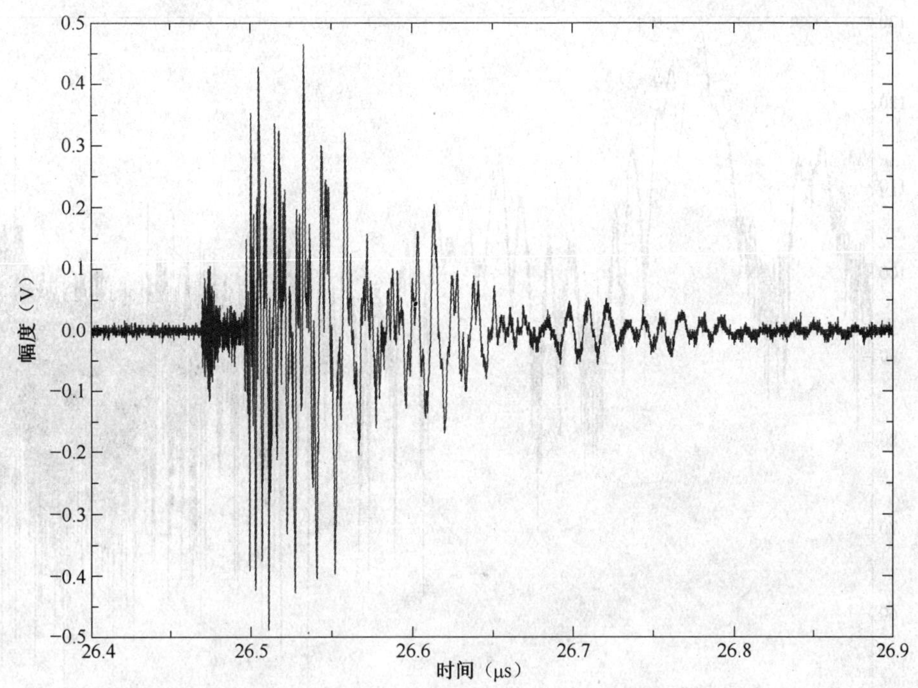

图 6－22　幅度为 500 mV 的脉冲的时域波形

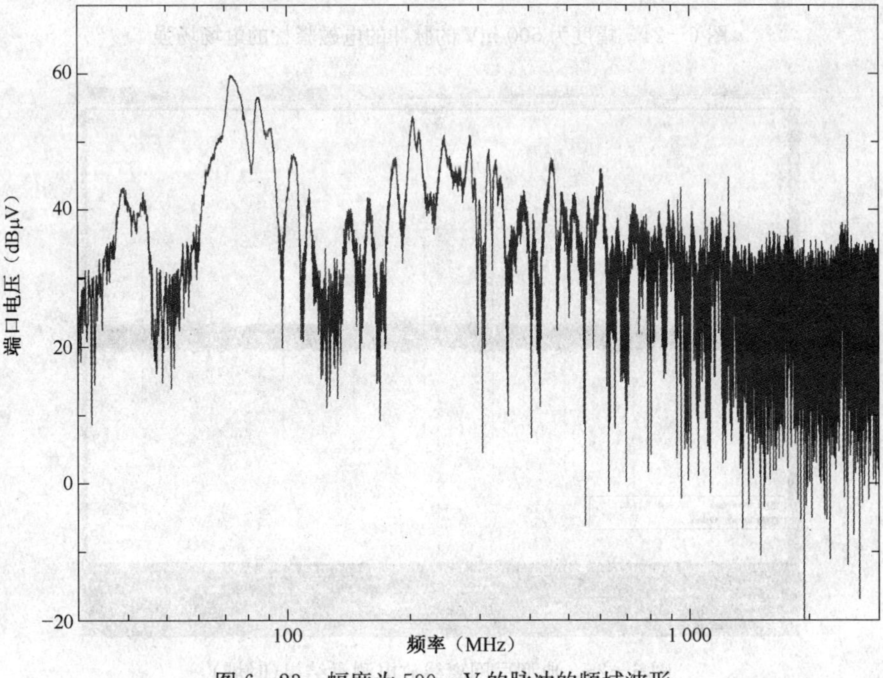

图 6－23　幅度为 500 mV 的脉冲的频域波形

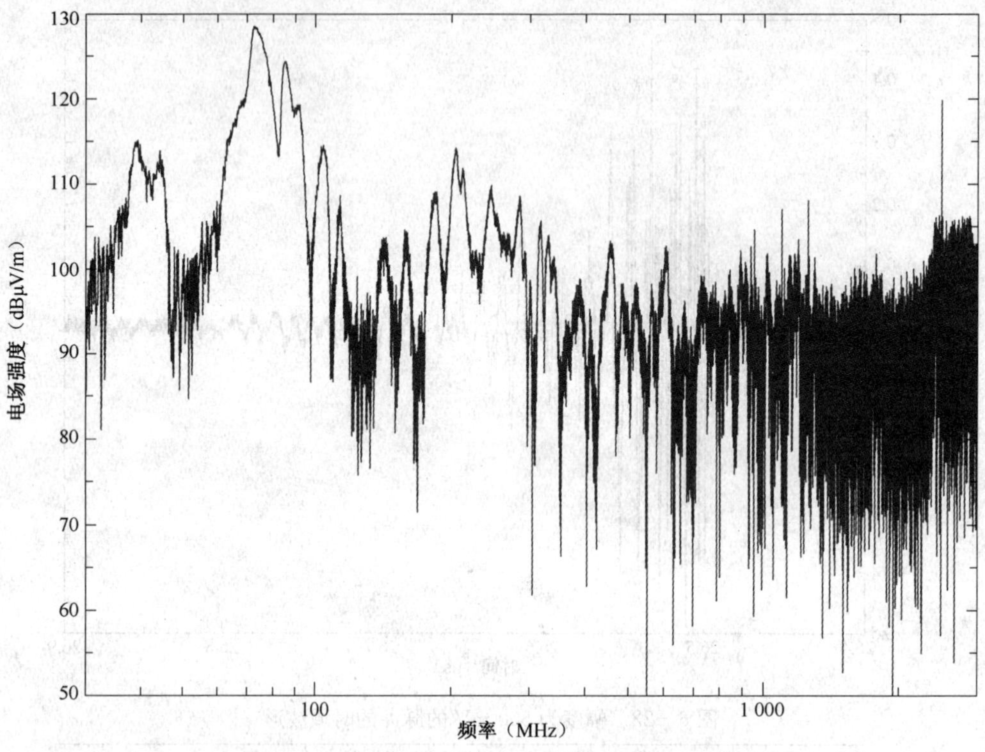

图 6－24　幅度为 500 mV 的脉冲的电磁骚扰的电场场强

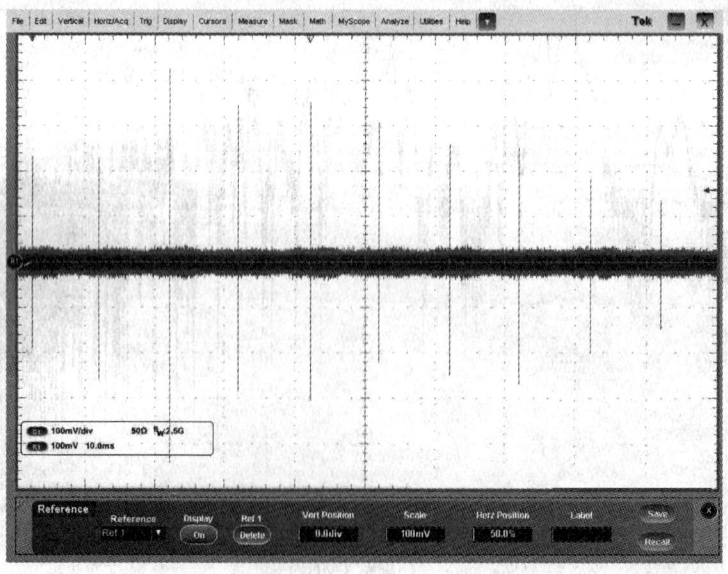

图 6－25　典型弓网离线放电测量结果(时域)

第三节　车载信号设备电磁兼容技术

通过上一节的试验情况介绍，可以了解到机车和车辆内的电磁环境很复杂，车载信号设备，尤其是ATP系统能否经受各种电磁骚扰的考验，是一个非常值得关注的重大事项，其能否正常、安全、稳定地工作更是关系到整个铁路的安全运行的大事。从动车组试验运行情况来看，ATP系统都出现过一定程度的故障，如ATP系统DMI显示单元的黑屏、死机等故障，由于ATP的BTM单元丢失应答器信息故障而导致CTCS-2系统降级，速度传感器导致的ATP系统故障等等。上述这些故障，或者直接由于电磁干扰引起，或者与电磁兼容性设计有关。我们主要分析如何提高车载信号设备抗扰度能力的电磁兼容措施。

对于车载信号设备的电磁兼容措施，不仅仅要考虑设备本身的抗扰度问题，还必须从骚扰源、耦合途径和敏感设备这电磁兼容三要素出发，全盘考虑。这里，对于骚扰源，我们要考虑到机车的整车的电磁兼容性；对于敏感设备，我们要考虑信号设备的电磁兼容性；对于耦合途径，我们要考虑电缆的合理布线和接地。

(1)机车的电磁兼容性

如果机车具备良好的电磁兼容性，那么就可以降低骚扰的强度，改善车载信号设备的电磁环境。为此，车辆电气设备的一般电磁兼容设计方案应遵守的基本标准为EN 50121-3-1、EN 50121-3-2。对于机车车辆，应由根据EN 50121-3-1进行车辆静态、慢速电磁兼容试验，以证明符合标准要求。

所有集成进车辆的设备都应符合EN 50121-3-2的要求。对于机车的大功率电力电子器件，如牵引、空调等强电系统，会产生大量的电磁噪声。这类噪声频率远远大于50 Hz工频，能量主要集中在数百千赫兹(kHz)到数兆赫兹(MHz)之间，功率电平随牵引工况而变化，且在车内各处均存在。由于对该类动力设备没有电磁骚扰发射水平的强制要求，对于这种例外的情况，应该进行综合电磁兼容测试或进行适当的电磁兼容分析和试验，证实设备的电磁兼容性。

(2)车载信号设备的电磁兼容性

为了达到车辆设备、车外设备的一般电磁兼容设计方案的要求，遵守的基本标准为EN 50121-3-2或TB/T 3034。所有设备，应根据标准进行电磁兼容试验，以证明符合标准要求。

一般情况下，设备符合相关电磁兼容标准就足以保障设备和地铁环境之间的兼容性。EN 50121-3-2和TB/T 3034的抗干扰等级是根据使设备在铁路环境下正常工作的目标来设定的。但是在特别情况下，仅符合电磁兼容标准可能还不足以确保特定设备和铁路环境之间的兼容性。事实上，对工作在标准频段以外的设备的发射和敏感性没有要求，这样就可能要进行特定的现场兼容性评估和对应的现场试验。

(3)电缆布线

由于铁路系统的电磁兼容问题很大一部分是通信系统、信号系统等弱电系统的电缆受到牵引、空调等强电系统的干扰而造成的，因此必须特别关注电缆布线问题。

下面给出电缆布线时应该考虑的重要电磁兼容原则。

①电缆的分类

电缆敷设时，所有电缆应根据表 6－3 至少分为三类电缆。

表 6－3 EMC 电缆类别

EMC 电缆类别	电 缆 功 能
A	供电电缆： 发动机电缆，制动电阻电缆，供热电缆，网侧滤波器(变流器端)的电缆，辅助设备供电电缆，内燃机起机电缆等
B	蓄电池线路，二进制控制线路等
C	信号发送器线路，天线，扬声器线路，数据总线线路等

②电缆预埋

任何可能的情况下不同类别的电缆都应该间隔敷设。理论上电缆或电缆束之间必要的距离取决于功率，频率成分，并行敷设的长度和辐射抗扰度。实际应用中，可根据表 6－4 来选择不同类别电缆之间的最小距离。

表 6－4 不同类别 EMC 电缆之间的最小距离

EMC 电缆类别	间隔距离(m)
A 和 B	0.1
A 和 C	0.2
B 和 C	0.1

电力电缆应尽可能远离信号、天线电缆，特别是远离天线端口，建议电力电缆安装在机车车辆的一个车位，信号、天线电缆安装在机车车辆的另一个车位。

在不同 EMC 类别的电缆交叉的情况下，可能不能满足表 6－4 规定的最小距离，电缆间应该互为直角。

在不同类别电缆之间的最小距离不能实现的情况下(特别是 A 类和 C 类电缆之间的距离)，应该电连接到机车地的金属管、金属板、金属电缆槽、整体屏蔽等，将电缆隔开。

③回流电缆

电路馈线和回流电缆的敷设距离应尽可能的近，特别是在电力电缆和信号电缆并存的情况下。在条件允许且可行的情况下，可使用绞合电缆或电缆芯线。

④导电结构的应用

安装电缆应尽可能接近导电的机车结构(通过电连接到机车车身的金属机车车身板、金属电缆槽、金属管等)，以最大限度利用抵消效应，该效应是由于金属表面的反射场可起到抵消电缆的场，从而减小电缆的发射场。

⑤屏蔽和接地

可以将A类电缆屏蔽以减少辐射，应该将C类电缆进行屏蔽以增强抗扰度。在预期存在高等级电磁骚扰的情况下，所有类别的电缆都应该进行屏蔽。

当屏蔽层接地的时候，应尽可能大面积接地(即低电抗连接)。当有其他切实可行方案的时候，不应该将屏蔽层连到单线并通过插针接到接地点上。

通常情况下，电缆屏蔽层应该尽可能地接地。

应制定的接地策略(接地方案)，确保屏蔽层接地点间的电压差产生的补偿电流或回路电流不会流过屏蔽层。

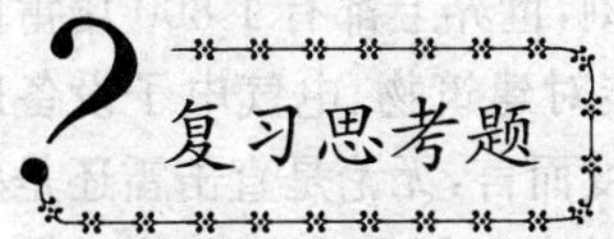

1. 简述ATP系统的主要模块及其功能。
2. 为什么说弓网离线脉冲放电是电气化铁路系统的主要射频骚扰源？
3. 简述弓网离线放电的过程？
4. 如何根据测量的频谱分析仪端口电压计算空间场强？
5. 根据电磁兼容三要素，简述BTM天线电缆受到干扰的过程。
6. 为实现车载信号设备的电磁兼容性，设备应符合什么标准？
7. 为什么电缆应分类布线并保持间隔？
8. 简述电缆屏蔽和接地的基本原则。
9. 归纳电缆布线的重要电磁兼容原则。

第七章

信号设备雷电防护和综合接地技术

雷电是一种非常常见的自然现象。据统计,在任何给定时刻,世界上都有 1 800 场雷雨正在发生,每秒大约有 100 次雷击。从安全的角度来讲,雷击可能对建筑物、电气电子设备以及人身造成危害,导致设备损坏以及人身伤亡。从电磁兼容的角度而言,无论是直击雷还是感应雷击,都会在电气电子设备的线路上产生过电压或过电流,并且在空间产生很强的瞬变电磁场,对设备产生冲击或干扰。

电气电子设备对雷击的防护,主要采取避雷措施和采用抗浪涌保护器件两种途径。应用防雷和电磁兼容综合设计,能够有效地避免和减少雷击对系统的影响。本章在分析雷电特性的基础上,根据铁路信号设备的特点,说明雷电综合防护技术,并介绍综合接地技术。

第一节 雷电对信号设备的影响

雷电对系统的危害大致分为两种:一种是直击雷危害,另一种是感应雷危害。

一、直 击 雷

雷电是一种剧烈的大气静电放电现象。这一放电过程会产生强烈的闪光和巨大的声音,即平常人们能感觉到的闪电和雷声。

雷云对地及雷云之间的迅猛放电称直击雷,前者称地闪,如图 7-1(a)所示,后者称云闪如图 7-1(b)所示,前者的危害性更大。大多数雷云是上层带正电荷,下层带负电荷,雷击后下层的负电荷放掉了,剩下上层的正电荷刚好补充地球上空的电离层。

当带正电荷的雷云和带负电荷的雷云离得较近时就会产生强烈的放电,这就是所谓的云闪直击雷。云闪的持续时间约 50～100 μs,电流可达 200～300 kA,闪电道的温度可达 20 000 ℃。

地闪直击雷的产生过程是:当雷云很低周围又没有异性电荷雷云时,就在地面的凸出物(野外的任何物,如人、建筑物等)上感应异性电荷,当此间的电场强度达到一定值时,就会击穿空气对此点放电,雷电流经此点泄放入大地。如果没有适当的避雷措施,铁路系统的架空接触网等很可能是直击雷的目标,这时电压可高达 5 000 kV,雷电流可高达数十千安(kA)。

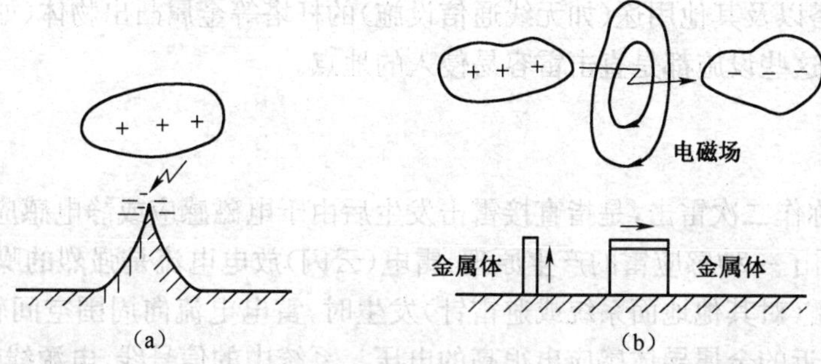

图 7－1　地闪和云闪

直击雷(雷云放电)的特性是:雷电流的峰值高(kA 级以上)、持续时间短(微秒级)。IEC(国际电工委员会)推荐的直接雷击雷电流波形如图 7－2 所示,直接雷击雷电流可认为是一个峰值为约 200 kA,持续时间为 μs 级的脉冲波。IEC 1312-1 对不同的建筑物提出了几种不同的直接雷击雷电流的特性参数,见表 7－1。

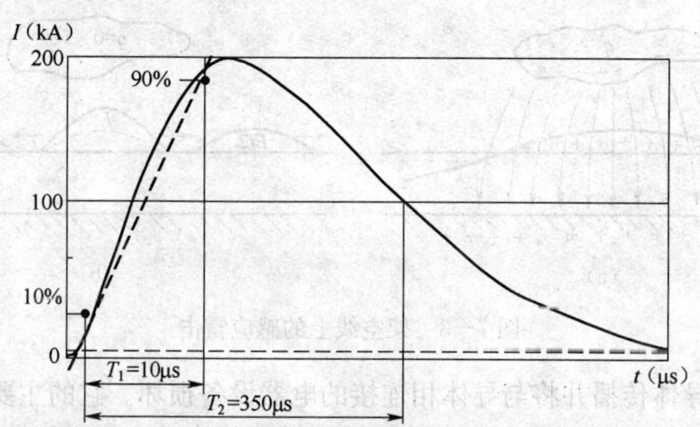

图 7－2　直击雷电流波形

表 7－1　直接雷击电性能参数

雷电流参数	保护级别		
	I	II	III、IV
I 峰值(kA)	200	150	100
T_1 波头时间(μs)	10	10	10
T_2 半值时间(μs)	350	350	350

对于一些易燃易爆的地方应取Ⅰ级,一般的企事业单位大楼应取Ⅱ级,一般的民房取Ⅲ—Ⅳ级。铁路系统的各类信号楼取Ⅱ级。

在铁路系统中,电气化线路的接触网是沿铁路长距离敷设的架空明线,而且沿铁路线分布大量的接触网杆塔以及其他用途(如无线通信设施)的杆塔等金属凸出物体(如信号机、声屏障设施、信号楼等),这些设施都是直击雷容易侵入的地点。

二、感应雷

感应雷也常称作二次雷击,是指直接雷击发生后由于电磁感应或静电感应而产生的雷击。图 7—1(b)中说明了一种感应雷的产生原理:雷电(云闪)放电电流是强烈的噪声源,当雷雨间发生放电或直击雷(对其他地面系统或避雷针)发生时,雷电电流向周围空间辐射很强的脉冲电磁场,从而使附近的金属导体感应出很高的电压。系统中的信号线、电源线上都可能由于感应雷的作用而产生浪涌高压脉冲。

图 7—3 说明了另一种由静电感应产生的感应雷现象:在雷云静电场的作用下,架空线由于静电感应而积聚了大量异种电荷(一般为正电荷),由此而引起的线地间的静电压可达 6~50 kV,如图 7—3(a)所示。当雷云放电(云闪或地闪)后,架空明线上的感应电荷失去静电场的约束而沿架空线向两侧流散,形成电压和电流杂散波,如图 7—3(b)所示。

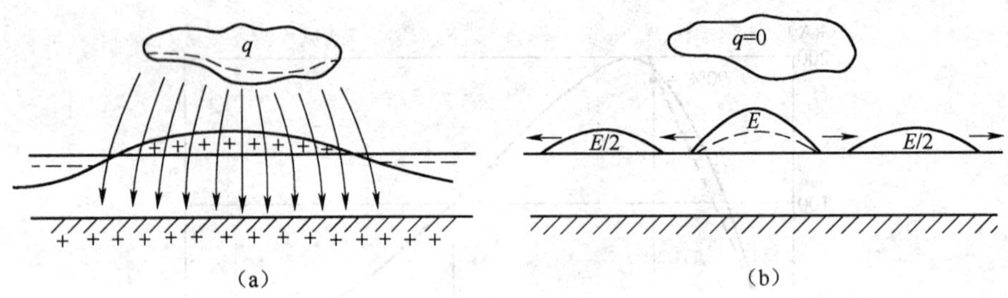

图 7—3　架空线上的感应雷击

感应雷电流沿导体传播并将与导体相连接的电器设备损坏。它的主要破坏对象是弱电子设备,由于雷电流可沿导体传到很远的地方,因此,感应雷击的破坏面很广,人们经常遇到的没有感觉到有雷击,而设备损坏了的情况,这是远处的感应雷电流传过来所致。

感应雷电实际上是一个峰值高持续时间 μs 级的脉冲电流(或电压),又称为浪涌电流(或浪涌电压)。感应雷电流的波形如图 7—4 所示。与直接雷击的雷电流波形相比,感应雷电流峰值低,半值时间短。从能量角度来讲,10/350 波是 8/20 波的 5 倍以上。可见直接雷击比感应雷击要强烈得多。感应雷击的强度也即感应雷电流的大小,是防雷工作中最重要的一个实地参数。

关于感应雷电流的大小,我国的一些相关标准没有具体的数据,目前只有 IEC、IEEE、ITU 等有较明确的说法。在不可能个别估算的地方,可假定:全部雷电流的 50%流入建筑物的 LPS(直接雷击防护系统)接地装置,另 50%(i_s)分配于建筑物的各种设施(外来导电物、电力线和各类信号线等)。流入每一设施中的电流 i_i 为 i_s/n,(n 为上述设施的个数)。为估算流经无屏蔽电缆芯线的电流 i_v,电缆电流 i_i 要除以芯线数 m,即 $i_v=i_i/m$。

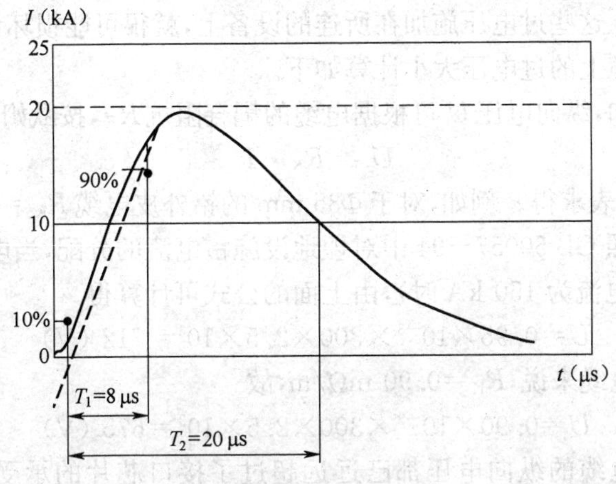

图 7—4　感应雷电流波形

铁运(2006)26 号《铁路信号设备雷电及电磁兼容综合防护实施指导意见》规定，安装在电力线上 SPD 的可承受的感应雷电流峰值为 40 kA(8/20 μs)，信号线 SPD 可承受的感应雷电流峰值为 10 kA(8/20 μs)。

三、雷击过电压侵入信号设备途径

雷击损坏设备的根源是雷击过电压：雷击在线路上产生微秒级的几千伏甚至更高的过电压，该过电压可使信号设备加速老化甚至损坏。该过电压是如何产生的？或者说雷电是通过哪些途径进入到室内设备的？这里列出如下 4 条途径。

1. 配电线路引入雷电

室外的配电线(高压或低压)感应到雷电后，过电压通过配电线一直传到用电设备，该过电压轻则使设备加速老化，重则直接将设备损坏。这里必须说明的是，在高压入配电室时，变压器前的高压避雷器因其分工不同，其残压还有 20 kV 左右，对一般电气设备来讲还是太高。变压器对雷击过电压有一定的作用，但不能有效地抑制，因此，雷击过电压可通过变压器传到低压配电线路。对于铁路信号系统来说，380/220 V 交流电源线路理所当然是主要引入雷电的线路，110 V、48 V 等直流线路因进出信号楼等原因也是引入雷电的主要线路。

2. 信号线路引入雷电

导体型信号线路在室外感应到雷电后，雷击过电压经过信号线路直接传到室内设备，可造成设备的加速老化或直接损坏设备。对于铁路信号系统来讲，计算机联锁车站的轨道电路、信号机、灯丝报警、站联电路、自动闭塞、电码化等各类信号线，以及驼峰站的测长、测速、测重、踏板电路的各类信号线等，都可能引入雷电过电压，损坏相关设备。

当雷击大地时，强大的雷电流沿土壤和各种金属设施泄放。假设埋地电缆上流过的雷电流为 I，由于电缆的耦合阻抗 R_K，电缆中将产生纵向电压(芯线与金属屏蔽层之间)和横向电压(电缆中芯线之间)。这些过电压施加在所连的设备上,就很可能损坏设备。

雷击造成埋地电缆上的过电压大小计算如下。

如果雷电流为已知,纵向电压 U 可根据电缆的耦合阻抗 R_K,按欧姆定律计算

$$U = R_K \cdot I \tag{7-1}$$

式中 R_K 可查相关表求得。例如,对于 Φ35 mm 的铅外皮电缆 R_K =0.95 mΩ/m。若埋地电缆长度=300 m,按照 GB 50057—94 中对埋地设施雷电流的分配,当电力线有屏蔽层时 I=2.5 kA,(当雷电等值电流为 150 kA 时),由上面的公式可计算得

$$U=0.95\times10^{-3}\times300\times2.5\times10^{3}=712\ (\text{V})$$

若对于信号屏蔽电缆来说,R_K=0.90 mΩ/m,故

$$U=0.90\times10^{-3}\times300\times2.5\times10^{3}=675\ (\text{V})$$

上述计算得到的电缆的纵向电压都已远远超过了接口芯片的承受电压(耐压一般小于 100 V),造成接口电路的损坏。

3. 雷电电磁场

上述两条雷害途径是传导性的,而雷击引起的电磁场还沿着空间传播。由雷击产生的强大电磁场会使雷击点附近建筑物内的导体线路上感应到过电压,直接作用于设备,会使电气设备的 PCB 板上的线路和元器件产生感应电压,可能损坏设备。实验数据表明,设备(包括靠近设备的元器件)处在 2.4 GS 的电磁场中时会对设备造成永久性损坏,设备(包括靠近设备的元器件)处在 0.07 GS 的电磁场中时设备会产生误动作。

由雷电引起的室内电磁场大小的估算如下。

当雷电强度 I=150 kA(Ⅱ级防雷)的雷闪击中建筑物时,假设此建筑物含有 15 根钢筋(即引下线)混凝土柱,现计算中央柱周围的磁场强度和正方形环上的感应电压。

(1)中央柱子周围的磁场强度

根据电磁学的原理,当导体柱子流过电流 I 时,其周围的磁场强度 H 分布如下

$$H=\frac{I}{2\pi r} \tag{7-2}$$

式中 r 为场点离柱子的中心距离,由 BS 6651:1992 标准可知:$I=2.3\%\times I_{MAX}=3.45$ kA,则距离柱子中心 1 m 处的磁场 $H=\frac{3.45}{2\pi\times1}=0.549$ kA/m。

又:$B=\mu_0 H$ (μ_0 为空气磁介常数,$4\pi\times10^{-7}$),则 B=6.9 GS。

如果室内计算机放在中央柱周围(此处磁场强度最小),按照美国 R. D. Miee 的试验结果,此计算机有可能遭到毁坏。

(2)中央柱 r 附近环开口金属环的感应电压

开口处的感应电压 U 为

$$U=M\frac{di}{dt}\ (\text{kV}) \tag{7-3}$$

式中 M 为环与柱子间的互感(mH)，$\frac{di}{dt}$为雷电流的变化率(kA/μs)。

M 的大小取决于环的边长 a、导体柱的截面 S 等，假设 $a=3$ m，$S=50$ mm²，$r=1$ m，计算得：$M=6$ μH。

对于中央柱

$$\frac{di}{dt}=\frac{2.3\times10^{-2}\times150}{10}=0.345\ (\text{kA}/\mu\text{s})$$

得到 $U=6\times0.345=2.07$ kV。

此脉冲电压已超过第三级设备的绝缘(耐压 1.5 kV)，将引起设备损坏。

因此，雷击时，处在引下线(明设引下线或建筑物立柱内的钢筋)附近的设备是不安全的。总之，雷电电磁场的危害最终还是使设备及线路感应形成的过电压危害到设备的安全运行。

4. 地反击

从安全及运行稳定等角度来考虑，信号设备必须接地。如果雷击时，设备的接地线路为高电位，而设备的某处因某种原因为低电位，则地线对设备上该点的电位差由设备承受，实际上是地线对设备某点的过电压，该过电压会造成设备加速老化或直接将设备损坏。

这里需说明，地反击是设备接地线路对设备某点的电位差(即电压)，如果设备各点的电位同时升高或降低，就不存在电位差。这样，就不会产生超出设备承受能力的电位差，也就没有过电压，设备也就不会因为过电压而损坏。当单独的一台设备除地线外没有其他任何导体与外部连接时，此时，即便设备接地线为高电压，地线与设备之间也不会存在电位差。

但对铁路电气系统来讲，不可能与外界没有任何电气连接，也就是说，设备接地线上高电压会对设备外接的配电线路、信号线路产生电位差，损坏设备。

其实地反击实际上是地线与电源、信号线路之间产生了过电压。对于铁路信号系统来讲，各系统如采用共用接地方式，不存在各系统的地与地之间的地电位反击，但地线与电源线、信号线之间还是存在地电位反击的，这也相当于从电源与信号线路上引入雷击过电压。

雷击造成地电位上升同样可按欧姆定律式(7－1)计算，不过此时式中 R_K 为接地电阻。对于一般建筑物来说 $R_K=10\ \Omega$，对于含有电子设备的建筑物来说 $R_K=1\ \Omega$，现取雷电流 $I=150$ kA，则可得到 $U=150$ kV，如此过高的地电位，将会使与其相邻的建筑物或设备受到损坏(地电位反击)。

第二节　信号设备雷电防护技术

按照防护范围可将防护措施分为两类：外部防护和内部防护。外部防护是指对安装信号设备的建筑物本体的安全防护，可采用避雷针、分流、屏蔽网、均衡电位、接地等措施。对这些防护措施人们比较重视，应用也比较普遍，相对来说比较完善。内部防护是指在建筑物内部信号设备对过电压(雷电或电源系统内部过电压)的防护，其措施有：等电位连接、屏蔽、保护隔

离、合理布线和使用过电压保护器等措施。同时，还需要提高信号设备本身对浪涌(雷击)的抵抗能力，才能形成一个完整的综合浪涌防护体系。

一、架设避雷针

当高空出现雷云的时候，大地上由于静电感应作用，必然带上雷云相反的电荷，由于避雷针一般安装在建筑物的最高点，与雷云的距离最近，而且与大地有良好的电气连接，所以它与大地有相同的电位，故而避雷针附近空间的电场强度相对比较大，比较容易吸引雷电先驱，使主放电集中到它上面，因而在它附近尤其是较低的物体受雷击的几率大大减小。同时，由于避雷针都与大地有良好的电气连接，使大地积存的电荷能量迅速与雷云中和。这样由雷击而造成的过电压的时间大大缩短，雷击危害性就大大减少。

为了预防直击雷，应该在信号设备的机房周围及轨旁信号设备的附近架设避雷针。单根避雷针的保护范围如图 7－5(a)所示，若避雷针高度为 h，则可保护区域是在 Z 方向的可保护折线以下的圆锥部分区域内，这个区域在 X,Y 平面(即平行于地面的平面)上的投影是一个圆，地面上的圆直径最大为 3 h。双根避雷针加避雷线保护范围更广，如图 7－5(b)所示。避雷针应良好接地，接地电阻一般要求为 5～10 Ω，对设备机房的要求要严一些，国标关于计算机房场地的标准规定防雷接地电阻不大于 1 Ω。

在此，需要特别强调一下接地和接地电阻的概念。

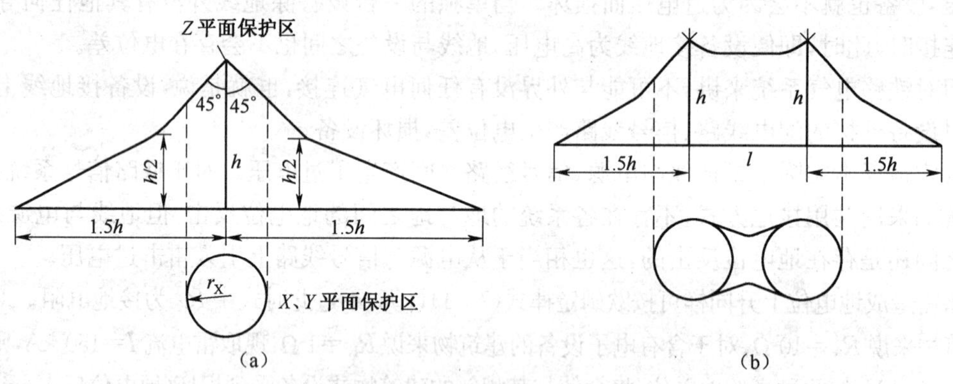

图 7－5　避雷针的防护区域

二、保护地线、防雷接地与接地电阻

接地的分类很多，尤其对于电气设备，一般分为工作地(电源地)、保护地、防雷地。有些设备还有单独的信号地，将强、弱电接地隔离，保证数字弱信号免受强电地线浪涌的冲击。这些地线的主要作用是：提供电源回路，保护人体免受电击；此外，还可屏蔽设备内部电路免受外界电磁干扰或防止干扰其他设备。常见的接地分类见表 7－2。

表 7—2　接地的分类作用

分类原则	子分类	次子分类	分类原则	子分类	次子分类
按接地作用	保护性接地	防电击接地	按接地形式	布置方式	外引式接地板
		防雷接地			环路式接地板
		防静电接地		形状	管形
		防电蚀接地			带形
	功能性接地	工作接地			环形
		逻辑接地		结构	自然接地极
		屏蔽接地			
		信号接地			人工接地极

1. 保护地线

在第一章介绍了工作接地的概念，即为电源或传输信号提供一个等电位点或等电位面，它可以接真正的大地，也可以不接。而本章介绍的接地属于保护接地(PE)，其目的是为了保护人身和设备的安全，免遭雷击、漏电、静电等危害，应与真正大地相连接。

为安全起见，电气设备的机壳、底盘都应接保护地线。通常墙上的电源插座或配电板上都有保护地线。例如交流单相 220 V 供电线路，应当配置三条线：火线(L)、中线(0 或 N)、保护地线(PE)。正常工作时电流从火线流经负载，然后由中线返回，保护地线中无电流流过。如果由于某种原因，例如绝缘击穿或出现故障等，使火线与机壳连通，则保护地线将流过很大的故障电流，使火线上的保险丝熔断或漏电保护器动作，从而切断电源。由于机壳是通过保护地线接大地的，机壳始终保持大地电位，所以即使人手触及机壳也不会发生危险。如果不接保护地线，故障时机壳电位很高，这时人手触及机壳，故障电流就会流过人体入地，从而产生触电的危险。一般人体电阻约为 1～1.5 kΩ，220 V 交流电压将会产生相当可观的人体电流。如果该电流在 1 mA 以上则人体就有不适感觉，电流在 20～50 mA 以上则对人体产生危险，如电流超过 100 mA 并且持续时间在 1 s 以上则可能造成人员死亡。实验证明，50 Hz 附近频率的交流电最易引起人身电击危险。

目前一般低压供电侧常采用三相五线制接法，以提供必要的保护地线，图 7—6 为这种接

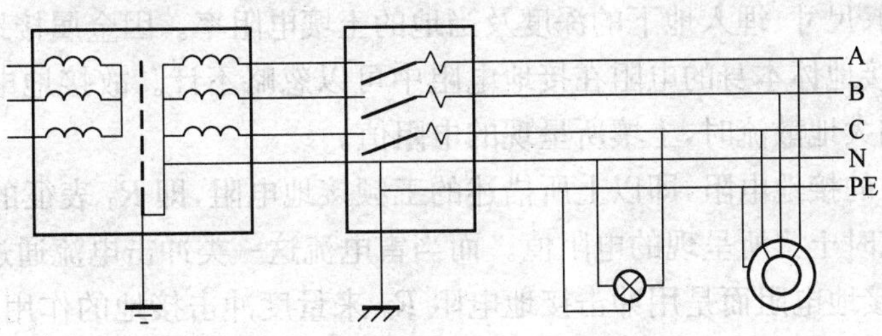

图 7—6　交流供电系统的保护地线

法的示意图。在三相供电变压器处有一根专用地线直接入大地，变压器输出端的四根线即A、B、C三相和中性线N接入大楼配电盘，在配电盘上再加一条保护地线，共有五条线提供给用户。保护地线和中性线N在配电盘处接地。在某些工业用电场合（如为三角形连接的用电负载供电）会采用三相四线制接法，即省略中性线N，但保护地线不可省略。

设备接地的方式通常是埋设金属地桩，金属网等导体，导体再通过电缆线与设备内的地线排或机壳相连，当多个设备连接于同一接地导体时，通常需要安装接地排，接地排的位置应尽可能靠近接地桩，不同设备的地线分开接在地线排上，以减少相互影响。

保护地线可以接至自然接地体，例如建筑物的金属框架、地基中的钢筋，埋设地下的金属管道等。在要求较高的场合还应埋设专门的人工接地体，通常是把金属棒打入地下作电极，接起来组成接地网。要求保护地线接地电阻较小，这个接地电阻除了包括接地线和地电极之间的接触电阻和接地线电阻以外主要是指入地电流从地电极向四周土壤流散时的流散电阻，以下将作详细的介绍。

2. 接地电阻

接地电阻是指电流由接地装置流入大地再经大地流向另一接地体或向远处扩散所遇到的电阻，它包括接地线和接地体本身的电阻、接地体与土壤之间的接触电阻以及两接地体之间大地的电阻或接地体到无限大远处的大地电阻。当电流经过接地体进入大地并向周围扩散时，由于大地具有一定的电阻率，则大地各处就具有不同的电位。电流经接地体注入大地后，它以电流场的形式向四处扩散，离接地点愈远，半球形的散流面积愈大，地中的电流密度就愈小，因此可认为在较远处（15～20 m以外），单位扩散距离的电阻及地中电流密度已接近零，该处电位已为零电位。

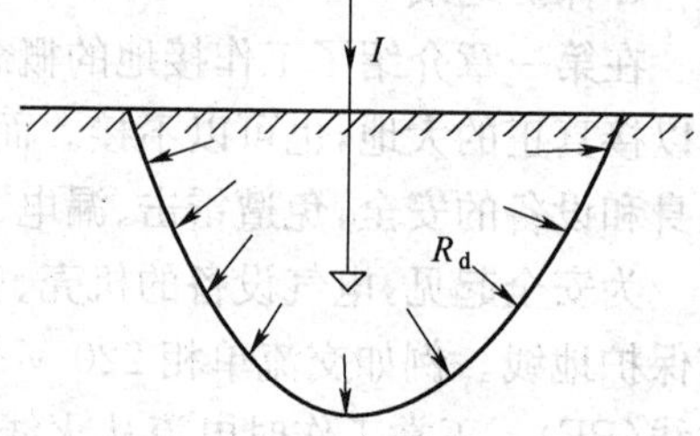

图7－7　接地体的流散电阻

接地电阻R_0定义为接地体的电位U_0与通过接地体流入大地中电流I_d的比值。用公式表示为

$$R_0=\frac{U_0}{I_d} \tag{7-4}$$

当接地电流为定值时，接地电阻愈小，则电位U_0愈低，反之则愈高。接地电阻主要取决于接地装置的结构、尺寸、埋入地下的深度及当地的土壤电阻率。因金属接地体的电阻率远小于土壤电阻率，故接地体本身的电阻在接地电阻中可以忽略不计。故接地电阻的数值等于电流从接地体向周围大地散流时，土壤所呈现的电阻值。

通常我们所说的接地电阻，即以上所描述的工频接地电阻，即R_0表征的是工频电流通过接地体向大地散流时土壤所呈现的电阻值。而当雷电流这一类冲击电流通过接地体向大地散流时，不再用工频接地电阻而是用冲击接地电阻R_d来量度冲击接地的作用。同样地，冲击接地电阻R_d的定义为接地体对地冲击电压的幅值与冲击电流幅值之比。

3.防雷接地

从物理过程来看，防雷接地与工频接地有两点区别，一是雷电流的幅值大，二是雷电流的频谱覆盖宽，特征频率高。

雷电流的幅值大，会使地中电流密度增大，因而提高地中电场强度，在接地体表面附近尤为显著。地电场强度超过土壤击穿场强时会发生局部火花放电，使土壤电导增大。试验表明，当土壤电阻率为 500 Ω·m，预放电时间为 35 μs 时，土壤的击穿场强为 6～12 kV/cm。因此，同一接地装置在幅值很高的雷电冲击电流作用下，其接地电阻要小于工频电流下的数值。这一过程称为火花效应。

雷电流的特征频率很高，会使接地体本身呈现很明显的电感作用，阻碍电流向接地体的远端流通。对于长度较大的接地体这种影响更显著。结果使接地体得不到充分利用，接地电阻值大于工频接地电阻。这一现象称为电感影响。

由于上述原因，同一接地装置具有不同的冲击接地电阻值和工频接地电阻值，两者之间的比称为冲击系数 a

$$a=\frac{R_0}{R_d} \tag{7-5}$$

式中，R_0 为工频接地电阻；R_d 为冲击接地电阻，是指接地体上的冲击电压幅值与冲击电流幅值之比，实际上应是接地阻抗，但习惯上仍称为冲击接地电阻。冲击系数 a 与接地体的几何尺寸、雷电流的幅值和波形以及土壤电阻率等因素有关，多数靠实验确定。

由此可以得到冲击接地电阻 R_d 与工频接地电阻 R_0 的关系是

$$R_d=aR_0 \tag{7-6}$$

如果不考虑接地体的电感影响，则 a 的大小只与大地电阻率有关，当大地电阻率约为100 Ω·m时 $a\approx1$；当大地电阻率约为 500 Ω·m 时 $a\approx0.667$；当大地电阻率约为 1 kΩ·m 时 $a\approx0.5$；当大地电阻率大于 1 kΩ·m 时 $a\approx0.333$ 。

一般情况下由于火花效应大于电感影响，故 $a<1$；但对于电感影响明显的情况，则可能 $a\geqslant1$。冲击接地电阻(阻抗)值一般要求小于 10 Ω。

通信局、站接地系统多采用联合接地方式，该接地系统主要有接地体、接地汇集线、接地连接线等几部分组成。接地系统的接地电阻每年应定期测量，始终保持接地电阻符合指标要求。

当强大的雷电流通过防雷接地极注入大地后，地电流向周围扩散，从而引起周围地电位大大升高，这可能对附近的电子设备产生干扰。图 7—8 中

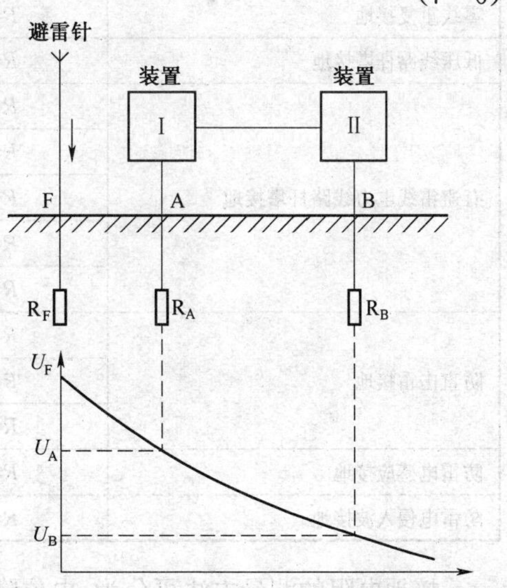

图 7—8　雷击引起的地环路干扰

如果有两组装置通过各自的接地极 A 和 B 入大地，因为 A 点离防雷接地极近，雷电流将使 A 点的地电位升高，大于 B 点。AB 两点间的电位差就使 AB 两设备间存在地环路干扰。解决的方法是两组装里的接地线接在同一接地极上，即一点接地，并且要求装置的接地极远离防雷接地极至少 20 m，这在以前章节中已讨论过，不再赘述。

4. 接地电阻的测量

对应用于不同设施的接地装置的接地体，对其接地电阻有不同的要求，见表 7—3 部分接地体的接地电阻允许值。

接地电阻要用专门的接地电阻测量仪才能测量，一般万用表是无能为力的。影响接地电阻的因素很多：接地桩的大小（长度、粗细）、形状、数量、埋设深度、周围地理环境（如平地、沟渠、坡地是不同的）、土壤湿度、质地等等。为了保证设备的良好接地，利用仪表对地电阻进行测量是必不可少的。

表 7—3　部分接地体的接地电阻允许值

类　别	允许值(Ω)	备　注
大容量变压器或发电机工作接地	$R\leqslant 4$	容量＞100 kVA，低压
小容量变压器或发电机工作接地	$R\leqslant 10$	容量≤1 000 kVA，低压
大接地短路电流系统接地	$R\leqslant 2\,000/I_d$	接地短路电流 $I_d>4\,000$ A 时，$R\leqslant 0.5\ \Omega$
小接地短路电流系统接地	$R\leqslant 120/I_d$ 且 $R\leqslant 10$	$I_d<5\,000$ A，高低压共用接地装置
电气设备保护接地	$R\leqslant 4$	
零线重复接地	$R\leqslant 10$	容量≤100 kVA，＞3 处时可取 $R<30\ \Omega$
低压线路杆塔接地	$R\leqslant 30$	
有避雷线电力线路杆塔接地	$R\leqslant 10$	土壤电阻率 $\rho\leqslant 100\ \Omega\cdot m$
	$R\leqslant 15$	$\rho=100\sim 500\ \Omega\cdot m$
	$R\leqslant 20$	$\rho=500\sim 1\,000\ \Omega\cdot m$
	$R\leqslant 25$	$\rho=1\,000\sim 2\,000\ \Omega\cdot m$
	$R\leqslant 30$	$\rho>2\,000\ \Omega\cdot m$
防直击雷接地	$R\leqslant 10$	第一类工业、第二类工业和第三类民用建筑物和构筑物
	$R\leqslant 30$	第三类工业建筑物和构筑物
	$R\leqslant 30$	第二类民用建筑物和构筑物
防雷电感应接地	$R\leqslant 10$	
防雷电侵入波接地	$R\leqslant 30$	阀型避雷器的 $R\leqslant 100\ \Omega$

接地电阻的测量方法可分为：电位降法（电压电流表法）、比率计法、电桥法。按使用的测量仪器可分为：手摇式地阻表法、钳形地阻表法、电压电流表法。按测量布极数可分为三极法、四极法。

以下就目前工程中使用得最多的手摇式地阻表法作一简要介绍。接地电阻值测试的准确性，与地阻仪测量电极布置的位置有直接关系，按测量电极的不同布置方式，有直线布极法（如图 7－9 所示）和三角形布极法（如图 7－10 所示）等。测量接地电阻时，应首选直线布极法。当受测试场地限制时，可以使用三角形布极法。

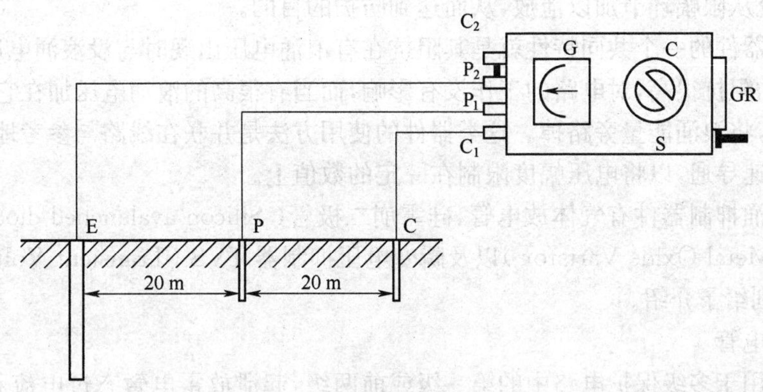

图 7－9　直线布极法测量接地电阻

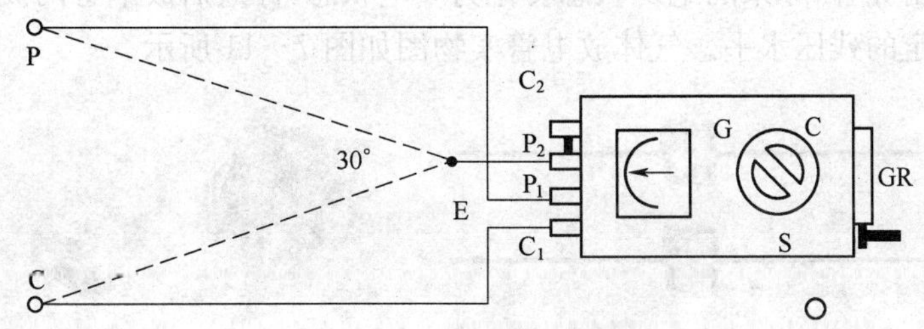

图 7－10　三角形布极法测量接地电阻

使用地阻仪进行接地电阻值测量时，先将表头 G 的指针调整至零位，然后将倍率调整旋钮 S 放在较高挡位，慢摇发电机 GR，同时转动测量度盘 C，使指针至零时测量度盘 C 示数乘以倍率调整旋钮倍数之积即为接地电阻值。若 C 转至读数最小而指针不为零，这时应将倍率调整旋钮 S 换到较小倍率档后继续调整测量度盘 C 直至指针正好为零，这时测量度盘 C 示数乘以倍率调整旋钮倍数之积即为接地电阻值。对于地网，应当改变测试极棒的布放方向和测试点，至少测试 4 次后，每次记录，然后取平均值作为该地网的接地电阻值。

当被测接地装置的面积较大而土壤电阻率不均匀时，为了得到较可信的测试结果，宜将电流极以及电压极与被测接地装置的距离相应的增大。

当测试现场不是平地而是斜坡时，测试电极棒距地网的距离应是水平距离投影到斜坡上的距离。

三、浪涌抑制器件

在电气设备中，如果对雷电所造成的电流浪涌不采取相应的防护措施，将可能造成设备工作失常或损坏。对浪涌电流加以抑制，基本的思想是在线路上设置一级（或多级）电压限幅环节，将浪涌电流从限幅环节加以泄放，从而达到防护的目的。

浪涌抑制器件的一个共同特性就是其阻抗在有浪涌电压出现时与没浪涌电压时不同。正常电压下，它的阻抗很高，对电路的工作没有影响，而当有很高的浪涌电压加在它上面时，它的阻抗变得很低，将浪涌能量旁路掉。这类器件的使用方法是并联在线路与参考地之间，当浪涌电压出现时迅速导通，以将电压幅度限制在一定的数值上。

常用的浪涌抑制器件有气体放电管、硅雪崩二极管（Silicon avalanched diode）、金属氧化物压敏电阻（Metal-Oxide Varistor）以及瞬变电压抑制器 TVS（Transient Voltage Suppressor），以下分别给予介绍。

1. 气体放电管

放电管常用于多级保护电路中的第一级或前两级，起泄放雷电暂态过电流和限制过电压作用。气体放电管利用气体放电短路的原理：当外加电压增大到超过气体的绝缘强度时，两极间的间隙将放电击穿，由原来的绝缘状态转化为导电状态，导通后放电管两极之间的电压维持在放电弧道所决定的残压水平。气体放电管实物图如图 7－11 所示。

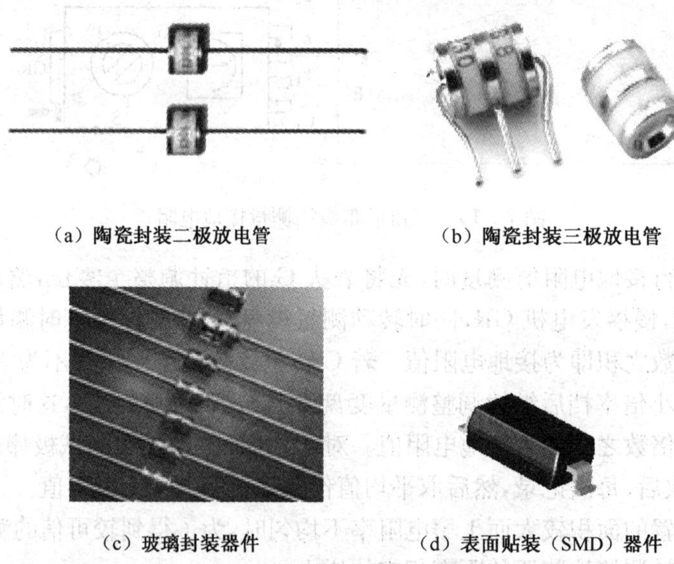

（a）陶瓷封装二极放电管　（b）陶瓷封装三极放电管

（c）玻璃封装器件　（d）表面贴装（SMD）器件

图 7－11　气体放电管实物图

将气体放电管跨接在线路输入端，在没有浪涌时它的阻抗非常大，可达 10 GΩ，寄生电容

约 1～5 pF，所以不会对线路有任何影响。当浪涌高电压脉冲输入时放电管放电导通，这时阻抗很小只有几毫欧，从而给浪涌能量提供了泄放通路，不至于进入内部电路。

从结构和引脚数量区分，气体放电管包括二极、三极和多极放电管。多极放电管的主要部件和两极、三极放电管基本相同，有较好的放电对称性，可适用于多线路的保护（常用于通信线路的保护）。

从暂态过电压开始作用于放电管两端的时刻到管子实际放电时刻之间有一个延迟时间，该时间就称为响应时间。响应时间由两部分组成：一是管子中随机产生初始电子—离子对带电粒子所需要的时间，即统计时延；二是初始带电粒子形成电子雪崩所需要的时间，即形成时延。

图 7—12 解释了一个放电管上浪涌抑制的过程。

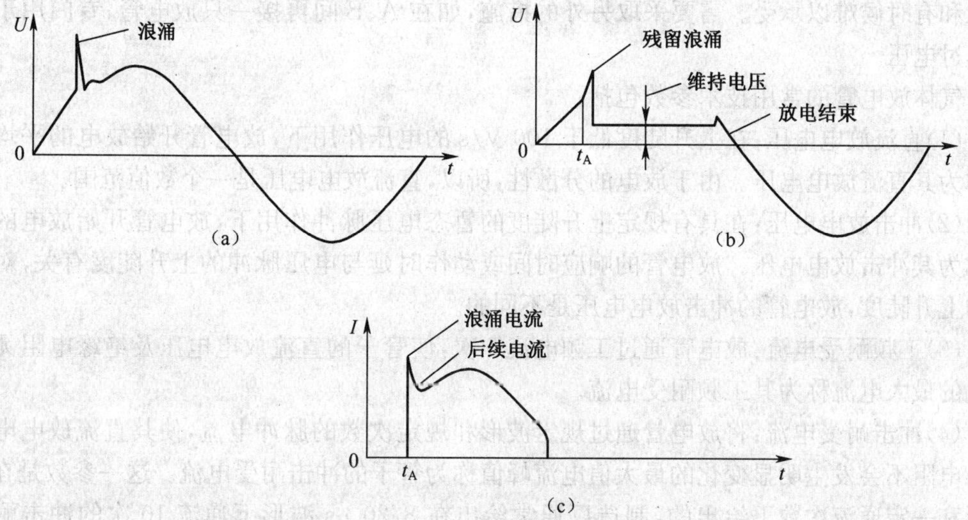

图 7—12　气体放电管的放电过程

由图可知在 t_A 时刻，浪涌电压高出放电管的起始放电电压，放电管放电短路，放电时管子两端电压很低，仅为电弧维持电压。浪涌过后，由于电源电压仍高于电弧维持电压，所以放电继续进行，直到电源电压减小到不能维持正常放电为止，放电管恢复开路状态。观察放电管两端的电压波形，有两点应该注意：

(1)浪涌的尖峰虽然大大降低了，但仍留有残存的尖峰。这是因为放电管对上升时间很快的脉冲有个响应时间，一般约为 100 ns。残留尖峰还要依靠放电管后面的装置，例如二次抑制器件或滤波器等来抑制。IEC（国际电工委员会）有关电磁抗扰度的标准规定了做浪涌抗扰度试验时应该用的模拟浪涌波形，短路电流上升时间为 8 μs，宽度为 20 μs。对于该波形，100 ns

响应时间的放电管是完全能起到抑制作用的。

(2)放电管放电时呈短路状态，由图可知短路不仅发生在浪涌尖峰时期，而且浪涌过后仍延续一段时间，直到电源下半周才恢复，这对内部电路的正常工作是不利的，是放电管的一个缺陷。

三极放电管提供了三个电极：两个端极 A、B 和中间极 G。在使用三极放电管时，需要注意它所提供的保护性能与串联两个二极放电管有所不同：如果 A－G 极间先放电，在管子内部由气体游离所产生的自由电子会迅速在 B－G 极间引起碰撞游离，使 B－G 很快放电；当 B－G 间截止放电后，由于大量带电粒子(电子和离子)的复合作用，使管内的电子数量大为减小，从而迅速抑制另一对电极 A－G 间的碰撞游离，使该对极间的放电过程很快截止下来。

在差模暂态过电压的保护场合，无论是两极放电管还是三极放电管，都存在着一定的问题，因为电子设备要承受两对电极之间的残压之和，对于一些脆弱的电子设备来说，这样的残压之和有时候难以承受。需要采取另外的措施，如在 A、B 间再接一只放电管，专门用于抑制差模过电压。

气体放电管的常用技术参数包括：

(1)直流放电电压：在上升陡度低于 100 V/s 的电压作用下，放电管开始放电的平均电压值称为其直流放电电压。由于放电的分散性，所以，直流放电电压是一个数值范围。

(2)冲击放电电压：在具有规定上升陡度的暂态电压脉冲作用下，放电管开始放电的电压值称为其冲击放电电压。放电管的响应时间或动作时延与电压脉冲的上升陡度有关，对于不同的上升陡度，放电管的冲击放电电压是不同的。

(3)工频耐受电流：放电管通过工频电流 5 次，使管子的直流放电电压及绝缘电阻无明显变化的最大电流称为其工频耐受电流。

(4)冲击耐受电流：将放电管通过规定波形和规定次数的脉冲电流，使其直流放电电压和绝缘电阻不会发生明显变化的最大值电流峰值称为管子的冲击耐受电流。这一参数是在一定波形和一定通流次数下给出的，制造厂通常给出在 8/20 μs 波形下通流 10 次的冲击耐受电流，也有给出在 10/1 000 μs 波形下通流 300 次的冲击耐受电流。

(5)绝缘电阻和极间电容：放电管的绝缘电阻值很大，厂家一般给出的是绝缘电阻的初始值，约为数千兆欧。绝缘电阻值的降低会导致漏流的增大，有可能产生噪音干扰。放电管的寄生电容很小，极间电容一般在 1～5 pF 范围，极间电容在很宽的频率范围内保持近似不变，同型号放电管的极间电容值分散性很小。

放电管的优点是绝缘电阻很大，寄生电容很小，能承受很高的冲击电流(大于 20 kA，几十微秒)。脉冲过后的后续电流最长可持续半个交流电源周期(如 50 Hz 则为 10 ms)，幅度仍高达数百安培(视具体型号)。对于电源中的重复浪涌脉冲，放电管可承受 500 A 峰值、10 μs 上升时间、1 000 μs 宽度的浪涌 50 次，其后寿命降低，起始放电电压逐渐变小(失效模式)。

放电管的缺点在于放电时延(即响应时间)较大，动作灵敏度不够理想，对于波头上升陡度

较大的雷电波难以有效地抑制。

气体放电管的动作电压范围从 75 V～3 500 V,使用时应根据具体的使用条件加以选择。选择放电管时应考虑电源的峰值、10%的电源电压波动和 20%的放电管元件参数不一致性。对于 220 V 交流电源,通常选择起始电压为 475 V 的放电管。气体放电管只能用在交流电源上,如用在直流电源上则放电后可能无法恢复。

在使用放电管作为浪涌抑制器件时,还需要注意以下几点。

(1)时延脉冲及续流:从暂态过电压达到放电管的直流放电电压到其实际动作放电之间,存在一段时延,其大小取决于过电压波的波头上升陡度 du/dt。为此,一般不单独使用放电管来保护电子设备,而在放电管后面再增加一些保护元件,以抑制这种时延脉冲。

放电管泄放过电流结束以后,被保护系统的工作电压能维持放电管电弧通道的存在,这种情况称为续流。续流的存在对放电管本身和被保护系统具有很大的危害性。熔断器的额定电流高于被保护系统的正常运行电流,其熔断电流小于放电管在电弧区的续流。这种方法会造成供电和信号传输的短时中断,对于要求不高的电子设备可以接受。

(2)状态翻转及短路反射:放电管在开始放电时,由开路状态翻转为导通状态,翻转过程中,暂态电流的变化率 di/dt 很大,这种迅速变化的暂态电流在空间产生暂态电磁场向四周辐射能量,在附近的电源线和信号线上产生干扰,或在周围的电气回路中产生感应电压。通常采取的抑制方法有屏蔽、减小耦合和滤波等。

放电管导通后,入射波被反射回去,使得后面的电子设备得到保护,但反射波电流产生的空间电磁场也会向周围辐射能量,需要加以抑制。

(3)放电管的失效模式:放电管受到机械碰撞,超耐受的暂态过电压多次冲击以及内部出现老化后,将会进入失效模式,第一种是呈现低放电电压和低绝缘电阻状态;第二种是呈现高放电电压状态。开路故障模式令人难以及时察觉,从而不能采取补救措施,故而开路故障模式比短路故障模式具有更大的危害性。

(4)接地连接对防护效果的影响:接地连接线的长短对限压效果有一定的影响。如果接地连接线比较长,则连线本身的电阻和电感也比较大,暂态大电流流过连线时,将产生比较大的电阻电压降和电感电压降。

为此,在处理放电管的接地时,第一,接地连线应具有足够的截面,以泄放暂态大电流;第二,接地连线应当具有尽量短的长度。

2. 硅雪崩二极管

当施加在二极管上反向电压增大到一定数值时,流过二极管的反向电流会突然增加,这就是所谓的反向电击穿。反向击穿分雪崩击穿和齐纳击穿:雪崩击穿是 PN 结反向电压增大到一数值时,在电场作用下,载流子能量增大,不断与晶体原子相碰,使共价键中的电子激发形成自由电子—空穴对。新产生的载流子又通过碰撞产生自由电子—空穴对,产生倍增效应。此时载流子倍增就像雪崩一样,利用这个特性制作的二极管就是雪崩二极管。齐纳击穿则是在高的反向电压下，PN结中存在的强电场能够直接破坏共价键，将束缚电子分离来形成电子—空穴对，形成大的反向电流。齐纳击穿需要的电场强度很大，只有在杂质浓度特别大的PN结才做得到。

用作浪涌防护器件的硅雪崩二极管是一种结面积较大的特殊设计的齐纳二极管，其工作原理也是电压箝位。当有浪涌输入时可十分迅速地把高电压峰值箝位在规定值上，响应时间小于1 ns，管子的箝位电压选择较大，可以从6.8～400 V。其可承受的脉冲电流由厂家给出，也可以用功率除以箝位电压来估计。电压箝位和放电短路方式相比的优点在于浪涌抑制过程中输入电源端不会短路，因此不会影响内部电路；同时响应速度快，残留尖峰很小，抑制效果好；浪涌过后即自行恢复，没有延迟时间；交直流电源都能运用。不足之处是承受尖峰电流能力比放电管差。

使用硅雪崩二极管作为浪涌防护器件时，需要注意二极管应工作在反偏状态。故在交流电路中使用时，需要将两只管子反向串联起来使用。而且由于雪崩二极管允许通过的泄放电流较小，一般需要串联一只电阻来使用。

3. 金属氧化物压敏电阻

和气体放电管以及硅雪崩二极管相同，用作防雷和浪涌抑制的压敏电阻也是采用电压箝位的原理来工作的。实物图如图7—13所示。

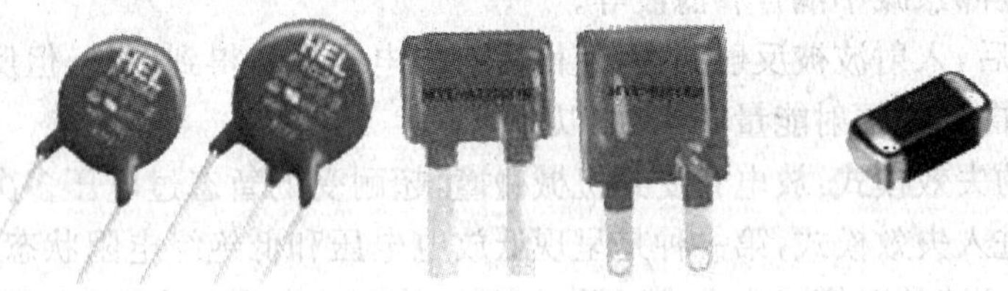

图7—13　压敏电阻实物图

压敏电阻的最大特点是当加在它上面的电压低于它的阀值时，流过它的电流极小；当电压超过阀值时，流过它的电流激增。利用这一功能，可以抑制电路中经常出现的异常过电压，保护电路免受过电压的损害。

压敏电阻的材料是金属氧化物，例如现在大量使用的氧化锌(ZnO)压敏电阻器，是Ⅱ－Ⅵ族氧化物半导体电阻器的一个品种。压敏电阻按其用途有时也称为“电冲击(浪涌)抑制器(吸收器)”。例如在我国的台湾地区，压敏电阻器被称为“突波吸收器”。

在不同的使用场合，应用压敏电阻的目的和作用在压敏电阻上的电压/电流应力并不相同，因而对压敏电阻的要求也不相同，注意区分这种差异，对于正确使用是十分重要的。根据使用目的的不同，可将压敏电阻区分为两大类：①保护用压敏电阻，②电路功能用压敏电阻。

(1)保护用压敏电阻

首先，要区分电源保护用，还是信号线，数据线保护用压敏电阻器，它们要满足不同的技术

标准的要求；其次，根据施加在压敏电阻上的连续工作电压的不同，可将跨电源线用压敏电阻器区分为交流用或直流用两种类型，压敏电阻在这两种电压应力下的老化特性表现不同。

根据压敏电阻承受的异常过电压特性的不同，可将压敏电阻区分为三种类型：

①浪涌抑制型：是指用于抑制雷电过电压和操作过电压等瞬态过电压的压敏电阻器，这种瞬态过电压的出现是随机的，非周期的，电流电压的峰值可能很大。绝大多数压敏电阻器都属于这一类。

②高功率型：是指用于吸收周期出现的连续脉冲群的压敏电阻器，例如并接在开关电源变换器上的压敏电阻，这里冲击电压周期出现，且周期可知，能量值一般可以计算出来，电压的峰值并不大，但因出现频率高，其平均功率相当大。

③高能型：指用于吸收发电机励磁线圈，起重电磁铁线圈等大型电感线圈中的磁能的压敏电压器，对这类应用，主要技术指标是能量吸收能力。

从防雷的应用角度出发，应采用的是浪涌抑制型压敏电阻。

压敏电阻器的保护功能，绝大多数应用场合下，是可以多次反复作用的，但有时也将它做成电流保险丝那样的"一次性"保护器件。例如并接在某些电流互感器负载上的带短路接点压敏电阻。

(2)电路功能用压敏电阻

压敏电阻主要应用于瞬态过电压保护，但是它的类似于半导体稳压管的伏安特性，还使它具有多种电路元件功能，例如可用作直流高压小电流稳压元件，其稳定电压可高达数千伏以上，这是硅稳压管无法达到的；压敏电阻在电路中还可用作电压波动检测元件、直流电平移位元件、均压元件、荧光启动元件等，在此不作赘述。

选用保护用压敏电阻时，需要考虑其几项基本性能。

①压敏电阻的保护特性，当冲击源的冲击电压(或冲击电流)不超过规定值时，压敏电阻的限制电压不允许超过被保护对象所能承受的冲击耐电压。

②耐冲击特性，即压敏电阻本身应能承受规定的冲击电流，冲击能量，以及多次冲击相继出现时的平均功率。

③压敏电阻的寿命特性，包括两项：一是连续工作电压寿命，即压敏电阻在规定环境温度和系统电压条件应能可靠地工作规定的时间(小时数)。二是冲击寿命，即能可靠地承受规定的冲击的次数。

④压敏电阻介入系统后，除了起到保护作用外，还会带入一些附加影响，即所谓"二次效应"，它不应降低系统的正常工作性能。这时要考虑的因素主要有三项，一是压敏电阻本身的电容量(10～20 000 pF)，二是在系统电压下的漏电流，三是压敏电阻的非线性电流通过源阻抗的耦合对其他电路的影响。

压敏电阻的响应速度比气体放电管略快，比硅雪崩二极管稍慢，一般小于 50 ns；峰值电流承受能力和能量级别比二极管高，比气体放电管低。对于 8/20 μs 的浪涌，最大峰值电流可在

40～25 000 A 中选择。例如 130 V、40 J 的压敏电阻可以承受 3 000 A 的瞬时电流，正常工作时漏电流约为 5～250 μA。

4. 瞬变电压抑制器 TVS

TVS 管是瞬变电压抑制器(Transient Voltage Suppressor)的简称，它是一种二极管形式的高效能保护器件，所以也常被称作瞬态抑制二极管。实物图如图 7－14 所示。这是一种较新型的浪涌抑制器件，它的性能结合了气体放电管和硅雪崩二极管的优点。

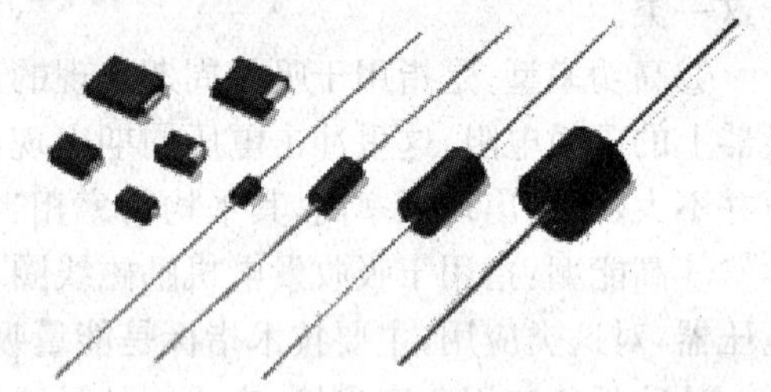

图 7－14　TVS 管实物图

在没有浪涌输入时，TVS 管对线路无影响。当 TVS 管的两极受到反向瞬态高能量冲击时，像雪崩二极管一样，它能以亚纳秒级的速度，将其两极间的高阻抗变为低阻抗，使两极间的电压箝位于一个预定值，防止浪涌的快速上升边沿损坏内部电路。TVS 管可以吸收高达数千瓦的浪涌功率，然后就像气体放电管一样短路，把浪涌中的能量泄放掉，直至泄放电流低于维持电流(一般为 200 mA)，TVS 恢复阻断状态。

TVS 能有效地保护电子线路中的精密元器件，免受各种浪涌脉冲的损坏。它的优点是：响应时间快(亚纳秒级)、瞬态功率大(kW 级)、漏电流低、击穿电压偏差/箝位电压较易控制、无损坏极限、体积小等。TVS 管的耐浪涌冲击能力较气体放电管和压敏电阻差，但远远优于硅雪崩二极管，其 10/1 000 μs 波脉冲功率从 400 W～30 kW，脉冲峰值电流从 0.52～544 A；击穿电压有从 6.8～600 V 的系列值，便于各种不同电压的电路使用。

TVS 管有单向与双向之分，单向 TVS 管的特性与稳压二极管相似，双向 TVS 管的特性相当于两个稳压二极管反向串联，其主要有如下特性参数。

①截止电压与反向漏电流：截止电压表示 TVS 管不导通的最高电压，在这个电压下只有很小的反向漏电流。

②击穿电压：表示 TVS 管反向导通的标志电压。

③脉冲峰值电流：TVS 管允许通过的 10/1 000 μs 波的最大峰值电流(8/20 μs 波的峰值电流约为其 5 倍左右)，超过这个电流值就可能造成永久性损坏。

④最大箝位电压：TVS 管流过脉冲峰值电流时两端所呈现的电压。

⑤脉冲峰值功率：指 10/1 000 μs 波的脉冲峰值电流与最大箝位电压的乘积。

⑥稳态功率：TVS 管也可以作稳压二极管用，这时要使用稳态功率。

⑦极间电容：与压敏电阻一样，TVS 管的极间电容也较大，约为数十皮法。

在选择 TVS 管时，需要注意以下几点：

多数厂家的 TVS 管产品一般是按照功率容量来进行系列划分的，在同一系列中再根据不同的击穿电压等级进行型号划分。例如某 TVS 管的型号为 1.5 KE75，即表示它属于1.5 KE产品系列

(峰值功率 1.5 kW,双向 TVS 管),击穿电压为 75 V。

在同一个系列中,击穿电压越高的管子允许通过的峰值电流越小。

TVS 管的极间电容主要取决于 PN 结面积,故而功率越大的 TVS 管其极间电容也越大,且单向的比双向的大。

5. 固体放电管

固体放电管又叫半导体放电管,是一种新型的过压保护器件。它是基于晶闸管原理和结构的一种两端负阻器件,依靠 PN 结的击穿电流触发器件导通放电,可以流过很大的浪涌电流或脉冲电流。其电性能、可靠性均优于气体放电管,具有响应快、漏电小,性能稳定,重复抗电涌能力强,寿命长等一系列优点,更为突出的是它具有"短路失效"的特点,解决了气体放电管"开路失效"的问题。固体放电管可广泛用于通信设备中的程控交换机、电话机、传真机、配线架,也可用于调制解调器、网络、计算机、电视机、有线电视系统等需要防雷保护的领域。

固体放电管的结构图如图 7－15(a)所示。它是在硅单晶片两面同时采用平面工艺掺杂同种杂质而形成的两面结构完全相同的四层可控硅结构的器件,因此其伏安特性也完全对称,如图 7－15(b)所示。

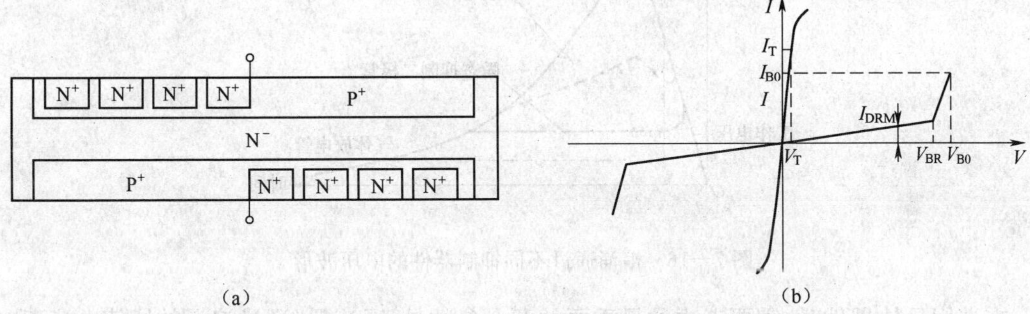

图 7－15　固体放电管的结构和伏安特性

固体放电管的主要参数有:非重复峰值脉冲电流、非重复工频峰值电流、截止态漏电流、转折电流、维持电流、击穿电压、转折电压、通态电压、电流上升率 di/dt、电压上升率 du/dt 等。

固体放电管抑制过压一般靠的是它的击穿电压电平箝位作用:当电流升至转折电流 I_{B0} 值时,器件迅速进入导通状态,这时近乎短路,通过很大的浪涌电流或脉冲电流,将起到快速消除浪涌的目的。放电能力的优劣通过最大脉冲电流来衡量。电流上升率越大,放电电流越大,放电时间越短。换句话说,通过电流持续时间越短,允许通过的脉冲电流越大。在器件放电瞬间,信号电流也近乎被短路,但只要器件的维持电流值大于流过器件的最大短路信号电流值,待浪涌消失后,器件就能自动恢复到截止状态。因此,要求固体放电管具有较大的维持电流,以便确保器件在经受浪涌后自动复位。

固体放电管使用时可直接跨接在被保护电路两端。

6. 浪涌抑制器件的选用原则

在此，我们回顾比较一下前面介绍的几种浪涌抑制器件的特性，见表 7—4。由于 TVS 已基本取代了硅雪崩二极管的使用场合，故在此我们不再单独讨论硅雪崩二极管。

表 7—4　几种常用浪涌抑制器件比较

器件类型	泄流能力	反应时间	残压	极间电容	续流现象	老化极限
气体放电管	大	慢，亚微秒级	低	小	有	有
硅雪崩二极管	小	快，亚纳秒级	箝位	较小	无	无
压敏电阻	较大	较快，数十纳秒	较高	大	无	有
TVS	较小	快，亚纳秒级	箝位	较大	无	无

气体放电管、压敏电阻和 TVS 具有不同的伏安特性，因此浪涌通过它们时发生的变化不同，如图 7—16 所示。

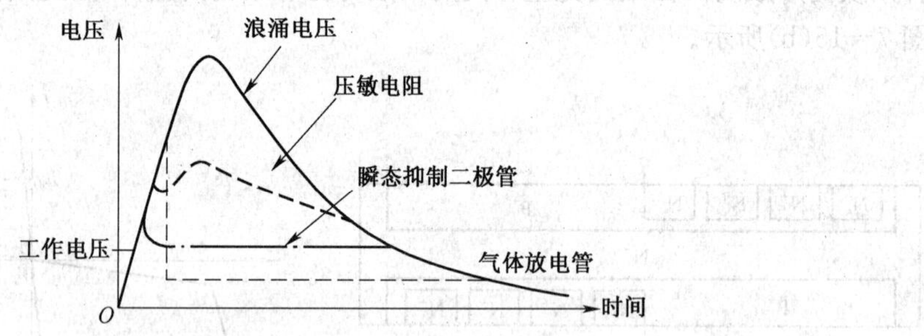

图 7—16　浪涌通过不同抑制器件的电压波形

在选用具体器件时，需要考虑的最重要的两个参数是：通流量（通过浪涌的峰值电流）和击穿电压等级的选取。在实际应用中，器件所吸收的最大浪涌电流应小于它的最大通流量。电压参数的选取原则见表 7—5。

表 7—5　浪涌抑制器件击穿电压的选取原则

器件类型	电压等级的选取		适用场合
	直流电路	交流电路	
气体放电管	1.8×工作电压（注）	2.5×工作电压（有效值）	电源线或信号线的第一级防护
压敏电阻	1.5×工作电压	2.2×工作电压（有效值）	电源线、低频信号线
TVS	最大箝位电压≤电路最大允许安全电压，截止电压≥电路的最大工作电压		浪涌能量较小的场合或作为后级防护

注：由于气体放电管存在续流现象，故一般不适用于工作电压≥10V 的直流场合。

四、信号设备电路的防雷设计

当强大的雷电流通过接地装置时，在泄放路径的周围环境中产生很强的脉冲磁场和电场，会以电磁感应的方式侵入设备的机箱端口和地线端口。对于这两类端口的防护，采取的有效手段就是为设备使用屏蔽机箱，并进行良好的接地处理。现场使用的金属机笼(法拉第笼)在有良好接地的前提下，也能起到一定的屏蔽和防护作用。有关这一部分内容，将在信号设备综合接地一节予以介绍。

雷电流以传导方式窜入信号设备对设备造成影响或损坏，则主要通过两种途径，即通过设备的电源端口或信号端口。所以对设备的电源输入端和各类信号端口必须施以适当的保护电路，以免设备受到雷电流的冲击而造成故障或损坏。

1. 电源端口的防护

(1)浪涌抑制器件的组合使用

防雷保护电路常用组合式，图 7—17 为其中一种方式。图中气体放电管安排在最前面，硅雪崩二极管或金属氧化物压敏电阻安排在后面，中间用电阻或电感隔离。当浪涌侵入时，因为二极管响应速度快，可先对浪涌的快速上升沿进行抑制，大量的能量则通过放电管泄放。为了防止放电管因为后级的箝位而达不到其放电起始电压，所以利用电阻或电感来隔离。

由于气体放电管的特性，图 7—17 的电路仅适用于交流电路或工作电压小于 10 V 的直流电路。另一种常见的组合方式是采用压敏电阻和 TVS 管并联起来结合使用，且不论直流或交流电路均可使用，如图 7—18 所示。压敏电阻允许通过的泄放电流较大，但导通时间略慢，残压较高；TVS 导通时间很快，但功率容量略低，适合用来吸收经过压敏电阻后的残压，二者可以取得互补。使用时应当注意用作级间隔离的电感不可省略，否则压敏电阻将不起作用。

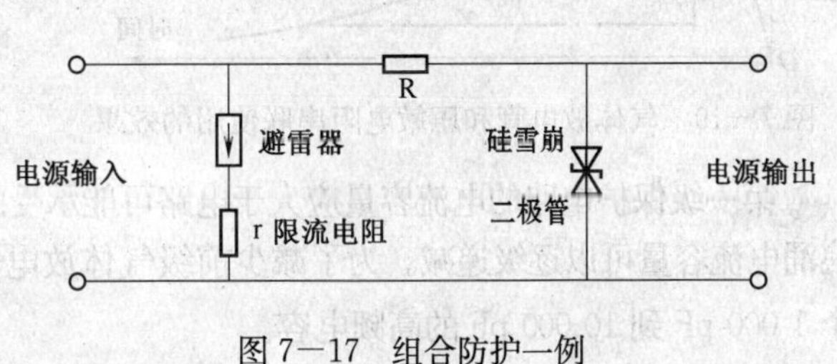

图 7—17 组合防护一例

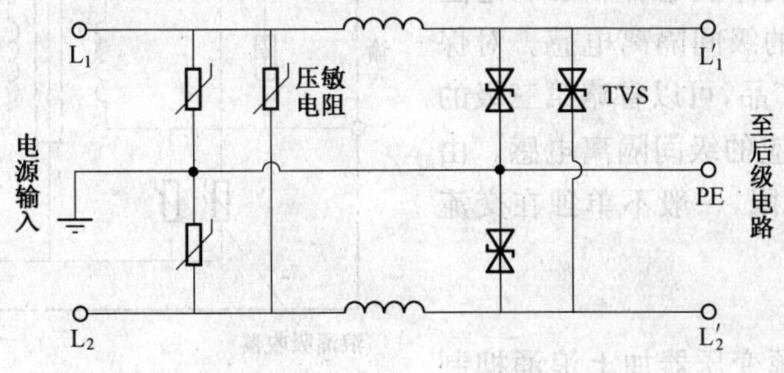

图 7—18 组合防护一例

在对电源要求严格和频繁承受浪涌冲击的场合，气体放电管和压敏电阻都不适合单独在交流电源线上使用。气体放电管的问题还是它的续流效应：在浪涌泄流后仍要维持近半个工频周期的短路状态，若续流的时间较长，会导致放电管触点迅速烧毁；压敏电阻的问题则是随着受浪涌作用的次数增加交流漏电流增加。一个实用的方案是将气体放电管与压敏电阻串联起来使用。这种气体放电管与压敏电阻的组合除了可以避免上述缺点以外，还有一个好处就是可以降低限幅电压值（与单独使用压敏电阻相比较）：选用导通电压较低的压敏电阻，从而降低限幅电压值。如果同时在压敏电阻上并联一个电容，浪涌电压到来时，可以更快地将电压加到气体放电管上，缩短导通时间。

该连接方式对浪涌电压的抑制作用如图 7－19 所示。

一个理想的交流电源浪涌抑制方案如图 7－20 所示。它利用了不同吸收器件各自的优点。

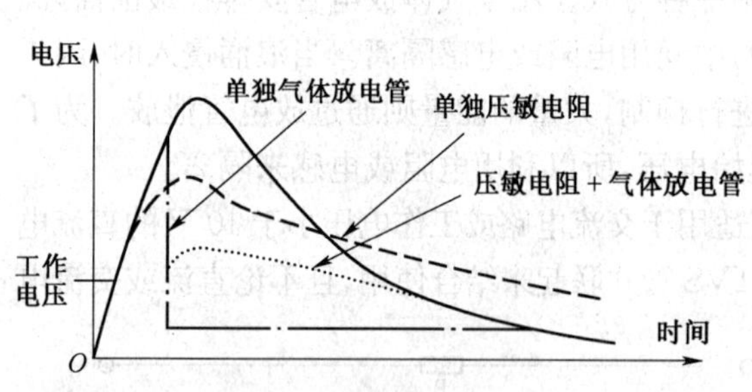

图 7－19 气体放电管和压敏电阻串联使用的效果

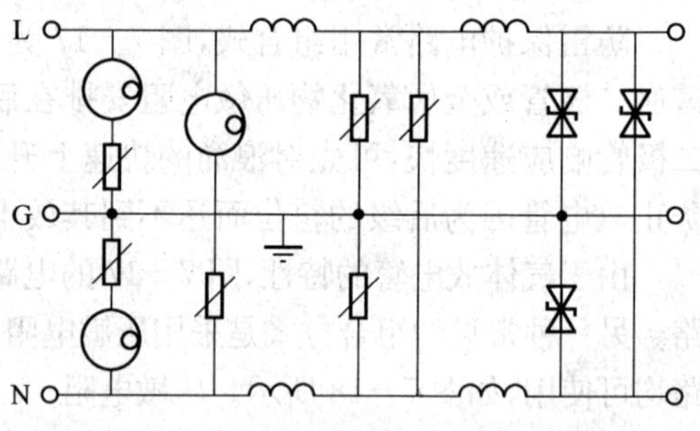

图 7－20 交流电源组合保护电路

第一级保护电路的电流容量应大于电路可能承受的最大电流容量；第二级、第三级保护电路的浪涌电流容量可以逐级递减。为了减少前级气体放电管反应时间，可以在前级压敏电阻上并联一个 1 000 pF 到 10 000 pF 的高频电容。

对浪涌电压不需太高测试等级的产品，可以省略第一级的气体放电管和压敏电阻串联电路以及相应的级间隔离电感。对保护器残压不敏感的产品，可以省略第三级的 TVS 保护电路及相应的级间隔离电感。由于 TVS 吸流能力有限，一般不单独在交流电源端口使用。

(2)防雷变压器

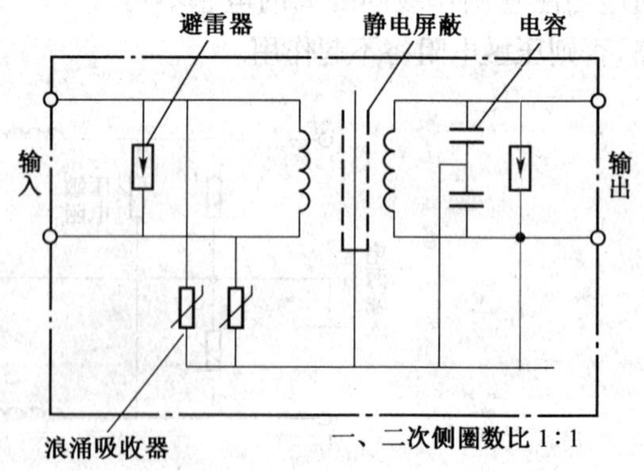

图 7－21 防雷变压器

将交流隔离电源变压器加上浪涌抑制器件后就变成防雷变压器，图 7－21 是这种

产品的一个实例。图中的避雷器即气体放电管，浪涌吸收器用压敏电阻，变压器有静电隔离装置，二次侧的电容器可进一步抑制浪涌中的残留差模噪声。根据厂家提供的资料，对峰值为3 kV、波宽为 40 μs 的浪涌，能衰减到 10 V，而普通电源变压器只能衰减到 260 V。

(3)防雷模块或防雷组件

在大型信号设备(如多个分设备共用一路电源输入且安装在同一个机柜中)中，往往采用独立的防雷组件或防雷模块的形式，在电源输入端加以防护。防雷组件亦不外乎采用气体放电管、压敏电阻、TVS 管这几种元件中的一种或数种的组合。有时，还在其后端加上 EMI 电源滤波器，构成电源滤波组件，同时提供防雷和电源滤波的功能。

2. 信号端口的防护

信号端口包括设备的各类通信端口、I/O 端口。这一类端口一般为弱电端口，其工作电压(电流)较低，所以如果不加以恰当的防护，往往更容易受到雷电流的影响。

信号端口的抗浪涌防护一般采用以下几种形式：

(1)采用屏蔽电缆传输信号，并将屏蔽层良好接地。良好的屏蔽能够有效地抑制感应雷的影响，并抑制大多数共模形式的其他电磁骚扰。在使用屏蔽电缆时需要注意电缆屏蔽层的接地方案，究竟采用单端接地还是双端接地要视具体的应用条件而定，不当的接地方案可能会引入预期以外的骚扰。在端口接插件处处理屏蔽层接地时，应尽量采用 360°环接的方式，即将电缆屏蔽层与机箱形成一个贯通密闭的屏蔽腔体。否则，屏蔽的防护效果会降低。

(2)端口隔离：对信号端口采用隔离措施，如采用光电耦合器、隔离信号变压器等，可以阻止来自信号线的冲击电流进入内部电路。

(3)采用浪涌抑制器件和去耦电路：对于差模方式侵入系统信号线的浪涌电流，可以采用浪涌抑制器件来进行防护，气体放电管、压敏电阻、TVS 这几类器件都可以采用，选用原则与电源端口的防护基本类同。对于弱信号端口，往往采用稳压二极管串联限流电阻的方式来进行电压箝位防护。在条件许可时，可以安装信号滤波器或去耦电路(RC、LC 形式或采用带穿芯电容的隔离接插件)以抑制骚扰改善信号质量。

(4)通信接口的浪涌抑制电路的技术要求较高，因为除了满足浪涌防护要求外，还须保证传输指标符合要求。加上与通信线路相连的设备耐压很低，对浪涌残压要求严格，因此在选择防护器件时较困难。理想的浪涌抑制电路应是电容小、残压低、通流大、响应快。故在选用浪涌抑制器件时需要特别注意：压敏电阻的极间电容大，故一般只适用于音频及以下低速通信端口；TVS 器件的极间电容也较大，如在高速数据线上使用，要用特制的低电容器件(可工作到几十兆赫兹)，但是低电容器件的额定功率往往较小；气体放电管可以工作到非常高的频率，但是通信接口电路中的信号不允许含有过 10 V 的直流分量。

第三节 综合接地技术

铁路设备及设施的接地是一项复杂的系统工程，涉及的专业有信号、通信(有线、无线)、信息、电气化、电力、机械、桥梁、隧道、路基、轨道、环工、给排水等。从接地的种类来看，主要包括建筑物的防雷接地及强弱电系统的工作接地、保护接地、屏蔽接地等。

一、分设接地与综合接地方式

过去，国内铁路的接地设计采用各专业的地线分别设置、相互隔离的方式。高速铁路一般采用电力牵引，牵引回流和短路电流经过钢轨并在钢轨和与之相连的设施上产生对地电位差，当该电位较高时，将对人身和设备安全构成威胁。传统的分设地线的方式难以满足各系统设备防雷、接地及等电位连接及有效保障人身及设备安全的要求，需要采用综合接地方式提高接地性能。

综合接地系统一般利用建筑物内钢筋作为自然接地体及引下线，当达不到接地电阻值要求时，再补充设置人工接地体，避免了单独设置人工接地装置需要较大场地的限制，节省投资，且金属受混凝土保护，不易腐蚀。从 20 世纪 80 年代起，国际、国内的大型公用建筑物和民用建筑物、地铁、轻轨的接地大多采用共用接地系统。资料显示，综合接地方式经过 20 多年的运用实践，技术日趋成熟。

国外代表性的高速铁路接地方式主要有以法国、德国为代表的欧洲综合接地方式和日本的分设接地方式。

(1)欧洲方式

影响接地效果的首要是接地网的面积。任何一个简单独立地网的面积是有限的，接地效果也是有限的。欧洲高速铁路普遍采用了开放式车站，人员可自由进出，因此对人身安全的要求较高。为此，欧洲铁路建立了 EN 50122 铁路接地安全评价体系，采用等电位连接方式。在铁路沿线敷设贯通地线，将铁路沿线所有设施的接地网连接在一起，形成面积非常大的综合接地体，来增强接地效果、确保人身和设备安全。

欧洲铁路的综合接地方式利用铁路沿线设施，降低了钢轨电位，保证了人身和设备安全，而且降低了铁路各子系统单独接地所需的工程投资。对于场坪面积条件有限或高土壤电阻率地区，采用综合接地优势特别突出。

(2)日本方式

日本铁路采用分开独立接地方式，这与日本的铁路建设管理方式有关。欧洲铁路的主要技术由国家铁路公司(DB、SNCF 等)掌控，注重建立标准体系来促进技术发展。而日本铁路技术分布在铁建工团、各铁路公司和部分大型企业中，铁路各子系统之间缺乏综合性。为避免牵引回流对信号设备产生不利影响，日本的铁路信号系统的工作接地和安全接地必须分开

设置。

在实际工程中，日本铁路采用各铁路子系统接地相互独立、相互隔离的方式，接地效果较差，造成日本的高速铁路的钢轨电位较高，存在一定危险。对于此缺陷，通过在车站、变电所设置放电间隙等措施来弥补，并采用封闭式车站，旅客购票进入，站台两侧设防护栏杆，铁路区间全封闭，不允许人员擅自进入。

表 7—6　欧洲与日本的高速铁路接地系统对比

方式	欧洲方式	日本方式
接地方式	将工作接地、安全接地合为二体的综合接地，铁路各子系统(包含站台、站房等)之间进行等电位连接	工作接地、安全接地分开设置
回流方式	牵引回流经过综合接地系统(钢轨、回流线或保护线、大地、相关设施地网等)返回牵引变电所，弱电设备地网有电流和电压存在	正常情况下牵引回流经过钢轨、保护线返回牵引变电所，与弱电设备无关
相互影响	通过综合接地系统将强电系统对弱电设备的影响控制在可以接受的范围内	强电回流与弱电设备互不影响
区间	敷设贯通地线，沿线设备进行等电位连接并与贯通地线相连	沿线设备独立接地，互不影响
车站	包含站台站房在内的所有铁路设施之间进行等电位连接，并与贯通地线或钢轨相连	站台与轨道之间设放电间隙，当电压差超过 3 kV时放电间隙动作，降低轨道电位
接触网	接触网回流线或保护线与支柱之间采用无绝缘安装，利用支柱基础充分接地	接触网保护线与支柱之间采用绝缘安装，加设闪络保护线或 S 形放电间隙，不考虑利用支柱基础接地
钢轨电位	按 EN 50122 的要求进行控制：安全性较高	短路时的钢轨电位远高于欧洲方式，危险性较高
安全保证	通过完善技术体系来保证人身安全、设备安全，车站采用开放形式，人员自由进出	通过法律手段来保证，车站购票进入，站台两侧设防护栏杆，人员擅自进入栏杆外部属于违法行为，车站报警后由警方处理

相比较而言，欧洲方式的要优于日本方式，其原因有三：

(1)接地效果

影响接地效果的首要因素是接地网的面积。任何一个简单独立地网的面积是有限的，接地效果也是有限的。欧洲方式采用等电位连接方式，在铁路沿线敷设贯通地线，将铁路沿线所有设施的接地网连接在一起，形成面积非常大的综合接地体，尤其是对于场坪面积有限或高土壤电阻率地区，采用综合接地优势特别突出。其接地效果优于日本的分开独立接地方式。

(2)安全性

欧洲的综合接地方式充分利用铁路沿线设施，降低了钢轨电位，保证了人身和设备安全。所以在欧洲，高速铁路车站普遍采用开放式，人员可自由进出。而日本高速铁路的钢轨电位较高，存在一定危险，故需要在车站、变电所设置放电间隙等措施来弥补，并采用封闭式车站，站台两侧设防护栏杆，铁路区间全封闭，不允许人员擅自进入。

(3)经济性

采用综合接地可以显著降低铁路各子系统单独接地所需的工程投资。

综合接地方式在铁路行业和其他工业领域都具有明显的技术优势，正在成为工程建设中的主流方式。铁路各子系统的接地纳入综合接地系统，能够大大降低各子系统独立进行接地处理的实施难度；实际运用经验也表明，只要在综合接地中将强电设备(电气化、电力)接地和弱电设备(通信、信号)接地在接入综合接地系统中保证一定的距离，弱电设备的安全是有充分保证的。

目前我国铁路发展步伐很快，尤其是客运专线项目，其特点是桥隧比例大、大量采用无砟轨道等。在采用这些新技术的同时，也导致钢轨电流剧增、牵引回流分布改变，钢轨电位升高，电磁耦合使铁路附近的金属产生较高的感应电压，对人身、设备安全构成更大的威胁。同时，由于电子设备增多，地线的种类和数量也大量增加，如果单独设置接地体，势必会对线路的稳定性造成破坏，各独立接地体间的电位差也会对设备造成危害。

所以，为保证人身安全、设备安全可靠运行，在高速铁路和位于高土壤电阻率地区的普速铁路采用综合接地方式，将沿线路各种接地有机、合理的结合起来，保证各系统、各设备之间实现等电位连接，减少不同系统设备之间的电位差及可能造成的人身和设备的安全隐患，是很有必要的。

二、综合接地系统及设计要素

综合接地系统的(Integrated Earthing System)定义为：将铁路沿线一定范围内的牵引供电回流系统、电力供电系统、信号系统、通信及其他电子信息系统、建筑物、道床、站台、桥梁、隧道、声屏障等需接地的装置通过贯通地线连成一体的接地系统。

综合接地系统适用于(1)客运专线；(2)新建 200 km/h 客货共线铁路；(3)普速铁路长大桥梁、隧道及大型车站等接地需求比较集中，且单独设置接地极较困难的地段，可在局部范围内实施综合接地系统。

综合接地系统涵盖了电子系统接地、牵引供电系统接地、电力设施接地、声屏障接地、无砟轨道及站台接地以及其他设施的接地。综合接地系统的构成示意图如图 7—22 所示。

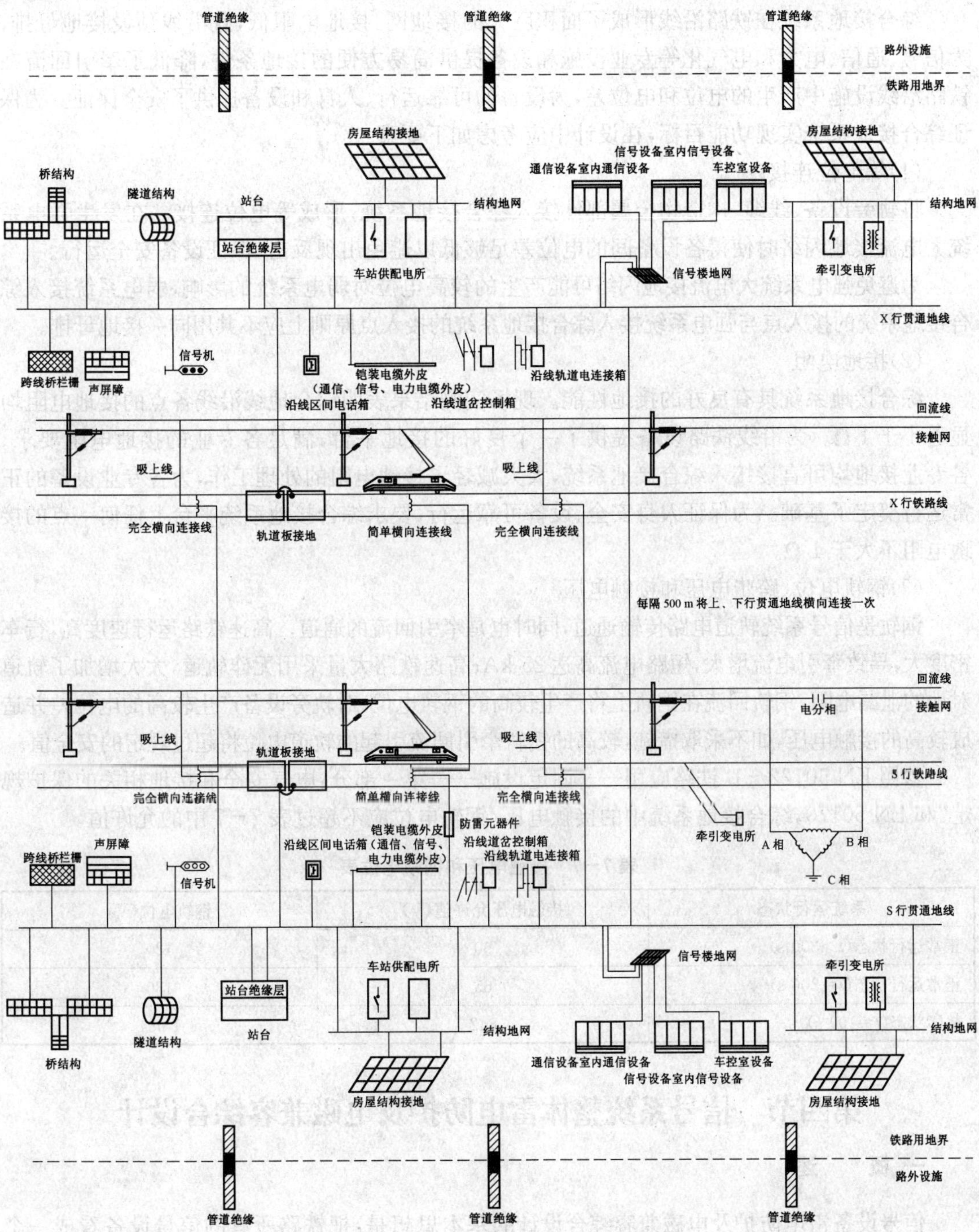

管道绝缘　管道绝缘　管道绝缘

路外设施

铁路用地界

房屋结构接地　房屋结构接地

信号设备室内信号设备

通信设备室内通信设备　车控室设备

桥结构　隧道结构　站台　站台绝缘层

结构地网　结构地网

车站供配电所　信号楼地网　牵引变电所

X 行贯通地线

跨线桥栏栅　声屏障　信号机

铠装电缆外皮（通信、信号、电力电缆外皮）

沿线轨道电连接箱

沿线区间电话箱　沿线道岔控制箱

回流线

接触网

吸上线　吸上线

X 行铁路线

完全横向连接线　轨道板接地　简单横向连接线　完全横向连接线

每隔 500 m 将上、下行贯通地线横向连接一次

回流线

电分相

接触网

吸上线　轨道板接地　吸上线

S 行铁路线

完全横向连接线　简单横向连接线　完全横向连接线

铠装电缆外皮　防雷元器件

跨线桥栏栅　声屏障　沿线区间电话箱（通信、信号、电力电缆外皮）　沿线道岔控制箱　沿线轨道电连接箱

信号机

牵引变电所　A 相　B 相　C 相

S 行贯通地线

信号楼地网

车站供配电所　牵引变电所

站台绝缘层

结构地网　结构地网

桥结构　隧道结构　站台

通信设备室内通信设备　车控室设备

信号设备室内信号设备

房屋结构接地　房屋结构接地

铁路用地界

路外设施

管道绝缘　管道绝缘　管道绝缘

图 7—22　综合接地系统构成示意图

综合接地系统在铁路沿线形成了面积巨大的接地网，接地电阻低，且沿线预设接地母排，为信号、通信、电力和电气化等专业设施和设备提供简易方便的接地条件，降低了牵引回流在铁路沿线设施中产生的电位和电位差，为设备的可靠运行、人身和设备提供了安全保证。为保证综合接地系统实现功能目标，在设计中应考虑如下要素：

(1)等电位连接

将轨旁设备、线缆、构造物金属部件接入综合接地系统，形成等电位连接。在发生强电系统大电流接地闪络时使得各设备间的电位差足够低以避免出现反击，保证设备安全运行。

为避免强电系统大电流接地闪络可能产生的较高电位对弱电系统的影响，弱电系统接入综合接地系统的接入点与强电系统接入综合接地系统的接入点原则上应不共用同一接地母排。

(2)接地电阻

综合接地系统具有良好的接地性能。现场实测结果表明综合地线沿线各点的接地电阻均显著小于1 Ω。为沿线铁路设备提供了一个良好的接地平台，满足各专业的接地电阻要求。各专业接地均可直接接入综合接地系统，大大减轻了接地电阻的处理工作，为各专业设备的正常运行奠定了基础。为保证人身安全、设备可靠运行，要求综合接地系统平台上任何一点的接地电阻不大于1 Ω。

(3)钢轨电位、跨步电压和接触电压

钢轨是信号系统轨道电路传输通道，同时也是牵引回流的通道。高速铁路运行速度高，行车密度大，导致牵引电流增大，短路电流高达25 kA；高速铁路大量采用无砟轨道，大大增加了轨道对地的泄漏电阻，钢轨回流在钢轨上将产生较高的钢轨电位，对轨旁设备产生较高的电位差并造成较高的接触电压，如不采取措施，较高的钢轨牵引回流引起的轨道电位将超过规定的安全值。

参照EN 50122－1“铁路应用——固定设施——第一部分：电气安全和接地相关的保护规定”和EN 50170，综合接地系统中的接触电压/钢轨电位应不超过表7－7中的允许值。

表7—7 接触电压和钢轨电位表

系统运行状态	接触电压允许值(V)	钢轨电位(V)
正常运行状态(t>300 s)	60	120
正常运行状态(t=300 s)	65	130
故障状态(t=100 s)	842	1 684

第四节 信号系统整体雷电防护及电磁兼容综合设计

一、概　　述

信号设备雷电防护及电磁兼容综合设计的基本思想是：把铁路所有的信号设备看成一个整体(系统)来处理。传统的信号设备防雷仅停留在局部范围，如对引入电源、轨道电路、电码化设备做单一雷电过电压防护，简单加装一些防雷元件，各防雷器件之间不能互相协调工作，难以起到整体防雷的效果。根据电磁兼容的原理，只有把局部、单一的防范措施提升到系统防雷、整体防护的高度，使得各级防雷器件互相协调工作，实现多级配合，层层泄流，才能使信号设备系统得到有效的保护，如图7—23所示。

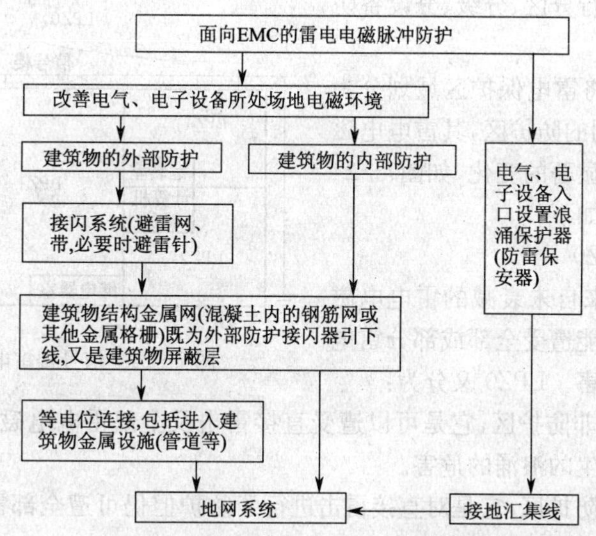

图7—23　面向EMC的雷电电磁脉冲防护

铁路信号设备雷电及电磁兼容综合防护把信号设备的防雷和建筑物的防雷有机地结合起来，主要为三个方面：

1.改善电磁环境条件，包含屏蔽、等电位设置

为了抗御直击雷和降低雷电电磁干扰，信号设备的建筑物应采用法拉第笼进行电磁屏蔽，法拉第笼由屋顶避雷网、避雷带和引下线、机房屏蔽和接地系统构成。

信号设备建筑物的法拉第笼利用建筑物的钢筋混凝土结构或框架结构，实现引下线和大空间屏蔽网的作用，形成信号楼共用接地系统，既合理利用了资源、节省了投资也提高了建筑物抗击直接雷的综合能力。

2.完善分区、分级设置防雷保安器以及合理布线

按照分区、分级的原则，将信号系统电源、设备、通道集中设置防雷保安器。传统的信号防雷采用单项防雷单元，防雷柜、分线柜、电源防雷箱等分开设置，设备之间连线多且长，防雷效果较差。综合防护整合了传统的防雷系统，将防雷柜和分线柜整合成防雷分线柜，将信号配电、电源防雷整合成信号防雷型配电盘，缩短了电磁干扰的在室内的作用长度，提高了防雷系统的整体效果。

3.采取良好接地措施

信号设备的安全地线、屏蔽地线、防雷地线，以及微电子设备的逻辑地线均由过去的分散

独立设置整合为建筑物的共用接地系统提高了接地效果，合理利用了资源，实现等电位连接。

二、综合设计原则

铁路信号设备雷电及电磁兼容综合防护的设计遵循以下四个原则。

1. 对信号设备实行分区、分级、分设备防护原则

分区(LPZ)是指将雷电保护区域划分为若干雷电防护区，不同的防护区，其雷电电磁脉冲强烈程度也随之显著的变化，如图7－24所示。各分区的定义如下。

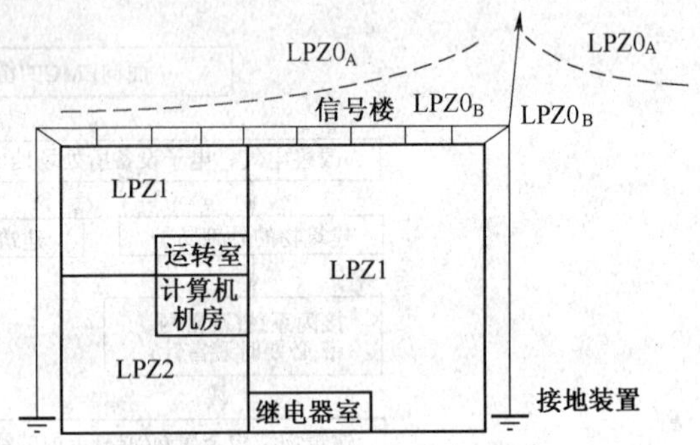

图 7－24　信号楼雷电分区示意图

- 外部区域 LPZ0

该区域中，威胁来自未衰减的雷电电磁场。区域内的系统可能遭受全部或部分雷电电流产生的浪涌的危害。LPZ0 又分为：

—LPZ0$_A$ 直击雷非防护区，它是可以遭受直接雷击及全部雷电电磁场危害的空间，电路受到全部雷电电流产生的浪涌的危害。

—LPZ0$_B$ 直击雷防护区，它是对直接雷击进行了防护但仍可遭全部雷电电磁场危害的空间。电路受到浪涌以至部分雷电电流产生的浪涌的危害。

- 内层区

LPZ1 电路中的浪涌通过边界上分流和边界上的 SPD 得到限制。雷电电磁场能被空间屏蔽衰减。

LPZ2…n　电路中的浪涌进一步在边界上被分流和被边界上的 SPD 限制，雷电电磁场进一步被空间屏蔽衰减。

分级是指同一个通道的设备从室外到室内最后到具体设备的终端，分成多级防护。

分设备是根据不同的设备，选择不同规格不同等级的防雷保安器，保证使各个区域分界处的雷电冲击能量依次递减，最终保证设备所受到的冲击低于其承受水平，达到雷电防护的目的，使系统得到保护。

2. 对信号设备实行综合措施防护原则

以往的铁路信号设备基本是以继电器为主组成的系统，对雷电电磁脉冲引起的电磁场敏感度较低。而微电子设备是以大规模集成电路为基础的，其采用的固态元件对于雷电浪涌更为敏感。从现场实际情况来看，雷害都是由雷电电磁脉冲引起的，还有雷电流进入接地装置引起地电位升高而产生的反击。因此信号设备防雷主要是防雷电电磁脉冲的影响，应充分运用屏蔽、等电位设置、合理布线、分区分级设置防雷保安器、良好接地等技术措施和方法，实现全方位综合防护。

3. 对信号设备实行故障导向安全原则

铁路信号设备是保障行车安全，提高运输效率的设备，不同防雷区域，对微电子设备采取分级防护的防雷保安器必须高安全性、高可靠性，系统设计遵循“故障导向安全”原则，防雷保安器接入不得影响设备正常工作。

4. 系统防雷的原则

系统防雷可总结为：DBSE 技术——即分流（Dividing）、搭接（Bonding）、接地（Earthing）、屏蔽（Shielding）等措施。从设计阶段开始，综合考虑四项措施，符合相应的防雷接地规范，从而达到理想的防护效果。

三、综合设计的主要技术措施

1. 信号楼的外部防雷系统

避雷器的保护原理是在雷击瞬间保证设备、大地、建筑物及其附属设备之间构成等电位体，并将雷电流迅速泄放入地，从而避免过电压的损害。

信号楼的外部防雷保护措施主要是由避雷短针、避雷带、防雷网格与防雷引下线等几个部分组成，如图 7－25 所示。

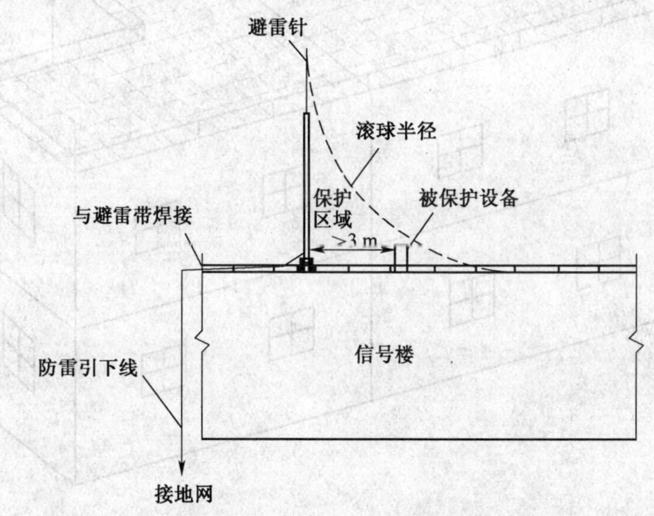

图 7－25　信号楼外部防雷措施

避雷针一般安装在建筑物的最高点。然而，根据[铁运(2006)26 号]的要求，对于整栋信号楼而言，屋顶是不允许设置避雷针的，这主要是为避免高大的避雷针主动接闪。不过，如果信号楼屋顶上有其他设施，如水箱、天线、灯具、喇叭、广告牌等装置，则可以分别单独安装避雷短针，直接就近保护相关设备。这样既能够保护信号楼屋顶设备，也不会因高大避雷针主动接闪，增加雷击频率，产生强大的电磁感应，而影响到信号楼内设备的正常运行。

避雷针的防雷引下线要与天面避雷带和大楼基础钢筋焊接在一起，并接入地网。

如果楼顶有通信用无线天线，为其设立避雷针的接地装置应单独设置，并距环形接地装置15 m以上，特殊情况下不应小于5 m，确因条件限制距离达不到要求时，其接地引接线应与环形接地装置焊接，焊接点与接地汇集线在环形接地装置上的连接点的间距不小于5 m。

避雷带的功能与避雷针一样，主要也是作为建筑物的外部防雷，避雷带的主要功能是保护建筑物，一般避雷带采用Φ12 mm热镀锌圆钢制作，沿着建筑天面女儿墙平行敷设，避雷带高出女儿墙150 mm。

防雷网格主要作用也是保护建筑物，但防雷网格是保护建筑物整个屋顶，而避雷带主要保护的是建筑物最高处的外墙，同时防雷网格也承担了建筑物楼顶的屏蔽作用。防雷网格采用40×4的热镀锌扁钢制作成2 m×2 m的方格，敷设在建筑物的整个天面上，并与避雷带焊接。如图7－26所示。

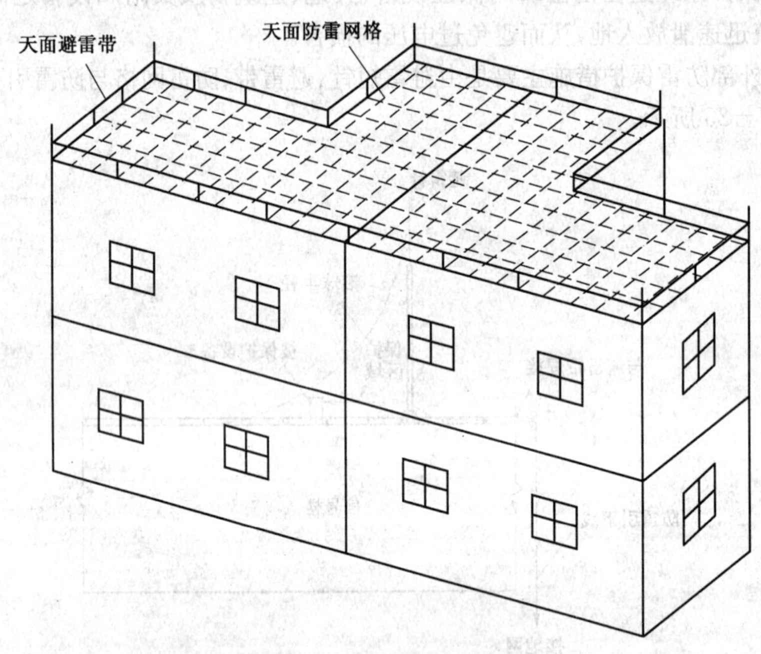

图7－26　避雷带和避雷网格

防雷引下线主要是作为天面避雷设施的泄流通道，是避雷带与接地装置的连接线，沿机房建筑物外墙均匀垂直敷设4～6根，下端连接到建筑物的主钢筋并接入地网。

引下线安装应平直，并与其他电气线路距离大于1 m。引下线的固定卡钉布置应均匀牢固，间距1 m用螺栓固定在墙面上，从地面以上2 m到地面以下200 mm处，用PVC管保护。

2. 地网建设

接地网是接地系统的基础，由接地环(网)、接地极(体)和引下线组成。以往常有种误解，

把接地环作为接地的主体，很少使用接地体，在接地要求不高或地质条件相当优越的情况下，接地环也能够起到接地的作用，但是通常的情况下，这是不可行的，接地环可以起到辅助接地作用，主导作用是用接地体来完成的。

决定接地电阻大小的因素很多，下面分析一下计算传统地网接地电阻的公式（仅以接地环接地时）。

$$R=0.5\times\frac{\rho}{\sqrt{S}} \tag{7-7}$$

$$R=\frac{\rho}{2\pi L}\ln\frac{4L}{d} \tag{7-8}$$

$$R=\frac{\rho}{2\pi L}\left(\ln\frac{L^2}{dH}+\mathrm{A}\right) \tag{7-9}$$

式中 ρ——土壤电阻率，Ω·m；

d——钢材等效直径，m；

S——地网面积，m^2；

H——埋设深度，m；

L——接地极长度，m；

A——形状系数。

式(7－7)表明，传统的接地方式在土壤电阻率已经确定的情况下，要想达到设计要求的电阻必须有足够的接地面积，要降低接地电阻只有扩大接地面积，每扩大4倍的接地面积，接地电阻会降低一倍。

式(7－8)和式(7－9)表明，在上述的接地网中，要降低接地电阻的另一个方法是加大接地材料的尺寸，但是耗材太大而且效果并不理想。

单使用接地环要达到某个接地电阻值，接地环包围的面积 S 和土壤电阻率有关。我们以一个城市常见的土壤电阻率 200 Ω·m 来分析，要做接地电阻 1 Ω 的地网占地应为 10 000 m^2。在建筑林立的城市要求大面积可供施工的土质空地是不太可能的，即使在地理条件许可的地方，由于开挖量大、耗材多，费工费料工程费用高，是不可取的。

所以，需要运用更好的接地材料和施工设计方法。

要达到设计接地电阻要求，克服环境条件的制约，达到良好稳定的接地效果，应从三方面入手进行施工设计。

(1)由于规范所要求的接地电阻实际上是接地电阻的最大许可值，但是土壤电阻率是随季节变化的，为了满足这个要求，实际地网的接地电阻要达到

$$R=\frac{R_{max}}{\omega} \tag{7-10}$$

式中 R_{max}——接地电阻最大值，即 10 Ω、4 Ω 或 1 Ω 的接地电阻；

ω——是季节因数，根据地区和工程性质取值，常用值为 1.1。

所以，我们所说的接地电阻实际是 $R=0.9\ \Omega, R_{max}=1\ \Omega$。

这样，地网才合乎规范要求，在土壤电阻率最高的时候（常为冬季）也满足设计要求。

(2)接地工程本身的特点就决定了周围环境对工程效果的决定性影响，脱离了工程所在地的具体情况来设计接地工程是不可行的。土壤电阻率、土层结构、含水情况、季节因素、气候以及可施工面积等等，决定了接地网形状、大小、工艺材料的选择。

现在最常使用的接地工程材料有各种金属材料、接地体、降阻剂和离子接地系统等。

垂直接地体可采用石墨电极、铜包钢、铜材、热镀锌钢材（钢管、圆钢、角钢、扁钢）或其他新型接地材料，水平接地极的金属材料如扁钢，也常用铜材替代，主要用于接地环的建设，这是大多接地工程都选用的；当接地体为金属接地体（角钢、铜棒和铜板），这类接地体寿命较短，接地电阻上升快，地网改造频繁，维护费用比较高，但是从传统金属接地极（体）中派生出来特殊结构的接地体（带电解质材料），使用效果比较好，一般称为离子接地系统；另外就是非金属接地体，使用比较方便，几乎没有寿命的约束，各方面比较认可。降阻剂分为化学降阻剂和物理降阻剂，化学降阻剂自从发现有污染水源事故和腐蚀地网的缺陷以后基本上没有使用了，现在广泛接受的是物理降阻剂（也称为长效型降阻剂），具体接地材料的使用，要根据现场的实际情况选择。

(3)地网的建设过程中，要求环形接地装置必须与建筑物四角的主筋焊接，并在地下每隔5～10 m 就近与建筑物基础接地网钢筋焊接一次。地网建设完工后，接地体设置设立永久性地网明显标志。

3.计算机房的屏蔽建设

对于计算机房，主要的防雷措施是对整个微机房进行屏蔽，包括对微机房的天花板、各个墙面和门窗全方面做出屏蔽措施。

对于微机房的屏蔽，主要有以下几种方法。

(1)新建信号楼的微机房，建议采用在墙体内部敷设金属网格做屏蔽保护，金属网格要与微机房的主钢筋焊接，同时每隔 1 m 预留接地点，用不小于 16 mm^2 的软铜线，分别与金属天花和地板下的屏蔽网格可靠连接。

(2)微机房为已建好的，设备正在运行的，则微机房墙面的屏蔽，有两种措施：一是若考虑美观的话，可以在墙面上安装金属扣板做屏蔽，金属板的厚度不小于 0.6 mm；二是若考虑节省费用，可以在墙面上直接安装截面积不小于 3 mm^2、网孔小于 80 mm×80 mm 的铝合金网。用不小于 16 mm^2 的软铜线与金属天花和地板下的屏蔽网格可靠连接。

(3)对于微机房地网上敷设有防静电地板的地板屏蔽，则是在防静电地板的下面用截面为 10 mm^2 的铜编织带敷设屏蔽网格，网格的大小与防静电地板一致。

(4)对微机房的门窗和玻璃隔断的屏蔽是在门窗和玻璃隔断上安装金属网格，金属网格采用截面积不小于 3 mm^2、网孔小于 80 mm×80 mm 的铝合金网，并用不小于 16 mm^2 的软铜线与金属天花和地板下的屏蔽网格，或者是与屏蔽接地汇集排可靠连接，如图 7—27 所示。

4.设备的防雷接地和等电位连接

墙面上安装金属屏蔽网格正视图

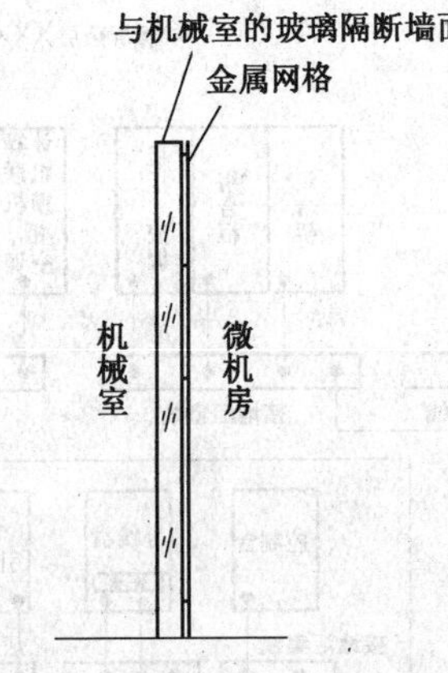

墙面上安装金属屏蔽网格侧视图

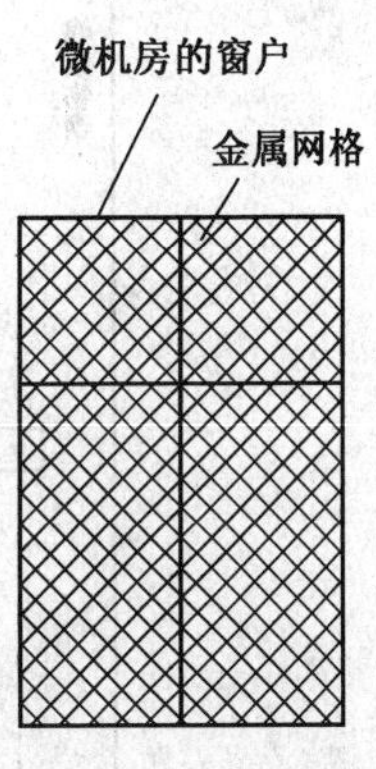

墙面上安装金属屏蔽网格侧视图

图 7—27　微机房门窗的屏蔽

良好的接地效果是防雷成功的重要保证之一。对于信号楼内设备的防雷接地和其他接地来讲，接地方式是在各个房间设立独立的汇集线，作为每个系统独立防雷保护接地，这样就不会使各个系统之间相互影响，接地汇集线的接地均使用 50 mm² 的铜缆接入地网。

(1)接地汇集线方式

①在电源室设电源引入接地汇集线，作为电源防雷箱的接地使用。

②在分线盘处安装信号引入接地汇集线，作为分线盘的信号防雷器接地使用。

③在机房设立安全总接地汇集排，作为机房内设备外壳、信号设备的机架(柜)、控制台、箱盒、信号机梯子、信号电缆的屏蔽层和悬空线路等接地使用。

④微机房屏蔽接汇集线，作为微机房墙壁屏蔽层、屏蔽门窗的金属网格和微机房内防静电地板下的屏蔽网格接地使用。

⑤根据不同微机房的需要，还可设立逻辑接地汇集排，作为微机房设备逻辑接地使用。

设备接地总示意图如图 7—28 所示。

(2)接地汇集排和汇集线

考虑到规范施工，应设立统一规格的接地汇集排，由厂家定制，并在铜板表面镀锌，以保障接触可靠和防腐。

连接到接地汇集排的汇集线采用不小于 50 mm² 的铜缆或 30 mm×3 mm 的紫铜排，沿墙绝缘敷设。

(3)汇集排与地网的连接

汇集线的接地是由不小于 50 mm² 的铜缆引入地网，由于地网的接地体采用扁钢，如果这两种不同的金属直接连接，有可能出现以下两个问题：

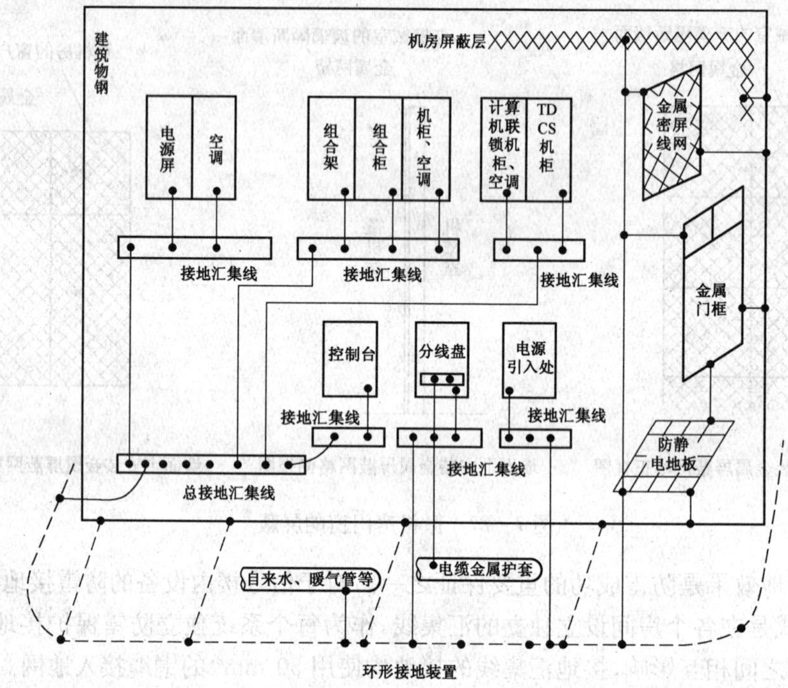

图 7—28　设备接地总示意图

①如果使用焊接,则现场焊接的质量不能得到很好的保证。

②如果用螺栓连接,则螺栓的连接处很可能出现接触不良,引起泄放雷电流下地时在两种金属之间产生很高的阻抗,造成高电位影响接地设备的安全。

所以,对于铜铁的连接,可采用新产品:铜铁转换头,作为铜缆接入地网之间的转换接头,能够很好地保证铜缆接入地网的可靠性和电气性能。

5. 电源系统的防雷保护

对于建筑物内电源系统的防雷保护,依照防雷规范要求,外电网引入机房建筑物应采用多级雷电防护,保护信号楼的电气设备。

第Ⅰ级设在机械室总电源进线制开关箱后端,安装 2 路全模式三相电源防雷箱(40 kA),这种防雷箱具有放电电流大,响应时间短等特性,并且具有故障声光报警、雷电计数和状态显示等功能。

第Ⅱ级防雷箱设在电源屏电源引入侧,安装全模式单相电源防雷器(20 kA)同样具有故障声光报警、雷电计数和状态显示等功能。

第Ⅲ级采用全模式单相电源防雷器(20 kA)安装在微机室电源前(指计算机终端电源稳压器或 UPS 电源前)。

三相电源防雷箱均采用 L(相线)—L、L—PE(保护地线)和 N(中性线)—PE 全模防护的并联三相电源防雷箱；单相电源防雷箱采用 L—N、L—PE 和 N—PE 的单相电源防雷箱。

电源防雷箱的分区保护示意图如图 7－29 所示。为使各分区界面处的最大浪涌电压足够低，所有防雷箱两端的引线应做到最短，必要时应该采用凯文接线法进行安装。

凯文接线法是将保护支路或保护元件与被保护系统线路的并联连接点尽量靠近保护元件的两引头端来设置。简单来说，就是通过合理地延伸系统线路来缩短保护支路的连接线长度。比较可知，SPD 连接线上电感的一部分从与 SPD 串联的位置移到被保护设备的电源或信号线上去，这样在保护支路中的电感就可以得到较大幅度的缩小。图 7－30 给出了一个采用凯文接线法的配电箱的接线实例。

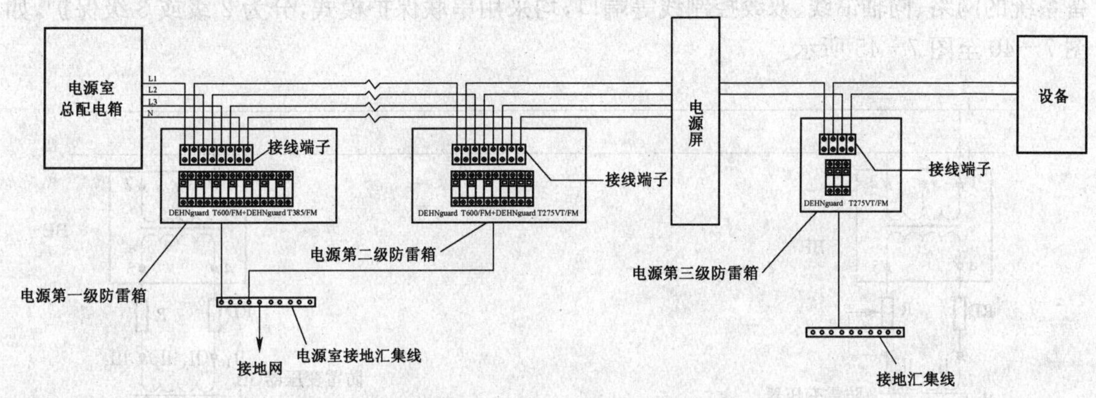

图 7－29　电源防雷箱分区保护示意图

6. 信号设备的防雷保护

按照防雷分区的原则，必须在信号电缆进入信号楼的接口处，即信号分线盘处，安装信号防雷器。

考虑到防雷的效果，在新建车站，必须直接设立防雷分线柜，把信号分线盘和防雷单元有机结合在一起。

如果是既有站改造，考虑到实际情况，建议在信号分线盘旁边，设立独立的信号防雷柜，统一布线，达到最佳防护效果。

下面分别按照不同的信号设备，明确各类信号防雷器的保护电路和技术要求。

(1)25 Hz 相敏轨道电路、移频轨道电路、有绝缘移频轨道电路、ZPW-2000A 自动闭塞分区、ZPW-2000A 二线制电码化、ZPW-2000A 四线制电码化，

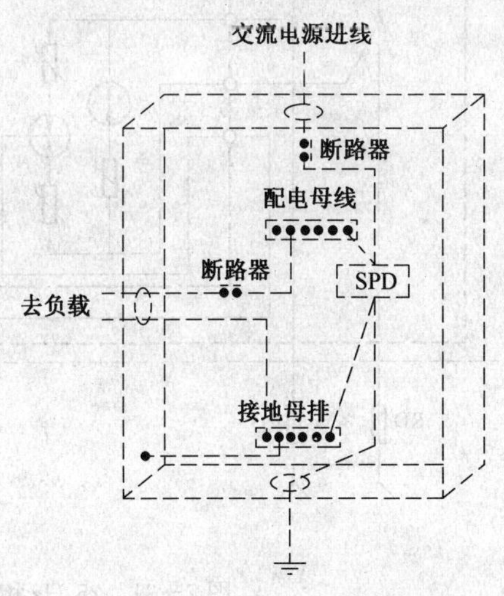

图 7－30　凯文接线法示例

在室内分线盘接线端子处均采用纵横向全保护模式，如图 7－31 至图 7－36 所示。

(2)移频轨道电路、有绝缘移频轨道电路、ZPW-2000A 自动闭塞分区、ZPW-2000A 二线制电码化、ZPW-2000A 四线制电码化，在区间及接近区段均采用纵向或横向保护模式，如图 7－32至图 7－36 所示。

(3)进站信号机的点灯电路、灯丝报警电路、站联电路，采用纵向保护模式，如图 7－37 至图 7－39 所示。

(4)驼峰测长、测速、测重、踏板、机车遥控设备防护电路(包括电化区段和非电化区段)，室内采集、驱动信号传输线，室内视频信号传输线，计算机设备的网络口、串口等端口，TDCS 设备系统的网络、同轴馈线、双绞控制线等端口，均采用串联保护模式，分为 2 级或 3 级保护，如图 7－40 至图 7－45 所示。

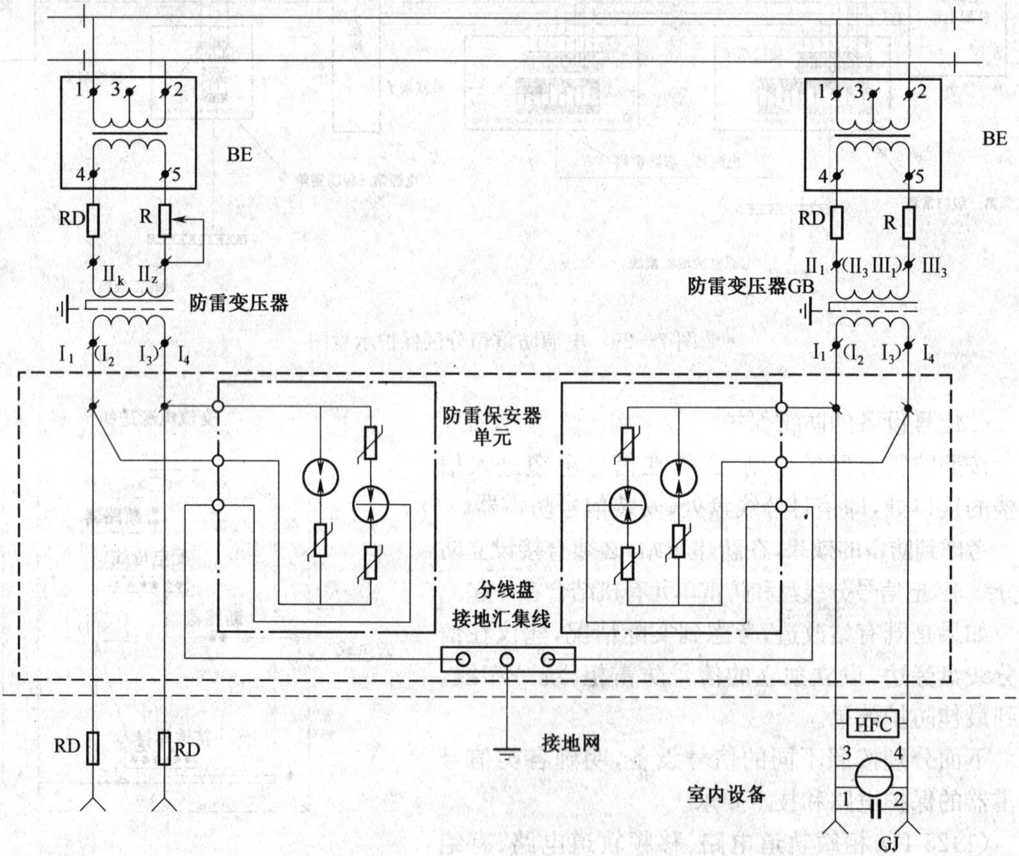

图 7－31　25 Hz 相敏轨道电路防雷保安器配置电原理图

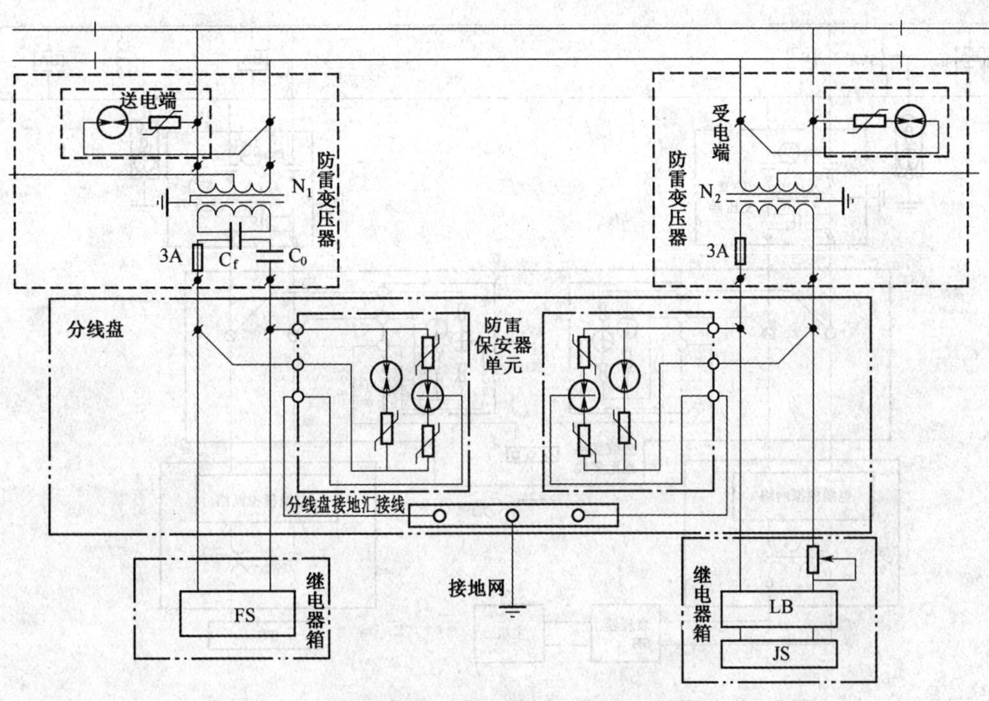

图 7－32　移频轨道电路(区间、站内及接近区段)防雷保安器配置原理图

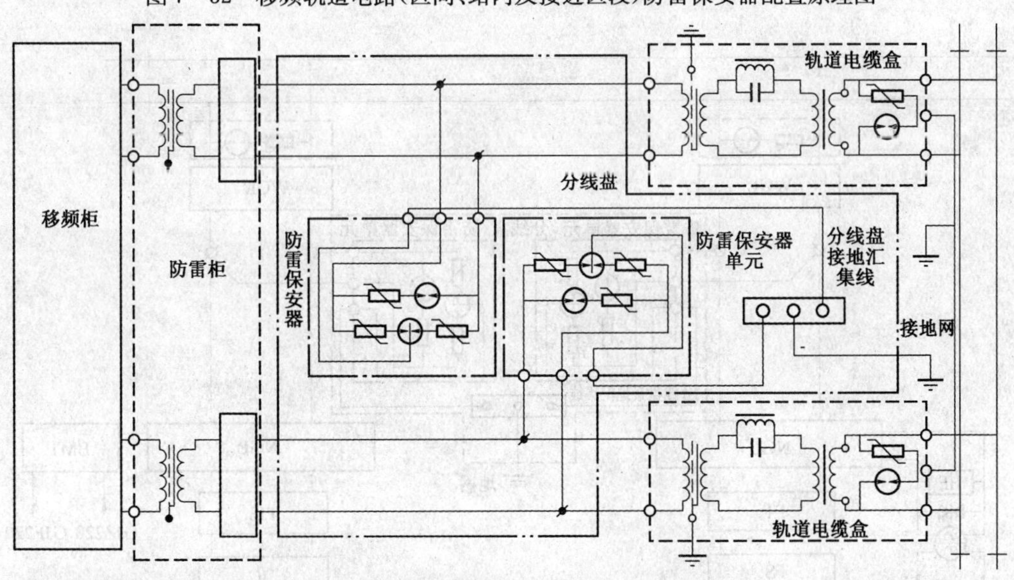

说明:1)电缆盒提供纵防护,低压并联型;地线就近接在电缆盒附近的接地体上。

2)分线盘提供纵向和横向防护,低压并联型。

图 7－33　有绝缘移频轨道电路防雷保安器配置原理图

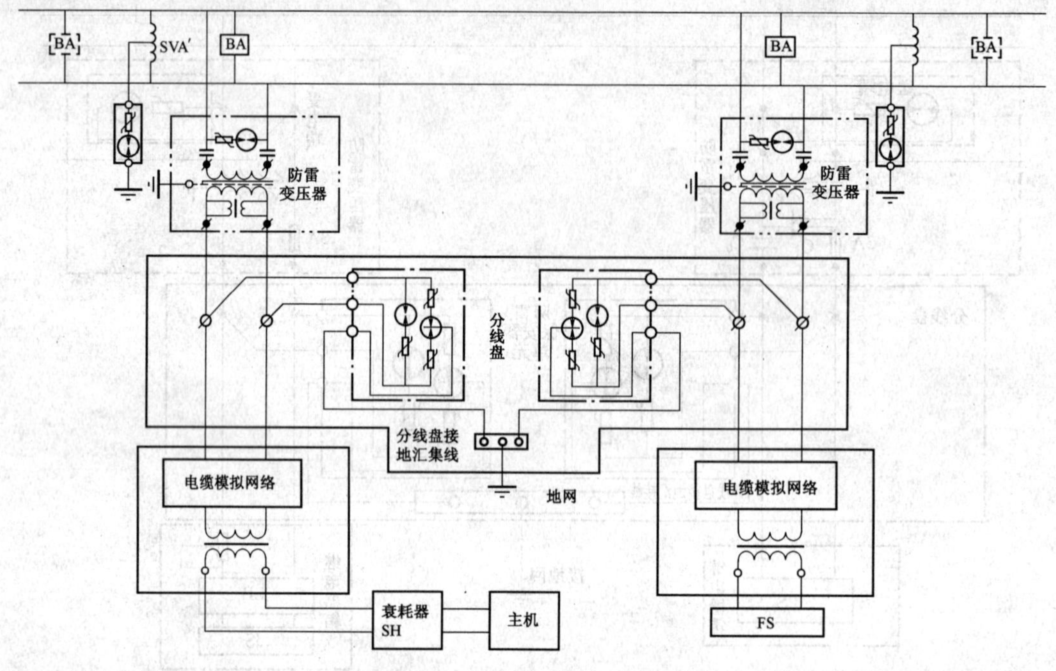

图 7—34　ZPW-2000A 自动闭塞分区防雷保安器配置原理图

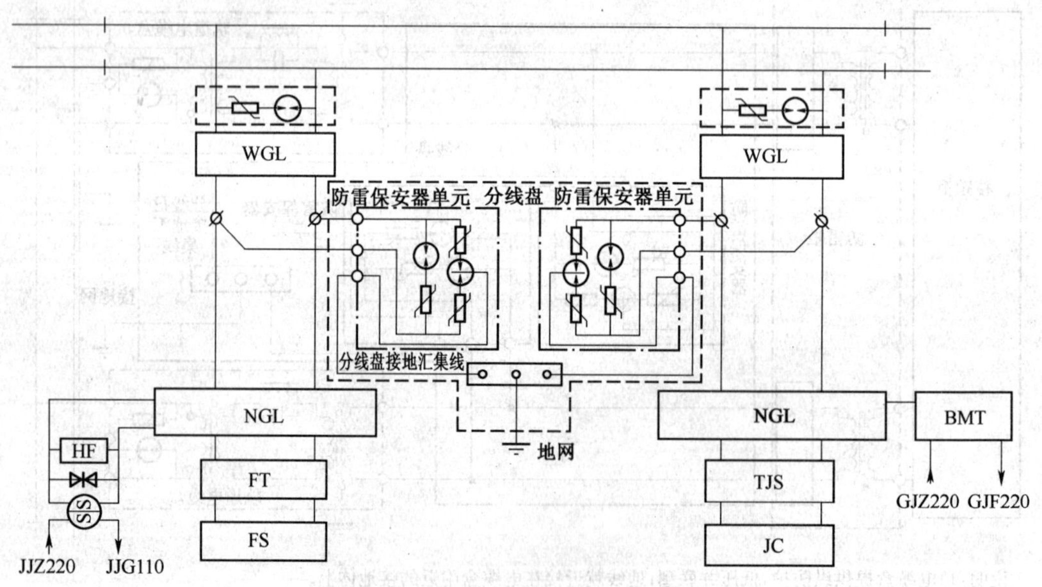

图 7—35　ZPW-2000A 二线制电码化防雷保安器配置原理图

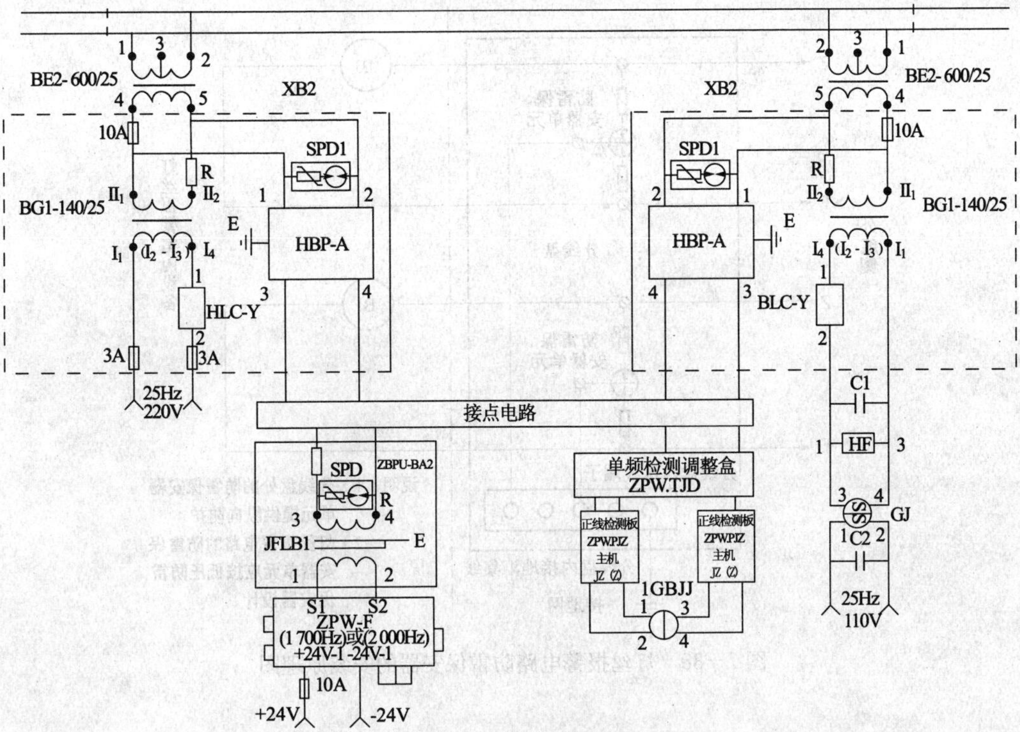

图 7－36　ZPW-2000A 四线制电码化防雷配置原理图

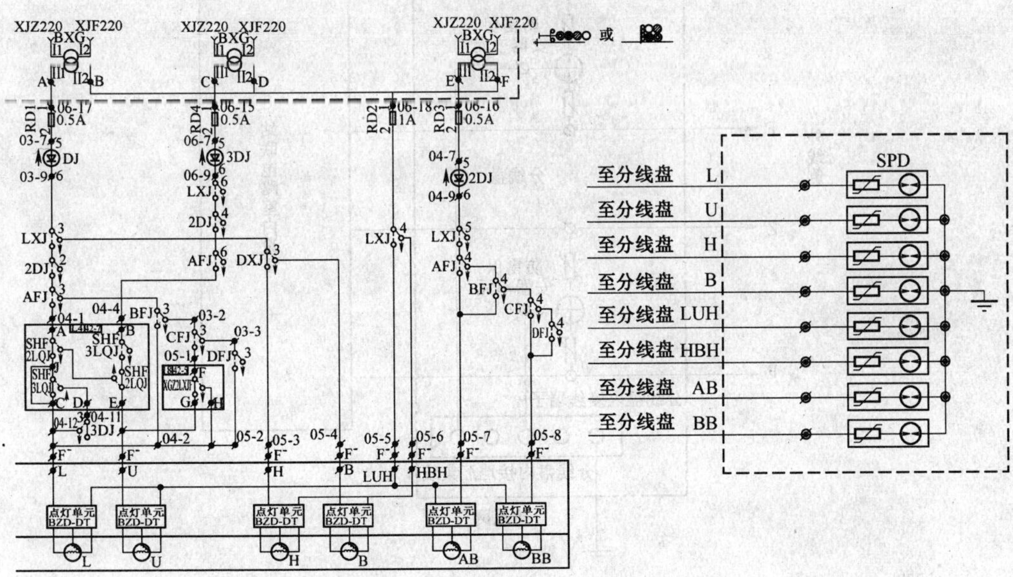

图 7－37　进站信号机的点灯电路在分线盘的防雷保安器配置原理图

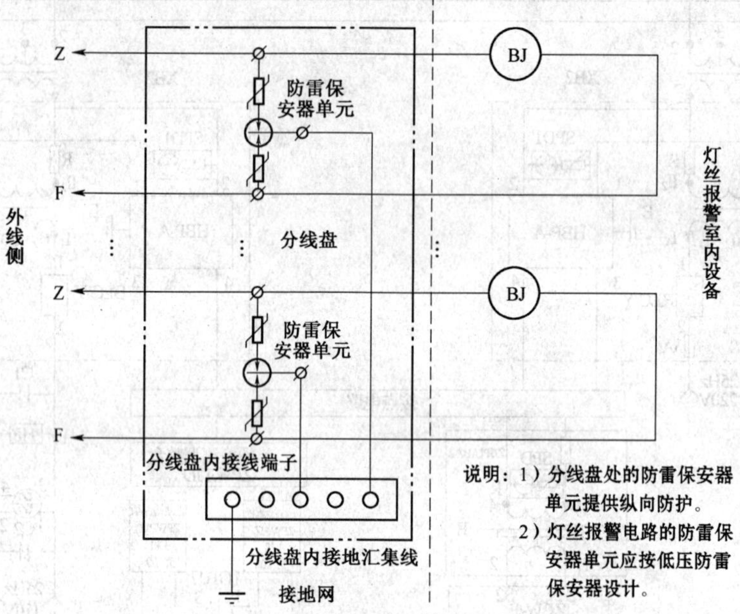

图 7－38　灯丝报警电路防雷保安器的安装原理图

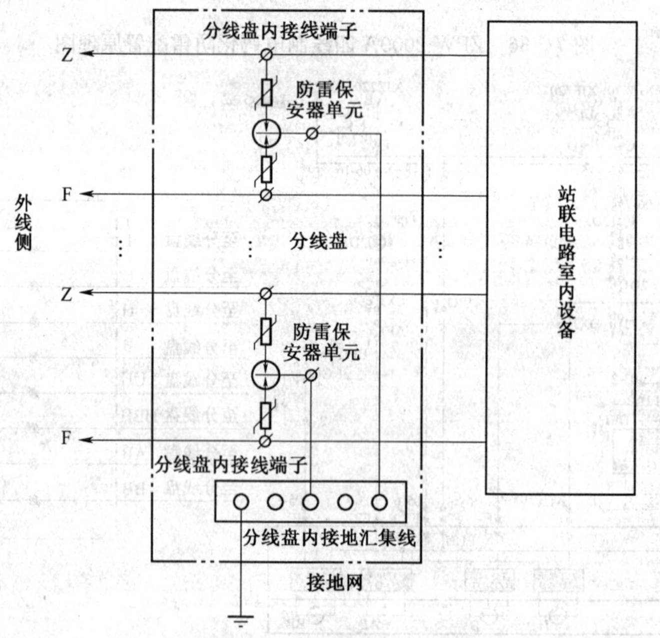

图 7－39　站联电路防雷保安器在分线盘的安装原理图

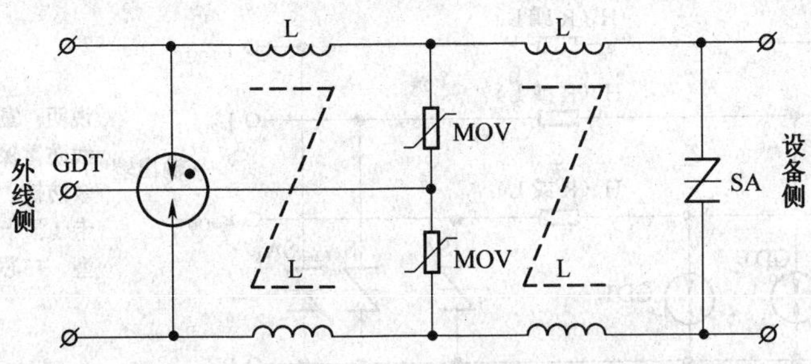

图 7—40 驼峰测长、测速、测重、踏板、机车遥控设备防护电路防雷保安器电原理图(电化区段)

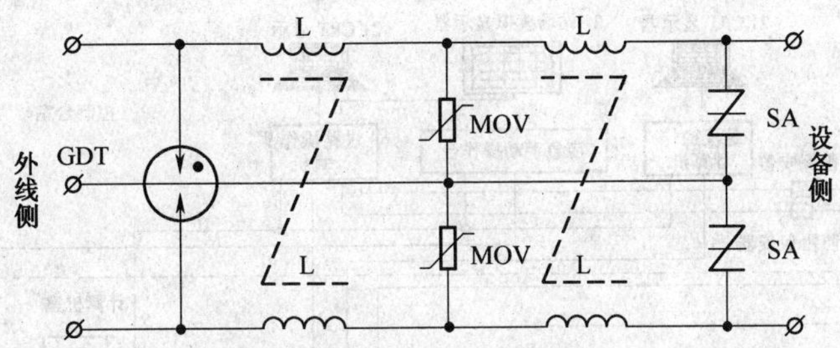

图 7—41 驼峰测长、测速、测重、踏板、机车遥控设备防护电路防雷保安器电原理图(非电化区段)

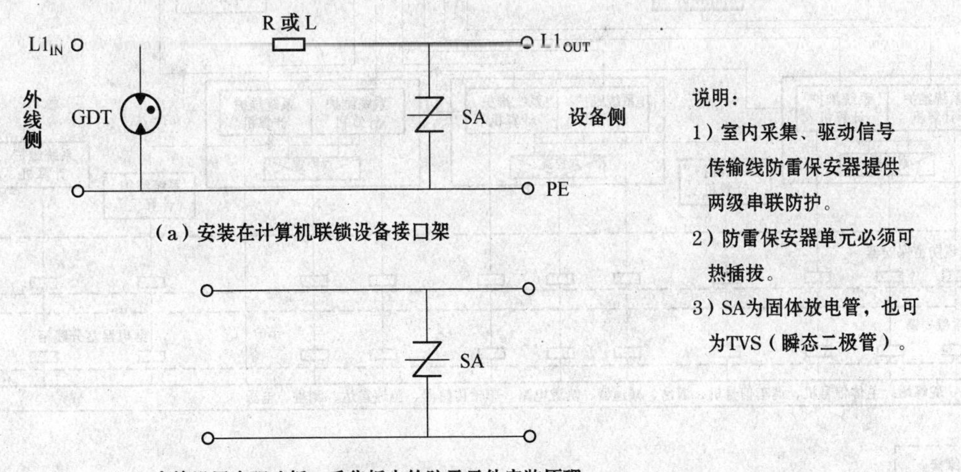

图 7—42 室内采集、驱动信号传输线防雷保安器电原理图

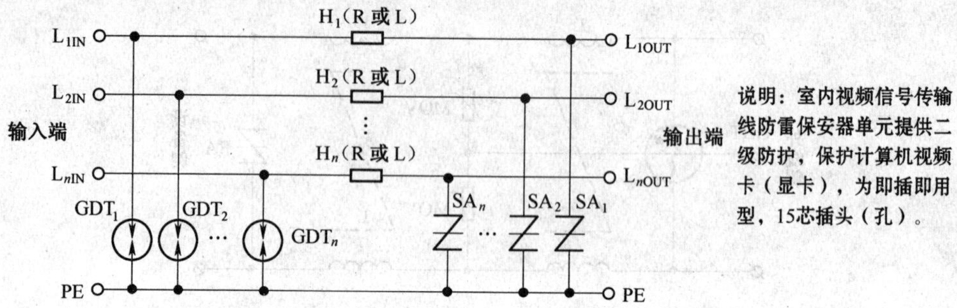

图 7—43　室内视频信号传输线防雷保安器电原理图

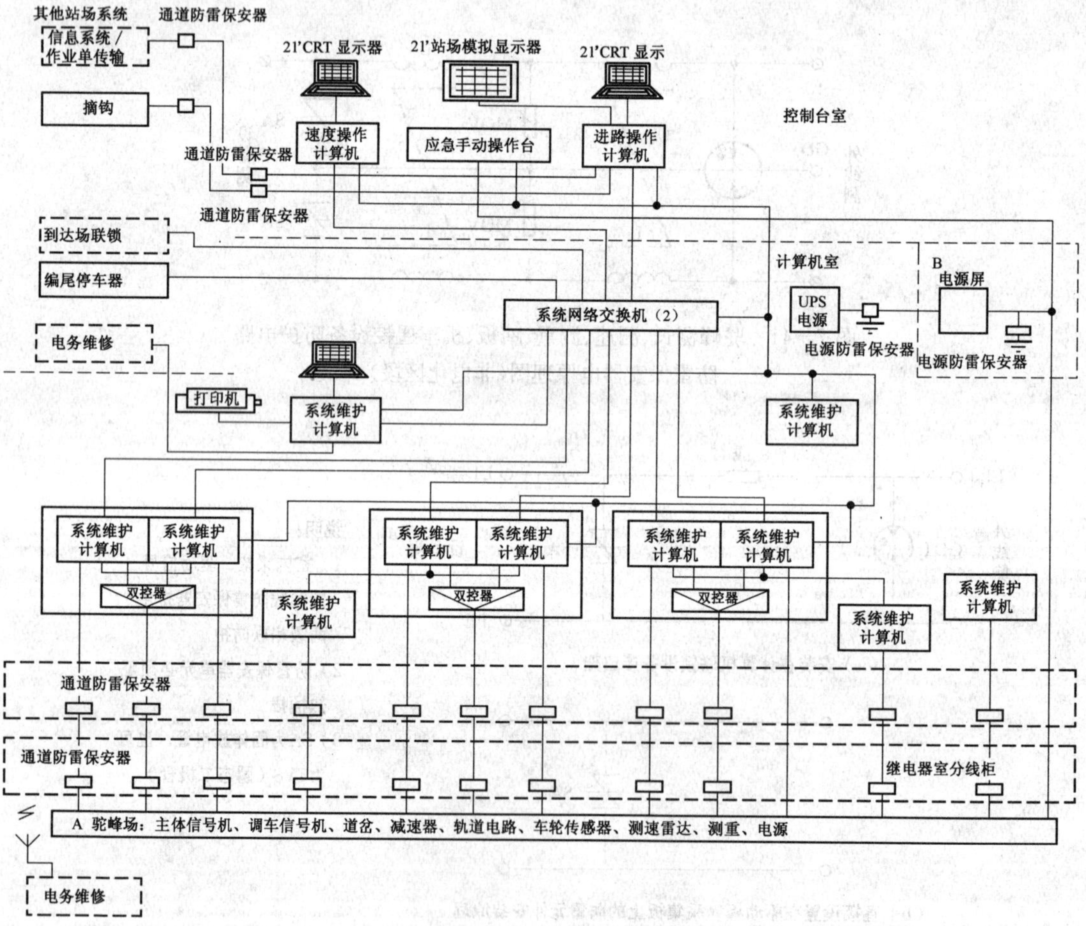

其他站场系统
信息系统／作业单传输
通道防雷保安器
摘钩
21'CRT 显示器
21'站场模拟显示器
21'CRT 显示
控制台室
速度操作计算机
应急手动操作台
进路操作计算机
通道防雷保安器
通道防雷保安器
到达场联锁
编尾停车器
计算机室
B 电源屏
系统网络交换机（2）
UPS 电源
电源防雷保安器
电源防雷保安器
电务维修
打印机
系统维护计算机
系统维护计算机
系统维护计算机
系统维护计算机
系统维护计算机
系统维护计算机
系统维护计算机
系统维护计算机
系统维护计算机
双控器
双控器
双控器
系统维护计算机
系统维护计算机
系统维护计算机
通道防雷保安器
通道防雷保安器
继电器室分线柜
A 驼峰场：主体信号机、调车信号机、道岔、减速器、轨道电路、车轮传感器、测速雷达、测重、电源
电务维修

图 7—44　计算机设备防雷保安单元设备配置图

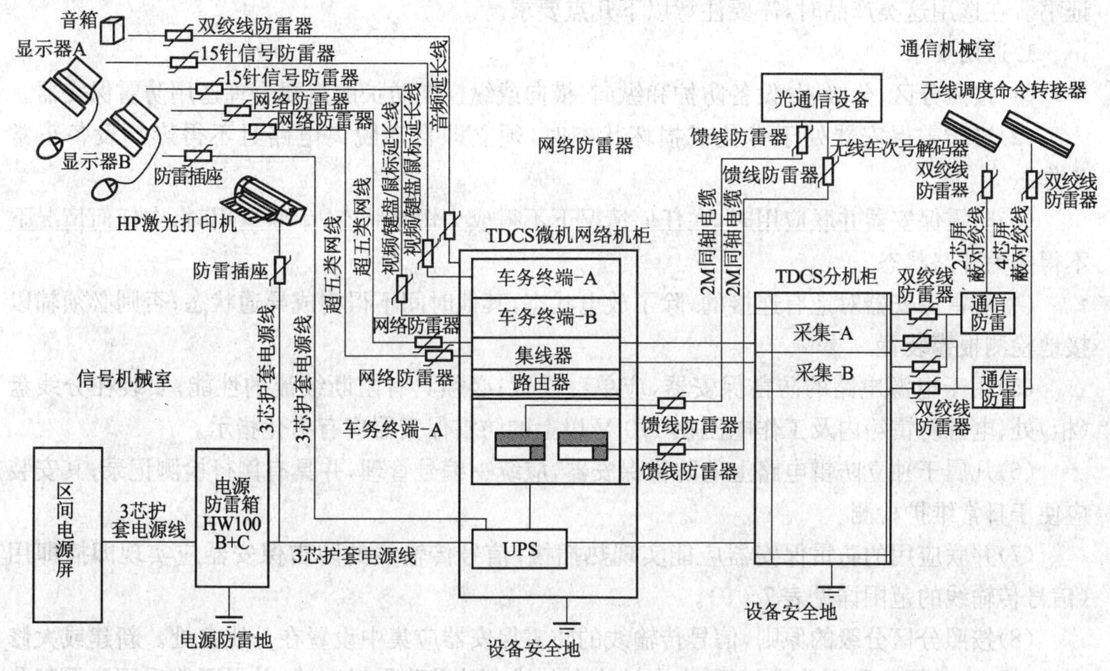

图7—45　TDCS设备系统的防护配置图

7. 信号楼的其他防雷保护项目

(1)如果信号楼旁边有通信铁塔(一般为30～60 m高),并设有避雷针,接闪的频率比较高,为保护信号楼的安全,其接地装置应单独设置,并距离信号楼的环形接地装置15 m以上,特殊情况下不应小于5 m。如因条件限制,距离达不到要求时,铁塔的接地引接线应与环形接地装置焊接,焊接点与接地汇集线在环形接地装置上的连接点的间距不小于5 m。

(2)如果信号楼旁有贯通地线,贯通地线在信号机房建筑物一侧每隔2～3 m用50 mm^2裸铜线与环形接地装置连接,两端各连接两次。铁路沿线及站内的各种室外信号设备的各种地线均应就近与贯通地线连接,引接线采用25 mm^2的多股裸铜缆焊接或压接,焊接时焊接长度不小于100 mm,并套150 mm长热熔热缩带防护。

(3)考虑站场有大量电子设备以及工作人员的安全,需要做外部防雷保护,保护的方式是在场区内远离信号楼的位置,根据需要设立一支或多支避雷针保护站场各类设备和工作人员安全。

四、铁路信号设备对防雷保安器(SPD)的要求

作为涉及安全的铁路设施中应用的防雷产品,铁路信号设备防雷保安器需纳入产品强制认证管理,技术指标和应用要求必须符合相关检测标准,所用防雷保安器须获得产品强制认证

证书。在选用这类产品时，需要注意以下几点要求。

1.通用要求

(1)按照分区、分级、分设备防护和纵向、横向或纵横向防护的需要合理选用防雷保安器。

(2)当防雷保安器处于劣化或损坏状态时，须立即自动脱离电路且不得影响设备正常工作。

(3)防雷保安器并联应用时，在任何情况下不得成为短路状态；串联应用时，在任何情况下不得成为开路状态。

(4)防雷保安器对地有连接的，除了放电状态，其他时间不得构成导通状态；否则必须辅以接地检测报警装置。

(5)用于电源电路的防雷保安器，应单独设置；必须具有阻断续流的性能；安装在分线盘(柜)处、电源防雷箱内及工作电压在 110 V 以上的防雷保安器应有劣化指示。

(6)凡属于独立防雷电路上的防雷保安器，应统一编号管理，并具有例行检测记录；其安装应便于日常维护检测。

(7)并联应用的防雷保安器应能实现热插拔，信号传输线的防雷保安器应实现即插即用(信号传输线的范围详见表 7－9)。

(8)按照分区分级的原则，信号传输线的防雷保安器应集中设置在分线盘处。新建或大修车站(场)应采用防雷型分线柜；既有车站应在分线盘处设防雷保安器，并尽可能采用防雷型分线柜。

(9)被保护设备本身已加装防雷保安器，且其抗扰度已达到 TB/T 3074—2003 第九章规定的试验等级为 4 级或 X 级的，可不设置防雷保安器。

2.对铁路信号设施的电源防雷保安器的具体要求

(1)外电网引入机房建筑物应采用多级雷电防护。第Ⅰ级设在户外交流电源馈线引入处(配电盘)(电力部门未做雷电防护时，第Ⅰ级设在电力开关箱后)；第Ⅱ级设在电源屏电源引入侧；第Ⅲ级设在微电子设备(指计算机终端电源稳压器或 UPS 电源前)。

(2)第Ⅰ级电源防雷应有故障声光报警、雷电计数和状态显示(三相电源每一相线均应有状态显示)等功能。

(3)电源防雷应采用信号电源防雷箱方式，信号防雷箱设置地点应符合防火要求。

(4)信号设备机房的电源应采用 TN-S 系统。三相电源供电的机房，应采用 L(相线)—L、L—PE(保护地线)和 N(中性线)—PE 全模防护的并联三相电源防雷箱；单相电源供电的机房，应采用 L—N、L—PE 和 N—PE 的单相电源防雷箱。

(5)室内电源防雷保安器应按表 7－8 选取冲击通流容量和限制电压。

(6)室外架空线路应在架空线两端引入处设置防雷保安器。架空线供电的交流电源防雷保安器，冲击通流容量不小于 20 kA，限制电压不大于 700 V，在中雷区以上的地区，限制电压可不大于 1 000 V。

表 7—8 信号设备机房的电源防雷器材冲击通流容量和限制电压

<table>
<tr><th colspan="6">交流电源防雷保安器</th><th colspan="2" rowspan="2">直流电源防雷保安器</th></tr>
<tr><th colspan="2">信号防雷箱(I)</th><th colspan="2">电源屏前(II)</th><th colspan="2">微电子设备电源前(III)</th></tr>
<tr><th>冲击通流容量</th><th>限制电压</th><th>冲击通流容量</th><th>限制电压</th><th>冲击通流容量</th><th>限制电压</th><th>冲击通流容量</th><th>限制电压</th></tr>
<tr><td>≥40 kA</td><td>≤1 500 V</td><td>≥20 kA</td><td>≤100 V</td><td>≥10 kA</td><td>≤500 V</td><td>≥10 kA</td><td>注 3</td></tr>
</table>

注:1. 微电子设备电源引入前安装的并联型交流电源防雷箱限制电压达不到要求时,应采用带滤波器的串联型电源防雷箱。

2. 电源防雷箱的功率应大于被保护设备总用电量的 1.2 倍。

3. 直流电源防雷保安器的选取:工作电压 24 V 时,限制电压 75 V;工作电压 48 V 时,限制电压 110 V;工作电压 110 V时,限制电压 220 V:工作电压 220 V 时,限制电压 500 V。

3. 对信号传输线防雷保安器的具体要求

(1)室内数据传输线长度大于 50～100 m 时,可在一端设备接口处设置防雷保安器;大于 100 m 时,宜在两端设备接口处设置防雷保安器。

(2)室内信号传输线防雷保安器的选用应符合以下条款要求:

● 室内采集、驱动信号传输线防雷保安器冲击通流容量不小于 1.5 kA,限制电压不大于 60 V,信号衰耗不大于 0.5 dB。

● 室内视频信号传输线防雷保安器冲击通流容量不小于 1.5 kA,限制电压不大于10 V,信号衰耗不大于 0.5 db。

● 室内 RS-232、RS-422、RJ45、G.703/V.35 等通信接口信号传输线防雷保安器冲击通流容量不小丁 1.5 kA,限制电压不大于 40 V,信号衰耗不大于 0.5 dB。

● 其他室内信号传输线防雷保安器冲击通流容量不小丁 5 kA,限制电压按表 7—9 选取。

(3)安装于室外的电子设备宜在缆线终端入口处设置防雷保安器或防雷变压器。

(4)室外信号传输线(非架空线)防雷保安器冲击通流容量不小于 10 kA,限制电压按表 7—9选取。

表 7—9 信号传输线防雷保安器限制电压表

序号	信号设备名称(工作电压)	限制电压(V)
1	轨道电路发送和接收端	≤190、330、500、700(注)
2	电码化轨道区段(≥220 V)	≤1 000
3	信号点灯、道岔表示、道岔启动(220 V 时)	≤700
4	道岔启动(380V 时)	≤1 000
5	220 V 交/直流回路	≤700/500
6	110 V 交/直流回路	≤500/220

续上表

序号	信号设备名称(工作电压)	限制电压(V)
7	48 V交/直流回路	≤330/110
8	24 V以下交/直流回路	≤190/75

注:1. 交流轨道电路:工作电压小于36 V时,限制电压应≤190 V;工作电压36～60 V时,限制电压应≤330 V;工作电压60～110 V时,限制电压应≤500 V;工作电压110～220 V时,限制电压应≤700 V;

2. 直流轨道电路:工作电压小于24 V时,限制电压应≤75 V。

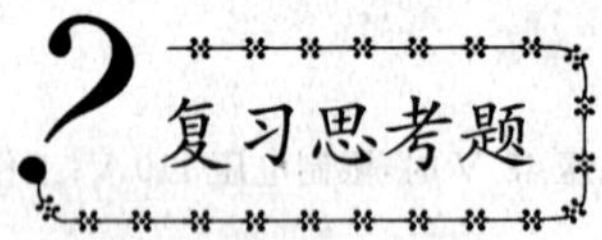

复习思考题

1. 针对雷电对信号设备的干扰,分析电磁干扰三要素。

2. 直接雷击和感应雷击的特点有何区别?描述雷电流波形的参数有哪些,直击雷和感应雷的参数的数值是多少?

3. 结合雷电防护,说明抑制地回路干扰的常用措施。

4. 抑制浪涌的元器件有哪些,分别有哪些优缺点?为什么说气体放电管不适用于直流电源端口的防护?

5. 雷电电磁脉冲形成的共模干扰电流和差模干扰电流有什么区别?

6. 有共模电流 I 流过的电缆会向外辐射,电缆长度1 m。在离电缆3 m处,测得100 MHz时的场强是40 dBμV/m。求该电缆上100 MHz的共模电流 I。

7. 图7—46中设备A和设备B分别安装在不同的建筑物内,由架空线连接。架空线高10 m,长40 m,两台设备都分别在本地接地,从而形成一个环路。

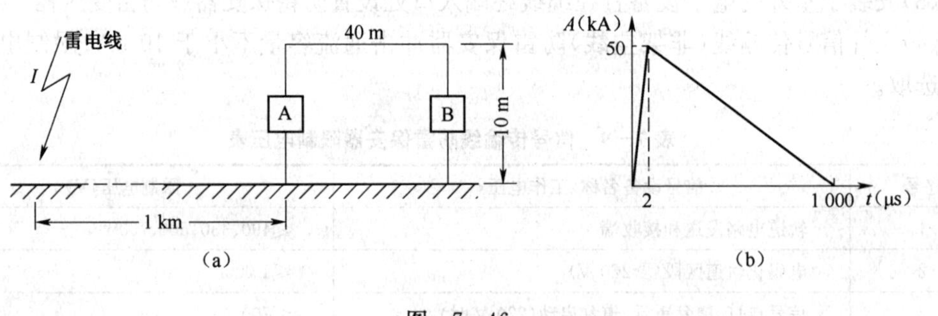

图 7—46

(a)如有一直击雷在离A设备左方1 km处发生,其雷电流脉冲波形如图所示,上升时间为2 μs,下降时间为1 000 μs,最大幅度为50 kA,试问在环路中由于磁场所感应的电压是多少?

(b)如果雷电发生在B设备的右方1 km处，感应电压是多少？

(c)如果雷电发生在环路的正前方1 km处，感应电压是多少？

8. 在采用多级器件组合的浪涌抑制电路中，级间设置的电感器起到了什么作用？应如何选择电感器的电感量？

9. 铁路信号防雷的原则是什么？

10. 画图描述纵向防护和横向防护的电路结构，采用放电管和压敏电阻串联的方式有何优点？

第八章 铁路信号发展趋势与电磁兼容

本章以铁路以及城市轨道交通的中长期规划为背景，概述了信号系统即运行控制系统的发展趋势，简要分析了其关键技术和电磁兼容的重要性；参照目前较为成熟的电磁兼容管理模式，结合铁路信号的特点，具体说明了信号系统电磁兼容管理的方法。

第一节　铁路信号发展趋势

一、轨道交通控制系统的发展

轨道交通具有运输效率高、排放低、能源利用率高、气候影响小、安全性能好等特点，已成为最具可持续发展的地面交通运输方式之一。作为轨道交通系统的大脑与中枢，其运行控制系统(即信号系统)主要负责调度指挥、间隔控制、进路控制、速度控制及安全防护任务，以确保轨道交通安全、高效地运营，高速度、高密度、重载运输必须有安全、可靠的列车运行控制系统作为支撑。

1.国外信号技术现状及发展

在前面章节中，已简单介绍了以日本、法国和德国为代表的国外典型的高速铁路信号系统，这里不再详述。

在城市轨道交通领域，国外研究综合调度和运行控制系统起步较早，推出了具有各国特色的技术与产品，并且形成了一系列技术标准和规范，IEEE1474-1999“基于通信的 CBTC 系统技术规范和要求”标准在国际上影响很大。随着地—车信息传输技术、控制技术、网络技术的快速发展，基于通信的列车运行控制系统显示出独到的技术优势，在保证行车安全和提高运输效率上均有所突破，并且为实现综合交通路网的资源共享和互联互通运营提供了基础条件。知名的系统供应商有泰雷兹/阿尔卡特(THALES/ALCATEL)、阿尔斯通(ALSTOM)、通用电气(GE)、西门子(SIEMENS)、安萨尔多(ANSALDO)公司等，同时在日本也有多家公司在进行 CBTC 系统的研究，典型产品包括：

①ALCATEL(THALES)公司的 SELTRAC 系统：该系统采用轨道感应环线或无线实现的移动闭塞。交叉的感应环线可以实现地车信息双向传输和列车定位的双重功能；采用无线方式的移动闭塞是利用符合 IEEE 802.11 协议的跳频技术(FHSS：Frequency-Hopping

Spread Spectrum)方式的 WLAN(无线局域网)实现地车的信息双向传输,地面应答器 Amtag 实现列车的定位校正。

②ALSTOM 公司的 URBALIS 系统:利用原有 SACEM 系统发展起来,主要由中央控制中心、区域控制中心、车载控制设备 VOBC 和数据传输系统 DCS 系统四个功能模块组成,地车信息传输采用漏泄波导管或符合 IEEE 802.11a/g 协议直接序列扩频(DSSS: Direct Sequence Spread Spectrum)方式的 WLAN 实现双向信息传输。列车的定位通过地面的 EUROBALISE(欧洲应答器)进行校正。

③GE 公司 AATC 系统:基于通信技术的先进列车控制系统,根据休斯飞机制造公司开发的美国军队增强型定位报告系统(EPLRS)而研制。使用扩频无线发射机和接收机形成坚固的抗干扰网络,网络中远程移动单元和基站间点到点通信可以不间断进行。测距采用扩频技术,为所有移动单元提供精确的定位信息。

④SIEMENS 公司的 TRAINGUARD 系统: TRAINGUARD® MT ATP/ATO 系统是 SIEMENS 公司集成的连续式移动闭塞列车控制系统。在连续式无线双向通信或者点式通信条件下,TRAINGUARD MT 列车自动防护和列车自动驾驶(ATP/ATO)系统保证列车安全和连续监督。在连续式通信条件下,安全的列车分隔是基于移动闭塞原理。

欧洲、亚洲、非洲等地区的铁路建设和城市轨道交通都将面临巨大的发展空间。以欧洲为例,根据欧洲联盟制订的泛欧高速网络规划,到 2010 年将新建 12 500 km 基于 ERTMS/ETCS 系统的高速铁路线,完成 14 000 km 改建提速线路,建设总长达 2 500 km 的联络线,总投资约为 2 400 亿欧元。2020 年,将形成连接西欧、提速改造北欧、东欧以及东南欧国家铁路的欧洲高速铁路网络。

2. 国内轨道交通运行控制技术及前景

(1)概述

列车运行控制系统经过了多个阶段的发展历程:只有地面信号,以地面信号为主、机车上装备三大件(机车信号、自动停车、无线列调)到以地面信号为主、机车上装备通用(或兼容式)机车信号、列车运行监控记录装置、无线列调,并研制出了列车超速防护系统、列车速度分级控制系统。

研制了多种制式的轨道电路及闭塞系统,其中包括 25 Hz 交流计数、50 Hz 交流计数、75 Hz交流计数、微码交流计数、非电化 4 信息移频、电化 4 信息移频、非电化 8 信息移频、电化 8 信息移频、18 信息移频。引进了法国 UM71 无绝缘轨道电路。2001 年研制了 WG-21A 型无绝缘轨道电路,2002 年研制了 ZPW-2000 无绝缘轨道电路。

联锁设备已从电气集中发展到计算机联锁,并且从双机热备发展到高可靠高安全的三取二、2×2 取 2 结构。分散自律调度集中 CTC 设备作为新一代调度集中系统,通过对铁路运输调度指挥工作流程进行优化处理,实现运输调度指挥的自动化、现代化。这些设备是建立在计算机技术、现代通信技术、网络技术和控制技术等基础上的智能化控制系统,均在主要干线推广使用。

另外，根据实际需要引进了国外先进技术装备，秦沈客运专线引进了法国 CSEE 公司的 TVM-430 型列车运行控制系统；青藏铁路引进了美国 GE 公司的运行控制设备 ITCS 系统，该系统采用卫星定位技术、使用 GSM-R 作为车地双向安全信息传输的通道。

在城市轨道交通信号设备方面，国产联锁设备、CTC、轨道电路已比较成熟的产品已在国内城市轨道交通得到应用，但国内企业总体实力较弱，缺乏核心技术，单个企业还不能提供轨道交通运行控制系统整套设备，难以与西门子、阿尔斯通等国际著名的信号公司抗衡，运行控制设备市场大多仍被国外轨道交通信号公司占据。

(2)CTCS 系统

为适应铁路安全、快速需求，增强市场竞争力，中国铁路 2002 年提出发展适于中国列车控制系统(CTCS)。系统确定 GSM-R 作为发展中国铁路综合数字移动通信网络的技术；采用 GSM-R 建设无线列调、无线通信业务和列车控制系统信息传输通道，实施引进和自主研发并举的发展战略，在消化吸收国外先进技术的同时，实现引进设备国产化，研究具有自主知识产权的新一代列车运行控制系统。CTCS 系统共分为 5 级。优势主要在全面提高系统安全性和可靠性、系统功能的可扩展和可裁减性、系统设计的科学化和规范化。

下面以 CTCS-3 级列控系统为例介绍主要设备及其功能。CTCS-3 系统构成如图 8—1 所示。

CTCS-3 级列车运行控制系统是我国铁路时速 300～350 km 客运专线的重要技术装备，是我国铁路现代化的重要组成部分，是保证高速列车运行安全、可靠、高效的核心技术之一。CTCS-3 是基于 GSM-R 无线通信实现车一地信息双向传输、无线闭塞中心(RBC)生成行车许可的列控系统，系统采用先进的技术手段对高速运行下的列车进行运行速度、运行间隔等实时监控和超速防护，以目标距离连续速度控制模式、设备制动优先的方式监控列车安全运行，并可满足列车跨线运营的要求。

CTCS-3 级列控系统包括地面设备和车载设备。地面设备由 RBC、TCC、ZPW-2000(UM)系列轨道电路、应答器设备(包括 LEU)、GSM-R 通信接口设备等组成；车载设备由车载安全计算机(VC)、GSM-R 无线通信单元(RTU)、轨道电路信息接收单元(TCR)、应答器信息传输模块(BTM)、记录单元(JRU/DRU)、人机界面(DMI)、列车接口单元(TIU)等组成。

RBC 根据轨道电路、联锁进路等信息生成行车许可，并通过 GSM-R 无线通信系统将行车许可、线路参数、临时限速传输给 CTCS-3 级车载设备；同时通过 GSM-R 无线通信系统接收车载设备发送的位置和列车数据等信息。TCC 接收轨道电路的信息，并通过联锁系统传送给 RBC；同时，TCC 具有轨道电路编码、应答器报文储存和调用、站间安全信息传输、临时限速功能，满足后备系统需要。应答器向车载设备传输定位和等级转换等信息；同时，向车载设备传送线路参数和临时限速等信息，满足后备系统需要。应答器传输的信息与无线传输的信息的相关内容含义保持一致。

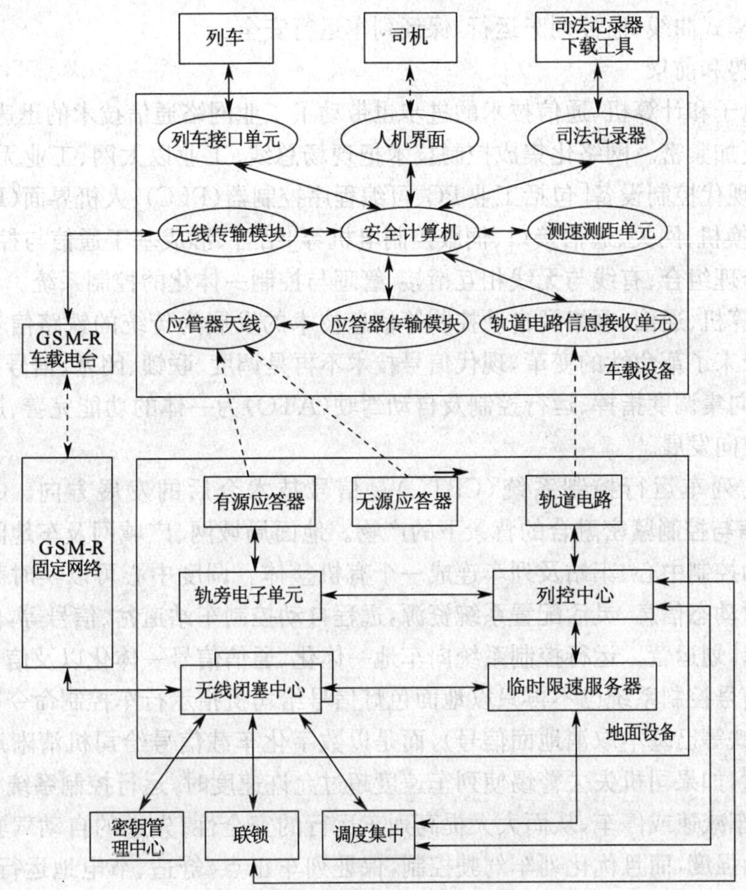

图 8－1　CTCS-3 级列控系统构成图

车载安全计算机根据地面设备提供的行车许可、线路参数、临时限速等信息和动车组参数，按照目标距离连续速度控制模式生成动态速度曲线，监控列车安全运行。车载设备中的车载安全计算机(VC)、应答器信息传输模块(BTM)、安全输入输出接口(VDX)、轨道电路信息接收单元(TCR)、测速测距单元(SDU)、人机界面(DMI)等关键设备均采用冗余配置。车载安全计算机中的 CTCS-3 级控制单元和 CTCS-2 级控制单元独立设置，CTCS-3 级控制单元负责在 CTCS-3 级线路正常运行时的核心控制功能，CTCS-2 级控制单元负责后备系统的核心控制功能。

车载设备采用分布式结构。设备包括车载安全计算机(VC)、应答器信息传输模块(BTM)、轨道电路信息接收单元(TCR)、测速测距单元(SDU)、人机界面(DMI)、列车接口(TIU)、司法记录器(JRU)、GSM-R 无线通信单元(RTU)、动态监测接口等。车载设备与动车组的接口采用继电器或 MVB 总线方式。CTCS-3 级列控车载设备负责接收地面数据命令信息，生成速度模式曲线，监控列车运行，保证列车运行安全。

(3)发展趋势和前景

近年来微电子和计算机、通信技术的进步也带动了工业网络通信技术的迅速发展，使通信与控制的联系更加紧密。网络化集成控制技术把现场总线、工业以太网、工业无线网、企业局域网、互联网同现代控制设备[包括工业 PC、可编程序控制器(PLC)、人机界面(HMI)、输入输出模块(IO)、交换机、网关、通信接口、伺服控制电机等]结合，形成基于通信与控制紧密融合、多种网络协议合理组合、有线与无线相互衔接、管理与控制一体化的控制系统。

微电子、计算机、通信、网络及自动控制等信息技术的发展为传统的铁路信号和轨道交通运行控制技术带来了革命性的变革，现代信号技术不再是调度、联锁、闭塞、信号控制等设备的简单组合，而是向集调度指挥、运行控制及自动驾驶(ATO)为一体的功能完善、层次分明的综合自动化系统方向发展。

基于通信的列车运行控制系统(CBTC)是信号技术今后的发展方向。CTCS 也属于 CBTC，是在通信与控制紧密融合的背景下的产物。地面局域网、广域网及车地间的无线通信网将轨道交通的控制中心、车站及列车连成一个有机整体。调度中心可以实时获取轨道交通运营的各类实时动态信息，灵活配置系统资源，远程自动控制车站道岔、信号等，保证轨道交通有序、高效地按计划运营。运行控制系统向车地一体化、通信信号一体化以及信号控制一体化的方向发展。信号控制系统已不再只以地面色灯信号给司机指示行车控制命令(高速、高密度的高速铁路、地铁等已基本取消地面信号)，而是以数字化车载信号给司机清晰地指示出列车当前的允许速度，如果司机失去警惕使列车速度超过允许速度时，运行控制系统将自动实施制动控制，强迫列车减速或停车，从而大大提高列车运行的安全性；先进的自动驾驶不仅可以大大减轻司机劳动强度，而且优化列车驾驶控制，保证列车正点、舒适、节电地运行，甚至实现全自动驾驶(无人驾驶)。

根据 2008 年修订后的铁路网中长期发展规划，到 2020 年，全国铁路营业里程达到 12 万 km以上，复线率和电化率分别达到 50%和 60%以上，我国将建成连接东、中、西部 24 个省会城市，四纵四横的区域客运专线网和长江三角洲、珠江三角洲、环渤海 3 大经济区内的城际客运专线网，线路长度共计 1.6 万 km。届时，发达的铁路网将初具规模，并形成客运专线、城际客运铁路和既有提速线路相配套的快速客运网络。

从全国的城市轨道交通发展状况来分析，截至 2009 年底，中国投入运营的城市轨道交通线路里程超过900 多 km。有地铁运营后希望地铁网络化、正在施工和准备上报立项的城市已经超过了 20 个。初步统计到 2020 年，规划建设城市轨道交通线路长约 3 000 km。我国城市轨道交通正进入高速发展的重要时期，先进的运行控制系统前景广阔。

二、信号关键技术与电磁兼容

轨道交通运行控制系统正向系统化、网络化、信息化、智能化及通信信号一体化方向发展。

系统的功能、结构越来越复杂，与其他业务如运输组织、机车车辆的关系也越来越密切。为确保轨道交通列车运行安全和提高运输效率，迫切需要装备性能先进、安全可靠的列车运行控制系统，同时要实现不同厂商设备间、地面设备与车载设备间互联互通（interoperability），使列车能够在轨道交通网中跨线运行。

我国信号控制系统经过长时期的发展，目前具备一定基础。但现有技术装备还不能满足铁路客运专线和城市轨道交通的发展需求，系统中还存在诸多需要解决的关键技术问题，并与电磁兼容有紧密的联系。

1. 关键技术

作为先进的综合自动化安全控制系统，主要的关键技术和技术难点体现在以下几个方面：

- 技术标准体系和系统集成技术
- 先进的闭塞控制技术、地车无线双向安全信息传输技术和列车定位技术
- 安全计算机
- 区域计算机联锁及全电子化控制技术
- 工程化验证环境和测试技术

2. 关键技术与电磁兼容

信号控制系统包含地面设备和车载设备，融调度指挥、联锁、闭塞、信号控制、列车控制为一体，是电子、计算机、通信、自动控制、安全等多项技术在轨道交通中的综合应用。由于系统硬件和软件规模的不断扩大，各子系统间相互关联，既有硬件接口、又有软件联系，对整体性和系统性的要求非常高，系统的复杂性大大提高。从外部环境来看，重载、高速和电气化使系统面临的电磁环境更加复杂。为满足互联互通和系统集成的要求，必须制定完整和严格的运行控制系统技术标准和规范，其中也包括有关电磁兼容的技术指标。既包括信号系统与外界环境的要求，还包括系统中各紧密相关设备如车载 ATP 设备的相关要求。很难想象把大量对发射和抗扰度指标没有限制的电子设备组合在一起，能够长期和谐相处。比如，目前各种现场总线、工业以太网、Web 技术、无线局域网、无线个域网技术的国际标准多达上百项。网络化系统由单一通信协议支撑发展到多协议支撑，形成了如 ODVA 的 CompoNet、DeviceNet、ControlNet、EtherNet/IP 的标准体系，西门子公司的 ASI、Profibus、Profinet 网络架构，施耐德公司的 Modbus/TCP、CANOpen、ASI 多协议结构等。随着大量现场总线和通信协议在铁路环境的应用，除了安全性和实时性的要求外，必须考虑通信设备及介质的电磁兼容性要求。

对于信号系统这样一个大规模系统，如果仍然采用传统的开发方法，开发周期会很长，相应的成本也很高，而且难以保证产品的质量和电磁兼容指标，给列车的安全高效运行带来一定的安全隐患。为此，应根据信号系统总体目标和要求，从全局出发，把与系统有关的学科理论方法与技术综合集成起来，对系统结构、环境与功能进行总体分析、总体论证、总体设计和总体协调，其中包括系统建模、仿真、分析、优化、设计和评估，以获得可行的、最优化的系统方案，最终付诸实施。在整个开发过程中，应采用电磁兼容管理的手段，在各个阶段保证电磁兼容性

能，缩短开发周期，避免重复试验带来的浪费。

作为保证行车安全的重要安全设备，信号系统及各个装置大量采用先进的大规模集成电路、计算机、网络通信及自动控制等技术。从硬件方面，器件的速度和集成度在不断提高，即使是最简单的计算机系统也包含数以万计的元器件和非常复杂的行为状态；对软件来说，比较简单的软件程序也可能有数以千计的执行路径。由于寻找错误和安全隐患的困难，复杂性对于系统安全的保证是一个难题，传统的基于黑箱测试的安全认证方法已无法满足需要。信号系统的安全标准、设计方法、安全性分析方法及安全评估等方面需要进一步研究。因此，系统内的电磁兼容设计对安全的影响更加重要，电磁干扰导致的安全风险及评估也是值得关注的问题。

对信号控制系统的进行全面科学的测试是保证安全性、可靠性的基本要求。但信号控制系统包括多个子系统，组成设备复杂，对各种场景全部进行现场试验、并考虑电磁干扰的影响是不现实的。因而，构建合理有效的信号系统工程化验证环境和测试平台是必需的，在系统研发、测试、试验中对相关功能进行验证和评价，并确保系统集成后功能的完整性。设备测试主要包括功能测试、安全性测试、电磁兼容性测试等几个方面。

三、信号系统电磁兼容管理及相关问题

鉴于在新的应用背景之下，信号系统本身的构成特点和复杂性已经发生了深刻的变化，客观上要求系统在电磁兼容设计相关方面有相应的策略和措施，而不能完全沿用传统的简单方法。在这方面，其他行业如国防行业、国外铁路都有比较成熟的经验可供借鉴，该方法通常称为电磁兼容管理。电磁兼容管理是从系统的角度，在整个生命周期中对电磁兼容相关内容进行过程控制；其职能是计划、组织、监督、控制和指导，管理的对象是研制、生产和使用过程中与电磁兼容性有关的全部活动。

电磁兼容管理在铁路行业中目前还没有全面开展，前面章节中较为全面地介绍了各种铁路环境中信号设备的电磁兼容技术，系统设计和维护中的电磁兼容管理方法在下一节中详细介绍，这里仅就目前信号系统电磁兼容管理涉及的比较重要的问题进行探讨。

1. 信号电磁兼容标准和规范

电磁兼容标准是工程和技术不可或缺的组成部分。只有遵循明确和统一的标准，才能既约束电磁环境，又规定设备的电磁兼容性能，确保设备与环境、设备之间的和谐共存。随着铁路电磁环境的变化和技术装备的不断发展，通信信号应用的电磁兼容标准也在不断完善，发挥着越来越重要的作用。

1961 年，水利电力部、铁道部、邮电部、通信兵部联合制定《防止和解决电力线路对通信信号线路危险和杂音干扰影响的原则协议》，规定了电缆线路杂音干扰影响允许值。1986 年，国家标准 GB 6830—1986“电信线路遭受强电线路危险影响的容许值”规定了电缆线路危险影响允许值。1992 年，铁道部规定了“交流电气化铁道对短波、超短波收信台（站）无线电干扰的防护距离”。上述标准中有关规定目前仍在执行。

20世纪90年代，随着计算机联锁设备的逐步推广，由于没有标准约束，出现了无序竞争的苗头。鉴于联锁对运营安全的重要性，1999年，铁道部委托北方交通大学抗电磁干扰研究中心制定了计算机联锁设备的电磁兼容检测细则，全面规范了设备的抗扰度限值。获得铁道部检测认证的计算机联锁系统有：铁道科学研究院通信信号研究所、全路通信信号研究设计院、北京交大微联科技有限公司、上海卡斯柯信号有限公司，目前国内铁路的干线均采用以上4家独立或合作研发的计算机联锁设备。

进入21世纪以后，中国铁路信号与国际开始制定一系列电磁兼容方面的铁道行业标准和规范，如：在TB/T 3034—2002“机车车辆电气设备电磁兼容性试验及其限值”和TB/T 3073—2003“铁道信号电气设备电磁兼容性试验及其限值”中分别规定了机车车辆电子设备和地面信号设备的发射试验和限值、抗扰度试验和限值；相关标准和规范还有：TB/T 3074—2003《铁道信号设备雷电电磁脉冲防护技术条件》、TB/T 2311—2002《铁路电子设备用防雷保安器》、铁运(2006)26号《铁路信号设备雷电及电磁兼容综合防护实施指导意见》、《铁路电气设备防雷、电磁兼容及接地工程设计规范》、TB 10006—1999《铁路通信设计规范》、TB 10007—1999《铁路信号设计规范》、TB 10008—1999《铁路电力设计规范》、TB 10009—1999《铁路电力牵引供电设计规范》等。另外，在各种信号设备的技术条件中也有相关规定。

在CTCS-3级列控系统总体技术方案及相关设备的要求中，接地和防雷部分要求采用综合接地系统，符合电磁兼容和防雷的相关规定。

目前在信号设备的电磁兼容标准方面，应加强的工作主要有：根据应用背景的变化，必要时对现有电磁兼容标准进行修订；对欠缺的标准进行完善，按照产品族、具体产品形成完整的体系；各种标准和规范之间应有分工和衔接，避免出现矛盾和模棱两可。

以欧洲通信信号设备电磁兼容标准EN 50121-4：2006(等同转为IEC 62236-4：2008)为例，对比2000版的内容，新版的欧洲标准和IEC标准对轨边(钢轨3 m区域内)设备和设置在受到数字移动通信的高风险干扰区域的关键设备，如联锁或指挥控制设备，补充了由数字移动电话产生的射频电磁场辐射抗扰度试验，在80～1 000 MHz、1 400～2 100 MHz、2 100～2 500 MHz三个频段上，试验等级分别为20V/m、10V/m、5V/m(r. m. s)。

2. 信号产品检验和认证

在设备(尤其是涉及安全的设备)从设计开发到形成产品进入市场的过程中，检验和认证环节具有重要作用。

我国从2003年8月1日起全面实施了中国强制性产品认证(China Compulsory Certification)制度，简称CCC或3C认证。国家依法对涉及人类健康安全、动植物生命安全和健康，以及环境保护和公共安全的产品实行统一的强制性产品认证制度。国家认证认可监督管理委员会统一负责强制性产品认证制度的管理和组织实施工作。可见，3C认证是产品最基础的安全认证。其中，类似于欧盟的CE认证和美国的FCC认证，对于信息技术设备、家用电器等产品须进行EMC认证，提供产品电磁兼容性能检验报告(按型号提供)、所有的有电磁兼容要求的电磁兼容关键件一览表。

信号产品是直接关系铁路运输安全的重要技术装备，铁道部一直非常重视信号产品的质量监督管理工作，在原铁道部产品质量监督检验中心的基础上，2002 年 12 月成立了中铁铁路产品认证中心(CRCC)，按照国际通行的认证制度，对信号产品的质量监督实行生产许可证、制造特许证、企业定点及新产品鉴定等市场准入制度，和定期或不定期的监督抽查、专项抽查监督机制，建立了中国铁路产品认证体系，确保铁路运输安全。根据《中华人民共和国行政许可法》、《铁路运输安全保护条例》，进一步规范了信号产品的准入制度，以企业认定和产品认证两种模式为主。根据《铁路运输安全保护条例》第三十八条，企业认定是指对符合规定条件的，生产铁路道岔及其转辙设备、铁路通信信号控制软件及控制设备、铁路牵引供电设备的企业，实行铁路主管部门认定、颁发决定或证书的一种行政许可制度。根据《中华人民共和国认证认可条例》第二条，产品认证是指由认证机构证明产品符合相关技术规范、相关技术规范的强制性要求或者标准的合格评定活动。产品认证是国际通行的一种市场准入方式，其证明文件一般为标明认证模式的产品认证证书。

同样，按照 CRCC 认证流程的要求，相关信号产品必须进行 EMC 检验并符合发射和抗扰度限值要求，这不仅显示了电磁兼容性与铁路安全的紧密联系，还对我国铁路通信信号产品与国际接轨起到积极的推动作用。

3. 现场维护与电磁兼容

从功能作用和生命周期来看，信号设备在使用维护阶段与电磁兼容关联度最高。铁道部发布的《铁路信号维护规则　业务管理和技术标准》是设备测试、维护、管理的指南和依据。当出现电磁干扰，造成设备故障或偏离正常指标时，信号维护人员需要尽快排除故障，使设备恢复正常状态。《铁路信号维护规则》中明确要求贯彻预防与整修相结合，以预防为主的原则；广泛采用监督、检测、记忆、判断等手段，监视运用中设备状态，早期诊断设备故障，为逐步实现状态修创造条件。

铁路信号大量新技术和电子设备的应用给维护工作带来了挑战和机遇，依靠传统的仪器仪表和纸笔记录的方式显然不能适应新形势的要求。信号微机监测系统的应用为设备维护提供了有力的手段，利用记录的数据可进行故障分析和追溯。国外已经利用监测数据把故障定位在电路板级别，并有快速响应的维修体制，在监测方面的投入占维护费用的比例较高(如法国可达 40%)。

现场维护的信息化是铁路信号的发展方向，目前还有许多方面需要完善。比如：由于信号设备及监测点数量不断增加，微机监测将难以胜任，独立的信号设备应采用内置检测(Built-in Test)技术，设备通过总线和网络向微机监测平台发送重要的维护信息；由于信号设备之间、信号与其他专业之间的关系越来越密切，应利用自动测试、网络化和虚拟测试，重视信息化条件下的资源共享和整合，在此基础上，利用专家系统来实现诊断分析、决策支持；在考察瞬态电磁干扰时，应研究综合同步监测和柔性测试，对干扰与信号的相关性进行分析。

第二节　信号设备的电磁兼容管理

本节参考国防工业及国外相关资料，介绍铁路信号系统和复杂信号设备在研制、生产、维护过程中可借鉴实行的电磁兼容性管理的要求、内容、目标、方法等内容。由于各种电子设备的多样性和共性，下文中描述对象一般使用“设备”，而不特别指明铁路信号设备。

一、电磁兼容管理的内容和方法

1. 概述

电子设备和系统的广泛应用使设备的密度越来越大、复杂性越来越高，随之而来的电磁骚扰和不兼容问题也越来越多。在设备的使用过程中，这类问题已大量暴露出来。电磁不兼容使设备的使用性能和安全性能降低，影响正常功能的完成，降低设备的使用效率，导致时间和经济上的巨大浪费，甚至危及人身安全。

造成设备电磁不兼容的原因可归结为以下两点：

①设备没有依据预定的应用电磁环境进行电磁兼容性设计。

②在设备的研制和使用过程中，缺乏对电磁兼容性工作的管理、计划和控制。

经验表明，只有首先明确设备使用的电磁环境，然后确定和遵循正确的设计、研制、试验、生产、安装和使用的要求和步骤，并在整个生命周期内采取充分的维修和保障措施，才能达到所希望的最佳的电磁兼容性水平。在设备和系统设计完成之后、或在使用中解决电磁问题，不但要花费大量费用与时间，往往还得不到满意的结果。因此，在多数情况下不应依靠事后补救的方法解决电磁不兼容问题。应从研制初期开始，尽早确定电磁兼容性要求，使设备自身具备良好电磁兼容性能，从而实现设备在使用环境中的整体电磁兼容。

电磁兼容性是设备在使用中显示出来的一种特性，是通过设计、制造等一系列工程活动内化到设备中去的，而这些活动需要通过有效的行政与技术手段进行组织和管理。所谓电磁兼容管理就是从系统的角度出发，通过制定和实施科学的计划、组织、控制和监督电磁兼容性活动的开展，保证用最佳的费效比，实现设备的电磁兼容性要求。

电磁兼容管理的职能是计划、组织、监督、控制和指导，管理的对象是研制、生产和使用过程中与电磁兼容性有关的全部活动。电磁兼容性设计的专业领域多，影响面广。在研制设备的过程中，需要研究与其使用环境和设备自身各组成部分间的相互影响。人为的和自然界造成的复杂电磁环境、无线通信的应用，系统总体、天线乃至设备和电路的布局、材料的选择与应用，结构、性能参数的选择，设备的安装、生产，以及操作、使用和维修等方面均有可能对系统的电磁兼容性能产生重大的影响。分析和处理好各方面的关系是一项复杂和繁重的工作，需要使用方和研制方共同研究，需要研制方各有关部门的相互协调，需要工程研制管理部门的监督、控制和指导。这些工作要贯穿于研制、生产、使用的全过程，特别是在设备研制的设计和试验的活动中。因此,电磁兼容管理要有全面的计划,强调从工程研制之初开始,从工程管理的较高层次抓起,建立电磁兼容性的工程管理协调网络和工作程序,确立各阶段的电磁兼容性工作目标,突出重点,加强评审,提高电磁兼容性工作的有效性。

2. 电磁兼容管理的内容

保证设备具有良好的电磁兼容水平,主要是研制单位的任务,研制单位必须在设计、制造过程中,开展一系列活动,采取一系列措施,以控制和防止电磁兼容性问题的产生,为有效而又经济地达到这个目的,必须实施电磁兼容管理。

影响设备系统电磁兼容性水平的因素很多,如图 8－2 所示。为了保证设备系统内、外部的电磁兼容,保证设备的电磁兼容要求与其主要性能要求相协调,电磁兼容性要求的确定及其最后的实现,需要同使用方进行充分的协商,需要管理部门的宏观调控。在设备全生命周期过程中,还有许多与电磁兼容相关的活动。因此,需要应用系统的方法,实施全面管理。

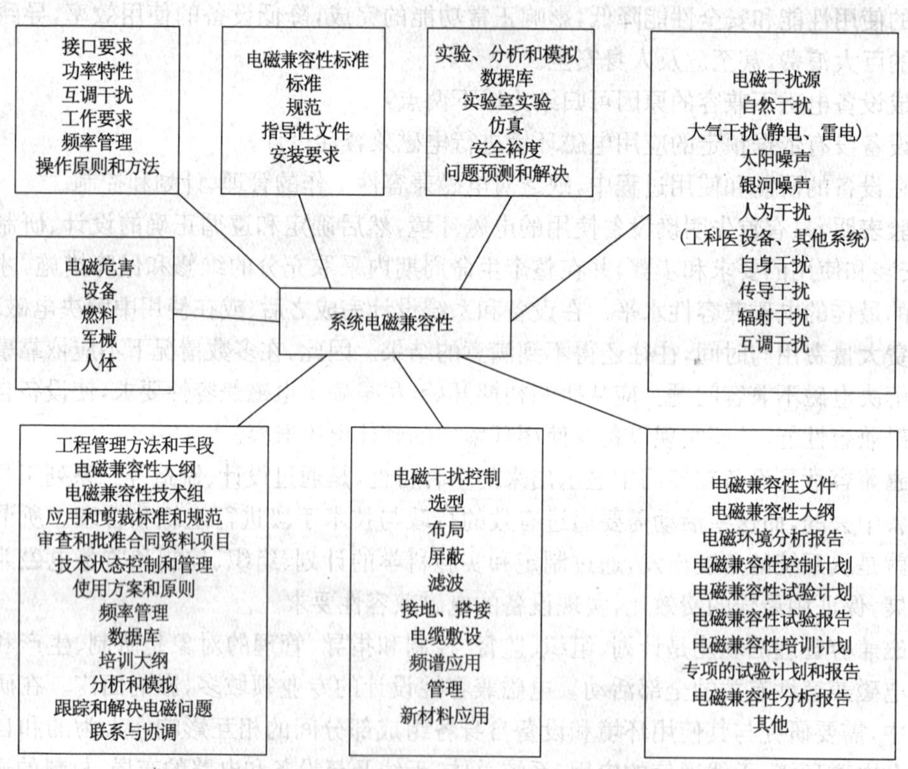

图 8－2 影响设备和系统 EMC 的主要因素

全生命周期中电磁兼容管理的主要内容包括如下几个方面:

(1)制定和实施电磁兼容性大纲和电磁兼容性控制计划,明确各阶段电磁兼容性的各项工作和进度。

(2)建立电磁兼容管理和协调机构及工作程序,落实责任和权限。

(3)选用和剪裁相关的标准和规范,制定合理的电磁兼容性要求。

(4)正确运用电磁兼容性预测与分析技术,降低决策风险。

(5)将电磁兼容性设计纳入到系统和设备的功能设计中。

(6)加强阶段分界点和阶段中的评审。

(7)保证开展电磁兼容性工作的合理经费。

(8)保持持续的电磁兼容性技术状态控制。

(9)对有关人员进行电磁兼容管理培训。

3. 电磁兼容管理的方法

电磁兼容管理实际是建立和运行一个管理系统,通过这个系统的有效运转,保证电磁兼容性要求的实现。其基本手段是计划、组织、监督和控制。

(1)计划:开展电磁兼容管理首先要分析确定目标,制定达到电磁兼容性要求必须要进行的工作和各项工作的实施要求,估计完成这些工作所需的资源。

(2)组织:确定工程项目电磁兼容的总负责人和建立管理机构,明确专职和兼职的电磁兼容性工作人员的职责、权限和关系,形成电磁兼容性工作的组织体系和工作体系,以完成计划确定的目标和工作,对各类人员进行必要的培训和考核,使之胜任所承担的职责。

(3)监督:利用报告、检查、评审、鉴定和认证等活动,及时取得信息,以监督各项电磁兼容性工作按计划进行。同时,利用转包合同、订购合同、现场考察认证、参加评审和产品验收等方法,对相关协作单位进行监督。

(4)控制:通过制定和建立各种标准、规范和程序以及其他文件,指导和控制各项电磁兼容活动的开展。设立一系列检查、控制节点,使研制过程处于受控状态,及时分析、评审和处理出现的问题,制定改进策略。

二、工程阶段中的电磁兼容性工作内容

1. 工程阶段的划分

复杂设备的研制和使用一般可划分为下列几个阶段。

(1)论证阶段:主要技术指标及可行性论证。

(2)方案阶段:方案论证、方案设计和样机研制。

(3)工程研制阶段:初样、试样(试验设备)研制和试验。

(4)定型阶段:定型鉴定试验、设计定型、工艺定型(生产定型)。

(5)生产和使用阶段:批量生产、设备安装、使用改进和退役处理。

国内各行业因特点不同,研制阶段的划分也不尽相同。有的部门将研制阶段划分为初步设计和技术设计,也有的分为技术设计和施工设计两个阶段,有的不分定型阶段而是试验、使用和改进阶段。这些不同主要是由于产品不同,设计和生产过程不完全一样,对于单件产品,

无需经过生产定型过程。

尽管如此，一个产品由论证到诞生、使用的过程大体是相同的，总是要经过指标的分析论证，技术方案的形成，样品的试样、试验、验收和使用，在这个过程中，满足产品电磁兼容性要求的基本方法大致也是相同的。工程越大，系统越复杂，其电磁兼容性的工作任务就越重，越要加强电磁兼容管理。考虑到研制和生产设备的各个环节，兼顾设备研制的特点，将研制过程划分成论证、方案、工程研制和定型阶段，并在其后加上生产和使用阶段，以保证电磁兼容性工作在全生命周期中的完整性。

2. 论证阶段

信号系统或设备论证阶段的电磁兼容性工作一般应包括：

(1)提出和分析设备预期的电磁环境。

(2)提出设备在电磁环境中的一般兼容性要求，并考虑 EMI 对设备安全性的影响。

(3)分析可供选用方案的电磁环境效应。

(4)分析可供选用方案中有关电磁兼容性的费用、风险和对任务完成能力的影响。

本阶段电磁兼容性工作将形成整个设备全生命周期中电磁环境效应工作的基础。设备的功能决定了设备生存和使用的电磁环境。执行不同的任务，其电磁环境可能会发生变化。设备自身配备的电子、电气部件、总体布局等，对其电磁环境及其复杂程度起着重要的作用。电磁环境是确定电磁兼容性要求，采取相应措施的前提。因此在论证过程中，应根据设备的功能和使用来确定未来的电磁环境。

在为达到所要求的电磁兼容性能而提出的方案中，应论述有关电磁环境效应方面的内容，确定方案对电磁环境的敏感性及其对环境的影响，分析方案可能会存在的电磁方面的问题，论述其对性能的影响、解决措施和所需费用。如果对于特定干扰需要专门的试验设备和设施，应加以说明。

虽然电磁兼容学科研究处理的问题一般是非预期的电磁发射和响应，但从电磁环境的共同性和复杂性来说，有用的功能性电磁信号或能量对于其他系统或设备可能是无用的，会引起不期望的响应而造成干扰或其他有害影响。因此，为保证系统或设备能正常工作，在研制之初，就应该开始研究潜在的影响，电磁兼容性要求应服从设备整体完成功能的需要。实际上，电磁兼容性要求是性能要求、经费、进度和技术能力等因素综合、权衡的结果。

3. 方案阶段

方案阶段的电磁兼容性工作一般应包括以下内容：

(1)制定电磁兼容性大纲。

(2)成立电磁兼容性技术组。

(3)制定电磁兼容性控制计划。

(4)确定系统、分系统和设备的电磁兼容性要求。

(5)选用和剪裁适用的标准。

(6)分析确定各分系统、设备(及天线)的最佳布置方案。

(7)确定验证要求,制定试验计划。

(8)调整计划进度和经费预算。

(9)进行电磁兼容性工作评审。

方案阶段确定研制和采办工程项目的技术和经费基准,包括确定所要求的性能、原则和具体的材料要求等,明确需要研究的关键技术问题和使用问题,并进行原理性样机研制与试验,最后得出切实可行的研制方案,上报经审查批准后,成为设计、试制、试验、定型工作的依据。

本阶段的电磁兼容性工作,将对整个生命周期产生重大影响。工程项目的主管人员应会同有关部门制定该项目的电磁兼容性大纲,对研制过程中的电磁兼容性工作做出统一和整体安排,制定开展电磁兼容性活动的原则和管理办法。

为达到最大的电磁兼容性工程效益,管理和工程技术人员必须在方案和设计阶段及早地制定电磁兼容性大纲,明确地将规定的任务和阶段分界点编制成文件。电磁兼容性工作必须满足具体的使用要求、环境、合同内容、数量和各阶段的需要,以实现大纲的目标。即在达到所要求的电磁兼容水平过程中保证工程、管理和质量保证的有效综合,同时,还要保证工程研制过程中对电磁兼容性要求和设计变更有连续的跟踪能力,以便迅速确定设备、分系统中缺陷的来源和设计变更的影响,并相应处理。

一项工程的电磁兼容性大纲,是该项目在研制过程中全部电磁兼容性工作的总体规划,包括电磁兼容性目标、要求,必须进行的各项工作及实施要求,是一份纲领性文件。电磁兼容性大纲反映了研制单位和相关人员对电磁兼容性工作的重视和所做的努力,体现了对设备电磁兼容性要求的保证程度,它对提高设备使用的有效性,提供管理信息是非常必要的。

为实现电磁兼容性大纲中所提出的具体目标,研制单位需要制定电磁兼容性控制计划。作为具体的技术文件,其主要内容在于从计划安排和技术措施上如何达到电磁兼容性要求,是研制过程中电磁兼容性设计的依据。因此,内容需要完善和全面,包括管理、计划、电磁兼容性要求、设计途径、标准的选用与剪裁、电磁问题的预测分析以及风险分析等。

电磁兼容性大纲是电磁兼容性控制计划的依据,控制计划是大纲的具体深化和实施保证。对于不太复杂的设备,大纲与控制计划可合二为一。对于复杂的、研制周期长的大系统,控制计划可以分阶段制订,也可以根据需要分别制订若干计划。

4.工程研制阶段

本阶段电磁兼容性工作一般应包括:

(1)实施电磁兼容性控制计划,在功能设计的同时进行电磁兼容性设计。

(2)进行模拟、试验、改进和完善设计。

(3)对设备、分系统和分系统间进行电磁兼容性考核试验,验证是否符合有关要求,提交试验报告。

(4)如有不符合电磁兼容性指标,分析工程变更对电磁兼容性能的影响。

(5)综合分析设备整体电磁兼容性能。

(6)确定生产工艺和安装过程中如何保障电磁兼容性能的问题。

(7)如有无线通信器材,考察频谱影响。

(8)使用、维修文件中纳入有关电磁兼容标准的问题,以保证设备电磁兼容性的完整性。

(9)进行电磁兼容性工作评审。

本阶段是要按照设备未来的功能、环境和具体的指标要求设计和制造产品。产品必须给予充分的试验和评定,以验证设计不仅满足规范,而且能在使用环境中正常执行规定的任务。同时,本阶段必须提供包括试验和分析报告等的文件,以决定能否定型和生产。

电磁兼容性设计,就是在实现性能要求的过程中,通过采用屏蔽、搭接、滤波、接地、隔离等措施,使设备和系统的自身尽可能不产生干扰和不受电磁兼容环境的有害影响,即达到自身的固有兼容性。这就要求工程设计人员具备应用的电磁兼容性知识,具备对电磁兼容性基本原理的了解和对有关技术的应用能力。对铁路信号设备来讲,需要特别考虑使用环境以及安全性问题。

设计研制过程中,由于种种原因可能需要对原有的方案进行一定的修改,此时需要分析工程变更是否会对电磁兼容性产生影响。一项表面上似乎与电磁兼容性没有什么联系的更改,可能会导致严重电磁不兼容问题。这些分析很大程度上依赖于技术人员的经验,以及对有关信息的掌握情况。电磁兼容性技术组应在此项工作中发挥重要的作用。

5. 定型阶段

定型阶段的电磁兼容性管理任务一般应包括:

(1)按照批准的定型试验计划,进行电磁兼容性定型鉴定试验,确认是否满足规定的有关电磁兼容性方面的要求。

(2)审查电磁兼容性有关文件的完备性。

(3)提交电磁兼容性综合评价报告,作为批准定型的依据之一。

为保证时间和费用的效益,应该综合安排鉴定试验中的电磁兼容性试验,确定哪些可以同其他鉴定试验一同进行,哪些需要专门的电磁兼容性考核。本阶段试验验证的重点,在于设备总体上能否达到电磁兼容,整体上具备哪些特性和存在哪些问题,以使其能够得到进一步的解决。信号设备需按照相应铁标(TB)进行电磁兼容发射和抗扰度试验。

为使设计中设备具有的电磁兼容性能在生产和使用中得以保持,需要通过一系列的文件(文档)将有关内容转交给生产和使用方。同时,在一定程度上,也将保持和实现电磁兼容的责任转交给了生产或使用方。这些文件包括:保证电磁兼容性的生产工艺规范、安装要求或指南,设备频率使用文件,设备使用文件和维修文件中纳入的实现和保证电磁兼容应注意的问题,对操作人员的培训计划中与电磁兼容问题有关的内容,包括电磁干扰问题的识别和解决等等。这些文件与设备最终的电磁兼容性综合评价报告一起,应在进行定型决策时接受审查。

6. 生产和使用阶段

本阶段的电磁兼容性工作一般应包括：

(1)严格按照工艺文件和安装要求中保证电磁兼容性的要求进行生产，并加强检验。

(2)进行专门的电磁兼容性验收试验。

(3)保持对电磁兼容性的技术状态控制。

(4)实施使用操作人员和维修人员的培训计划。

(5)实施无线通信管理和使用计划。

(6)维护中保持电磁兼容性能。

(7)建立电磁兼容性的检测、使用及维修的信息反馈系统，报告使用和维修中的电磁干扰问题。

(8)设备加改装时，特别是增加电磁能量发射设备时，分析对电磁兼容性的影响。

(9)设备大修或更换前，由使用部门全面总结使用、维修中有关电磁兼容性方面的资料、数据、经验、费用等，存档或存入数据库。

对设备进行电磁兼容性验收试验是必要的，是了解设备是否达到电磁兼容的重要措施。电磁兼容的实现与其工作环境密切相关，能否真正达到兼容，需要在真实的环境和工作状态下进行试验。验收准则和验收方案是需要仔细研究的问题。电磁兼容性工作的目的，是使设备不因电磁骚扰问题而造成性能降低，以致影响功能的完成。从经费、进度和技术效益的观点出发，往往不能一味地追求无电磁骚扰的出现，而是研究电磁骚扰会对设备的性能和功能产生什么样的影响及其程度。因此，针对不同的具体设备和系统，验收准则中需要确定什么是不允许的骚扰，什么是可接受的骚扰。这项研究早在方案阶段提出系统、分系统和设备的电磁兼容性要求时就已经开始，并在其后的设计研制过程中逐步具体和深化，直至验收准则的最终确定。对于信号设备，上　节提到的CRCC认证中提出了电磁兼容方面的要求。

设备的改装若是作人规模调整，电了设备或总体布局的变化大大改变原有设计的电磁兼容性时，就需要将其作为一项新工程来对待，从电磁环境的确定入手，重新开展必要的电磁兼容性工作。当设备做局部调整，特别是增加电磁发射设备或电磁敏感设备，以及改变金属结构和布局、线缆敷设时，需要分析对设备整体电磁兼容性的影响，制定相应的措施，使设备的电磁兼容性不致降低。

建立电磁干扰问题的报告程序，是为了及时发现和解决问题，最后的总结和存档是从长远的发展考虑，总结经验，积累数据，为设备维护和以后的研制提供借鉴。应建立统一的负责收集、整理和保存电磁兼容性工程数据和资料的机构。对以前工作经验的总结和保存，是十分有价值的，会对以后的研制项目起到重要作用。

三、电磁兼容管理的关键内容

1. 电磁兼容性大纲

电磁兼容性大纲是设备研制和采购期间，电磁兼容性工程的最高级管理文件。它说明了系统、分系统和设备设计时，为达到所要求的电磁兼容性水平而采用的总体策略、规划和设计准则，并说明工程项目电磁兼容性的管理组织和职责、技术要求、试验、文件要求等。

制订大纲是为了将电磁兼容性要求与设备的研制、质量、进度和工程管理相结合，确定电磁兼容性工作的方针和原则，建立电磁兼容管理和协调机构以及工作程序，以达到电磁兼容性工作分工明确、责任落实、计划合理、评审严格的目的。

电磁兼容性大纲应在方案阶段初期制订，内容包括以下几个方面：

(1)设备研制过程中电磁兼容管理的目标、内容、要求和方法。

(2)管理和协调各相关部门的职责、权限和工作范围，以及与有关单位之间的联系。

(3)预测和分析电磁骚扰问题的方法，以及如何确定电磁环境，降级准则和安全裕度等。

(4)各阶段中应达到的工作目标，要求和进度，以及评审要求和时间。

(5)工程中应用的文件清单和说明，包括标准、规范、相关的管理与技术文件等。

(6)电磁兼容性工作经费，所需资源的考虑。

(7)大纲的修改要求。

制订大纲时，电磁兼容性的工作应考虑全面，统筹安排，例如，电磁兼容性要求的提出，标准和规范的制订、应用和裁剪，现代分析技术应用及电磁兼容性数据库的建立与使用，重要试验的计划、培训计划的制订，文件编制的要求，各工作内容和环节的相互关系，评审、进度和合同要求等，都应在大纲中有所说明。

大纲确定了具体工程项目有关电磁兼容的管理、组织和技术结构，提出了开展电磁兼容活动的内容和实施计划，明确了发现和解决电磁兼容问题的程序，为电磁兼容性工作奠定了基础，提供了依据。对于大型工程项目，技术复杂、研制周期长，大纲需要在适当的时候进行修改，以保持对工程电磁兼容性要求的适用性。

2.电磁兼容性控制计划

电磁兼容性控制计划是当电磁兼容性大纲(或合同)中明确提出编制的要求时，由研制单位负责制订的计划，目的在于说明研制单位如何实现设备的电磁兼容性要求，是比电磁兼容性大纲更为具体的技术文件。它包含了大纲各部分的简要说明，并在有关环节突出了系统或设备中所用的具体方法。

控制计划基本上是全面而详细的，考虑了在工程中为保证设备满足电磁兼容性要求应做的所有工作；详细说明了从工程项目的开展，经过设计和生产，直到安装，系统的使用期间，研制单位控制电磁环境效应所要做的工作。计划制订后，应经电磁兼容性技术组审查后提交主管部门批准。控制计划的主要内容应包括以下几个方面。

(1)管理

管理内容包括：

①负责电磁兼容性部门或人员的职责、权限。

②研制中各阶段的工作目标和进度，以及评审要求。

③向设备和部件研制生产单位、及成品供货方提出的详细的电磁兼容性要求。

④向试验单位提出的试验要求。

(2)频率保障

根据性能和电磁兼容性要求，对各分系统工作频段或频率进行分析，避免产生相互干扰，以充分利用频谱。

(3)防电磁干扰结构设计

设备使用的材料及其结构除符合合同中技术规范要求之外，还应在控制计划中说明其衰减电磁发射和降低敏感度的程度，它包括(但不限于)下述内容：

①设计使用的金属、铸件、表面涂层和附件的型别。

②结构形式，如隔舱化结构、滤波器和跟其他部件的隔离，开口(通风口、检查口、窗口、仪表面板等)所用的滤波器形式和特性，所有内外结合表面上所用射频密封衬垫的典型衰减特性。

③屏蔽及其设计方法。

④腐蚀控制措施。

(4)电子、电气布线设计

说明为减少发射和降低敏感度而提出的电子、电气线路的布线设计，电缆分隔和敷设，详细说明接地原则，列举电缆屏蔽和敷设方法。

(5)电路电磁兼容性设计

全面说明控制有害发射或抗干扰敏感的电路设计技术、方法、应包括(但不限于)下列各项内容：

①元器件和电路的选择，标准元器件和电路的使用准则。

②搭接和接地技术。

③选择滤波器的技术依据及其在电路上的具体应用。

④根据电磁场所确定的元器件位置和隔离措施。

⑤脉冲波形的选择。

⑥关键电路的位置和各电路所用的去耦技术。

⑦关键电路的屏蔽和隔离。

(6)标准、规范及验证要求

①说明系统和设备所选用的电磁兼容性标准和规范。

②说明对选用标准所进行的剪裁及其技术依据。

③设备或系统电磁兼容性要求的验证计划。

④若某项内容不进行验证，需说明原因和风险。

(7)分析

说明为满足电磁兼容性要求所做的预测和分析，分析设备满足电磁兼容性要求的能力以及可能出现的最恶劣情况和风险。

(8)修改

提出修改控制计划的程序和方法。

3. 电磁兼容性技术组

对于重大的工程项目，成立电磁兼容性技术组是加强电磁兼容性工程管理的有效措施之一。技术组是一个由各方代表组成的专家咨询机构，为工程管理的决策、评审、分析和研究提供技术咨询。电磁兼容性涉及工程项目研制的多个领域，与其相关的设计、试验、安装和培训应在研制主管部门的主管电磁兼容性工作人员的指导下综合计划安排。电磁兼容性技术组提供了连贯和协调的信息来源与交换，使各单位能作为电磁兼容性工程的合作者、而不是相互隔绝的机构进行工作。各单位能从电磁兼容性技术组得到有关的最新信息，能够及时地发现问题和采取措施，提高了工作效率和质量。技术组的信息来源广泛，考虑问题全面，因此提高了其建议被采纳的可能性。

(1)技术组的组成

①电磁兼容性技术组应在方案阶段初期组建。

②由工程项目电磁兼容性主管工作人员负责组织。

③应包括工程管理、设计、制造和其他有关单位的代表。

④代表应具备电磁兼容性方面的基本知识或经过培训。

⑤技术组应在满足需要的前提下，由最少的人员组成。

(2)工作内容

技术组可根据需要承担下述工作：

①协助制定电磁兼容性大纲。

②协助拟定合同中有关电磁兼容性内容。

③协助识别和解决在设计、研制和定型阶段中可能存在电磁兼容性方面的问题。

④协助审查设计、工艺文件中有关电磁兼容性的内容。

⑤收集、整理和研究电磁兼容性工程中可能出现的各种问题，必要时协助进行电磁兼容性的分析预测研究，评估可能的电磁兼容性效应影响。

⑥参与设计评审和定型评审。

⑦协助申报成果。

(3)工作方式

①通常通过协调会来处理日常工作。

②指派技术组成员具体任务，工作完毕后写出总结报告，并分发有关单位。

③对重大问题，指派专人进行全过程跟踪，写出最终报告，报告中应明确结论，并分发有关单位。

④应有专人负责记录技术组的活动，并保存有关文件。

4. 工程频谱管理

频谱管理在电磁兼容性工程中占有非常重要的地位。近年来，在各种先进的通信手段日益完善、频谱资源得到充分利用的同时，频谱占用日益拥挤，加之电磁污染严重，可用频谱资源日趋贫乏，如何充分利用和有效管理有限的频谱资源，一直是电磁兼容性研究的重要课题。铁路系统邻近可能有广播、电视、导航、无线通信等无线发射系统，自身可能还有无线列调、模拟集群、数字集群以及 GSM-R 等通信制式。

对于应用频谱实施指挥、控制、通信等功能的设备，充分的频谱保障是其有效工作的必要先决条件。因此，要有效地完成预定任务，而不产生或受到其他无线电设备的干扰，同时做到合理有效地利用频谱资源，在无线电系统的规划、研制、采购和使用阶段，必须考虑有关频谱方面的问题。

我国的无线电管理机构为国家无线电管理委员会和中国人民解放军无线电管理委员会及其下属机构，由它们颁发的政策和工作条例必须严格遵照执行。

频谱管理考虑必须及早应用于系统研制的论证和方案阶段，并在系统设计过程中定期审查与修改。电磁兼容性是在频率管理步骤的实施过程中获得的，只有在系统工作的相应频段内有频率可用，系统的研制才有意义。在研制过程中的试验频率以及定型试验中所用的临时通信、控制、模拟等设备的频率使用，也应及时地安排计划并申请批准。

图 8－3 简略地表示了工程全生命周期内有关频谱管理工作的内容。

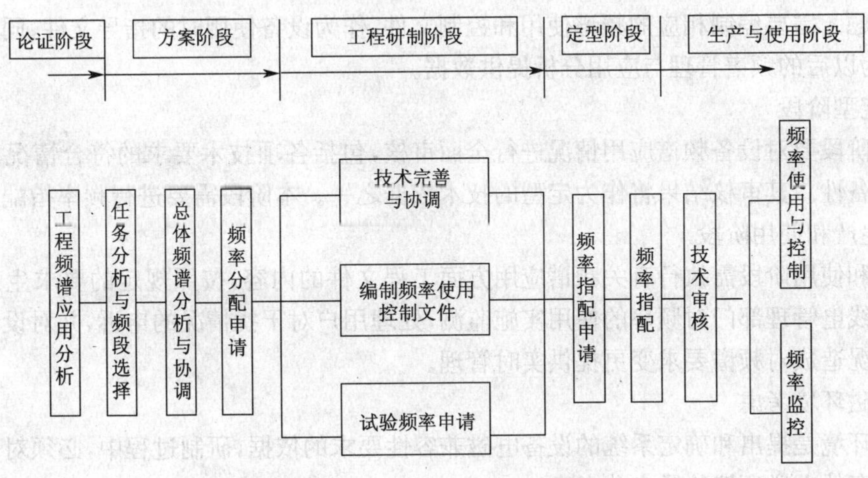

图 8－3　全生命周期的频谱管理

(1)论证阶段

论证阶段需要来确定设备或系统任务要求和技术指标的过程中，分析设备预期的电磁环境，考虑达到技术指标所用的无线电设备对频谱的应用要求，包括通信系统的形式与建网、雷达的应用等等。通过分析研究，保证技术指标的提出与频谱应用技术的发展相适应，并充分利用先进的技术，以提高设备功能的有效性。

(2)方案阶段

方案阶段中，应在论证阶段分析的基础上对无线电设备所应用的频段进行划分，并给规定的相应频段选择使用的频率。需要从工程系统总体上研究各频率的配置，进行初步的协调，减少以至消除造成干扰的可能性，如同频干扰和谐波干扰等。其后，按照无线电管理条例的有关规定，提交频率分配申请。

频谱分配申请的批准认可了适于具体功能要求的频段或频率，但还未认可在设备调谐范围内的具体频率，即只获得了在规定的频段上研制设备的批准。因此，在设备投入使用前，还需要得到具体实用的指配频率。

(3)工程研制阶段

工程研制阶段须在技术上对频谱做详细分析，根据设备的功能、调制方式，电波传播方式，天线形式与布局等方面分析和预测系统建可能存在的潜在干扰，根据功能要求，技术可行性，经费，进度之间的权衡和比较，选择解决问题的最佳方案。要从设备总体角度上掌握频谱的应用情况，包括预定的发射和接收频率范围，频率间隔，发射功率限制和设备工作的空间和时间等要求等。

为保证各设备和分系统工作能相互兼容，应在技术分析的基础上加强协调与控制，包括设备之间的协调与控制。通过选择频率、调制方式，电路上的干扰抑制措施，并与时间和空间上的划分技术相结合，以利解决设备内部各设备与分系统间和设备与其电磁环境之间可能出现的干扰问题。需要编制相应的频谱使用和控制文件，作为设备使用时的指导文件，同时也作资料保存，为以后的频谱管理与应用分析提供数据。

(4)定型阶段

定型阶段要对设备频谱应用情况进行全面审核，包括各项技术要求的符合情况以及相关文件的完备性。其审核结果将作为定型的技术依据之一。本阶段需要进行频率指配申请。

(5)生产和使用阶段

生产和使用阶段需执行有关频谱应用方面工程文件的内容，按照规定的要求生产和使用设备。无线电管理部门对频率的使用实施监测，处理用户对干扰情况的申诉，并对设备因任务变更等情况造成对频谱要求变更提供实时管理。

5.电磁环境考虑

电磁环境是提出和确定系统的设备电磁兼容性要求的依据，研制过程中，必须对设备日后工作和生存的电磁环境给予充分考虑。

(1)电磁环境的构成

电磁环境由各种电磁发射源产生，其主要来源是系统自身的发射、系统外及系统间的骚扰、非线性效应所产生的互调产物以及电磁脉冲等。自然界中有雷电、静电和大气噪声等来源，在第一章中已有描述。设备电磁环境主要取决于场所和周围电磁环境。

(2)电磁环境的影响

消除电磁环境的有害影响除从设计上考虑外，还可通过相应的安排和操作使用限制，对设

备和人员生存和工作的电磁环境进行控制。

电磁环境所产生的有害影响主要有以下几种：

①烧坏或击穿元件、天线等。

②接收机信号处理电路性能降低。

③机电设备、电子线路、元件等错误或意外的工作。

④易燃材料等的意外触发或点燃。

在某一具体电磁环境中，对受害者的影响取决于该受害者的敏感特性、环境电平、频域和时域特性。

(3)电磁环境的分析确定

电磁环境应通过查询资料、预测分析或测试进行分析确定。分析系统和设备的电磁环境时，应考虑以下几个方面。

①电磁环境(环境剖面)

每个设备和系统在其生命周期中可能受到若干不同电磁环境的影响，应了解和确定各电磁环境的环境电平，特别是最恶劣的电磁环境电平。如地面电子单元 LEU 设备在室内或室外工作时，将处于不同的电磁环境内。

②功能特性

设备和系统的功能特性随其配置而变化，从而引起对电磁环境敏感性的变化。因此，在确定性能要求的过程中，应明确在各种环境中的功能特性。如 CTCS-3 级系统使用 GSM-R 无线通信，对射频干扰更敏感；当系统降级到 CTCS-2 级时，配置发生变化，对环境要求也相应不同。

③抗扰度及敏感性

设备或系统的抗扰度及敏感特性根据其设计特性可能有所不同。如设备是选频的或是在一个宽频带范围内，响应时间可能是微秒量级；也可能是响应较慢的平均信号电平。在评估电磁环境对设备或系统的影响时，这些特性以及元件和材料的选择、屏蔽和滤波技术的应用均应给予综合考虑。

④未来考虑

确定系统应用的电磁环境时，应同时考虑系统或设备未来可能的应用及环境变化，如设计在某种环境中工作的设备或系统可能安装或工作在其他环境中，或是执行不是最初设计的功能。因此，尽管预测分析更多的电磁环境和有关措施会造成设备或系统的成本增加，但从未来应用的适用性来考虑，这种增加已证明是有价值的。

⑤环境电平

虽然一般仅用场强值或功率密度来规定环境电平，但还存在许多能改变电磁环境对系统影响的参数，如脉冲重复频率和宽度、频谱覆盖范围、天线极化等。确定环境电平时，应考虑到可能消除这些电平影响的任何操作程序或安装条件，以及系统和环境方面的其他因素。

6.电磁兼容性分析与预测

为确定工程系统电磁兼容性问题的范围和程度，使工程管理人员和设计人员，以及生产和使用维护人员预计和及时发现潜在的电磁兼容性问题，为工程研制提供决策依据，需要进行电磁兼容性的预测和分析。

电磁兼容性预测和分析技术为工程管理和设计人员提供了一个有效手段，其应用如下：

①分析确定设备和系统工作的电磁环境。

②分析确定设备和分系统的电磁兼容性要求。

③为标准和规范的选用与剪裁提供依据。

④为频率配置提供依据。

⑤评定系统电磁兼容性设计方案。

⑥分析天线布局以及电缆和导线分类与敷设方案。

⑦具体分析和解决设备可能存在的电磁干扰问题。

⑧评定设备的总体电磁兼容性能。

(1)预测与分析类型

选择预测与分析的类型要与工程系统电磁兼容性要求、可用信息量、预测范围和深度、输出结果要求和经费综合考虑。其典型的预测类型有：

①系统设计初期的初步预测，用以确定工程系统潜在电磁问题范围和程度、电磁兼容性要求、以及适用的标准和规范。

②在近期研制的同类型系统的电磁兼容性资料基础上的预测分析，用以发现系统和设备中可能存在的电磁问题。

③技术条件限制下的预测与分析，用以确定功能性参数和技术指标的恰当性。

④系统工作有效性预测，用以分析设备实现电磁兼容性目标的综合能力。

(2)预测和分析内容

①方案论证和初步设计阶段

为有助于确定系统的主要特性和技术条件，如调制类型、数据速率、信息带宽、传输功率、接收灵敏度、天线增益、寄生信号抑制等，需预测和分析的内容一般包括：

- 系统内部设备、部件之间的电磁问题。
- 系统之间、分系统之间的电磁问题。
- 系统或设备、部件与所处电磁环境之间的电磁问题。
- 频谱利用、频率配置问题。

②研制和调试阶段

本阶段需确定设备的具体性能参数和功能模块的组成，如调制器、放大器、检波器、显示或读出设备、电源等。预测和分析的内容一般有：

- 外部的电磁信号耦合到系统的不同设备和部件的电磁问题。

- 电缆耦合。
- 机箱耦合。
- 机箱屏蔽功能。

③定型和使用阶段

主要通过频率管理和在使用中进行时域、频域上的电磁控制分析和解决电磁问题，预测和分析内容一般包括：

- 环境影响。
- 频率管理。
- 有效辐射功率限制。
- 设备电磁兼容性综合分析。

7. 电磁兼容性试验

为保证设备具备良好的电磁兼容性能，在研制（及生产）过程中需要进行一系列的电磁兼容性试验。为统筹安排和协调电磁兼容性同其他方面的工作，确定电磁兼容性试验的内容、类型、方案和进度，需要制订专门的电磁兼容性试验计划，并及时提交主管部门批准。

电磁兼容性大纲中应提出重要试验的内容和要求，以及对制定试验计划的要求。试验计划包括两种：其一是确定工程中需要做哪些试验，及其内容、要求、方案和进度的工程试验工作计划，或称电磁兼容性试验总体计划。计划中既应有研制过程中的重要试验，也应说明对组成系统后的鉴定试验和对组成系统的已定型产品的分析试验。对于研制复杂、周期长的工程项目，这种计划可根据情况分阶段制定。其二实在进行电磁兼容性试验前所应提交的试验计划。定型试验、验收试验的试验计划应经主管部门和使用方的批准和认可。

(1)试验类型和内容

①工程总体设计电磁兼容性试验

为确定电磁兼容性要求，提供电磁兼容性设计依据，需要进行总体设计电磁兼容性试验。一般包括：

- 电磁环境分析试验。
- 设备、分系统、天线最佳布置模拟试验。
- 总体控制干扰措施试验。

②设备、分系统电磁发射和抗扰度试验

主要是依照相关铁标（TB）和国家标准（GB）中规定的要求和方法进行的试验。

③安装检测试验

为进一步验证电磁兼容性设计效果，在设备和系统安装后，应对设备的电磁兼容性控制效果和工艺质量进行验证和检验，一般包括：

- 设备安装、电缆敷设、接地、搭接、隔离、屏蔽效能、滤波器安装、天线安装等工艺质量是否符合要求。

- 电源系统干扰是否超过规定值。
- 干扰源、敏感设备周围，以及人员活动区域的环境电平是否满足要求。
- 各分系统或设备之间的相互干扰试验。

④总体电磁兼容性鉴定试验

为验证设备在各种工作状态下，设备、分系统之间的电磁兼容性，考核与合同要求的一致性，需对设备进行总体电磁兼容性评价试验。

(2)试验计划

根据试验的内容，需要制订不同的试验计划，应包括以下内容：

①试验目的。

②试验内容和要求。

③试验设施与设备。

④试验步骤。

⑤可能出现的问题及解决方案。

(3)试验报告

试验报告记录试验的数据和情况，并包括试验的结论和对问题的讨论，以便根据试验报告对受试设备或系统做出评定。

为使收集的数据便于整理和存储，对设备和分系统的试验报告应有统一的格式要求，以便试验得出的特性能在以后的分析和研究中提供参考。

8. 标准的应用和剪裁

剪裁是指借鉴其他行业和国外执行高层次通用标准和规范的经验总结，对各种标准中的各项要求进行分析和选择，必要时进行修改、删减或补充，以确定并形成适合于某一具体产品的最低要求的过程。

用于不同目的的设备和系统，其类型、重要程度、安全等级、技术水平、经费及进度要求等因素各不相同，技术内容和要求会存在差别，通用的标准和规范往往不能够规定得面面俱到、恰如其分。在选用标准时，应分析标准中的要求和应用对象的具体情况，进行必要的修改，删减或补充，在满足使用要求的前提下，规定满足最低的技术要求，以期达到最佳的费效比。

目前所应用的电磁兼容性标准(国标或铁标)，一般都带有不同程度的通用性，将它们用来作为设计准则时，应进行剪裁。对标准的剪裁过程，实际上也是形成对工程项目具体的电磁兼容性要求的过程。通过对标准的剪裁，制订出工程项目的系统和设备规范，形成设计和签订合同的依据，避免因要求过严而造成的时间和经费上的浪费，同时也避免因要求不够严格造成技术上的缺陷，从而影响设备的电磁兼容性能。

对电磁兼容标准的剪裁一般有两种，一是对技术要求项目的取舍，二是对指标要求(严酷性)的调整。当引用系统电磁兼容性要求的标准时，要分析标准中规定的各项要求是否适用工程项目的具体情况。在标准中所提出的试验测试要求中，应根据分系统或设备的具体情况，确

定发射和抗扰度选择测试项目。作为通用标准，如 CTCS-3 级列控系统规范，设备和分系统类别尽管划分得较细，但仍不能完全确定所有的测试项目。系统和设备规范中不能仅笼统地说要满足要求，应详细地给出各个受测试设备的所属类别和所应做的测试项目，删去那些不必要的测试，既能节省经费，又加快了研制进度。比如，对于直流供电的信号设备，有关交流电源的抗扰度要求就可以去掉。

电磁兼容性的要求和指标，是通过与功能要求、主要性能指标、经费和进度权衡而确定的。对一项具体工程而言，现有标准内容可能不尽全面，指标可能不完全适用，制定系统和设备的工程规范时，需要补充或修改。例如，由于重载电气化铁路的电磁环境十分恶劣，骚扰电平很高，故可能需要提出附加的屏蔽、隔离、滤波要求。为使在此环境中的设备或系统能正常工作，其关键类别设备的安全裕度可能需要提高，对设备的屏蔽效能的要求也可能要提高。

需要注意的是，对要求和指标的改动，需要在认真分析研究的基础上进行，对于标准中规定的必须协调统一的强制性要求及关系到安全等的基本要求，不存在剪裁问题。本来就是针对一定的、具体的对象制定的产品标准(技术条件)，其内容往往是保证使用性能和质量必不可少的要求，通常不作为剪裁对象。

对标准的剪裁需按规定的程序批准，并在合同中予以说明或规定，所形成的系统或设备型号规范即成为工程评审和验收的依据。

9. 技术评审

在设计和研制过程中，在任何时间掌握设计方面的最新情况是很重要的，这需要靠一个适当的监督体制来实现。为保证一项工程的顺利进行直至圆满完成，必须进行一系列的技术评审活动，它们可以起到以下作用：

①发现和确定设计缺陷，评定是否满足合同要求，是否符合设计规范及有关标准。

②检查和监督电磁兼容大纲的实施。

③及早发现重大的技术问题，以便及时解决，减少对工程整体的影响。

④减少设计更改，缩短研制周期，降低生命周期费用。

⑤通过与使用方协商，发现合同要求不确切的地方，以得出可以接受的适当解决办法。

(1)评审种类

技术评审可采用下列三种方法进行。

①通过日常观察进行评价

在设计和研制的过程中，电磁兼容设计的有关技术人员，需将所观察到和所发现的任何差错、缺陷、疏忽、分歧等向电磁兼容技术组及有关部门或人员报告。应建立一个全面的、明确的报告制度。汇报方式根据工程项目和问题的大小及复杂性可有所不同，可用询问和记录方式，把问题记录下来，呈送上级；也可直接向有关人员汇报。而负责人员必须做到在需要的地方采取措施，并根据情况，相应的向上级汇报。

②预定活动的评价

对于预定活动的评估，是电磁兼容性设计的负责人员应通过预定的周期性评审来评估有关的工作进程。

③设计评审

设计评审，一般是在重大的工程阶段分界点，做大范围、全面的技术评审活动。它是由电磁兼容性技术组及有关的专家对设计成果和设计工作所进行的审查和评论，评审结论具有权威性。

(2)评审节点的建立

电磁兼容性工作既与其他工程研制活动密切相关，同时又具有一定的特殊性。因而，评审节点的建立，既要考虑同工程重大评审相结合，又要考虑建立一些专项的评审节点，以解决电磁方面的一些重大技术问题。

一般在下列阶段进行设计评审，设立评审节点。

①系统要求评审：为确定系统要求和审查可行性而进行的评审，在完成指标论证和提出可行性论证报告后进行。

②方案设计评审：为确定设计方案和审查系统参数分配而进行的评审，在完成方案设计，提出方案设计报告后进行。

③初步设计评审：为确定分系统和模块设计，评价设计接近最终产品的程度和技术上的适当性而进行的评审，在完成初步设计提出详细研制规范后进行。

④详细(关键)设计评审：为评价系统及其各个功能模块的详细设计结果是否符合最终要求，进而确定是否开始样机研制，批准研制规范，在图纸文件付诸生产前进行。

⑤定型设计(鉴定)评审：为评价系统综合试验结果与合同规定最终要求之间的符合程度，确定设计可否定型转入批量生产。

具体评审，要根据产品的特点、复杂程度、进度、经费，以及电磁兼容性工作的要求来恰当地选择。

(3)评审内容

从工程整体的角度，为保证产品的电磁兼容性能，在工程的下列阶段，所需评审的主要内容有：

①论证阶段

- 设计的风险和权衡研究。
- 研究性的频率分配。

②方案阶段

- 电磁兼容性大纲和控制计划。
- 电磁频谱分析。
- 潜在电磁问题分析。
- 确定关键的测试项目。

- 为下一阶段确定的电磁兼容性设计要求。

③工程研制阶段

- 大纲和各项计划的执行情况。
- 试验报告。
- 对合同要求的符合性。
- 对定型、生产所提出的电磁方面的要求。
- 对使用、维修和保障的要求。
- 上述内容文件的完备性。

④定型阶段

- 是否满足合同中规定的电磁兼容性要求。
- 对生产与使用期间建立的电磁骚扰控制措施。
- 使用操作、频率使用、维修等文件的完备性。

除上述内容外，对信号设备的设计、管理、生产、维护等相关人员进行电磁兼容专业的培训也是非常重要的工作。培训应包括培训目标和计划、培训内容以及培训后的考核等。

针对铁路信号设备进行电磁兼容管理在各个方面都有实践，但全方位的电磁兼容管理还没有开展，具体的实施方案还需根据信号系统类型和特点进一步明确和细化。

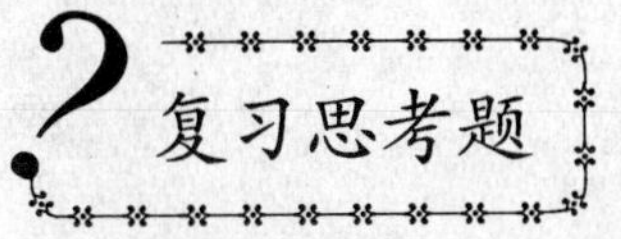

1. 通过检索有关资源，了解欧洲 ETCS 的进展情况，以及我国高速铁路和城市轨道建设方面的近况。

2. 我国 CTCS-3 级列控系统的主要构成包括哪些模块？

3. 就你所了解的信息，简单列举有哪些计算机、通信、控制技术应用于 CTCS-2 级或 CTCS-3 级列控系统。

4. 我国铁路产品认证名称是什么？目前信号产品目录中有哪些内容？

5. 大量电子设备组成的信号系统在维护中有什么特点？

6. 电磁兼容管理的基本概念是什么？

7. 电磁兼容性大纲包括什么内容？

8. 信号设备研制阶段的电磁兼容性工作一般应包括哪些内容？

9. 在使用和维护过程中，电磁兼容管理应注意哪些方面？

10. 选择一种具体的信号设备或电子产品，模拟提出其在设计、研制、生产、测试、维护等环节应如何考虑电磁兼容。

附　　录

附录1　已发布或已规划的IEC 61000标准列表

部分	小节	标　题
1	总则	
	1	基本定义和术语的应用及解释
	2	电气和电子设备关于电磁现象的功能安全的获取方法
	3	大幅度电磁脉冲(HEMP)对民用设备和系统的影响
	4	限制设备产生的工频传导谐波电路发射的历史根本原因(频率范围小于2 kHz)
	5	民用系统上的大功率电磁效应
2	环境	
	1	公众供电系统中低频传导骚扰和信号的电磁环境
	2	公众低压供电系统低频传导骚扰和信号的兼容性水平
	3	辐射现象和与非网络频率相关的传导现象
	4	工厂内低频传导骚扰的兼容性水平
	5	电磁环境的分类
	6	工厂电源低频传导骚扰的发射水平的评定
	7	各类环境中的低频磁场
	8	带有统计测量结果的公众电力供电系统的电压跌落和短时中断
	9	HEMP环境的描述:辐射骚扰
	10	HEMP环境的描述:传导骚扰
	11	HEMP环境的分类
	12	低频传导骚扰和公众中等电压供电系统信号传输的兼容性水平
	13	大功率电磁(HPEM)环境:辐射与传导
	14	公众供电分配网络的过压
3	限值	
	1	发射标准和导则纵览:技术报告
	2	交流电源谐波电流发射限值(设备每相输入电流≤16 A)

续上表

部分	小节	标 题
	3	对无条件连接线路的额定电流小于等于 16 A 的设备在公众低压电源系统中电压变化、波动和闪烁的限制
	4	对额定电流大于 16 A 的设备在低压电源系统中谐波电流发射的限制
	5	对额定电流大于 16 A 的设备在低压电源系统中电压波动和闪烁的限制
	6	中压和高压电源系统中畸变负载发射限值的评定
	7	中压和高压电源系统中波动负载发射限值的评定
	8	低压电气安装中的信号，发射水平，频段及电磁骚扰水平
	9	交流电源谐间波电流发射限值(设备每相输入电流≤16 A 并按照设计易产生谐间波)
	10	频率在 2～9 kHz 范围的发射限值
	11	对额定电流≤75 A 并有条件连接的设备在公众低压供电系统中电压变化、电压波动与闪烁的限制
	12	每相输入电流大于 16A 但小于 75A 的连接到公众低压系统的设备产生的谐波电流限值
	13	对连接到中压、高压和甚高压电力系统的不平衡安装的线路发射限值的评估
	15	低压网络中分散发电的电磁抗扰度和发射要求的评估
4	试验和测量技术	
	1	抗扰度试验总述
	2	静电放电抗扰度试验
	3	辐射射频电磁场抗扰度试验
	4	快速瞬变脉冲群抗扰度试验
	5	浪涌抗扰度试验
	6	射频场感应产生的传导骚扰的抗扰度
	7	电源系统及其连接的设备的谐波电流和谐间波的测量及测量仪器的一般导引
	8	工频磁场抗扰度试验
	9	脉冲磁场抗扰度试验
	10	阻尼振荡场抗扰度试验
	11	电压跌落、短时中断及电压变化抗扰度试验
	12	振荡波抗扰度试验(将修改为铃流波抗扰度试验，阻尼振荡波试验移到第 18 部分)
	13	交流电源(包括 AC 电源端口电力线信号)谐波电流、谐间波抗扰度试验
	14	电压波动抗扰度试验
	15	闪烁计—功能和设计规则
	16	频率范围在 0～150 kHz 的传导共模骚扰抗扰度试验
	17	直流输入电源端口纹波抗扰度试验

续上表

部分	小节	标　题
	18	振荡波抗扰度试验
	20	横电磁(TEM)波导中的发射机抗扰度试验
	21	使用混响室的发射和抗扰度试验导引
	22	在全电波暗室中的辐射发射与抗扰度测量(FAR)
	23	HEMP 和其他辐射骚扰保护设备的试验方法
	24	HEMP 传导骚扰保护设备的试验方法
	25	设备与系统的 HEMP 抗扰度试验方法
	27	不平衡抗扰度试验
	28	工频变化抗扰度试验
	29	直流输入电源端口电压跌落、短时中断及电压变化抗扰度试验
	30	电源质量试验方法
	31	在 2～9 kHz 频率范围中的试验
	32	大幅度电磁脉冲(HEMP)仿真器纲要
	33	大功率瞬态参数的测量方法
	34	每相输入电流大于 16 A 的设备的电压跌落、短时中断和电压变化抗扰度试验
	35	本征电磁干扰(IEMI)仿真器纲要
5	安装和减缓(调整)导则	
	1	一般考虑要素
	2	接地和布线
	3	HEMP 保护概念
	4	HEMP 辐射骚扰保护设备的规格
	5	HEMP 传导骚扰保护设备的规格
	6	外界电磁影响的减轻
	7	机壳对电磁骚扰的保护程度
	8	分布式民用基础设施的大幅度电磁脉冲保护方法
	9	大幅度电磁脉冲和大功率电磁脉冲的系统级敏感度评估
6	通用标准	
	1	居住、商业和轻工业环境中的抗扰度
	2	工业环境中的抗扰度
CISPR	3	居住、商业和轻工业环境中的发射标准
CISPR	4	工业环境中的发射标准
	5	电站和变电站环境中的抗扰度
	6	室内设备的大幅度电磁脉冲抗扰度
	7	原位测量的通用发射标准

附录 2　公式、常数和单位

1. 与场有关的方程

下列方程所表示的是基本电偶极子(电流线)和基本磁偶极子(电流环)在点 P 处产生的电场和磁场的特性,使用球面坐标表示。

对于电偶极子,存在

$$E_r = Idl\cos\theta\left(\frac{\beta^3}{2\pi\omega\varepsilon_0}\right)\left(\frac{1}{\beta r^2}-\frac{\mathrm{j}}{\beta r^3}\right)\mathrm{e}^{\mathrm{j}\beta r}$$

$$E_\theta = Idl\sin\theta\left(\frac{\beta^3}{4\pi\omega\varepsilon_0}\right)\left[\frac{\mathrm{j}}{\beta r}+\frac{1}{(\beta r)^2}-\frac{\mathrm{j}}{(\beta r)^3}\right]\mathrm{e}^{\mathrm{j}\beta r}$$

$$H_\phi = Idl\sin\theta\left(\frac{\beta^3}{4\pi\omega\varepsilon_0}\right)\left[\frac{\mathrm{j}}{\beta r}+\frac{1}{(\beta r)^2}\right]\mathrm{e}^{-\mathrm{j}\beta r}$$

对于磁偶极子,存在

$$H_\theta = I\mathrm{d}A\sin\theta\left(\frac{\beta^3}{4\pi}\right)\left(\frac{-1}{\beta r}+\frac{\mathrm{j}}{(\beta r)^2}-\frac{1}{(\beta r)^3}\right)\mathrm{e}^{\mathrm{j}\beta r}$$

$$H_r = I\mathrm{d}A\cos\theta\left(\frac{\beta^3}{2\pi}\right)\left(\frac{\mathrm{j}}{(\beta r)^2}+\frac{1}{(\beta r)^3}\right)\mathrm{e}^{-\mathrm{j}\beta r}$$

$$E_\phi = I\mathrm{d}A\sin\theta\left(\frac{\beta^4}{4\pi\omega\varepsilon_0}0\right)\left(\frac{1}{\beta r}-\frac{1}{(\beta r)^2}\right)\mathrm{e}^{-\mathrm{j}\beta r}$$

式中　β——相位常数 $2\pi/\lambda$;

ω——电流 I 的角频率,单位为 rad/s(弧度/秒);

ε_0——自由空间的磁导率;

r,θ——P 点的坐标。

E_r,E_θ,E_ϕ——电场矢量,单位为 V/m。

H_r,H_θ,H_ϕ——磁场矢量,单位为 A/m。

这些方程表明:

(1)若 $\beta_r\ll1$(即近场),对于电偶极子,则更高次谐波占优势,并且电场 E 的大小随着 $1/r^3$ 变化,而磁场 H 随着 $1/r^2$ 变化;对于偶极子,$1/r^2$ 项表示的是感应场。

(2)若 $\beta_r\gg1$(即远场),则径向项(E_r 或 H_r)可以忽略不计,横向项(ϕ 或 θ)以平面波的形式传播,并随着 $1/r$ 变化。

2. 波阻抗

自由空间中,波阻抗为

$$Z_0=\sqrt{\mu_0/\varepsilon_0}=E/H=120\pi\approx377(\Omega)$$

自由空间磁导率 $\mu_0=4\pi\times10^{-7}$(H/m)

自由空间介电常数 $\varepsilon_0=8.854\times10^{-12}$(F/m)

3.近场和远场

$$d<\lambda/2\pi\text{:近场}\qquad d>\lambda/2\pi\text{:远场}$$

在近场中,波阻抗取决于源的特性,可能大于也可能小于 Z_0。对于频率为 f(Hz)的高阻抗场,电偶极子在距离 d 处的阻抗绝对值

$$|Z|=1/(2\pi f\varepsilon d)$$

对于低阻抗场,电流环产生的场的阻抗绝对值可表示为:$|Z|=1/2\pi f\mu\mathrm{d}$。

4.电场强度和磁场强度

在远场条件下,电场与磁场强度通过自由空间阻抗 Z_0(337Ω)相关

$$E(\mathrm{dB\mu V/m})=H(\mathrm{dB\mu A/m})+51.5$$

磁场强度 H 可以用 A/m、T(特斯拉)或 Gs(高斯)表示。

$$1\mathrm{Gs}=100\mu\mathrm{T}=79.5\mathrm{A/m}\qquad 1\mathrm{A/m}=4\pi\times10^{-7}\mathrm{T}$$

5.电容和电感

(1)电容

在自由空间中,两个面积为 $A\mathrm{cm}^2$,间距为 $d$cm 的平板之间的电容

$$C=0.08854A/d\quad(\mathrm{pF})$$

半径为 r 的球体的自电容

$$C=4\pi\times0.08854r=1.1r\quad(\mathrm{pF})$$

在自由空间中,单位长度的内径为 r_1,外径为 r_2 的同心圆柱之间的电容

$$C=2\pi\times0.08854/\ln(r_2/r_1)\quad(\mathrm{pF/cm})$$

在自由空间中,两个直径为 d,相距为 D 的单位长度的导体之间的电容

$$C=\pi\times0.08854/\mathrm{arccos}h(D/d)\quad(\mathrm{pF/cm})$$

上面公式中的常数 0.088 54 源于自由空间中的磁导率;对于其他材料,则需要乘以介电常数或相对磁导率(参见附表 2—1)。

附表 2—1　部分电介质的相对磁导率

空气	1.0	玻璃(硼硅酸盐)	5.0
聚四氟乙烯	2.1	瓷器	5.5
聚乙烯	2.3	酚醛树脂织物	5.5
聚苯乙烯	2.5	氧化铝(纯)	8.5
聚氯乙烯、聚碳酸酯	3.2	甲醇(900MHz)	31
聚酰亚胺	3.4	去电离水	80
环氧玻璃	4.2～4.7		

(2)电感

长度为 l,直径为 d 的长直导线的电感

$$L=0.002l[\ln(4l/d)-0.75](\mu\text{H})$$

上式中,d 和 l 的单位为厘米。

若 $D/l\ll1$,则与长度为 l,直径为 d 的圆导线相距为 D 的平行回流电路的电感

$$L=0.004l[\ln(2D/d)+0.25](\mu\text{H})$$

两根长度为 l,间距为 D(在 $D/l\ll1$ 的条件下)的平行直导线之间的互感

$$M=0.002l[\ln(2l/d)-1+D/l](\mu H)$$

有两根导线间距为 D,在传输其回流地平面上的高度为 h,二者之间的互感

$$M=0.001\ \ln[(2h/D)^2+1](\mu\text{H/cm})$$

直径为 d 的单独一根导线在传播其回路的平面上的高度为 h,其电感

$$L=0.002\ \ln[(4h/d)(\mu\text{H/cm})]$$

6.屏蔽

(1)趋肤深度

$$\delta=(\pi f\mu\sigma)^{-0.5}(\text{m})$$

对于磁导率为 μ_r,电导率为 σ_r 的导体,则有

$$\delta=0.066\ 1\times(f\mu_r\sigma_r)^{-0.5}(\text{m})$$

典型地,铜在 1 MHz 时的趋肤深度为 66 μm(6.6×10^{-5}m),在 100 MHz 时为 6.6 μm。

(2)反射损耗

反射损耗的大小取决于屏蔽板阻抗与波阻抗之间的比值,而这个比值又取决于它到源的距离以及场是电场还是磁场(近场),或场是否平面波(远场)。在下面的表达式中,f 的单位是 Hz,r 的单位是 m。

$$\text{平面波}:R=168-10\lg[(\mu_r/\sigma_r)f](\text{dB})$$

$$\text{电场}:R_E=322-10\lg[(\mu_r/\sigma_r)f^3r^2](\text{dB})$$

$$\text{磁场}:R_H=14.6-10\lg[(\mu_r/\sigma_r)/fr^2](\text{dB})$$

(3)吸收损耗

$$A=8.69\times(t/\delta)(\text{dB})$$

上式中,t 是屏蔽板的厚度,δ 是趋肤深度。

7.分贝

分贝(dB)表示两个物理量之间比值的对数,本身没有单位。如果这个比值以某一个特定的物理量为参考,就需要再加一个后缀来表示,例如 dBμV 就是以 1μV 为参考,而 dBm 则是以 1mW 为参考。常见后缀有:dBμV/m、dBμA/m 等。

dB 用来表示功率比,定义如下

$$\text{dB}=10\ \lg(P_1/P_2)$$

因为功率与电压的平方成正比,所以在恒定阻抗上电压比或电流比可以表示如下

$$\text{dB}=20\ \lg(V_1/V_2)\text{或}20\ \lg(I_1/I_2)$$

如给定阻抗 Z，以 dBμV 表示的电压与以 dBm 表示的功率之间的转换表达式为

$$V(\text{dB}\mu\text{V})=90+10\ \lg(Z)+P(\text{dBm})$$

附表 2—2　dBμV 与 dBm 的换算(Z=50 Ω)

dBμV	μV	dBm	pW	dBμV	mV	dBm	nW
−20	0.1	−127	0.000 2	30	0.031 62	−77	0.02
−10	0.316	−117	0.002	40	0.10	−67	0.2
				50	0.316 2	−57	2.0
0	1.0	−107	0.02	60	1.0	−47	20.0
						μW	
5	1.778	−102	0.063	70	3.162	−37	0.2
7	2.239	−100	0.1	80	10.0	−27	2.0
10	3.162	−97	0.2	90	31.62	−17	20.0
15	5.623	−92	0.632	100	100.0	−7	200.0
20	10.0	−87	2.0	120	1.0V	+13	20mW

求 dB 值的反对数就可以导出实际的电压、电流或功率的大小

$$V=\log^{-1}(\text{dBV}/20)(\text{V})$$

$$I=\log^{-1}(\text{dBA}/20)(\text{A})$$

$$P=\log^{-1}(\text{dBW}/10)(\text{W})$$

附表 2—3　dB 比值换算表

dB	电压/电流比	功率	dB	电压/电流比	功率
−30	0.031 6	0.001	12	3.981	15.849
−20	0.1	0.01	14	5.012	25.120
−10	0.316 2	0.1	16	6.310	39.811
−6	0.501	0.251	18	7.943	63.096
−3	0.708	0.501	20	10.000	100.00
0	1.000	1.000	25	17.783	316.2
1	1.122	1.259	30	31.62	1 000
2	1.259	1.585	35	56.23	3 162
3	1.413	1.995	40	100.0	10 000
4	1.585	2.512	45	177.8	31 623
5	1.778	3.162	50	316.2	10^{5}
6	1.995	3.981	60	1 000	10^{6}
7	2.239	5.012	70	3 162	10^{7}
8	2.512	6.310	80	10 000	10^{8}
9	2.818	7.943	90	31 623	10^{9}
10	3.162	10.000	100	10^{5}	10^{10}
			120	10^{6}	10^{12}

附录3 EMC设计检查内容

结合电磁兼容管理要求，参考有关文献，列出一般产品 EMC 设计过程中的需要依次进行的检查内容，评估方式。对于特定类型产品的设计，应根据实际情况或经验进行修改或扩充。

1. 从产品设计开始即根据产品性能要求，进行电磁兼容设计

2. 系统划分

①确定哪个电路（或子系统）属于噪声类型或敏感类型

②将上述电路放在分开的区域内，并尽可能远离。

③选择内部和外部接口点，优化对共模电流的控制。

3. 从电磁兼容的角度选择元器件和电路

①使用慢速或者抗扰度高的逻辑器件，限制数据传输速率。

②使用串联电阻缓冲高速时钟和数据线。

③使用体积小的低电感电容器进行电源去耦，靠近被去耦 IC 器件。

④在电源中使用串联铁氧体芯片等实现电源分割。

⑤使用缓冲器来减少时钟电路扇出过大带来的干扰。

⑥使模拟信号的带宽最小化。

⑦使模拟信号路径的动态范围最大化。

⑧检查宽带放大器的稳定性。

⑨未使用的 IC 引脚不应悬浮，应接到 0 V 或 Vcc 端。

⑩在所有敏感模拟输入端加入电阻性、铁氧体或容性滤波器件。

⑪微处理器使用看门狗电路。

⑫尽量避免使用边沿触发的数字输入，不能避免时应进行防护。

4. 印制电路板布局和设计

印制电路板（PCB）设计中最常见的干扰源是传送 di/dt 最大的线路，特别是时钟线、数据线以及产生大功率方波的晶振（尤其在开关电源中）电路。从抗扰度角度考虑，敏感电路（如边沿触发的输入电路、时钟发生系统和精密的模拟放大器电路）应进行单独划分，应考虑其环路电感和地耦合，以保证地噪声电流不会影响系统。

PCB 布局的电磁兼容设计结构化，包括在布线设计前和布局、设计等工作，如：布线前应区分 di/dt 大敏感电路、PCB 是否分层、关键电路远离地平面的边缘、滤波器元件应其保护的接口位置等；在布线期间，如保证接口滤波和瞬态保护到接口地平面的布线为低电感、控制电源电路和敏感带宽电路的公共阻抗电流路径、检查电源平面和在地平面边缘布线的关键印制线对 10 h 规则的应用、对于平衡差分信号印制线对，确保沿整个布线维持足够的平衡；如果需要设计没有地（0 V）平面的印制电路板，区分关键电路环路，并使环路面积最小化、尽可能将0 V布线面积扩大或网格化，等等。这方面内容比较完善，并可利用计算机辅助设计工具来完成。

5. 线缆

①线缆应分类,避免信号线和电源线的并行分布。

②如果期望的信号不能适当滤波,可选择射频屏蔽线缆。

③避免屏蔽线缆只在一端连接,否则在射频段作为非屏蔽线缆。

④平衡或 di/dt 大的线路使用双绞线缆。

⑤内部走线使用合理设计的线束、扁平线缆或柔性线缆,避免松散的导线或线束。

⑥采用铁氧体材料抑制器来防止谐振并抑制共模电流。

⑦线缆布放远离屏蔽体上的开孔,并紧密连接到导体接地结构上。

⑧保证线缆的屏蔽层正确端接到连接器外壳,避免"猪尾巴"连接。

⑨传送高频信号的线缆应使用正确的传输线阻抗来端接。

6. 接地

①在产品定义阶段,设计并完善接地系统。

②将接地系统视为回流电流的路径,而不仅是 0 V 参考点。

③在系统级提供并联接地导体。

④屏蔽层、连接器、滤波器和机箱面板等应保证金属对金属的搭接。

⑤确保搭接不会在不利环境中受到破坏。

⑥任何预定使用的接触表面都采用导电工艺。

⑦使接地带尽量短,并确定它们的几何结构。

⑧避免不同电路的共地阻抗。

⑨为所有的去耦电路和滤波器提供接口地区域。

7. 滤波器

①合理选择电源滤波器。

②使用穿心(三端)电容器或共模扼流圈等对所有 I/O 线路进行滤波。

③在多电路板设计中,每一个电路板的直流电源输入端口使用 π 型滤波器。

④确保每一个滤波器有确定的地回路。

⑤对电机等干扰源进行滤波处理。

⑥滤波器元件和相关导线或印制线的布局应靠近被滤波的接口。

8. 屏蔽

①屏蔽所有的金属结构,考虑其分布电容和电感。

②将敏感或噪声区域采用附加的内部屏蔽。

③避免在屏蔽体上有大的或谐振的孔缝和开口。

④在金属外壳中避免类似于偶极子的结构。

⑤采用导电衬垫保证分开的面板沿着接缝良好搭接。

⑥如果需要,设计塑料外壳允许内部进行导电喷涂。

⑦在电路 0 V 和屏蔽层之间决定和实施直流或射频连接点。

⑧使用多个内部连接点,最小化壳体谐振。

9. 在 EMC 设计的同时,连续进行电磁兼容测试和评估

参 考 文 献

[1] Violette, J. L. Norman. et al. Electromagnetic Compatibility Handbook [M], New York, Van Nostrand Reinhold Company Inc. 1987.

[2] 沙斐. 机电一体化系统的电磁兼容技术. 北京:中国电力出版社,1999.

[3] 吴运熙,毕红军,孙亮勤. 铁路信号抗电力牵引电流的干扰. 北京:中国铁道出版社,1992.

[4] 蒋忠涌. 电气化铁道的无线电干扰研究以及在制订防护标准中的若干问题. 铁道学报,1989,S2,102-113.

[5] 周克生,张林昌. 高速电气化铁道无线电噪声预测. 铁道学报,1999,21(2):54-57.

[6] 张晨,黄继东,韩通新. 预测高速铁路电磁辐射的一种有效方法. 中国铁道科学,2000,21(2):86-92.

[7] 费锡康. 无绝缘轨道电路原理及分析. 北京:中国铁道出版社,1993.

[8] 黄继东,张晨. 电气化铁道无线电干扰的统计特性. 中国铁道科学,1993,14(4):85-94.

[9] 范季陶,张晨. 电气化铁道电磁影响问题的研究. EMC 会议论文集, 2006, 288-292.

[10] 张曙光. CTCS-3 级列控系统总体技术方案. V1.0 版. 北京:中国铁道出版社,2008.

[11] Kieβ1ing, Puschmann, Schmieder. 电气化铁道接触网:中铁电气化局集团译. 北京:中国电力出版社,2004.

[12] 汤蕴璆,史乃. 电机学[M]. 3 版. 北京:机械工业出版社,2008.

[13] Tim Williams. 电磁兼容设计与测试. 4 版. 北京:电子工业出版社,2008.

[14] 赵志熙. 计算机联锁系统技术. 北京:中国铁道出版社,1999.

[15] 安海君,李建清,吴保英. 25 Hz 相敏轨道电路. 北京:中国铁道出版社,2001.

[16] 杨世武,费锡康. 25 Hz 轨道电路抗电气化脉冲干扰的研究. 铁道学报,1999,21(2):58-62.

[17] 何国伟. 软件可靠性. 北京:国防工业出版社,1998.

[18] 陈穷. 电磁兼容性工程设计手册. 北京:国防工业出版社,1993.

[19] 谭秀炳. 交流电气化铁道牵引供电系统. 成都:西南交通大学出版社,2006.

[20] 郎宗棪,郜成缙. 现代铁路信号技术. 成都:西安交通大学出版社,1998.

[21] 杨世武,等. 站内音频轨道电路阻抗匹配装置[P]. :中国, 200710098775. 7. 2007.

[22] ITU-T K. 54 (2004/12)Conducted immunity test method and level at fundamental power frequencies.

[23] ITU-T K. 68 (2006/2) Management of electromagnetic interference on telecommunication systems due to power systems and operators' responsibilities.

[24] 何宏. 电磁兼容设计与测试技术. 北京:北京航空航天大学出版社,2008.

[25] Mark I. Montrose, Edward M. Nakauchi. 电磁兼容的测试方法与技术. 游佰强,周建华,译. 北京:机械工业出版社,2008.

[26] 米切尔·麦迪圭安. 电磁干扰排查及故障解决的电磁兼容技术. 刘萍,魏东兴译. 北京:机械工业出版社,2003.

[27] 邱炎,肖雳. 电磁兼容标准与认证. 北京:北京邮电大学出版社,2002.

[28] 虞尉民. 铁路的电磁兼容通用要求. 安全与电磁兼容:2007,(4):22—24.

[29] 郝裕. 电磁兼容与系列欧洲标准 EN 50121. 电气牵引:2001,(2):12—15.

[30] 陈嵩. 幅度概率分布(APD)统计参量测量方法的研究与 APD 测量系统的研制. 博士论文. 北京交通大学,2008.

[31] 荒木庸夫,电磁干扰和防止措施. 宋永林,译. 北京:中国计量出版社. 1985.

[32] C. Paul. Introduction to Electromagnetic Compatibility. USA: John Wiley&Sons, Inc. 1993.

[33] J. H. Johnson, M. Graham. High-Speed Digital Design. USA : PTRP Prentice Hall, 1993.

[34] M. Mardiguian. Interference Control in Computers and Microprocessor - Based Equipment. USA: Don White Consultants, Inc. 1987.

[35] 于万聚. 高速电气化铁路接触网. 成都:西安交通大学出版社,2002.

[36] 张利芝等. CTCS2-200C 型车载列车控制系统. 机车电传动:2008,(1):11-14.

[37] 钱振宇. 电气、电子产品的电磁兼容技术及设计实例. 北京:电子工业出版社,2008.

[38] 胡利新等. 关于铁路室内通信信号机柜电磁兼容性设计的探讨. 铁路通信信号工程技术:2007. 10,四(5)

[39] 欧健昌. 电子设备的电磁兼容性设计. 北京:电子工业出版社,2003.

[40] 刘鹏程,邱扬. 电磁兼容原理及技术. 北京:高等教育出版社,1993.

[41] 雷振烈. 电子设备的防干扰设计. 天津:天津科学技术出版社,1985.

[42] 诸邦田. 电子电路实用抗干扰技术. 北京:人民邮电出版社,1996.

[43] 赖祖武. 电磁干扰防护与电磁兼容. 北京:原子能出版社,1993.

[44] 林瑜筠,李鹏,李岱峰,等. 铁路信号新技术概论. 北京:中国铁道出版社, 2007.

[45] 曲长云. 电磁发射和敏感度测量. 南京:东南大学出版社,1988.

[46] 湖北省电磁兼容学会. 电磁兼容性原理及应用. 北京:国防工业出版社,1996.

[47] 毛楠,孙瑛. 电子电路抗干扰实用技术. 北京:国防工业出版社,1996.

[48] 张松春. 电子控制设备抗干扰技术及其应用. 北京:机械工业出版社,1995.

[49] 机电一体化技术手册编委会. 机电一体化技术手册. 北京:机械工业出版社,1994.

[50] 周斌. 机电一体化实用技术手册. 北京:兵器工业出版社,1994.

[51] 天津电气传动设计研究所. 电气传动自动化技术手册. 北京:机械工业出版社,1993.